LO PSICOLOGO NEL CASSETTO

Angelo Musso - Ornella Gadoni

LO PSICOLOGO NEL CASSETTO

GIUNTI DEMETRA

Editing, redazione e impaginazione: Paola Agostini e Mariarosa Brizzi

Disegni: Archivio Giunti/© Milena Maganzini

Gli autori ringraziano Giusy Musso per la collaborazione artistica.

Il contenuto di questo libro ha valore informativo. La scelta e la prescrizione di una terapia come di un piano dietetico spettano al medico curante, che solo può valutare eventuali rischi collaterali (quali intossicazioni, intolleranze e allergie). Notizie, preparazioni, suggerimenti contenuti in questo volume hanno carattere informativo e non terapeutico.

www.giunti.it

Via Bolognese 165 - 50139 Firenze - Italia
Via Dante 4 - 20121 Milano - Italia
Prima edizione: febbraio 2011

Ristampa	Anno
6 5 4 3 2 1 0	2015 2014 2013 2012 2011

Stampato presso Giunti Industrie Grafiche S.p.A. - Stabilimento di Prato

Allo stesso modo in cui il vero umorismo è ridere di se stessi, il vero essere uomini è conoscere se stessi... La consapevolezza di sé fa "risuonare" la vita impartendo un'eco immediata a tutto ciò che facciamo e pensiamo, in modo simile alla cassa di un violino che riverbera il suono delle corde, dando profondità e volume a quello che sarebbe altrimenti piatto e superficiale. La coscienza porta alla voglia di sapere, e la voglia di sapere alla curiosità e alla ricerca; così nulla interessa all'uomo più che l'uomo stesso, anche se solo nei limiti della propria persona.

Alan W. Watts, *Il libro sui tabù che ci vietano la conoscenza di ciò che veramente siamo*, Ubaldini, Roma 1976

INTRODUZIONE

Questo libro aiuta ad approfondire la conoscenza di se stessi attraverso un percorso che va dall'aspetto fisico a quello psicologico e a quello sociale. I contributi di studiosi autorevoli rendono questo libro efficace, reale, attuale e conducono il lettore, attraverso gli apporti scientifici sullo studio della personalità degli individui, a migliorare la propria qualità di vita insieme a quella degli altri.

Che cosa significa conoscersi? Sul tempio di Apollo, a Delfi, un'iscrizione recitava: "Conosci te stesso". Sono passati secoli, ma l'essere umano è così complesso che molto rimane ancora da scoprire. Se vogliamo conoscerci meglio, se vogliamo migliorare il nostro modo di vivere e modificare i nostri comportamenti, dobbiamo prendere coscienza di noi stessi seguendo alcuni parametri di riferimento. Senza una guida orientativa è infatti difficile avere di se stessi un'idea che rispecchi la complessità dell'essere, del microcosmo umano. Chi di noi non è cosciente di se stesso? Esiste forse un essere umano che non sa di essere? No, certamente non esiste, fatti salvi gli individui affetti da gravi patologie psichiche e i bambini nella primissima fase della vita. Già nel corso del secondo anno compare questa facoltà tipicamente umana, che consente all'individuo di riferirsi a se stesso dicendo "io", e che chiamiamo autocoscienza. Si tratta di qualcosa di più della coscienza: all'inizio il bambino parla di sé in terza persona, sa già della pappa, dei genitori, della propria presenza in casa, ma non è ancora in grado di stabilire l'identificazione del soggetto pensante con quell'oggetto particolare che gli appare molto più vicino delle altre cose e che gli dà sensazioni a getto continuo: il proprio corpo. Da questa identificazione nasce la coscienza di sé, che è coscienza complessa, di livello superiore rispetto a quella dell'esistenza del mondo. Se l'autocoscienza è già in possesso di ogni essere umano fin dall'infanzia, perché parlarne ancora e interrogarci su di essa e sul suo rapporto con la psicoterapia? In questa ottica, anche l'antico comandamento rivolto all'uomo dal dio Apollo, "Conosci te stesso", sembrerebbe un prurito di antichi filosofi con molto tempo da perdere. Affermava Goethe, in un suo scritto di metodologia della scienza: «Il grande e altisonante comandamento conosci te stesso mi è sempre parso come un'astuzia di sacerdoti, segretamente in combutta per confondere l'uomo con pretese irrealizzabili e deviarlo dall'attività nel mondo esterno verso una falsa contemplazione interna»[1]. Sembrerebbe proprio, da queste autorevoli parole, che l'autocoscienza non vada coltivata, perché il farlo risulta inutile o dannoso!

Questo problema si risolve facilmente. L'autocoscienza non è una qualità "tutto o niente": o conosco tutto di me e dei miei rapporti col mondo o non so neppure di esistere. La prima forma di autocoscienza, che lampeggia già nel bambino, ci fa confusamente comprendere che noi siamo, ma non ci consente ancora di capire chi siamo, come siamo e come saremo, se siamo immutabili o in evoluzione, se la nostra anima è immortale o è destinata a perire con il corpo, quali forze si affollano nel nostro animo, che cosa, in noi, è "genericamente" umano, qual è il nostro vero io. Se la lista delle domande possibili è lunga, ancora più lungo è il cammino che un uomo deve fare, per poter dire di conoscere se stesso.

Filosofie, religioni, mistiche di tutte le epoche hanno cercato di rispondere in modo soddisfacente proprio a queste domande. Oggi è arrivato il momento della ricerca personale, perché l'uomo moderno rifiuta di affidarsi alla rivelazione altrui. Possiamo forse fare a meno delle risposte, ma non possiamo rinunciare a porci quelle domande, e a cercare di rispondervi. Non sarà superfluo leggere come prosegue Goethe: «L'uomo conosce se stesso nella sola misura in cui conosce il mondo, del quale ha coscienza soltanto in sé, come ha coscienza di sé soltanto in esso. Ogni nuovo oggetto, osservato bene, dischiude in noi un nuovo organo». Dunque, l'autocoscienza, per Goethe, passa per la scienza e ne è un effetto collaterale. L'attività di ricerca oggettiva accresce l'interiorità umana, fino a "dischiudere nuovi organi" dell'anima. Mentre l'autocontemplazione produce una falsa immagine di sé. Difficilmente si può contraddire questo assunto goethiano. Ma ciò ci porta al problema dell'oggettività nell'autosservazione. Ancora Goethe ci può aiutare ad andare

1. J.W. Goethe, *Opere*, vol. V, Sansoni, Firenze, 1962.

avanti: «Ma l'impulso maggiore ci viene dal prossimo, che ha il vantaggio di poterci comparare col mondo dal suo punto di vista e perciò raggiungere di noi una conoscenza più vicina di quanto non sia possibile a noi stessi. Perciò, negli anni maturi, ho sempre attentamente osservato fino a che punto gli altri potessero conoscermi, per venire più in chiaro su me stesso e sulla mia natura, in loro e su di loro, come in altrettanti specchi». Il ruolo dello psicoterapeuta nel processo di autoconoscenza è proprio questo: di fare da specchio al paziente, fornendogli osservazioni oggettive, che altrimenti sarebbero, inevitabilmente, distorte dalla mancanza di punti di riferimento, fenomeno a cui ciascuno di noi va soggetto quando osserva se stesso.

Quando la psicoanalisi nacque e si sviluppò nelle sue varie forme, con Freud prima, con Jung, Adler, Reich e tutti gli altri poi, non le erano estranei questi obiettivi: la presa di coscienza è il cardine attorno a cui ruota l'intero processo terapeutico psicoanalitico, con la conseguente trasformazione del rapporto tra l'Io e le altre istanze psichiche. La presa di coscienza è il presupposto per la risoluzione dei conflitti inconsci che, in quanto inconsci, hanno il potere di provocare scompensi emotivi e disturbi di vario genere. «Dove è l'Es, lì sarà l'Io», recita una massima freudiana che ben sintetizza questo concetto.

In questo senso, l'intero movimento psicoanalitico si pone come strumento al servizio dell'emancipazione dell'uomo dalla necessità (interna, ma non per questo meno vincolante) e per il raggiungimento della libertà, in linea con il più profondo dei suoi bisogni evolutivi. Fin qui, gli aspetti che accomunano le psicoterapie di tipo analitico. Tuttavia, le differenze tra le varie scuole non sono piccole. L'accento, in un percorso psicoanalitico, può essere messo su questo, ma anche su altri aspetti. Per esempio, un'eccessiva concentrazione sui rapporti infantili del paziente con i propri genitori, come avviene talvolta seguendo l'insegnamento freudiano, apporta alla crescita dell'autocoscienza un contributo inferiore che non un esame più vasto che includa anche atteggiamenti presenti e prospettive future. Dunque, una psicoterapia orientata in modo più ampio e attenta ai vari aspetti della vita interiore sarà senz'altro più consona allo scopo dell'approfondimento dell'autocoscienza che non un percorso riduzionisticamente centrato solo su alcuni aspetti della vita emotiva. Una psicoterapia, cioè, che, accanto alla vita delle pulsioni, dei desideri, dei bisogni, sappia comprendere la vasta gamma di inclinazioni, aspirazioni, ambizioni, aneliti, intenzioni, nonché i sogni, le illusioni, le speranze, le delusioni e ogni altro sentimento che alberga nell'animo umano: in altri termini, che sappia compendiare e portare a maturazione tutti i diversi aspetti emotivi, sentimentali, cognitivi, volitivi della vita interiore nei suoi risvolti psichici, corporei e spirituali.

Quando vogliamo farci conoscere da qualcuno, parlando di noi, senza riflettere, tendiamo a evidenziare una caratteristica psicologica, un tratto della personalità (per esempio sono un tipo ansioso, timido, tranquillo, aggressivo, aperto e socievole ecc.). Ma se l'aspetto psicologico può bastare per iniziare una reciproca conoscenza, un percorso d'orientamento e la sensibilizzazione devono comprendere sia il corpo che la mente, cioè l'aspetto fisico, quello psicologico e quello sociale. Molti studiosi di psicologia affermano che è sufficiente "scriversi", ovvero: scrivi tutto quello che ti viene in mente su te stesso e poi passa all'aspetto fisico e avrai un confronto tra ciò che sai e ciò che dovresti sapere su di te e sul rapporto col tuo corpo, per migliorare la tua qualità di vita. Ma questo, che può essere un punto di partenza verso la conoscenza di se stessi, ha necessità di essere inglobato in tutto quello che la moderna psicologia ha reso noto sulle tecniche e le modalità di conoscenza e di identità degli individui. Questo libro apre le porte a queste ricerche e alle metodologie scientifiche più recenti e garantiste.

PARTE I

I fondamenti scientifici della conoscenza di se stessi

CAPITOLO 1

Dal concetto di se stessi alla costruzione del carattere

Sono fermamente convinto che non esistano sulla faccia della terra due persone identiche; nessuno che abbia le stesse impronte digitali, labiali o vocali. E neppure due fili d'erba o due fiocchi di neve sono uguali. Visto che tutti gli individui sono diversi l'uno dall'altro, non ritengo logico che essi debbano pensare, nutrirsi e comportarsi allo stesso modo. Poiché ciascuno di noi "abita" un corpo dotato di punti di forza e debolezza differenti e di diversi fabbisogni nutrizionali, per conservare la salute e per combattere le malattie è indispensabile tener conto di queste peculiarità (P.J. D'Adamo, 1999).

Dal temperamento al carattere

Teofrasto, filosofo peripatetico, succedendo al maestro Aristotele, guidò la sua scuola di filosofia fino al 288 a.C. Nell'opera *I caratteri*, egli descrive quelle varianti comportamentali della personalità che mettono in discussione le definizioni di stabilità del carattere. In quel tempo, definire il carattere di una persona voleva dire individuare il suo tratto più stabile e costante di comportamento: infatti, il termine "carattere" deriva dal greco *charakter* che significa impronta.

Termini come pazzia, morale, avarizia, prolissità, bugiardaggine, scontentezza, loquacità accompagnano una sorta di classificazione nell'ambito dell'esposizione filosofica di Teofrastro, che abbina alle sue categorie di caratteri l'orientamento di un destino.

Da questa dimensione di pensiero (antico) – che segue una modalità di ragionamento non logica, ma analogica – si giunge alle riflessioni etiche di Aristotele, dove le ricerche sul carattere delle persone vengono stigmatizzate per il loro essere inadeguate alla situazione comportamentale ritenuta normale. Infatti, l'osservazione condotta dai filosofi mette in risalto solo comportamenti difformi, viziosi o ridicoli.

In tempi in cui la filosofia era scienza di vita, i tentativi di risposta agli interrogativi sul destino che determina i comportamenti umani furono ampiamente descritti, oltre che da Aristotele, anche da Platone. Entrambi sostenevano che solo in una vita impostata su un corretto equilibrio tra virtù e piacere fosse possibile trovare il baluardo salvifico della salute dello spirito e del corpo. Il consiglio, per gli esseri umani, era quello di mantenersi in un equilibrio ideale di relazione tra ambiente e cosmo, scandendo il tempo e gli umori. Al combinarsi multiforme di questi elementi venivano ricondotte l'organizzazione e la stabilità del carattere degli individui.

La teoria dei quattro umori

Più tardi, i concetti filosofici della costituzionalità del carattere furono ripresi e ampliati dal medico Galeno (129-199) con la teoria dei quattro umori, che pare non debba essere attribuita allo stesso Galeno, in quanto chiare radici di questo pensiero sono identificabili nella storia della filosofia antica. In uno scritto anonimo, *De mundi constitutione*, si trovano concetti in tal senso, fra cui quello preso in prestito da Galeno, che afferma: «Esistono quattro umori nell'uomo, che imitano i diversi elementi; aumentano ognuno in stagioni diverse, predominano ognuno in diverse età. Il sangue imita l'aria, aumenta in primavera, domina l'infanzia. La bile gialla imita il fuoco, aumenta in estate, domina nell'adolescenza. La bile nera, ovvero la melanconia, imita la terra, aumenta in autunno, domina nella maturità. Il flegma imita l'acqua, aumenta in inverno, domina nella vecchiaia. Quando questi umori affluiscono in misura non superiore né inferiore al giusto, l'uomo prospera».

Ancor oggi, nello studio del temperamento (eredità genetica), del carattere (3-5 anni di età) e della personalità degli individui (dall'adolescenza in poi), filosofi, psicologi e biologi si pongono interrogativi che appaiono per lo più irrisolti.

Oltre alla determinazione del temperamento ereditato geneticamente e alla formazione del carattere come tratto stabile e dominante la personalità di un individuo, si studiano le eventuali modificazioni di comportamento per scoprire se queste siano frutto di un'educazione sbagliata o di predisposizioni sconosciute, come il destino o il DNA.

Due studiosi moderni, A. Pazzagli e S. Pallanti, dimostrano come l'antica filosofia galeniana sia così forte da riuscire a influenzare ogni riflessione, in tema di personalità, fino ai giorni nostri (basti pensare che la psicoanalisi junghiana fonda la psicologia della personalità sui quattro elementi).

Per affrontare un argomento così complesso come quello dei temperamenti, della struttura del carattere e dell'organizzazione della personalità, è importante partire da una funzione psichica embrionale di predisposizione psicologica naturale, che è la percezione di se stessi.

Uno dei molti termini collegati alla percezione di noi stessi viene chiarito, per esempio, dagli studi di G.W. Allport nel suo *Psicologia della personalità*, dove si afferma: «Supponiamo che dobbiate affrontare un esame difficile e critico. Senza dubbio sentirete un'alterazione del battito cardiaco e dei disturbi dello stomaco (Io corporeo); inoltre, sarete consapevoli del significato di quell'esame rispetto al vostro passato e al vostro futuro (identità personale), della vostra orgogliosa partecipazione (stima di sé), di ciò che il successo o il fallimento significherebbero per la vostra famiglia (estensione dell'Io), delle vostre speranze o aspirazioni (immagine di sé), del vostro ruolo di risolutore dei problemi in esame (agente razionale) e della pertinenza dell'intera situazione per i vostri fini a lunga scadenza (tendenza del *proprium*)».

Predisposizioni innate e interazioni educative

L'individuo possiede una serie di percezioni cognitive e affettive, che riguardano se stesso in quanto oggetto e derivano in parte da predisposizioni innate e, in parte, dalle interazioni educative, ovvero di rapporto con i genitori e la società.

Alla nascita, il bambino entra a far parte di un mondo di azioni socialmente interpretate e valutate e manifesta un'innata propensione al passaggio dal biologico al sociale, al simbolico. Nel suo comportamento, è impegnato in una complessa mescolanza di azioni istintive, dirette allo sviluppo dei propri confini fisici, sociali e psicologici, al di là della semplice sopravvivenza. Durante la costruzione del carattere, il bambino presta attenzione selettiva ai propri simili, alle caratteristiche comportamentali e al linguaggio umano: non è semplicemente un osservatore, ma è coinvolto attivamente. Per esempio, durante una sequenza di gesti impara ad aspettare il proprio turno e, mentre partecipa al gioco, apprende la base logica e pratica della comunicazione e il riconoscimento dei ruoli.

Il bambino si pone nel ruolo di agente o iniziatore, con un'innata propensione per i temi legati alla socialità, che in seguito lo porranno nel ruolo di ricevente del carattere che comincia a formarsi. L'interazione sociale, tramite il dialogo, rende possibile il passaggio dal riconoscimento dei reciproci ruoli alla consapevolezza della propria identità e, successivamente, del proprio carattere.

Il bambino percepisce la formazione del suo carattere con modalità primitive, che si esplicano innanzitutto attraverso i simboli espressivi del gesto e del gioco. Per esempio, l'organizzazione del linguaggio inizia con il balbettio, che inevitabilmente viene abbandonato a favore del raggiungimento della verbalizzazione: quando, raggiunto un maggior livello di trasmissibilità, inaugura il lungo processo di sfida alle complessità di comunicazione e di relazione.

Poiché la formazione del carattere si attua anche attraverso l'espressione simbolica dell'esperienza della comunicazione e dell'organizzazione del linguaggio, si deve studiare il bambino in rapporto ai differenti ruoli e regole sociali con cui entrerà in relazione permanente. Il gioco allena a questo processo. Il bambino impersona, mimandoli, i ruoli degli esseri umani da lui osservati, in particolare i genitori e gli altri membri della famiglia. Questo mimare gli altri, nel contesto del gioco ma anche al di fuori di esso, rispecchia le regole adulte di rapporto, di interdipendenza dei ruoli, sostenute in senso attitudinale dalle norme e dai valori.

Da questi processi di simbolizzazione e di mimesi emerge il concetto del proprio carattere, un sistema di significati autoreferenziali, una sintesi dei concetti immaginati dal bambino, che si costituiscono in senso culturale e si definiscono nell'interazione sociale.

Qualsiasi tentativo di descrizione sistematica, o in senso economico, del concetto di carattere è destinato a fallire, perché artificiale, carente, impersonale e irreale. I teorici ammettono, tuttavia, che il concetto di carattere evolve lungo tutto l'arco dell'esistenza, e non cambia con il passaggio dall'adolescenza all'età adulta. Il carattere di un individuo, dunque, può essere considerato un perdurante tentativo di sintetizzare le diverse sfaccettature di un unico carattere.

Un bambino di età compresa fra i 3 e i 5 anni è teso alla formazione del proprio carattere facendo riferimento alle predisposizioni dei meccanismi innati e dei suoi talenti, espressi dal temperamento. È importante aiutare i bambini a costruirsi un buon carattere, perché si ritiene che una persona realizzata sia realistica, spontanea e schietta, capace tanto di im-

LE TRE COSTITUZIONI CARATTERIALI SECONDO JAMES

Nel suo libro *Principi di psicologia* (1890) W. James parla di tre costituzioni edificanti il carattere.

- *Carattere materiale*, derivante dalla conoscenza del corpo, dagli abiti, dalla famiglia, dall'ambiente di casa e dai beni posseduti.
- *Carattere sociale*, una sorta di conglomerato dei vari comportamenti sociali, che rispecchia due aspetti della rappresentazione che ognuno ha di sé. Da una parte, le percezioni e le immagini che si desumono attraverso il comportamento degli altri nei propri confronti; dall'altra, la percezione data, a seconda delle occasioni, dai sentimenti di vergogna oppure di orgoglio e onore.
- *Carattere spirituale*, ossia la consapevolezza delle proprie debolezze, la disposizione a esistere e il fatto di esistere.

James sottolinea l'importanza di accrescere la valutazione di se stessi, contemporaneamente alla valutazione degli altri, al fine di una buona formazione del carattere nella fase dell'età evolutiva. Questa via naturale di formazione del carattere contribuisce alla costruzione dell'autostima. Quando il successo e l'insuccesso entrano nella consapevolezza quali nozioni di valore, rispecchiando il grado di congruenza tra pretese e risultati, viene a coincidere il grado di somiglianza tra la valutazione di sé e il valore riconosciuto dagli altri.

pegnarsi in un problema che di risolverlo, e di opporre un'efficace resistenza alla pressione sociale.

Secondo K. Goldstein e C.R. Rogers, da un punto di vista psicosociale la realizzazione di se stessi è l'unica motivazione umana, mentre altre pulsioni – quali il sesso, la fame e il successo – sono solo aspetti o modalità di estrinsecare questa forza fondamentale. Per quanto la necessità di affermazione di sé e del proprio carattere sia universale e innata, la sua espressione varia da persona a persona, a seconda del corredo ereditato geneticamente, del condizionamento dell'ambiente familiare e sociale e, ancora, del background culturale.

Su queste interpretazioni si ritrova anche lo psicologo A. Maslow, quando afferma che, nella scala dei bisogni psicologici, l'autorealizzazione occupa uno dei livelli più elevati. Tuttavia, la possibilità di esaudire questo bisogno passa in secondo piano finché non vengono soddisfatti i bisogni a livello inferiore, quelli di natura fisiologica. Fra i bisogni "superiori" rientrano anche quelli di bellezza, bontà, completezza, sicurezza, amore e stima. Secondo Maslow, le persone che raggiungono un certo grado di autorealizzazione sono pochissime. Ciò collima con l'idea avanzata da Jung, in base alla quale la realizzazione di sé non può avvenire sino a che la persona non abbia attualizzato tutte le proprie capacità, non abbia, cioè, raggiunto l'individualizzazione e la consapevolezza delle possibilità insite nel proprio carattere per realizzare una personalità globale.

È necessario porre l'attenzione sul modo di perseguire i propri interessi, soddisfare bisogni, raggiungere fini. In sostanza, di comportarsi all'interno della società come attore che esprime il proprio carattere nella personalità globale.

In questo contesto, il comportamento è il complesso degli atteggiamenti assunti dal singolo individuo in funzione del raggiungimento dei propri obiettivi, ma anche in relazione a sollecitazioni o condizioni provenienti dall'ambiente sociale. Ma poiché la maggior parte degli atteggiamenti non è che l'espressione della psiche, ne deriva la possibilità di identificare lo studio della psicologia con quello del comportamento.

In tal senso, per alcuni la psicologia ha appunto come suo compito essenziale quello di scoprire le leggi e le dinamiche psichiche che regolano la condotta umana.

L'attività psichica si distingue da altre attività dell'organismo umano per il fatto che può essere conosciuta mediante l'introspezione. Ogni essere umano è, infatti, in grado di pensarsi, rappresentarsi e dunque esprimere la conoscenza di se stesso.

In sintesi, il carattere è il risultato dell'interazione fra temperamento e ambiente (familiare e sociale): non è quindi una componente statica della personalità, ma piuttosto una componente dinamica, che si modifica col tempo e in funzione delle vicende della vita che ne plasmano gli aspetti. Nell'età evolutiva, che si conclude con la maturità, esistono ampie possibilità di modificare il carattere, mentre con il progredire degli anni tali possibilità vengono meno. Ricordiamo che il temperamento e la formazione del carattere sono alla base della costituzione della personalità, che raggiunge la sua espressione con lo sviluppo psico-endocrino-sessuale tipico dell'adolescenza. Nel concetto di personalità sono dunque inclusi sia il temperamento, sia il carattere, ma vi confluiscono anche altre sfere dell'attività psichica, quali la sfera cognitiva, il pensiero, l'intelligenza, la vita affettiva, la sfera della volontà motivazionale e il rapporto con la propria fisicità corporea.

L'ATTIVITÀ PSICHICA

L'attività psichica è costituita da tre aspetti fondamentali: la sfera cognitiva, quella affettiva e quella della volontà.

Sono propri della sfera cognitiva la conoscenza, il pensiero, l'intelligenza e la memoria.

La conoscenza è l'insieme delle funzioni che consentono all'individuo di essere informato sulla realtà, di accumulare esperienze, acquisire nozioni.

Il pensiero è l'organizzazione di processi mentali di carattere simbolico che si concreta nelle idee.

L'intelligenza è l'insieme delle capacità acquisite, che si utilizzano non solo a livello speculativo, ma anche per agire nella vita relazionale. L'intelligenza può essere pratica (attitudine ad affrontare e risolvere situazioni concrete) o teorica (attitudine a impostare e risolvere problemi generali e astratti).

La memoria rappresenta, da un punto di vista della funzionalità psichica, il patrimonio delle informazioni, degli schemi teorici e pratici dell'esistenza di un individuo, compresa tutta la sua psicostoria personale e sociale.

Parlando di sfera affettiva, si fa riferimento alla fondamentale coloritura, positiva o negativa, piacevole o spiacevole, che eventi e pensieri suscitano in noi; l'affettività è anche responsabile degli stati d'animo che si realizzano spontaneamente, senza consapevoli stimoli esterni. Sono propri dell'affettività l'umore, i sentimenti e le emozioni.

L'umore è inteso come il variare dell'emotività, nelle diverse sfumature che vanno dalla più profonda tristezza alla gioia. I sentimenti sono, invece, espressioni più elaborate della vita affettiva, che tengono conto del rapporto con persone e ambiente. Sentimenti vitali, sentimenti di valore, di valutazione affermativa o negativa di sé, sentimenti che attengono a giudizi, positivi o meno, sugli altri. A loro volta, le emozioni sono interpretate come energie psichiche "organizzate" in sentimenti che si manifestano con un'intensità particolarmente rilevante – ira, pianto, furore, eccitazione euforica – e si estrinsecano anche con fenomeni fisiologici (rossore, batticuore, pallore, tremore...).

La sfera della volontà, infine, riguarda le azioni, o le omissioni, compiute per determinati fini. Alla base del volere sussistono sia motivi consapevoli, sia motivazioni profonde (o inconsce), tanto pulsionali che istintive. Sulla volontà si incentra tutta la tematica della libertà, della responsabilità e del determinismo.

CAPITOLO 2

Schema delle radici della conoscenza di se stessi

Viviamo in un'epoca in cui lo studio dell'uomo è fortemente ramificato. Una delle mete cui tende il pensiero contemporaneo è la creazione di una scienza dell'uomo che lo abbracci completamente: biologi, filosofi, giuristi, sociologi, medici, psicologi, teologi e innumerevoli altri scienziati hanno elaborato visioni molto simili sulla definizione dell'uomo e, talvolta, hanno addirittura sviluppato un linguaggio comune. L'*Homo sapiens* evoluto è capace di elaborare informazioni e di procedere praticamente nel causare modificazioni nell'ambiente, spinto da un'azione di evoluzione. Da quando l'uomo si conosce, da quando è capace di attuare processi cognitivi e comportamentali, si rivolge ai propri simili e si confronta con loro, attraverso i linguaggi verbale e gestuale. In gruppo e in società egli assume dei ruoli, cerca il consenso degli altri e collabora al sostentamento reciproco per garantire a se stesso e agli altri la sopravvivenza come specie.

Le origini della ricerca di sé

Se facciamo tabula rasa delle nostre conoscenze attuali e, da perfetti primitivi, ci proiettiamo in un viaggio virtuale nel passato alla ricerca delle emozioni istintive che hanno guidato gli esseri umani nella conoscenza di se stessi, c'imbattiamo in uno strano fenomeno, lo stretto rapporto fra l'uomo e il cosmo. L'uomo non era altro (perché si pensava così) che un microcosmo, in quanto partecipe di ogni aspetto del cosmo, della sua essenza fisica, come di quella dell'anima e dello spirito. L'essere umano antico nella sua esperienza di persona e nei suoi comportamenti psicologici relazionali non si identificava con un ambiente terrestre specifico, ma al contrario sentiva un forte legame con il cosmo (D. Rudhyar 1989).

Nel nostro viaggio virtuale vediamo come questo essere primitivo agisca empiricamente alla propria sopravvivenza e a quella dei suoi simili; curioso ed esploratore si rende conto della ciclicità del giorno-luce-sole contrapposto alla notte-buio-luna.

L'essere umano capisce che il giorno-luce permette l'attività di esplorazione e sopravvivenza, mentre di notte-buio si manifesta la passività necessaria del riposo-sonno.

Inoltre, nei tempi arcaici, la struttura scheletrico-muscolare maschile è più idonea ad attività che prevedono l'uso esclusivo della forza fisica nella relazione di sopravvivenza e di adattamento all'ambiente. Questa realtà porta con sé l'associazione del maschile alle simbologie di sole-giorno-luce. Mentre la realtà femminile di generare e garantire la continuità della specie è stata messa in relazione con le simbologie di luna-notte-buio.

Sole e luna sono dunque le polarità base dell'interpretazione simbolica di definizione delle categorie umane maschili e femminili. La successiva divisione delle due polarità è quella che porta alle quattro stagioni, alle quattro direzioni e ai quattro elementi fondamentali della natura (aria, acqua, fuoco e terra) e segna l'inizio dell'astrolatria e successivamente dell'astrologia (A. Musso, P. Van Wood, 1990).

Qui di seguito, il lettore troverà indicazioni precise sul significato psicologico dei quattro elementi della natura e le loro implicazioni interpretative sulla formazione del carattere dei bambini e degli adulti.

I quattro elementi e i quattro temperamenti

Ognuno dei quattro elementi ha delle caratteristiche sue proprie: l'aria è fredda, è quindi un'energia che tende a scendere, l'acqua è fluida, si diffonde e tende a espandersi, il fuoco è caldo e tende a salire, la terra è solida, statica e concentrata.

Nell'organismo i quattro elementi lavorano in sinergia fra loro per mantenere l'equilibrio dinamico che impone la vita; vi sarà la prevalenza di uno o più elementi con le loro caratteristiche secondo il periodo della giornata, la stagione, le epoche della vita dell'individuo o secondo le situazioni esterne che si presentano. Quando uno o più elementi perdono la capacità di rispondere adeguatamente compaiono i sintomi che non sono altro che un'espressione dell'alterazione dell'organismo. Esistono poi quattro fluidi, i quattro "umori" della medicina ippocratica, risultato della combinazione dei quattro elementi: il sangue infatti è formato dalla combinazione del fuoco con l'acqua, la bile del fuoco con la terra, la bile nera della terra con l'aria e la linfa dell'aria con l'acqua.

Quando uno di questi umori, quindi quando uno o entrambi gli elementi che lo compongono è in eccesso, si ha l'espressione di uno dei quattro temperamenti enunciati da Ippocrate. Tale manifestazione del temperamento può essere più o meno marcata secondo se siamo di fronte a una tendenza o a una vera e propria patologia.

Le influenze dei quattro elementi sulla psicologia infantile

La descrizione che daremo dei vari temperamenti (sanguigno, melanconico, collerico e linfatico) riguarda i tratti fondamentali che questi assumono nei bambini in situazioni non francamente patologiche. Saperli cogliere, da parte del genitore o degli educatori, può aiutare il bambino a controbilanciare queste tendenze, favorire una crescita più armonica e prevenire l'eventuale comparsa di patologie.

Il tipo sanguigno

È caratterizzato da eccesso dell'umore sangue formato dalla combinazione dei due elementi fuoco e acqua.

I sanguigni sono persone con una grossa energia, eccessivi in tutto, preferiscono stare all'aria aperta, soffrono il caldo, amano i giochi di movimento, la corsa, non sono costanti, anche nel gioco è difficile che riescano a concentrarsi su uno solo per tempi lunghi, in genere continuano a cambiarli senza poi giocare con nessuno di essi. Gli mancano, cioè, le caratteristiche dei due elementi, terra e aria, che dovrebbero contrastare l'eccesso di fuoco e acqua. Non hanno quindi la capacità di concentrarsi e la costanza che sono propri della terra e la capacità di raffreddarsi che è dell'aria. Da un punto di vista fisico sono persone con uno sguardo vivo che si volge da un oggetto a un altro con rapidità, hanno un corpo slanciato e flessibile, il passo è leggero e saltellante, hanno una tendenza maggiore ad avere disturbi urinari (cistiti) e infiammazioni in genere. Tendono a peggiorare in primavera.

I consigli che si possono dare a queste persone sono a vari livelli: cercare attraverso il legame affettivo di dar loro un'ancora, una stabilità, che ancora non hanno internamente. Per questo motivo è fondamentale una figura di riferimento solida e costante. Queste persone, infatti, tendono ad accentuare le loro caratteristiche quando ci sono troppe figure di riferimento. Molto più degli altri, hanno anche bisogno di un ritmo costante durante la giornata, di una scansione regolare del tempo, creando in questo modo nelle situazioni esterne quelle costanti che non riescono a sviluppare interiormente. Per i bambini sanguigni raccomandiamo l'uso di giochi che siano capaci di dare libero sfogo al loro bisogno di muoversi e stare all'aperto per quella necessità di aria di cui si è detto. Inoltre non devono essere stimolati da troppi giochi che possono ancor di più sviluppare la tendenza all'incostanza; si consiglia quindi di mostrar loro un gioco alla volta e se possibile favorire la manipolazione con vari materiali, soprattutto con la terra e la sabbia. Per quanto riguarda i colori evitare se possibile di vestirli di rosso e blu, colori legati al fuoco e all'acqua. Da un punto di vista alimentare è meglio favorire l'uso di cibi rinfrescanti: frutta (anche se è meglio non eccedere in quella particolarmente acquosa), verdura, soprattutto quella più concentrata, come la carota e tutte le radici in genere, latticini, anche se non in eccesso, cereali, soprattutto in chicchi, legumi e derivati dalla soia. Si dovrebbero invece evitare, o per lo meno se ne dovrebbe limitare l'uso, alimenti molto cotti e caldi, carne e dolci.

Il tipo melanconico
Presenta eccesso dell'umore bile nero formato dalla combinazione della terra con l'aria.

I melanconici sono riservati, tendono a isolarsi, non amano giocare con gli altri, in parte perché sono facili a essere feriti, in parte perché timidi. Alle offese in genere non reagiscono, ma non le dimenticano. Giocano da soli, fantasticano molto anche se quando riescono a superare la diffidenza e la timidezza si relazionano volentieri con gli altri e hanno la tendenza ad affezionarsi. Nei momenti di stanchezza, o quando sono stati offesi, costoro tendono a chiudere i contatti con il mondo e spesso si succhiano il dito fino a tarda età. Tendono a peggiorare in autunno. In questo caso la mancanza riguarda quegli elementi che sono in eccesso nel sanguigno: non hanno cioè l'energia, l'esuberanza e l'apertura verso l'esterno caratteristici della combinazione fuoco-acqua, presentando al contrario un eccesso di chiusura e di difficoltà a dimenticare, proprio della terra e un eccesso di fantasie tipiche dell'aria. Per quanto riguarda l'aspetto fisico tendono a tenere la testa chinata in avanti, con lo sguardo il più delle volte rivolto a terra, sono spesso stanchi e soffrono di mal di testa, camminano trascinando i piedi. Soffrono di stitichezza, di disturbi allo stomaco e respiratori; sono freddolosi e quando si ammalano fanno fatica a recuperare, come se il loro sangue fosse carente di ossigeno. Il loro corpo è poco flessibile e tende alla rigidezza.

Sono sicuramente le persone più difficili con cui stabilire una relazione per il loro carattere schivo e facilmente vulnerabile; quando però entrano in contatto con una persona creano forti legami, che possono essere loro d'aiuto. Essendo persone predisposte alla sofferenza e alla chiusura, una delle possibilità per distrarli dal loro dolore è interessarli alle difficoltà che affliggono altri uomini in modo da spostare la sofferenza dall'interno all'esterno: se vengono aiutati a sfogare il loro dolore con delle motivazioni esterne, possono liberarsi dalla malinconia e ristabilire uno stato d'equilibrio. Se si tenta invece di distrarli o di divertirli o di metterli in contatto con compagnie allegre, il più delle volte si ottiene una maggiore chiusura. Attraverso i giochi di fantasia possono mimare situazioni difficili in cui assumere un ruolo di sostegno e aiuto. Hanno bisogno di persone vicine che entrino a far parte di questi giochi fantastici in modo da evitare che si isolino. Hanno bisogno in genere di calore da un punto di vista fisico e per loro è utile anche il movimento, soprattutto se collegato con la musica. Si possono anche aiutare con l'uso dei colori, partendo con colori scuri e indirizzandoli in tempi successivi verso colori più vivaci, da preferire invece fin da subito nei vestiti.

Per quanto riguarda l'alimentazione hanno bisogno di cibi cotti e caldi, di liquidi, che possono contrastare la tendenza alla rigidità, anche assunti attraverso frutta ben matura e verdure a foglia. Hanno anche bisogno sia di cibi naturalmente dolci (castagne, zucca, miglio, topinambur, mais ecc.) sia di quelli sempre naturalmente salati (olive, capperi, lenticchie, alghe ecc.). Si dovrebbero evitare invece i cibi troppo freddi tanto di temperatura che di qualità (come, per esempio, i latticini), sia il sapore acido.

Il tipo collerico

Caratterizzato dall'eccesso dell'umore bile gialla formato dalla combinazione dell'elemento fuoco con la terra.

Sono persone ostinate che vogliono uscire vittoriose da ogni conflitto, mantengono le loro posizioni anche a costo di difenderle fisicamente; in genere sono audaci, mancano del momento della riflessione e vanno incontro a volte, anche senza motivi scatenanti, a vere e proprie crisi di collera durante le quali possono buttarsi a terra e scalciare strillando o picchiare convulsamente intorno.

Con la crescita, le crisi si fanno in genere meno frequenti, anche se in alcune occasioni possono ancora essere presi da un'ira così furiosa che essi stessi fanno fatica a riconoscersi. In genere dopo questi momenti appaiono molto tranquilli e come liberati. Già da piccolissimi tendono a non farsi aiutare da nessuno per mangiare o vestirsi e fin da subito imparano a dire "da solo". Anche loro, come i sanguigni, hanno poca continuità soprattutto quando insorgono difficoltà: per esempio nel gioco, se non riescono a fare una cosa, tendono subito ad arrabbiarsi e distruggono il gioco o passano ad altro.

Anche nelle amicizie tendono a cambiare spesso, non per incostanza, ma perché litigano facilmente. Tali soggetti hanno, infatti, troppo fuoco che li fa infiammare facilmente e troppa terra che non li rende flessibili di fronte alle diverse situazioni che si possono presentare. Tendono ad avere malattie infiammatorie, soprattutto tonsilliti, o difficoltà nel funzionamento epatico. Hanno una tendenza a peggiorare nel periodo estivo. Fisicamente sono di bassa statura, con occhi generalmente scuri, il passo è sicuro e appoggiano il piede con forza sul terreno. La pelle tende alla secchezza e non sudano molto. Facilmente con questi bambini si perde la pazienza e ci si oppone in maniera dura per constatare che molte volte finiscono comunque per avere il sopravvento. È invece consigliabile davanti alle loro crisi colleriche rimanere imperturbabili, ma presenti se c'è bisogno di contenere la loro rabbia. Solo nel momento in cui questa è sbollita, è possibile parlare al bambino di quello che è successo ed è necessario non mostrargli alcuna incertezza. Egli ha bisogno di persone che meritino stima e siano autorevoli. Inoltre a questo tipo di bambini non è bene facilitare la vita: hanno bisogno di usare la loro forza. Attraverso i giochi si può dar loro la possibilità di esercitarla in modo che porti vantaggio e non danno: perciò lo spaccare legna, il piantar chiodi e il trasportare sassi possono essere mezzi per aiutarli. Anche la lettura di racconti che narrino le gesta di eroi può essere utile per farli riflettere sui propri limiti. I bambini collerici hanno bisogno di giocare all'aperto (anch'essi per mancanza dell'elemento aria) e devono potersi muovere liberamente.

Per quanto riguarda i colori, possono essere utili tutte le nuance dell'azzurro e il bianco.

L'alimentazione deve prevedere frutta e verdura come nel melanconico, in quanto in entrambi è carente l'elemento acqua rispetto alla terra in eccesso; quindi abbondanza di cibi freschi e rinfrescanti come i latticini (anche se non in eccesso), cereali, questa volta meglio in fiocchi (anche se i chicchi devono per tutti costituire la base), i sapori salato e acido. Sono da evitare cibi molto cotti e molto caldi e i dolci.

Il tipo linfatico

Presenta un eccesso dell'umore linfa formato dalla combinazione fra l'elemento aria con l'acqua.

Sono persone pigre che esprimono poco all'esterno il loro ricco mondo interiore; in genere amano i giochi statici, sono molto casalinghi, lenti, li si attiva difficilmente. Molto tranquilli, da piccoli possono stare anche per ore nella carrozzina a guardare il movimento delle loro mani; solo al momento della poppata si agitano un poco e mangiano e digeriscono senza grossi problemi. Imparano tardi a gattonare e a camminare.

Con il procedere del tempo manifestano un bisogno d'ordine sia nei giochi che fanno sia nell'uso di certi oggetti o nel vestiario: vogliono, magari, solo la tazza in cui hanno sempre bevuto o solo il loro cucchiaino. In questi casi possono diventare parecchio ostinati e lasciarsi andare a crisi di rabbia.

Hanno un ritmo interno molto spiccato, sono bambini che chiedono di mangiare e di andare a letto sempre alla stessa ora. Imparano tardi anche a parlare e quando iniziano parlano lentamente, con molte pause. Stanno volentieri da soli a giocare in quanto gli altri bambini sono per loro troppo eccitati, amano la compagnia solo di altri bambini linfatici.

A scuola sono lenti anche se una volta imparata una cosa la dimenticano difficilmente, non sono però capaci di pensieri rapidi né di risposte pronte. Amano il caldo e la stagione in cui si aggravano maggiormente è l'inverno, con una serie di malattie respiratorie, raffreddori, influenze che difficilmente per tutto quel periodo li abbandonano; possono soffrire di ipertrofia adenoidea con tutto quello che comporta. Si alimentano molto spesso, hanno sempre fame e difficilmente li si distrae dal cibo. In questi casi sono presenti in eccesso l'aria e l'acqua: l'aria raffredda i liquidi dell'organismo, da cui consegue la tendenza ad accumulare fisicamente e, infatti, sono bambini generalmente obesi.

Da un punto di vista emotivo l'eccesso di aria produce tante fantasie senza però che ci sia un processo di trasporto verso l'esterno; per questo motivo hanno bisogno di calore (fuoco) che li attivi. Il loro passo è spesso strascicato e non appoggiano bene il piede a terra. Il mezzo migliore per scuoterli è quello di interessarli attraverso l'entusiasmo di altri bambini: è utile quindi circondarli di amici.

Anche per loro è importante affezionarsi a un adulto che non dia però a vedere il suo interesse per loro, in modo che siano spinti a conquistarne l'affetto risvegliando quella parte di comunicazione con l'esterno che il più delle volte tendono per pigrizia a non attivare. Nei giochi è meglio ogni tanto stimolarli e non lasciarli a giocare per troppe ore per conto loro. Hanno bisogno di colori accesi che mobilizzino la loro energia.

Per quanto riguarda l'alimentazione sono assolutamente da evitare tutti i cibi che tendono al rallentamento, quindi quelli freddi, i latticini, la frutta e le verdure crude in eccesso; hanno invece bisogno di cibi leggermente eccitanti, cotti e caldi, la carne e le proteine animali in genere. Se possibile non si dovrebbe abbondare col cibo, soprattutto prima di compiti impegnativi (per esempio la scuola), in quanto questo appesantirebbe le loro capacità reattive.

CAPITOLO 3

Temperamento, carattere e personalità

Come abbiamo appena visto, la teoria dei quattro elementi naturali stabilisce la loro azione sulla formazione del carattere degli individui. Probabilmente le caratteristiche stagionali del momento del concepimento e della nascita agiscono sull'organizzazione genetica e, in qualche modo ancora sconosciuto, contribuiscono a strutturare il temperamento degli individui.

Lentamente stiamo passando dalle teorie arcaiche, riguardanti l'interpretazione e la classificazione dei tipi d'individuo, agli studi scientifici, relativi alla costituzione e formazione del carattere, per giungere, più avanti (nella Parte III del libro), allo studio della complessità della personalità.

Giunti a questo punto, è necessario, quindi, porre l'attenzione sul complesso delle caratteristiche psichiche dell'uomo che si riflettono più direttamente sul suo modo di perseguire interessi, di soddisfare bisogni e necessità, di raggiungere fini, di comportarsi, in definitiva, come attore nella società, che esercita il proprio carattere definito, nella più ampia personalità globale.

Così, per esempio, parlando di comportamento, ci riferiamo qui al complesso coerente di atteggiamenti che il singolo soggetto assume in funzione delle modificazioni, ma anche in relazione a determinate sollecitazioni o condizioni provenienti dall'ambiente sociale.

Poiché, però, tali atteggiamenti altro in gran parte non sono che un'espressione della psiche, ne risulta, in pratica, nella nostra prospettiva, la possibilità di identificare lo studio della psicologia con quello del comportamento.

In tal senso, per alcuni, la psicologia ha appunto come suo compito fondamentale quello di scoprire le leggi e le dinamiche psichiche che regolano la condotta umana.

Le componenti dell'attività psichica

L'attività psichica è costituita da tre fondamentali aspetti: la sfera cognitiva, la sfera affettiva e quella della volontà.

Sono proprie della sfera cognitiva, l'intelligenza, la conoscenza, la memoria e il pensiero. La conoscenza è l'insieme delle funzioni che consentono all'individuo di essere informato sulla realtà, di accumulare esperienze, di acquisire nozioni. Il pensiero è l'organizzazione di processi mentali di carattere simbolico che si concretizzano nelle idee. L'intelligenza è l'insieme delle capacità acquisite, che si utilizzano non solo a livello speculativo, bensì per agire nella vita relazionale. L'intelligenza può essere pratica attitudine ad affrontare e risolvere situazioni concrete, o teorica, ovvero attitudine a impostare e risolvere problemi generali e astratti.

Parlando di sfera affettiva, si fa riferimento a quella fondamentale coloritura positiva o negativa, piacevole o spiacevole, che eventi e pensieri suscitano in noi: l'affettività è anche responsabile di quegli stati d'animo che si realizzano spontaneamente, senza consapevoli stimoli esterni, ovvero l'umore, inteso come il variare dell'emotività, nelle diverse sfumature che vanno dalla più profonda tristezza alla gioia. I sentimenti sono invece espressioni più elaborate della vita affettiva, che tengono conto del rapporto con persone e ambienti: sentimenti vitali, sentimenti di valore, di valutazione affermativa o negativa di sé, sentimenti che attengono a giudizi positivi o meno sugli altri. Le emozioni sono interpretate quali energie psichiche che si organizzano in sentimenti manifestati con un'intensità particolarmente rilevante: ira, pianto, furore, eccitazione euforica, e che si estrinsecano anche con fenomeni fisiologici: rossore, batticuore, pallore, tremore ecc.

La sfera della volontà riguarda le azioni, o omissioni, che vengono compiute per determinati fini. Alla base del volere, sussistono tanto motivi consapevoli, quanto motivazioni profonde o inconsce, sia pulsionali, sia istintive. Sulla volontà s'incentra tutta la tematica della libertà, della responsabilità e del determinismo.

L'attività psichica, si distingue inoltre da altre attività dell'organismo umano per il fatto che può essere conosciuta mediante l'introspezione. Sia chiaro però che l'introspezione non consente al soggetto di conoscere i fenomeni psichici inconsci, che pure sono parte integrante della persona, e che possono condizionare e influenzare volontà, atti coscienti, comportamento e carattere.

La definizione di personalità

Per giungere alla definizione di carattere, è necessario affrontare e chiarire i termini relativi alla personalità e al temperamento degli individui.

Nell'uso comune, il significato del temine "personalità" può identificarsi con l'abilità o l'accortezza sociale, valutandosi la personalità di un individuo in funzione della sua capacità di agire positivamente nei contatti con persone diverse e nelle circostanze più varie. In tal senso, si dice che un soggetto presenta problemi o disturbi di personalità, quando il suo funzionamento sociale non è adeguato, ovvero quando le sue capacità sociali non sono sufficienti a creare e mantenere soddisfacenti rapporti interpersonali.

Una seconda accezione considera inerenti alla personalità di un individuo le impressioni più intense e vive che suscita negli altri; la reazione del prossimo al modo di interagire di un individuo definisce la sua personalità: per esempio, prepotente, affascinante, difficile ecc. È questa, pertanto, una definizione psicosociale, poiché considera la persona nell'interazione col prossimo. Secondo questa prospettiva, si viene a realizzare una significativa coincidenza fra concetto di personalità e concetto di ruolo; quest'ultimo è tratto dalla psicologia sociale; di esso si parlerà più innanzi: basterà per ora definire il ruolo come il modello organizzato di comportamento relativo a una certa posizione dell'individuo in un insieme di relazioni sociali.

La personalità può ancora essere intesa come insieme delle qualità e caratteristiche di un soggetto, quale somma cioè dei suoi aspetti biologici e psichici suscettibili di osservazione e descrizione obiettiva, facendo astrazione dai riflessi interpersonali. In altre definizioni il concetto di personalità include gli aspetti unici, irripetibili, o più rappresentativi, di un individuo. In definitiva, la personalità è l'insieme dei termini che vengono impiegati per descrivere il singolo individuo, termini scelti in base a variabili e dimensioni diverse, a seconda del campo d'interesse dello studioso.

Un concetto di personalità di indirizzo cognitivo comportamentale e psicosomatico, che rientra nell'ambito della presente trattazione, è senz'altro quello elaborato da Allport nel 1937 (*Psicologia della personalità*), il quale afferma: «La personalità è l'organizzazione dinamica all'interno dell'individuo di quei sistemi psicofisici che determinano il suo adattamento unico all'ambiente». Ma anche tale definizione non soddisfa appieno l'orientamento di questa trattazione, che si rivolge al singolo individuo e ai suoi rapporti con la realtà sociale, ammettendo una sorta di rapporto di reciproca influenza tra ambiente e individuo nella costituzione del carattere. Se, infatti, l'individuo adatta in qualche modo la sua personalità all'ambiente sociale, quest'ultimo, a sua volta, rimanda all'individuo quell'immagine di se stesso che si è fatta di lui, talché il soggetto è indotto a modificare la propria autopercezione e il proprio comportamento: e così via, in un continuo processo di reciprocità e retroazione fra individuo e ambiente sociale.

Dal temperamento al carattere

Per meglio comprendere questa circolarità fra individuo e ambiente, e la rilevanza che sulla personalità ha la struttura biologica, che pure entra nel gioco della formazione della personalità, è opportuno introdurre i concetti di temperamento e di carattere; termini che frequentemente si sovrappongono, si confondono o si identificano con quello di personalità. Parlando di temperamento, ci ricolleghiamo alla base psicofisica innata, ancora centrata sulla struttura biologica, delle disposizioni e tendenze peculiari d'ogni individuo ad agire nel mondo, a reagire all'ambiente e ad atteggiarsi nei ruoli, con particolare riferimento alla sfera affettiva. In altra prospettiva, il temperamento è da ritenersi come difficilmente, o per nulla, modificabile.

Sebbene le esperienze di vita, le particolari caratteristiche dei rapporti interpersonali e dei rapporti familiari, così come l'impegno di volontà per determinare la propria posizione sociale, le avventure dell'esistenza, le frustrazioni, le giustificazioni, le diverse possibilità di realizzarsi, in una parola le infinite circostanze esistenziali, incidano sul temperamento, facendo assumere al soggetto modalità di atteggiarsi e di reagire anche diverse da quelle innate, non producono alterazioni, ma interagiscono con modalità complesse, orientando la costruzione del carattere dell'individuo.

In altri termini, il concetto di temperamento contiene connotazioni di potenzialità che si traducono in attualità, per effetto delle mutevoli esperienze e vicende che la vita pone a ciascuno. Così, per esempio, possiamo ritenere un individuo dotato di temperamento aggressivo, sulla scorta delle sue biologiche predisposizioni innate; egli peraltro diverrà di carattere aggressivo, cioè si comporterà tanto più aggressivamente quanto maggiori saranno state le circostanze della sua vita che avranno favorito in lui l'aggressività, vuoi per il tipo di educazione e di clima familiare, quindi per i modelli precocemente assunti, vuoi per le vicende e le opportunità sociali che hanno stimolato la sua potenzialità aggressiva, vuoi per l'atmosfera violenta dell'ambiente culturale e sociale nel quale si sarà trovato inserito ecc. Condizioni e situazioni sociali potranno, al contrario, inibire le disposizioni di temperamento, che non verranno perciò attuate in carattere. Il carattere rappresenta, pertanto, il risultato dell'interazione fra temperamento e ambiente: esso non è quindi una componente statica della personalità, quanto piuttosto una componente dinamica che si modifica col tempo e con quelle vicende di vita che ne plasmano gli aspetti. Tale modificabilità del carattere, peraltro, è relativa, possibile in talune espressioni, ma non nel suo nucleo profondo; anche nel concetto di carattere è pure insita una componente di abitualità e di prevedibilità, come aspetto se non rigidamente permanente, comunque dotato di persistenza. Il carattere, inoltre, è tanto meno modificabile quanto più progredisce l'età: si parla infatti di età evolutiva, che si conclude con la maturità, per sottolineare la ancor ampia possibilità di modificazione del carattere, propria, appunto, dei giovani. Sono inclusi dunque nel concetto di personalità, sia il temperamento sia il carattere; vi confluiscono peraltro anche altre sfere dell'attività psichica, quali la sfera cognitiva, il pensiero, l'intelligenza, la vita affettiva, la sfera della volontà-motivazionale e il rapporto con la propria fisicità corporea.

Gruppi sanguigni e personalità

Un altro aspetto significativo che, negli studi sulle relazioni tra organismo biologico e tipologie di temperamento, ha raggiunto oggi interessanti interpretazioni, riguarda le correlazioni che esistono tra gruppi sanguigni e personalità. Se conoscete il vostro gruppo sanguigno leggete le sue caratteristiche[1].

1. Nella medicina ippocratica, come in quella cinese, l'uomo, come tutto ciò che lo circonda, è il risultato della combinazione dei quattro elementi: aria, acqua, fuoco e terra. Attraverso i vari apparati respiratorio, urinario, cardiocircolatorio e digerente si ha uno scambio con gli elementi esterni: il respiratorio con l'aria, l'urinario con l'acqua, il cardiocircolatorio con il fuoco e il digerente con la terra.

Gruppo 0 (i melodici)

Natura decisamente ottimista e aperta al mondo. Ha una grande capacità di adattamento agli esseri e alle cose. Come tutti gli estroversi tiene a piacere ed è bravissimo a valorizzarsi. Voglia di scoprire, di assimilare ma anche di dare e di darsi. È fornito di una memoria spontanea e selettiva, di una profonda intelligenza e di una buona capacità di comprensione e d'assimilazione. Tiene molto all'indipendenza, ma al tempo stesso è molto sensibile all'opinione che si ha di lui e al giudizio sulle sue azioni. Quando deve prendere una decisione la prende su due piedi, confida nel suo istinto più che nell'esperienza. È attaccato alle convenienze e alle regole del vivere sociale. Da solo si annoia e non combina nulla di buono.

Matrimonio: gli uomini e le donne del gruppo 0 si sposano molto facilmente, ma divorziano anche facilmente per poi risposarsi. Si dimostrano compagni moderni, liberi e comprensivi, rispettosi della personalità dell'altro. Gli uomini 0 sono attratti dalle donne B. Le donne 0 preferiscono gli uomini A, e subito dopo gli uomini B.

Professioni: commerciante, PR ma anche avvocato, professore, psicologo, medico. È attratto dalla meccanica, dalle lingue straniere, dalle scienze politiche.

Alimentazione: dà molta importanza al buon cibo e adora cucinare. Aperto a tutte le nuove esperienze, è un buongustaio e al tempo stesso un goloso.

Gusti intellettuali e artistici: ama la musica, l'opera, il teatro, la poesia.

Elemento dominante: l'aria.

Gruppo A (gli armonici)

Carattere gentile, riservato e pudico, quasi sfuggente. Sotto un'apparente amarezza si nasconde quasi sempre un profondo ottimismo. È uno di quelli che non si prende troppo sul serio, ma prende sul serio la vita e gli altri. Ha una memoria pronta ma selettiva, una intelligenza intuitiva ma logica. Se il suo modo di accostarsi al mondo è sentimentale e sensuale, al tempo stesso la sua immaginazione si libra lontano, anche quando non si esteriorizza. Mira a un ideale elevato che talvolta è difficile da raggiungere, non al successo sociale o alla ricchezza. È un orgoglioso, ama la verità, i rapporti diretti e improntati alla fiducia. Dotato di un carattere molto indipendente si sforza di dipendere solo da se stesso e preferisce organizzarsi da solo piuttosto che lavorare in équipe. Ha il senso della responsabilità, l'amore per il lavoro ben fatto, una profonda coscienza professionale. Non tollera le critiche e la concorrenza e nonostante la fiducia che ha in se stesso (fiducia che di solito è abbastanza profonda) non gli dispiacciono le lodi che gli vengono tributate e le dimostrazioni d'affetto. Nei momenti di crisi, tuttavia, desidera stare da solo.

Matrimonio: gli uomini del gruppo A si fanno molto facilmente un'immagine "poetica" della donna. Di conseguenza si dimostrano ostili verso l'attuale tendenza nel "virilizzarla". Attirati dal matrimonio e dai figli vanno d'accordo con le donne del gruppo 0. Le donne A non disdegnano il nubilato e non sono molto entusiaste all'idea di procreare. Sono attratte da uomini del loro stesso gruppo sanguigno.

Professione: sono tagliati per l'architettura e i mestieri che richiedono una grande abilità manuale. Agli A non piace né comandare né obbedire. Sono portati per i lavori di ricerca che permettono un'autonomia creativa.

Alimentazione: variata e raffinata. L'A è più buongustaio che goloso.

Gusti intellettuali e artistici: molto eclettico ama la letteratura, la filosofia, la storia, la musica. Attrazione per l'arte d'avanguardia e la pittura astratta.

Elemento dominante: il fuoco.

Gruppo B (i ritmici)

Temperamento dinamico e intraprendente, dalle precoce ambizione servita da una mente rigorosa. Possiede una grande curiosità indirizzata verso cose specifiche, ama il rischio, è dotato di molta perseveranza, di un acuto senso del dovere e di un certa tendenza al settarismo. Di lui si dice che è quello che abbatte gli ostacoli. La sua sincerità è assoluta e spontanea e non si abbassa mai a mentire, nemmeno per salvare la forma. Dotato di una memoria eccellente, ama organizzare, costruire, comandare, è attratto dalle associazioni solidamente strutturate. L'egocentrismo lo porta spesso a non tenere in sufficiente considerazione l'opinione degli altri, ma quando prende un granchio lo riconosce lealmente. L'immaginazione è volta alle realizzazioni concrete e sa dominarla e guidarla a meraviglia. Molto portato all'analisi e alla deduzione, ha uno spirito critico molto acuto e modi disinvolti, al limite della brutalità. Prende tutto sul serio. Il successo non gli dà alla testa, sebbene accordi molta importanza all'approvazione altrui. È interessato in primo luogo all'azione, in seguito alle idee, alle cose e infine alle persone.

Matrimonio: gli uomini B hanno nei confronti delle donne un atteggiamento molto mediterraneo, un misto di passione e di disprezzo, un forte senso del possesso e stimano solo quelle donne che si identificano socialmente con gli uomini. Per le donne B il matrimonio è un affare. Sono audaci e totalmente scevre da pregiudizi. Se decidono di fondare un focolare è per sistemarsi definitivamente. Spesso volubili prima di sposarsi, una volta sposate si rivelano spose fedeli e ben organizzate.

Professione: le attività che richiedono azione o quelle tecniche. È attratto inoltre da professioni liberali e da quelle che hanno a che fare con la politica.

Alimentazione: è generalmente sobrio e non dà molta importanza al cibo.

Gusti intellettuali e artistici: s'interessa in modo molto concreto alle arti e alla letteratura. Ama il ballo, il jazz e la pittura.

Elemento dominante: la terra.

Gruppo AB (i complessi)

Ha una personalità ricca e affascinante, ma contrassegnata da tendenze contraddittorie. Il suo straordinario bisogno di comunicare con gli esseri e le cose rivela una curiosità molto viva, con una fantasia multiforme che riesce a concretizzare al massimo. Egli è, infatti, tutto l'opposto del sognatore. La sua sensibilità a fior di pelle è controbilanciata da un acuto senso della realtà, da una durezza inflessibile che si manifesta quando sono in ballo i suoi interessi. È brillante, ricco di fascino, fornito di una grande capacità di adattamento e ha la tendenza ad approfittarne. È tenacemente attaccato alla sua indipendenza e pronto a tutto pur di difenderla, più avido che ambizioso, nei rapporti con gli altri dà prova di una volontà capricciosa e un'autorità anarchica. Ha una intelligenza di notevole levatura, un'eccellente memoria e un'attenzione vigile e sostenuta. Gli piacciono le difficoltà e gli succede spesso di complicarsi a bella posta i problemi che appaiono troppo facili. Ha un humour corrosivo che non risparmia né i suoi amici né se stesso.

Matrimonio: all'uomo AB non spiace affatto restare scapolo, ma quando si forma una famiglia è relativamente prolifico. Le unioni più equilibrate e felici degli AB sono quelle realizzate con gli stessi AB e con gli 0. La donna AB si sposa abbastanza facilmente. Senza dubbio da entrambe le parti c'è una volontà concorde di preservare la reciproca indipendenza all'interno della coppia.

Professione: le attività che gli si addicono maggiormente sono quelle che l'obbligano ad avere contatti con il mondo esterno: commercio, pubblicità, relazioni pubbliche, insegnamento. Inoltre, tutte le attività all'aria aperta: istruttore sportivo, marinaio.

Alimentazione: atteggiamento molto variabile, preferisce pasti composti da numerose portate.

Gusti intellettuali e artistici: è molto portato per la matematica, la medicina, le scienze biologiche. Ama la musica ritmata, i western, i film polizieschi e di avventura.

Elemento dominante: l'acqua.

Sistema immunitario e alimentazione

Esiste una correlazione scientifica tra gruppi sanguigni e dieta. Sorprendentemente, però, le sue possibilità applicative sono rimaste nell'ombra per molto tempo e solo adesso si inizia a esplorarla in modo scientifico.

Facendo le dovute ricerche si è, infatti, scoperto che ogni gruppo sanguigno si difende da alcuni alimenti considerandoli "nemici" dell'organismo. È un fatto riscontrato che molti antigeni presenti negli alimenti hanno caratteristiche simili all'antigene del gruppo A o a quello del gruppo B.

Pertanto un alimento con antigene del gruppo B risulta certamente dannoso per un soggetto del gruppo A che, naturalmente, lo considera come qualcosa di estraneo.

Antigeni e lectine

L'effetto delle lectine sui diversi gruppi sanguigni non è una semplice teoria, ma è dimostrato da evidenze scientifiche.

Ho esaminato in pratica tutti gli alimenti più comuni e, utilizzando metodiche cliniche e di laboratorio, ne ho saggiato la reattività con i diversi gruppi sanguigni. Posso acquistare presso laboratori specializzati le lectine isolate da alimenti diversi come arachidi, lenticchie, carne o frumento, e i risultati delle prove sono ben visibili al microscopio: l'unione con un gruppo incompatibile determina agglutinazione (P.J. D'Adamo, 1999).

GLOSSARIO DI BIOLOGIA

Agenti patogeni. Sono organismi unicellulari, invisibili a occhio nudo, capaci di danneggiare il nostro organismo. Si suddividono in: batteri, virus e funghi o miceti.

Antigene. È una specie di "firma" biologica. Ogni forma di vita, anche le più microscopiche, possiede i suoi antigeni esclusivi. Le difese del nostro organismo riconoscono dal suo antigene se una sostanza o un organismo sono nemici da combattere ed eliminare.

Anticorpi. Sostanze chimiche prodotte dal sistema immunitario con lo scopo di attaccare ed eliminare eventuali sostanze estranee penetrate nell'organismo. Generalmente gli anticorpi riconoscono il "nemico" per gli antigeni presenti sulla sua superficie (per esempio per virus, batteri), oppure perché si tratta di una sostanza tossica. L'eliminazione inizia agglutinando le cellule nemiche.

Agglutinazione. È il processo mediante cui, in natura, le cellule aderiscono le une alle altre, il più delle volte grazie a una sostanza collosa chiamata agglutinina.

Immunità. Condizione, naturale o acquisita, per cui si è refrattari a un morbo, a un veleno o ad altri agenti dannosi. L'immunità viene distinta in naturale e acquisita. Quella acquisita, essendo spesso comune a tutti i soggetti di una stessa specie, è permanente.

Immunologia. Parte della medicina che studia i fenomeni dell'immunità, i meccanismi e le condizioni della loro comparsa e le direttive di ordine profilattico e terapeutico che se ne possono trarre.

Indacano. Un veleno associato a una anomala fermentazione intestinale. Si forma per la presenza di indolo (vedi) nell'intestino.

Indolo. Una sostanza tossica che si forma a causa di una cattiva digestione e assimilazione delle proteine da parte di fegato e intestino.

Lectina. Qualunque sostanza naturale (in genere si tratta di proteine), che provoca agglutinazione delle cellule che hanno sulla loro superficie determinati antigeni. Vi sono degli alimenti che hanno delle lectine capaci di far agglutinare le cellule del sangue di una persona, questo però può accadere solo nel caso in cui abbia il sangue di un determinato gruppo sanguigno.

Malattia. Dicesi di un'alterazione della struttura o delle funzioni di un organo.

Microbiologia. È la scienza medica che studia le più piccole forme di vita.

Morbo. Sinonimo di malattia.

Le lectine sono delle proteine naturali che permettono a un organismo di attaccarsi a un altro. Vi sono molte specie di germi, e anche il nostro stesso sistema immunitario, che utilizzano questo tipo di colla biologica. Nei microrganismi le lectine funzionano come delle ventose, consentendo loro di ancorarsi saldamente alle mucose del nostro organismo.

Tra il nostro sangue e alcuni cibi vi è simpatia e verso altri vi è antipatia. Può sembrare sorprendente, ma il nostro sistema digestivo e immunitario conserva ancora una predilezione per i cibi consumati un tempo dai nostri antenati con il gruppo sanguigno simile al nostro. Troviamo la ragione di questi fenomeni nelle proteine chiamate lectine, particolarmente abbondanti nei diversi alimenti e capaci di agglutinare le cellule del sangue di gruppi ben determinati.

Pertanto, chi assume un cibo incompatibile con il suo gruppo sanguigno, soffre gli stessi danni che subirebbe se gli venisse fatta una trasfusione con un sangue non adatto. Il latte, per esempio, possiede lectine simili all'antigene B. Se una persona con sangue di gruppo A ne beve un bicchiere, il suo sistema immunitario si mette subito all'opera per eliminare l'intruso. Se ci capita di mangiare un alimento che contiene delle lectine incompatibili con il nostro gruppo sanguigno, una volta assimilate esse andranno in un organo preferenziale (fegato, reni, cervello, stomaco ecc.) e inizieranno ad agglutinare i globuli rossi del sangue presenti in quell'area. Per fortuna, la maggior parte delle lectine presenti nei cibi non è così pericolosa, sebbene in taluni casi possa causare vari disturbi. Si può affermare che il 95% delle lectine che assumiamo con gli alimenti venga allontanato senza problemi dall'organismo. La parte restante può scatenare una forte infiammazione delle pareti dello stomaco o intestino e quella che, eventualmente, riesce a raggiungere il sangue può innescare una serie di reazioni capaci di distruggere i globuli rossi e bianchi.

Ricordiamo che tali problemi si presentano solo quando vi è incompatibilità tra il cibo assunto e il gruppo sanguigno. In questi casi può accadere che poco cibo possa far agglutinare un numero impressionante di cellule. Comunque, siccome le lectine abbondano in alimenti come cereali, verdura, legumi, pesce, crostacei e molluschi, sarebbe molto difficile evitarle. La chiave per una buona salute consiste nell'eliminare solo quelle incompatibili con il nostro gruppo sanguigno. Il glutine, per esempio, si può attaccare alla parete dell'intestino, provocando un'infiammazione dolorosa, solo se viene assunto da persone con certi gruppi sanguigni, soprattutto quello di tipo 0. Se iniettiamo in un'articolazione di coniglio la lectina estratta dalle lenticchie, otterremo la comparsa di un'infiammazione locale che sembra quella causata dall'artrite reumatoide. In effetti, chi soffre di questa malattia, trarrebbe dei benefici evitando gli ortaggi appartenenti alla famiglia delle solanacee (pomodori, melanzane e patate), in quanto ricchi di lectine. Le lectine presenti in alcuni alimenti possono anche stimolare i globuli bianchi a riprodursi più velocemente, in questo caso vengono chiamate lectine mitogeni; queste lectine si attaccano alle cellule e le stimolano senza provocare agglutinazione.

Può capitare a un medico di pronto soccorso di visitare un bambino che presenta un numero di globuli bianchi molto elevato. Sebbene si debbano sospettare malattie gravissime, conviene chiedere ai genitori se il bambino non ha per caso messo in bocca qualche erbaccia: i disturbi potrebbero essere causati dalle foglie o dalle gemme di uva di Spagna che contiene una lectina in grado di stimolare la moltiplicazione dei globuli bianchi.

Schede dietetiche per i gruppi sanguigni

SCHEDA PER IL TIPO 0

1. **Profilo**: è il gruppo sanguigno più antico, quello dei nostri antenati cacciatori.
2. **Caratteristiche**: sistema digestivo robusto con le caratteristiche proprie dell'uomo cacciatore di molti secoli fa.
3. **Sistema immunitario**: forte e reattivo, in grado di distruggere chiunque, amico o nemico, si adatta male ai cambiamenti di dieta e di ambiente; per star bene si deve sentire pieno d'energia.
4. **Dieta**: queste persone tendono ad avere un eccesso di acido nello stomaco e la loro dieta dovrebbe essere ricca di proteine animali (carni magre, pesce, pollo ecc.), alimenti che per essere digeriti richiedono una buona produzione di acido cloridrico. I cibi a loro più adatti sono quelli assunti dai cacciatori di molti secoli fa. Dovrebbero ricordarsi di bilanciare l'apporto di proteine con frutta e verdura.
5. **Cibi da evitare**: carne di maiale, salumi e affettati; aringhe, polpo, salmone affumicato; latticini non di capra; arachidi e burro di arachidi; fagioli in genere, lenticchie verdi e rosse, avocado, olive in genere, cavolfiore, patate bianche e rosse, melanzane, funghi coltivati; glutine di frumento, orzo, avena e mais; germe di grano, pasta, polenta, couscous.
6. **Attività**: ama l'attività fisica intensa con cui combatte anche lo stress.

SCHEDA PER IL TIPO A

1. **Profilo**: caratteristiche dei primi gruppi che si sono riuniti in villaggi e hanno imparato a seminare e coltivare. Per questo motivo tali persone sono molto adatte a lavorare in gruppo. Rappresenta i primi contadini che raccolgono e utilizzano ciò che hanno seminato.
2. **Caratteristiche**: apparato digerente sensibile, sistema immunitario tollerante, si adatta bene a cambiamenti dietetici e ambientali.
3. **Dieta**: i loro antenati, essenzialmente contadini, li hanno preparati per una dieta a base di cibi freschi e naturali. Mentre per il tipo 0 le proteine animali sono un ottimo alimento, esse andrebbero ridotte moltissimo per le persone di tipo A, che le digeriscono male e le immagazzinano sotto forma di grasso. Anche i latticini di mucca sono mal tollerati e andrebbero evitati. Va notato che il frumento si comporta come alimento alcalino per il tipo 0 e come acido per il tipo A, perciò è meglio usarne poco.
4. **Cibi suggeriti**: farina d'avena, segala e riso; grano saraceno; pollo e tacchino; latte e formaggio di capra o soia, kefir, yogurt; arachidi, burro di arachidi, verdura e frutta.
5. **Cibi da evitare**: carne rossa e maiale, latte e latticini di mucca, fagioli in genere, eccesso di frumento.
6. **Attività**: da preferire quelle tranquille, mirate alla distensione neuromuscolare (yoga, training autogeno, meditazione, bioenergetica).

SCHEDA PER IL TIPO B

1. **Profilo:** è il tipo nomade, capace di adattarsi a diverse condizioni climatiche e ambientali.
2. **Caratteristiche**: apparato digerente tollerante, sistema immunitario robusto, si adatta bene ai cambiamenti dietetici.
3. **Dieta**: dovrebbe essere molto bilanciata e includere una grande varietà di alimenti provenienti sia dal regno animale che vegetale.
4. **Cibi suggeriti**: latte e latticini, meglio se di capra o pecora, ortaggi verdi, carni magre e pollame, frutta.
5. **Cibi da evitare**: granoturco, frumento, lenticchie, arachidi e semi di sesamo. Questi cibi possono provocare stanchezza, ritenzione idrica e riduzione del livello di zucchero nel sangue (ipoglicemia).
6. **Attività**: valide quelle creative (scrivere, disegnare, dipingere ecc.). Per star bene deve trovare un equilibrio tra l'attività fisica e quella mentale.

SCHEDA PER IL TIPO AB

1. **Caratteristiche**: è il gruppo sanguigno più moderno e raro, propone il risultato dell'unione tra la tolleranza propria del tipo A e l'equilibrio del tipo B.
2. **Cibi suggeriti**: farina d'avena, miglio, riso soffiato, tofu (formaggio di soia), pesce, latte e formaggi (meglio se di capra), yogurt; ortaggi a foglia verde, ananas.
3. **Cibi da evitare**: carne rossa; dolci, farina e fiocchi di granoturco, grano saraceno; fagioli di Lima e di Spagna; semi vari; gelato; succo d'arancia.
4. **Attività**: particolarmente valide quelle in cui compare vivacità fisica ed energia creativa.

Attenzione: le indicazioni fornite nelle schede hanno solo finalità informative e non vanno usate per autoterapia. Si rimanda il lettore che vuole approfondire l'argomento al già citato volume di P.J. D'Adamo, *L'alimentazione su misura*.

Gruppo sanguigno, temperamento psicobiologico e scrittura

Nell'ambito degli studi sul temperamento, che si è detto è alla base della formazione del carattere e della personalità, si collocano ulteriori esperienze scientifiche. La psicologa Léone Bourdel (1907-1966) condusse, negli anni Trenta del Novecento, interessanti studi sulla personalità testando un gran numero d'individui.

La Bourdel sottopose i soggetti dell'esperimento a svariati esami, quali il riflesso oculo-cardiaco, l'indice cefalico, la ricerca del gruppo sanguigno ecc., che la portarono alla distinzione di quattro temperamenti: l'armonico, il melodico, il ritmico e il complesso. Jean-Charles Gille-Maisani nel suo *Temperamenti psicobiologici e gruppi sanguigni* (1992) precisa: «Importanti lavori hanno dimostrato che esiste una predisposizione ereditaria legata al gruppo sanguigno, che appartiene a tale temperamento psicobiologico: gli individui del gruppo sanguigno A hanno la tendenza innata a essere armonici, mentre quelli appartenenti al gruppo sanguigno 0 tendono a essere melodici.

I soggetti B, d'altro canto, sono tendenzialmente ritmici, mentre i soggetti AB risultano complessi. Si tratta di una scoperta di grandissimo interesse, tanto più che, rispetto all'influenza ambientale, il ruolo degli elementi innati nella formazione del carattere, nonostante sia ammesso da tutti, è poco conosciuto ed è stato assai meno studiato». Questi studi, in un certo senso, avevano riesumato la teoria ippocratica sulla quale si fondavano i temperamenti di Galeno, di cui abbiamo già parlato. Il fattore che definisce certe predisposizioni caratteriali sembra indissolubilmente legato al gruppo sanguigno. Importanti e successivi lavori hanno avvalorato la tesi che vi è in ogni persona una predisposizione ereditaria dipendente dal gruppo sanguigno. Il medico Paul Carton si domandò se il gruppo A corrispondesse al temperamento sanguigno (armonici), il B a quello nervoso (ritmici), lo 0 al bilioso (melodici) e il gruppo AB al linfatico (complessi o AMR). Nel 1932, in Giappone, Takeji Furukawa presentò i suoi esperimenti, confermando la teoria della predisposizione caratterologica legata al gruppo sanguigno.

Lo psicologo Karl H. Gobber, condusse altre interessanti ricerche su 102 volontari.

Il problema è stato studiato, pure, sotto il profilo criminologico in diversi paesi tra cui la Francia, dove R.O. Guidez condusse lo studio su 535 detenuti del carcere di Fresnes. I risultati appurarono che i furti e le truffe erano più frequenti negli individui con gruppo sanguigno 0. Il crimine passionale vedeva più numerosi i soggetti con gruppo sanguigno B. Le rapine erano maggiormente imputabili al gruppo AB.

È interessante, a questo punto, soffermarsi sulla relazione tra gruppi sanguigni e patologie. In campo psichiatrico si accertò la relazione tra psicosi maniaco-depressiva e gruppo 0; notevoli al riguardo gli studi degli statunitensi Parker, Theilie e Spielberger. Alle nevrosi ossessive-compulsive e alle schizofrenie si scoprì che andavano più soggetti gli individui con il gruppo A.

Voglio ricordare gli importanti lavori di Buchanan e Higley del 1936, confermati da L. Ugelli, Lessa e Alarcào nel 1949, che, in base a un certo gruppo sanguigno, scoprirono significative probabilità d'ammalarsi di ulcera duodenale o di tumore allo stomaco. I tedeschi G. Jorgensen e G. Schwarz osservarono che gli individui con gruppo sanguigno A sono più frequenti tra i ricoverati in reparti chirurgici a differenza di quelli aventi gruppo 0.

Specificatamente, «l'affinità dell'ulcera duodenale con il sangue 0, che appariva già nei risultati del lavoro pionieristico di Buchanan e Higley, fu

IL TEST DELL'INDACANO

Ogni volta che fegato e intestino non riescono a digerire e a utilizzare bene le proteine, si producono nell'organismo delle sostanze chimiche chiamate indoli che vengono eliminati attraverso le feci e le urine. Siccome le lectine dannose producono l'indacano, un indolo associato ai fenomeni di fermentazione intestinale, è sufficiente fare un esame delle urine, per rilevare l'eventuale presenza di qualche problematica.

Quando nella nostra dieta sono praticamente assenti le lectine incompatibili (ricordiamo che le lectine fanno parte delle proteine), e anche i cibi che richiedono troppo lavoro al nostro apparato digestivo, l'escrezione urinaria di indacano sarà minima. Se, invece, consumiamo regolarmente cibi ricchi di lectine incompatibili, oppure di difficile digestione, l'escrezione di indacano nelle urine sarà elevata.

Si è riscontrato praticamente che l'ingestione anche sporadica di un cibo non compatibile crea delle reazioni esagerate, non osservabili nei soggetti che hanno un gruppo sanguigno compatibile con quell'alimento.

Esempio: se una persona di tipo A mangia un insaccato, i nitriti (conservanti) contenuti saranno dannosi novanta volte di più di quello che sarebbero in un soggetto appartenente a un altro gruppo sanguigno.

Normalmente l'escrezione urinaria di indacano che denota una dieta poco curata si aggira intorno a valori di 2,5. Ma, seguendo una dieta adatta al proprio gruppo sanguigno, tale valore può scendere notevolmente in appena due settimane.

Probabilmente è la prima volta che sentite parlare del test dell'indacano, eppure veniva usato dalla medicina ufficiale fino a pochi anni fa per diagnosticare la presenza di problemi alla flora batterica intestinale. Pensiamo che quando molte persone impareranno a elaborare la loro dieta in base ai legami che esistono tra lectine e gruppo sanguigno, questo test diventerà nuovamente utile e attuale.

segnalata per la prima volta in Italia, nel 1936, da L. Ugelli, venne successivamente riscontrata da Lessa e Alarcào nel 1949 e costantemente confermata, in seguito, dalle statistiche condotte nei paesi più diversi: i soggetti 0 hanno il 33% di probabilità in più degli altri di avere un'ulcera; i gruppi A, B e AB hanno le stesse probabilità per quanto riguarda l'ulcera gastrica, il gruppo A essendo favorito per l'ulcera duodenale rispetto ai gruppi B e AB (e, *a fortiori*, rispetto al gruppo 0). Visto il carattere spesso psicosomatico dell'ulcera, soprattutto nella sua localizzazione duodenale, ci si può chiedere se, nei soggetti 0, tale fatto non possa essere in rapporto con la particolare vulnerabilità dei soggetti melodici a carenze relazionali o alla mancanza di attività sociale. A ogni modo, il problema non è semplice. Abbiamo mostrato come al gruppo sanguigno si aggiunga un altro fattore, ossia la secrezione (o non-secrezione) di antigeni A, B o H nella saliva: i soggetti 0 non-secretori presentano la massima frequenza di ulcere duodenali; i soggetti A secretori, seguiti dai B e dagli AB, la frequenza minima. D'altra parte, l'ulcera duodenale appare statisticamente a un'età più avanzata nei soggetti 0».

Così scrive Gille-Maisani nel testo citato. Lo studioso continua: «In compenso, il tumore allo stomaco è molto più diffuso nei soggetti A, come è stato dimostrato da Aird e Bentall in un importante studio [...] e come da allora in poi è stato sempre confermato».

Il gruppo sanguigno influenza anche la scrittura dell'individuo e l'arte pittorica. Johan Kaspar Lavater, il grande studioso della scienza fisiognomica, che osservò e studiò l'analogia esistente tra il linguaggio, il modo di camminare e la scrittura, nella sua famosa opera *Frammenti fisiognomici per promuovere la conoscenza e l'amore dell'uomo*, a tal proposito, affermò: «Ogni disegnatore o pittore si riproduce più o meno nelle sue opere; in esse possiamo rintracciare qualcosa della sua esteriorità o del suo spirito [...]. Più confronto le varie scritture che mi passano sotto gli occhi, e più mi convinco del fatto che esse sono altrettante espressioni ed emanazioni del carattere dello scrivente».

Dunque, vi è un rapporto tra gruppo sanguigno, pittura e scrittura. Sei anni prima che l'abate Jean-Hippolyte Michon (1806-1881), illustre grafologo francese (il primo a dare un fondamento scientifico allo studio della scrittura e a coniare il termine "grafologia"), desse alle stampe il suo *I misteri della scrittura* (1866), J.B. Delestre osservò acutamente: «Se paragonate il talento di un pittore con la sua scrittura, troverete un'incontestabile conformità di procedimento. Inoltre, quando nel tempo un artista cambia stile, arriva a modificare in modo analogo anche la propria scrittura».

Questa geniale intuizione porterà alla nascita della scienza grafologica. Il grafologo spagnolo Jaime Tutusan Lòvez, nel 1986, scriveva come dal fattore sanguigno si potevano scoprire le tendenze di base psicologiche, psicopatologiche e patologiche. Vi sono diversi studi in merito. Il collegamento tra scrittura e gruppo sanguigno è stato preso in considerazione a partire dagli anni Quaranta del Novecento. Gille-Maisani riporta, al proposito, le osservazioni di Schaer:

- *Gruppo A*: scrittura omogenea, scorrevole, regolare nella larghezza (spazio tra lettere e parole), ma disuguale nella pressione, ritmica.
- *Gruppo B*: scrittura omogenea e stabile, regolare nella larghezza (spazio tra lettere e parole), talvolta con rigidità; regolare nella pressione, costellata, tuttavia, di piccoli, improvvisi spasmi.
- *Gruppi 0 e AB*: scrittura variabile, irregolare nella larghezza e nella forma (talvolta fino alla imprecisione).

Questi studi sui temperamenti psicobiologici, i gruppi sanguigni e la loro espressione grafologica e artistica e le relative tendenze patologiche sono alquanto stimolanti per la vasta portata di applicazione che possono avere. Secondo Gille-Maisani: «La frequenza di molte malattie dipende dal gruppo sanguigno. Citiamo, in particolare: i tumori all'utero e alle ovaie, e l'anemia perniciosa, per le quali si osserva una frequenza maggiore del 30% nei soggetti A; i reumatismi articolari acuti, con le loro sequenze cardiache, meno frequenti del 20% nei soggetti 0 che negli altri gruppi. Dal punto di vista cardiovascolare, il gruppo sanguigno 0 è quello maggiormente favorito, mentre il gruppo A è il più penalizzato per quanto riguarda l'infarto miocardico e le trombosi venose».

Dal punto di vista psicopatologico questi studi hanno evidenziato, secondo il già citato autore, che nella depressione endogena «l'affinità della psicosi-maniaco depressiva con il sangue 0 è stata scoperta negli Stati Uniti da Parker, Theilie e Spielberger, nel 1961. Da allora è stata quasi costantemente verificata». Ricerche interessanti che oggi sembrano essere state dimenticate.

CAPITOLO 4

La genetica, una sfida ai segreti della natura umana

Quando viene alla luce, il bambino non possiede un suo carattere, in quanto la mente si sta ancora formando attraverso strutture neurologiche e cognitive del cervello. Al momento della nascita, però, egli possiede un suo temperamento, che è il risultato di una complessa e ancora misteriosa eredità genetica. Come vedremo più avanti, formerà il proprio carattere personale sulle linee guida del temperamento ereditato attraverso lo sviluppo di crescita del cervello e la formazione della mente in riferimento agli stimoli educativi e affettivi di relazione con i genitori e il mondo.

L'eredità genetica

Oggi, nell'ambito della genetica medica, si è in grado di testare la predisposizione previsionale di una possibile serie di geni che, ereditati, orientano l'esordio di patologie e di tratti somatici e comportamentali. In realtà, non sono solo i geni a determinare il comportamento, ma l'intero organismo.

I geni sono infatti molecole presenti all'interno di ogni cellula, responsabili di innumerevoli processi biochimici, nonché della sintesi delle proteine. Queste sono catene di aminoacidi che costituiscono gli elementi base di tutte le strutture dell'organismo, cervello compreso. Anche gli enzimi, la cui funzione è quella di regolare i processi chimici dell'organismo, sono proteine.

I genetisti usano due termini per distinguere la costituzione genetica delle cellule e l'espressione esteriore dei geni: genotipo (il patrimonio genetico) e fenotipo (l'espressione di tale patrimonio). Il fenotipo può riferirsi a qualsiasi cosa, da una semplice caratteristica fisica, come il colore degli occhi o dei capelli o la forma del naso, all'intelligenza razionale e alle malattie.

Molti studi di genetica riguardano anche la possibilità di ereditare talenti e comportamenti, come per esempio la predisposizione alla musica. Al riguardo, Sergio Curtoni, ordinario di genetica all'Università di Torino, ha condotto una ricerca sulla famiglia dei musicisti Abbado: «Studiando la mappa della famiglia – conclude il ricercatore – ho constatato che sono tutti musicisti, comprese le mogli. Questo è un buon indizio per considerare la predisposizione alla musica, in quella famiglia, come abilità non ereditaria in senso strettamente biogenetico».

È ovvio che, essendo tutti musicisti di professione, i familiari determinano automaticamente un reciproco condizionamento psicologico, piuttosto che genetico.

Tuttavia, pur nella complessità della psicologia degli individui c'e qualcosa di ereditabile in senso stretto. Per esempio, il quoziente intellettivo è largamente ereditario ed è condizionato da una serie di geni specifici.

In sintesi, si può dedurre che un individuo è intelligente perché ha preso qualcosa da un antenato particolarmente intelligente e il resto da altre combinazioni di parentela, sulla scala di discendenza, fino ad arrivare a mamma e papà, che gli hanno dato origine.

Sappiamo quanto sia arduo stabilire una linea di demarcazione precisa tra ciò che è ereditato e ciò che può essere appreso dall'ambiente familiare. Crediamo, però, che sia abbastanza inutile insistere su estreme interpretazioni biologiche e genetiche, in quanto entrambe rappresentano il punto di partenza evolutivo dell'individuo e s'intersecano con l'ambiente, la cultura, la formazione e l'affettività.

In genetica, anche l'osservazione dei tratti somatici ha suscitato molti interrogativi.

Considerata la complessità dei geni che si aggregano in noi, i genetisti ci ricordano che è praticamente impossibile pensare che ognuno di noi assomigli, in tutto e per tutto, a un antenato. Capita che, se un gene principale possiede capacità "energetica" più influente di altri geni, arrivando da un antenato, conformi fisicamente i suoi tratti più salienti nella persona che eredita tale gene.

A tale proposito, in ambito genetico-fisiognomico può essere considerata un classico la conformazione del naso della dinastia milanese dei Visconti, che è uguale per tutti.

Ecco l'esempio osservabile di uno dei "miracoli" più eclatanti della genetica umana!

È dunque possibile – e la scienza lo conferma – che esistano geni molto specializzati che portano con sé messaggi precisi, tali da predisporre e modulare l'organizzazione biologica e psicologica della personalità degli individui.

La genetica è invece più deterministica nello studio delle predisposizioni a vari tipi di patologie.

Studi di genetica su alcune malattie hanno confermato l'esistenza di fattori ereditari che predispongono tanto a patologie gravi, come la fibrosi cistica, quanto alla più comune ipertensione, da cui oggi è affetta una persona su dieci.

Di questo passo è inevitabile scontrarsi con tematiche che fanno parte della bioetica e trovarsi di fronte ai molti interrogativi esistenziali, spesso destinati a produrre scelte di vita forzate, talvolta contronatura, per sottrarsi a un destino patologico.

Quante probabilità avranno i figli "investiti" dalla trasmissione genetica, di contrarre la malattia di uno dei genitori? Come gestiranno la loro esistenza? Vivranno liberamente e con entusiasmo o saranno ansiosi e preoccupati?

La genetica medica risponde che, attraverso esami specifici, è possibile stabilire se un individuo con storia familiare caratterizzata dalla presenza di una determinata patologia sarà sano o, a sua volta, destinato alla malattia.

L'informazione mediante diagnosi genetica diventa assai preziosa, ma fuor di dubbio anche un'arma psicologica a doppio taglio, che può condizionare in modo eccessivo.

La genetica ci ricorda il primato della complessità biologica dell'essere umano sull'autonomia degli individui professata dalla psicologia, dalla filosofia e persino dalla religione. In questo modo la genetica ci impone un rigido determinismo, che rischia di fare tremare, dentro ognuno di noi, quell'innato grido di libertà di essere, di volta in volta, in ogni vita, artefici del nostro destino.

Quale convivenza difficile tra il determinismo biologico e il libero arbitrio psicologico! Probabilmente, il filosofo inglese Bacone aveva già risolto la disputa con una risposta adattiva di sottile intelligenza: «Ai geni egoisti ci si può ribellare solo ubbidendo a essi». Noi aggiungiamo che, se si nasce egoisti, con l'educazione e la relazione è possibile diventare altruisti!

Genetica e memoria nella formazione del carattere

Il termine "temperamento" che, abbiamo visto, trae origine dalla teoria ippocratica dei quattro umori, ha trovato una nuova collocazione nell'ambito della psicologia comportamentale. Oggi si guarda al temperamento come a una definizione psicologica utile per stabilire la base dell'attività psichica, con funzioni di tipo precognitivo e quindi non apprese dall'ambiente e dall'educazione. Ciò significa affermare che ogni individuo non nasce come una tabula rasa, privo di informazioni!

Queste informazioni base, di tipo genetico, sono in grado di influenzare e probabilmente di modulare tutta la serie di atteggiamenti e comportamenti, che, sul piano dei modelli di relazione sociale ed educativa, l'individuo è in grado di imparare, elaborare ed esprimere. È recente la ripresa di interesse, perché oggi si considera il temperamento come un concetto culturalmente meno inquinato e di grande utilità clinica, in quanto più decisamente correlabile alla base biologica del comportamento. Si deve allo psichiatra C. Robert Cloninger (1999, 2002), docente di psicobiologia all'Università di Washington, l'identificazione di tre dimensioni comportamentali principali, in relazione ai neurotrasmettitori.

1. *Harm avoidance* (evitamento del pericolo) = serotonina.
2. *Sensation seeking* (ricerca di sensazioni) = dopamina.
3. *Reward dependence* (dipendenza dalla gratificazione) = noradrenalina.

In base a ricerche insieme biologiche e comportamentali, tale approccio correla queste dimensioni dell'agire umano a tre sistemi neurotrasmettitoriali: il prevalere di uno di questi sugli altri determinerebbe lo stile in relazione all'evitamento di situazioni considerate minacciose, o invece indurrebbe alla curiosità e all'esplorazione, o altrimenti alla ricerca di situazioni rassicuranti e gratificanti. Nell'ambito della patologia dell'umore, lo psicologo ricercatore Akiskal ha invece attinto dalle definizioni del collega Schneider, ma grazie a indagini biologiche, come lo studio elettroencefalografico del sonno o la risposta a test di stress, ha descritto quattro temperamenti nell'ambito dello spettro dei disturbi affettivi. Le ricerche di Akiskal, consentono, oggi, di considerare queste tipologie come veri disturbi da curare con stabilizzanti dell'umore e farmaci antidepressivi. Questo è possibile solo quando venga richiesto dal paziente, che riconosce la presenza in se stesso di un disturbo dell'umore. Tale evenienza, peraltro, non accade di frequente, perché nella condizione di abbassamento del tono umorale avviene una rassegnazione psichica dello stesso paziente, il quale non è in grado di ipotizzare possibili alternative visioni del mondo, così come di chiedere aiuto o miglioramenti del suo stato di salute.

Questi ultimi contributi sui temperamenti hanno ricondotto, dal macrocosmo al microcosmo della biologia neurotrasmettitoriale, il livello di spiegazione dell'essere umano e del proprio temperamento biopsicologico. Dai neurotrasmettitori al DNA, il passo è breve.

La biologia sembra essersi sostituita come potere di legittimazione alla religione; se fino al XVII secolo la natura umana era considerata, anche quando abnorme, opera divina, ora risulta principalmente opera cromosomica. Il successo della genetica molecolare nel chiarire le basi genetiche dei disturbi di personalità si appoggia largamente al concetto, riduzionistico, *one gene-one disorder*, successivamente corretto e riveduto nell'approccio *quantitative trait loci*, che coinvolge la ricerca di geni multipli, ognuno dei quali non sufficiente, né necessario, allo sviluppo di un tratto.

Non sappiamo, in sintesi, nonostante i preziosi lavori del biologo statunitense R. Dawkins, quante delle qualità psicologiche più preziose siano associate geneticamente a quelle più obsolete e distruttive, come l'aggressività e l'egoismo, oppure la tendenza cooperativa verso gli estranei, la creatività con il desiderio di possedere e predominare. Di questo passo, il rischio sarebbe elevato perché, secondo gli studiosi, ci spingeremmo a voler controllare la profilassi dei genotipi conflittuali, che un tempo davano ai fenotipi distruttivi il loro vantaggio darwiniano; gli altri fenotipi distruttivi potrebbero declinare insieme a essi. Avremmo il controllo sociale che priverebbe l'uomo della sua umanità.

Dopo aver accennato alla complessità della predisposizione biologica genetica del temperamento, non possiamo fare a meno di occuparci anche delle funzioni relative alla memoria, per evidenziare alcuni correlati, che potrebbero essere altrettanto oggetto di riflessione per quanto riguarda l'organizzazione del carattere e della personalità.

La memoria, come afferma lo psicologo cognitivista Bruno Bara, «consiste di un insieme di procedure per la conservazione dell'informazione per breve tempo (memoria a breve termine) e per la gestione e il recupero della conoscenza generale (memoria a lungo termine)».

La scienza cognitiva, che allarga gli orizzonti in ambito sia psicologico sia psicofisiologico, descrive la memoria come un insieme di procedure complesse e dedica particolare attenzione agli aspetti creativi di costruzione attiva dei ricordi. Tale approccio si contrappone a tutte le altre interpretazioni psicofunzionali della memoria, sia a quella che definiva la memoria come funzione autonoma, sia a quella che vede la memoria come una sorta di archivio statistico di dati, che una volta inseriti come in una banca dati computerizzata, possono essere richiamati con il semplice uso di un tasto.

Secondo Bara, la funzione della memoria a breve termine è essenzialmente selettiva, rispetto alla continua ondata di stimolazioni che afferiscono al sistema; questa attività di selezione compiuta dalla memoria a breve termine funziona con operazioni cognitive che sono in grado di tenere a disposizione di eventuali richiami l'informazione in oggetto, fino a che questa informazione possa accedere a una destinazione con caratteristiche di stabilità. Ancora Bara spiega che il compito principale della memoria a breve termine è di servire come memoria di lavoro, nel cui ambito possiamo distinguere due sottosistemi più specifici rispetto al tipo di informazione che può venire immagazzinata. L'informazione verbale viene mantenuta attiva da un anello articolatorio, che possiamo considerare come il nastro magnetico di un registratore in grado di trattenere l'informazione per un periodo di circa due secondi. Accanto all'anello articolatorio esiste un secondo sottosistema responsabile del mantenimento, sempre per tempi brevi, delle informazioni di natura visiva e spaziale. La formazione dei modelli mentali e delle immagini mentali viene attribuita a questo sottosistema, metaforizzato come un blocco per schizzi per l'informazione visiva-spaziale; il blocco per schizzi recupera il materiale in forma astratta contenuto nella conoscenza generale, e lo mantiene attivo nella forma visivo-spaziale in modo che possa essere ulteriormente elaborato. I due sottosistemi che abbiamo descritto funzionano in modo integrato grazie a un terzo meccanismo, l'esecutivo centrale, che organizza e coordina il loro operare.

La quantità di informazioni che la memoria a breve termine riesce a contenere è limitata: sia Bara, in Italia, che lo psicologo G. Miller, negli Stati Uniti, affermano che, nell'uso della memoria a breve termine, è possibile ricordare dalle quattro alle nove cifre separate, basti pensare alla memorizzazione di un numero telefonico.

La memoria a lungo termine opera come tramite, una sorta d'intermediario funzionale, tra la memoria a breve termine e la conoscenza del sistema: riceve le informazioni selezionate dalla memoria a breve termine, per immagazzinarle nella conoscenza.

La funzione della memoria a lungo termine consiste inoltre nel gestire le informazioni della conoscenza e nel recuperarle quando servono. La capacità della memoria a lungo termine è finita, in quanto basata su un sistema fisico finito, il cervello.

In questa sede, non affronteremo i meccanismi complessi dell'immagazzinamento dei dati nelle diverse strutture e reti della memoria e, tanto meno, gli aspetti di richiamo dei dati memorizzati.

È importante in questo ambito capire come la memoria, soprattutto quella a lungo termine – dove si fissano le informazioni, le immagini, i suoni, le emozioni e le modalità di comportamento, le norme e le regole, dapprima con il consenso relazionale con i genitori e successivamente con gli altri –, partecipi alla costruzione del carattere degli individui. Ogni qualvolta il bambino imita l'adulto, e dallo stesso ascolta le interpretazioni del suo comportamento, impara e compara con continuità attivando le procedure psichiche della memoria.

Peraltro la capacità della conoscenza umana di conservare informazioni sembra, ai fini pratici, inesauribile: è sempre possibile, a meno che non intervengano malattie neurologiche o psichiatriche, acquisire nuove informazioni cognitive e affettive che, memorizzate, contribuiscono al miglioramento del carattere, verso una libera espressione della propria personalità.

CAPITOLO 5

L'attaccamento affettivo nella formazione del carattere

Il legame di attaccamento affettivo tra un bambino e chi ha cura di lui viene qui considerato da un punto di vista di studio e osservazione psicologica di natura cognitivo-comportamentale. Pertanto l'attaccamento verrà evidenziato come indicatore della motivazione psicologica di naturale dipendenza che il piccolo ha bisogno di stabilire con le figure genitoriali per formare il proprio carattere.

Interessato soprattutto alle possibili conseguenze psichiatriche dei disturbi del primo sviluppo affettivo del bambino, J. Bowlby, nel suo *L'attaccamento alla madre* (1983), ha adottato una nuova prospettiva d'interpretazione evolutiva, per fornire una spiegazione dell'interazione iniziale tra il bambino e chi ne ha cura. Lo studioso ha suggerito, per esempio, che sorridere così come aggrapparsi ed emettere segnali vocali debbano essere considerati dei meccanismi funzionalmente correlati per mantenere la vicinanza e garantire la sicurezza al bambino. Secondo Bowlby, l'interesse per la costituzione di un carattere sicuro che permette al bambino di muoversi con un'adeguata capacità di esplorazione dell'ambiente, senza temere le possibili difficoltà ed eventuali predazioni, non può che partire dalla persona che si prende cura di lui, inizialmente l'unica base sicura del contesto esterno che permette al piccolo un adeguato e fondamentale conforto rispetto alle difficoltà. Appunto attraverso questi lavori di Bowlby, si è dimostrato che la madre può non essere la figura dell'attaccamento affettivo primario e che il bambino può stringere questo tipo di legame anche con altre persone, purché gli dedichino cure attente.

L'affettività è altrettanto importante per la sopravvivenza della specie umana quanto il cibo, tanto che nell'ambito delle psicoterapie occupa un posto di massima centralità: non è possibile pensare alla conoscenza e allo sviluppo psicosomatico degli individui senza tenere in considerazione questo aspetto.

La costruzione del carattere, l'organizzazione della personalità, non possono avvenire unicamente attraverso processi cognitivi, comportamentali e di relazione sociale, ma avvengono soprattutto attraverso l'affettività e l'instaurarsi di criteri emotivo-sentimentali di relazione, orientati primariamente sulla funzione dell'attaccamento affettivo.

L'andamento dei rapporti di relazione incentrati sull'attaccamento affettivo è caratterizzato da alcuni aspetti invarianti che, malgrado la loro diversità da caso a caso, concorrono a innescare un'esperienza specifica dello sviluppo del carattere, combinandosi in una sequenza unitaria nel corso degli stadi di maturazione.

Lo stile comportamentale mediante il quale i genitori affiancano la crescita del figlio può presentare ambiguità e contraddizioni, data la necessità di trasmettere linee guida educative anche a costo di qualche restrizione.

Quando il bambino rimane confuso dall'alternanza di momenti di affetto e momenti di severità, possono crearsi in lui fenomeni di oscillazione e intermittenza proprio mentre si sviluppa la costruzione del carattere –, che deve avere quale riferimento tratti stabili – per crearne altrettanti nella personalità.

Da un lato, infatti, i genitori tendono a dare di se stessi l'immagine di figure dedite al benessere dei figli; dall'altro, il loro comportamento di educatori responsabili ed esigenti, spesso indotto da richieste altrui (parenti, scuola ecc.), può talvolta contrastare con la necessità concreta di supporto e calore emotivo del bambino.

Così, afferma lo psicologo cognitivista V.F. Guidano (1992), benché siano molto concentrate sul figlio, le madri non ricavano alcun piacere nell'accudirlo: l'autocontrollo prevale sulla tenerezza e sul calore emotivo.

Questo meccanismo comportamentale dei genitori, che hanno bisogno di sentirsi nel giusto attraverso l'approvazione delle persone che li osservano, comporta quella che viene definita "inattenzione selettiva ai bisogni del bambino". Guidano dimostra che tale comportamento genitoriale ostacola profondamente lo sviluppo di modelli ritmici e sincronici di sintonizzazione reciproca, utili e fondamentali nell'edificazione e nella definizione del carattere. In questo caso il bambino presenta specifiche difficoltà nell'organizzare il proprio fluire sensoriale in modelli ricorrenti di modulazione psicofisiologica che gli permettano di mantenere tratti stabili di comportamento. Sempre Guidano spiega come parte dei ritmi corporei primitivi (fame, sete, motricità), più facilmente discriminabili grazie alla loro componente biologica, rimangano sfasati, non potendo così stabilire legami funzionali adeguati con le tonalità emotive di base e i modelli di attivazione motoria.

A questo punto è comprensibile come i necessari processi di autoriconoscimento che il bambino sperimenta siano fondamentali per la costruzione del suo carattere. Quando la strategia educativa dei genitori consiste principalmente nell'anticipare e ridefinire le emozioni provate dal piccolo, può succedere che tali processi d'autoriconoscimento diano una percezione di sé vaga e indefinita. Ciò comporta nel figlio un senso pervasivo d'incapacità, e talvolta di sfiducia, nel riconoscere il proprio carattere.

In poche parole, come sostiene Guidano, vari fattori (ritmi disincronizzati, atteggiamento parentale intrusivo e così via) ostacolano l'emergere di un carattere demarcato dagli altri; così, il bambino è in grado di raggiungere un riconoscimento del carattere solo attraverso una relazione "invischiante" con una figura genitoriale verso la quale vive l'attaccamento affettivo (cfr. S. Minuchin, 1976; S. Minuchin, B.L. Rosman e L. Baker, 1980). Con le plausibili e possibili conseguenze, positive o negative, che ne derivano.

Se la natura, il ritmo, la direzione e l'intensità delle azioni di un bambino s'incontrano con qualità appropriate dell'azione dei genitori o di altri, si ha un processo psicosociologico attraverso il quale si creano gli strumenti, le immagini, gli schemi che, combinandosi alle reti cognitive e allo sviluppo affettivo, contribuiscono alla costruzione del carattere, e quindi all'edificazione della personalità.

Nel suo libro *Mente, Sé e società* lo psicologo statunitense George Herbert Mead dichiara che alla nascita il bambino non può disporre di una concezione di se stesso: la mente, infatti, è non solo non organizzata e strutturata, ma per far emergere una concezione di sé sono necessarie due condizioni precise.

1. *Capacità di produrre e rispondere a simboli e processi di simbolizzazione nei rapporti con gli altri.*
   Solo quando un individuo può designare con simboli gli oggetti del suo ambiente dispone della mente e può definire il Sé come uno di questi oggetti. Il minimo requisito necessario è il nome, assegnato dagli altri e poi usato dall'individuo stesso; un altro requisito è l'uso dei pronomi: io, me, il mio. Con questo minimo di capacità linguistiche è possibile differenziare il Sé come uno degli oggetti del proprio mondo. Disponendo del linguaggio,

d'altra parte, il mondo degli oggetti si arricchisce in modo straordinario: oggetti della vita quotidiana, fenomeni fisici, relazioni. Ogni oggetto è sottoposto a valutazioni, confronti, aspettative degli altri.

2. *Capacità di assumere gli atteggiamenti degli altri.*
Le persone che circondano il bambino si comportano in qualche modo nei suoi confronti: proprio questi comportamenti costituiscono la base per le inferenze che il bambino compie circa il tipo di "oggetto" che egli è. Gli altri sono esigenti o permissivi, ansiosi o tranquilli, calorosi o freddi, in una grande varietà di situazioni quotidiane e in risposta a diversi atti del bambino. In ogni situazione egli è dunque un oggetto molto o poco differenziato per gli altri e per se stesso. La capacità di sviluppare ulteriormente un concetto di sé dipende dall'acquisizione del significato proprio dei contenuti e dell'organizzazione della famiglia, dei gruppi e della comunità come un tutto: in altri termini, dalla comprensione degli elementi materiali e di valore che costituiscono la realtà del mondo e delle relazioni fra gli oggetti.

Il punto focale di questa argomentazione si centra sul fatto che, nella costruzione del proprio carattere, il bambino può acquisire un senso stabile e definito solo attraverso la completa adesione alle aspettative di un genitore. Qualsiasi revisione di tale modello rischia, alle volte, di comportare una delusione così intensa da mettere in discussione l'immagine del proprio carattere raggiunta fino a quel momento. In questo modo il cambiamento fisiologico dell'immagine dei genitori, che va prendendo forma con il dispiegarsi delle abilità cognitive, cioè la capacità di cogliere il punto di vista dell'altro, fa riaffiorare un'esperienza immediata, vaga e oscillante, che rende nuovamente complessa l'acquisizione di un senso stabile del proprio carattere. Tuttavia, dato che una relazione invischiante con una figura significativa, come la madre, il padre e così via, rimane ancora la strategia essenziale per ottenere un'immagine definita del proprio carattere, il problema diventa ora quello di trovare modelli comportamentali con carattere stabile, attendibili, senza dover per questo rischiare ulteriori possibili delusioni e fallimenti.

In un itinerario di sviluppo del carattere strutturato da un'insufficiente separazione di identità tra se stessi e gli altri, il risultato dello sforzo di differenziare e istituire il proprio carattere, seguendo l'interpretazione cognitiva, può essere descritto, in accordo con gli assunti di V.F. Guidano, nel modo seguente.

Lo strutturarsi dell'Io nel bambino ha necessità di organizzarsi copiando modelli comportamentali, provenienti da genitori con carattere stabile e amorevole.

Se, per ipotesi, questi genitori non offrono criteri comportamentali di stabilità, accade che occupino la mente del bambino mentre è dedito alla costruzione del proprio carattere. Ricordi di comportamenti genitoriali relativi al non riconoscimento della tipologia di carattere del bambino, tarpando oppure ostacolando ogni sua espressione autonoma, favoriscono la strutturazione di modelli interni che possono risultare tendenziosi nella definizione futura e ultima della sua personalità.

Il risultato, come descrive Guidano, è un'esperienza di se stessi continuamente fluttuante tra il sentirsi "legato all'esterno" per poter riconoscere i propri stati interiori (in cui la ridotta percezione della propria individualità è avvertita come un senso di incompetenza personale) e il sentirsi "legato all'interno" nel definire la modulazione emotiva che si avverte (in cui la percezione più definita di individualità è frammista a un senso di vuoto e inattendibilità personale).

Così, il senso di vuoto e incompetenza personale che accompagna un'esperienza di sé vaga e oscillante diventa l'ingrediente principale dell'Io che emerge ed esercita un ruolo chiave nel focalizzare selettivamente l'attenzione del bambino su punti di riferimento esterni consistenti e continui nel tempo.

La centratura del carattere del bambino

In quest'ambito, vediamo ora come si delinea la centratura del cosiddetto sviluppo del carattere nel bambino.

Il riordinamento della propria esperienza immediata in un senso definito di se stessi viene portato avanti essenzialmente in base a punti di riferimento esterni; in questo modo, la riconoscibilità del carattere specifico dipende dalle aspettative percepite in una figura di attaccamento e il profilo della personalità viene a coincidere con la corrispondente immagine del carattere in grado di aderire a tali aspettative. Se quindi il problema consiste nel ricavare un senso definito del carattere del bambino dalle aspettative e dai giudizi degli altri, la tendenza al perfezionismo, volta a massimizzare la possibilità di giudizi positivi, ne diventa la soluzione ottimale. Di conseguenza, il carattere va delineandosi in base a standard di attaccamento verso i genitori, tanto assoluti quanto convenzionali, e il mettersi alla prova per corrispondervi diventa il modo più affidabile per ottenere un livello accettabile di autostima e valore personale.

L'esperienza della delusione, nella fase dell'attaccamento, restringe la gamma personale d'espressione di se stessi e di confronto e definisce l'orientamento prevalente dell'organizzazione funzionale del carattere attraverso disturbi e interferenze che minacciano la necessità di tratti stabili e continuativi, tanto cognitivi che affettivi, nell'evoluzione del bambino (pur tenendo presente che l'attribuzione di causalità consentita da un'esperienza immediata vaga e fluttuante si mantiene sempre entro margini piuttosto indefiniti e oscillanti).

È molto importante riuscire a capire se la delusione avvertita venga letta dal bambino come prevalentemente esterna a se stesso, piuttosto che interna.

Tutto questo dipende, oltre che dall'età, anche dal modo in cui viene percepita la delusione iniziale: vale a dire se viene attivamente "scoperta" – e quindi sentita come un proprio ordinamento della realtà – o, al contrario, se viene passivamente "subita", ovvero avvertita come se si venisse sopraffatti da una realtà schiacciante.

Nel caso di una delusione esterna, il carattere, come entità funzionale dell'individuo, percepisce gli altri prevalentemente come intrusivi e ingannevoli. La reazione è quella di contrapporsi a oltranza a una realtà elusiva e disconfermante, attraverso una continua esibizione d'atteggiamenti autosufficienti ed estremamente controllati. La base su cui deve poggiare il carattere diventa, così, il modo essenziale per mantenere entro limiti accettabili il senso critico e pervasivo di vuoto e incapacità. Questo stile attributivo comporta di solito un notevole livello d'attivazione e può dar luogo, nel corso di uno squilibrio, a quadri più o meno tipici di anoressia nervosa.

Infine, un elemento importante dell'affettività e dell'attaccamento affettivo è rappresentato dalla funzione psichica della memoria.

In tal senso, la psicologa cognitivista statunitense Diane B. Arnkoff afferma che gli attuali lavori clinici nell'ambito della neurofisiologia dell'affettività dimostrano che i circuiti del sistema nervoso simpatico e del sistema nervoso centrale, implicati nell'affettività e nell'attaccamento affettivo degli esseri umani, hanno complesse connessioni con strutture sia percettive sia corticali. Secondo la ricercatrice, la memoria è la rappresentazione fisiologica di precedenti esperienze, attivata e modificata quando vengono assimilate nuove esperienze. La conclusione di questa breve riflessione porta ad asserire che ogni esperienza di vita di relazione, riferita al bambino o all'adulto – il primo in quanto costruisce il carattere, il secondo in quanto lo migliora – che comporti un'alterazione significativa del modello o della memoria dell'individuo, determina inevitabilmente affettività e attaccamento affettivo.

L'importanza del padre nell'attaccamento

R.P. Rohner, psicologo dell'Università del Connecticut (USA), ha fatto un'importante e sorprendente scoperta: l'affetto materno sembra non avere un'assoluta preminenza nello sviluppo della personalità del bambino.

Marco Tarantola, giornalista e divulgatore scientifico, riferisce che Rohner e il suo collega, lo psicologo R.A. Veneziano, hanno rivisitato quasi un centinaio di lavori americani ed europei riguardanti l'influenza dell'affettività dei genitori sul comportamento e sulla psiche dei bambini durante la crescita.

In uno studio pubblicato sulla «Review of General Psychology», i ricercatori sostengono che il grado di accettazione o di rifiuto del padre che il bambino ha ricevuto o percepito, sembra influenzarne lo sviluppo almeno quanto la presenza o l'assenza della madre. Secondo gli studiosi la carenza d'amore da parte della madre o del padre provoca lo stesso risultato: mancanza d'autostima, instabilità emozionale, isolamento dal sociale, depressione e ansietà.

Il rifiuto da parte dei genitori è spesso collegato al rischio di sviluppo di aggressività, abuso di droghe, alcol e delinquenza. Sembra inoltre che l'affetto ricevuto da entrambi i genitori eserciti un effetto positivo sulla felicità dei figli, sul loro benessere, sul successo sociale e accademico dalla prima infanzia fino all'età adulta.

Il team ha inoltre scoperto che, in alcune situazioni, l'amore paterno gioca un ruolo più importante di quello materno. È stato riportato da molti studi come esso influisca in modo determinante sui problemi di personalità, di condotta, o sull'istinto alla delinquenza e all'abuso di alcune sostanze da parte del figlio.

L'intento dei ricercatori non è sicuramente affermare che l'affetto della madre sia meno importante di quello del padre, ma piuttosto quello di infrangere il pregiudizio culturale che porta a enfatizzare il ruolo materno a spese di quello paterno.

Per molti aspetti, l'amore paterno sembra avere una forte influenza sullo sviluppo psichico dei figli ed è ormai chiaro che è un errore pensare che la madre sia l'unica "colpevole" se i figli hanno dei problemi.

Concludendo, speriamo ottimisticamente che i dati riportati incoraggino i padri a essere più presenti nell'educazione dei figli.

CAPITOLO 6

La sfera psicosociale, il Sé, l'individuo e il gruppo

Nell'ambito della moderna psicologia sociale, che si occupa degli aspetti di relazione tra l'individuo e il gruppo sociale, quali per esempio la capacità di collaborazione e cooperazione, l'attrazione e l'affiliazione, l'aggressività e il crimine, la capacità di mutare atteggiamento, la cognizione sociale e la ricerca transculturale, parleremo di quegli studiosi che hanno proposto contributi interessanti sull'incidenza del gruppo sociale, a partire dalla famiglia, in relazione alla costituzione del carattere e della personalità degli individui.

L'identità sociale

La tematica dell'identità sociale è affrontata principalmente dal sociologo britannico, di origine sovietica, Henry Tajfel, che nel 1981, nel libro *Gruppi umani e categorie sociali*, afferma che: «l'identità sociale è quella parte dell'immagine di sé di un individuo che deriva dalla sua consapevolezza di appartenere a un gruppo sociale o più gruppi, unita al valore e al significato emotivo attribuito a tale appartenenza».

Più tardi, nel 1987, il sociologo J.C. Turner, allievo di Tajfel, che ha studiato in modo dettagliato il rapporto fra identità sociale dell'individuo e rapporti interpersonali di gruppo, pubblica un saggio dal titolo *Rediscovering the social group: A self-categorization theory*.

Turner è in linea con le considerazioni teoriche di C. Gordon e di K.J. Gergen (cfr. *Identità personale: teoria e ricerca*, 1979), secondo i quali il concetto personale di se stessi è il risultato di un sistema di concettualizzazioni mentali, che provengono dalle personali esperienze di relazione con gli altri dell'individuo, e che egli usa per definire se stesso.

Tali concettualizzazioni mentali sono divise in due sottosistemi. Il primo riguarda l'appartenenza a un gruppo, per esempio, categorie sociali come sesso, nazionalità, affiliazione politica, religiosa ecc. Il secondo riguarda elementi direttamente centrati sull'individuo, per esempio, attributi fisici, interessi culturali, caratteristiche psicologiche, gusti personali ecc.

Secondo Turner, dal suo punto di vista psicosociologico, per quanto riguarda la costruzione dell'identità personale degli individui, sono da porsi come elementi costituenti e formativi quelli della prima tipologia, che vedono l'individuo in rapporto con gli altri e con il gruppo, paese, città, nazione ecc.

La definizione di Turner di identità sociale è utile, in quest'ambito, per sostenere uno degli assunti fondamentali delle teorie psicosociali, e cioè che in certi momenti le immagini che gli individui hanno di se stessi possono esser basate soltanto, o quasi del tutto, sull'appartenenza a un gruppo. E questo gruppo può essere considerato sia come nucleo familiare, come gruppo di parentela esteso, come gruppo scolastico di studio, di divertimento, di lavoro, e come vita di comunità.

È altrettanto chiaro che, per alcuni autori, la validità di questa teoria, che trova sostegni sperimentali non solo nella ricerca sociale ma nella storia, diventa uno degli elementi base del pregiudizio e della discriminazione fra gruppi.

È molto probabile che il concetto di se stessi, della costruzione del proprio carattere, nonché del suo miglioramento, sia un sistema complesso, che vede aspetti biologici, psicologici, sociali e antropologici interagire in un ambito interdisciplinare attorno e dentro l'ecosistema uomo, in completa fase d'apertura verso il mondo.

Secondo Turner, il concetto di se stesso, da parte dell'individuo, ha una coerenza e un'organizzazione superiori che producono un senso di unità e consistenza benché le sue parti siano altamente differenziate dal punto di vista strutturale e funzionale e possano apparentemente operare in modo indipendente fra loro.

Per questo, in ogni data situazione, una parte diversa del concetto di se stessi, o combinazioni di parti assimilate di comportamenti degli altri, potrebbero operare con la conseguenza soggettiva di produrre diverse immagini di sé.

Tracciando un'analogia con una squadra di calcio, possiamo immaginare che i singoli giocatori, con la loro specifica formazione tecnica e le loro prestazioni sul campo in ruoli di gioco precisi, rappresentino le differenti immagini comportamentali e cognitive, le quali contribuiscono a formare e modellare in modo dinamico il carattere della squadra, vista e percepita nella sua unità. Se quest'ipotesi è corretta può accadere che l'identità sociale funzioni a volte escludendo quasi l'identità personale, come quando in certi momenti le immagini che abbiamo di noi stessi sono basate soltanto, o in gran parte, sulla nostra appartenenza a un gruppo. Dal momento che le strutture cognitive di cui dispone l'individuo hanno la funzione di mediare l'ambiente e il suo comportamento, si può pensare che ci siano situazioni sociali in cui "l'identità sociale" sia particolarmente attivata, e che tale attivazione si manifesti nel comportamento messo in atto dal soggetto.

Più propriamente, come affermava C.H. Cooley nel 1908, è soltanto attraverso l'interazione sociale che l'individuo sviluppa la conoscenza di se stesso e, così facendo, costruisce il sentimento della propria identità. Praticamente comprendiamo quello che siamo osservando quanto gli altri fanno nei nostri confronti e mostrano di pensare di noi. L'autore spiega che la cosiddetta consapevolezza di sé ha origine perché vediamo parti di noi stessi riflesse dagli altri.

Queste parti di noi riflesse dagli altri, e dagli altri evidenziate e sottolineate, rappresentano una sorta di feedback correttivo, che modula e orienta la centralità della costruzione del carattere e della strutturazione della personalità.

Quindi la costruzione del carattere, o meglio la nozione di quello che siamo, riflette un modello cognitivo situato entro una rete teorica mentale che si organizza, attraverso una serie di stimoli esterni, comportamenti e valutazioni del nostro comportamento, che si modellano all'interno della nostra mente, sotto forma di immagini che interagiscono nei confronti degli schemi del temperamento e organizzano il nucleo del carattere.

Come afferma A. Palmonari, psicologo e sociologo, nel suo libro *Processi simbolici e dinamiche sociali* (1989): «Il concetto di sé tende a guidare quello che ciascuno rivela di se stesso: non è necessariamente corretto, ma in genere viene assunto socialmente in questi termini. Le teorie sul ruolo esprimono il nostro modo di considerare come ci adattiamo alla società, quello che dobbiamo fare e come dobbiamo essere trattati, quelle sui modelli interni riguardano il nostro corpo e la nostra mente. Le teorie sul corpo, nella nostra società, sono di tipo generalmente biologico-meccanicistico. Quelle sulla mente e lo spirito sono piuttosto ispirate dalla filosofia e dalla psicologia. Altre teorie sul Sé riguardano l'attribuzione di tratti individuali. Possiamo credere, per esempio, di essere intelligenti o stupidi, fortunati o sfortunati, belli o brutti. Sebbene queste dimensioni possano essere valutate in modo diverso in ambiti diversi, sono tuttavia assai importanti».

Alcune di queste teorie concernono i ruoli sociali (padre, marito, professione ecc.), altre riguardano entità interne più o meno ipotetiche (l'anima, l'inconscio, la mente, la volontà) e altre ancora indicano dimensioni differenziali significative (intelligenza, ricchezza, bellezza).

Il feedback fra l'individuo e il contesto sociale

C'è una grande varietà in quello che la gente crede di sé, e non tutto è vero. Ognuno, comunque, ha un concetto di sé come persona particolare in un mondo familiare. Ogni concetto di sé si forma nella vita sociale, così in ogni società e cultura esistono concetti diversi di sé. Anche all'interno di una stessa cultura ognuno definisce in modo diverso dagli altri il proprio concetto di sé, ma le differenze, in genere, non sono così rilevanti e sono riferibili a un numero determinato di variabili che definiscono le somiglianze e le differenze fra gli oggetti sociali significativi di tale cultura.

È ancor oggi difficile dire quando il bambino si accorge che certe esperienze sono esclusivamente sue, cioè quando è in grado di differenziare il suo dall'altrui, anche se ci sono indizi che verso i quattro anni e mezzo il bambino diviene consapevole che la sua vita mentale è esclusivamente sua. Il bambino crescendo non solo sperimenta esperienze private, ma le ricorda: i sogni fatti durante la notte, i pensieri avuti ieri, o una settimana fa, un mese fa ecc. Si sviluppa un orientamento spazio-temporale, che arricchisce così il suo mondo interiore e in modo funzionale la memoria, che sente come sua, come la parte che riesce a dirgli in modo autonomo chi è.

Il bambino, inoltre, impara che gli altri non partecipano soltanto alle interazioni ma hanno credenze, intenzioni, sentimenti propri, a volte riferiti a lui stesso. Tra i due e i quattro anni acquisisce, così, una teoria della mente, che da un lato poggia sulla propria memoria e dall'altro sulla continuità dei rapporti di relazione che ha con gli altri, in un continuo feedback.

La psicologa sociale C.S. Dweck, per esempio, ha mostrato che le credenze dei bambini sulla propria intelligenza influenzano il loro rendimento scolastico. Quelli che credono che l'intelligenza sia data a ciascuno in quantità diversa, e di averne poca, imparano molto meno dall'esperienza scolastica rispetto a quelli che hanno un concetto di se stessi, secondo cui è possibile una crescita intellettuale. Tali attribuzioni sono acquisite dai bambini molto presto, ma non sono immodificabili, anzi evolvono nella complessità della mente e del corpo, e si esplicano nell'esecuzione di comportamenti. Il bambino è aperto al mondo familiare e sociale, impara, si confronta, viene per così dire abituato, in ambito educativo, a memorizzare il suo modo di relazionare e comunicare con gli altri, e compie infinite operazioni di osservazione degli altri, nei quali si specchia e di conseguenza si modifica, costruendo una sua centralità di carattere. Crescendo, l'individuo formula idee circa il proprio corpo, circa il significato dei suoi pensieri e dei suoi sentimenti, circa la comunicazione interpersonale, pensa a quanto ha fatto in passato o quanto farà in futuro e, soprattutto, dimostra capacità di elaborazione e di adattamento.

Il comportamento sociale, per questo, è modellato non soltanto dalle qualità direttamente percepite delle interazioni concrete che si stabiliscono con gli altri, ma anche dalle nostre teorie concernenti il modo in cui ci mettiamo in contatto con gli altri. Anche le interpretazioni della nostra esperienza privata sono in parte influenzate da quello che crediamo debba essere l'esperienza, secondo quel senso di condivisione sociale che gli altri ci suggeriscono ed entro la quale plasmiamo l'evoluzione della centralità dinamica del carattere.

È in rapporto a questa centralità cognitiva e di valore di proprietà personale del carattere, così come alla valutazione delle tensioni che lo stesso individuo incontra per mantenere unite le varie componenti di se stesso, che il carattere deve assumere dinamicità, elasticità e diventare un sorta di oggetto privilegiato nell'esperienza quotidiana di ognuno, il punto di riferimento a cui ogni esperienza è ricondotta.

Abbiamo visto che esistono varie forme di conoscenza e modalità di relazione che contribuiscono a modellare il carattere sul temperamento per arrivare, attraverso la dinamicità di feedback esercitata sul nucleo del carattere, all'edificazione della personalità.

Questo percorso si costituisce in modi e tempi diversi, secondo la cronologia dello sviluppo individuale, tramite la percezione, la memoria, il pensiero.

Abbiamo visto come la percezione entri in gioco nella conoscenza di se stessi, e come riguardi anche la comunicazione d'emozioni nella conoscenza dei vari se stessi in rapporto con gli altri. Fra tali modalità di conoscenza deve essere compresa anche quella che denominiamo "consapevolezza di se stessi": essa compare nel bambino quando comincia a padroneggiare la comunicazione simbolica che, senza rendere superflue le forme più dirette di conoscenza di sé, gli fa conoscere molte cose circa se stesso. Il soggetto si costruisce una teoria sulla quale elabora se stesso: essa concerne il suo aspetto fisico, le sue relazioni interpersonali, le cose fatte in passato e quelle da fare in futuro, quello che il soggetto stesso si aspetta, sogna o pensa di dover diventare, il sé ideale, atteso, sperato, o il sé del dover essere, il significato che attribuisce ai propri pensieri e ai propri sentimenti.

Gli schemi di sé costituiscono tali dimensioni centrali e sono strutture cognitivo-affettive, che rappresentano l'esperienza in un determinato ambito, organizzano e dirigono l'elaborazione dell'informazione importante per il concetto di se stessi. Gli schemi di sé permettono a ciascuno di precisare rapidamente chi è e chi non è, di ricordare informazioni rilevanti per l'esperienza specifica, di prevedere e dirigere il proprio comportamento.

Non dimentichiamo che fattori ambientali possono rendere salienti alcuni schemi di sé rispetto agli altri: il concetto operativo di se stessi corrisponde allo schema immagine che si ha di se stessi, che viene evidenziato da una determinata circostanza di relazione con gli altri nella quale l'individuo si trova coinvolto, che guida l'azione del soggetto in riferimento a tale ambito. Nel corso dell'azione, l'interazione con i propri interlocutori e con certi aspetti dell'ambiente può portare il soggetto a centrare l'attenzione su altri schemi di sé che, a loro volta, possono assumere la funzione orientativa del comportamento. Può così accadere che un'azione iniziata lasci il posto a un'altra o che continui con significati diversi rispetto a quelli originali. Può anche accadere che il concetto operativo di se stessi porti il soggetto ad assumere comportamenti coerenti con le forze situazionali ma in disaccordo più o meno accentuato con altri schemi di sé rilevanti per lui stesso. Il concetto di se stessi non è costituito soltanto da schemi riferiti al carattere reale, ma anche da schemi che il soggetto può essere o vuole, o teme, o sogna di essere in futuro. Questi atteggiamenti possibili sono elementi importanti per definire gli scopi e per aumentare la motivazione a perseguirli, in linea con la centralità del carattere, per giungere all'edificazione della personalità.

La presentazione della propria personalità riguarda il modo in cui il soggetto mostra, o tenta di mostrare, aspetti significativi del proprio carattere agli altri. La presentazione del proprio carattere avviene sempre in situazioni sociali precise. A seconda del contesto si realizza attraverso una descrizione verbale di se stesso che però, nei rapporti interpersonali diretti, implica anche una dimensione comportamentale interattiva, la componente della cosiddetta comunicazione non verbale che s'inserisce nella comunicazione verbale; che si struttura appieno, ed è possibile osservare, attraverso la descrizione che si fa di se stessi, su stimolazione di domande più o meno strutturate poste dall'interlocutore.

Durante la presentazione di se stessi agli altri, nell'ambito di un incontro sociale, sia esso mondano o professionale, ogni individuo attua delle strategie di tipo cognitivo-comportamentale per meglio esprimere e far conoscere il proprio carattere.

Affermazioni o asserzioni relative alla propria capacità di definirsi sono poste dagli individui che tendono a farsi conoscere dagli altri, ciò sempre con riferimento a comportamenti, reazioni e strategie assunte in situazioni precedentemente vissute. A partire da queste, gli altri cercano di interpretare, ascoltando e osservando, l'individuo nella sua espressione di personalità, per desumere i tratti fondanti il suo nucleo del carattere.

Nel suo testo *Il comportamento in pubblico* (1963) il celebre sociologo E. Goffman mette in risalto la complessità delle strategie che il soggetto attua per presentarsi agli altri in modo adeguato alle regole e norme proprie di ogni forma di vivere sociale, sino a sostenere che il dialogo interiore è ininfluente per come l'individuo si presenta in pubblico nelle diverse situazioni: bisogna pensare non tanto a persone con i loro momenti, quanto piuttosto a momenti con le loro persone.

Sulla tematica della ricerca dell'identità personale e sociale, emergono i preziosi contributi dello psicoanalista E.H. Erikson, che ha sviluppato il concetto di "personalità di base", precedentemente elaborato dallo statunitense Kridiner nel 1939, e quello di "carattere nazionale" o sociale, introdotto dallo psicoanalista svizzero E. Fromm nel 1941. Il suo scopo era quello di descrivere i modelli di personalità condivisi dai membri di una società e derivanti da esperienze comuni. In questa prospettiva l'identità è un'articolazione delle componenti individuali e collettive, di quanto è personale e di quanto deriva da una cultura condivisa.

Altra nozione centrale in Erikson è quella di identità dell'Io definita come la consapevolezza che è coerenza e continuità in rapporto alla funzione sintetizzante dell'ego. In sintesi, si può affermare che in Erikson l'identità si configura soprattutto come un processo di integrazione tra il passato infantile e il futuro in cui aspettative e valori personali si confrontano con elementi connessi con le attese sociali più generali. Nell'opera di Erikson, emerge chiaro il concetto dell'esistenza di una connessione e una continuità di significati fra i concetti di sé e d'identità. Troviamo questa tematica sia in psicologia cognitiva che negli aspetti psicodinamici e nelle psicoterapie ordinarie.

Resta stabilito, per assunto, che l'identità di un individuo non è che una parte del complesso concetto di se stessi! O meglio ancora, si potrebbe infine asserire che il concetto d'identità altro non è che la qualità relazionale e temporale della rappresentazione di sé.

Fin qui abbiamo voluto comprendere come i fattori ambientali, relazionali e sociali, abbiano un peso particolare e specifico nell'organizzazione del carattere e della personalità degli individui. Ora non ci resta che entrare nello specifico, entrando nel regno della caratterologia.

CAPITOLO 7

La caratterologia

Che cosa significa conoscersi a livello psicologico? Significa scoprire ed evidenziare una serie di aspetti della personalità, del carattere, del temperamento, che dipendono da un insieme di fattori e variabili. I fattori che contribuiscono a farci essere come siamo derivano da noi e dall'ambiente, intendendo per ambiente sia quello fisico, naturale, che quello umano e sociale.

Il carattere

La personalità può essere definita come un insieme strutturato di fatti e di qualità comportamentali. Il vivere quotidiano di ciascuno di noi dipende dalla personalità, nella quale confluiscono aspetti genetici, ambiente, educazione e quindi variabili personali e variabili ambientali e sociali, tradizioni, usi e costumi, fiducia in se stessi, autostima, autonomia, autovalutazione, indipendenza, autocontrollo, autoaffermatività (assertività), aggressività, passività, emotività.

Vedremo insieme l'eziologia della costituzione di un carattere, dagli aspetti di relazione psicologica vissuti nel rapporto con i genitori, alle situazioni relazionali ambientali. Soprattutto, vedremo come l'energia emotiva stabilisce un'organizzazione di blocchi nella naturale espansione e integrazione psicofisica. Ogni tipologia di carattere porta con sé necessariamente un riflesso somatico-corporeo, che si struttura propriamente su fattori geneticamente ereditati, e ampliamenti modulati dallo scaturire dell'energia emotiva di riferimento nei processi d'educazione e formazione in età infantile.

Prima di completare le mie ricerche in ambito psicosomatico, non ero convinto che esistesse un sistema capace di trasmettere una serie di conoscenze che si prestassero a edificare, per ora ancora embrionalmente, una metodologia terapeutica di tipo scientifico.

Le mie osservazioni partono dai lavori di Wh. Sheldon, col suo sistema somatotipico, per passare all'interpretazione cinetica di Birdwhistell, fino ai complessi sistemi di analisi terapeutica di Reich e Lowen[2]. Nel corso di questi ultimi anni, ho esplorato lo psicosoma da una serie molteplice di prospettive metodologiche. Intendo, ora, tentare una sorta di sintesi psicosomatica che poggia sulle metodologie stabilite da Wilhelm Reich, psichiatra, Alexander Lowen, psichiatra, William Schutz, psicoterapeuta, Ida Rolf, biologa, Moshe Feldenkrais, psicoterapeuta, Fritz Perls, psicoterapeuta, Stanley Keleman, psicoterapeuta e Hector Prestera, psicoterapeuta, senza trascurare le tecniche orientali quali lo yoga e il tai chi chuan.

Come si forma il carattere di una persona? Ovvero come si struttura il suo psicosoma? Queste sono, seppur poste in termini diversi, due domande uguali, alle quali ho già risposto all'interno di questa opera. Per comodità, cercherò di riassumere qui brevemente, ricordando che gli studiosi di orientamento psicosomatico sostengono che i fattori che determinano la costruzione del carattere psicosomatico di ogni individuo sono cinque.

1. *L'ereditarietà genetica*. Sia dalle discendenze patrilineari che matrilineari.
2. *L'attività e l'espressione fisica*. Camminare, dormire, andare in bicicletta, sedersi, suonare ecc., e tutte le attività indipendenti dai fattori ereditari e psicoemotivi che contribuiscono a modellare lo psicosoma.
3. *L'attività e l'esperienza emotiva e psicologica*. Si tratta di comprendere come il disagio o il benessere del soma sia collegato alla psiche. Il mal di gola è da associarsi alla collera trattenuta? Slogarsi una caviglia è collegato a un sentimento di sradicamento dalla realtà? Le emorroidi sono in relazione a un aggrapparsi ai

2. W. Reich (1897-1957) iniziò la sua carriera come psichiatra. La sua vita professionale può essere divisa in quattro fasi: il lavoro psicoanalitico a Vienna, il lavoro sociologico a Berlino, gli studi di biologia in Scandinavia, e quelli sull'energia orgonica negli Stati Uniti.
A. Lowen (1910-2008), allievo dello stesso Reich, orienta la sua visione e pratica terapeutica strutturando la terapia dell'analisi bioenergetica.

propri sentimenti senza valutazione della realtà? Se al contrario si è felici e a proprio agio anche nelle situazioni più imbarazzanti e difficili, è perché il nostro profilo psicosomatico è rilassato e integrato nel modo più sano?

4. *La nutrizione*. Riguarda il "cibo" in senso lato, ovvero non solo quello propriamente alimentare, ma anche, e soprattutto, quello psicologico, fatto di emozioni, parole, idee, regole e comportamenti.
5. *L'ambiente*. Tutte le strutture fisiche, sociali e psicologiche entro cui viviamo le nostre vite, ivi compreso il mondo della scuola, dei divertimenti e del lavoro.

Fin da quando l'uomo ha cominciato a riflettere sulla propria salute, sulla sopravvivenza, sulle passioni, i pensieri, i sogni, sulla vita e sul suo Io, sono in lui sorti innumerevoli quesiti sulla complessità della natura umana e sulle possibilità di ottenere una buona e sana funzionalità dell'organismo psicosomatico. Come afferma lo psicologo statunitense K. Dychtwald nel libro *Psicosoma*, nelle culture orientali quali, per esempio, quelle della Cina e dell'India, il corpo e la mente sono tradizionalmente visti come aspetti inseparabili della stessa essenza umana. Le pratiche igieniche, le forme educative, le istituzioni religiose e le discipline psicoemotive di questa parte del pianeta indicano un approccio olistico nei confronti della vita e dell'evoluzione individuale Esplorando e sviluppando se stessa, la persona può raggiungere l'armonia entro il suo psicosoma, conseguendo in tal modo uno stato di felicità e di beatitudine. Definire lo psicosoma così, come si struttura, a partire dal temperamento attraverso la costituzionalità e centralità del carattere per arrivare alla complessità della personalità, è il compito che mi sono proposto di affrontare sia teoricamente che praticamente, all'interno di questa trattazione. Per noi occidentali è necessario stabilire il dualismo dello psicosoma, separandolo in due parti: la psiche, che si ritiene essere nella scatola cranica, in mezzo agli occhi, e il corpo, che è e si muove al di sotto di essa. Essi, comunque, devono cooperare, procedendo verso una naturale integrazione funzionale.

Nelle pagine che seguono, si imparerà a classificare gli individui in unità caratteriali psicosomatiche, essenzialmente cinque caratteri di base – schizoide, affettuoso, psicopatico-schizofrenico, masochista e rigido –, interagenti tra loro, ma che riassumono le caratteristiche essenziali attraverso le quali si è costituito il carattere, nucleo della personalità degli individui. Vedremo, per esempio, come il carattere schizoide nasca da particolari aspetti relazionali, di separazione emotiva traumatica nell'ambito dell'infanzia, e come le linee costituzionali muscolari subiscano dei blocchi, delle contrazioni, che fortunatamente è possibile, attraverso le tecniche della biodinamica, sciogliere e integrare in un'armonica funzionalità di benessere psicofisico. Si comprenderà come ogni carattere – affettuoso, megalomane, masochista, rigido ecc. – non sia solo il risultato di una crescita psicologica condizionata, ma il risultato di una crescita psicologica e somatica condizionata nello stesso tempo e nella stessa misura. Si comprenderà, dunque, che solo occupandosi di se stessi globalmente, nella mente e nel corpo, è possibile modificare il proprio carattere, superandone i limiti, che sono impliciti nella struttura di carattere, entro la quale gli individui conoscendosi s'identificheranno. Eseguendo gli esercizi psicosomatici con regolarità, sarà possibile, per ogni individuo consapevole, ottenere risultati importanti e preziosi, garanti di benessere e maggiore funzionalità psicofisica.

Non resta, dunque, che entrare nell'ambito del vostro carattere e iniziare, con la pratica degli esercizi, a superare i blocchi emozionali e muscolari, che vi tengono intrappolati nella struttura caratteriale. Emergerà uno stato di consapevolezza e di salute globale della vostra personalità nascente, che sarà più completa e armonica.

L'analisi del carattere in Reich e Lowen

Di seguito illustrerò il punto d'arrivo della caratterologia, cioè la sua codificazione e valutazione nell'ambito della psicosomatica, attraverso i lavori di Wilhelm Reich e Alexander Lowen.

Nel suo lavoro di studioso e di psichiatra, Reich utilizza il termine "carattere" per definire la complessità psicologica e somatica degli individui. Nel saggio *Analisi del carattere* (pubblicato per la prima volta nel 1933) egli insegna a distinguere gli individui nelle loro costituzioni psicologiche e somatiche come modalità completa per capire gli individui e le loro difficoltà esistenziali.

Il carattere non è soltanto l'insieme di tratti stabili della personalità, come comportamenti, ideologie, processi cognitivi e affettivi: gli si aggiunge la realtà biologica del corpo quale parametro essenziale per stabilirne l'organizzazione. Se per Reich è importante valutare il carattere delle persone attraverso lo studio corporeo, relativo all'uso e alla funzionalità che l'individuo gli attribuisce, per meglio individuare i deficit che predispongono il terreno per le psicopatologie, altrettanto è per Lowen, che non solo codifica e classifica con maggiore dettaglio e precisione i tipi di carattere base che gli individui possono edificare, ma, con maggiore coerenza psicosomatica, rende nota la partecipazione attiva della mente nei processi di crescita fisici, così come la realtà del corpo quale perimetro reale entro il quale la mente opera. Lowen riesce a far comprendere il dialogo che esiste tra la mente che plasma il corpo, così come quello del corpo che delimita la mente e offre non solo soluzioni ragguardevoli di tipo classificatorio, ma anche brillanti suggerimenti su come intuire eventuali modificazioni per superare i blocchi, le zone d'interruzione che si creano nel circuito mente-corpo e corpo-mente.

Attraverso questi due autori è possibile ampliare la percezione e conoscenza degli individui, imparando a osservarli nella loro interezza, non solo valutandone la mentalità, i vissuti, le difficoltà, le aree di piacere e di soddisfazione personale e sociale, ma anche osservandone i comportamenti e le azioni, e poi ancora e soprattutto il sottile dialogo che sottende l'unità mente-corpo.

Il corpo, come ben si sa, si costituisce attraverso l'incontro dello spermatozoo con l'ovulo. Esso possiede un suo programma genetico di evoluzione, insieme somatico e psichico, cresce per nove mesi dentro l'utero nell'elemento acqua, il liquido amniotico, poi affronta la nascita: rottura delle acque, fuoriuscita dall'utero materno, incontro con la vita, primo contatto con l'elemento aria.

Non sappiamo con sicurezza se esista un qualche modello di lettura e di rappresentazione psicologica di quello che avviene nel corpo che sta per nascere: le reti cognitive non sono ancora strutturate. Alcuni autori sostengono che probabilmente il feto sogna, altri che forse riesce a memorizzare le emozionalità che si producono nella simbiosi fisica e mentale con la madre: chissà se questo programma di crescita puramente biologico subisce delle modulazioni d'energia psichica irradiate dalla madre? E se queste volontarie o involontarie manifestazioni di trasmissione emotiva siano in grado di modificare o addirittura alterare il programma genetico di crescita ed evoluzione del bambino?

Le risposte sono per ora solo ipotesi, che si traducono in altrettante ipotesi anche nella complessità della vita adulta. Quando osserviamo che l'inizio della vita nell'ambiente è nell'elemento aria, sospettiamo che le influenze di relazione, le emozioni che provengono dai genitori e dal contesto sociale entro il quale il bambino si trova proiettato possono entrare nella complessità del suo sistema biopsichico e orientarlo a crescere seguendo determinati stimoli esterni. Il corpo cresce da sé, è privo di ricettività nei confronti dell'ambiente, oppure non solo sente, ma si lascia per così dire plasmare, modificare, strutturare?

È sicuro che all'inizio della vita il bambino usa interagire come già faceva con l'utero nella vita prenatale. Ora però è collegato a qualcosa di più ampio: l'ambiente, i genitori, il mondo; è possibile che attraverso la sua mente e il suo corpo capti continui messaggi che utilizza per organizzare la sua mente e il suo corpo? Sì, credo proprio di sì, ed è questo il messaggio principale del lavoro di Reich e di Lowen: capire come per necessità di sopravvivenza i neonati siano legati all'ambiente con un modello simbiotico e che, in fondo, la formazione del carattere è un tentativo di differenziazione, sottile e specifico, un uscire nuovamente dall'ambiente recidendo nuovamente un cordone ombelicale, per sentirsi e riconoscersi ed essere conosciuto come un'unità autonoma, che tende comunque a stabilire contatti e legami con gli altri esseri. Ma questa volta è lui che sceglie e che stabilisce con chi, come, dove, quando e perché legarsi e amare!

Quando un bambino costruisce il proprio carattere, non solo predispone la sua salute e la sua sopravvivenza, ma stabilisce la sua identità personale, psicosomatica, sociale e relazionale attraverso pensieri, ideologie e comportamenti. Ed è tutta la quantità di informazioni, emozioni, affetti che giungono dall'esterno a raggiungerlo al suo interno, laddove sta procedendo a crescere automaticamente secondo il disegno genetico del temperamento.

Questa interattività con l'ambiente esterno stimola, modula e addirittura modifica e struttura il carattere, e incide sul bambino, il quale si nutre e cresce per diventare a sua volta uno che trasmette e che incide sull'ambiente con una sua identità, che giunge così facendo a compimento. In questa comunicazione interattiva, si costruisce il carattere che sappiamo essere non solo una realtà mentale, bensì una realtà della mente, ma anche e soprattutto del corpo.

Il processo di crescita, predisposto geneticamente, può essere favorito, rallentato o, addirittura, bloccato in base alle trasmissioni dell'ambiente esterno e in base al grado e tipo di ricezione del bambino, e ancora alle sue capacità d'elaborazione e trasformazione positiva di quest'interattività di segnali e stimoli che vivono tanto fuori quanto all'interno di lui.

Si comprende, dunque, come Reich abbia capito che un'influenza esterna può scatenare effetti di modificazione nella mente e nel corpo del bambino e dell'adulto di portata incredibile! Ecco perché è importante un'adeguata educazione globale di crescita, ecco perché è importante, per coloro che hanno avuto difficoltà educative, rivedersi e riconoscere i guasti scatenati dall'ambiente e realizzati dallo stesso individuo. Ecco perché è utile classificare dei caratteri psicosomatici in base al tipo di relazione stabilita con l'ambiente fino dalla nascita, conoscere come questo tipo di condizionamento ha modellato la struttura muscolare e la risposta psicofisica di vitalità, per giungere a chiarire la propria costituzione, identificandosi con un carattere piuttosto che un altro, per poi infine lavorare su se stessi, sul proprio corpo e sulla propria mente, per superare i blocchi, riparare i disturbi e sentirsi vivi in una energia psicosomatica armonica che conduce ogni individuo al proprio benessere personale e sociale.

Anche le patologie, se trovano terreno favorevole, si scatenano in quest'ambito relazionale ambiente-corpo-mente. Il percorso può partire dall'ambiente, scaricarsi sul corpo e poi sulla mente, oppure può partire dall'ambiente, scaricarsi sulla mente e poi sul corpo e magari ritornare all'ambiente, e, in quest'ultimo caso, accade che l'individuo non trattenga l'energia che dall'ambiente lo ha colpito, perché è riuscito a scaricarla nuovamente al mittente, cioè all'ambiente.

Un altro concetto salutistico importante in ambito psicosomatico è imparare a esprimere le emozioni, sia piacevoli che di dolore: trattenere le emozioni significa alterare la mente e il corpo nella loro naturale funzionalità. E ogni carattere ha delle specificità per le quali trattiene determinate emozioni e determinati avvenimenti, per i quali altera una parte di sé, che scatena scompensi nell'armonia e orienta allo scatenarsi di patologie.

Il messaggio, sottile e penetrante, di Reich e Lowen, è che ogni cellula dell'organismo costituisce, paradossalmente, un microcosmo, una piccola unità psicosomatica, che, a sua volta, interagisce con disegno e programma psichico e fisico con le altre cellule, le quali vivono, producono, interagiscono, pulsano al ritmo energetico della vita, partecipando alla realtà funzionale degli individui.

Questa realtà vitale e funzionale degli individui deve poter sopravvivere alle insidie dell'ambiente, ma per far questo dobbiamo sapere chi siamo, qual è il nostro potenziale mentale, fisico, energetico, psicosomatico: dobbiamo dunque conoscere il nostro carattere!

Vegetoterapia e bioenergetica

William Reich iniziò la carriera di psichiatra dopo sei anni di studi e un periodo di tirocinio all'Università di Vienna, sotto la guida di Freud. Dal 1920 al 1930, Reich fu membro eminente e controverso del gruppo di giovani analisti che attorniava Freud. Ben presto s'interessò alla fonte d'energia che sostiene la stasi emozionale della nevrosi. Attraverso attenti studi sulla qualità della vita emozionale e sessuale dei suoi pazienti, Reich concluse che ogni squilibrio nevrotico è appoggiato da un blocco a livello di soddisfazione sessuale. Verso il 1924 egli considerava che la funzione dell'orgasmo fosse quella di regolare la libido, come una valvola d'energia localizzata nel corpo, e pubblicò tale conclusione nel 1927 ne *La funzione sessuale*.

Dal 1927 al 1937 l'interesse di Reich si spostò sulle cosiddette difese caratteriali. Nel 1928 divenne vicedirettore del policlinico psicoanalitico di Vienna, dove poté attuare una terapia psicoanalitica gratuita rivolta alle classi lavoratrici. Nel gennaio 1929 formò la Società socialista per la consulenza sessuale e la ricerca sessuologica, trasferendosi quindi, nel 1930, a Berlino. La scuola di Reich, tuttavia, ben presto fallì sia a causa dell'ostilità della sinistra, che considerava il discorso sulla sessualità una deviazione borghese, sia in conseguenza dell'avvento al potere di Hitler, che pose addirittura una taglia sullo stesso Reich per le aperte critiche al nazismo contenute nel suo libro *Psicologia di massa del fascismo* (1933).

Costretto a fuggire dalla Germania, dopo l'incendio del Reichstag nel febbraio del 1933, Reich migrò prima in Danimarca, poi in Svezia, infine ad Oslo, in Norvegia, dove risiedette dal 1935 al 1939. Sulla base dello studio delle difese caratteriali e del suo lavoro analitico, Reich arrivò a teorizzare che uno squilibrio nevrotico fosse psicologicamente ancorato al corpo sotto forma di tensioni muscolari e disturbi nel ritmo respiratorio. La sua idea era che la corazza muscolare fosse organizzata in anelli di tensione, distribuiti lungo tutto il corpo, e che l'intero equilibrio del funzionamento dell'organismo potesse essere compromesso dai blocchi che venivano opposti al piacevole fluire dell'energia della libido. Il sistema nervoso involontario o vegetativo era implicato nello squilibrio psicosomatico. Così Reich arrivò a considerare l'energia della libido come equivalente dell'energia vegetativa che poteva trovarsi in uno stato di iperattività o di ipoattività in una qualsiasi parte del corpo. Egli sviluppò il suo metodo terapeutico nel senso di un intervento diretto sulla tensione muscolare e sulle strutture respiratorie, facilitando un rilassamento emozionale più espressivo rispetto a un'analisi convenzionale. Reich chiamò questa tecnica "vegetoterapia" e considerò suo scopo principale lo scioglimento degli anelli di tensione, così da permettere una libera pulsazione d'energia e di sensazioni attraverso i tessuti, pulsazioni e sensazioni che dovevano susseguirsi in sequenza ritmica e che egli definì inizialmente riflesso orgasmico e poi riflesso vitale.

All'Istituto di psicologia dell'Università di Oslo, Reich condusse una serie di esperimenti per investigare gli aspetti bioelettrici del piacere e dell'ansia, cioè alcuni processi elementari della pulsazione, sia nelle strutture cellulari che molecolari. Il suo studio dei bioni (vescicole primitive prodotte durante il processo di disintegrazione), di cui si comprende ancora poco, causò una controversia scientifica. Per Reich era giunto il momento di emigrare negli Stati Uniti (1939-1957). Le sue ricerche continuarono nell'ambito bioenergetico. Studiò l'incidenza dell'atmosfera cosmica sullo stato di salute delle persone. Costruì, in una sorta di gabbia Faraday, un accumulatore d'energia cosmica, idoneo, secondo lui, a curare i pazienti. Queste ricerche di frontiera gli valsero la condanna a due anni di prigione. Nel marzo del 1957 Reich morì d'infarto nel penitenziario di Lewisburg (Pennsylvania).

Nel 1945, frattanto, lo scienziato austriaco aveva dato alle stampe la seconda edizione dell'*Analisi del carattere*, opera con la quale il concetto di carattere subì una trasformazione non solo concettuale, ma addirittura biologica. Per Reich, infatti, come si è detto, il termine carattere indicava un tipico comportamento non solo psicologico, ma anche biofisico. Le emozioni, in quest'ambito d'osservazione e ricerca psichiatrica di chiaro orientamento psicosomatico, diventavano la tangibile manifestazione dell'esistenza di una bioenergia, quella che egli chiamava energia orgonica, orgasmica.

L'aspetto sorprendente delle scoperte di Reich nell'ambito dell'analisi del carattere, lo spinse ad affermare in un articolo dal titolo *La peste emozionale*, pubblicato sull'«International Journal of Sex-Economy and Orgone Research» nel 1948, che l'energia orgonica è la realtà fisica che corrisponde al classico concetto puramente psicologico d'energia psichica. Secondo Reich, il parametro di riferimento per comprendere la costituzionalità e funzionalità del carattere delle persone è l'orientamento analitico e terapeutico unitario di mente-corpo, che si esplica attraverso la realtà energetica dei flussi emotivi.

Reich prese l'avvio dal modello teorico della psicoanalisi freudiana ma ipotizzò che il conflitto inconscio avvenisse contemporaneamente sia a livello psichico che a livello somatico. Psiche e corpo sono uniti da un legame energetico che l'autore chiamò "orgone" e che ritenne essere l'energia primordiale dell'universo. Tale energia vitale può tuttavia essere bloccata nel suo libero flusso da repressioni sessuali di ordine familiare, sociale e politico, manifestandosi quindi nello sviluppo di un'anomala corazza muscolare. Questa risulta composta dalla sovrapposizione di sette anelli segmentari, in disposizione metamerica, ciascuno corrispondente a specifici blocchi affettivi. La tecnica, che chiamò, come già detto, vegetoterapia, prevede in linea con questi principi l'applicazione congiunta del lavoro sul corpo (controllo della respirazione e varie forme di massaggio e pressione muscolare) e dell'analisi del carattere.

Successivamente, sull'itinerario analitico e terapeutico di W. Reich, si è posto Alexander Lowen, allievo dello stesso Reich, che ne ha revisionato la visione e la pratica terapeutica strutturando la terapia dell'analisi bioenergetica. Con tale espressione si indica una tecnica che, pur rifacendosi alle teorie di Reich, sottolinea l'importanza fondamentale della scarica e carica energetica e della sua integrazione psicosomatica, come momento terapeutico essenziale. Lowen ritiene che la persona malata debba riconquistare una carica energetica ottimale, che è alla base del benessere fisico e mentale.

Questa tecnica prevede un'attenta osservazione iniziale del paziente per individuare le sedi del blocco muscolare ed energetico. Essa propone quindi un doppio binario d'applicazione. Da un lato sottopone il paziente a tutta una serie di esercizi per le varie parti del corpo, quali quelli di *grounding*, che stimolano, in modo più saldo, il contatto con il suolo e che permettono un libero passaggio del flusso energetico che così viene sbloccato. Dall'altro lato, la bioenergetica di Lowen aiuta il paziente a sentirsi integrato nella sua indivisibile unità funzionale psicosomatica. Il paziente in trattamento terapeutico impara a lasciare andare le tensioni nervose-emotive e a sentire la propria energia vitale, libera da conflitti.

La vegetoterapia di Reich e la bioenergetica di Lowen, anche nelle evoluzioni più recenti proposte dallo psichiatra statunitense J. Liss, trovano applicazione in varie forme cliniche: sindromi depressive, nevrosi del carattere e ossessive, quadri borderline, alcuni quadri psicotici, purché sufficientemente compensati.

CAPITOLO 8

La formazione del carattere

Che cosa c'è alla base della formazione del carattere degli individui? Quali meccanismi psicologici si organizzano per attuare una complessità così particolare e specifica?

Sulla scia degli studi condotti da Reich, osservando le reazioni caratteriali degli individui e i modelli di comportamento e di relazione, è possibile capire come la formazione del carattere abbia a che fare tanto con la mente che con il corpo. Il bambino, che possiede un'enorme energia psicologica e corporea (istinto di sopravvivenza), crescendo impara a disciplinare quest'energia attraverso l'educazione. L'educazione viene pertanto vissuta come frustrazione dell'energia vitale.

La creazione del carattere parte dunque da una sorta di limitazione dell'attività mentale e fisica, necessaria per organizzare e coordinare le funzioni di pensiero, comportamento, affettività e relazione.

Il luogo in cui si forma il carattere è l'Io, proprio quella parte della personalità che sta sul confine tra le forze pulsionali biofisiologiche, responsabili dell'istinto di sopravvivenza, e il mondo esterno. Perciò, nel suo libro *Analisi del carattere*, Reich lo definisce "carattere dell'Io".

Reich considera fondamentale il ruolo dell'ambiente esterno, comprendendo in esso i genitori, i parenti e le istituzioni che entrano in rapporto con il soggetto che sta organizzando la strutturazione del proprio carattere. Sostiene che se cambiano le condizioni di modalità educativa e relazionale indotte dall'ambiente, cambiano anche la risposta e l'organizzazione della formazione del carattere.

Giunti a questo punto, l'indagine si orienta verso la comprensione di quali siano i processi psicologici che concorrono alla costruzione del carattere, che possono contribuire a dare riferimenti utili a un ordinamento pedagogico sano e normale degli individui.

Innanzitutto è necessario capire che la formazione del carattere non

LE DIFESE PSICOLOGICHE

Per mantenersi sana, non ammalarsi e costruire un carattere stabile la mente usa nella propria attività psichica dei meccanismi di difesa.

La costruzione del carattere si delinea sull'eredità del temperamento e sull'acquisizione di norme e regole comportamentali impartite da genitori e educatori.

Il bambino non accetta passivamente le forme educative e quasi sempre vi si oppone: usa difese psicologiche – quali la negazione di ciò che ha fatto, lo spostamento delle accuse su altri bambini – mette in atto processi come la regressione, facendo finta d'essere più piccolo di quello che è, oppure la rimozione.

Questa è un'azione di pensieri e comportamenti che inducono il piccolo a escludere dalla consapevolezza le idee, le intenzioni e i comportamenti aggressivi non accettabili dagli adulti.

Tra i meccanismi di difesa, la rimozione viene presa a esempio per spiegare passo dopo passo la formazione del carattere: la rimozione mantiene il ricordo dell'avvenimento traumatico, ma lo svuota della sua carica emotiva, che però tende costantemente a manifestarsi ed è all'origine di numerosi disturbi psicosomatici.

Questo comporta l'insorgere di atteggiamenti apprensivi che possono essere definiti con il termine usato da Reich: soggezione.

La soggezione non è ancora un elemento da considerarsi come facente parte del carattere. È solo il primo accenno, ma possiede conseguenze significative per la formazione del carattere. La soggezione, o un atteggiamento affine, comporta, da un lato, una limitazione della personalità e, dall'altro lato, un rafforzamento.

Tale meccanismo offre, infatti, una protezione di fronte a situazioni che espongono la personalità in crescita ai pericoli dei rimproveri, alle paure di sbagliare o alle punizioni, rimuovendoli. Affinché diventi un meccanismo fondante il carattere, la rimozione deve cronicizzarsi; la mente del bambino deve cementarsi; la difesa deve acquisire un carattere automatico, cronicamente attivo.

L'angoscia infantile per aver sbagliato qualcosa rappresenta una continua minaccia per la quiete della mente: perciò, è necessario che si sviluppi un meccanismo protettivo specifico contro tale angoscia. La paura, conscia o inconscia, della punizione si determina sulla realtà delle reazioni dei genitori e degli educatori al comportamento del bambino. In alcuni casi, si arriva al paradosso apparente che il piccolo cerca di superare l'angoscia con l'angoscia.

dipende esclusivamente dall'urto fra pulsione e frustrazione, ma dal modo in cui questo avviene, dal momento in cui hanno inizio i conflitti e dalle pulsioni coinvolte in questo processo.

Per orientarci meglio, useremo lo schema elaborato da Reich delle molteplici condizioni che concorrono nella formazione del carattere degli individui. Il risultato della formazione del carattere dipende:

- dal momento in cui la pulsione dell'energia vitale viene frustrata;
- dalla quantità e dall'intensità delle frustrazioni;
- dalle pulsioni contro le quali è diretta la frustrazione centrale;
- dal rapporto fra concessioni e frustrazione;
- dal sesso della principale persona frustrante;
- dalle contraddizioni fra le stesse frustrazioni.

Tutte queste condizioni sono determinate dall'ordinamento sociale, che coinvolge l'educazione, la morale e il soddisfacimento dei bisogni, e dalla struttura economica della società.

Dall'elenco appena riportato emerge che lo sviluppo adeguato e normale del carattere è il risultato di una plausibile e necessaria "profilassi educativa" degli stati di nevrosi (cioè degli stati di tensione fra l'Io della mente e l'ambiente frustrante) vissuti nella sfera dell'età evolutiva.

Ogniqualvolta il bambino riesce a superare momenti inevitabili di frustrazione, viene a costituirsi nel suo Io un sostegno contro il mondo esterno e quello interno, idoneo e necessario per stabilire quei tratti psicologici stabili attraverso i quali si costituisce il carattere.

Ogni frustrazione – nel senso delle misure educative che devono limitare (senza inibire o castrare) le pulsioni del bambino – provoca una ritirata dell'energia vitale nell'Io della mente, e quindi un rafforzamento del narcisismo secondario sotto forma di esibizione di sé. Questo significa già una trasformazione caratteriale, in quanto la sensibilità del bambino subisce un'impulso, che si esprimerà per esempio sotto forma di timidezza o di una maggiore apprensione. Se la persona frustrante è amata, cosa che accade di norma, è ovvio che nei suoi confronti si sviluppa un atteggiamento ambivalente, che sfocerà nell'identificazione: il bambino assorbe in sé, accanto alla frustrazione educativa, anche determinati tratti caratteriali di quella persona.

Per concludere, ogni volta che si trova in una relazione educativa, il bambino reagisce con meccanismi psicologici difensivi. L'attenzione da parte dei genitori e degli educatori dev'essere orientata a percepire gli

LO SVILUPPO DELL'IO DELLA MENTE

L'indurimento dell'armatura caratteriale necessario all'Io della mente avviene essenzialmente in base a tre processi.

1. Si identifica con la realtà frustrante rappresentata dalle costrizioni impartite dall'educatore che fa conoscere norme e regole.
2. Ritorce contro di sé l'aggressività provata nei confronti della persona causa della frustrazione.
3. Sviluppa atteggiamenti reattivi contro le pulsioni istintive, impiegando la loro energia per difendersi da esse.

Se, da una parte, per Reich l'armatura caratteriale è la conseguenza e il modo preciso di superare il conflitto provocato dalla frustrazione dell'energia vitale, dall'altra, date le condizioni in cui avviene la formazione del carattere nel nostro milieu culturale, è spesso la base dei successivi conflitti nevrotici e delle nevrosi sintomatiche, predisponendo a una caratterialità nevrotica.

Le condizioni base della malattia psicologica non esprimono, dunque, il conflitto dell'energia vitale o il famoso complesso d'Edipo in sé, ma il modo in cui questi sono stati risolti. Poiché questo superamento è determinato in larga misura dal tipo di comportamento familiare (per esempio, dall'intensità della paura della punizione, dalla vastità dei limiti imposti al soddisfacimento delle pulsioni, dal carattere dei genitori), lo sviluppo dell'Io della mente è determinante per lo sviluppo della personalità, che si verifica nell'adolescenza.

stati emotivi, le ansie, le angosce che il bambino prova e sperimenta. Non è sufficiente disciplinare, ma è necessario mediare e invitare il piccolo a elaborare le sue reazioni. In questo modo anche le reazioni più furiose si sciolgono, permettendo il ritorno all'equilibrio emotivo.

L'importanza del corpo

La costruzione dell'armatura caratteriale, vale a dire la struttura psicosomatica del carattere, è un passaggio obbligato per cementare il proprio tratto stabile di carattere.

Il corpo che cresce, ed è da scoprire e usare, da vivere ogni giorno in relazione a se stessi e agli altri, è un parametro che riflette questo stato di cose: tende alla rigidità quando il bambino si spaventa o viene sgridato; tende a processi conversivi psicosomatici di dolore fisico quando sviluppa ansie e angosce.

Nei casi in cui il percorso educativo è male impostato, o vi sono situazioni di particolare tensione che investono la vita del bambino nel periodo della formazione del carattere (3-5 anni), si rischia che il corpo venga percepito come non sicuro e poco affidabile. Tutto ciò limita la libertà di pensiero e di movimento, costituendo la base reattiva degli stati depressivi e dei sintomi coatti. In pratica, si rischia di trasformare il bambino in una persona sottomessa e incapace di critica.

Le influenze esercitate dalla famiglia, quale primo microcosmo della società, sono davvero notevoli per la formazione del carattere. Per Reich esiste un atteggiamento sessuale, quasi sempre inconscio, dei genitori verso i figli in base al quale in genere il padre ama di più la figlia, e di conseguenza la limita e la educa meno; lo stesso vale per la madre nei confronti del figlio. Tuttavia, benché nei primi anni di vita la figura fisicamente più vicina sia quella materna, si può affermare che nel bambino prevale l'identificazione con la persona dello stesso sesso, per cui la figlia svilupperà la sua identità riferendosi alla madre e il figlio riferendosi al padre. Particolari "costellazioni" familiari, o il carattere dei genitori, possono portare a deviazioni da questa regola.

CAPITOLO 9

Le strutture caratteriali secondo Reich

La tipologia maschile

In condizioni normali, vale a dire se il ragazzo ha sviluppato il complesso edipico semplice e la madre lo ha trattato da figlio, amandolo come tale e tenendo ben distinto l'amore di moglie da quello di madre, il figlio maschio s'identificherà con il padre. E se il padre ha un carattere attivo-maschile, il ragazzo svilupperà il suo carattere nella direzione attivo-maschile.

Il ruolo materno

Al momento in cui si sviluppa il carattere, se in famiglia la madre è la più severa e rigida, quella che maggiormente esige che vengano rispettate le regole e che, per questo, diventa il personaggio-chiave provocatore delle frustrazioni derivanti dalle costrizioni educative, può accadere che il figlio s'identifichi proprio con lei. La cosiddetta identificazione materna, a seconda della fase evolutiva in corso durante la sensazione frustrante, può avvenire su base fallica o anale.

Se l'identificazione è su base fallica, in genere si sviluppa un carattere fallico-narcisistico in cui narcisismo e sadismo sono diretti particolarmente contro le donne: in pratica, una sorta di vendetta contro la madre severa. Questo atteggiamento va interpretato come la difesa caratteriale dell'amore originario verso la madre, rimosso per l'assurdità di coesistenza, data l'influenza frustrante legata al ruolo materno. In questo caso, la difesa consiste in un atteggiamento caratteriale, identificabile e risolvibile con un trattamento analitico.

Se, invece, l'identificazione con la madre è su base anale, il carattere del figlio diventa passivo, non nei confronti degli uomini, ma delle

IL COMPLESSO DI EDIPO

Le fonti storiche del complesso psicologico di Edipo risalgono alla tragedia greca *Edipo re* di Sofocle. Vi si narra la vicenda di Edipo, sovrano di Tebe, il quale uccide il padre Laio e sposa quella che scoprirà essere sua madre. Da qui trae origine il termine "complesso di Edipo", coniato per indicare una particolare attrazione per il genitore di sesso opposto e una forte rivalità nei confronti dell'altro genitore.

Secondo Sigmund Freud, intorno ai 3-4 anni, tutti i bambini vivono una normale e necessaria fase edipica, che è del tutto sana per la crescita e lo sviluppo psicoaffettivo. Se però tale fase non viene presto superata, può causare nell'adulto gravi sensi di colpa e forti conflitti emotivi.

donne. Simili caratteri costituiscono spesso la base della perversione introversa, legata alla fantasia della donna severa. Questa formazione del carattere serve quasi sempre come difesa da desideri fallici che, nell'infanzia, erano stati diretti, per breve tempo ma molto intensamente, verso la madre. Vi è un'angoscia di castrazione da parte della madre che rafforza l'identificazione anale con lei. La base erogena di questa formazione del carattere è specificamente l'analità.

Il ruolo paterno

Se è vero che la base del carattere passivo-femminile dell'uomo è sempre costituita dall'identificazione con la madre, esiste però anche una forma di carattere passivo-femminile che si sviluppa in seguito a un'eccessiva severità paterna.

In questo caso, per paura di realizzare i suoi desideri genitali, il ragazzo abbandona la linea maschile-fallica e si rifugia in quella femminile-anale, identificandosi con la madre e assumendo un atteggiamento passivo e femminile nei confronti del padre (e, in seguito, di tutte le autorità). Un individuo di questo tipo è caratterizzato da un'esagerata cortesia e premurosità, da effeminatezza e tendenza all'astuzia. Con il suo atteggiamento si difende contro le tendenze attive maschili, in primo luogo contro l'odio, rimosso, per il padre. Accanto alla sua natura passivo-femminile, l'identificazione ideale dell'Io è con il padre, senza riuscirvi per la mancanza della posizione fallica.

Questo individuo avrà dunque atteggiamenti femminili pur aspirando a comportamenti maschili. La sua personalità avrà sempre le stigmate di una persona depressa, a volte paurosa a causa di un grave senso di inferiorità, che è il risultato della tensione fra Io femminile e Io maschile ideale. Ciò trova una razionale giustificazione nel grave disturbo di potenza che si verifica regolarmente in questi casi.

Paragonando questo tipo con quello descritto a proposito dell'identificazione fallica con la madre, vediamo che il carattere fallico-narcisistico riesce a respingere con successo il senso di inferiorità, per cui solo un occhio esperto se ne accorge, mentre il carattere passivo-femminile lo manifesta apertamente. La differenza sta nella struttura di base erogena: la libido fallica permette, appunto, la completa compensazione di tutti gli atteggiamenti che non corrispondono all'ideale maschile dell'Io, mentre la libido anale come centro della struttura sessuale, nell'uomo rende impossibile una simile compensazione.

La tipologia femminile

Com'è facile intuire, anche la formazione del carattere femminile risente dell'influenza esercitata dai genitori.

Il ruolo paterno

Numerosi studi clinici rivelano che una ragazza reagisce a un padre severo e brutale sviluppando un carattere tipicamente maschile e duro. Per le bambine, la psicoanalisi dà per scontata l'invidia del pene, per cui sembra che un padre eccessivamente autoritario solleciti il desiderio di avere il pene, causando svariati mutamenti caratteriali che determinano la formazione del complesso di maschilità. In questo caso, la natura maschile-aggressiva serve a creare l'armatura contro l'atteggiamento infantile-femminile che non può esser conciliato con il disamore o la durezza paterni.

Se, invece, il padre è dolce e amorevole, la bambina può conservare in gran parte il suo amore oggettuale, con l'esclusione della componente sessuale, e persino svilupparlo: non è nemmeno necessario identificarsi con il padre. Ciò non significa che non si sviluppi l'invidia del pene; però, essa resta inefficace caratterologicamente, visto che le frustrazioni in campo eterosessuale sono minime. Il dato rilevante è che nell'Io si è verificata un'identificazione con la madre, che si manifesta in quei tratti caratteriali definiti femminili.

La conservazione di questa struttura caratteriale è condizionata dal fatto che, durante la pubertà, ben presto si aggiunge l'erotismo vaginale come base permanente della femminilità. Gravi delusioni da parte del padre, o dei modelli di padre, possono stimolare un'identificazione maschile che non si è riprodotta durante l'infanzia, riattivando l'invidia del pene, allo stato latente, e provocando, molto tempo dopo, un mutamento del carattere: da femminile a maschile. Spesso possiamo osservare questo fenomeno in ragazze che rimuovono i loro desideri eterosessuali per motivi morali, come l'identificazione con una madre piccolo-borghese, e vivono esperienze deludenti con gli uomini. Nella maggior parte dei casi, simili caratteri femminili tendono a sviluppare caratteristiche isteriche: la loro genitalità continua ad avanzare verso l'oggetto, manifestandosi con un atteggiamento di civetteria, e a rifuggirne, sviluppando angoscia genitale quando la situazione minaccia di diventare seria. Nella donna, il carattere isterico svolge una funzione di protezione contro i suoi desideri genitali e contro l'aggressione da parte dell'oggetto maschile.

Il ruolo materno

Nelle analisi di Reich incontriamo anche l'eccezione di madri dure e severe, che allevano figlie, dal punto di vista caratterologico, né maschili né femminili, ma che rimangono infantili o ridiventano tali. In questi casi, a causa dello scarso amore espresso dalla madre, il conflitto di ambivalenza con lei pende a favore dell'odio e, davanti ai pericoli di quest'ultimo, la figlia si "ritira" nella fase di sviluppo sessuale del lattante. Odia la madre a livello genitale, rimuove l'odio e, una volta assunto un atteggiamento affettuoso, lo trasforma in amore reattivo o in una dipendenza paralizzante dalla madre.

Simili donne sviluppano un atteggiamento stranamente appiccicaticcio verso donne più anziane o sposate, si attaccano a loro in modo introverso, tendono all'omosessualità passiva, si fanno curare da loro, mostrano poco interesse per gli uomini e tutta la loro esistenza è caratterizzata da maniere infantili.

Questo atteggiamento caratteriale è, come tutti gli altri, un'armatura contro i desideri rimossi e una protezione contro gli stimoli del mondo esterno: il carattere ha la funzione di difesa contro le intense pulsioni di odio verso la madre, sotto le quali, in profondità e spesso solo con difficoltà, si riesce a trovare un atteggiamento femminile normale, ugualmente rimosso, verso l'uomo.

Il ruolo dell'ambiente

Finora è emerso che il sesso dell'educatore "frustrante" è determinante per la formazione del carattere. Ma anche il carattere di quell'educatore (conseguente a influenze sociali, generali e particolari) influisce sulla formazione di quello del bambino. Dopo un'analisi approfondita, molti aspetti di ciò che la psichiatria ufficiale considera "ereditario" si rivelano come il risultato di precoci identificazioni conflittuali.

Con Reich, non neghiamo che i modi reattivi siano predisposti ereditariamente, ma siamo convinti che l'influenza decisiva venga esercitata dall'ambiente. È l'ambiente che determina lo sviluppo o meno di una predisposizione ereditaria. Una delle più efficaci confutazioni della concezione di ereditarietà del carattere è costituita indubbiamente dai pazienti la cui analisi ha dimostrato un radicale mutamento di reazioni sopraggiunto in un dato momento dello sviluppo: un soggetto facilmente eccitabile e sereno può diventare predisposto alle depressioni; all'opposto, persone iraconde e aggressive si placano e inibiscono.

È probabile che certe qualità di fondo della personalità siano innate, e quindi impossibili da modificare, ma la sopravvalutazione dei fattori ereditari è senza dubbio frutto del timore inconscio delle conseguenze che possono derivare dalla critica dell'educazione.

Questa controversia potrebbe venir appianata solo con esperimenti di massa pressoché impossibili. Per esempio, si dovrebbero isolare cento bambini di genitori psicopatici subito dopo la nascita, inserendoli in un ambiente educativo uniforme e paragonando in seguito i risultati con quelli di altri cento bambini rimasti in un ambiente psicopatico.

L'evoluzione del carattere

Tutte le strutture caratteriali possiedono qualcosa in comune: sono state stimolate dai conflitti derivanti dalla situazione genitori-figlio a trovare una particolare forma per risolverli e, nello stesso tempo, perpetuarli. Se Freud a suo tempo affermò che il complesso di Edipo scompare nell'angoscia di castrazione, possiamo continuare questo ragionamento dicendo: scompare, ma rinasce sotto nuova forma, si trasforma in reazioni caratteriali che in parte perpetuano i suoi tratti principali in modo alterato e in parte rappresentano formazioni reattive contro i suoi elementi di fondo.

Per esempio, il carattere nevrotico si struttura esattamente come il sintomo, non solo nei suoi contenuti ma anche nella forma, sotto forma di compromesso. Esso, cioè, contiene il desiderio pulsionale infantile e la difesa, caratteristici della fase di sviluppo in corso.

Il conflitto centrale si genera a causa dell'impossibilità pratica di pianificare nella realtà la realizzazione dei desideri interni, creando un sovraccarico emotivo e nervoso, che si esprime in atteggiamenti visibili esternamente, i quali, col tempo, diventano reazioni automatiche che tendono a cronicizzarsi. Solo un'attenta analisi li potrà scoprire e individuare.

Dopo esserci addentrati nell'evoluzione del carattere, tentiamo di rispondere a una domanda sollevata a suo tempo da Freud: sotto quale forma continua a esistere il rimosso? Sotto forma di traccia mnestica o cosa altro? Ora possiamo concludere, con molta prudenza, che quelle parti dell'esperienza infantile (come i lutti, i traumi, gli abbandoni, le separazioni, gli abusi ecc.) che non sono state elaborate e comprese, vengono conservate nella memoria a lungo termine; anche se non fanno parte dell'organizzazione della tipologia di carattere sono talmente attive da causare interferenze che si manifestano soprattutto nelle capacità affettive e relazionali. Quando invece tutte le esperienze infantili vengono elaborate, accettate e superate, si compattano perfettamente nella tipologia caratteriale, con il risultato di una crescita sana, matura e lineare.

Per quanto il processo di fissazione nella memoria a lungo termine possa sembrare oscuro, non c'è dubbio che ciò si verifichi per necessità di sopravvivenza psichica, nel contesto di una sana igiene mentale.

Nella terapia analitica si possono scomporre questi vissuti infantili incompresi, simili alle funzioni caratteriali, nelle loro componenti originarie. Non si tratta di portare alla luce cose finite nel più profondo dell'inconscio, come avviene per esempio nei casi d'amnesia isterica, ma di un processo che potrebbe essere paragonato al disinserimento di un elemento in una combinazione chimica.

Questa chiave permette di chiarire perché in certi gravi casi di nevrosi, se ci si limita ad analizzare solo i contenuti, non si riesce a eliminare il conflitto edipico: il fatto è che questo conflitto non esiste più sul piano attuale, ma può essere riscoperto soltanto con la scomposizione analitica dei modi reattivi formali.

Le differenze di caratteri tipico-ideali si basano sulla distinzione dei dinamismi psichici specificamente patogeni da quelli sanamente orientati.

CAPITOLO 10

Il diritto alla formazione del carattere

La psicologia dell'età evolutiva ha ben focalizzato l'importanza dello sviluppo dell'attività psicomotoria del bambino, sottolineando l'aumento di vivacità della motricità intorno al primo anno di vita, in relazione all'incremento delle attività esplorative, così pregnanti di contenuti emotivi e di tentativi per raggiungere sicurezza e autonomia.

Per tutto il primo anno di vita, il bambino è pressoché incapace di muoversi liberamente nello spazio, tanto che non riesce né ad avvicinarsi agli oggetti amati, né ad allontanarsi da quelli temuti o fastidiosi. Inoltre, il suo linguaggio emotivo corporeo (non verbale) è biologico, e non sempre viene compreso dalla madre: non è raro il caso di donne nevrotiche che "si servono" del figlio per realizzare i propri bisogni o per scaricare le tensioni. In queste situazioni le necessità del bambino rimangono incomprese, disattese e manipolate, con il rischio di determinare la formazione di un carattere di tipo megalomane.

Proprio nella fase dello sviluppo psicofisico del bambino, l'investimento libidico – o meglio psicosomatico – dell'energia emotiva va oltre le zone erogene legate alle fasi di sviluppo. Fluisce come contenuto energetico nell'espressione dell'attività psicomotoria, dà vita allo sviluppo psicosomatico e diviene una modalità relazionale. Per esempio, la funzione del muscolo di contrarsi e rilasciarsi viene investita di emotività e di sensazioni, diventando una modalità di comportamento.

Sulla scia di Reich, e attraverso osservazioni cliniche, Alexander Lowen ha avuto l'intuizione di collegare la costruzione e la strutturazione dei vari tipi caratteriali (vedi più avanti) con lo sviluppo della libido.

Per entrambi gli studiosi, è necessario codificare il carattere degli individui non solo in termini di resistenza all'interpretazione analitica, ma anche e soprattutto in termini di funzione nell'economia libidica dell'organismo. I pazienti studiati e curati da Reich e da Lowen riportano una costante assertiva: ogni carattere si struttura su un'inevitabile azione comportamentale dei genitori-educatori, quella di frustrare l'energia vitale.

I diritti all'autoespressione

La frustrazione severa di uno dei diritti originali d'autoespressione compromette anche quelli successivi, il che, insieme all'intensità della frustrazione di ciascun diritto e all'entità del compromesso per la sopravvivenza, costituisce la base della strutturazione dei caratteri misti.

- Il primo diritto del neonato è quello di esistere: se viene frustrato da parte di una madre ostile, o non preparata a esser madre, può generare la predisposizione a costituire un carattere schizoide.
- Il secondo diritto è quello di ricevere cure e attenzioni affettivo-biologiche: se viene frustrato da una madre assente, perché più occupata a vari livelli personali e familiari, può indurre nel neonato un orientamento di carattere affettuoso.
- Il terzo diritto è quello di essere sostenuto, di trovare appoggio, di avere aiuto: se viene frustrato da una madre che, sotto forma di seduttività e manipolazione, esprime desiderio sessuale insoddisfatto dal marito, dà luogo al carattere istrionico.
- Il quarto diritto è quello di essere libero e indipendente: se viene ostacolato da una madre soffocante, umiliante e repressiva, genera una frustrazione che sfocia nella costruzione del carattere introverso.
- Il quinto diritto, infine, è quello di amare e di essere sensuale e sessuale: se viene frustrato, genera il carattere rigido.

In sintesi, il carattere si forma, oltre che per gli aspetti ereditati geneticamente, sulla base dei modelli relazionali che orientano e condizionano fin dal primo giorno di vita il normale e naturale fluire dell'energia libidica o energia vitale psicosomatica. L'eventuale frustrazione di una libera espressione orienta le possibilità del carattere, inteso come corazza caratteriale specifica, energia bloccata nello psicosoma, in direzione di un'occlusione relazionale impartita dai modelli relazionali dei genitori.

CAPITOLO 11

I tipi di carattere secondo Lowen

In bioenergetica, la tecnica psicoterapeutica coniata da Alexander Lowen, le diverse strutture caratteriali sono classificate in cinque tipi fondamentali. Ogni tipo ha, a livello sia psicologico sia muscolare, un particolare schema di difesa che lo distingue dagli altri. È importante notare che non si tratta di una classificazione di persone, ma di posizioni difensive. Nessun individuo è un tipo puro; nella nostra cultura ciascuno combina in gradi diversi, all'interno della propria personalità, alcuni o tutti gli schemi difensivi. La personalità di un individuo, in quanto distinta dalla sua struttura caratteriale, è determinata dalla sua vitalità, cioè dalla forza degli impulsi e dalle difese erette per controllarli. Non esistono due individui uguali, per vitalità intrinseca o in riferimento agli schemi di difesa originati dalla loro esperienza di vita. Ma per motivi di chiarezza e di semplicità di esposizione riteniamo necessario parlare in termini di tipi. I tipi sono cinque:

- *carattere orale-affettuoso*, o passionale;
- *carattere masochista*, o flemmatico;
- *carattere rigido-isterico*, o nervoso;
- *carattere psicopatico-schizofrenico*, o megalomane;
- *carattere schizoide*, o sanguigno.

La struttura del carattere definisce il modo in cui un bambino "tratta" il suo bisogno di amare, la sua ricerca d'intimità e il suo desiderio di piacere nella relazione con i genitori e con l'ambiente, attraverso la mente e il corpo. Da questo punto di vista, le varie strutture caratteriali formano uno spettro, o una gerarchia: a un'estremità c'è la posizione schizoide-sanguigna, che è un ritiro dall'intimità e dalla vicinanza agli affetti percepiti come troppo minacciosi; all'altra estremità c'è la salute emotiva, in cui l'impulso di protendersi apertamente verso l'esterno per ottenere intimità e contatto è privo di freni. I vari tipi di carattere si inseriscono in questo spettro, o gerarchia, a seconda del livello consentito d'intimità e di contatto.

- Il *carattere schizoide* (sanguigno) evita il contatto intimo.
- Il *carattere orale-affettuoso* (passionale) può stabilire l'intimità solo sulla base del suo bisogno di calore e di appoggio, cioè su una base infantile.
- Il *carattere psicopatico-schizofrenico* (megalomane) può avere rapporti solo con chi ha bisogno di lui. Con tali presupposti, e finché è in grado di controllare il rapporto, questo soggetto può permettere che si sviluppi un'intimità di una qualche misura.
- Il *carattere masochista* (flemmatico) è capace di stabilire un rapporto intimo sulla base di un atteggiamento di sottomissione. Questo rapporto può essere descritto come un rapporto incompleto, ma è comunque più intimo di quelli che sono in grado di sviluppare i tre tipi precedenti. L'ansia della struttura introversa, che si avvicina ad atteggiamenti masochistici, deriva dalla paura che l'espressione di un sentimento negativo, o l'affermazione della propria libertà, implichino la perdita del rapporto o l'esclusione dall'intimità.
- Il *carattere rigido-isterico* (nervoso) stabilisce rapporti abbastanza intimi. La sua struttura di rigidità difensiva contro le emozioni ambientali e personali è di tipo apparente: all'interno di questa esteriore e apparente struttura psicosomatica di personalità, le emozioni sono vive e pulsatili.

In ognuna di queste strutture caratteriali è insito un conflitto esistenziale, nel senso che il bisogno d'intimità e d'autoespressione convive con la paura che le due cose si escludano a vicenda.

L'interazione fra Io e corpo

La struttura del carattere è il miglior compromesso che l'individuo nei primi anni di vita sia stato capace di raggiungere.

Per capire una formazione caratterologica, dobbiamo sapere che l'interazione fra Io e corpo opera attraverso un processo dialettico. L'immagine dell'Io plasma il corpo attraverso il controllo che esercita sulla muscolatura volontaria, e successivamente è altresì possibile che il corpo si presenti come un perimetro entro il quale la mente si organizza e lavora. Secondo le osservazioni di Lowen, quando il bambino, per esempio, inibisce l'impulso di piangere, produce un irrigidimento della mandibola, restringendo la gola, trattenendo il fiato e ritenendo l'addome.

La collera, invece, nella sua manifestazione psichica di colpire qualcosa, può essere inibita con la contrazione somatica dei muscoli del cinto scapolare, che induce risposte muscolari che portano a sospingere ulteriormente le spalle indietro. All'inizio, l'inibizione è cosciente e serve a evitare altri conflitti e altro dolore. Ma la contrazione cosciente e volontaria dei muscoli richiede un investimento d'energia e dunque non può essere mantenuta indefinitamente.

Quando l'espressione di un sentimento non viene accettata nel mondo del bambino e dunque la sua inibizione deve essere mantenuta per un tempo indefinito, l'Io abbandona il controllo sull'azione proibita e ritira la propria energia dall'impulso. Il controllo dell'impulso allora diventa inconscio e il muscolo, o i muscoli, rimangono contratti, perché gli manca l'energia per espandersi. Tale energia può essere investita in altre azioni accettabili: questo processo dà origine all'immagine dell'Io.

Dalla resa dell'Io derivano due conseguenze. Una è che la muscolatura, da cui è stata ritirata l'energia, entra in uno stato di contrazione o spasticità cronica, che rende impossibile, l'espressione del sentimento inibito. L'impulso è dunque efficacemente soppresso e l'individuo non sente più il desiderio inibito. Un impulso soppresso non è perso, afferma Lowen (ed è qui la sua genialità psicosomatica), ma rimane latente, sotto la superficie del corpo, senza influenzare la coscienza. In seguito a un forte stress o a uno stimolo adeguato, l'impulso può scaricarsi al punto da infrangere l'inibizione o il blocco. È ciò che accade in un'esplosione di isterismo o di rabbia omicida.

La seconda conseguenza è una diminuzione del metabolismo energetico dell'organismo. La tensione muscolare, che è diventata cronica, impedisce per esempio di respirare a fondo in modo naturale, abbassando così il livello energetico. Magari l'ossigeno è sufficiente per le attività ordinarie, tanto che il metabolismo basale sembra normale, ma nelle situazioni di stress, la difficoltà respiratoria emerge facilmente come incapacità di far fronte a quella condizione.

LA TEORIA DEL CONDENSATORE DI ZWANG

L'idea di Lowen di un soma influenzato dalle istanze dell'Io è molto simile a quella elaborata dallo psichiatra statunitense G. Zwang (*Sessuologia*, 1982). Le sue interpretazioni a proposito della funzionalità sessuale maschile sono state riconosciute dagli studiosi di sessuologia clinica, G. Abraham, P. Marrama, C. Carani e J.M. Gaillard, che lo menzionano all'interno del loro libro *Psiconeuroendocrinologia del piacere* (1986). Zwang riferisce dell'esistenza di recettori orgasmogeni posizionati sul glande, che funzionano come "condensatori": dopo una fase iniziale di messa in tensione (eccitazione) è necessario l'immagazzinamento di un certo potenziale sensitivo determinato da stimoli ripetuti cumulativi affinché si scarichi bruscamente il massimo messaggio sensitivo, determinando la risposta orgasmica, che si manifesta quindi come scarico tensionale.

La muscolatura corporea si comporta come una sorta di condensatore, trattenendo la carica nervosa emotiva (eccitazione). Se non avviene l'adeguata liberazione attraverso la scarica motoria di un comportamento espressivo, l'eccitazione continua a mantenersi e gli stimoli emotivi costituiscono il cosiddetto "blocco energetico", o tensioni muscolari croniche.

Un'adeguata terapia corporea, come la vegetoterapia o la bioenergetica, rispondono alla necessità di liberare il corpo dai blocchi energetici psicosomatici, ristabilendo la naturale psicobiofunzionalità dell'individuo.

Ritornando alla descrizione del processo psicosomatico di costituzione del carattere, all'interno del dialogo mente-corpo, dopo la descrizione del processo psichico che incide sul soma dell'individuo, è necessario affrontare la condizione contraria, quella cioè in cui è la situazione fisica a plasmare il pensiero e l'immagine di sé dell'individuo.

Colui che ha costituito una tipologia di carattere, e possiede quindi una corazza caratteriale, ha delineato un perimetro corporeo che corrisponde alla struttura di un tipo di carattere; la mente seguirà questo perimetro sempre più, eviterà per esempio situazioni che possono evocare i sentimenti repressi, perché provocano angoscia, dolore. L'individuo, pur non essendo completamente consapevole di quanto gli accade, giustificherà questo comportamento, sviluppando delle razionalizzazioni sulla natura della propria realtà in relazione a quella esterna. Queste manovre, afferma Lowen, sono organizzate dall'Io per impedire che il conflitto emotivo diventi cosciente e provochi dolore. Perciò vengono chiamate difese dell'Io. Altre difese dell'Io sono la negazione, la proiezione, la provocazione e la creazione di sensi di colpa.

Queste difese sono sostenute dall'energia ritirata dal conflitto. Ora l'individuo si è costruito una corazza caratteriale contro gli impulsi repressi. A livello fisico, egli è protetto dalle tensioni muscolari croniche, condensate in una carica energetica nervosa emotiva che costituisce il "blocco". Pur così imprigionato, il soggetto può funzionare in maniera limitata o in aree ristrette.

Avendo raggiunto una certa misura di stabilità e di sicurezza, l'Io si fa vanto della sua realizzazione, trae soddisfazione dalle compensazioni e dagli aggiustamenti operati. L'uomo incapace di piangere, afferma Lowen, guarda questa incapacità come un segno di forza e di coraggio: anzi, può addirittura deridere coloro che piangono facilmente, facendo passare per virtù il suo tratto nevrotico. L'individuo, continua Lowen, incapace di arrabbiarsi o di buttarsi a capofitto in qualcosa, trasforma il suo handicap in virtù, sostenendo che la capacità di vedere l'altro lato delle cose è indice di ragionevolezza. La donna che non sa aprirsi all'amore, userà il sesso e la sottomissione come mezzo per ottenere il contatto di cui ha bisogno e si considererà particolarmente sensuale e femminile.

I tipi di carattere

L'analisi del carattere degli individui si basa sulle tendenze psicosomatiche predominanti, ma ciò non significa che gli altri tratti vengano trascurati.

Considerando, per esempio, la struttura caratteriale isterica, dovremmo comprendervi le personalità femminili con una struttura rigida dell'Io, con un'armatura flessibile a maglie, o con un'armatura rigida a piastra, e che usano l'aggressività come difesa. Il carattere più rigido usa la genitalità per evitare per esempio sensazioni sessuali più profonde, mentre il carattere più flessibile usa i movimenti sessuali superficiali per diminuire l'eccitazione genitale. In entrambi i casi, abbiamo un meccanismo difensivo che limita la sensazione o la carica e la scarica d'energia.

Prima di procedere allo studio di questi tipi caratteriali, è importante sottolineare che nel carattere rigido si fa una distinzione tra maschile e femminile; nella discussione sulla struttura del carattere masochista e orale non si pone la questione della distinzione sessuale, in quanto il problema dell'oralità e il problema del masochismo non differiscono nei due sessi, anche perché si tratta di strutture pregenitali. Per contro, il problema genitale è differente per il ragazzo o la ragazza. Mentre il disturbo fondamentale causato dalla rigidità colpisce in modo simile la funzione nei due sessi, il modello manifesto di comportamento sarà diverso secondo il sesso.

Il carattere orale

Il carattere orale si muove nelle relazioni sociali lavorative e sentimentali con modalità narcisistica; grandi sono le sue esigenze e limitata la sua reazione. Si aspetta comprensione, simpatia e amore ed è ipersensibile nei confronti di un eventuale partner impacciato nell'esprimere i propri sentimenti. Mal sopporta gli ambienti poco espansivi e poco comunicativi. In amore non è facile a trovare l'intesa: infatti, se il partner non è in grado di soddisfarne le esigenze narcisistiche, il carattere orale sviluppa sentimenti di rifiuto, risentimento e ostilità.

D'altro canto, proprio le caratteristiche narcisistiche dell'orale appannano la sua sensibilità verso le necessità altrui, così che sovente si delinea una situazione conflittuale. La dipendenza dal partner è grande, ma spesso viene celata e quasi mai ammessa. Subentra la paura del rifiuto, la paura di perdere l'oggetto d'amore, che rimane latente nell'inconscio, avvertita come grande pericolo e grave minaccia.

Il nucleo del carattere orale è centrato, come quello di un bimbo, solo ed esclusivamente sui bisogni personali e sulle preoccupazioni derivanti dai propri sentimenti. L'incapacità di comprendere gli altri e di rendersi conto dei bisogni e dei desideri di coloro che hanno con lei dei rapporti è il lato debole della personalità orale.

Nella tipologia del carattere orale la capacità di amare è sempre quella di indurre gli altri ad amarlo. Il suo atteggiamento, nel rapporto amoroso, non è basato sul modello adulto del dare e dell'avere, assomiglia piuttosto a quello infantile di bisogno e di continua richiesta di soddisfacimento delle proprie necessità senza allargare la veduta allo scambio e alla disponibilità reciproca. In questa personalità, risentimento e odio sono incontenibili, esplodono con modulazioni aggressive di collera, difficilmente gestibili.

Questa combinazione è caratterizzata sia dal desiderio, sia dal piacere di parlare. Sovente l'argomento preferito è se stesso, mettendosi in una luce favorevole. Al centro della scena il suo esibizionismo lo favorisce, anzi è probabile che cerchi la situazione affinché ciò avvenga. Nel carattere orale l'esibizionismo verbale è un mezzo per ottenere attenzione, interesse e amore.

Questo bisogno di comunicazione, come afferma Lowen, si accompagna a un alto livello d'intelligenza verbale. Le sue capacità intellettuali non si riflettono affatto nelle realizzazioni pratiche, ma nonostante ciò, il carattere orale sopravvaluta se stesso. Invero, questo gonfiarsi dell'Io si produce in concomitanza con periodi di benessere e d'eccitazione: nei momenti di depressione e di disperazione, infatti, a dominare il quadro sono i sentimenti di impotenza e di inadeguatezza.

L'ambizione e la forza di volontà sono piuttosto scarsi in questi soggetti, dal momento che sono perlopiù incapaci di sforzarsi per raggiungere i propri obbiettivi. Essi sono, inoltre, facili a scoraggiarsi, perché spesso divengono preda della paura di non riuscire a realizzare i loro desideri, una paura che li rende arrendevoli, pronti a dichiararsi poco motivati, giustificandosi così del loro interrotto impegno nella realizzazione di quanto prefisso.

La loro prerogativa è quella di sperare di ottenere ciò che vogliono senza troppo sforzo, meglio ancora senza muovere un dito: questo permette loro di reggere la delusione temuta nel caso non raggiungano l'obiettivo.

Lo psichiatra Karl Abraham nel 1924 definì i tratti del tipo orale, ponendo in evidenza l'invidia abnorme ed eccessiva che si sprigiona in questa tipologia, che degenera in ostilità poco costruttiva, generalmente inutile e impotente.

ANSIA E ANGOSCIA

L'**ansia** è una reazione emotiva comune degli esseri umani, che si esplica come risposta naturale e spontanea a uno stato di allarme nei confronti di uno stimolo ambientale.

L'**angoscia** comporta una serie di manifestazioni ansiogene di natura prevalentemente neurofisiologica, che danno luogo ad alterazioni di varie funzioni, fra cui soprattutto il ritmo respiratorio e l'attività gastrointestinale.

Il carattere masochista

L'aspetto comportamentale emergente di tale carattere è rappresentato dalle lamentele. Il masochista soffre profondamente di angoscia, sulla falsa riga delle ansie della tipologia orale. Ansia e angoscia caratterizzano queste due tipologie a differenza delle altre, passivo-femminile e rigido, che riescono meglio a circoscrivere l'ansietà grazie a uno sviluppo dell'Io più alto. Nel masochista la causa scatenante delle ansie, che sovente sfociano in angoscia, è la pressione del lavoro o delle relazioni sociali, mentre il tipo orale vive un'ansia d'attesa anticipatoria sugli avvenimenti. La sensazione di essere continuamente sotto pressione, in tensione da affaticamento, è proprio il nucleo su cui poggia il carattere masochista: ecco perché l'inerzia del masochista differisce notevolmente di significato rispetto a quella del carattere orale in cui si riflette una tendenza alla depressione. Reich descrive colui al quale viene attribuito il carattere masochista come individuo che dimostra di avere una sofferenza cronica, che si esprime lamentandosi, con manifestazioni di autolesionismo, di autoumiliazione, con una intensa mania di tormentare se stesso e gli altri, provocando sofferenza. È comune a tutti i caratteri masochisti un comportamento maldestro, senza alcun tatto nel modo di presentarsi e di trattare gli altri, che in alcuni casi può arrivare fino alla pseudodemenza. Il masochista accetta la realtà e nello stesso tempo la combatte, ammette la razionalità, cerca di adattarvisi e nello stesso tempo vi oppone resistenza. Vive un conflitto continuo e unico, non ascrivibile a nessun altro carattere.

Addirittura nell'ambito delle relazioni affettive, egli richiede un amore inesauribile, lega a sé il partner creando una situazione di tensione ansiogena, con comportamenti di provocazione e d'ostinazione. È sorprendente la consapevolezza con cui il masochista si muove dando fastidio e irritando il prossimo, in modo da provocare reazioni che si ritorcano contro di lui, facendosi del male! Alla base di questa distorsione mentale vi è una sensazione d'inferiorità, caratteristica di questa tipologia caratteriale, associata a un vissuto scarso di gratificazioni e anzi all'opposto pieno di umiliazioni.

Freud ha evidenziato, probabilmente per primo, la pulsione di morte quale possibile nucleo della personalità, mentre Reich ha sottolineato la difficoltà di centrare una tipologia pulsionale tanto singolare in cui vige un atteggiamento di sadismo rivolto contro se stessi, tanto da preferire lo studio delle condizioni che determinano questo carattere, piuttosto che individuarne la pulsione nella sua totalità.

Reich parla, correttamente, di "pantano masochista", per indicare lo strano fenomeno che si delinea quando il masochista cerca aiuto, cosa che in genere fa non per uscire dalla sua ingarbugliata situazione, ma per intrappolare la persona alla quale si rivolge.

In fondo però tutti i masochisti hanno un bisogno smodato di essere approvati. Vorrebbero sapere fare di tutto per piacere, nella speranza che l'approvazione porti loro sensazioni di armonia e di benessere.

Il carattere rigido-isterico

I soggetti con carattere isterico, prevalentemente femminili, sono descritti come persone inclini alla suggestionabilità, agli sfoghi emotivi irrazionali, al comportamento caotico, teatrale, fino a giungere all'istrionismo, a sessualizzare qualsiasi relazione con gli altri, persino alla mendacità, nella convinzione che ciò rappresenti l'unica forma di soddisfazione e di piacere.

Il carattere isterico affronta la sessualità con un atteggiamento inconscio derivato dalla situazione edipica non risolta. Così nell'età adulta permane in lui l'attrazione verso coloro che possono ricordargli le figure genitoriali, orientando le scelte sentimentali verso partner di età maggiore, nel contempo provando ambivalenza sentimentale perché desiderano partner coetanei o addirittura di età inferiore. Il comportamento dell'isterico è condizionato dalle sensazioni provate nell'infanzia durante il momento edipico, cioè affonda le sue radici nel contrasto provato dal/la bambino/a attratto/a dal genitore di sesso opposto e l'originario e ovvio rifiuto (sessuale) dell'adulto desiderato. Le sensazioni infantili restano alla base dei comportamenti adulti, delineando la tendenza caratteriale intorno alla reazione che si genera in merito a ogni forma di desiderio che viene bloccata dalla paura del rifiuto: la rabbia, anch'essa ascrivibile al rifiuto, la quale resta inespressa e inibita, proprio come il desiderio. Si delinea un circolo vizioso in cui il desiderio non si esprime a causa della rabbia repressa ma latente, e anche la rabbia non trova sfogo in quanto il desiderio che viene represso impedisce la manifestazione delle emozioni. La rigidità prodotta dalla repressione di questi impulsi antagonisti, i quali agiscono uno sulla parte anteriore, l'altro sulla parte posteriore del corpo, crea la rigida armatura del carattere isterico.

Lowen ha esaminato alcuni casi di sottomissione sessuale nell'adulto isterico. Pare che alla base vi sia un atteggiamento aggressivo che si cela dietro un comportamento centrato sul gioco, sulla resistenza psicologica nel difendere idee e progetti, per poi finire con il sottomettersi alla volontà altrui. Sempre secondo l'autore questa sottomissione finale, nonostante l'atteggiamento aggressivo, si fonda sulla paura che sta alla base del comportamento del carattere isterico. È la paura di una forte eccitazione genitale, di essere sopraffatti, di perdere il controllo. Per quanto possa apparire strano, la sottomissione sessuale ha la funzione di impedire un'eccitazione genitale troppo grande, che invece si produrrebbe se il desiderio sessuale fosse percepito apertamente e direttamente espresso. Sotto quest'aspetto la genitalità è al servizio di una difesa contro la temuta sessualità. Una sessualità non inibita, libera di essere vissuta, spaventa l'isterico che teme di perdere il controllo. Per analogia accade lo stesso verso ogni forma di desiderio.

Il tipo fallico-narcisista

Nel maschio l'equivalente del carattere isterico femminile è detto carattere fallico-narcisista. Secondo Reich, la determinazione di questa categoria si è resa necessaria per raggruppare quelle forme caratteriali che stanno al confine fra la nevrosi ossessiva e l'isteria. Il tipico carattere fallico-narcisista si presenta sicuro di sé, a volte arrogante, elastico, vigoroso e persino imponente. Mentre il carattere coatto è prevalentemente inibito, contegnoso, depressivo, e il carattere isterico è nervoso, agile, apprensivo, incostante.

Tra gli aspetti tipici di questa struttura di carattere è rilevante la predisposizione alle ossessioni, che frequentemente tendono alla conversione somatica. Le motivazioni scatenanti sono svariate, tra le più comuni si riscontrano le fobie specifiche per la folla. Sono frequenti gli attacchi di tremore neuromuscolare, senza riferimento alcuno a disturbi neurologici (che secondo Reich non sarebbero facilmente risolvibili con una terapia, in quanto i soggetti manifesterebbero una resistenza all'analisi). In più il problema dell'ossessione può degenerare allo stadio successivo e più patologico della coazione. Questi due comportamenti possono coesistere: si usa il termine "ossessivo-coatto" per indicare il momento in cui si sviluppa la fase nella quale l'ossessività può degenerare in coazione.

La correlazione tra i due comportamenti diventa manifesta anche nell'ottica dell'analisi bioenergetica, rilevabile attraverso le strutture muscolari. Lowen, infatti, definisce il comportamento coatto come la forma estrema di rigidità a livello psicologico. Quest'eccessiva rigidità è riscontrabile nella struttura somatica. L'osservazione analitica ci consente di comprendere il nucleo della tipologia caratteriale fallico-narcisistica: gli impulsi che vengono inibiti e trattenuti hanno ripercussioni sulla muscolatura del collo e alla base del cranio, ove sono riscontrabili rigidità e difficoltà di movimento, in più i riflessi tensivi si estendono fino allo sfintere anale. Secondo Lowen in questa tipologia rigida, vi è la paura inconscia della punizione per l'attività genitale, che è la chiave della nevrosi. Di fronte a questa paura, il maschio fallico-narcista è diffidente, ribelle, aggressivo. L'aggressività è sovradeterminata e ha la funzione di sentinella, serve da metro di valutazione per vedere quanto spingersi prima di provocare una ritorsione. L'individuo coatto, d'altra parte, sottomette e adatta il suo comportamento alle esigenze dell'autorità. Non vive la sessualità estendendo le sensazioni di piacere a tutto il corpo, ma solo a livello genitale. La sua sottomissione non è mai completa, non è mai una resa, è solo un irrigidimento, un indurimento per frenarsi ma non per ritirarsi.

Il tipo passivo-femminile

Nel suo *Analisi del carattere*, Reich definisce il carattere passivo-femminile (che troviamo anche nella struttura maschile), come quello di un individuo con comportamenti e modi di fare estremamente gentili, umile, disposto continuamente a scusarsi, anche delle cose più insignificanti. Il tratto più evidente nella personalità maschile con carattere passivo-femminile è la voce dolce ed effeminata, nel senso che è priva di risonanze profonde e d'asprezza.

Anche nelle donne la voce è particolarmente acuta, talvolta persino stridula. L'espressione del viso tende anch'essa ad essere dolce e quasi plastica. I movimenti non sono mai bruschi o decisi, ma sinuosi e armonici. La corporatura può essere arrotondata, con spalle piuttosto strette, o a forma di V, o con spalle ampie e fianchi stretti. Le mani sono caratteristicamente morbide e piuttosto deboli, sempre molto curate.

È difficile vedere i rappresentanti di questa tipologia caratteriale esternare slanci di vivacità ed entusiasmo, sono piuttosto riflessivi e moderano i movimenti e gli impegni, quasi come per risparmiare la loro energia, o forse per ben distribuirla, coscienti di non averne in eccesso.

Il carattere psicopatico-schizofrenico

Lowen afferma che se il nevrotico può metaforicamente essere visto come un miope, o un individio affetto da restringimento del campo visivo, l'individuo schizofrenico può essere paragonato a un non vedente, a uno che ha perso il contatto con la realtà.

Il termine "schizofrenico" fu introdotto dallo psichiatra Eugen Bleuler per descrivere una sindrome in precedenza definita "demenza precoce". L'attuale orientamento, ampiamente influenzato dal pensiero psicoanalitico, considera la schizofrenia come un fenomeno regressivo che, alle conseguenze estreme, porta al ritiro dalla realtà. Abbiamo due punti di vista, secondo Lowen, per approcciare il problema dello schizofrenico: in uno la scissione si produce all'interno della personalità, per cui viene a mancare l'integrità della personalità e di riflesso la scissione si ripercuote anche sulla realtà esterna; nell'altro, lo scisma è tra la personalità e la realtà. Entrambi i punti di vista sono validi e rappresentano due aspetti dello stesso fenomeno.

Uno dei sintomi più singolari che l'individuo schizofrenico presenta è la spersonalizzazione. Avviene cioè una forma di perdita di contatto con la realtà che può coinvolgere tutto il corpo, o anche solo una parte di esso. Lowen parte da un presupposto di base che segue questo ragionamento: se i due aspetti della funzione percettiva (scissione interna e scissione esterna) sono effettivamente questi, una volta spiegato il primo fenomeno, si è anche in grado di comprendere l'altro e di approfondire la conoscenza dell'Io e dei suoi disturbi.

Nelle osservazioni di Lowen sul carattere schizofrenico, si asserisce che ciò che tiene unita la personalità non è l'eros, portatore della vita ed elemento legante dell'organismo, ma, piuttosto, il tanto bistrattato istinto aggressivo, che riunisce anima e corpo. Perciò, questa tipologia caratteriale non si basa tanto sulle fondamenta dello sviluppo della sessualità, quanto, piuttosto, sull'incapacità di mediare e gestire le pulsioni aggressive, che tendono a ripercuotersi sul corpo, creando l'inibizione percettiva parziale o totale e il distacco dalle sensazioni e dalla realtà.

È bene precisare che fa parte della realtà anche il flusso di onde magnetiche ed elettromagnetiche, di campi energetici che ci circondano nell'atmosfera, un mondo, per così dire, ai più sconosciuto. Lo schizofrenico è in contatto con questo mondo ma non ne è consapevole. I primi sintomi della schizofrenia sono ascrivibili proprio alle percezioni derivanti dal contatto con questi campi energetici, che causano quanto meno stupore se non addirittura spavento, perché si tratta di sensazioni non conosciute e difficilmente descrivibili.

Inizialmente dunque lo schizofrenico non è allucinato, ha solo raggiunto un certo grado di spersonalizzazione, che favorisce il contatto con il mondo energetico. Questo stadio è quello che sta al confine della patologia: se si sviluppa la proiezione interna delle percezioni esterne inquietanti, si verifica un'allucinazione che lascia spiazzato e impaurito chi la prova.

L'atteggiamento schizofrenico è essenzialmente di terrore. Questo terrore sta alla base dell'immobilità congelata dello stupore catatonico, della frenesia dell'eccitazione catatonica, dell'allucinazione, della paranoia e della rassegnazione dell'ebefrenia. Una situazione di così tanto panico ricorda i primi momenti della vita di un individuo, presentando, per analogia, la stessa percezione di minaccia dell'esistenza, la stessa confusione di quando durante la nascita si modifica il mondo circostante, conosciuto fino a quel momento. Il bambino piccolo, l'uomo primitivo e lo schizofrenico mancano della capacità di trattare la realtà come la intendiamo nel nostro mondo odierno, fatta di banali e di costanti ripetitive. Tutti e tre, secondo Lowen, affrontano esperienze che vanno al di là della loro comprensione e per cui devono inventare speciali sistemi di pensiero e comportamenti bizzarri per compensare il disagio psichico.

Il carattere schizoide

Alexander Lowen ne *Il linguaggio del corpo* afferma che la distinzione tra la struttura caratteriale psicopatico-schizofrenica e quella schizoide è quantitativa; in altre parole lo schizoide ha gli stessi disturbi dello schizofrenico, ma smuove una quantità d'energia aggressiva inferiore. Altri autori hanno rilevato anche differenze qualitative, come, per esempio, lo psicoanalista O. Fenichel, il quale definisce il problema schizoide in termini differenti: le persone che, senza avere un vero disturbo psicotico, presentano tuttavia singoli tratti o meccanismi di tipo schizofrenico, possono essere definite con il termine schizoide. Lo schizoide pensa cose al di fuori della realtà ma è in grado di percepire la realtà in modo corretto; gli manca il controllo delle reazioni, che il nevrotico invece ha, per quanto nevrotico possa essere tale controllo. Lo schizoide si trova alla mercé, precisa Lowen, delle forze esterne, più di quanto non accada al nevrotico. Risponde all'affetto immediatamente e direttamente ma, con altrettanta immediatezza, si gela in una situazione che sente negativa. Mentre lo schizofrenico nella sua rottura con la realtà perde completamente la sua identità di personalità, il carattere schizoide può evitare la rottura e trattenere l'integrità di personalità. Ma è una personalità debole, più debole di quella del carattere orale. Non è che il carattere schizoide non senta se stesso, anzi, è la sensazione di se stesso in rapporto alla realtà materiale che è debole. D'altro canto, grande è la sua capacità di sentimenti spirituali, di tenerezza, di simpatia. Lo schizoide, sempre secondo Lowen, percepisce se stesso come un corpo da usarsi, quasi come se fosse un'automobile. Per questo non esiste spersonalizzazione nello schizoide.

L'eventuale approccio terapeutico, suggerito da Lowen, consiste propriamente nel provocare una certa identificazione, o aumentare l'identificazione con la sensazione cinestesica del corpo; successivamente aumentare la profondità e la gamma di movimento espressivo, infine sviluppare il rapporto con le cose, dal cibo, agli oggetti d'amore, oggetti di lavoro, abiti ecc. L'effetto di questo approccio mira a rafforzare e sviluppare l'Io che, come specificato da Freud, è principalmente un Io corporeo.

Come individuare il proprio tipo di carattere

Dopo aver descritto le cinque tipologie caratteriali invitiamo alla sperimentazione teorico-pratica, psicosomatica, per stabilire la definizione della tipologia base del carattere proprio o di chi ci è vicino.

Da un lato è un azzardo riduttivo della terapia reichiana e loweniana, dall'altro un invito a sensibilizzarsi al linguaggio del corpo-mente e a riconoscere la propria tipologia di carattere personale; aspetto sovente trascurato, forse perché di superficie e non terapeutico.

Qui di seguito vengono presentati due test di tipo psicosomatico. Il primo permette di entrare in rapporto di comprensione e conoscenza delle modalità con le quali usiamo e viviamo il corpo, nelle funzioni di mediatore tra la realtà interna, i nostri pensieri, le nostre idee, i desideri, i progetti, le ambizioni... e la realtà esterna, il mondo e i modelli di relazione personali e sociali.

Attraverso questo test è possibile individuare i propri punti di forza e di sostegno, stabilire il grado d'orientamento dell'espressione vitale e della propria sicurezza, rilevare le insicurezze personali e di relazione nei confronti dell'ambiente sociale, che teniamo molto spesso celate e delle quali si è scarsamente consapevoli.

Il test psicosomatico favorisce dei momenti di riflessione che aiutano a maturare la consapevolezza della relazione e padronanza con il proprio corpo, sviluppando la capacità di stabilire il rapporto di continuità funzionale tra ciò che viene pensato attraverso la mente e ciò che viene espresso attraverso le posture del corpo. Quando, durante il test, si rileva che la coordinazione tra pensiero e azione, cioè tra mente e corpo, è del tutto scoordinata, è consigliabile iniziare una psicoterapia più diretta e finalizzata, naturalmente sotto la guida di un esperto.

Questa parte del libro non vuole essere di formazione per provetti terapeuti, sebbene il fascino e l'entusiasmo di conoscere e capire la complessità del dialogo corpo-mente possa spingere a sottoporre al test chiunque ci venga a tiro. È bene provare a interpretare e capire noi stessi e gli altri sotto l'aspetto psicosomatico, con il semplice obiettivo, nient'affatto riduttivo, di ampliare la propria consapevolezza. Di certo non è la lettura di un libro che forma degli specialisti!

Il secondo test è centrato su quella che è chiamata la "visita psicosomatica": consiste nella osservazione dell'orientamento delle braccia nello spazio, che consente di valutare quale muscolatura si tende a caricare. Ciò diventa il parametro di riferimento per stabilire a quale carattere tendenzialmente s'appartiene. Per procedere a questa valutazione è necessario un osservatore esterno; nel caso non si disponga di una persona sufficientemente obiettiva, una videocamera può essere di aiuto. L'osservazione deve avvenire in posizione perpendicolare all'asse di postura, così da rapportare in modo adeguato la valutazione dell'orientamento del braccio nello spazio.

Sovente capita di dover stabilire la propria appartenenza a due o più caratteri: quest'eventualità è riscontrabile in quanto i confini tra le varie tipologie caratteriali sono molto sottili e l'interpretazione diagnostica può risultare inesatta, o quantomeno complessa senza l'aiuto dell'esperto; il quale, nei casi dubbi, con qualche approfondimento, individua il nucleo base del carattere e afferma l'appartenenza a una tipologia scartando l'altra.

Una precisazione è d'obbligo: il risultato dei test che saranno presentati fornisce una valutazione di massima. Per stabilire a quale tipologia di formazione del carattere psicosomatico appartiene un individuo, occorre l'intervento del terapeuta, giacché ciò comporta una diagnosi, la quale deve tenere conto non solo degli aspetti somatici, ma anche dell'organizzazione della mentalità, dei vissuti personali e relazionali, e sopratutto dell'integrazione reciproca tra la mentalità e lo sviluppo somatico a partire dall'età evolutiva fino al momento presente.

Tuttavia gli esercizi descritti qui di seguito, abbinati a ogni tipologia del carattere, se eseguiti con armonia e continuità, sono salutari per il benessere di ogni individuo e, sebbene classificati per i vari tipi di carattere, possono essere svolti da tutti, senza causare effetti collaterali!

L'originalità di questa parte del libro consiste, propriamente, nella sua semplicità propedeutica alla conoscenza psicosomatica funzionale e allo studio dell'organizzazione dei caratteri. Per ogni tipo di carattere gli esercizi psicofisici partono dalla valutazione delle zone muscolari che restano più contratte, in base alla costituzionalità specifica di un determinato carattere. Lavorare sulle zone corporee soggette a somatizzazione (cioè contratte in quanto caricate dalla tensione imbrigliata nel muscolo) significa migliorare ed estendere le opportunità di realizzare le aspirazioni relative al proprio carattere, migliorando così l'energia vitale, la sensazione del piacere, e la capacità di reggere e superare il dolore. Il carattere non si può cambiare, non è possibile: una volta formatosi rimane sempre lo stesso per tutta la vita, altrimenti si manda in tilt il sistema di equilibri sottili e complessi del rapporto corpo-mente. Si possono invece mettere in luce gli aspetti positivi di un determinato carattere e prendere consapevolezza di quelli, per così dire negativi, per imparare a conviverci onde evitare che siano d'ostacolo nello svolgimento delle diverse attività. Prendere coscienza delle proprie tensioni muscolari, di quelle passeggere, di quelle ricorrenti e di quelle croniche, è un invito a lavorare attraverso il corpo per migliorare se stessi anche nella mente. Imparare a essere più stabili e sicuri, ci fa scoprire una verità tanto semplice quanto efficace: la capacità di essere elastici nella mente e nel corpo è il segreto per vivere bene, mantenendo comunque il tratto stabile fondamentale: il proprio carattere.

Tecnica pratica di valutazione psicosomatica dei tipi di carattere

Per entrare nell'ambito della realtà psicosomatica del carattere, è necessario imparare a conoscere alcuni parametri fondamentali che costituiscono i modelli di lettura del corpo: il primo è quello della divisione teorico-funzionale della struttura fisico-corporea. Se immaginiamo una linea perpendicolare alla punta del naso che separa il corpo in due metà, avremo una parte destra e una sinistra.

Per la descrizione degli emisferi cerebrali, si può ricorrere a quanto segnalato dallo psicologo Ken Dychtwald nel libro *Psicosoma* riguardo all'attività funzionale svolta dall'emisfero sinistro dominante, che è prevalentemente interessato al pensiero analitico e logico, soprattutto alle funzioni verbali e matematiche; l'emisfero destro è, invece, principalmente responsabile dell'orientamento nello spazio, delle attività artistiche e artigianali e delle immagini corporee. L'autore asserisce che tutta la parte destra del corpo è di polarità simbolica maschile, legata all'energia yang; mentre la parte sinistra del corpo è quella femminile, in relazione con l'energia yin.

Se la parte destra psicosomatica del corpo, nello specifico tutta la struttura neuromuscolare, è in relazione con il principio yang maschile, significa che la mente è in stretta relazione somatica con questa parte del corpo quando si tratta di stabilire contatti e relazioni con l'ambiente in un regime di attività con gli altri. Tutta la parte destra del corpo viene scelta dalla mente per scaricare le tensioni nervose ed emotive che si sono attivate nei rapporti di azione e relazione con gli altri. Reversibilmente la parte sinistra del corpo è terreno somatico preferenziale, usato dalla mente nei conflitti che l'individuo ha con se stesso.

Pertanto, se un individuo presenta tensioni muscolari accompagnate da blocchi d'energia psicosomatica nella parte destra, è chiaro che si tratta di un processo psicosomatico scatenatosi a causa di una serie di tensioni vissute con gli altri: per esempio, le incomprensioni nell'ambito del lavoro tra colleghi e superiori, nell'ambito della famiglia e degli amici ecc.

Se invece riscontriamo la presenza di tensioni e alterazioni muscolari della postura corporea nella zona sinistra del corpo, ci troviamo di fronte a un individuo che ha sovraccaricato il suo corpo di tensione emotiva scatenatasi dalle conflittualità con se stesso: per esempio poca fiducia in sé, bassa autostima ecc.

Un'altra importante divisione del corpo in due parti è quella che divide, separandole teoricamente con un segmento passante per l'ombelico, la parte superiore (tronco, torace e testa), da quella inferiore (bacino, gambe e piedi).

La metà inferiore è orientata a stabilire il contatto con la terra, il *grounding*, per stabilizzare, facilitare il movimento, equilibrare, sostenere e creare una confortevole situazione di solidità.

La parte superiore dello psicosoma ha la funzione di vedere, udire, parlare, pensare, esprimere, accarezzare, percuotere, stringere, comunicare e respirare. La modalità per potere affermare se una persona si trova in relazione a tali aspetti della vita consiste nell'osservare il modo in cui è distribuito il suo peso in tutto il corpo.

Quando si compone la diagnosi dello psicosoma per definire la costituzionalità del carattere, è importante ricordare che un individuo deve essere visto in rapporto a se stesso e al modo in cui è strutturato proporzionalmente, anziché, per esempio, comparare la sua metà superiore a quella di un altro individuo. Ogni persona deve essere esplorata nella sua interezza, poiché è da questa interezza psicosomatica che emerge il suo carattere! Pertanto ricordo che questi parametri di osservazione sono da applicarsi con molta cautela, e che non è possibile desumere e definire il carattere di una persona senza possedere un'adeguata formazione psicologica e psicosomatica.

Se osserviamo che una persona risulta con la parte inferiore del corpo più robusta rispetto a quella superiore, ciò indica che, da un punto di vista psicosomatico, ha riempito gli aspetti più stabilizzanti, casalinghi, solidi e privati della vita. La parte superiore più piccola stabilisce la difficoltà psicosomatica all'autoaffermazione sociale. Ne risulta una persona che ha sviluppato maggiormente gli aspetti privati di se stessa, bloccando le parti espressive sociali. Occorrerà verificare se le emozioni che non trovano adeguata canalizzazione espressiva attraverso le mani, la bocca, le mascelle, il torace ecc., riescono invece a organizzarsi interiormente, sviluppando una tipologia di carattere più orientato a sentire ed essere, piuttosto che ad agire.

Incontriamo persone che invece hanno la parte superiore del corpo più sviluppata rispetto a quella inferiore. Tendenzialmente, secondo Dychtwald, questa tipologia di individuo avrà buone doti di espressività, sarà socievole, assertiva ed estroversa, ma le gambe e i fianchi rispecchieranno la mancanza di forza e solidità nei confronti della stabilità emotiva e della forza di sostenersi da solo nella vita. Lowen individua in questa struttura corporea tipologie di carattere orale, ammesso che anche gli aspetti della vita personale e sociale rientrino nelle modalità di tale carattere.

Apprendere l'osservazione della postura ci aiuta a definire la relazione tra mente e corpo sull'organizzazione psicosomatica del carattere. Qui di seguito è spiegato e illustrato il metodo di lettura e interpretazione delle posture.

Ma ora affrontiamo il primo autotest che ci insegna come capire e comprendere la realtà psicosomatica del nostro corpo-mente.

Autotest sul tipo di carattere

Posizionatevi sul pavimento, nella postura del gatto, a quattro zampe, come indicato dalla figura 1: le mani risultano aderenti al pavimento, le ginocchia offrono l'ulteriore punto di appoggio al terreno, la schiena, morbida nella sua tonicità muscolare, è dritta; anche la testa, senza tensioni del collo e delle spalle, è dritta.

A un comando alzate contemporaneamente il braccio sinistro in avanti, e la gamba destra allungata indietro (fig. 2): vi trovate in una posizione di equilibrio unicamente appoggiati alla realtà del pavimento con il ginocchio sinistro e il braccio destro: in questa fase state attenti e registrate le vostre sensazioni psicologiche e corporee. Dopo alcuni istanti, tornate nuovamente alla posizione di partenza nella postura a quattro zampe (fig. 1).

Ora si riparte con il test: alzate simultaneamente in avanti il braccio destro e contemporanemente la gamba sinistra, allungata indietro (fig. 3). Anche qui, vi trovate in una posizione di equilibrio, unicamente appoggiati al pavimento con il ginocchio destro e la mano sinistra. Registrate per alcuni istanti, rimanendo nella posizione, le vostre sensazioni psicologiche e corporee, dopo di che ritornate alla posizione di partenza.

Figura 1

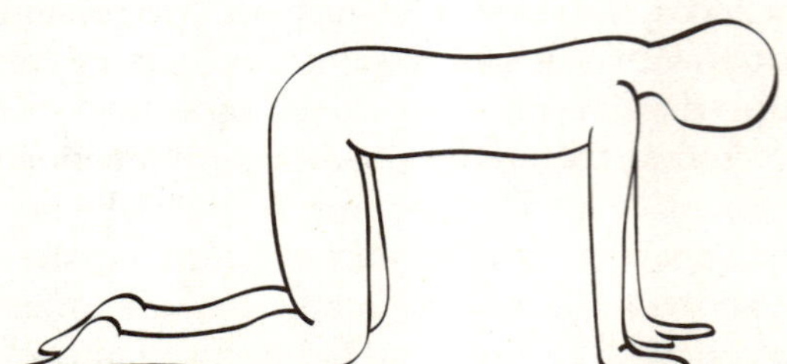

Figura 2

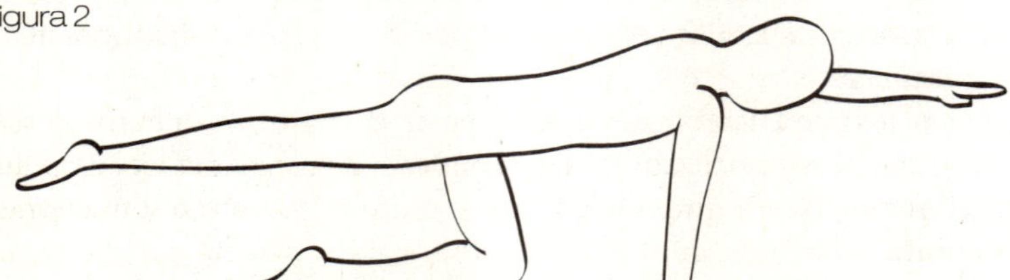

Figura 3

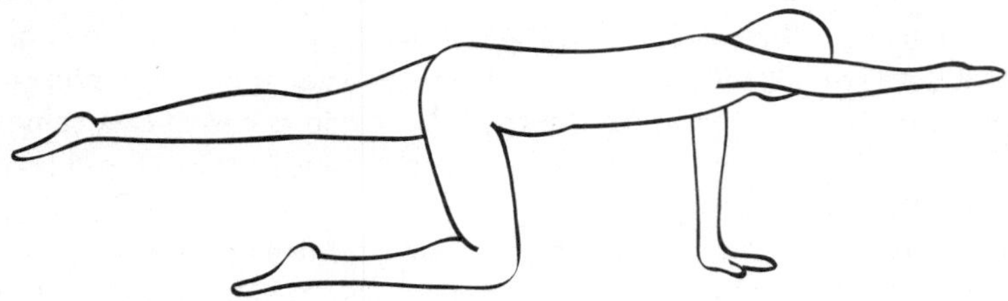

Adesso è il momento di domandarsi quale delle due posture è quella che vi ha dato maggiori sensazioni di instabilità e di disagio nell'equilibrio della mente e del corpo.

La prova deve ora essere ripetuta in entrambe le due posture, per verificare le vostre percezioni.

Se vi siete sentiti sicuri nella prima postura (fig. 2), dove la mano destra è il punto d'appoggio alla realtà, così come il ginocchio sinistro rappresenta il modo con cui vi radicate alla realtà, e riconoscete di essere destrimani nella vita quotidiana, siete in assetto psicosomatico equilibrato, in un rapporto di psicobiofunzionalità. Se vi siete sentiti vacillare nella parte superiore del tronco, significa che avete probabilmente difficoltà a mantenere armonia durante le fasi di determinazione della vostra volontà di azione nei confronti dei rapporti interpersonali. Mentre se vi siete sentiti vacillare nella parte inferiore del corpo, gli aspetti emotivi legati al radicamento alla realtà, come capacità di resistere allo stress degli avvenimenti, sono piuttosto deboli e andranno dunque rafforzati.

Se, invece, vi siete sentiti più stabili e sicuri nella posizione con la mano sinistra appoggiata alla realtà del terreno e il ginocchio destro radicato anch'esso nella realtà del terreno (fig. 3), ciò significa che siete più orientati ad aggrapparvi a voi stessi, alla vostra forza interiore, indipendentemente dalla realtà esterna, che sia favorevole o meno. Se avete notato una certa instabilità nella parte superiore del corpo, significa che nonostante la vostra predisposizione a essere superautosufficienti, avete bisogno di appoggiarvi a qualcuno o qualcosa, che non significa essere deboli, ma piuttosto riconoscere la necessità di svolgere la vita personale anche in relazione a quella sociale. Mentre se avete avuto sensazione di instabilità nella parte inferiore del corpo, significa anche qui che temete per la vostra sicurezza personale l'aiuto e l'appoggio degli altri. Cercate di riflettere con calma sull'interpretazione del test, che è solo e comunque uno stimolo di orientamento sulla realtà psicosomatica del vostro carattere e della vostra personalità.

Ricordo comunque che le persone mancine devono interpretare questo test esattamente al contrario, vale a dire che l'equilibrio armonico dello psicosoma viene messo in evidenza con la posizione della mano sinistra con il ginocchio destro al terreno, mentre le conflittualità personali vengono evidenziate con la posizione della mano destra e del ginocchio sinistro in contatto con il terreno.

Autotest sulle emozioni e il corpo

Nell'affrontare l'orientamento di tipologia del vostro carattere, è necessario stabilire la metodica base di valutazione del rapporto che le vostre emozioni stabiliscono con il corpo, quale traccia di autosservazione del vostro rapporto mente-corpo. Le indicazioni che otterrete attraverso questo test psicosomatico non stabiliscono esattamente la vostra tipologia caratteriale psicosomatica di appartenenza, ma vi daranno modalità di base per potervi identificare sulla traccia che vi condurrà, solo dopo attente osservazioni, e dopo adeguati approfondimenti di studio all'interno della presente trattazione, a stabilire la vostra tipologia di carattere.

Vi scoprirete per esempio di orientamento fondamentalmente rigido, ma con compensazioni di tipo schizoide, oppure affettuoso, psicopatico-schizofrenico ecc. Oppure potrà capitare di evidenziarvi in entrambe le prove con la stessa modalità di orientamento di carattere, per esempio schizoide e con compensazione schizoide. In ogni caso la situazione desunta è puramente indicativa, ma dispone la vostra modalità orientativa di base dalla quale verificare e migliorare il vostro carattere. Ricordatevi che avete bisogno di un osservatore opportunamente informato per realizzare questo test, oppure potete utilizzare una videocamera, che registrerà le immagini delle posizioni e posture assunte.

Distesi a terra sul fianco destro, come nella figura 4, distendete verso l'esterno il braccio destro, ruotando contemporaneamente la testa all'interno verso il pavimento e mantenendo gli occhi chiusi. Entrambe le gambe andranno rannicchiate verso l'addome, in una posizione che ricorda quella fetale.

Ora alzate il braccio sinistro fino a che non lo sentite diritto e perpendicolare alla spalla. Assicuratevi che l'osservatore sia attento e abbia registrato la vostra postura, e sappia riferirvi esattamente, se il braccio è centrato perpendicolarmente alla spalla, se invece risulta indietro in direzione della schiena, se è posto in avanti verso l'addome o ancora in direzione dei piedi o infine verso la testa.

Coricatevi quindi sul fianco sinistro (fig. 5). Stendete il braccio sinistro sul pavimento, appoggiate all'interno la testa, tenete gli occhi chiusi, rannicchiate le gambe in posizione fetale e alzate il braccio destro, avvertendo quando lo sentirete dritto e perpendicolare alla vostra spalla.

Assicuratevi che, anche in questo caso, l'osservatore sia attento a registrare l'esatta posizione da voi assunta con il braccio.

Figura 4

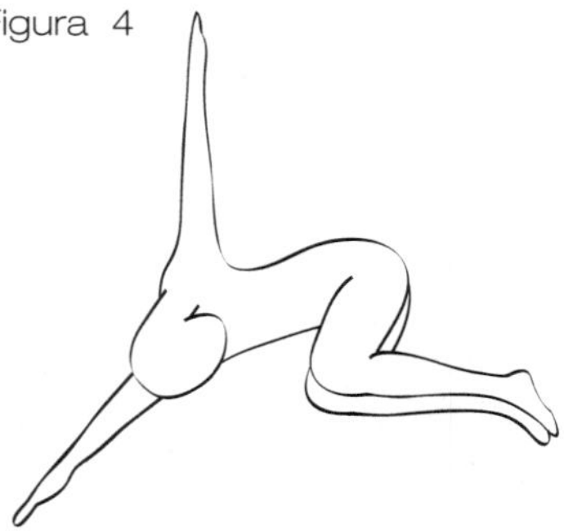

Figura 5

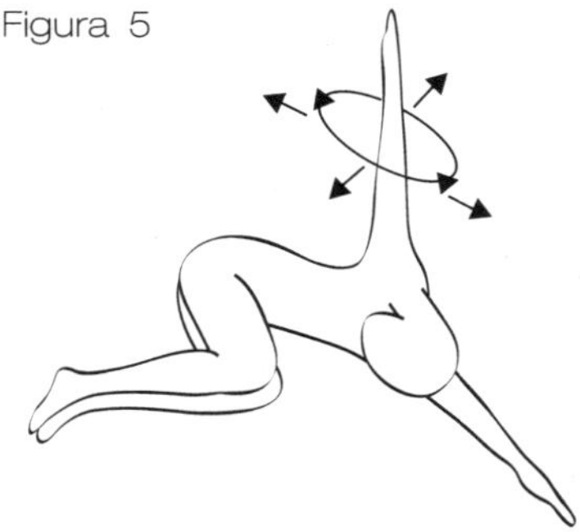

L'orientamento e direzionalità del braccio assume notevole importanza interpretativa riguardo al tipo di relazione tra la vostra mente, i pensieri, le emozioni, i vissuti e il vostro corpo, che in questo momento è il parametro d'osservazione reale, attraverso il quale è possibile iniziare a capire in quale tipologia di carattere psicosomatico vi siete strutturati.

Tipi d'orientamento del braccio sinistro e del braccio destro:

- dritto e perpendicolare alla spalla;
- orientato all'esterno verso la schiena;
- orientato all'esterno verso il torace;
- orientato verso la testa;
- orientato verso i piedi.

Spalla e braccio destri. Se il braccio è dritto e perpendicolare alla spalla, avete una armonica modalità psicosomatica di interagire con l'ambiente circostante, di intrecciare adeguate relazioni sociali, di stabilire il vostro spazio sociale e personale, con un altrettanto senso di azione e determinazione negli avvenimenti che decidete di affrontare. Avete un orientamento di carattere di tipo rigido.

Se il braccio è orientato all'esterno, verso la schiena, si stabilisce che avete accumulato una serie di emozioni negative, che volete trattenere nello schema corporeo difensivo della vostra schiena, dalla zona delle spalle alle gambe. Sentite che i modelli relazionali stabiliti con l'ambiente esterno sociale vi pesano e siete in uno stato difensivo. Avete un orientamento di carattere di tipo masochista.

Se il braccio è orientato all'esterno verso il torace, a causa della contrazione e dell'accorciamento muscolare dei pettorali, si evidenzia che le vostre emozioni che riguardano il vostro Io sociale, come voi apparite e vi sentite accettati e integrati con gli altri, hanno raggiunto un livello di ansia e stress ragguardevoli. Avete vissuto degli aspetti di tensione con gli altri che hanno svalutato la vostra identità sociale di affermazione del vostro carattere. Avete un orientamento di carattere di tipo megalomane.

Se il braccio è orientato verso la testa, è indice d'eccessiva emotività, di disordine nei pensieri e nella progettualità investita nei rapporti sociali con gli altri. Siete chiusi nella vostra mente, nei vostri pensieri, siete poco disponibili verso gli altri. Avete un orientamento di carattere di tipo schizoide.

Se il braccio è orientato verso i piedi, è ancora una volta il sovraccarico delle emozioni che hanno contratto la muscolatura toracica, che rischiano di appesantire la vostra capacità di relazionarvi con gli altri. Avete bisogno di scaricare al terreno attraverso le gambe e i piedi questo accumulo tensionale. Avete un orientamento di carattere di tipo affettuoso.

Spalla e braccio sinistri. Anche l'esperienza con il braccio sinistro possiede uguale interpretazione per quanto riguarda l'orientamento del carattere, sebbene definisca, perché parte della zona sinistra del corpo, gli aspetti personali d'intimità e autovalutazione, e di eventuale conflittualità con se stessi, e contribuisce con complementarietà a orientare la tipologia di carattere. Se, per esempio, il braccio sinistro è dritto, vi è una tendenza a esercitare un'intesa con il vostro mondo interiore, con volontà e determinazione. Siete orientati verso una modalità di carattere rigido.

Se il braccio sinistro è orientato verso l'esterno in direzione della schiena, sono presenti conflittualità inconsce, che v'inducono all'autolesionismo. Siete orientati verso una tipologia di carattere masochista.

Se il braccio sinistro si dirige all'esterno verso l'addome, vi sono elementi di conflittualità emotiva per quanto riguarda il bisogno di potere e controllo sull'affettività. Siete orientati verso una tipologia di carattere megalomane.

Se il braccio sinistro si dirige verso la testa, sono presenti elementi di conflittualità nell'identità personale, nel rapporto tra mente e corpo. Siete orientati verso una tipologia di carattere schizoide.

Se il braccio sinistro è in direzione dei piedi, avete bisogno di rafforzare la stabilità delle vostre emozioni affettive e sentimentali. Siete orientati verso una tipologia di carattere affettuoso.

È importante mettere in rapporto tra di loro i due risultati: quello desunto dal braccio destro, che riflette le nostre capacità di relazionarci con il mondo esterno, e quello ottenuto dal braccio sinistro, che evidenzia la capacità di dialogare con il nostro mondo interiore. I risultati ottenuti forniscono la tipologia base dalla quale partire per meglio riconoscere la nostra impostazione di carattere psicosomatico.

Non resta che iniziare a lavorare sul corpo-mente eseguendo gli esercizi, che vi permetteranno di migliorare il vostro benessere psicofisico, facendovi sentire più vivi e in armonia con voi stessi e con gli altri.

CAPITOLO 12

Esercizi pratici per i vari tipi di carattere

Esercizi per il carattere schizoide

In questo ambito dello studio e delle classificazioni del carattere, useremo il termine schizoide quale tendenza dell'individuo a costruire una personalità con elementi che hanno a che fare con la schizofrenia, ma non per questo sono tipici dell'instaurarsi della patologia. Anche nel gergo comune si parla di soggetti schizoidi chiamandoli "schizzati". L'affermazione "sei schizzato" è entrata nell'uso comune per indicare i comportamenti continui di un individuo di tipo schizofrenico, che tuttavia non è un soggetto malato.

L'osservazione psicosomatica di coloro che hanno un carattere schizoide s'evidenzia sotto due parametri essenziali. Il primo denota una spaccatura in due del funzionamento unitario della personalità: si nota, per esempio, come l'individuo manifesti idee, progetti e pensieri completamente dissociati dal suo sentire corporeo: quello che l'individuo pensa sembra avere poca connessione con i sentimenti e con il comportamento. Il secondo parametro denota una serie di comportamenti che tendono a far sì che l'individuo si ritiri verso il proprio mondo interiore, mantenendo pochi contatti con l'esterno. L'individuo schizoide non è schizofrenico, e forse non lo diventerà mai, ma queste tendenze, di solito ben compensate, sono presenti nella sua personalità. In sintesi, il soggetto ha un senso di sé ridotto, un Io debole e un contatto notevolmente limitato con il suo corpo, le sue sensazioni e con il mondo esterno. Vi è un senso inadeguato di sé dovuto alla mancata identificazione con il corpo. L'individuo non si sente connesso e integrato, come afferma lo psichiatra scozzese R.D. Laing nel suo *L'Io diviso* (1969). La tendenza alla dissociazione è rappresentata nell'ambito corporeo dalla mancanza di connessione energetica fra il capo e il resto del corpo, la muscolatura del collo si irrigidisce creando un blocco psicosomatico che impedisce alla forza fisica e mentale di essere unite. Viene impedita la capacità di procedere dal pensiero all'azione. Si produce invece una scissione della personalità psicosomatica con evidenti atteggiamenti opposti. Si può verificare un atteggiamento arrogante unito a uno di avvilimento, un atteggiamento da puritano unito a un atteggiamento da maniaco sessuale. Il carattere schizoide è ipersensibile a causa della debolezza dei confini dell'Io, che sono l'equivalente psicologico della mancanza di carica energetica emozionale periferica, da esprimersi attraverso l'affetto e la vita sociale. Questa debolezza riduce la resistenza alle pressioni esterne e costringe l'individuo a ritirarsi nell'autodifesa. Nel carattere schizoide, c'è una forte tendenza a evitare le relazioni intime e sentimentali. Questi rapporti sono di fatto molto difficili da stabilire per via della mancanza di carica delle strutture periferiche menzionate.

Secondo Lowen, il disturbo che organizza un carattere schizoide è chiaramente evidente già nella prima infanzia, come risultato di un comportamento di rifiuto messo in atto dalla madre e vissuto dal paziente come minaccia per la propria esistenza. Il rifiuto è stato accompagnato da una ostilità coperta, non dichiarata verbalmente, ma tangibile attraverso il comportamento materno.

Il rifiuto e l'ostilità hanno creato nel paziente la paura che qualunque gesto di prendere, qualunque richiesta o tentativo d'autoaffermazione avrebbero portato all'annullamento. La storia del paziente che ha costruito un carattere schizoide rivela la mancanza di forti sentimenti positivi di sicurezza o di gioia. Secondo Lowen nell'infanzia di queste persone e anche nella vita adulta è frequente il terrore notturno. Altri elementi tipici dell'infanzia di questa tipologia caratteriale rappresentano la manifestazione di comportamenti privi d'emotività, di ritiro dal mondo esterno, con occasionali esplosioni di rabbia, sia verso i coetanei, sia verso gli adulti. Si tratta d'elementi di comportamento autistico, pur non giungendo a scatenare la patologia di disturbo autistico.

Sempre secondo Lowen, se durante il periodo edipico era accaduto che, per motivi sessuali, uno dei due genitori avesse attuato un investimento secondario sul bambino, fenomeno abbastanza comune, alla personalità si aggiunge anche un elemento paranoide.

Questo tipo di psicostoria non lascia molte scelte al bambino, il quale, per sopravvivere ai sentimenti di paura e furia aggressiva determinate dalle sue stesse esplosioni di rabbia, non può fare altro che dissociarsi dalla realtà offertagli dai genitori, sviluppando un'intensa vita fantastica e un'intelligenza astratta. Inizia il percorso della costruzione del carattere schizoide.

In senso somatico, le linee di crescita fisica seguono la modulazione psicologica. L'energia emotiva viene dunque trattenuta e non fluisce nelle strutture periferiche ed espressive del corpo, cioè negli organi fisici che stabiliscono il contatto con il mondo esterno: viso, mani, genitali e piedi. Questi organi non sono pienamente connessi a livello energetico con il nucleo vitale della personalità. Vale a dire che l'eccitazione del nucleo vitale non fluisce liberamente verso di essi ma è bloccata da tensioni muscolari, che nel tempo di costituzione del carattere, se non modificate adeguatamente, rischiano di cronicizzarsi.

Gli elementi di lettura del corpo più evidenti in individui che hanno costruito un carattere schizoide sono tensioni muscolari alla base della testa, alle spalle, alla pelvi e alle articolazioni delle anche. Le funzioni svolte da questi organi sono, perciò, dissociate dai sentimenti presenti nel nucleo vitale della personalità. La carica interiore, come conseguenza difensiva da ansie e paure, viene a congelarsi nella regione del nucleo vitale interiore, e di conseguenza la formazione di impulsi è debole. La carica tuttavia, essendo compressa, è esplosiva e può manifestarsi in aggressività e comportamenti violenti. Questo accade quando la difesa cede e l'organismo viene inondato da una quantità d'energia che non è in grado di controllare. La personalità si spacca in due e si verifica una condizione di possibile ingresso nella patologia schizofrenica!

Ma vediamo, invece, come si realizzano le difese da queste paure e ansie nell'unità psicosomatica. La difesa di un soggetto che si appresta, per situazione ambientale familiare e predisposizione di temperamento, a edificare il carattere schizoide consiste in uno schema di tensioni muscolari che tengono insieme la personalità, impedendo che le strutture periferiche vengano inondate da sentimenti ed energia. Queste tensioni muscolari sono uguali a quelle descritte sopra come responsabili dell'esclusione degli organi periferici dal contatto con il nucleo. Il punto è dunque la difesa. Dal punto di vista energetico il corpo è spaccato in due all'altezza della vita, come un cerchio passante per l'ombelico, attorno alla schiena, con il risultato che manca l'integrazione fra la parte superiore e quella inferiore.

Dalle osservazioni condotte sia da Reich che da Lowen, il corpo degli individui che hanno costruito il carattere schizoide appare striminzito e contratto, mentre se nella personalità sono presenti elementi paranoici, il corpo ha un aspetto pieno e atletico.

Le parti del corpo soggette a somatizzazione nel carattere schizoide

Le principali aree di tensione, come si è detto, sono situate alla base del cranio, alle articolazioni delle spalle, delle gambe, della pelvi e intorno al diaframma. In quest'ultima regione la tensione in genere è tanto forte che tende a spaccare in due il corpo. Le spasticità dominanti sono situate nei piccoli muscoli intorno alle articolazione: perciò questo tipo può presentare un'estrema mancanza di flessibilità oppure un'iperflessibilità delle articolazioni.

SCHEMA CORPOREO DEL CARATTERE SCHIZOIDE

Nella figura si nota che l'energia emozionale è delimitata alla zona del tronco, al punto da creare una sorta di corpetto protettivo (difese psicosomatiche del carattere schizoide), che trattiene e delimita il naturale flusso dell'energia, bloccandone i canali espressivi, quali la testa, le braccia, le gambe e i genitali. Ciò indica che l'energia tende a congelarsi nel nucleo centrale e di conseguenza la formazione d'impulsi verso l'estremità è debole.

Gli esercizi psicofisici tendono a rendere innanzitutto consapevole l'individuo della sua struttura energetica congelata. Lo invitano ad esprimere le energie emotive trattenute: quasi sempre si tratta di rabbia, rancori repressi, che non sono mai stati liberati e di conseguenza creano un blocco nelle relazioni espressive con se stesso e con gli altri. Anche la sfera della sessualità come indice d'attività espressiva di performance e di soddisfazione è notevolmente ridotta.

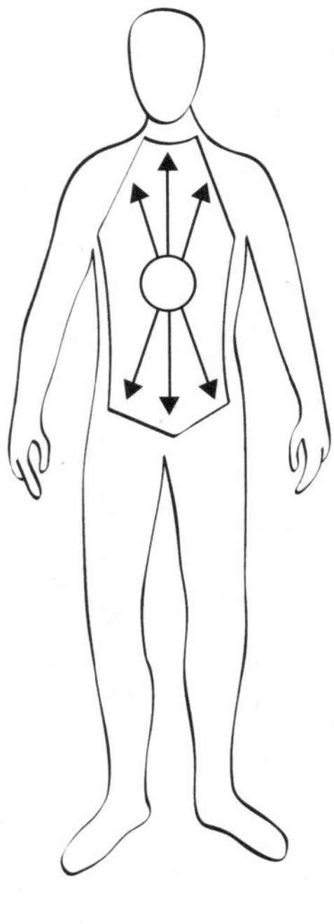

Figura 6

Il viso è simile a una maschera, gli occhi, pur non essendo privi di espressione, come negli schizofrenici, sono privi di vita e di comunicazione. Le braccia pendono come appendici piuttosto che come estensioni del corpo. I piedi sono contratti e freddi; spesso tenuti all'infuori; il peso del corpo viene sopportato dalla parte esterna. Spesso c'è fra le due metà del corpo una discrepanza molto marcata. In molti casi non sembra nemmeno che appartengano alla stessa persona. Sotto sforzo, quando, per esempio, assume la posizione ad arco, spesso la linea del corpo appare spezzata. Capo, tronco e gambe formano degli angoli ai rispettivi punti d'incontro.

Carattere schizoide: esercizi psicofisici per superare i blocchi psicosomatici

Per le aree di tensione, collo e base del cranio, sono suggeriti i seguenti esercizi. In piedi, come in figura 6A, con i piedi distanziati alla larghezza del bacino, le ginocchia flesse, si piega la testa in avanti morbidamente,

Figura 6A

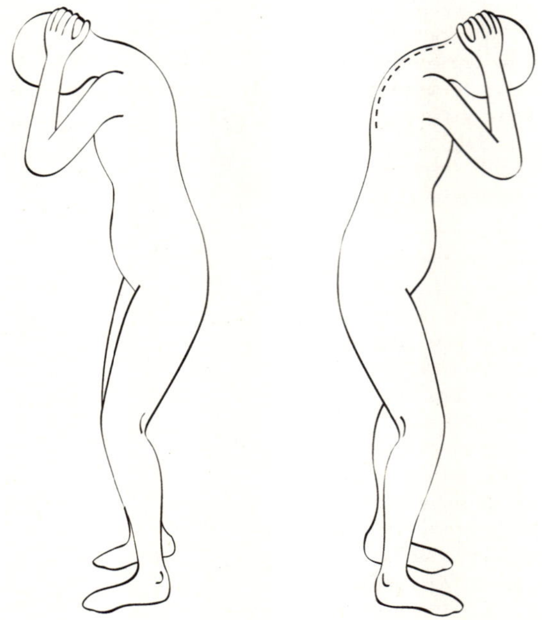

lasciandola ciondolare. Si afferra delicatamente la nuca, si cerca di percepire lo stato di tensione dei muscoli del collo e della base del cranio e si ruota la testa accompagnandola con il movimento delle mani. La rotazione, lenta e costante, è in relazione con il ritmo respiratorio. Partendo dalla posizione centrale, si inspira lentamente, e poi si ruota la testa servendosi della forza esercitata dalle mani verso destra, compiendo l'espirazione. Si ritorna lentamente in posizione centrale, inspirando lentamente, dopo di che si ruota, sempre con la forza muscolare delle mani, e non con quella del collo, la testa verso sinistra, e si compie l'espirazione. Si ripete l'esercizio per circa dieci minuti. Le sensazioni corporee e mentali spesso sono accompagnate da dolore, dalla chiara percezione della rigidità muscolare del collo e dei muscoli alla base del cranio. L'esercizio che consente di distendere e allentare le tensioni è di per sé un po' doloroso. Non vi spaventate, ma cercate piuttosto di seguire le indicazioni, per il corretto svolgimento dell'esercizio. Come beneficio, percepirete la piacevole sensazione di avere il collo libero da blocchi psicosomatici che v'impedivano di sentire la respirazione e il flusso di piacere psicocorporeo di benessere. Quest'alleggerimento dei blocchi e delle tensioni muscolari permette lentamente di modificare anche quegli aspetti della propria filosofia di vita, che sono all'origine di tale stato di tensione. Con pazienza attuerete quelle naturali e benefiche modificazioni positive del carattere che vi permetteranno di essere più sereni ed efficienti.

L'esercizio della figura 6B, è una variante posturale dell'esercizio della figura 6A. È importante sedersi, piegare la testa in avanti, tenerla

Figura 6B

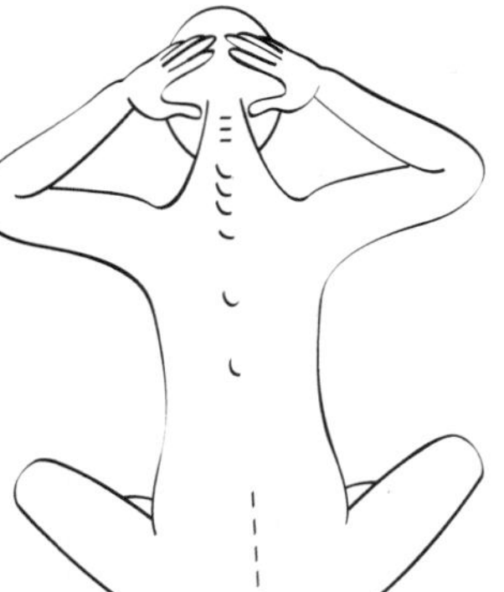

fra le mani e guidarla nell'attività rotatoria prima a destra e poi a sinistra con il tempo scandito dal ritmo respiratorio. Questa postura mette ancora di più in trazione i muscoli della base del cranio, quindi se per esempio con il primo esercizio, non avrete percepito una sufficiente distensione, potrete tranquillamente integrare anche quest'esercizio, o sostituirlo al precedente.

Per le aree di tensione sulle spalle è suggerito l'esercizio della figura 6C. In piedi, mettete i piedi distanziati tra loro alla larghezza del vostro bacino e le ginocchia piegate. Inspirando con il naso, lentamente alzate il braccio sinistro, rimanete in posizione, morbida, come da figura, prendendo coscienza delle tensioni della spalla. Espirando lentamente, lasciate che il braccio ritorni alla posizione di partenza, lungo il tronco. Successivamente, sempre con ritmo lento, inspirate e alzate il braccio destro, lentamente, e rimanete alcuni istanti in posizione con il braccio alzato. Cercate di percepire le tensioni alla spalla. Espirate lentamente e lasciate che il braccio ritorni alla posizione di partenza. Quest'esercizio,

Figura 6C

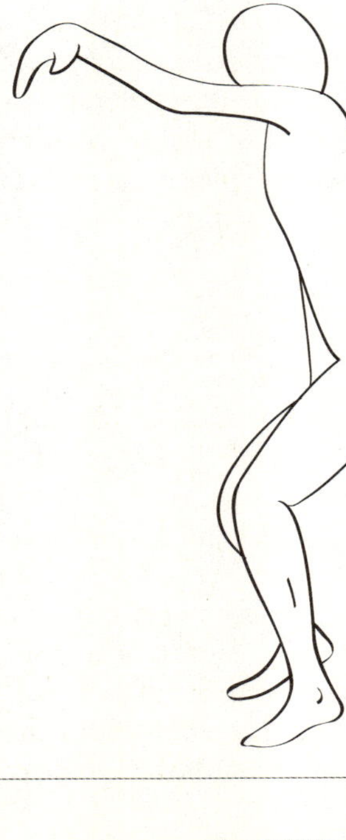

prolungato per circa dieci minuti, vi consentirà di sciogliere le tensioni accumulate sulle spalle. È possibile che dopo alcuni minuti si manifesti tensione neuromuscolare alle gambe: resistete con armonia e cercate di provare interesse e piacere per questo fenomeno bioelettrico. Ripetuto con costanza a cadenza giornaliera, possibilmente alla sera, vi aiuterà a ritrovare benessere fisico e mentale. Col tempo, imparerete a modificare gli aspetti di pensiero e comportamento che inducono a creare tensione e blocchi di questo tipo alle vostre spalle. Inizierete in modo naturale ad apportare significative mutazioni positive al vostro comportamento e carattere e vi sentirete meglio, più attivi e in pieno benessere.

Per le aree di tensione in spalle, bacino e zona lombare e pelvica è suggerito l'esercizio della figura 6D. Sdraiati, ponete sotto la schiena in zona lombare un cuscino che ne permette un appoggio morbido; sollevate l'addome. La posizione delle gambe, come da figura, è con la pianta dei piedi a terra, le ginocchia in alto, mentre le braccia sono appoggiate al cuscino.

Figura 6D

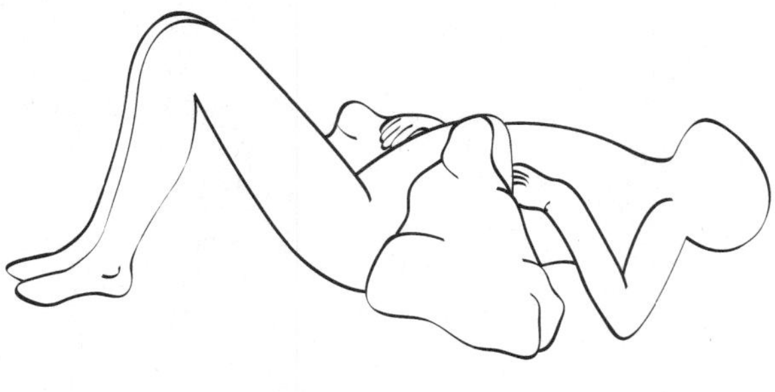

Respirate, con tranquillità, assaporate la posizione, che è di per sé distensiva. Inspirate lentamente con il naso, ascoltando l'espansione addominale, cercando di non forzare assolutamente la schiena e i muscoli lombari, dopo di che espirate lentamente e lasciate che la parete addominale di distenda. Cercate ora di concentrarvi mentalmente sulle vostre spalle, aiutandovi con il ritmo respiratorio, lento e costante, sia nell'inspirazione con il naso che nell'espirazione con la bocca, e di immaginare, sforzandovi nell'inspirazione, di inviare l'aria alle spalle. Prendete consapevolezza della tensione e del blocco che c'è nelle vostre spalle, di come i muscoli siano rigidi, contratti. Cercate con l'inspirazione toracica lenta e costante di allentare queste rigidità muscolari e di distendere la tensione.

Dopo almeno cinque minuti, passate alla zona del bacino, a quella inguinale, e ripetete l'esperienza respiratoria, concentrandovi e immaginando che l'aria inspirata, raggiunga questa zona. Cercate di percepire le tensioni e come conseguenza delle vostre respirazioni, che dovranno essere addominali e intestinali, come esse si rilassino. Sentirete fluire nelle gambe dell'energia emotiva, neuromuscolare, che sarà prova di aver sciolto alcuni blocchi. La durata minima anche di questa parte dell'esercizio è di cinque minuti. Ripetendo ogni giorno, con costanza, gli esercizi, sarete in grado di sbloccare le tensioni del passato e imparerete in modo naturale a modificare quegli aspetti comportamentali e di pensiero che invitano a somatizzare in queste zone. Avrete raggiunto importanti modificazioni del carattere, perché la mente imparerà a non somatizzare in queste aree corporee.

Per raggiungere l'unità del raccoglimento è suggerito l'esercizio illustrato nella figura 6E. Disponetevi come da figura, raccolti in posizione fetale, con l'apposito cuscino sotto i muscoli lombari, abbracciate le gambe, respirando lentamente e in profondità. All'inizio pare difficile respirare, eppure con pazienza non solo respirerete, ma addirittura riuscirete a farlo con profondità, superando l'iniziale attività respiratoria contratta o di superficie.

Cercate di sentire l'unità del vostro corpo e delle vostra mente, con quanta consapevolezza siete lì distesi e sereni, come effettivamente da

Figura 6E

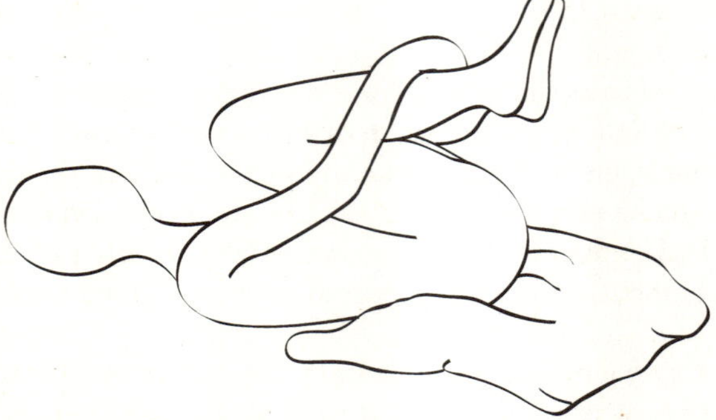

un lato avete desiderio di sciogliere quest'abbraccio, ma nello stesso tempo avete desiderio di assaporarlo. Questa è la vostra condizione psicosomatica, che rappresenta la scissione che è in voi, nel vostro carattere. Più riuscirete a restare in questa posizione, dandovi comunque un tempo massimo di quindici minuti, da ripetersi ogni giorno, più riuscirete a integrare la mente e il corpo, ad accettarne i perimetri, adattandovi l'esuberanza della vostra mente.

La terapia è naturale, i cambiamenti avvengono nel tempo; ci vuole pazienza e costanza, alla fine i risultati non mancheranno di stupirvi!

Esercizi per il carattere affettuoso

Una personalità ha una struttura di carattere affettuoso quando contiene molti tratti tipici del periodo dell'infanzia relativo alla fase orale: uno scarso senso d'indipendenza, con una forte tendenza psicologica di esigere sostegno da parte degli altri, un basso livello di aggressività e un profondo bisogno interiore di essere appoggiati e curati. Il bisogno di dipendenza si riflette anche nell'incapacità di stare da soli.

Questi tratti rimandano a una situazione infantile d'insoddisfazione e rappresentano un certo grado di fissazione ai primi stati dello sviluppo. In alcuni individui, questi tratti sono mascherati da atteggiamenti di compensazione a livello cosciente. Alcuni manifestano un'indipendenza esagerata che però nelle situazioni di stress non regge. Il vissuto affettuoso è la deprivazione, mentre nel carattere schizoide, come si è visto, è il rifiuto.

Il carattere affettuoso è afflitto da un senso di vuoto interiore, aspetta costantemente che qualcuno lo riempia, anche se a volte si comporta come se fosse lui quello che dà il suo appoggio agli altri. Il vuoto interiore riflette la soppressione di intensi sentimenti di desiderio che, se espressi, generebbero un pianto profondo e una respirazione più piena. Il basso livello energetico fa sì che l'umore del carattere affettuoso oscilli fra depressione ed esaltazione del tono umorale. La tendenza alla depressione dell'umore è patognomica dei tratti orali di una personalità.

Un altro aspetto tipico dell'individuo con carattere affettuoso è quello di ritenere che tutto gli sia dovuto, che si può esprimere nell'idea che il mondo circostante, la famiglia, la società compresa, sono tenuti a mantenerlo. Questo atteggiamento deriva direttamente da un'esperienza precoce di deprivazione, che può essere dovuta alla perdita del calore e dell'appoggio in seguito a morte, malattia o all'assenza per il lavoro dei genitori. La madre, che soffre essa stessa di depressione, diventa non disponibile per il figlio. La storia dell'individuo con carattere affettuoso è spesso caratterizzata da uno sviluppo psicologico e motorio precoce: non è infrequente che abbia imparato a parlare e a camminare intorno ai nove mesi di età. Ciò può derivare dallo sforzo di superare il senso della perdita diventando indipendente. Spesso ci sono state altre delusioni nei primi anni di vita, quando il bambino cercava il calore e l'appoggio del padre o dei fratelli. Queste delusioni possono lasciare nella personalità un senso d'amarezza. Nella tarda infanzia e nell'adolescenza sono tipici gli episodi depressivi. Il bambino affettuoso non presenta il comportamento autistico del carattere schizoide, tuttavia nella sua personalità possono sussistere elementi schizoidi, come del resto nella struttura schizoide vi possono essere elementi affettuosi.

Secondo Lowen, da un punto di vista energetico, la struttura affettuosa è caratterizzata da una carica vitale ridotta. L'energia non è congelata nel nucleo vitale della personalità, come abbiamo visto nella tipologia del carattere schizoide, bensì fluisce verso la periferia del corpo, ma con vibrazioni emotive neuromuscolari molto deboli. Per motivi che non sono del tutto chiari, risulta accentuata la crescita lineare che dà origine a un corpo lungo e sottile: questo fenomeno potrebbe essere spiegato da un ritardo della maturazione, che consentirebbe alle ossa lunghe di crescere più del dovuto.; un altro fattore può essere l'incapacità dei muscoli, sottosviluppati, di trattenere la crescita delle ossa. La mancanza d'energia e di forza è più evidente nella parte inferiore del corpo, perché lo sviluppo del bambino procede dalla testa in giù. Tutti i punti di contatto con l'ambiente esterno hanno una carica debole; gli occhi sono deboli con tendenza alla miopia e il livello di eccitazione genitale è notevolmente ridotto.

Le parti del corpo soggette a somatizzazione nel carattere affettuoso

Il corpo tende a essere lungo e sottile, a corrispondere dunque al tipo ectomorfico di Sheldon, ma differisce dal corpo schizoide in quanto, contrariamente a esso, non è smilzo e contratto.

Secondo Lowen, la muscolatura è sottosviluppata, ma non sottile come nel tipo schizoide; lo scarso sviluppo muscolare è particolarmente evidente nelle braccia e nelle gambe. Spesso le gambe sono lunghe ed esili, danno l'impressione di non essere in grado di sostenere il corpo: sono infatti le ginocchia che, bloccate e contratte, diventano un punto di sostegno di questo individuo, ma allo stesso tempo sono un tallone di Achille, perché spesso sono fonte di predisposizione a patologie articolari. Anche i piedi sono esili e stretti. Il corpo tende ad accasciarsi, in parte a causa della debolezza del sistema muscolare. Sia negli uomini sia nelle donne la zona pelvica può essere più modesta e piccola della media, in alcune donne l'intero processo della crescita è ritardato, dando luogo a una tipologia di corpo infantile.

La respirazione del carattere affettuoso è poco profonda e dà conto del basso livello energetico della personalità: la deprivazione, a livello orale, ha ridotto la forza dell'impulso a succhiare, dato che una buona respirazione dipende dalla capacità di succhiare dentro l'aria.

SCHEMA CORPOREO DEL CARATTERE AFFETTUOSO

Come si deduce dalla figura, vi è la tendenza, anche se meno marcata rispetto al carattere schizoide, di trattenere e bloccare l'energia emozionale nel tronco, lasciandone fluire poca nei punti terminali del corpo, quali braccia, gambe, testa e organi genitali. Tuttavia l'energia non è congelata nel nucleo, ma è trattenuta, non vi è espansione di comunicazione e d'espressione corporea.

L'individuo con struttura di carattere affettuoso ha un corpo energeticamente esile, sebbene vi siano anche persone che, trattenendo energia emozionale, gonfiano e sono soggette all'obesità. Il tipo affettuoso ha tratti un po' effeminati, tende ad attirare su di sé l'attenzione poiché ha bisogno di calore per liberare una seppur minima onda espressiva d'energia emozionale.

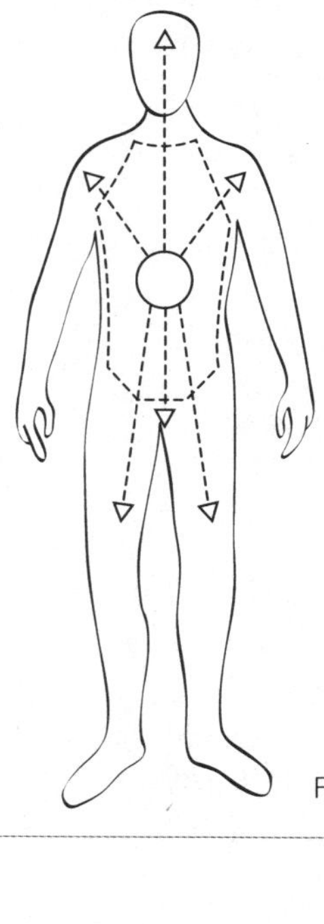

Figura 7

Carattere affettuoso: esercizi psicofisici per superare i blocchi psicosomatici

L'esercizio di manipolazione esemplificato in figura 7A invita, nell'ambito di una situazione emotiva di serenità, a mettersi in contatto manuale con la muscolatura delle gambe. Per la tipologia di carattere affettuoso, è necessario imparare a sentire il proprio tono muscolare, sia per rilassarlo quando è teso, sia per tonificarlo ed elasticizzarlo, con l'obiettivo di raggiungere la consapevolezza della propria sicurezza personale, emotiva, d'indipendenza, che si riflette, da un punto di vista psicosomatico, in gambe solide e sicure.

Infatti, è proprio in questa tipologia di carattere che notiamo spesso e volentieri, durante gli stati d'ansia e di depressione dell'umore, la presenza d'energia, rabbia trattenuta che cerca di esprimersi e liberarsi attraverso tremori involontari della muscolatura delle gambe. Le cosce, così come i polpacci, spesso sono carichi d'energia nervosa-emotiva che se non scaricata in modo adeguato, attraverso sport e tecniche catartiche, rimane trattenuta nella muscolatura, strutturando un blocco energetico psicosomatico. Tale blocco impedisce al flusso naturale e spontaneo delle emozioni, che viaggiano attraverso le vie nervose e si manifestano appieno nella loro realtà tramite la muscolatura, di scaricarsi attraverso i piedi al terreno mediante il *grounding*.

Figura 7A

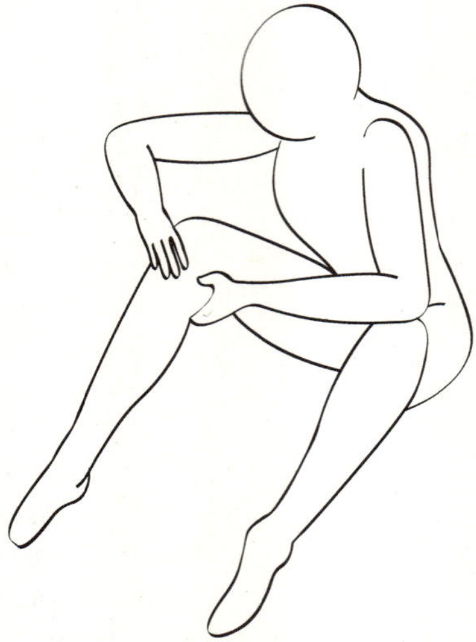

L'energia emozionale vitale si trova ostruita e si congela nell'attaccatura dei muscoli delle ginocchia, delle cosce e polpaccio. Massaggiare, con una lieve ma consistente pressione, queste zone di connessione muscolare, permette di sbloccare l'energia che tende a congestionarsi. Un altro tipo di manipolazione funzionale è quella di massaggiare, con discreta pressione del pollice e dell'indice, pizzicando, il punto terminale (zona del tendine di Achille) della connessione della muscolatura del polpaccio con il piede. Quest'operazione di massaggio pressorio del tallone, così come quello della muscolatura del ginocchio, è dolorosa in relazione alla presenza di una notevole quantità d'energia psicosomatica bloccata.

Questi esercizi, se svolti con regolarità, non solo liberano i blocchi psicosomatici, ma educano la mente nei confronti del corpo a evitare di ripetere questi schemi che caricano deteminate zone del corpo di tensione, con conseguente modificazione in senso positivo del proprio carattere. Con il tempo, si acquisisce la sicurezza psicosomatica di sentirsi ben solidi sulle proprie gambe, di muoversi in maniera funzionale. Nelle prime fasi, l'esercizio, della durata di dieci minuti, cinque per le ginocchia e cinque per i piedi, si dovrà svolgere ogni due giorni per circa tre settimane. Raggiunta una buona distensione della muscolatura si può continuare ancora per un mese circa, con interventi di manipolazione, una sola volta la settimana.

L'esercizio successivo, di manipolazione della pianta dei piedi (fig.

Figura 7B

7B), è da ritenersi complementare al precedente, pertanto se ne consiglia l'esecuzione in successione. Come da figura, è necessario utilizzare un apposito strumento in legno per il massaggio plantare. Altrimenti si consiglia l'uso di bastoni in legno, per esempio manici di scopa, oppure palline di gomma da appoggiare al terreno sulle quali ruotare la zona plantare, in modo da testare le tensioni esistenti, e quindi allentarle, per meglio permettere lo sviluppo della naturale predisposizione a percepire il terreno, per sviluppare il *grounding*. Poiché il carattere affettuoso, lo ripetiamo, tende ad aggrapparsi a situazioni e persone con evidente dipendenza psicologica e mostra una notevole incapacità di stare bene da solo, di "reggersi sulle proprie gambe", questo esercizio di *grounding* gli insegna a stare in piedi da solo, scoprendo le sensazioni piacevoli del radicamento al terreno attraverso i propri piedi.

Quest'esercizio, così banale, ma sostanziale, sviluppa la forza energetica della naturale propensione all'indipendenza, conferendo l'adeguata sicurezza di camminare da solo, reggendosi sulle proprie gambe e sui propri piedi. L'esercizio di manipolazione plantare deve durare circa quindici minuti ogni giorno, per tre settimane. Quindi ancora una volta alla settimana, per almeno un mese.

Dopo ogni esercizio, provate ad alzarvi, e sentirete una sostanziale differenza nella percezione dell'appoggio dei vostri piedi al terreno. Sentirete di aderire con morbidezza e sicurezza, riuscirete, con pazienza, ad assaporare il benessere di sentirvi radicati al terreno, che rappresenta simbolicamente il piano di realtà.

Il prossimo esercizio ha lo scopo di scaricare la rabbia trattenuta.

Ponetevi distesi su un materassino, una stuoia o un tappeto, come da

Figura 7C

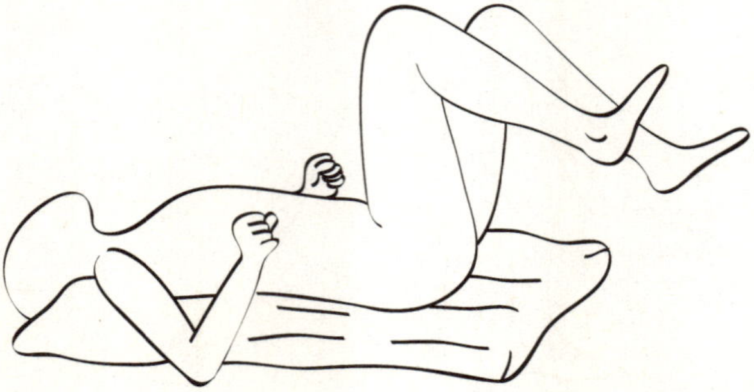

figura 7C. Assumete un ritmo respiratorio, lento e costante, ma con profonda espansione e contrazione del torace e dell'addome. Ora aumentate gradualmente il ritmo, sia dell'inspirazione sia dell'espirazione, e intanto muovete braccia e gambe battendo sul terreno, magari sullo stesso materassino o su alcuni cuscini, rispettivamente pugni e piedi. Cercate di immaginare e visualizzare situazioni di conflitto vissute nei confronti degli altri, che vi hanno fatto arrabbiare, e cercate ora di sfogarvi con determinazione e movimenti ritmici di percussione sincronizzati. Alcuni individui traggono maggiore sblocco emotivo delle rabbie represse attraverso l'ascolto di brani musicali, ritmati da percussioni, dimostrando maggiore coinvolgimento e sincronizzazione ritmica, sia nel movimento che nello scarico tensionale del percuotere.

I rappresentanti del carattere affettuoso hanno la tendenza a trattenere l'energia psicosomatica nella zona del tronco, nella muscolatura addominale e in quella più profonda chiamata muscolatura dello psoas. La bioenergetica invita ad aprire, mediante gli esercizi specifici, dei drenaggi di scarica tensionale che si manifestano sottoforma di formicolio alle estremità del corpo (mani, piedi, testa ecc.). Ne deriva una maggiore elasticità muscolare che si ripercuote anche in una maggiore elasticità mentale. Eseguendo gli esercizi di seguito riportati la muscolatura del corpo si espande e si contrae con il ritmo respiratorio. Grazie a questi movimenti, i muscoli sono sollecitati a liberare l'energia emotiva e nervosa che era trattenuta perché inibita a livello mentale e non espressa liberamente.

Il primo esercizio interessa la espirazione addominale (figg. 7D-7E).

Come da figura7D, disponetevi sdraiati su una superficie di appoggio comoda e confortevole. Appoggiate entrambe le mani sul vostro ad-

Figura 7D

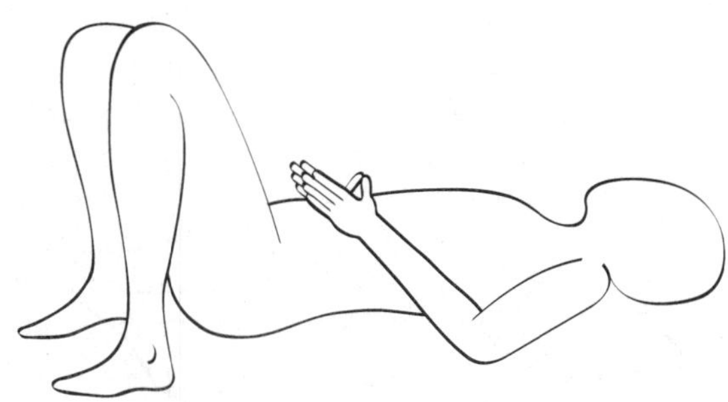

Figura 7E

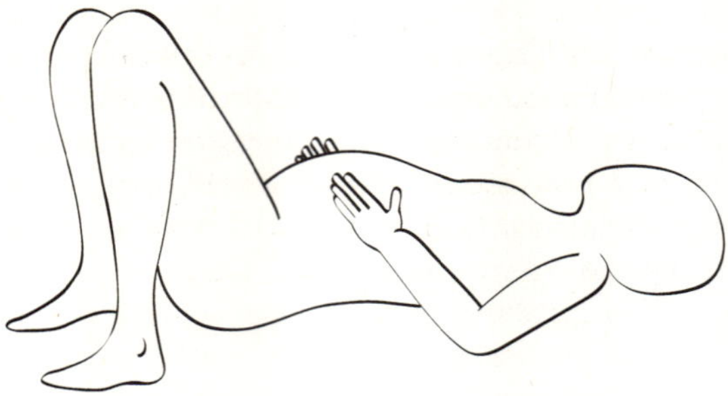

dome. Ora inspirate lentamente con il naso, gonfiando la zona addominale, constatando che le mani si sollevano, sempre in contatto con l'addome che ora risulta in espansione (fig. 7E).

Trattenete il fiato contando fino a sette, lentamente, poi espirate, seguendo con le mani l'abbassamento dell'addome, in relazione all'espirazione dell'aria. Fate una pausa senza respirare contando fino a sette, dopo di che riattivate la respirazione. Inspirate lentamente, e nuovamente il vostro addome si dilata e si espande, così come le vostre mani si sollevano; fermatevi in questa fase, contando fino a sette, poi espirate e rilassate la muscolatura addominale. Molte persone affermano di prendere coscienza dell'esistenza di profonde tensioni addominali, fino a sospettare patologie dello stomaco. La sensazione di dolore è esclusivamente muscolare e segnala la presenza di tensioni, risultato di un processo di somatizzazione avvenuto a causa delle vostre modalità cognitive, comportamentali e di costituzione del carattere. Avete difficoltà a "digerire" molte situazioni della vita sociale, personale, affettiva e sentimentale, ed è perciò che la vostra mente, nell'ambito di una struttura di carattere affettuoso, ha scelto propriamente l'apparato gastroenterico come organo bersaglio per scaricare le tensioni emotive e nervose, che comunque siete voi a provocarvi. La vostra struttura psicosomatica di carattere non vi permette di tollerare-digerire le vicende sgradevoli e fastidiose dell'esistenza – quando vi sentite rifiutati per esempio –, ed è molto probabile che la reazione psicosomatica del vostro carattere vi induca a scaricare le tensioni emotive dolorose sull'apparato digerente, in quanto "vi sta sullo stomaco" la situazione di rifiuto e abbandono sperimentata. Di questo passo, la zona digestiva verrà sempre vissuta come organo bersaglio da parte delle vostre emozioni di tensione e dolore affettivo.

L'esercizio, che deve essere svolto ogni giorno per circa venti minuti e per un periodo non inferiore alle tre settimane consecutive, aiuta e risolve il processo di somatizzazione: la vostra mente imparerà in futuro a evitare questo processo conversivo diretto in queste zone che sono diventate organo bersaglio. È consigliabile comunque continuare, almeno una volta la settimana, per almeno tre mesi.

Esercizi per il carattere psicopatico-schizofrenico

Uno degli atteggiamenti più evidenti del comportamento dell'individuo che ha costruito nella sua personalità il carattere psicopatico-schizofrenico è la negazione dei sentimenti. L'atteggiamento è simile a quello dello schizoide, ma si differenzia da quest'ultimo, in quanto lo schizoide si dissocia dai sentimenti, mentre lo psicopatico-schizofrenico li nega! Nell'individuo che costruisce il proprio carattere di tipo psicopatico, la mente diventa ostile al corpo e alle sue sensazioni, specie quelle d'origine sessuale. Ecco perché è stato coniato il termine, che pare esagerato, di "psicopatologia".

In tutti i caratteri psicopatici-schizofrenici è presente la megalomania sotto forma di un grande investimento d'energia verso la propria immagine, legato al bisogno di potere, di dominio e di controllo affettivo, familiare, sentimentale e sociale.

Lo psicopatico-schizofrenico applica due modalità comportamentali ben precise per ottenere il controllo. La prima è la prepotenza e la sopraffazione: pur di arrivare alla meta e ottenere ciò che vuole non ha vincoli, precedenze, valori e mezze misure. La seconda modalità è rivolta alle persone più vicine – partner sentimentali, colleghi di lavoro e/o superiori, partner professionali ecc. – e consiste nell'utilizzo di approcci o addirittura schemi comportamentali, strategicamente studiati, al fine di sminuire l'autostima e la sicurezza altrui, per proporsi egli stesso quale loro riferimento salvifico e sempre disponibile, che a lungo andare diventa indispensabile e unico. In questo modo si genera una reciproca dipendenza. Esteriormente sembra che il rappresentante di questa tipologia caratteriale sia il più forte e che sorregga la persona a lui vicino;

analizzando con più attenzione la situazione, si può rilevare la dipendenza dello psicopatico-schizofrenico dal controllo sull'altro.

In tutti gli individui con carattere psicopatico-schizofrenico è presente un certo grado d'oralità; nella letteratura psichiatrica si parla di loro come il risultato di una sorta di fissazione orale con modalità ossessiva. Secondo Lowen il bisogno di controllare è strettamente collegato alla paura di essere controllati, laddove essere controllati significa essere usati dagli altri: quest'ultimo aspetto è quello più temuto dal carattere psicopatico-schizofrenico. Nella storia degli individui che presentano questa struttura del carattere c'è stata fra genitore e figlio una lotta per il predominio del potere. La spinta a essere il primo in tutto, a riuscire nei propri intenti, è così forte che un'eventuale sconfitta non può essere accettata, e per reazione egli si sente la vittima sacrificale dell'umanità, ingiustamente ostacolato e non apprezzato. Ecco perché questa tipologia di carattere deve essere vincente in tutte le situazioni. In questo gioco di ricerca ed esercizio del potere personale, il tipo psicopatico-schizofrenico poco si concede al piacere sessuale nell'ambito di un rapporto di coppia dove siano compresi sentimenti, emozioni e innamoramento. Tende piuttosto a non innamorarsi mai, e usa la seduzione come tecnica per fare innamorare i partner, in modo da acquisirne il controllo totale.

La negazione dei sentimenti è essenzialmente una negazione del bisogno. La manovra dello psicopatico-schizofrenico consiste nel far sì che gli altri abbiano bisogno di lui, in modo da non dover esprimere il proprio bisogno. Nel mondo, dunque, quest'individuo ha sempre una posizione elevata. Alla base della costruzione di questo carattere sta un genitore sessualmente seduttivo e manipolatore. La seduzione è coperta e viene messa in atto per soddisfare i bisogni narcisistici dello stesso genitore, che mira a legare a sé il bambino. A livello del bisogno infantile d'appoggio e di contatto fisico, il genitore seduttivo rifiuta sempre il figlio. La mancanza del contatto e dell'appoggio necessari spiega l'elemento orale presente in questa struttura. Il rapporto seduttivo fa nascere un triangolo che porta il bambino a sfidare il genitore dello stesso sesso. Si crea così una barriera alla necessaria identificazione con quest'ultimo ed è favorita l'identificazione con il genitore seduttivo. In questa situazione, qualsiasi ricerca di contatto lascerebbe il bambino estremamente vulnerabile, allora egli si eleva al di sopra del bisogno, spostandosi verso l'alto, o lo soddisfa manipolando i genitori con modalità a sua volta seduttiva.

Un altro elemento importante nel carattere psicopatico-schizofrenico è la presenza di componenti masochistiche. Infatti, in prima battuta, il bambino candidato alla costruzione di un carattere psicopatico-schizofrenico inizia il rapporto con il genitore in una posizione comportamentale di sottomissione masochistica. Poi, allettato dal funzionamento del rapporto e sicuro dell'attaccamento dell'altro, rovescia il suo ruolo ed emerge una modalità sadica, che apre la via al carattere psicopatico-schizofrenico.

Le parti del corpo soggette a somatizzazione nel carattere psicopatico-schizofrenico

Fisicamente, le due parti del corpo sono sproporzionate: il torace è gonfio, la muscolatura pettorale e le spalle sono grandi rispetto al tronco e alle gambe, che sono più ridimensionate. Vi è una costrizione energetica nella zona del diaframma e della vita, che blocca il flusso dell'energia emotiva e delle sensazioni verso il basso. Il capo è sovraccarico d'energia, c'è dunque un'ipereccitazione dell'apparato mentale, che dà origine a una continua preoccupazione sul modo di conquistare il controllo e il dominio delle situazioni. Gli occhi sono guardinghi o diffidenti. Non sono aperti per vedere i rapporti di interrelazione. Questa chiusura degli occhi alla visione e alla comprensione è caratteristica di tutte le personalità psicopatico-schizofreniche.

Secondo Lowen, il bisogno di controllo è diretto anche contro il proprio sé: il capo è molto contratto, perché non bisogna mai perdere la testa e a sua volta tiene strettamente in pugno il corpo. All'interno di questa tipologia caratteriale esistono delle differenze tra chi assume l'atteggiamento prepotente e chi quello seduttivo.

Il corpo del tipo psicopatico-schizofrenico prepotente presenta uno sviluppo sproporzionato della parte superiore, che corrisponde all'immagine gonfiata dell'Io del soggetto che vuole imporsi con prepotenza. Sembra che la struttura sia sbilanciata verso l'alto e sia anche rigida. La parte inferiore del corpo è più stretta e può presentare la debolezza tipica della struttura del carattere affettuoso.

La struttura del carattere psicopatico-schizofrenico seduttivo, invece, è più regolare e non ha un aspetto gonfiato. In genere il dorso è iperflessibile. In entrambi i casi, il flusso che passa da una parte all'altra del corpo è disturbato. Nel primo tipo la pelvi è debolmente carica e rigida; nel secondo tipo è sovraccarica ma non connessa con la parte superiore del corpo. Entrambi i tipi presentano anche una decisa spasticità nel diaframma. Vi sono tensioni marcate nella regione oculare e nella regione

SCHEMA CORPOREO DEL CARATTERE PSICOPATICO-SCHIZOFRENICO

Come si vede nella figura, l'energia psicosomatica è orientata, in relazione alla costruzione di mentalità psicopatico-schizofrenica, verso l'alto. Le tre frecce direzionali puntano verso la testa e le spalle. La struttura morfologica corporea è caratterizzata da uno sviluppo della muscolatura pettorale e toracica, con ampie spalle: è evidente una sproporzione nella corporatura tra la parte superiore e il resto del corpo. Le gambe e il bacino, infatti, sono esili se comparati con la parte superiore del corpo, che, come descritto, è quella che maggiormente si sviluppa. Questo significa che il flusso energetico psicosomatico è notevolmente debole in direzione degli organi genitali e delle gambe, come indicato dalle frecce tratteggiate, che si orientano dal nucleo centrale verso il basso. Per mentalità, il tipo psicopatico-schizofrenico vuole esibire le sue capacità di organizzatore sociale e tende a tenere sotto controllo situazioni e persone, sicuro e convinto di riuscire meglio a manipolarle come piace a lui. Il tipo psicopatico-schizofrenico ha perciò bisogno di fare fluire la maggior parte dell'energia psicosomatica vitale verso la testa, le spalle e il torace, per sentirsi potente e funzionale. Come conseguenza, per una questione d'economia e organizzazione dell'energia psicosomatica, le altre zone del corpo sono irrorate parzialmente.

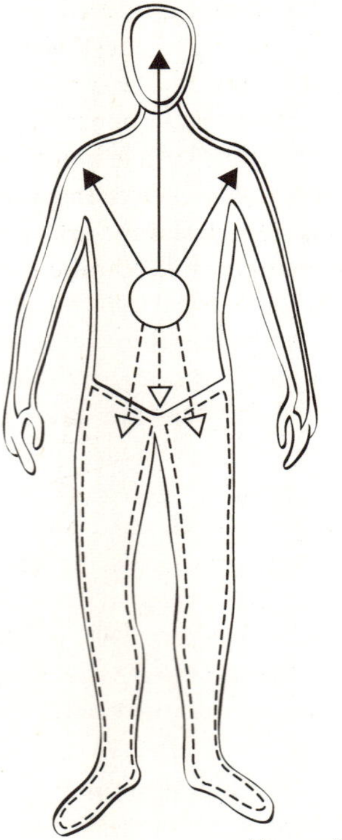

Figura 8

occipitale, forti tensioni muscolari sono percepibili al tatto anche alla base del cranio, in quella che può essere chiamata regione orale, queste tensioni rappresentano, secondo Lowen, una sorta di inibizione dell'atto della suzione.

Carattere psicopatico-schizofrenico: esercizi psicofisici per superare i blocchi psicosomatici

Per l'attivazione e lo sblocco delle tensioni nell'area pelvica è suggerito l'esercizio delle figure 8A-8B, ma attenzione: quest'esercizio può essere effettuato unicamente da persone che non hanno specifiche patologie dorsali e lombari, tipo cifosi, lordosi, scoliosi ecc.

Per realizzare quest'esercizio, è necessario usare un lettino medico, oppure disporsi su una poltrona comoda, magari seduti su una serie di cuscini. Successivamente, come dalla figura 8A, inarcare e distendere la schiena, allungando le braccia all'indietro, lasciando la testa abbandonata anch'essa all'indietro. Inspirando, si tendono contemporaneamente le braccia in estensione verso l'esterno e si assume la postura della figura 8B spingendo sulle gambe e alzando il bacino. Ora si espira l'aria attra-

Figura 8A

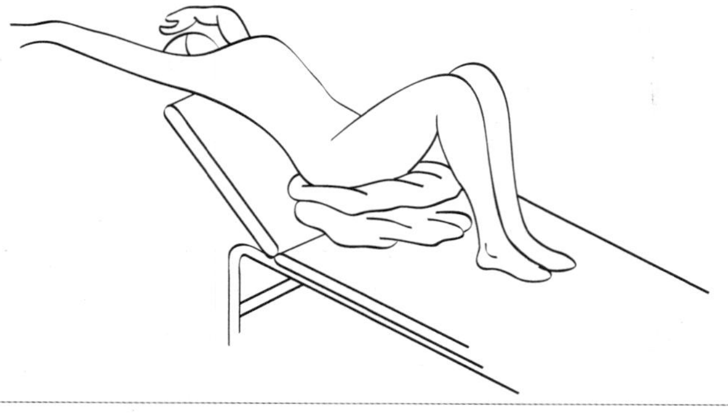

Figura 8B

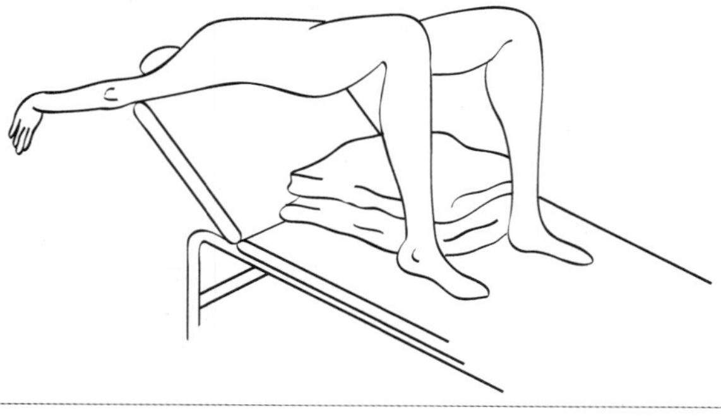

verso la bocca, lentamente, e si ascolta con attenzione e consapevolezza le tensioni neuromuscolari nella zona delle gambe, in modo particolare nei polpacci e nelle cosce. Successivamente, si ritorna alla postura di partenza. Nuovamente si riparte con una inspirazione, le braccia e la schiena s'inarcano nuovamente verso l'esterno, le gambe spingono il bacino verso l'alto, fino a riproporre nuovamente la figura 8B. Dopo di che, si ritorna alla posizione di base, pronti per ripartire. Quest'esercizio consente alla struttura di carattere psicopatico-schizofrenico di sbloccare il flusso d'energia psicosomatica nella zona pelvica e nelle gambe.

L'esercizio si deve svolgere almeno per tre volte la settimana, a giorni alterni, per un mese continuativo; per il mantenimento, si deve effettuare almeno una volta alla settimana per circa tre mesi.

Durante gli esercizi, noterete una serie di sensazioni corporee, come vibrazioni neuromuscolari accompagnate da formicolii, sia nella zona genitale, sia nelle gambe, nei polpacci e nella zona plantare dei piedi. Dopo circa tre settimane di pratica posturale, riuscirete a percepire con maggiore vitalità la vostra energia di realtà muscolare libera da blocchi psicosomatici. Avrete maggiore desiderio e funzionalità sessuali, e sarete consapevoli della vostra capacità di percepire un senso di sicurezza che proviene dalla solidità delle vostre gambe e dei vostri piedi, che si radicano nella realtà.

Per sbloccare le tensioni nell'ambito della testa, in particolare delle orbite degli occhi, suggeriamo un esercizio di postura con cuscino (fig. 8C). Distesi a terra, su un cuscino posto sotto le spalle, tenete le braccia e le mani appoggiate, come da fig. 8C. Inspirate lentamente col naso, contando fino a sette, mentre espandete il torace; contemporaneamente spingete lo sguardo (fig. 8C in basso) all'estremità superiore del vostro campo visivo, in modo da sentire la tensione della muscolatura delle orbite degli occhi. Successivamente espirate lentamente attraverso la bocca, mentre il torace si abbassa e la posizione degli occhi ritorna centrale. Si riparte ora per un'altra fase completa dell'esercizio: inspirando lentamente, contando fino a sette, il torace si espande, gli occhi vengono appositamente orientati verso l'alto e ruotati lentamente da destra a sinistra e da sinistra a destra, con l'intenzione di allentare la tensione neuromuscolare presente in tale posizione oculare.

Dopo di che si espira lentamente attraverso la bocca, il torace si abbassa, gli occhi ritornano nuovamente nella posizione centrale e le palpebre si chiudono. Continuate questo esercizio per almeno quindici minuti al giorno, in modo costante, per tre settimane.

Figura 8C

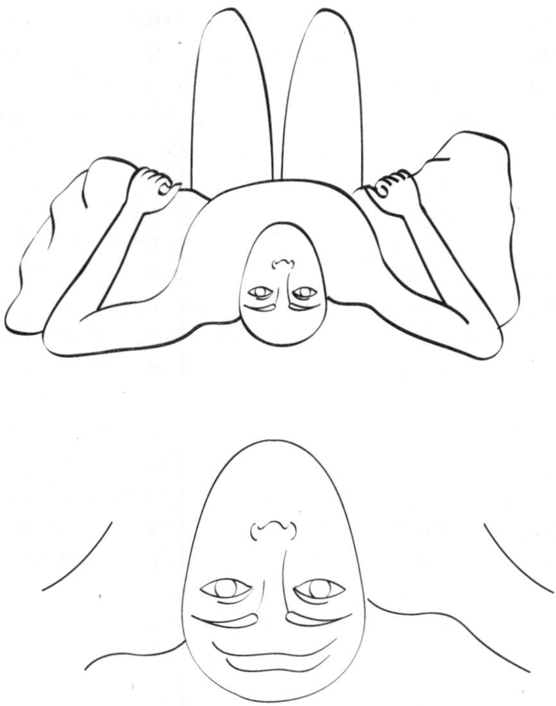

I benefici psicosomatici che potrete trarre da quest'esercizio sono notevoli. La vostra tipologia di carattere, quello psicopatico-schizofrenico, come avrete già appurato, struttura il vostro psicosoma con un blocco nella regione superiore del corpo: la zona della muscolatura del collo, delle spalle e delle orbite degli occhi, che a volte appaiono addirittura congestionati, sono i punti corporei soggetti a blocchi d'energia emotiva e nervosa. Essi devono pertanto essere sbloccati, occorre lavorare sulla muscolatura delle zone indicate, al fine di riportarla alla naturale elasticità e mobilità. Eseguendo gli esercizi qui sopra illustrati, verificherete non solo la sensazione di alleggerire le tensioni agli occhi, rendendoli meno stanchi e più vivi nell'espressione, ma riuscirete anche ad annullare il ripetersi abbastanza frequente di emicranie tensive e imparerete a controllare l'ansia con il ritmo respiratorio. Gli occhi, liberati dalle tensioni da voi stessi provocate con la vostra organizzazione mentale, che vi spinge a esercitare un controllo ossessivo sul vostro ambiente, vi consentirà di modificare questa mentalità, che nasconde la paura degli altri. Imparerete a essere elastici, affronterete con maggiore serenità emotiva il vostro bisogno di controllare gli altri e noterete persino una maggiore mobilità oculare. Migliorerete, dunque, un aspetto difficile del vostro carattere!

Il successivo esercizio di lavoro posturale psicosomatico si compie con l'ausilio di uno strumento rudimentale, ma basilare nella terapia bioenergetica di Reich e Lowen: il cavalletto. Questo oggetto, realizzato in legno, misura circa 60 cm di altezza, con una base di appoggio quadrata di 30-35 di lato. Si aggiungono cuscini, in genere uno o due, per adattare l'altezza base fino a raggiungere, in relazione all'altezza dell'individuo, la differenza necessaria in centimetri. Per esempio, se un individuo è alto 1,75 cm, il cavalletto, con l'integrazione dei cuscini, dovrà risultare alto circa 75 cm. Ma attenzione, questo esercizio può essere effettuato unicamente da persone che non hanno specifiche patologie dorsali e lombari, tipo cifosi, lordosi, scoliosi ecc.

Prendete la posizione illustrata in figura 8D, i piedi perfettamente ancorati al terreno, le ginocchia piegate, il bacino libero fuori dal cavalletto, la schiena appoggiata sia nella zona dorsale che in quella lombare.

Figura 8D

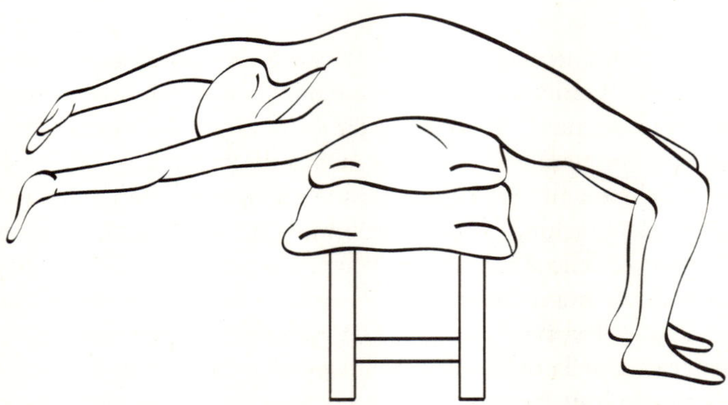

Le braccia sono tese all'indietro e la testa è abbandonata anch'essa all'indietro. La prima fase consiste in un'inspirazione, che dev'essere lenta e profonda, attuata attraverso le narici. Ciò al fine di caricare la muscolatura per procedere nell'esercizio, un po' come se l'aria inspirata si diffondesse in tutto il corpo, gonfiandolo e infondendogli la forza per spingersi verso l'alto, pur mantenendo i piedi ben saldi al terreno. Le gambe si estendono anch'esse portandosi dietro il bacino, mentre la schiena si inarca appoggiandosi completamente al cuscino: l'obiettivo dev'essere di allungare il corpo con armonia, ivi comprese le braccia e le mani. La testa rimane sempre abbandonata e immobile all'indietro. Raggiunta la massima estensione, espirando lentamente si torna alla posizione morbida di partenza, flettendo le gambe e poggiando il peso sulle ginocchia, il bacino assume una posizione da seduto, la testa scivola in avanti e va a poggiare sul cuscino, le braccia distese verso l'alto con le mani aperte, sono trascinate in avanti in direzione del cuscino.

Ripetendo l'esercizio noterete come avvenga una sorta di dondolamento del corpo sul cavalletto: inspirando il corpo si estende da un punto di vista muscolare, scorrendo sul cavalletto con la forza della spinta delle gambe, che da piegate si raddrizzano, protraendo tutto il corpo verso il lato opposto in direzione delle braccia. Successivamente espirando, il corpo ridiscende, senza mai sollevarsi e mantenendo l'appoggio sul cavalletto, nonostante il movimento in avanti, che avviene strusciando contro i cuscini. Le ginocchia sono nuovamente piegate, i piedi sempre fermi e aderenti al terreno, in entrambe le fasi dell'esercizio. Ripetete con armonia e lentezza, sia respiratoria che dinamica di movimento, questo esercizio per circa quindici minuti. Durante l'esecuzione si ha una sensazione di irrigidimento della muscolatura, come se i muscoli si fossero accorciati. Ciò avviene perché quando lavorano, i muscoli rilasciano le tensioni nervose ed emotive ivi trattenute e, in un primo momento, questo inibisce l'elasticità. È necessario proseguire con l'esercizio fino a quando non s'avverte un formicolio localizzato sotto la zona plantare e nel palmo delle mani, in modo particolare sulla punta delle dita. Quando questo formicolio raggiunge il massimo, sembrerà d'avere degli spilli conficcati sulla punta delle dita dei piedi e delle mani. Avete liberato le tensioni e disteso la muscolatura. Continuando l'esercizio il formicolio svanisce, garantendo l'avvenuta desomatizzazione dell'energia psicosomatica trattenuta nella muscolatura di superficie del corpo. Il formicolio non è propriamente un fenomeno circolatorio, come molti pensano, in quanto la vascolarizzazione è completamente libera, non vi sono pressioni corporee che possono bloccare e sbloccare il flusso della circolazione, dando luogo alla sensazione di parestesia delle braccia e dei piedi. Il formicolio conta tra le sue concause la distensione della muscolatura carica di tensione psicosomatica durante le fasi dell'esercizio!

Con questa postura la vostra tipologia di carattere psicopatico-schizofrenico ha la possibilità di migliorare. Eseguendo l'esercizio con continuità, per circa quindici minuti, una volta alla settimana, per almeno tre mesi, sentirete il superamento e la soluzione dei blocchi psicosomatici, accompagnati da un aumento considerevole di vitalità e di sicurezza personale.

Il significato psicologico di questa postura è quello di aprirsi all'esterno, al mondo e agli altri senza più difese. È un aiuto per ritrovare quella naturale fiducia in se stessi che questa tipologia caratteriale non conosce più, a causa dell'errata abitudine di mettersi sulla difensiva, quasi come necessità ossessiva. Attraverso il lavoro sul corpo, la mente prende coscienza che nella vita occorre difendersi solo quando si è attaccati e che non serve essere sempre prevenuti. La vostra tipologia megalomane tende invece a essere sempre sulla difensiva, al punto di strutturare delle difese che si traducono in blocchi corporali psicosomatici.

L'esecuzione continuativa di questi esercizi svolge un'azione rieducativa, non solo funzionale di desomatizzazione a livello corporale, ma anche a livello mentale, aiutando a modificare le abitudini esageratamente difensive. S'impara gradualmente a lasciarsi andare con consapevolezza alle sensazioni. Così anche le gioie del piacere sentimentale e sessuale saranno vissute senza le ossessioni di continuo controllo e di assillante verifica.

L'esercizio della figura 8E completa e termina quello precedentemente descritto. Si usa lo stesso cavalletto con l'aggiunta di un altro cavalletto, o di una sedia, che serve per aggrapparsi con le mani, per permettere una distensione delle braccia e della zona superiore della schiena. L'esercizio segue immediatamente quello della figura 8D, quale compensazione dello sforzo esercitato dalla schiena durante l'esecuzione del lavoro sul cavalletto. Si attua anche in questo caso la respirazione, una volta assunta la postura. Il corpo abbandonato sul cavalletto in posizione di chiusura si distende e si rilassa con il ritmo respiratorio. Inspirando, il torace e la schiena si espandono, espirando il corpo si abbandona, quasi accasciandosi mentre la muscolatura della schiena si rilassa. È ancora possibile sentire del formicolio nelle mani e nei piedi, che dopo circa cinque minuti di respirazioni lente e costanti svanisce.

Figura 8E

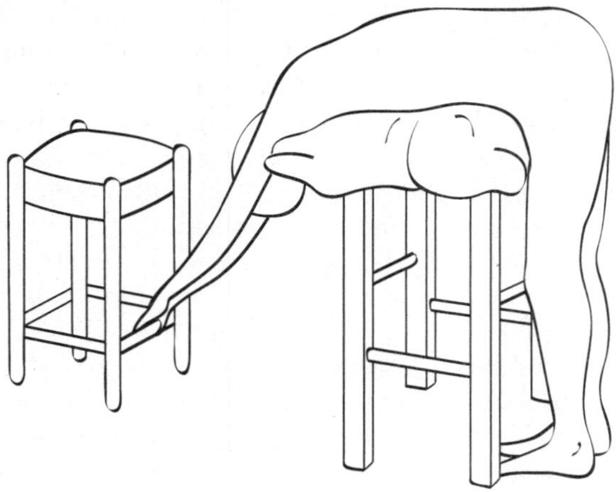

Esercizi per il carattere masochista

È luogo comune definire il masochismo come una tendenza dell'individuo a lasciarsi andare al desiderio di soffrire. Per colui che costruisce un carattere masochista, in relazione a risposte ambientali e personali, l'impresa è più ardua di quel che si pensi.

La struttura caratteriale del masochista, secondo gli studi condotti da Lowen, è quella di un individuo che soffre e si lamenta, ma rimane remissivo. La remissività è la tendenza dominante del masochismo, che in realtà si ribella, ma senza manifestarlo. Se il carattere masochista mostra nel comportamento esterno un atteggiamento sottomesso, all'interno è esattamente l'opposto. Nell'ambito delle sue emozioni più profonde, il masochista ha forti sentimenti d'astio, negatività, ostilità e superiorità, ma questi sentimenti sono bloccati per paura che esplodano in un comportamento violento. Il soggetto contrasta la paura di esplodere con uno schema muscolare di trattenimento. I muscoli grossi e potenti limitano qualsiasi affermazione diretta e lasciano passare solo il pianto e le recriminazioni verbali.

A causa del forte controllo, l'aggressività è notevolmente ridotta, analogamente l'autoaffermazione è limitata. Al posto dell'autoaffermazione ci sono il piagnisteo e il lamento; il gemito è l'unica espressione vocale che esce con facilità dalla gola soffocata. Al posto dell'aggressività c'è un comportamento provocatorio che mira a scatenare una risposta forzata da parte dell'altra persona, risposta che sia abbastanza forte da consentire al masochista di reagire in modo violento ed esplosivo nei più svariati ambiti, anche in quello sessuale. Il ristagno della carica energetica, dovuto al forte controllo, crea la sensazione di essere impantanati, incapaci di muoversi liberamente. Caratteristica del comportamento masochistico è il contrasto fra l'evidente atteggiamento di sottomissione e di compiacenza e i sentimenti d'astio e di ribellione, che invece restano inibiti. Perché l'individuo masochista possa affrontare al meglio le situazioni della vita, è necessario che questi sentimenti repressi vengano liberati.

Sempre secondo Lowen, la struttura del carattere masochista si sviluppa in una famiglia dove l'amore e l'accettazione sono combinati con una forte pressione. La madre è dominante e si autosacrifica, il padre è passivo e sottomesso. La madre asfissia letteralmente il figlio, che viene gravemente colpevolizzato ogni volta che cerca di dichiarare la propria libertà o di assumere un atteggiamento di ribellione per sottrarsi alla situazione. Un fatto tipico è la grande importanza attribuita al cibo e all'evacuazione: questo indica che l'energia emotiva preme nella struttura psicosomatica di questi individui dall'alto al basso. Frasi materne del tipo: "fa' il bravo bambino", "fa' contenta la mamma", "mangia tutta la pappa", "fa' la cacca" ecc. divengono, per il carattere masochista, oggetto di riferimento, di carica e scarica tensionale emotiva. Tutti i tentativi che il bambino con sviluppo del carattere masochista pone come resistenza, eccessi di collera compresi, vengono schiacciati dalla madre o dalla figura educativa. Secondo Lowen, tutti i caratteri masochisti, da bambini, hanno avuto eccessi di collera che immediatamente hanno dovuto far rientrare: un'esperienza frequente era la sensazione di essere intrappolati, con l'unica possibilità di una reazione di dispetto, che finiva regolarmente nella sconfitta. Il bambino non vedeva così via d'uscita; doveva lottare con forti sensi d'umiliazione ogni volta che lasciava uscire le cose liberamente, vomitando, sporcandosi o assumendo un atteggiamento di sfida.

Il masochista ha paura di esporsi ai rischi, di "tirare su la testa" (lo stesso vale per i genitali), per timore che gli venga mozzata la parte del corpo esposta. Nel suo carattere è presente una forte ansia di castrazione. L'elemento più significativo, secondo Lowen, è proprio la paura di essere tagliato fuori, escluso dal rapporto con i genitori, che forniscono amore, ma a condizioni invischianti che producono frustrazione, difficoltà e dolore.

Le parti del corpo soggette a somatizzazione nel carattere masochista

In contrasto con la struttura orale, quella del carattere masochista è tutta carica d'energia. Tuttavia questa carica viene costretta all'interno della muscolatura, benché non sia congelata. A opinione di Lowen, in relazione a questa ritenzione, gli organi periferici sono debolmente carichi e dunque non c'è scarica e liberazione, l'azione espressiva di conse-

SCHEMA CORPOREO DEL CARATTERE MASOCHISTA

Come da rappresentazione si nota che l'organizzazione energetica psicosomatica si struttura nell'ambito del tronco. L'energia si orienta in modo omogeneo in direzione della testa e delle spalle-braccia così come dei genitali e delle gambe, ma viene bloccata in alto nella zona della muscolatura del collo e in basso nella zona pelvica. La mentalità, secondo Lowen, è di tipo ansioso e apprensivo, con tendenza a interpretare la vita come pesante e difficile così come la valutazione di se stessi, di essere deboli e incapaci. L'orientamento dell'energia psicosomatica compone e struttura la costituzionalità corporea, modellando la muscolatura del collo, che risulta contratta, di ridotta estensione, al punto che pare che la testa sia incassata nelle spalle. Un altro punto di osservazione riguarda le pelvi, che appaiono tenute in dentro, quasi appiattite. Queste contrazioni nella zona del collo e nella zona pelvica sono il riflesso della mentalità del masochista, che ha difficoltà a concepire e organizzare la vita attraverso la pianificazione teorica e pratica di un sano principio di piacere. La paura del dolore e la predisposizione alle fobie ipocondriache sono il motivo esistenziale del masochista, che, in fondo, teme paradossalmente di poter stare bene.

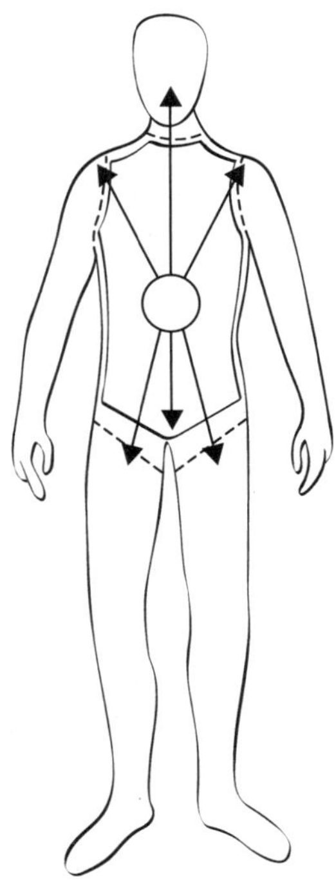

Figura 9

guenza è limitata. La ritenzione è talmente forte da causare una compressione e un crollo dell'organismo. Il crollo avviene a livello della vita, quando il corpo si piega sotto il peso delle tensioni. Gli impulsi diretti verso il basso e verso l'alto, vengono soffocati nel collo e nella vita; si spiega così la forte tendenza all'ansia tipica di questa personalità. È gravemente limitata l'estensione del corpo, che non sa protendersi verso l'esterno. La minore estensione è causa dell'accorciamento della struttura di cui si è detto.

Il corpo è basso, tarchiato, muscoloso e, per motivi ancora non del tutto chiari, presenta un'abbondante crescita del pelo corporeo. Particolarmente caratteristico è il collo corto e grosso: questo soggetto tiene il capo incassato perché anche la vita è corta e larga. Un'altra importante caratteristica è l'avanzamento della pelvi, o meglio il sedere tenuto in dentro e appiattito. È un atteggiamento che richiama l'immagine di un cane con la coda tra le gambe. Tenendo in dentro il sedere, il corpo si piega a livello della vita, e si accascia.

A seguito delle osservazioni condotte da Lowen, risulta che alcune donne presentano una combinazione di rigidità nella metà superiore del corpo e di masochismo nella metà inferiore; quest'ultimo carattere si rivela nella pesantezza delle natiche e delle cosce, nell'elevazione del pavimento pelvico e nel colore scuro della pelle, causato dal ristagno della carica. La pelle di tutti i caratteri masochisti tende ad avere una sfumatura bruna, dovuta al ristagno dell'energia.

Carattere masochista: esercizi psicofisici per superare i blocchi psicosomatici

Per scaricare la rabbia, si suggerisce l'esercizio con i piedi illustrato nelle figure 9A-9B.

Il materiale necessario per l'esecuzione di questo esercizio consiste in una serie di cuscini, circa quattro, di dimensioni differenti. In piedi, come da figura 9A, di fronte alla pila di cuscini, dapprima con il piede destro, si dà inizio allo scalciare, con moderazione e lentezza. Reggendosi sul piede sinistro, il destro è sollevato da terra per eseguire una serie di calci inflitti ai cuscini, circa quindici. Dopo di che, come da figura 9B, reggendosi in equilibrio sul piede destro, si sferrano lentamente e con precisione altrettanti calci con il piede sinistro. Si ritorna in posizione di partenza come da figura 9A. Reggendosi sul piede sinistro e tenendo sollevato il destro, si inizia a scalciare, visualizzando situazioni di rapporto

Figura 9A

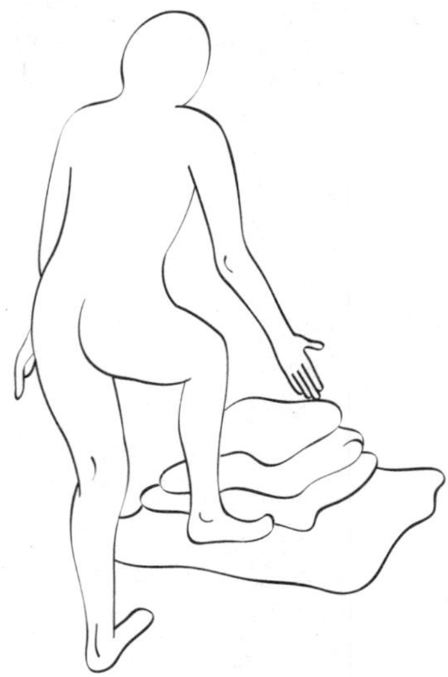

Figura 9B

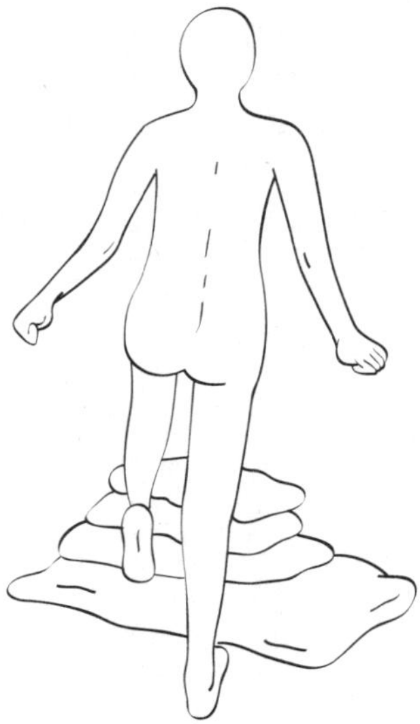

sociale, sentimentale, lavorativo, familiare ecc. che hanno prodotto rabbia e collera. Riesumando le tracce mnestiche di tali avvenimenti, cercate di immaginare ulteriormente di prendere a calci la situazione che vi aveva prodotto rabbia, scalciando per circa venti volte. Successivamente, invertite le gambe e con la sinistra, sempre visualizzando e immaginando, scaricate scalciando per altre venti volte la rabbia repressa. L'esercizio deve durare circa mezz'ora. Terminate le varie fasi, distendetevi comodamente su una superficie di appoggio e rilassatevi, assaporando il senso di sollievo e di leggerezza mentale acquisito e riflettete con armonia sulla necessità di imparare a risolvere le situazioni di relazione con gli altri nel qui e ora del manifestarsi dei problemi, senza trattenere le tensioni che ne derivano.

Con il tempo e la continuità dell'esercizio, da praticare ogni giorno per circa mezz'ora e per almeno tre settimane, riuscirete a capire che è importante modificare e migliorare la vostra mentalità per evitare questi accumuli tensionali inutili e dolorosi.

Figura 9C

Figura 9D

Per conseguire il *grounding*, il radicamento nella realtà, suggeriamo l'esercizio psicofisico delle figure 9C-9D-9E (v. p. 150).

Come da figura 9C, i piedi sono ben radicati al terreno, le ginocchia flesse, in modo da sentire in tensione da sforzo i muscoli delle cosce, il bacino in simulazione di seduta, la schiena leggermente in avanti ma dritta, la testa e lo sguardo dritti in avanti, le braccia morbide e distese lungo i fianchi. Si inizia con una fase di inspirazione, il torace e l'addome si gonfiano, le spalle si alzano morbidamente, dopo di che si espira e le spalle si abbassano morbidamente, il torace e l'addome si rilassano, con la fuoriuscita dell'aria dalla bocca. Nuovamente si inspira, con l'aiuto dell'immaginazione e con l'uso della volontà in sincronia con il ritmo respiratorio, si immagina di fare scendere sulle gambe, che si trovano sotto sforzo per il peso del corpo, le tensioni delle spalle, della testa e del tronco del corpo, ivi compresa la schiena. Dopo aver eseguito per circa dieci minuti l'esercizio, le gambe sono doloranti e tremano, cariche d'energia psicosomatica. Occorre resistere dopo che si manifestano dolore, tensione e vibrazione ancora per due minuti circa. Ora è possibile cessare l'esercizio.

Si sgranchiscono le gambe e i piedi e si passa immediatamente e alla postura della figura 9D. Questo esercizio è complementare al precedente ed è necessario attuarlo in sequenza.

Distendetevi su una superficie rigida e ponete un cuscino sotto la schiena, appoggiando la zona lombosacrale. Le gambe vengono alzate in aria e riproposte nella stessa e identica posizione assunta con l'esercizio del *grounding*. Vi è qui una sostanziale differenza: i piedi non poggiano al terreno, le gambe liberate dal peso del corpo si esprimono ora attraverso una vibrazione energetica di contrazioni spasmodiche della muscolatura. In sintesi le vostre gambe tremano, la muscolatura delle gambe si contrae e si espande da sola, involontariamente, sia per azione di arco riflesso, della liberazione del peso del corpo, sia per l'energia psicosomatica canalizzata sulle gambe durante il precedente esercizio. La postura corretta è dunque quella di alzare le gambe, piegare leggermente le ginocchia, disporre i piedi a martello, con la pianta rivolta al soffitto in una simulazione di contatto con il terreno che non esiste. Il cuscino posto sotto la schiena vi permette di rimanere rilassati con la muscolatura addominale e lombare. Le braccia sono distese lungo i fianchi e la respirazione è lenta e costante. Assistendo a queste contrazioni e vibrazioni involontarie, dovete lasciare, per così dire, libero sfogo alle vostre gambe senza intervenire con la volontà. Dopo alcuni istanti, lasciate cadere lentamente le gambe e distendetele, rilassandole contro il pavimento. Dopo circa trenta secondi, tirate nuovamente su le gambe, riproponendone la corretta postura, lasciate scaricare, vibrare, tremare e alle volte scalciare nell'aria in modo libero le vostre gambe, per circa quattro minuti, dopo di che riposatele giù per trenta secondi, per poi ripetere l'esercizio di libera espressione di scarico tensionale delle gambe.

Questo esercizio della durata di circa quindici minuti è da abbinare, come fase conclusiva, all'esercizio principale di *grounding*. Otterrete così il risultato di liberare la vostra tendenza masochistica a trattenere la rabbia, il dolore è la collera, imparando con applicazione e costanza a sentire una mente e un corpo liberi dalla schiavitù del dolore, in direzione di un sano principio di piacere di vivere.

Come variante del *grounding* si può eseguire un esercizio di radicamento completo al terreno.

Come da figura 9E, è necessario radicarsi con i piedi al terreno, appoggiandoli con morbidezza e completa sensazione d'esser parte del punto di appoggio, una sorta di fusione con il pavimento. Ora chinatevi, ponete anche le mani al terreno, il bacino deve essere la parte più alta

Figura 9E

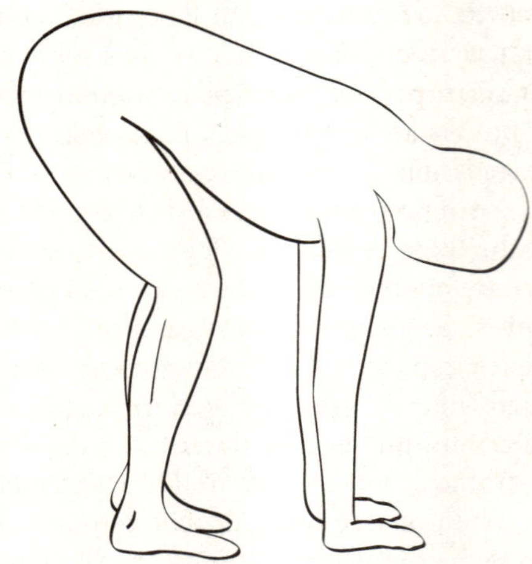

del corpo, le ginocchia leggermente piegate, i muscoli delle cosce devono essere in tensione.

Radicati con mani e piedi al terreno si inspira con il naso e si espira con la bocca, assumendo un ritmo molto lento e costante. Il dolore muscolare e la voglia di liberarsi da questa postura saranno notevoli, in più anche respirare in questa posizione, può causare alcune difficoltà. Se riuscirete a resistere non con la forza ma con la consapevolezza dell'importanza psicofisica di questi esercizi, non solo trarrete beneficio fisico e riabilitativo, ma v'inserirete sulla via delle modificazioni e del miglioramento del vostro carattere. Dopo circa cinque minuti d'attività respiratoria in questa posizione, il dolore muscolare diventa tanto acuto da essere quasi insopportabile. Quando il corpo trema con delle piccole contrazioni involontarie, è quasi giunto il momento di cambiare posizione. Abbandonate lentamente la posizione della figura 9E e assumete, pressoché immediatamente, quella della figura 9D di scarico tensionale delle gambe.

Entrambe le due posture di *grounding*, la prima in piedi e la seconda chinati, contribuiscono a caricare le gambe della tensione psicosomatica esistente nel corpo; la seconda aggiunge il radicamento delle mani, con conseguente carico delle tensioni sulle spalle. Per la struttura masochista la seconda postura risulta più consona a rafforzare la volontà per entrare in contatto con il piano di realtà dell'esistenza, attraverso mani e piedi che rappresentano i punti con cui si prende contatto con l'esterno. Con questa modalità di esercizio il masochista sente dolore, ne prende coscienza e impara a superarlo, rimanendo aderente alla realtà, qui simbolicamente rappresentata dal terreno di appoggio. Con questi esercizi si contrasta l'atteggiamento remissivo, aiutandosi a evitare di cadere negli schemi depressivi che per abitudine vengono adottati dal masochista. Il nuovo schema diventa quello di imparare a cavarsela da soli, usando la realtà, imparando a viverla meglio: superare il dolore vuole dire arrivare al piacere. Dopo l'esercizio, infatti, ci si sente rigenerati con un ottimo tono muscolare.

Infine, nella posizione della figura 9D, torna il tremore nelle gambe che serve a scaricare completamente la tensione dai muscoli, rendendoli elastici e meno affaticati nei movimenti. Coricati sulla schiena, portate in alto le gambe, con le ginocchia leggermente piegate. Flettendo il piede a martello si evidenzia il tremore involontario delle gambe, che smette raddrizzandole. Riprendendo la posizione iniziale riparte il tremore. Si deve mantenere questa posizione per circa venti secondi alternandola alla fase di riposo, per cinque volte. Dopo vi sentirete più sciolti nei movimenti.

Esercizi per il carattere rigido

La tipologia di formazione di un carattere rigido deriva da un comportamento, costante e continuativo, inflessibile e orgoglioso. Lowen asserisce che gli individui con questa tipologia di carattere dimostrano tratti comportamentali positivi: portano il capo alto e la schiena sempre eretta, ma analizzando a fondo si scopre che l'orgoglio è attribuibile a una forma di difesa, e il portamento fiero a una rigidità inflessibile. Il carattere rigido ha paura di cedere perché per lui ciò equivale a sottomettersi e ad arrendersi. La rigidità, per Lowen, diventa una difesa contro una tendenza masochistica di fondo. Il carattere rigido è in guardia contro il pericolo di essere sfruttato, usato o preso in trappola. La sua circospezione si manifesta nell'abitudine a frenarsi, per tenere indietro qualsiasi impulso che lo induca ad aprirsi e protendersi verso l'esterno. Trattenersi significa anche tener controllata la schiena, rigida ed eretta quasi a formare una barriera invalicabile. La capacità di frenarsi è dovuta alla forte influenza della mente, che esercita un alto grado di controllo sul comportamento. Tale capacità è sostenuta anche da una posizione genitale altrettanto forte; ne risulta una personalità ancorata alle due estremità del corpo e dotata di un buon contatto con la realtà. Purtroppo l'accento posto sulla realtà viene usato come difesa contro l'aspirazione al piacere e all'abbandono: è questo il conflitto di fondo di tale personalità.

Secondo Lowen gli individui con questo carattere sono in genere orientati verso il mondo, ambiziosi, competitivi e aggressivi. La passività viene vissuta come vulnerabilità. Il carattere rigido può essere ostinato, ma è raro che sia maligno e cattivo. In parte l'ostinazione deriva dall'orgoglio: se si lascia andare, il soggetto ha paura di apparire stupido e così si controlla. Ma ha anche paura che la sottomissione comporti la perdita della libertà.

Una nota interessante e d'approfondimento fatta da Lowen vuole che in questa collocazione di carattere rigido rientri anche il maschio fallico e narcisista, che attribuisce un'importanza estrema alla potenza erettiva, e il carattere femminile isterico, che usa il sesso come difesa contro la sensualità e l'innamoramento.

Nella storia della sua vita, questo tipo caratteriologico non ha subito i forti traumi che negli altri caratteri hanno dato origine a disturbi più complessi. Il trauma rilevante è la frustrazione vissuta nella ricerca di gratificazione erotica: all'origine ci sono la proibizione della masturbazione durante l'infanzia e il trasporto affettivo e, in un certo qual modo, sessuale verso il genitore di sesso opposto. Da bambino, il soggetto ha vissuto il rifiuto della sua ricerca di piacere erotico e sessuale come un tradimento del suo protendersi verso l'amore. Nella mente di un bambino il piacere erotico, la sessualità e l'amore sono sinonimi: questa classificazione rimane impressa nella mente anche dell'adulto, dato che il carattere rigido non abbandona le proprie convinzioni facilmente. Quindi nel rigido i sentimenti vengono percepiti e vissuti ma in modo contenuto e sotto controllo della mente. È questo tipo di controllo che si deve ridimensionare per lasciare che il cuore prenda il sopravvento nella vita sentimentale.

Nell'infanzia la manifestazione aperta d'amore, come desiderio d'intimità fisica, aveva incontrato il rifiuto dei genitori; ecco allora che anche nella vita adulta il carattere rigido, per raggiungere il proprio scopo, agisce con prudenza e in modo indiretto: non manipola come fa il carattere psicopatico, manovra per conquistare l'intimità.

SCHEMA CORPOREO DEL CARATTERE RIGIDO

L'energia si distribuisce regolarmente verso tutto il corpo, con intensità regolare, sia verso l'alto (la testa, le spalle e le braccia), sia verso il basso (i genitali, le gambe e i piedi). Nonostante questa buona predisposizione psicosomatica nella distribuzione energetica, si possono individuare dei blocchi energetici nella muscolatura di superficie, in relazione propriamente all'organizzazione di mentalità rigida e inflessibile.

La struttura corporea è, comunque, proporzionata e armonica, appare integrata e connessa. Secondo Lowen, la vitalità interiore è notevole, gli occhi sono spesso vivaci, guardinghi, in pieno contatto con l'ambiente circostante. L'esponente del carattere rigido tende a innervosirsi quando la comunicazione e le relazioni sociali e sentimentali non procedono come egli desidera.

La tipologia ossessiva, quella nevrotica-isterica o quella fallico-passiva rientrano nel carattere rigido.

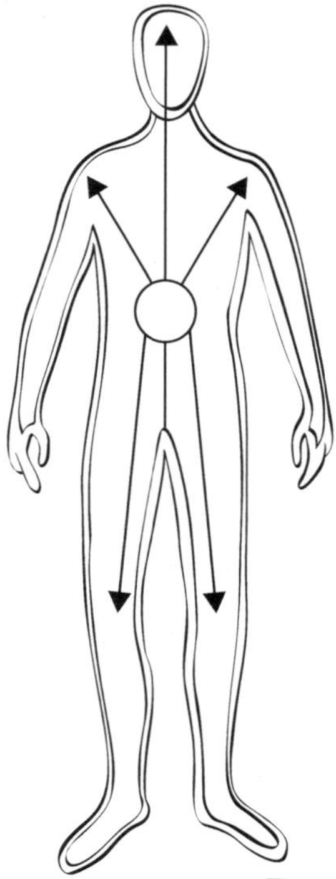

Figura 10

Le parti del corpo soggette a somatizzazione nel carattere rigido

In questa struttura tutti i punti periferici di contatto con l'ambiente (mani e piedi) sono abbastanza carichi, il che favorisce la capacità di verificare la realtà prima di agire. Il controllo è periferico, consente dunque un flusso dei sentimenti ma ne limita l'espressione. Le principali aree di tensione sono i muscoli lunghi del corpo. Le spasticità dei muscoli estensori e flessori si combinano per produrre rigidità.

Naturalmente ci sono vari gradi di rigidità, quando il controllo è leggero la personalità è viva e vibrante. Il corpo del carattere rigido è proporzionato e armonioso e appare integrato e connesso, tuttavia è possibile scorgervi alcuni elementi dissonanti, che sono il riflesso dei disturbi e delle distorsioni del carattere. Una caratteristica importante è la vitalità del corpo, occhi brillanti, buon colorito cutaneo, gesti e movimenti vivaci. Se la rigidità è grave c'è una corrispondente riduzione degli elementi positivi appena descritti: diminuisce la coordinazione e la grazia dei movimenti, gli occhi perdono parte del loro splendore e la pelle può assumere una sfumatura pallida o grigiastra.

Carattere rigido: esercizi psicofisici per superare i blocchi psicosomatici

Proponiamo un esercizio di *grounding* da sforzo (fig. 10A).

Quest'esercizio, che da un lato serve a radicarsi nella realtà del terreno, assume una variante importante, che è quella di tendere, cioè ir-

Figura 10A

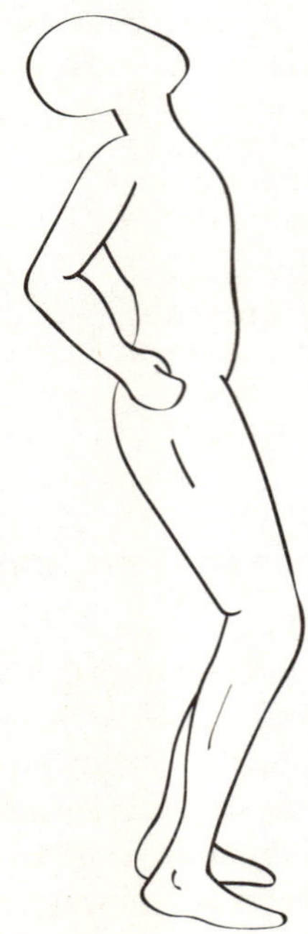

Figura 10B

rigidire le mani e le braccia che risultano appoggiate a pugni chiusi sui fianchi. I piedi aderiscono al terreno, le ginocchia sono leggermente flesse, il bacino è indietro e anche la testa è leggermente inclinata indietro.

Inspirando, gonfiate il torace e l'addome, con le braccia ad arco, le mani chiuse a pugno morbido appoggiate ai fianchi. Durante la fase d'espirazione, aumentate con forza la serrata dei pugni e assumete altrettanta forza di contrazione muscolare nelle braccia e nelle gambe, che tendono a spingere verso i piedi l'azione volontaria tensiva. Terminata l'espirazione che, come visto è forzata e tensionale, si inspira rilassando tutta la muscolatura del corpo. Quando è il momento di espirare, oltre che espirare con forza espulsiva l'aria dai polmoni, si contraggono i pugni, le braccia e le gambe. Quest'esercizio, in una tipologia di carattere rigido, insegna alla mente che cosa significhi irrigidirsi, e quali contrazioni e dolori si causino nello psicosoma. Oltre a questa parte psicopedagogica, l'esercizio in sé carica notevolmente le gambe di tensione nervosa emotiva. Dopo che avrete realizzato l'esercizio, in modo continuativo per circa dieci minuti, noterete la presenza di vibrazioni e di dolore proprio nelle gambe. È giunto il momento di interrompere l'esercizio, di sgranchirsi per alcuni istanti e di assumere la postura della figura 10B qui sopra.

Questo secondo esercizio propone una scarica tensionale attraverso le gambe.

È necessario l'uso di un cuscino, da mettere sotto la schiena, nella zona lombosacrale, come aiuto per mantenere rilassati i muscoli lombari e addominali e per facilitare il mantenimento della posizione in aria delle gambe.

Coricati su una superficie rigida, con il cuscino sotto la schiena, le gambe si innalzano in aria, riproponendo la postura del *grounding* da sforzo precedentemente eseguita. Le ginocchia leggermente piegate, i piedi a martello, con la simulazione di un contatto di appoggio con il soffitto. In questa posizione noterete come le gambe, liberate dal peso del corpo e dal contatto attraverso i piedi con il terreno, siano in grado di vibrare, tremare, scalciare, esprimendo, per arco riflesso, le tensioni psicosomatiche caricate nell'esercizio precedente della figura 10A. Dopo circa due minuti di scarica vibrazionale lasciate che le vostre gambe si rilassino: verranno dunque distese e appoggiate alla superficie di appoggio. Dopo circa trenta secondi, riprendete la posizione di scarico tensionale per altri due minuti. Lasciate vibrare le gambe liberamente, senza interporre volontà di controllo, mantenete una respirazione lenta e piacevole, rilassate gli addominali e i muscoli lombari. Si verificheranno contrazioni spontanee, tremori e calcetti espressi liberamente nell'aria. Distendete le gambe e riposate per altri trenta secondi, dopo di che ripartite nuovamente. Il ciclo deve durare circa mezz'ora; al termine, vi sentirete leggeri e rilassati. È possibile che la vibrazione, a seconda del carico tensionale che avrete spostato sulle gambe, possa ancora durare per alcuni minuti, ecco perché è importante rimanere sdraiati per qualche altro istante, assaporando la libertà da tensioni e da rigidità.

L'esercizio delle figure 10C-10D porta a sentire e superare le rigidità psicosomatiche del corpo.

Come da figura 10C, si utilizza un cavalletto oppure una sedia con gambe ampie. Sdraiati per terra con il cavalletto soprastante, la schiena poggia sul pavimento o su un tappetino steso a terra, il bacino in morbida torsione in modo da consentire di disporre le gambe leggermente rannicchiate verso destra, le braccia sono diritte in alto con le mani congiunte. Dalla posizione di partenza ruotate lentamente le braccia verso sinistra fino a toccare il pavimento, senza disgiungere le mani. Mantenete la posizione per alcuni istanti, dopo ritornate alla posizione centrale. Il movimento è accompagnato dal ritmo respiratorio: si inspira alla partenza, dalla posizione centrale alla torsione verso sinistra e si espira al ritorno, dalla posizione di torsione a sinistra verso quella centrale. Quest'esercizio ha una sua naturale reversibilità. Posizio-

Figura 10C

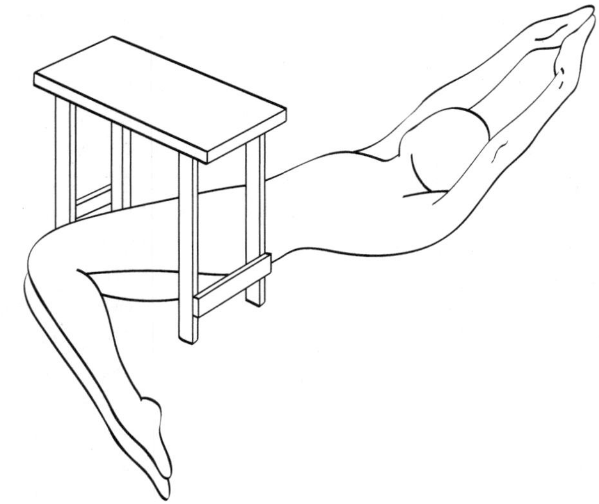

Figura 10D

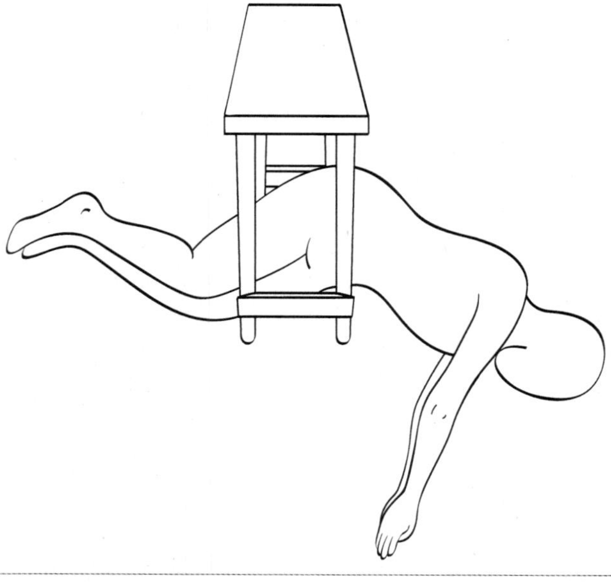

nando le gambe verso sinistra sotto il cavalletto, ripetete le stesse sequenze, dalla posizione centrale, con una torsione verso destra, per poi ritornare alla posizione centrale. Nell'eseguire quest'esercizio, noterete come la mente vi induce a ruotare con il busto verso il superamento di quello che sarà un vostro limite di rotazione fisico ben preciso. Avvertirete come le tensioni muscolari di blocco si distendano durante le varie torsioni ripetute, nei movimenti di esecuzione dell'esercizio. Imparerete a disciplinare la mente, in una fase di consapevole accettazione dei limiti corporei; raggiungendo la possibilità di superarli proprio attraverso il corpo con il soddisfacente risultato di contenere la vostra rigidità psicocorporea.

La figura 10D evidenzia la variante posturale dell'esercizio in questione. Disponetevi nuovamente sotto il cavalletto che da un lato blocca il bacino e dall'altro le gambe, che in questa fase si trovano appoggiate al terreno dalla parte sinistra del corpo, le braccia distese in avanti sul terreno con le mani unite. Inspirando dovrete compiere una rotazione del bacino: per spostarvi verso destra, durante la rotazione stazionate un momento nella posizione centrale, espirando poggiate la schiena e le spalle al pavimento, le braccia tese in alto perpendicolari alla vostra testa con le mani unite. Ripartite verso sinistra, inspirando, e appoggiando nuovamente le braccia al pavimento, espirando ritornate nuovamente alla posizione centrale. Ripetere l'esercizio per quindici minuti, per almeno una volta alla settimana e per due mesi.

L'esercizio della figura 10E lavora sulla respirazione, localizzata con l'utilizzo dell'immaginazione.

Assumete, come da figura, la posizione tipo yoga, ponete la mano destra dietro la nuca e la sinistra alla base del collo. Inspirando ed espirando con lentezza e profondità, ponete l'attenzione mentale, attraverso la percezione tattile delle dita della mano sinistra che vi aiuta a prendere consapevolezza dello stato di tensione e rigidità della muscolatura del collo. Sentirete come lentamente respirando con costanza e regolarità le tensioni del collo e della gola si allentino, donandovi una voce più profonda e rilassata.

Dopo circa cinque minuti di esercizio respiratorio, cambiate la posizione delle mani.

La mano sinistra passa dietro la nuca e si ancora con le dita per sentire e saggiare le tensioni del collo, mentre la mano destra è posta davanti, e saggia la muscolatura anteriore del collo. Respirando regolarmente con ampiezza e profondità, cercate mentalmente di visualizzare l'aria in-

Figura 10E

spirata orientata a ossigenare e distendere le tensioni presenti sotto la evidente percezione tattile delle vostre mani.

Vi renderete conto di come la vostra mentalità di carattere rigido comporta, anche in questo caso, ossia in questa zona muscolare specifica del collo, innumerevoli presenze attive di blocchi d'energia psicosomatica. Imparerete dunque a migliorare il vostro carattere rigido, evitando fenomeni di carico tensionale nella vostra corazza caratteriale.

PARTE II

La personalità

Come riconoscere la propria personalità

L'interpretazione dei dodici tipi di personalità

Corpo e mente nello sviluppo della personalità

Situazioni di difficoltà nell'età della formazione

Adolescenza e identità

Il rapporto con la sessualità

Il rapporto con il sonno

Mente e comportamenti

CAPITOLO 1

Come riconoscere la propria personalità

Con il termine "personalità" ci si riferisce a modi costanti di percepire, rapportarsi e pensare nei confronti dell'ambiente e di se stessi, che si manifestano in un ampio spettro di contesti sociali e personali. Questi modi costanti di essere, chiamati più specificatamente "tratti di personalità", possono essere diversi, e solo quando sono particolarmente rigidi e non adattivi, e quindi causano al soggetto una compromissione significativa del proprio funzionamento e una stabile sofferenza, sono definiti come "disturbi di personalità".

Le principali componenti della personalità sono le seguenti: estroversione/introversione, amicizia/ostilità, coscienziosità/superficialità, stabilità emotiva/instabilità, apertura mentale/dogmatismo.

Per aspetti più pratici, clinici e diagnostici varie combinazioni di questi tratti sono state raggruppate in tre categorie molto generali:

1. isolamento, impermeabilità, freddezza, bizzarria, imprevedibilità;
2. insistenza, drammaticità, manipolazione, esplosività, instabilità emotiva;
3. evitamento, ansia, insicurezza, dipendenza.

Ognuno di questi gruppi comprende a sua volta altre distinzioni più specifiche.

Gli aspetti della personalità si manifestano in specifici modi di pensare. Le diverse modalità di essere si possono riassumere schematicamente in un profilo di personalità costituito dai diversi tratti.

Generalmente, e per scopi più pratici, la personalità può essere studiata analizzando alcune specifiche tendenze di pensiero e di comportamento:

- credenze e desideri su se stessi;
- credenze e desideri sugli altri;
- credenze e desideri sul mondo esterno.

Questi aspetti hanno delle interessanti applicazioni nel settore della psicologia del lavoro, nel marketing, nello sport, nelle relazioni pubbliche, nella scuola, oltre che una consolidata applicazione nella psicologia clinica.

Uno degli aspetti più conosciuti di queste applicazioni, qui più volte ripreso, è quello relativo all'attribuzione soggettiva delle cause degli eventi. Vi sono soggetti che attribuiscono sistematicamente il verificarsi degli eventi a cause esterne mentre altri lo riferiscono stabilmente a se stessi. Questa differenza è discriminante del tratto di personalità pessimistico/ottimistico. La valutazione di tale tratto è solitamente alla base dei programmi di selezione in ambito scolastico, lavorativo e sportivo, e permette di fare delle previsioni sull'andamento dei soggetti nei loro compiti.

Gli psicologi che si occupano di questi aspetti solitamente forniscono anche dei programmi di modificazione di questo tratto per il più adeguato inserimento nel proprio contesto e una più efficiente acquisizione dei propri obiettivi. La condotta dei soggetti e le relative aspettative che essi hanno di essere efficaci oppure di rischiare dei fallimenti (autoefficacia percepita) è la caratteristica di personalità forse più studiata dalla psicologia applicativa. Se un soggetto ha una aspettativa positiva oppure reagisce bene a un fallimento, probabilmente avrà un specifica modalità di valutare gli effetti e le cause di ciò che gli capita; viceversa, se un soggetto si aspetta di fallire o svaluta i propri successi, la modalità di affrontare effetti e cause sarà l'opposto.

Dallo studio della personalità si può derivare lo studio delle motivazioni individuali. Per motivazione s'intende la presenza di uno scopo, di un obiettivo, di una meta che il soggetto si rappresenta nella propria mente. Qualche volta, e in alcuni casi, gli individui possono avere degli scopi contrastanti nella loro mente e che perseguono contemporaneamente; questo conduce al blocco dei propri progetti come anche alla paralisi del comportamento. Perseguire scopi incompatibili è un paradosso, ma purtroppo è molto comune. Diversi individui soffrono intensamente ma nondimeno perseguono scopi impossibili.

Vi sono alcuni scopi che nessun individuo può realizzare e, sebbene questi scopi possano sembrare alla nostra portata, non lo sono affatto.

Certi disturbi psicologici del comportamento e delle relazioni interpersonali possono essere dovuti a questi scopi paradossali. Di seguito proponiamo l'elenco di alcuni di essi (G.L. Dell'Erba, 1998).

1. *Voglio X e non riesco ad averlo*. In tale proposizione il soggetto si confronta con un obiettivo (X) che non può perseguire; il soggetto può recedere e rinunciare a tale scopo finale, oppure, non rinunciandovi, può insistere e restar bloccato, non riuscendo a volte a giustificare la situazione in cui, pur volendo qualcosa, non la ottiene.
2. *Voglio X e voglio Y e non riesco ad averli insieme*. Il soggetto non riesce o non vuole scegliere; questo vale solo per le mete incompatibili, quindi deve essere visto se i due obiettivi sono realmente incompatibili; il soggetto è bloccato in quanto non assegna una priorità.
3. *Non voglio sentirmi in modo* X. Tale proposizione si riferisce alla impossibilità di agire a un livello diverso da quello intenzionale, in quanto pur non desiderando avere una certa sensazione di fatto l'abbiamo; il soggetto può agire in vari modi per creare le condizioni favorevoli per ridurre o impedire un certo stimolo non intenzionale (X) ma, di fatto, non può farlo direttamente; spesso è non perseguendo tale scopo che lo stimolo si riduce o si risolve.
4. *Voglio X ma dovrei volere Y*. Il soggetto, pur desiderando un certo obiettivo, valuta negativamente questo fatto in quanto ha delle assunzioni generali nelle quali quell'obiettivo (X) è o incompatibile o almeno indesiderabile; il soggetto si trova in conflitto tra un desiderio specifico e una teoria generale, e non riesce ad articolare né i casi particolari o le eccezioni, né è in grado o desidera modificare parte della teoria.
5. *Voglio X anche se non posso averlo*. Se il soggetto non crede all'effetto invalidante e negativo delle proprie azioni, allora può insistere anche contro l'evidenza plateale di non riuscire, di fatto, a raggiungere X; è possibile che un soggetto ignori il risultato di certe proprie azioni o non desideri verificarne l'effetto, e dunque tenda, per principio, a continuare nella direzione stabilita. In alcuni casi il soggetto può insistere perché non avendo altro davanti, non può scegliere nulla ("vorrei vivere anche se so che non posso più continuare a vivere"), ma in questo caso il sog-

getto può desiderare liberamente X, anche se conosce la propria mancanza di potere su X e quindi non punta tutto sull'insistenza.

6. *Non posso fare a meno di X*. Il soggetto crede che X sia tutto, o sia un bene indispensabile, o un mezzo insostituibile; è il caso della indispensabilità, nella quale il soggetto non vede l'alternativa; spesso il soggetto ha delle convinzioni generali, altre volte ha delle credenze specifiche che ha costruito in esperienze concrete e particolari e, in base a tali valutazioni e inferenze, crede che quelle aspettative che ha siano l'unico volto possibile della realtà.
7. *Non voglio essere X (o non voglio avere un "tratto" X)*. Il soggetto si pone lo scopo di essere in un certo modo, non badando al fatto che ciò che a volte significhiamo con alcuni termini personologici e caratterologici è in sostanza il resoconto del giudizio di altri (educato, sensibile, onesto, comprensivo, simpatico, spontaneo ecc.); da alcuni è definito "effetto Stendhal", il quale, come si sa, voleva diventare completamente spontaneo in società.
8. *Non voglio credere X*. Le credenze non sono intenzionali, quindi non possono essere oggetto di scelta; tuttavia, molti pazienti rifiutano molte credenze e constatazioni sulla base delle conseguenze che queste conoscenze comporterebbero secondo proprie assunzioni e schemi; i tentativi di rifiutare conoscenze che gli stessi soggetti hanno avuto modo di percepire è sempre un problema complesso; molti autori tendono a non trattare tali rifiuti come inconsapevolezze complete ma come tentativi continui di bloccare, interferire e deviare i processi d'attenzione su altre conoscenze più neutrali.
9. *Non voglio che S sia X*. Qualcuno crede che il nostro potere sia anche quello di influire direttamente sugli altri, ma ciò non è di fatto possibile; dunque, il soggetto si pone lo scopo di volere che qualcun altro sia fatto in un certo modo, o si comporti in qualche particolare modo, ma resta deluso; pur potendo desiderare che qualcuno o altri siano come ci piace o come vorremmo, le persone sono tali al di là della nostra volontà e del nostro desiderio.
10. *Non voglio che S creda X (o voglio che S creda Y)*. È il più comune paradosso che le persone attivano nelle relazioni interpersonali; tale proposizione è la base di tutte le fobie sociali, di tutte le timidezze, di ogni forma di dipendenza dagli altri e di sottomis-

sione, di tutte le subordinazioni comuni che gli individui attivano, e delle quali si lamentano sia direttamente sia riguardo i loro effetti. Pur potendo desiderare un giudizio favorevole o positivo dagli altri, il soggetto non può pretenderlo, pena l'effetto paradossale della bizzarria della stessa richiesta; il soggetto può attivare tutte le condizioni in suo potere che possono favorire un giudizio positivo (comportarsi simpaticamente o benevolmente, essere generosi, aiutare, sorridere ecc.), ma alla fine l'effetto non è mai scontato perché il proprio comportamento non agisce direttamente sulle libere opinioni degli altri. Lo scopo di perseguire questi obiettivi non può che portare a soffrire, come anche a far soffrire le persone che ci sono vicine.

Il test della personalità

Vediamo ora lo schema base delle tipologie di personalità, tratto dal lavoro dello psicologo francese, allievo di René Le Senne, Gaston Berger (1959). Secondo la sua impostazione di base, abbiamo elaborato 12 tipologie di personalità:

1. tipo di personalità attiva;
2. tipo di personalità affettuosa;
3. tipo di personalità orale-comunicativa;
4. tipo di personalità dipendente;
5. tipo di personalità istrionica-megalomane;
6. tipo di personalità precisa-ossessiva;
7. tipo di personalità narcisistica;
8. tipo di personalità diffidente-paranoica;
9. tipo di personalità gioviale;
10. tipo di personalità indipendente-schizoide;
11. tipo di personalità indipendente-borderline;
12. tipo di personalità sfuggente-schizotipica.

Di seguito troverete tre questionari (su emotività, attività e comportamenti) con delle domande alle quali rispondere, traendo risultati numerici utili alla compilazione della formula finale che vi orienterà nella definizione del tratto tipico della vostra personalità.

Stabilire il livello di emotività

Stabilendo la somma delle risposte (da 1 a 9 punti), otteniamo un risultato numerico che "misura" l'emotività (E). Se il valore è compreso tra 56 e 90, il risultato ha valore simbolico AE (alta emotività); mentre avremo valore simbolico BE (bassa emotività), se il valore numerico è compreso tra 30 e 55.

QUESTIONARIO PER VALUTARE GLI INDICI DEL LIVELLO DI EMOTIVITÀ

1. Te la prendi molto per delle piccole cose che non hanno nessuna importanza? p. 9
   Solo le cose gravi sono capaci di scuoterti? p. 1
2. Sei facile all'entusiasmo o alla collera ? p. 9
   Accetti tranquillamente le cose come sono? p. 1
3. Sei suscettibile? Ti urta molto una critica un po' viva, un'osservazione scortese o ironica? p. 9
   Ascolti le critiche senza urtarti? p. 1
4. Ti preoccupi facilmente per qualche avvenimento imprevisto? Se, ad esempio, ti chiamano all'improvviso, ti scuoti di soprassalto, arrossendo o impallidendo? p. 9
   Ti emozioni difficilmente? p. 1
5. Ti riscaldi molto mentre parli? Alzi la voce nella conversazione? Hai l'abitudine di usare termini violenti o parole molto vivaci? p. 9
   Parli senza fretta con calma e pacatezza? p. 1
6. Ti senti smarrito se ti danno da fare un lavoro nuovo, o se intravedi qualche cambiamento nell'andamento della tua vita? p. 9
   Affronti ogni nuova situazione con calma? p. 1
7. Passi facilmente dall'esaltazione all'abbattimento, dalla gioia alla tristezza e viceversa, senza nessuna ragione apparente? p. 9
   Sei di umore costante? p. 1
8. La tua mente è spesso sopraffatta da dubbi, scrupoli per cose senza importanza? p. 9
   Non conosci che molto raramente questo penoso atteggiamento? p. 1

9. Ti accade talvolta di essere tanto emozionato che non ti riesce concludere quello che devi fare? Per esempio: paura che ti impedisce di muoverti, timidezza che ti toglie la forza? p. 9
Ti accade qualche volta? p. 5
Non ti accade mai? p. 1

10. Ti pare di sentirti spesso infelice della tua sorte? p. 9
Sei generalmente contento della tua sorte? O meglio, quando le cose non vanno come vorresti, cerchi subito di trovare rimedio? p. 1

Stabilire il livello di attività

Stabilendo la somma delle risposte (da 1 a 9 punti), otteniamo un valore numerico che misura l'attività (A). Se il valore totale delle risposte è compreso tra 56 e 90, si ha valore simbolico AA (alta attività), mentre avremo valore simbolico (BA) bassa attività se il valore numerico è compreso tra 30 e 55.

QUESTIONARIO PER VALUTARE GLI INDICI DEL LIVELLO DI ATTIVITÀ

1. Ti impegni attivamente anche nelle tue ore di libertà, per esempio: studio vario, lavori manuali, attività sociali? p.9
Ne approfitti per riposarti? p. 1
Resti senza far niente o ti dedichi ad attività ricreative? p. 5

2. Devi fare uno sforzo penoso per passare dall'idea all'atto? p.9
Sei in grado di eseguire immediatamente ciò che hai deciso? p. 1

3. Ti scoraggi facilmente davanti alle difficoltà o davanti a un lavoro troppo faticoso? p. 9
La difficoltà e lo sforzo ti spronano a fare di più? p. 1

4. Ti piace sognare del passato, che non c'è più, o dell'avvenire che potrebbe essere, o magari seguire pure immaginazioni? p. 9
Preferisci agire, o almeno fare progetti precisi che preparano realmente l'avvenire? p. 1

5. Fai subito quello che devi senza che ti costi molto, per esempio:scrivere una lettera, studiare ciò che ti hanno assegnato, regolare un affare? p. 9
Sei portato a differire, a rimandare? p. 1

6. Prendi decisioni immediate anche nei casi difficili? p. 9
Sei indeciso ed esiti per molto tempo? p. 1

7. Sei irrequieto, per esempio: gesticoli, ti agiti sulla sedia, vai su e giù per la stanza, anche senza ragione? p. 9
Oppure stai molto fermo, quando un'emozione non ti agita? p. 1

8. Fai volentieri delle innovazioni, dei cambiamenti, anche se esigono un grande sforzo? p. 9
Ti scoraggi davanti a una nuova incombenza e preferisci accontentarti dello status quo? p. 1

9. Se fai eseguire un lavoro a uno più giovane di te, ti disinteressi di seguirne l'esecuzione, come se ti fossi tolto un pensiero? p. 9
Sorvegli da vicino l'esecuzione, assicurandoti che tutto sia fatto bene, nelle condizioni e nel momento voluto? p. 1

9. Ti piace più stare a guardare che fare un lavoro o un gioco? p. 9
Ti piace più fare che guardare, trovi noioso il semplice spettacolo di quello che fanno gli altri, mentre passeresti volentieri all'azione? p. 1

46

Stabilire i fattori di comportamento

Facendo la somma delle risposte (da 1 a 9 punti), otteniamo un valore simbolico di comportamento (C).
Se il valore numerico del conteggio delle risposte è compreso tra 70 e 90, si ha valore simbolico AC (alta reazione comportamentale). Avremo valore simbolico MC (media reazione comportamentale) con risultati tra 50 e 70. Mentre avremo valore simbolico (BC) bassa reazione comportamentale se il valore numerico è compreso tra 30 e 50.

QUESTIONARIO PER VALUTARE GLI INDICI DEI FATTORI DI COMPORTAMENTO

1. Ti senti spesso guidato nelle tue azioni dal pensiero di un avvenire lontano, per esempio: risparmiare per la vecchiaia, accumulare materiale per un futuro lavoro? Ti preoccupano le conseguenze lontane che i tuoi atti potranno avere? p.9
Ti interessi solo dei risultati immediati? p. 1

2. Ti preoccupi molto di quello che può succedere, ti prepari accuratamente prima di ogni compito, consideri tutte le possibilità e gli eventuali incidenti? p. 9
   Ti rimetti all'ispirazione del momento? p. 1
3. Hai dei principi severi ai quali cerchi di conformarti? p. 9
   Preferisci adattarti via via alle circostanze? p. 1
4. Sei costante nei tuoi propositi? Termini sempre quello che hai cominciato? p. 9
   Abbandoni spesso il lavoro prima che sia terminato? Cominci mille cose e non finisci niente? p. 1
5. Sei costante nelle tue simpatie? Continui a mantenere le amicizie d'infanzia? Frequenti sempre le stesse persone, le stesse compagnie? p. 9
   Cambi spesso amici, lasci, senza gravi ragioni, le persone che prima frequentavi? p. 1
6. Dopo un accesso di collera, o dopo aver subito un affronto, ti riconcili subito, senza pensarci su? p. 9
   Resti per un po' di tempo di cattivo umore? Ti riconcili difficilmente? Porti rancore? p. 1
7. Hai delle abitudini fisse alle quali tieni molto? Ti affezioni al ripetersi regolare degli avvenimenti? p. 9
   Ti dà noi tutto quello che è abitudinario, previsto, preferisci piuttosto la novità? p. 1

47

Schema dei dodici tipi di personalità

Tipi Alta Emotività con Alta Attività

1. AE + AA + AC tipo di personalità attiva;
2. AE + AA + BC tipo di personalità istrionica-megalomane;
3. AE + AA + MC tipo di personalità gioviale.

Tipi Bassa Emotività con Alta Attività

4. BE + AA + AC tipo di personalità diffidente-paranoica;
5. BE + AA + BC tipo di personalità precisa-ossessiva;
6. BE + AA + MC tipo di personalità orale-comunicativa.

Tipi Alta Emotività con Bassa Attività

7. AE + BA + AC tipo di personalità indipendente-borderline;
8. AE + BA + BC tipo di personalità narcisistica; ◁—
9. AE + BA + MC tipo di personalità affettiva.

Tipi Bassa Emotività con Bassa Attività

10. BE + BA + AC tipo di personalità schizoide;
11. BE + BA + BC tipo di personalità dipendente;
12. BE + BA + MC tipo di personalità sfuggente-schizotipica.

ESEMPI DI RICONOSCIMENTO DEI TIPI DI PERSONALITÀ

- In relazione alle domande del primo questionario sulla valutazione dell'Emotività.

Sommando i punti ottenuti per ognuna delle dieci domande del test, avrete un punteggio che, se compreso tra 56 e 90, darà un risultato di Alta Emotività, se compreso fra 30 e 55 darà Bassa Emotività. La sigla risultante va riportata nella tabella della pagina accanto.

- Per il questionario relativo agli indici d'Attività.

Se il punteggio ottenuto dalla somma delle singole domande è compreso nella scala tra 30 e 55 si tratta di un risultato di Bassa Attività (BA). Se è compreso tra 56 e 90 abbiamo un valore di Alta Attività, (AA). Si trascrivono dunque i risultati in tabella.

- Per il questionario relativo agli indici di Comportamento.

Valori numerici compresi tra 70 e 80 danno una configurazione Alta reazione Comportamentale (che va indicata con le lettere AC). Per un valore numerico tra 50 e 70, si identifica il tipo a Media reazione Comportamentale (MC). Se il risultato numerico sta tra 30 e 50 si sigla come Bassa reazione Comportamentale (BC).

E adesso vediamo, come esempio, un caso concreto con la sua interpretazione psicologica.

- emotività 57 = Alta Emotività;
- attività 30 = Bassa Attività;
- comportamento 85 = Alta reazione Comportamentale;

La formula risultato è: AE + BA +AC.

La combinazione dei tre fattori principali, Emotività, Attività, Comportamento, calcolati ed evidenziati attraverso l'uso dei test questionari, permette di attribuire l'individuo a uno dei dodici gruppi precedentemente illustrati e di darne l'interpretazione psicologica.

FORMULA-TIPO PER ANALIZZARE I VOSTRI TEST PERSONALI

Emotività: AE (70)

Attività: BA (46)

Comportamento: BC (47)

La formula risultato è: AE + BA + BC

Che significa che siete un tipo di personalità : PERSONALITÀ NARCISISTICA

CAPITOLO 2

L'interpretazione dei dodici tipi di personalità

AE + AA + AC. Tipo di personalità attiva

Hai una personalità attiva e dinamica. Il modo di esprimere il tuo pensiero e le tue emozioni determinerà nella vita il tuo progresso personale, sociale ed economico e nella tua esistenza raggiungerai il successo. Hai modi naturalmente affascinanti e un notevole potere intellettuale. Desideri venire ammirato dagli altri e possiedi la fortunata facoltà per la quale gli altri sono portati a interessarsi a te o a seguire le tue idee e i tuoi suggerimenti. Coraggioso sino alla temerarietà, possiedi un attivo spirito d'avventura e d'iniziativa. Sei irrequieto e portato verso ogni genere di attività. Farai bene a favorire la tua natura avventurosa. Evita però le imprese poco sagge, rischiose o azzardate. In circostanze ordinarie, dai prova di una predisposizione agli affetti e al sentimentalismo. Spesso sei incline a una generosità eccessiva, particolarmente quando sei coinvolto nei sentimenti, nelle tue emozioni personali. Questa disposizione potrebbe portarti a essere troppo generoso verso persone che non meritano, mentre potresti trascurare coloro che hanno diritto a una maggiore considerazione. Emozionalmente sei molto sensibile. Hai un carattere focoso e vai facilmente in collera, anche per contrarietà di scarsa importanza che potrebbero essere superate con pochi secondi di riflessione. Una cosa è avere un temperamento focoso, un'altra lasciarsi dominare da esso. Sei portato a serbare rancore. Per natura sei aggressivo, volitivo, deciso; hai il genere di personalità e di temperamento coi quali puoi forgiare il tuo destino oppure infrangerlo. Molti dei tuoi malintesi personali, delle tue difficoltà derivano dalla tendenza impulsiva ad avere fretta e dall'impazienza. Impara a essere più paziente, con te stesso e con gli altri. Sei un libero pensatore, ma questo non implica che tu abbia sempre ragione o che le tue idee siano, in ogni caso, logiche. La tua mentalità irrequieta e ambiziosa rivela un'immaginazione attiva. Per compiere qualcosa devi imparare a usare l'immaginazione. Hai idee originali e sei in grado di realizzarle, puoi trasformare in realtà i tuoi sogni a occhi aperti. Sei naturalmente portato allo studio di ciò che t'interessa e il tuo tipo di personalità dipende dalla buona memoria, perché la tua indole irrequieta ti porta ad occuparti degli argomenti più svariati. Sei in grado di acquisire e ritenere senza molto sforzo una gran quantità di nozioni.

Ciò è un vantaggio e ti aiuterà ad accrescere il potere e l'influenza della tua personalità, facendo di te un conversatore brillante, qualità che ti gioverà in qualunque lavoro o affare che in futuro intraprenderai. La tua maggiore difficoltà è tenere a freno la tendenza ad agire impulsivamente. Prima di agire devi vagliare con attenzione le tue idee: fa del tuo meglio per ricavarne una linea logica di condotta. Ciò potrebbe indurti a non agire e, rinunciando a un progetto che in un primo momento può apparire buono, talvolta si evitano sgradevoli perdite finanziarie o delusioni. Sei dotato di intuizione e ispirazione. Ci sono momenti in cui sei incerto se cedere alla tentazione di intraprendere determinate azioni nell'immediato, o se vagliare più attentamente ogni opportunità. La difficoltà per te consiste nel saper scegliere fra gli impulsi ordinari e le idee frutto di riflessioni. A volte ti si potrà definire avventato e impetuoso. Se sarai sincero verso te stesso dovrai ammettere che queste accuse sono giuste. È anche vero che non puoi soffocare la tua personalità, che si manifesta in tutto quello che fai; però, con uno sforzo di volontà puoi esprimere, dirigere, applicare le energie mentali e fisiche in modo progressivo e saggio.

A causa dell'intensità della tua attività mentale, emozionale e fisica, devi curare la dieta e la salute, perché sei incline a consumare più energia mentale e fisica della media. Aria libera, sole, una casa confortevole, dieta appropriata, riposo, serenità sono gli ingredienti che non dovrebbero mai mancare per metterti in grado di evitare eventuali piccoli fastidi e malesseri derivanti dal tuo temperamento vivace e irrequieto.

Vi è predisposizione a un'attiva vita sessuale e al desiderio di intrecciare ben più di una relazione. Sei espansivo, incline alla passione, sei straordinariamente sensibile in materia d'amore e ti devi guardare dalle gelosie ingiustificate. Evita di impostare il rapporto sentimentale volendo imporre il dominio mentale ed emotivo sulla persona che ami e la tua vita sentimentale sarà più felice e più armoniosa. Stimi e rispetti i tuoi parenti, ma desideri che riconoscano la tua individualità. Sei molto portato alle gare, agli sport, alle avventure, ai viaggi. Apprezzi vivamente le bellezze della natura, ami la lettura e il teatro. Sei aggressivo, energico, risoluto, qualità che ti consentono di seguire diverse vocazioni. Nel lavoro sei onesto. La tua natura indipendente non ti qualifica per le attività da svolgere in compagnia di altri, a meno che tu non abbia mano libera in tutto quel che devi svolgere. Nel campo degli affari è meglio non entrare in società. Ricorda: all'inizio potrebbero esserci momenti in cui sembrerà tutto troppo difficile: dovrai risollevarti dallo scoraggiamento, ma se sarai perseverante hai ottime possibilità di riuscita. I tratti personali indicano che puoi avere un discreto successo nelle questioni finanziarie. La capacità di guadagnare dovrebbe essere buona, ma sei incline a spendere per generosità, dimenticandoti di investire a tuo favore. Desideri ciò che di meglio il denaro può offrire, e spendi più per un beneficio temporaneo che per uno permanente. Nei periodi finanziariamente vantaggiosi della tua vita la cosa più conveniente sarà fare investimenti durevoli. Il tuo denaro dev'essere impiegato con cautela, come il tuo pensiero. La tua natura avventurosa ti porta alle speculazioni e al gioco. Potresti non rendertene conto, ma in queste attività correresti il rischio di nuocere a te stesso, a causa della tua impulsività. Sei eccessivamente leale con coloro che consideri amici intimi e li difenderesti con tutti i mezzi se fosse necessario. Sei incline alla generosità nei loro confronti, così come nei confronti di eventuali soci professionali. Questo tipo di fedeltà potrebbe costarti cara perché, se fossero in difficoltà, offriresti loro il tuo aiuto anche con grave sacrificio personale. La tua attitudine generale nelle faccende sociali, a parte l'amicizia, è variabile. Ci sono momenti in cui vorresti trovarti in compagnia di molte persone, ma sei più incline a una compagnia ristretta, composta da pochi amici leali. In società susciti rispetto e considerazione, convogliando facilmente l'attenzione su di te. Infine: nel suo aspetto simbolico la tua personalità rappresenta il sacrificio.

AE + BA + MC. Tipo di personalità affettiva

Hai una natura magnetica, una personalità affascinante che, se propriamente coltivata ed espressa, ti permetterà di giungere lontano nella vita, progredendo oltre le circostanze inerenti alla tua nascita. La persona appartenente alla personalità affettuosa irradia bellezza fisica e mentale; le altre caratteristiche includono una raffinatezza attraente e priva di affettazione e un'intelligenza piacevole e interessante. C'è bellezza, grazia, onestà, sincerità, profondità di sentimenti, affetto e simpatia comprensiva nella personalità affettuosa. Avrai molta fortuna nella vita se permetterai che tutte le tue brillanti possibilità latenti di mente e di carattere si manifestino naturalmente. Altre qualità positive dipenderanno da te. Sei incline alla metodicità in tutto ciò che fai e di qualunque cosa si tratti, desideri svolgerla bene. Hai coraggio, pazienza, forza d'animo. In certi momenti devi guardarti dal lasciarti influenzare troppo dalle opinioni, dai sentimenti, dalle emozioni altrui. Sarebbe consigliabile che tu riflettessi da solo, prima di iniziare qualcosa. Farai bene ad accettare e a seguire i principi della logica e del ragionamento per evitare conclusioni erronee e pregiudizi.

Possiedi un'immaginazione riflessiva: i tuoi sogni a occhi aperti ti danno un grande sollievo mentale e un intimo piacere, ma non indulgere in questo sino a eccedere, perché potrebbe farti perdere di vista il terreno pratico. Nel campo culturale, presti la massima attenzione a tutto ciò che studi, e ne consegue che tu impieghi più tempo di quanto generalmente è necessario agli altri per assimilare certe cognizioni, perché vuoi essere sicuro di te stesso e di avere compreso, di aver bene assimilato la materia. Hai immaginazione e la facoltà di elaborare pensieri originali che devi approfondire; ciò ti aiuterà ad avere successo negli affari, nella vita professionale e nell'attività che hai intrapreso. Ti piacciono le cose buone della vita: i cibi raffinati e altre soddisfazioni. Sei nato con una costituzione abbastanza buona, ma devi imparare a esercitare un controllo razionale sulla tua dieta: evita i cibi troppo nutrienti, controlla la tua istintiva tendenza a eccedere nel mangiare. Sii razionale in fatto di dieta e avrai fatto molto per evitare i comuni disturbi dell'apparato digerente. La tua natura affettuosa e sensibile tende a manifestarsi qual è. Sei sincero e tenace per tutto ciò che concerne le relazioni sentimentali.

Desideri l'amore, l'affetto, la compagnia, l'interesse e l'attenzione della persona che ami; sei fedele sino a che le condizioni rimangono armoniche. Ciò che ti ha interessato una volta, ti interesserà sempre. La freddezza, la mancanza di attenzione o l'indifferenza della persona amata possono oscurare la tua vita e impieghi molto tempo a dimenticare. Ci sono momenti in cui condizioni e circostanze avverse influiscono sulla persona che ami, ma tu manchi di comprensione, perché, in quei momenti, pensi solo a te stesso. Non è naturale vivere soli per coloro che possiedono una personalità affettuosa.

Ami i bimbi e sarai un genitore tenero e affettuoso; desideri un'atmosfera quieta e armoniosa in casa. Siccome sei piuttosto ostinato di carattere, vuoi comandare in casa tua e dentro questi limiti desideri una certa indipendenza. Se privo di libertà, puoi diventare intrattabile. In casa vuoi il meglio che il denaro può dare e apprezzi profondamente i lati belli, artistici della vita e della natura.

Gli individui con questo tipo di personalità sono buoni dirigenti, sia che si occupino di affari in proprio, sia alle dipendenze di altri. La tipologia è quella della finanza e favorirà banchieri, commercianti, mediatori, venditori, agricoltori, legali ma anche medici e insegnanti. Le qualità artistiche intrinseche alla personalità li orientano verso il teatro e verso il cinema. Sono portati anche verso il commercio di oggetti artistici e verso le arti decorative. Se lavorano in campo commerciale dirigono grandi magazzini o negozi di articoli speciali.

L'esperienza ti metterà in grado di sviluppare un grande intuito nel tuo lavoro e negli affari, e ti permetterà di indovinare le intenzioni degli altri. In materia di società, è consigliabile usare giudizio particolarmente perché a volte ti mostri ostinato e vuoi far di testa tua. Nei periodi finanziariamente favorevoli, investi il tuo capitale in cose durature, come immobili, ma non lanciarti in speculazioni con il miraggio di arricchirti rapidamente. Benché tu sia essenzialmente sedentario, compirai viaggi nella tua vita, dai quali trarrai viva soddisfazione, perché ti offriranno un mutamento di prospettiva. Verso gli amici ti comporti con lealtà e sei lieto quando puoi ospitarli. Ti preoccupi per loro e molti nel momento del bisogno ricorreranno a te per consiglio, per una speranza o una consolazione. Studia la tua personalità, il tuo pensiero, ma non permettere che la tua sensibilità governi la tua vita. Hai la possibilità di correggere o controllare la tendenza a essere ostinato e devi farlo se vuoi avere successo.

A causa della tua natura sensibile ed emotiva, è consigliabile che tu usi grande discernimento in amore e nel matrimonio. La tua impulsività appare più emozionale che mentale; in ciò sta la tua maggior difficoltà. Cerca di comprendere questa impulsività e fa' del tuo meglio per dirigere le tue energie mentali ed emotive. Il successo ti arriderà principalmente quale risultato dell'applicazione dei tuoi sforzi nella direzione giusta.

BE + AA + MC. Tipo di personalità orale-comunicativa

Hai il tipo di personalità che viene definita "intellettuale". Sei simpatico, attivo, magnetico a prima vista. Le tue maniere sono affascinanti, ti piace essere ammirato e rispettato. In condizioni normali riuscirai simpatico alle persone che ti conoscono, ma ci sono momenti in cui sarà necessario che tu ti controlli, dominando la tua personalità. Sei capriccioso e volubile, specie con le persone con le quali sei in stretti rapporti. Troverai che è vantaggioso esercitare un certo controllo sulla tua personalità. Fa' del tuo meglio per evitare capricci e fantasie. Desideri che gli altri mostrino di tenerti in grande considerazione; a questo scopo dovrai dimostrare di avere altrettanta considerazione nei loro confronti. Fa' tutto ciò che è in tuo potere per esercitare le doti più affascinanti del tuo carattere e avrai fatto molto per la tua felicità e per rendere felici le persone che ti amano.

Hai una mente agile e attiva. Emozionalmente sei molto affettuoso, generoso e impulsivo. Queste qualità spesso fanno sì che gli altri ti fraintendano. Il tuo procrastinare è prodotto dall'intensa attività mentale, dalle reazioni provocate dalle tue stesse idee, dai tuoi pensieri, in te stesso. Ci sono momenti in cui sei insolitamente generoso. Hai un temperamento molto focoso, ma esso si risolve nell'irritabilità piuttosto che nella vera e propria collera. Il più delle volte dimentichi subito torti e offese, non sei incline a serbare rancore a lungo. La mente attiva ti predispone alla comunicativa e provi persino piacere a discutere sui soggetti più diversi. Spesso discuti per il puro piacere di farlo: evita di indulgere eccessivamente in questa tendenza e ti gioverà.

Sei predisposto ad avere originalità di pensiero, vivida immaginazione, spiccato senso dell'umorismo, vivacità di espressione; inoltre una facoltà non comune di osservazione e di percezione. Sei paziente, quando vuoi esserlo; sei più rapido della media degli altri individui ad afferrare gli aspetti particolari di una proposizione e impari in fretta. Vorresti sempre poter condurre una vita avventurosa e romantica e in questo può celarsi il nucleo di alcune fra le più grandi difficoltà e delusioni della tua vita. Sei un sognatore e un idealista e, quando i tuoi ideali o i tuoi sogni vengono infranti, ne rimani ferito. Riconosci alla tua immaginazione il posto che merita ciò ti sarà di giovamento per il conseguimento di valori reali; usa l'energia immaginativa per spaziare con la mente saziandoti delle sensazioni legate a quel momento, senza avere la pretesa di concretizzare tutto ciò che è frutto dei tuoi pensieri. Sei portato ad acquisire ogni genere di nozioni, in ogni campo della cultura, anche se la memoria non riesce sempre ad aiutarti come dovrebbe; tuttavia ricorderai facilmente le cose nelle quali hai posto un più profondo interesse o alle quali avrai fatto maggior attenzione in qualche momento particolare. Per esempio rammenterai più facilmente un insulto che non una parola gentile, perché il primo ha prodotto una impressione più profonda in te, mentre la seconda è qualcosa che tu hai accettato come ovvia e naturale. La tua memoria funziona con maggior efficienza in ciò che riguarda il lavoro e gli affari. La tua mente attiva desidera apprendere ogni sorta di nozioni e di teorie e ciò ti rende un conversatore eccezionale. Gran parte della tua impulsività nasce dal tuo subcosciente. Alcuni che hanno il tuo stesso carattere possono essere impulsivi più da un punto di vista mentale che emotivo. Ti gioverà molto studiare e comprendere questa particolarità del tuo carattere, in modo da evitare molti errori psicologici ed emotivi che possono rendere incerta e infelice la tua esistenza. Hai il potere di formulare idee nuove, originali. Molte persone dotate di questo genere di personalità sono eccellenti scrittori, creatori di nuove forme d'arte, inventori, compositori e così via.

Sei sensibile, affettuoso e raffinato come amante. Tuttavia il tuo affetto, la tenerezza e la passione dipendono dalle tue condizioni di spirito; sei capace di tanto calore e tenerezza e al tempo stesso di tanta freddezza e indifferenza in momenti diversi. Se la tua attenzione è concentrata su qualche problema mentale, dimostri un'assoluta indifferenza fisica e potresti essere frainteso. Questa capacità di estraniarsi complica spesso i tuoi rapporti sentimentali, ma quando vuoi, comunque, sai essere estremamente comunicativo. Nel corso della tua vita sei destinato a più di una relazione amorosa, le persone ti interessano più da un punto di vista intellettuale che fisico. In apparenza sei libertino e volubile; in realtà, ricerchi la compagnia di persone dalla mentalità diversa. La tua immaginazione gioca un ruolo importante nelle questioni sessuali. Per essere soddisfatto e felice richiedi equilibrio fisico e mentale nell'amore. Hai una mentalità aperta e desideri vivere indipendente nel modo più assoluto, secondo la tua natura; per questo è necessario che tu proceda con cautela, nelle situazioni sentimentali e nel matrimonio. La tua natura sensibile, emotiva, richiede un compagno intelligente, affettuoso e raffinato.

Il tuo tipo di personalità presiede il petto, i polmoni, le mani e le braccia. È consigliabile non affaticare eccessivamente il fisico o la mente perché l'eccessiva stanchezza incide sul tuo sistema nervoso e ti rende irritabile. Sii prudente nella dieta, scegli cibi sani e ricchi di fosforo. Aria aperta il più possibile; sole ed esercizi fisici leggeri sono indispensabili al tuo benessere fisico e mentale. Non dovresti mai confinarti in ambienti chiusi e poco ventilati. Sopra tutto impegnati a vincere la tendenza a meditare e a preoccuparti; altrimenti questa finirà per agire negativamente sul tuo sistema nervoso, apportando complicazioni al tuo stato di salute. Puoi essere alquanto critico in ciò che riguarda la vita domestica: vuoi che tutto vada come piace a te, altrimenti diventi intrattabile. Sei estremamente sensibile nelle tue reazioni a tutto ciò che ti circonda in casa; aborri la monotonia; la mente attiva ti fa desiderare i cambiamenti e diventi nervoso e annoiato se costretto a rimanere a lungo nel medesimo posto. Un po' di controllo su questa tendenza ti aiuterà sensibilmente ad andare d'accordo con gli altri.

Ti piace il genere di lavoro che richiede l'applicazione della tua mente attiva; sei portato naturalmente a scrivere, a commerciare, a praticare legge, medicina, verso occupazioni che comportino viaggi, verso attività in campo editoriale. Spesso desideri svolgere più lavori contemporaneamente. Ci saranno periodi nella tua vita in cui avrai l'impressione che i progressi siano lenti e allora ti sentirai depresso. In queste circostanze farai bene a riflettere che gli avanzamenti non sono mai rapidi e che la pazienza è la chiave del successo. In genere sei dotato di abilità artistiche latenti che possono venire sviluppate e che riguardano la musica, l'arte, la danza. La letteratura che si volge a un genere fuori dall'usuale si è rivelata congeniale a molti del tuo tipo. Le tue condizioni finanziarie sono soggette ad alti e bassi, come il tuo umore. Sei portato a spendere per piccole cose che ti porteranno solo un beneficio temporaneo.

Ti piacciono i bei vestiti e gli accessori raffinati. Indicazioni che lasciano presagire che avrai molti amici interessanti e molte conoscenze; attirerai grande varietà di gente, ma la tua scelta per le amicizie si volgerà alle persone colte, dalla cui conversazione trarrai una viva soddisfazione e che ti offriranno la possibilità di estrinsecare la tua energia intellettuale.

BE + BA + BC. Tipo di personalità dipendente

Hai una personalità interessante, ma in qualche modo enigmatica. Sei alquanto riservato, ma ciononostante sei capace di allegria e di amicizia. Benché tu abbia un carattere orgoglioso, non sei né egoista né vanitoso. Spesso sei incompreso e accusato di egocentrismo. Poiché sei un individualista, sai attribuire il giusto valore alla tua personalità. Ti gioverà coltivare l'arte di esprimerti in presenza di altra gente, perché puoi fare molto per rendere gli altri felici. Sei retto, generoso, schietto e leale verso i tuoi amici e verso tutte le cause alle quali ti interessi. Rappresenti il tipo di persona alla quale si può confidare un segreto, affidare un compito, una responsabilità, un lavoro importante. In effetti, molti dei tuoi amici e associati si fidano di te. La chiave delle tue qualità e del tuo carattere si trova nella tua memoria riflessiva. Nutri sentimenti molto profondi, che possono rimanere facilmente feriti, anche se tu cerchi di nasconderlo più che puoi; in realtà, preferisci mantenere i tuoi sentimenti segreti, piuttosto che rivelarli.

Raramente serbi rancore, ma non dimentichi mai un'offesa o un torto subiti. Puoi essere estremamente sensibile nelle questioni emotive e ti dispiacciono le azioni meschine. Consideri molti individui come se fossero bambini e a modo tuo, nobilmente e in silenzio, li guidi al meglio che puoi con la massima disponibilità applicando la tua filosofia e logica di vita. Nutri profonde simpatie e ti dimostri sempre molto comprensivo. Possiedi molto acume e uno sviluppatissimo spirito di osservazione. Sei naturalmente studioso, riflessivo e hai un forte potere di concentrazione. Tranne che in periodi di difficoltà o di emergenza, in te esiste un'ottima coordinazione fra corpo e mente e ben poco sfugge alla tua attenzione.

Fai di tutto per analizzare i tuoi pensieri e i tuoi impulsi. Le facoltà dell'immaginazione sono molto sviluppate in te e ti piace riflettere su fatti e avvenimenti passati; l'abilità di ricostruirli nella tua mente è un'altra delle tue prerogative. Ciò ti mette in grado di migliorare in diversi modi, di far progredire le tue idee costruttive e ti aiuta anche a essere creativo. Ci sono momenti in cui ti piace sbrigliare la fantasia o sognare a occhi aperti sul passato. Apprendi facilmente qualunque cosa tu ti metta a studiare. Non sei incline a far sfoggio della tua cultura ma, quando vuoi, la tua conversazione è interessante. La tua personalità presiede alle funzioni dello stomaco e del petto, perciò, è necessario usare giudizio con la dieta per evitare disturbi all'apparato digerente. Una dieta regolata ti gioverà allo scopo di prevenire obesità e reumatismi. È questo un problema che dovresti discutere col tuo medico di famiglia. Benché tu abbia una costituzione piuttosto robusta, non è consigliabile che ti affatichi eccessivamente né mentalmente, né fisicamente, né che tu abusi del sistema nervoso. Evita le preoccupazioni, il malumore, le depressioni e, soprattutto, la paura e i complessi derivanti dalla cattiva salute.

Cerca di stare molto all'aria aperta e al sole quando puoi e dopo gli "anta" dedicati a leggeri esercizi fisici che aiuteranno a mantenere il corpo in buone condizioni. Ti piacciono le lunghe scampagnate e sei un ammiratore delle bellezze della natura; in vicinanza dell'acqua trovi pace e conforto. Hai una natura sentimentale molto sensibile, ma riservata. Non riveli sempre le tue emozioni, ma spesso ti comporti quasi con timidezza il che torna a tuo danno ed è causa di malintesi. Negli affari di cuore sei tenero, pieno di premure, affettuoso. L'amore per te è qualcosa che va trattato con serietà; sei devoto verso la persona che ami e incline alla gelosia. Sarà bene che tu faccia tutto il possibile per evitare una gelosia irragionevole. A causa della tua sensibilità è facile ferirti e, una volta che i tuoi sentimenti lo siano stati profondamente, ti è impossibile dimenticare. I segni rivelano che puoi essere fra le persone più felici fra quelle che hanno una relazione, perché ami la casa e le comodità di una sana vita domestica.

Il matrimonio per te è la situazione ideale, sei predisposto a essere più felice da sposato che a condurre una vita da single. L'affinità intellettuale ha un ruolo importante nella vita coniugale. Sii più espansivo e impegnati a esprimere i sentimenti. Ami molto i bambini. Il tuo amore per i figli ha radici profonde, ma devi guardarti dal diventare troppo critico nei loro confronti. Se la vita familiare non è serena, ti senti estremamente infelice. A causa della tua natura sensibile, le controversie in casa sono capaci di sconvolgerti più di quanto possono farlo per altre persone. A volte ti gioverebbe un breve viaggio o una vacanza lontano da casa. La tua individualità deve aver modo di esprimersi.

Legge, medicina, chirurgia, odontoiatria, istruzione, commercio, meccanica e ingegneria sono le professioni più adatte a questo tipo di personalità. Anche dirigere locali di divertimento, alberghi, ristoranti, sono attività che ti attirano con entusiasmo. Le doti artistiche non sono eccellenti ma è possibile svolgere attività come modellista, compositore, pittore, attore di prosa o cinematografico. Per eventuali società e associazioni con altri è necessaria un'estrema prudenza; sei industrioso e cosciente e questo fa sì che quelli che ti sono accanto cerchino talvolta di addossarti responsabilità e lavoro da sbrigare. In circostanze in cui regna l'armonia dai buona prova nelle attività che richiedono un lavoro in cooperazione con altri.

Un discreto successo è previsto per coloro che si dedicano agli affari con iniziativa personale. Quando si dà l'avvio a un'attività, è consigliabile essere bene preparati per superare il primo periodo d'incertezza e, in questi casi, è bene non lasciarsi scoraggiare. Tieni a mente che occorre coraggio e forza d'animo per aver successo.

La tua capacità di guadagno è generalmente buona. Comunque, sei generoso, esigente e desideri il meglio che il denaro possa offrire. Farai bene se investirai in beni immobili, nei buoni del Tesoro, in azioni o prestiti di grosse società. A volte, avverti prepotente il bisogno di rischiare e di speculare, ma il successo in queste attività è problematico ed è consigliabile che tu non rischi mai troppo e non tenti di diventare ricco in fretta, anche se la tua spiccata intuizione può portarti a un grande successo in attività speculative per la tua capacità di fiutare il vento favorevole. Una persona col tuo carattere e col tuo temperamento abbisogna di pochi amici leali. Molti saranno attratti dalla tua personalità, ma ciò si verificherà prima di tutto per quello che tu potrai fare per loro.

Sei il tipo d'individuo che si guadagna la fiducia altrui e riceverai le confidenze di molti. Benché tu non ami particolarmente la vita di società, potrai trovare interesse nelle attività sociali entro il cerchio ristretto della tua comunità e provare piacere a intrattenere i tuoi amici e i tuoi colleghi a casa tua.

La tua personalità ti predispone a prestare maggiore attenzione alle funzioni digestive e respiratorie; essa è soggetta all'equilibrio nelle forze materiali e spirituali della vita, esprime la conservazione delle forze e i suoi attributi principali sono la sensibilità e la riflessione.

AE + AA + BC. Tipo di personalità istrionica-megalomane

Hai un senso spiccato dell'umorismo e il tuo carattere espansivo ti procura molte simpatie. In circostanze ordinarie sei gentile e comprensivo verso gli altri. Non sei certo pavido; mostri un atteggiamento energico, dinamico e imponente quando è necessario ed hai anche in misura considerevole l'abilità di influire sugli altri inducendoli ad abbracciare le tue idee. Sei idealista e generoso; proprio per questo ti riveli anche sensibile e permaloso. Il tuo carattere mostra sincerità di propositi, sei coraggioso sino alla temerarietà. Sei decisamente nervoso, ma in circostanze ordinarie non tendi a conservare a lungo il rancore. Comunque, quando sei in collera, puoi essere violento e temibile.

L'ira turba il tuo sistema nervoso, sicché è bene che tu faccia il possibile per controllarti. In linea generale hai quello che si dice un carattere nobile. Nutri ideali superiori, coltivi generosità e simpatie. In amore sei incline alla gelosia. Sei indipendente e non ti pieghi facilmente. Hai buone facoltà di osservazione, intuizione e sei felice quando puoi fare a modo tuo; tranne che in amore e in questioni sentimentali. In questi casi, ti lasci dominare dall'impulso. Sei in grado di afferrare rapidamente fatti e teorie. La rapidità di giudizio è vitale per la tua personalità. La natura temeraria e avventurosa ti porterà ad affrontare una gran varietà di fatti e condizioni.

Chi è dotato di un temperamento come il tuo, possiede un'immaginazione molto attiva. A volte, trovi una viva soddisfazione nel meditare, nel sognare di cose sentimentali. L'immaginazione può aiutarti a formulare nuove idee, a esprimere pensieri originali e la naturale tendenza artistica ti dona la facoltà di comprendere ogni cosa con chiarezza. Ciò rende possibile diventare artisti, danzatori, cantanti, attori famosi. Hai buona memoria e non hai difficoltà a rammentare avvenimenti o concetti. I tuoi interessi sono assai diversi e questo ti permette di essere un conversatore brillante e colto. Hai molto acume nel giudicare gli altri e le loro reazioni. L'intuito ti consentirà di renderti conto delle cause dei tuoi insuccessi e ti fornirà anche la soluzione per evitarli, per progredire.

Sei di costituzione robusta e possiedi ottime facoltà di recupero. È evidente il tuo desiderio di cose piacevoli: svaghi, avventure, trattenimenti e viaggi. In te c'è la tentazione a lanciarti in avventure rischiose, azzardate, assieme al desiderio di tutto ciò che è eccitante. Per natura sei un tipo romantico. In amore sei devoto e appassionato; i tuoi sentimenti, quando ti lasci guidare da loro, sono profondi, ma devi ricordare che, normalmente, non sempre puoi fidarti del tuo giudizio in materia sentimentale.

L'uomo con questo tipo di personalità è affettuoso e fedele, amorevole, devoto nei suoi atteggiamenti, ma non tollererebbe mancanze di rispetto o insubordinazioni. È irremovibile nelle sue opinioni. Il suo amore è profondo, romantico e assoluto, ma egli si considera il rappresentante della legge nell'ambito della sua casa. Il suo atteggiamento verso la vita è così convenzionale che non ammette una compagna che non sia leale. La sua donna dev'essere al di sopra di ogni sospetto. Siccome questi uomini sono buoni giudici dei caratteri altrui, normalmente scelgono delle compagne che soddisfano i loro principi. L'intensità delle emozioni è notevole e sovente prende il sopravvento nelle decisioni importanti che, più che frutto di un ragionamento, sono frutto di un giudizio dato con il cuore.

Ricorda che, se non impariamo saggiamente la nostra lezione, a insegnarcela sarà il destino, il quale non è mai indulgente nei suoi metodi d'insegnamento. Ami i bambini e nei loro confronti sei portato all'indulgenza. Desideri avere una bella casa e tutte le comodità possibili; ti piace spendere e scegliere il meglio di quanto ci si può procurare con il denaro. Di natura sei più o meno sedentario e necessiti di una postazione fissa a cui riferirti quale domicilio. Tuttavia non sei contento di rimanere troppo a lungo nello stesso posto, sei soggetto a stancarti se non hai l'opportunità di cambiare ambiente e orizzonte. Concediti uno stacco periodicamente, allontanandoti da casa anche solo per pochi giorni: riuscirai a mantenere la tua vivacità senza sentirti oppresso. In giovane età, la tua natura romantica può metterti in contrasto con i genitori. Migliori prospettive di una casa sicura e stabile verranno nella seconda metà della tua vita, durante la quale avrai maturato maggiore esperienza e capacità di tenere a freno la tua irruenza.

Sei più adatto al lavoro intellettuale che a quello fisico. In circostanze ordinarie hai la pazienza e la costanza di lavorare per uno scopo sino a che non l'avrai realizzato. Hai abilità e capacità cognitive che si confanno a un'attività d'affari o professionale di avvocato, di medico, di autore di libri, oppure di bancario, mercante, mediatore, agente immobiliare e venditore. Molti sviluppano le loro qualità artistiche e diventano attori, musicisti e artisti. Il tuo progredire nella vita potrebbe non essere rapido, ma generalmente è sicuro. Puoi affrettarlo solo usando giudiziosamente il tuo talento.

Hai buone qualità direttive e sei in grado di assumere vaste responsabilità. Potresti riuscire bene esercitando un lavoro autonomo. Potrai raggiungere un successo ragionevole in ogni lavoro o attività connessi con il vasto pubblico, perché hai il genere di personalità che piace. Sei bravo a guadagnare, ma sei incline a una generosità eccessiva, persino scialacquatrice. E vuoi divertirti con il tuo denaro. Nella prima metà della tua vita potrai essere molto generoso. Devi tenere a mente che, se vuoi ottenere la sicurezza economica, devi imparare l'arte di far lavorare per te il tuo denaro. Dovresti incominciare pian piano, sulle prime, e poi, man mano che hai acquistato la pratica necessaria, potrai farlo su scala più ampia. La filosofia che il denaro è rotondo e va e viene non conduce né al successo, né alla sicurezza economica.

Dovresti essere ragionevolmente prudente in tutto ciò che concerne il gioco e le speculazioni. Nel corso della vita, molta gente sarà attirata a te dalla tua personalità magnetica e interessante. Ami intrattenere gli amici a casa tua. La vera amicizia sarà una delle tue esperienze più piacevoli nel corso della vita. Chi è dotato di questa personalità genericamente ha doti fisiche straordinarie con ottime possibilità di recupero dopo momenti di forte stress o dopo qualche malattia. Il punto cardine è il cuore che dona forza ma nello stesso tempo richiede attenzione. Per natura sei profondamente sensibile e possiedi quel particolare grado di forza magnetica che ti mette in condizione di destare simpatie in altre persone.

BE + AA + BC. Tipo di personalità precisa-ossessiva

I rappresentanti di questo tipo di personalità sono calmi, fiduciosi, ottimisti, riflessivi, studiosi, amano straordinariamente la lettura. Cortesi, diplomatici, di aspetto elegante e attraente (perché sono inclini a essere critici in materia di abbigliamento), possono apparire piuttosto freddi e riservati, ma ciò dipende dall'indipendenza di pensiero e di osservazione. Il comportamento naturale e il perfetto contegno s'impongono al rispetto e all'ammirazione altrui. Hanno una personalità intellettuale e nervosa; sono gentili e comprensivi ma la generosità è, in loro, un problema più pratico di quanto lo sia per molti altri. L'acuta facoltà di osservazione li rende critici anche per i dettagli più minuziosi.

Onesti, fidati, sinceri, capaci di assumersi la loro parte di responsabilità in questioni importanti, hanno la capacità di aiutare molte persone con i loro saggi consigli e con le idee costruttive. La loro natura emotiva è in qualche modo sensibile e riservata. Essi traggono molto piacere dalla meditazione e dall'osservazione. Hanno eccellenti facoltà analitiche con una percezione rapida e acuta piuttosto insolita. Benché siano dotati di buone facoltà di raziocinio, ci sono circostanze in cui debbono guardarsi dalle conclusioni alle quali possono giungere, talvolta influenzati da pregiudizi personali. La vera logica è impersonale come la luce del sole; la falsa logica basata sui sentimenti personali conduce all'intolleranza, all'egoismo e ai pregiudizi. Le facoltà intuitive attive conferiscono a questi soggetti una comprensione profonda della natura umana e delle ragioni altrui e li aiuta a capire la verità, li avverte dell'incombere dei pericoli. Talvolta si possono avere delle difficoltà a comprendere i gesti di coloro che hanno questa personalità, ma ciò avviene perché si fraintende la tipica riservatezza, scambiandola per indifferenza. Nelle conversazioni ordinarie, si mantengono riservati e non parlano dei casi loro.

Sono naturalmente studiosi e sono fieri dell'indipendenza dei loro pensieri. Sono capaci di resistere ai colpi e alle vicissitudini della vita. Essendo di temperamento riflessivo e nervoso, dovrebbero evitare gli eccessi che tendono a indebolire la resistenza e a irritare. Questi eccessi potrebbero riflettersi sugli organi digerenti e intestinali: è consigliabile una dieta prudente. Dispiaceri o delusioni, specialmente in amore, possono influire profondamente con effetti psicosomatici piuttosto marcati. Questo tipo di personalità non è incline a dimenticarli facilmente.

Per quanto riguarda i figli, li amano teneramente sino al punto di diventarne gelosi e assumere atteggiamenti possessivi. Pretendono che siano sempre in ordine, efficienti e a puntino; a volte per le eccessive pretese rischiano di sembrare troppo autoritari per poter essere consolatori o per raccogliere le loro confidenze.

Sull'ambiente domestico hanno degli ideali molto alti, ma c'è nella loro natura un elemento d'irrequietezza che provoca un vivo desiderio di cambiamenti connesso con la vita familiare e con l'ambiente nel quale si svolge. I confini ristretti e la vita monotona tendono a irritarli, benché a volte possano non rendersene conto.

Sono esigenti per quanto riguarda l'aspetto della casa e dell'arredamento. Il disordine è estraneo alla loro natura e irrita la loro sensibilità più di qualunque altro elemento di fastidio. Benché siano metodici, la monotonia può sconvolgere il loro sensibile sistema nervoso. Sono naturalmente industriosi, coscienti e sinceri. La rapidità di giudizio consente loro di apportare miglioramenti nel lavoro. Sono più adatti a un'attività intellettuale che manuale e sono molto adatti a seguire la carriera del professionista; molti si dedicano alla legge, alla medicina, alla letteratura, all'amministrazione e la loro mentalità li indirizza particolarmente verso ogni attività nella quale sia richiesta un'analisi attenta e uno studio accurato.

Con questa personalità si ha un notevole senso pratico, che si applica in tutto quello che si fa, cosa da tenere presente per la scelta della professione, per riuscire a sfruttare al meglio queste doti personali. Nelle imprese in società, le personalità di tipo ossessivo andranno d'accordo con i loro soci, ma richiederanno mano libera nell'espletamento delle loro responsabilità. Il loro punto di vista in materia pecuniaria varia dal risparmio alla prodigalità. Grazie alla loro industriosità, la capacità di guadagnare è notevole e raramente si ritrovano a vivere in povertà. Farebbero bene a considerare i beni immobili, le imprese di trasporti, le attività chimiche e mercantili come campi d'investimento. Il successo nelle avventure speculative appare molto limitato.

La scelta degli amici si svolge fra gli intellettuali e gli idealisti di entrambi i sessi. A volte l'eccessivo senso critico predispone a puntualizzare e criticare gli amici, pur essendo leali e premurosi nei loro confronti. Molta soddisfazione viene loro dalle attività sociali verso le quali sono inclini: infatti sanno ospitare con cordialità e cortesia, suscitando impressioni favorevoli su amici e conoscenti.

AE + BA + BC. Tipo di personalità narcisistica

Questo tipo di personalità appare simpatica, attraente, interessante. Generalmente, rivela uno sviluppato senso dell'equilibrio e la capacità di essere arbitra del proprio destino. Tale orientamento offre un buon punto di partenza nella vita, ma il farsi strada dipende dalla mente che sta dietro la personalità. Portata verso la gentilezza, la comprensione, la generosità e la lealtà è emotivamente suscettibile; le reazioni a uno stesso evento variano secondo l'umore del momento: certe volte è più facile all'ira, mentre in altre circostanze più paziente e capace di sopportazione. Intollerante alle meschinità e alle ingiustizie, dotata di buon senso, deve tenere a freno la tendenza a considerare le cose, giudicandole attraverso i sentimenti e pregiudizi personali, ed evitare di saltare subito a conclusioni frutto di analogie e confronti con eventi già vissuti.

La capacità di apprendimento è notevole. In più i soggetti con personalità narcisistica possono contare su una spiccata e fulminea intuizione che favorisce la capacità di sintesi e di memorizzazione. Ma, onde evitare di rimanere superficiali, è bene trattenere l'impazienza di apprendere che comporta inevitabilmente di trascurare i dettagli e non consente un completo apprendimento. Intelligenti in tutto, cedono solo di fronte ai propri sentimenti. Per riuscire meglio nella propria realizzazione, i narcisisti devono sforzarsi di gestire le loro emozioni. Questo può diventare persino uno degli obiettivi evolutivi dei soggetti con questa personalità, che siccome sono dotati anche di una volontà molto forte, hanno ottime possibilità di riuscita in merito, nonostante le non poche difficoltà.

L'immaginazione è un'altra caratteristica predominante nei narcisisti. Per natura sono sognatori e trovano un gran piacere a divagare, sviluppando idee anche di importanza relativa.

Benché ci siano momenti in cui essi si rivelano geniali pensatori, qualche volta manca la continuità nei propositi e la capacità di perseguire un'idea fino in fondo.

Emotivamente emerge l'impulsività. Quindi è consigliabile loro di riflettere e analizzare ogni idea o proposito, evitando di agire con eccessiva fretta, per poi pentirsene successivamente. Di fronte a una delusione i narcisisti sono poco caparbi, sono capaci di abbandonare l'intero progetto. Hanno la facoltà di intuire, il che li mette in grado di comprendere la natura umana e di sviluppare ottime capacità relazionali.

Ci sono momenti in cui possono vedere e comprendere i punti di vista altrui. A volte provano delle reazioni istintive di repulsione verso alcune persone, senza nemmeno saperselo spiegare. Ma successivamente devono convenire che, le prime spontanee reazioni, dovute al forte intuito di cui sono dotati, sono esatte, in quanto gli individui poco attraenti spesso si dimostrano davvero soggetti non raccomandabili.

La tipologia narcisista domina reni, dorso e lombi. Deve guardarsi da periodi di malinconia, di depressione, ricercando la compagnia di persone allegre e di divertimenti. Deve evitare di sovraffaticarsi, di innervosirsi, di irritarsi.

Ama i viaggi, gli sport, la danza, il teatro.

Il narcisista è affettivo, tenero, comprensivo, è passionale in amore. Nella vita di coppia appare posato e calmo, poiché bada molto alle apparenze e tende a nascondere la fiamma intensa di una natura appassionata. Ma quando scattano le condizioni ideali, diventa passionale e non si crea scrupoli nell'esprimere i propri sentimenti. Sensibile per natura può venire facilmente ferito, ma è dotato di una gran capacità di sopportazione e disponibilità, persino di spirito di sacrificio. S'interessa di molte persone contemporaneamente e, per ciò, è spesso frainteso e accusato di leggerezza dal partner.

In tutte le avventure amorose o romantiche deve tener presente che il partner va accettato nella sua totalità, andando oltre alle caratteristiche che all'inizio hanno fatto da freccia di Cupido: altrimenti le delusioni non saranno poche. Ama la compagnia di tanti amici e discorre volentieri con chiunque, loquace e ottimo oratore, curioso e colto, è abile a intraprendere o seguire svariati argomenti.

Nel corso della vita, questo tipo di personalità attira numerose amicizie. Per quanto leali verso gli amici, a volte c'è un eccessiva tendenza alla critica, che comporta un po' di diffidenza prima di conquistare la fiducia e le confidenze altrui. Incline a socializzare, ama attorniarsi di persone che sono in grado di farlo sentire importante e indispensabile, gratificando il suo ego.

È capace di grandi cose; se mantiene la propria autonomia, è destinato a raggiungere buoni successi se si dedica agli affari da solo. Per natura è economo, ma in alcuni momenti cede al desiderio di spendere senza freno per poi ricominciare a tenere da conto il denaro.

BE + AA + AC. Tipo di personalità diffidente-paranoica

Questi tipi sono dotati di personalità attraente, magnetica, dinamica, ma è difficile comprenderli a causa della loro tendenza a essere riservati. In circostanze ordinarie sono amabili e capaci di influenzare gli altri rilassandoli. Il carattere si rivelerà un fattore potente nei loro sforzi per ottenere il successo.

Non solo possono andare in collera, ma diventano anche, secondo le circostanze, ostinati e testardi. Possono avere una lingua mordace e tagliente e perdere di vista la loro sensibilità e quella degli altri. Quando ciò accade, si mostrano cinici, caparbi ed egoisti. Dovrebbero fare tutto il possibile per evitare questi momenti che possono essere causa di dispiaceri e di amarezze.

Questi tipi di personalità hanno menti che possono rendere possibile, con qualche sforzo, raggiungere l'autocontrollo, essenziale per il loro progresso. Sono sinceri e di loro ci si può fidare. Le facoltà d'osservazione di cui dispongono sono acute; hanno l'abilità di meditare. Sono liberi pensatori e non si mostrano propensi ad accettare le opinioni altrui senza discuterle. Raramente danno un parere, a meno che questo non sia loro richiesto espressamente o in circostanze straordinarie.

I tipi più sensibili possono perdere il controllo dei propri nervi e diventare incapaci di azioni costruttive. Coloro che reagiscono in questo senso, dovrebbero fare ogni sforzo possibile per cambiare. Vero è che sono dotati di sentimenti profondi ed emotivi; la natura ha un suo metodo per bilanciare ogni difetto e, nel loro caso particolare, li ha forniti delle qualità mentali essenziali che, se applicate appropriatamente, li metteranno in grado di esercitare un controllo razionale sulle loro emozioni. Al loro acume sfugge raramente qualcosa. Hanno la particolarità di imparare in fretta e, quando non sono sotto l'influsso di un'emozione, comprendono il valore reale delle loro stesse idee e dei loro impulsi. La mente vivace fa sì che a volte sognino a occhi aperti, ma di regola usano l'immaginazione per comprendere i fatti.

La buona memoria la devono principalmente all'attenzione che, consapevolmente o no, dedicano a tutti i dettagli in ogni circostanza. Il loro tipo di intelligenza comprende rapidamente i fatti e li assimila; hanno qualità di perseveranza e decisione che li mettono in grado di superare molti ostacoli nel corso della vita.

Questi tipi di personalità sanno agire ispirandosi alle idee e portarle su un piano di realizzazione. Inoltre, hanno anche una buona percezione della natura umana che dona loro il senso della verità facendo in modo che sia difficile ingannarli. Il loro intuito, spesso, li rende consapevoli degli eventi futuri.

La grande risorsa di questi individui è la forza di volontà e la fermezza nelle risoluzioni che consentono loro di vincere molti ostacoli dinanzi ai quali altri si arrenderebbero. Devono sforzarsi di ragionare anche nei momenti di intense crisi emotive. La loro mente consente di far molta strada nella vita, purché imparino ad applicarne saggiamente le energie. Questo tipo di personalità tende ad avere disturbi psicosomatici che si riflettono sugli organi della riproduzione e le varie ghiandole dell'organismo. Per reazione testa e gola sono suscettibili di disturbi leggeri: perciò è consigliabile evitare di esporli alle comuni malattie da raffreddamento.

I diffidenti paranoici amano le cose buone della vita. Devono badare a evitare l'eccesso nel cibo, particolarmente dolciumi e alcolici. Fisicamente, possiedono una costituzione abbastanza robusta, ma non è consigliabile abusarne. Se verrà applicata la legge della moderazione, non ci saranno preoccupazioni per la salute.

La natura emotiva è profonda e intensa, il loro amore è sincero, a volte piuttosto aggressivo, comprensivo, affettuoso e passionale. I loro sentimenti possono essere i loro migliori amici o i loro peggiori nemici. Questi individui sono seri e intensamente devoti alle persone che amano. Nelle questioni di cuore non sono sempre sicuri di se stessi. Una volta che il loro amore è ricambiato, sono felici, affettuosi, magnetici e dalla loro persona irradia un fascino irresistibile. È consigliabile che facciano tutto il possibile per evitare gelosie irragionevoli e dalle imprevedibili conseguenze, perché in questi casi possono diventare egoisti.

Quando si lasciano prendere la mano dai loro sentimenti, sono giudicati sfavorevolmente e ciò porterebbe, senza dubbio, a malintesi e delusioni in amore.

L'amore agisce come un'ispirazione per il progresso dei rappresentanti di questo tipo di personalità; li aiuta a prendere maggior interesse nel lavoro, ne stimola i desideri, le ambizioni, per il raggiungimento dei loro scopi. Sono molto più felici se sposati che celibi, ma devono correggersi da quegli impulsi che tendono a distruggere tutto ciò che amano.

Questa tipologia di personalità è conosciuta come fertile e promette molti figli che ameranno intensamente, ma occorre consigliarli di non essere troppo indulgenti con loro.

Per i nati sotto il segno dello Scorpione è necessario che la vita domestica ed emotiva sia la più armonica possibile, perché qiuesto aspetto ha una parte importante nella loro vita. Desiderano una sicura continuità d'affetti; il conforto della casa dà loro molta gioia e vogliono il meglio che possono ottenere. Sono orgogliosi della loro casa e cercano di mantenerla in ordine e arredata con gusto: sono anche ospiti amabili per natura.

Generalmente, sono attivi, industriosi e molto capaci; sono naturalmente ambiziosi, efficienti, responsabili e sinceri nei loro sforzi. Sempre, quando fanno qualcosa, desiderano farla bene.

Benché abbiano un carattere indipendente, riescono buoni esecutori di ordini, ma non amano sentirsi costretti a fare qualcosa. Sono leali, dipendenti, sicuri e degni di fiducia. Se trattano affari in proprio, riescono a ottenere successo.

Il tipo di personalità paranoica nel suo aspetto simbolico raffigura la morte e l'inganno. È il serpente allegorico che tenta Eva, di cui si parla nella Genesi. Di qui la cosiddetta caduta dell'uomo dal punto di equilibrio sino alla degradazione e alla morte, per opera dell'ingannevole, del diffidente paranoico che si trasforma in persecutorio. Nessuna meraviglia che la mente primitiva, nell'elaborare questo simbolo, abbia tentato di esprimere lo spirito della vendetta.

Questo tipo rappresenta sul piano fisico gli attributi della procreazione. Esso contiene il mistero del sesso e i segreti degli antichi riti fallici. È il simbolo della generazione e della vita e, conseguentemente, gli appartenenti a questa personalità sono molto virili e appassionati.

AE + AA + MC. Tipo di personalità gioviale

I tipi di personalità gioviale sono persone leali, generose e indipendenti, energiche e combattive; sono di carattere impulsivo, ambiscono a posizioni di prestigio e potere, ma sono anche generosi con i meno fortunati. Nutrono ideali fortemente conservatori e la loro principale caratteristica mentale è l'autocontrollo e la capacità di comandare. I tipi gioviali hanno una personalità attraente, interessante, magnetica e dinamica. Amano essere ammirati e conoscere una gran varietà di persone. In circostanze ordinarie, sono amabili e s'impongono al rispetto e all'ammirazione. Il loro carattere è sincero, onesto, franco e degno di fiducia.

Per indole, sono gentili e generosi con i loro amici, diplomatici e pieni di tatto in molti casi, ma sono facilmente eccitabili. Però, benché facili ad andare in collera, normalmente dimenticano presto ed è improbabile che serbino rancore. Sono orgogliosi, ma ben pochi di questo tipo si mostrano egoisti. I tipi gioviali rivelano una natura indipendente e generalmente si ribellano a ogni forma di costrizione. Comunque, possiedono un vivo senso dell'umorismo e, quando lo vogliono, si rivelano simpaticamente gioviali. Hanno energia, decisione, forza di volontà, ma se vengono contraddetti possono essere assai testardi e ostinati.

I tipi gioviali hanno una sviluppata facoltà d'osservazione, intuizione, mentalità logica; mostrano non comuni facoltà di giudizio in molte questioni, tranne che in quelle implicate direttamente nella sfera della loro natura emotiva. Per ciò che riguarda il lavoro, mostrano di saper giudicare obiettivamente, ma quando si tratta della loro vita, sono soggetti a errori di giudizio. La capacità di apprendere è molto rapida: possono imparare velocemente.

Sono inclini, specie nella prima metà della loro vita, a cacciarsi in circostanze nelle quali è necessaria una grande rapidità di riflessione per evitare spiacevoli conseguenze. Hanno un'immaginazione viva, ma non sono sognatori. Vero è che si abbandonano alle fantasticherie in amore, ma in genere sanno usare l'immaginazione per fini realistici.

Questa personalità riflette disturbi psicosomatici sulle anche e sulle cosce e, per reazione, sul petto e sui polmoni. È consigliabile guardarsi dai raffreddori, perché potrebbero intaccare seriamente il sistema respiratorio.

Questo tipo ha una forte passione per gli sport, per i giochi, i viaggi, per l'avventura, l'automobilismo, la solitudine delle foreste, dei fiumi, delle montagne e dei deserti. Amano i trattenimenti sociali e apprezzano profondamente l'arte, la musica, la danza. La loro natura irrequieta e attiva troverà la sua espressione nei cambiamenti; si sposteranno in continuazione. Il viaggiare stimola la loro mente e dona loro un grande sollievo. Tuttavia, appartengono al tipo che trova maggior felicità dopo il matrimonio che prima. Il loro ideale di compagno deve essere intellettuale, affettuoso, possedere spirito di avventura e molta pazienza e comprensione. Infatti il loro carattere vivace e avventuroso spesso li rende irrequieti e desiderosi di cambiare, cosa che faranno appena ne avranno la minima possibilità. A volte, anche pochi giorni soltanto trascorsi lontano da casa, basteranno per far loro superare questo desiderio.

Le persone di questo tipo sono industriose, studiose e progressiste. Si fanno strada nella vita soprattutto grazie al loro decisionismo e alle loro doti intellettuali. Hanno bisogno di un'attività che richiede dinamismo sia fisico che intellettuale e sono adatti a svolgere un lavoro che li porti a contatto con il pubblico. Un gran numero di tipi di personalità gioviali diventano avvocati, insegnanti, medici, scrittori, giornalisti, scienziati, ricercatori e piloti; si dedicano anche agli affari, all'editoria e ai trasporti.

Molti tendono a seguire più attività contemporaneamente. Le prospettive finanziarie, nel corso della vita, possono considerarsi abbastanza buone. Possono arrivare a spendere senza riflettere. Per quel che riguarda il denaro, infatti, non sono risparmiatori e ci sono momenti in cui acquistano oggetti senza pensare al valore reale che possono avere. I tipi gioviali avranno nel corso della vita molte amicizie. In ciò, li aiuteranno la lealtà e il senso dell'umorismo.

Nel suo aspetto simbolico questa tipologia di personalità raffigura gli sport venatori e, infatti, il suo simbolo (un centauro con l'arco teso e la freccia pronta a scoccare) è usato per designare gli sport autunnali e la caccia. Il centauro simboleggia l'autorità e la saggezza terrena.

BE + BA + AC. Tipo di personalità schizoide

La personalità schizoide è in genere gradevole. Questi individui sono di aspetto simpatico e piacente, hanno modi affascinanti, si esaltano facilmente e si comportano bene nei casi di emergenza. I tratti loro caratteristici sono la riflessione, la diplomazia, la prudenza e la riservatezza. La loro personalità diventà dinamica quando riescono a superare una certa timidezza; una volta sicuri di se stessi, si mostrano quasi aggressivi e rivelano una personalità attraente.

La loro timidezza non è dovuta a un complesso d'inferiorità, ma è il risultato della serietà della loro natura. Si possono affidare loro compiti di responsabilità e sono in grado di svolgere missioni importanti. In genere sono molto sensibili, miti, orgogliosi, leali e comprensivi. Quando la loro sensibilità è urtata, mostrano però un carattere difficile e possono rivelare uno spirito eccessivamente critico.

Esprimono chiaramente il proprio parere senza riflettere, tanto che non sempre si rendono conto di quello che dicono.

Fortunatamente, la compostezza innata evita che si irritino troppo spesso. Forse non hanno sempre ragione, ma hanno le loro idee sulla lealtà e sulla giustizia ed è più facile che vadano in collera per questioni di poco conto che per quelle importanti.

Hanno la capacità di concentrarsi e in circostanze normali un grande autocontrollo. I tipi schizoidi hanno una mentalità capace di sviscerare i fatti e assimilare i concetti. Hanno la facoltà di concentrarsi, di meditare, di risolvere molti problemi sino a una conclusione di pieno successo. Mostrano buone facoltà di giudizio e dovrebbero imparare a fare lo stesso per quanto concerne i loro sentimenti più intimi.

Questo tipo di personalità è suscettibile ai disturbi digestivi e intestinali e dovrebbe dedicarsi a leggeri esercizi fisici per mantenere il corpo in buone condizioni.

Il matrimonio svilupperà i tratti più espressivi della loro personalità perché amano avere prospettive luminose nella vita, e il matrimonio si rivelerà una sorgente di ispirazione per il loro futuro. Questo tipo di personalità indica un profondo amore per i bambini e ne promette molti. Infatti amano teneramente i figli e potrebbero rivelarsi troppo indulgenti nell'allevarli.

Essi manifestano lo stesso genere d'amore anche nelle amicizie e nelle associazioni con altre persone. Amano la vita casalinga, specialmente se vi trovano una compagnia congeniale e comprensiva. Benché siano seri e prudenti, amano le cose buone della vita, i piaceri e i viaggi e anche gli sport, i giochi e le attività sociali. Sanno apprezzare e mostrano un gusto fine per tutto ciò che è artistico.

I tipi schizoidi traggono piacere e soddisfazione dai viaggi, ma non sono portati a viaggiare molto. Sono sensibili, riservati, piuttosto timidi in amore, ma leali verso l'oggetto del loro affetto.

Gli ideali sono altissimi e questo procura loro, ogni tanto, dolori e delusioni di cui non parlano. A volte sono affettuosi, ma, per la maggior parte, sono riservati al punto da apparire indifferenti. Questo loro atteggiamento può portare a malintesi con le persone che amano.

I tipi schizoidi hanno di fondo una concezione ideale dell'amore e si mostrano alquanto esigenti nei confronti della persona amata. Dovrebbero vincere la gelosia irragionevole e imparare che l'amore e la vita sono argomenti pratici quanto ideali e romantici sono i sogni nel mondo della fantasia.

Essi hanno bisogno di comprendere se stessi per accettare le qualità intellettive, emotive e fisiche sia proprie sia della persona che amano. Se queste qualità non si completano ragionevolmente, l'unione non sarà armoniosa.

Possiedono un acume finanziario eccezionale e abilità direttiva. Ciò indica che possono avere successo nel campo degli affari. La loro personalità dona industriosità, coscienza, efficienza nel commercio e nella professione; verso i datori di lavoro sono leali. Sono fidati e capaci di portare a termine facilmente qualunque cosa abbiano iniziato; hanno decisione e pazienza tali da saper progredire.

È vero che molte persone con questa personalità sembrano incapaci di fare qualcosa per anni e anni, ma col tempo giungerà anche il riconoscimento della loro capacità, e molto spesso il successo arriverà improvviso. Hanno il tipo di personalità che permette loro di andare d'accordo con i loro soci.

Normalmente apprezzano l'opera altrui e collaborano lealmente, accettano di buon grado la loro parte di responsabilità e possiedono la virtù del risparmio, che consentirà loro, se applicata propriamente, di salvare un piccolo capitale. È proprio questo il segreto del loro successo finanziario. Il denaro, come tutto il resto nella vita, risponde al trattamento che riceve. Molte delle maggiori fortune del mondo sono nate da inizi modesti, da economie trascurabili, dai principi del risparmio.

Ci sono momenti in cui si rivelano molto attivi nella vita sociale, mentre in altri desiderano rimanere soli, o con la compagnia di un unico amico che li comprenda.

Questa personalità, nel suo aspetto simbolico, rappresenta il peccato. L'offerta universale di un capretto come sacrificio espiatorio per il peccato è significativa. Le differenti caratteristiche esistenti fra la pecora e la capra sono rivelate, sotto l'aspetto simbolico, da san Giovanni nella sua Apocalisse.

AE + BA + AC. Tipo di personalità indipendente-borderline

I tipi di personalità borderline sono interessanti. Hanno maniere naturalmente affascinanti e, benché piuttosto riservati e timidi, in certi casi possono essere estroversi e creare una buona impressione sulle persone che conoscono. Sono onesti e si conquistano amici leali. L'altruismo e la grande umanità sono una delle loro caratteristiche principali ma possono essere molto caparbi e ostinati. Possiedono una buona dose di spirito d'avventura. Emotivamente, sono sensibili e permalosi e le loro reazioni possono variare dalla semplice manifestazione dei loro sentimenti offesi, sino alla collera vera e propria. In quest'ultimo stato d'animo, si mostrano generalmente franchi sino a essere offensivi. Per fortuna, la loro collera svanisce rapidamente e non sono inclini a serbare rancore a lungo.

I tipi borderline detestano la meschinità negli altri. Dovrebbero esaminare se stessi e applicare gli stessi principi critici. Hanno molto coraggio e spesso sono audaci sino alla temerarietà. Sono ambiziosi, straordinariamente insistenti in tutto ciò che li interessa, sognatori, capaci di trasformare molti dei loro sogni in realtà. Pochi li comprendono, ma se gli altri se ne rendessero conto e li lasciassero soli quando sono di malumore, vedrebbero questi individui ritornare in condizioni normali di spirito assai rapidamente. Se però qualcuno discute con loro nel momento sbagliato, la discussione corre il rischio di protrarsi a lungo. Quando sono tranquilli, sono fra le persone più premurose e simpatiche del mondo.

Coloro che mostrano le migliori qualità della personalità hanno la testa sempre attiva e sono sempre occupati in una cosa o in un'altra, anche se si tratta soltanto di castelli in aria. Hanno facoltà di osservazione acute, colgono i minimi dettagli, senza che, apparentemente, prestino molta attenzione all'argomento in causa. Anche le facoltà di analisi, di sintesi e di classificazione sono rapide. Possono agire prima ancora che altri abbiano avuto tempo per riflettere. Hanno una memoria eccezionale. Le facoltà della memoria dipendono dall'attenzione dedicata nella fase acquisitiva della cultura o dell'informazione. Possono imparare molte cose con facilità e tendono a essere soddisfatti di sapere senza poi mettere in pratica ciò che hanno appreso. Dimenticano magari il nome di una persona alla quale sono stati presentati, ma ricorderanno a lungo certi particolari che a essa si riferiscono. Tendono a classificare ogni nuova cognizione che viene loro dall'esterno.

I tipi borderline dovrebbero imparare l'arte di giudicare il valore delle loro ispirazioni, perché sono dotati di un notevole intuito che li rende straordinariamente acuti nel giudicare i moventi altrui.

Le statistiche rivelano salute generalmente buona se riusciranno a non farsi vincere dall'umore nero diventando apatici. Hanno robusta costituzione, ma devono guardarsi dalle sregolatezze nella dieta ed evitare gli eccessi di ogni genere e imparare a riconoscere quali cibi sono per loro i più indicati. Apprezzano l'arte, la musica e le bellezze della natura, i viaggi: senza dubbio, viaggeranno molto nel corso della loro vita perché ciò offre uno sfogo alla loro natura avventurosa e intraprendente.

L'amore ha una parte importante nella vita dei tipi borderline; la loro sensibilità nell'amore e nelle questioni romantiche è proverbiale; il modo di comportarsi, quando amano, è idealistico, devoto, comprensivo, profondamente affezionato. Sono molto sensibili per quanto riguarda l'oggetto del loro amore e sono gelosi. Sono così sensibili in questo campo che avvertono anche la più leggera disattenzione da parte del partner, anche se è assolutamente involontaria. È la loro profonda sensibilità che causa loro molte delusioni. Bisogna riconoscere che i loro affetti sono sinceri e profondi, ma è anche vero che in queste faccende reagiscono contro se stessi, perché soffocano il loro impulso. Per loro l'amore è uno stimolo e offre una ricca sorgente d'ispirazione. La mentalità e la personalità particolari di cui sono dotati li rendono adatti ad andar d'accordo con ogni genere di persone da essi prescelto, la loro natura sensibile, affettuosa, ardente ha bisogno di manifestarsi e loro desiderano l'amore, l'affetto e la tenerezza. Per quanto cerchino di nascondere i propri sentimenti, il desiderio è sempre lì. Richiedono la devozione quanto la compagnia di un intelletto attivo che sia dotato di pazienza e comprensione. Amano molto i bambini. Sono genitori devoti e desiderano offrire molti vantaggi ai figli. Sono versatili e adattabili.

Spesso si interessano a nuovi progetti, perché amano ciò che è fuori dal normale; sono efficienti in tutto quello che fanno e trovano interesse in una quantità di occupazioni; sono buoni venditori, piloti, elettricisti, organizzatori e inventori. Amano ogni attività insolita, come le esplorazioni, le ricerche, il lavoro sperimentale e, generalmente, s'interessano molto alle scienze occulte. Quando devono fare una scelta professionale o seguire una vocazione, hanno difficoltà a decidere cosa debbono fare e ciò accade perché hanno troppe idee. In società con altri, possono avere maggiore fortuna, perché hanno sviluppato il senso della collaborazione e sono intraprendenti; il successo è ancora maggiore se c'è qualcuno che li incoraggia. Benché siano in grado di mettersi in affari da soli, devono imparare a essere pazienti e a farsi animo nei momenti di difficoltà. Essi attireranno molte persone, perché sono leali nelle loro amicizie e faranno tutto il possibile per aiutare quelli che amano. Conducono una vita sociale attiva e interessante.

BE + BA + MC. Tipo di personalità sfuggente-schizotipica

Ci sono due distinte personalità fra i tipi sfuggente-schizotipici. Una è affascinante, magnetica, attraente e piacevole; l'altra ha tutte queste qualità, ma possiede una riservatezza che confina con la timidezza e l'attitudine a sfuggire. Se hai il secondo tipo di personalità, tocca a te apportare a essa le correzioni necessarie e sforzarti di diventare più disinvolto e fiducioso in te stesso.

Dovresti ricordare che alcuni grandi personaggi hanno questo tipo di personalità e che a loro volta sono costretti a vincere la timidezza e l'eccessiva sensibilità e a conquistare la fiducia in se stessi, la decisione, il coraggio. Studiati, conosci te stesso, poi sforzati di far risaltare la tua personalità quanto più puoi e sarai felice. Hai un'indole naturalmente gentile, generosa, comprensiva, paziente e riservata. Mediante uno sforzo per coltivare le qualità positive ed espressive della tua personalità, ti renderai più simpatico e interessante e aumenterai grandemente le tue prospettive di successo nella vita. Sei fedele verso chi si fida di te e metti tutta la tua dedizione nello svolgere gli incarichi che ti sono stati assegnati.

Sai apprezzare con profonda sensibilità ogni gentilezza che ti viene dimostrata, a parole o con i fatti.

Nel tuo caso è proprio vero che la mente è la potenza che sta alla base della personalità e regola le sue espressioni. Hai una mente ricettiva e sei capace di afferrare dettagli di una proposizione che ad altri potrebbero sfuggire. Hai la capacità di imparare con grande facilità e quasi sempre ricordi a lungo quello che hai appreso. La tua immaginazione è fervida e potresti creare castelli in aria romantici. Ti godi il regno della fantasia al punto tale che non è da escludere che ti tocchi soffrire delusioni in qualche affare personale o nelle relazioni sentimentali. Ciò avviene perché tramite l'immaginazione ti sei formato un ideale romantico che va oltre le frontiere del possibile. È quindi naturale che tu rimanga deluso.

La tua immaginazione ti è data per scopi pratici. Alcuni tra coloro che sono considerati veri fenomeni in fatto di memoria sono riconoscibili come appartenenti a questa personalità, infatti gli sfuggenti-schizotipici sono capaci di ricordare avvenimenti anche lontanissimi nei minimi particolari. Hai l'abilità di imparare ogni cosa che ti metti a studiare. La tua memoria ti mette in grado di ricordare senza sforzo ciò che hai appreso. Hai buone facoltà di raziocinio e tendi a vagliare le idee sino a che puoi essere sicuro che siano giuste. I viaggi ti offrono molto svago e l'evasione dalla monotonia della vita di ogni giorno. I tuoi sentimenti sono profondi e intensi. Una volta che tu abbia vinto la tua riservatezza, puoi essere molto espansivo nei tuoi affetti. Sei devoto e comprensivo verso le persone che ami, ma dovresti guardarti dalla gelosia irragionevole. Quelli che hanno un'indole come la tua desiderano accentrare l'attenzione e conquistarsi l'affetto e, se ne sono privi, possono sentirsi profondamente feriti e generalmente non riescono a nasconderlo.

Questo tipo di personalità rende fortemente impressionabili. In amore sei estremamente sensibile e spesso tendi a non manifestare quello che provi. La fantasia romantica può spesso suggerirti idee immaginarie, ma non pratiche, ed è probabile che la realtà ti porti ben presto e brutalmente con i piedi per terra. Questa personalità ha una propensione ad amare i bambini ed è giudicato fertile. Come genitori sei affettuoso e piuttosto indulgente. Ami straordinariamente la vita domestica. Una vita familiare armonica è essenziale per il tuo benessere e la tua felicità. In genere hai molta cura della tua casa e mostri buon gusto nell'arredarla e sistemarla.

I tipi schizoidi sono molto portati alla carriera medica. Sono anche buoni istruttori, meccanici, disegnatori, floricoltori, macchinisti, naturalisti, religiosi, scrittori, attori, agricoltori e coltivatori. In generale questa personalità porta a essere industriosi, coscienti e puntigliosi nella propria professione.

Gli schizoidi badano anche al dettaglio, sono capaci di eseguire lavori difficili, quali i disegni di apparati scientifici, e si possono affidare loro incarichi e responsabilità importanti. Sanno mostrare originalità nel loro lavoro e spesso escogitano metodi nuovi, più efficienti ed economici di quelli in uso. Inclinano all'apprensione quando lavorano nel campo degli affari per proprio conto; sono essi stessi che creano ostacoli al loro progredire. Sono il tipo di personalità che può conseguire il successo in società con altri. Sono naturalmente disposti alla collaborazione e il socio adatto porterebbe in luce la loro naturale abilità.

In materia finanziaria sono risparmiatori occasionali e, a volte, impulsivi nello spendere. Hanno principi risparmiatori congeniti, ma reagiscono contro di essi. Il vero segreto del successo finanziario sta nel far sì che il denaro lavori per loro e ciò si può ottenere solo risparmiando e investendo saggiamente. Alcuni degli appartenenti a questa personalità sono portati a darsi alle avventure speculative, ma con poco successo.

La natura generosa e comprensiva di cui sono dotati procurerà loro molti amici e molte conoscenze. Gli amici saranno del tipo intellettuale e spirituale.

A volte, i tipi schizoidi sono inclini a essere leggermente gelosi nelle loro amicizie, ma hanno l'abilità di nascondere questo sentimento. Verso gli amici sono leali e spesso disposti a fare sacrifici per aiutarli. Portando in luce le qualità positive e attraenti della loro personalità, saranno in grado di condurre una vita attiva e interessante in società.

CAPITOLO 3

Corpo e mente nello sviluppo della personalità

I conflitti di personalità

Le abilità sono gli strumenti in base ai quali un individuo raggiunge i suoi scopi. Alcune abilità sono possedute dalla nascita e permettono al soggetto di sopravvivere e crescere; altre sono apprese. Lo sviluppo della persona è centrale, in quanto permette di acquisire le conoscenze, di formare i principali atteggiamenti, di stabilire alcune importanti abitudini e di apprendere alcune abilità principali. Tra le diverse capacità dell'individuo ricordiamo alcune fondamentali abilità, che si acquisiscono durante lo sviluppo:

- abilità di auto-organizzazione;
- abilità di fare e mantenere le amicizie;
- abilità di riconoscere ed esprimere le emozioni;
- abilità di gestione della rabbia;
- abilità di gestione dello stress.

Tali abilità si formano durante la crescita del soggetto e possono indicare se un individuo è capace di perseguire i propri scopi oppure incontra alcune difficoltà.

Le caratteristiche fondamentali del soggetto possono riassumersi in alcuni aspetti centrali:

- funzionamento dell'organismo;
- carattere e abitudini di base;
- estroversione/introversione;
- amicizia/ostilità;
- coscienziosità/superficialità;

- stabilità emotiva/instabilità;
- apertura mentale/dogmatismo;
- sistemi di conoscenza: credenze, desideri, motivazioni, intenzioni, progetti, teorie personali;
- abilità sociali e competenza interpersonale.

Comunemente ci si riferisce ad alcuni concetti che sinteticamente riassumono importanti aspetti del funzionamento dell'individuo. Di seguito sono riassunti alcuni di questi fondamentali aspetti del soggetto.

L'assertività

L'assertività è quella capacità del soggetto di mantenere il perseguimento attivo dei propri scopi. È quel tratto della personalità che si caratterizza per tenacia, costanza, chiarezza, sicurezza, impegno, attenzione, disponibilità. I soggetti assertivi perseguono i propri scopi mantenendo attiva la vigilanza sulla propria meta e la direzione della propria azione. Certamente è importante distinguere la tenacia, di cui stiamo parlando, dalla testardaggine; infatti, i soggetti che rigidamente perseguono lo stesso scopo, anche contro ogni ragionevole evidenza, non sono assertivi ma testardi, e talvolta ostili, aggressivi, predatori, antisociali. Quindi l'assertività è quella capacità di dirigere il proprio comportamento verso la propria meta, senza trascurare le informazioni che provengono dall'ambiente e le informazioni che noi stessi possediamo. Teoricamente possiamo distinguere i soggetti in:

- assertivi;
- anassertivi (passivi, evitanti, timorosi, insicuri, dubbiosi);
- aggressivi.

Gli individui assertivi si possono riconoscere non solo dalle motivazioni espresse e dalla comunicazione delle proprie credenze, ma anche dal comportamento non verbale. I gesti, la posizione abituale del corpo, la postura durante le interazioni sociali, le espressioni facciali e la mimica, la direzione dello sguardo sono tutti indicatori di tratti della personalità del soggetto. Questi indicatori sono segnali di quanto avviene all'interno della mente del soggetto e segnalano appunto le abitudini e gli atteggiamenti più stabili e consolidati. Infatti un soggetto può dichiararsi a parole amichevole, ma può essere in realtà ostile e può venire smascherato attraverso l'interpretazione del suo comportamento non verbale; oppure un individuo può sostenere un fatto ma segnalare involontariamente che sta mentendo. Numerosi psicologi addestrano soggetti al potenziamento delle capacità di comunicare attraverso programmi centrati sul linguaggio non verbale; questi metodi attualmente sono molto usati nelle abilità di persuadere e motivare gli altri, abilità che hanno un'applicazione sempre più intensa e generale. L'assertività è un aspetto particolare sia dell'organizzazione della propria personalità, cioè del proprio particolare profilo di tratti personali, sia un'applicazione specifica dell'organizzazione delle proprie motivazioni. Le motivazioni (o bisogni, o motivi, o impulsi, o scopi, o obiettivi) sono gli aspetti energetici dell'essere umano, in quanto tramite i propri scopi l'individuo cresce, apprende, costruisce, ricorda, si impegna e così via. Possiamo sintetizzare le motivazioni in molti modi, uno dei quali è il seguente (D. McClelland, 1985):

- bisogno di riuscita;
- bisogno di affiliazione;
- bisogno di potere.

Il bisogno di riuscita è la caratteristica più emergente delle società industriali ed esprime bene il carattere centrato sui risultati concreti del comportamento di un soggetto. La motivazione a riuscire si pone all'origine delle principali realizzazioni individuali e ispira gran parte del sistema educativo e delle organizzazioni che sono deputate a trasmettere conoscenza. Questo bisogno ha come obiettivo il desiderio di eccellere e ha come caratteristica propria l'evitamento del fallimento (paura del fallimento). Un individuo spiccatamente centrato su di sé avrà il piacere di riuscire, un senso di competenza che gli deriva dal mettersi alla prova e dall'inclinazione a fare le cose nel migliore modo possibile. Solitamente il soggetto si impegna con puntualità, tenacia e responsabilità. Il bisogno di affiliazione è la caratteristica più spiccatamente sociale, in quanto ispira il comportamento di socializzazione, di aiuto, di supporto. Questa motivazione determina un orientamento verso la particolare considerazione nei confronti del giudizio altrui. Il soggetto orientato in questo senso attribuisce molta importanza al giudizio degli altri, cerca di farsi benvolere, intrattiene relazioni particolarmente affabili e calde con le altre persone, ama essere protetto o proteggere, ed è spiccatamente orientato a farsi accettare dal proprio gruppo (di lavoro, di riferimento, familiare, amicale ecc.). Il soggetto con tali inclinazioni tenderà a evitare il rifiuto da parte degli altri (paura del rifiuto). Il bisogno di potere è la caratteristica motivazionale più centrata sul dominio, sulla gerarchia, sull'uso della manipolazione. Tale caratteristica è centrale nelle organizzazioni di lavoro, non per questo aggressive, dove è determinante la diversità di responsabilità, di mansioni, di interessi, di potere. Un soggetto centrato su questo aspetto sarà interessato ai punti deboli degli altri così da poterli controllare e manipolare secondo le proprie esigenze; inoltre, potrà avere spesso un atteggiamento diffidente e sospettoso. Un individuo incline alla motivazione al potere tenderà a evitare la dipendenza (paura della dipendenza).

La comunicazione interpersonale

Vi sono diverse teorie che definiscono i vari aspetti della comunicazione, alcune prendono in considerazione la comunicazione tra strumenti e ne analizzano la tecnologia; altre esaminano la comunicazione sociale, sia tra persone che tra animali; altre ancora prendono in considerazione gli aspetti esterni, stilistici, osservativi, mentre un ultimo gruppo analizza gli aspetti di contenuto, proposizionali, linguistici, logici. Per sintetizzare, possiamo definire la comunicazione come un comportamento complesso orientato, definito da una fonte di trasmissione, un messaggio, un canale di trasmissione, una base di ricezione, dalla presenza di strumenti di decodifica, e infine dalla presenza di rumore e disturbo del segnale. In questo schema devono essere definiti gli aspetti sia formali sia impliciti. Gli aspetti formali riguardano la descrizione osservativa della comunicazione, gli aspetti impliciti riguardano le intenzioni dei due partecipanti alla comunicazione.

Chi trasmette un segnale può non farlo intenzionalmente, mentre chi riceve un segnale può attribuire intenzioni errate a chi lo ha trasmesso. In alcune tipologie di comunicazione (per esempio quella non verbale) non è sempre possibile chiedere una conferma, quindi possono verificarsi degli errori di decodifica e di interpretazione; le comunicazioni importanti devono sempre avere dei dispositivi di conferma anche se la comunicazione può essere ripetitiva e appesantita (ridondante).

Classicamente all'interno della comunicazione verbale si possono distinguere le seguenti tipologie:

- descrittiva: quello che si dice serve a descrivere qualcosa;
- valutativa: quello che si dice serve a giudicare qualcosa;
- ingiuntiva: quello che si dice serve a far fare qualcosa a qualcuno.

È di fondamentale importanza imparare a riconoscere queste differenze sia in quello che noi diciamo agli altri che in quello che gli altri dicono a noi (o ad altre persone). La scarsa capacità di "sintonizzarsi" sull'esatta caratteristica della comunicazione porta a importanti equivoci che se possono essere fonte di divertimento (in realtà questa è una delle basi dell'umorismo e della comicità), possono anche determinare danni e sofferenze di rilevante entità.

Un altro importante aspetto della comunicazione è la "metacomunicazione" e ha come contenuto la stessa comunicazione o una sua parte. Per esempio, un soggetto descrive un fatto e di seguito commenta e giudica il suo stesso racconto e il modo in cui lo ha espresso. Questo elemento della comunicazione è positivo, in quanto segnala il fatto che gli individui riflettono su se stessi, ma può essere una fonte di disturbo quando i commenti non sono coerenti e adattati al contesto particolare della situazione comunicativa. Infatti metacomunicare accorcia le distanze tra le persone e, spesso, può rendere la comunicazione più "intima" e più ravvicinata, cosa che non è sempre gradita e opportuna. La metacomunicazione è a volte causa o innesco di litigi e discussioni. A volte, al contrario, l'abilità metacomunicativa è il fattore che può risolvere un conflitto. Lo stile della comunicazione dipende direttamente dai tratti di personalità del soggetto, ma possiamo schematizzarne una tipologia come segue:

1. dominante;
2. compiacente;
3. estroverso;
4. isolato.

Sono descrivibili anche delle posizioni intermedie quali: 1+3: consiglia, coordina, comanda, dirige, promuove; 1+4: analizza, critica, disapprova, condanna, si oppone; 2+3: sopporta, approva, collabora, è servizievole; 2+4: evita, concede, rinuncia, indietreggia, si ritira.

Problem solving

I problemi sono o situazioni nuove che richiedono comportamenti nuovi o situazioni conosciute per cui non si hanno soluzioni soddisfacenti. Quando non possiamo rispondere a una domanda usando una informazione contenuta nella nostra memoria, o quando non possiamo comportarci in una situazione come abbiamo fatto l'ultima volta, o ancor più come facciamo di solito, allora siamo di fronte a un problema.

Alcuni problemi sono difficili da risolvere perché ci mettono, o ci mettiamo da soli, su una pista sbagliata. Quando ciò succede, si dice comunemente che vi è un'impostazione negativa.

Altri problemi, invece, sono difficili perché richiedono un'impostazione molto poco probabile nella media dei ragionatori e per questo è necessario comporre i dati in modo insolito e creativo (come vedremo più avanti).

La capacità degli esseri umani a risolvere i problemi che incontrano e che si oppongono all'acquisizione dei propri scopi è una caratteristica specifica e basilare; senza di questa non saremmo sopravvissuti. La specifica abilità nella risoluzione di problemi è una caratteristica molto individuale e può variare da soggetto a soggetto.

Non possiamo affermare che i soggetti risolvano i problemi tutti nello stesso modo, né si può affermare che tutti i problemi siano della stessa natura.

Tuttavia si può indicare una traccia generale, che è una direzione logica della nostra mente, una sequenza naturale, un'esigenza specificamente determinata del funzionamento mentale.

Naturalmente non tutti i soggetti hanno lo stesso grado di abilità nello sviluppo della funzione di analisi, organizzazione e risoluzione dei problemi.

La sequenza che segue è orientata sull'analisi dei mezzi-fini della condotta. L'analisi razionale della condotta orientata allo scopo assume una struttura graduale, con passi che causalmente conducono all'obiettivo.

1. Il primo passo è quello della definizione o indicazione dell'obiettivo: *voglio* X. Questo passo può avere o meno i criteri di realismo e coerenza, come abbiamo già osservato (paradossi e scopi impossibili).

2. Il secondo passo è quello della valutazione personale della conoscenza dei mezzi utili per acquisire la meta: *posso averlo?* Anche questo passo è sensibile a distorsioni e irrazionalità.
3. Il terzo passo indica l'eventuale riformulazione della meta o del piano orientato allo scopo, cioè il soggetto si adegua al proprio potere per l'acquisizione della meta o per l'acquisizione del potere necessario aggiuntivo: *allora, voglio Y.*
4. Il quarto passo è l'esperienza passata o memoria della meta stessa, cioè se il soggetto ha già sperimentato l'acquisizione dell'obiettivo: *conosco Y?* Ciò è essenziale per gli ovvi motivi dell'adeguata rappresentazione sia della meta che dei mezzi.
5. Il quinto passo è quello relativo alla conoscenza dello stato finale, cioè se il soggetto ha un criterio adeguato per riconoscere l'avvenuta acquisizione dello stato desiderato: *so riconoscere Y?* È evidente qui che la mancanza del criterio di "stop" perpetua il comportamento di acquisizione all'infinito.

Vari ricercatori hanno messo in luce che si può essere tanto più efficaci nel risolvere problemi (di vario tipo) quanto più si è avuta una buona rappresentazione del problema stesso.

Un problema viene compreso, e quindi risolto, sulla base di come lo si è rappresentato (modello), anche se questo limita la possibilità di altre rappresentazioni.

Così come si definisce il metodo scientifico, altrettanto si fa per il comportamento risolutorio dell'individuo:

- il soggetto nota un problema ed è motivato a risolverlo;
- egli formula delle ipotesi e compie dei tentativi, che possono essere casuali o mirati, sulla base delle proprie ipotesi;
- il soggetto nota quali tentativi sono sbagliati e li elimina e parimenti nota cosa funziona e lo ripete;
- l'individuo formula un modello o una teoria che renda conto degli errori e dei tentativi esatti;
- egli ora si baserà su questa teoria fino a quando sarà messa in crisi da nuovi problemi;
- sulla base dei concetti della psicologia della personalità e della condotta esaminiamo le possibili applicazioni preventive alla luce dei contributi incrociati tra psicologia generale contemporanea e psicologia clinica cognitivista.

Il modello ABC della condotta

A questo proposito si può fare riferimento al cosiddetto "modello ABC" della psicoterapia cognitiva, un modello semplice e utile per studiare i processi e gli accadimenti delle nostre reazioni emotive e comportamentali, nonché le nostre attività cognitive, i nostri processi di pensiero e di giudizio, e quindi tutto il funzionamento psicologico del soggetto; questo ci dà la possibilità di spiegare il comportamento e, in generale, la psicologia dell'individuo in quei determinati momenti che possono risultare problematici.

Il "modello ABC", ben descritto nei lavori di Albert Ellis e in seguito di Aaron T. Beck, è la caratteristica sia teorica sia tecnica che funge da minimo comune denominatore dei diversi trattamenti cognitivistici (G.L. Dell'Erba, 1998a). Il modello ABC non solo è uno schema teorico utile per concettualizzare le variabili fondamentali connesse alla condotta dell'individuo ma è anche una procedura tramite la quale può essere concretamente attuata una valutazione, una formulazione del caso, una sua pianificazione e un trattamento.

L'ABC può essere immaginato come uno schema a tre colonne, la prima delle quali, A, identifica le condizioni antecedenti, gli stimoli, gli eventi; la B indica le credenze, il pensiero, il ragionamento, le attività mentali che hanno come oggetto gli antecedenti; la C definisce le conseguenze di queste attività mentali e identifica reazioni emotive e comportamentali (A. Ellis, 1987, 1994; C. De Silvestri 1982a; G.L. Dell'Erba, 1998a).

L'aspetto centrale dell'interesse cognitivista per il funzionamento mentale riguarda la distinzione delle attività e dei processi cognitivi rappresentati e focalizzati da B. Classicamente sono prese in considerazione le seguenti attività psichiche: immagini, inferenze, valutazioni, assunzioni personali, schemi. Le immagini, che sono attività dove le funzioni sensoriali e mnestiche svolgono un ruolo fondamentale, sono prese in considerazione in quanto parte integrante delle rappresentazioni soggettive riguardanti l'interpretazione di un dato evento.

Le immagini riflettono direttamente il senso attribuito dal soggetto a un dato evento e il contributo dei processi di elaborazione più automatici (regole, assunzioni personali, inferenze). Le inferenze sono ipotesi che attengono alla presenza o assenza di condizioni fattuali, cioè di eventi attesi in A. Alcune inferenze sono elaborate in modo quasi automatico e quindi il soggetto non ne è immediatamente cosciente, tanto che Beck le ha definite "pensieri automatici". Le inferenze sono, dunque, anche "predizioni" su ciò che accadrà, sta accadendo o è accaduto; a ogni evento il soggetto attribuisce delle caratteristiche e delle cause, ma tali attribuzioni sono guidate dalla propria base conoscitiva. Proprio riguardo ai processi inferenziali sono state definite varie tipologie di errori inferenziali che possono riguardare sia le caratteristiche dello stimolo sia le sue determinanti. Alcuni errori cognitivi tipicamente considerati nella psicoterapia cognitiva sono le "distorsioni cognitive" che riguardano il processo di elaborazione dei dati (eventi, fatti, sintomi, pensieri) e attengono all'attribuzione soggettiva di dati che "vanno oltre l'evidenza dei fatti" (P.N. Johnson-Laird, 1994; V. Girotto, 1994). Come ha evidenziato Beck (A.T. Beck, 1976; B.A. Alford e A.T. Beck, 1997), le distorsioni cognitive sono influenzate dall'umore ma, a loro volta, lo influenzano intensamente.

Tali errori cognitivi, così come definiti dalla Cognitive Therapy di Beck, sono i seguenti.

- *Pensiero dicotomico*. Le cose sono viste in termini di categorie vicendevolmente escludentisi senza gradi intermedi. Per esempio, una situazione o è un successo oppure è un fallimento; se una situazione non è proprio perfetta allora è un completo fallimento ("o tutto o nulla").
- *Ipergeneralizzazione*. Definita anche come "globalizzazione": uno specifico evento è considerato una caratteristica di vita in generale piuttosto che un evento tra tanti. Per esempio, considerare soltanto l'atteggiamento negativo di qualcuno in una determinata occasione, senza tener conto delle altre situazioni in cui ha avuto atteggiamenti più opportuni ("far di tutta l'erba un fascio").
- *Astrazione selettiva*. Un aspetto soltanto di una situazione complessa è il fuoco dell'attenzione, altri aspetti rilevanti sono ignorati. Per esempio, focalizzare un commento negativo in un giudizio sul proprio lavoro trascurando altri commenti positivi ("bicchiere mezzo vuoto").
- *Squalificazione del lato positivo*. Le esperienze positive che sono in contrasto con la visione negativa sono trascurate sostenendo che non contano. Per esempio, non credere ai commenti positivi degli amici e colleghi dubitando che dicano ciò solo per gentilezza ("ciò non conta nulla, conta di più...").
- *Lettura del pensiero*. Un soggetto può sostenere che altri individui

stiano formulando giudizi negativi ma senza alcuna prova evidente di ciò che afferma. Per esempio, affermare di sapere che l'altro ci giudica male anche contro la rassicurazione di quest'ultimo ("ti ho già capito").

- *Riferimento al destino*. L'individuo reagisce come se le proprie aspettative negative sugli eventi futuri fossero fatti già stabiliti. Per esempio, il pensare che qualcuno lo abbandonerà, e che lo sa già, e agisce come se ciò fosse vero ("lo so già"). Insieme al precedente formano il "salto alle conclusioni", cioè il caso esemplare di inferenza arbitraria.
- *Catastrofizzazione*. Gli eventi negativi che possono verificarsi sono trattati come intollerabili catastrofi piuttosto che essere visti in una prospettiva più pratica e moderata. Per esempio, il disperarsi dopo un brutta figura come se fosse una catastrofe terribile e non come una situazione semplicemente imbarazzante e spiacevole ("è terribile se...").
- *Minimizzazione*. Le esperienze e le situazioni positive sono trattate come reali ma insignificanti. Per esempio, il pensare che in una cosa si è positivi ma che essa non conta in confronto a un'altra più importante ("niente conta veramente di quello che faccio").
- *Ragionamento emotivo*. Considerare le proprie reazioni emotive come fatti incontrovertibili della situazione reale. Per esempio, concludere che, siccome ci si sente sfiduciati, la situazione è senza speranza ("se mi sento così allora è vero").
- *Doverizzazioni*. L'uso di "dovrei", "devo", "bisogna", "si deve", segnala la presenza di un atteggiamento rigido e tendente alla confusione tra "pretendere" e "desiderare", e ciò è in diretta connessione con regole personali. Per esempio, il pensare che un amico deve stimarci, perché bisogna stimare gli amici ("devo...", "si dovrebbe...", "gli altri devono...").
- *Etichettamento*. Identificare qualcuno tramite un'etichetta generica piuttosto che riferirsi a specifici eventi o azioni. Per esempio, il pensare che si è un fallimento piuttosto che si è inadatti a fare una certa cosa ("è un...").
- *Personalizzazione*. Assumere che il soggetto stesso è la causa di un particolare evento quando, nei fatti, sono responsabili altri fattori. Per esempio, considerare che una momentanea assenza di amicizie è il riflesso della propria inadeguatezza piuttosto che un caso ("è colpa mia se...").

Tali errori cognitivi non sono tipici di un disturbo psicologico ma sono invece diffusi e caratteristici nel funzionamento mentale normale. L'aspetto disfunzionale è determinato dalla compresenza di più errori, dalla frequenza di comparsa e dal grado in cui tali procedure sostituiscono il ragionamento realistico e funzionale del soggetto. In sintesi le distorsioni cognitive sono euristiche di ragionamento che svolgono una funzione adattiva in situazioni di emergenza e, probabilmente, non più adeguate allo stile di vita contemporaneo (essendo modalità automatiche possono in qualche modo essersi sviluppate evoluzionisticamente, ma attualmente potrebbero essere un esempio di "deriva evoluzionistica"). Vari autori hanno approfondito le modalità di ragionamento in condizioni di incertezza (D. Kahnemann, P. Slovic e A. Tversky, 1982; M. Piattelli Palmarini, 1993, 1994; R. Nisbett e L. Ross, 1980; V. Girotto, 1994; G.L. Dell'Erba, 1998), e tali condizioni sarebbero centrali in stati di attivazione dei soggetti (stress, condizioni cliniche ecc.). Dalle diverse ricerche nel campo dell'influenza di variabili contestuali, o di fattori emotivi, sul ragionamento emergono diverse tipologie cognitive di base, spesso dipendenti dallo specifico obiettivo della ricerca; il minimo comune denominatore di tali errori cognitivi sembra essere la seguente schematizzazione: generalizzazione di informazioni, eliminazione di informazioni, distorsione di informazioni. Ciascuna di queste categorie raggruppa vari tipi di errori cognitivi, definiti sia dalle ricerche in psicologia generale sia in ricerche nel campo clinico. Le valutazioni si possono definire come giudizi (buono-cattivo, OK-non OK) o preferenze. I soggetti formulano delle valutazioni sia sulla base di processi inferenziali sia in base all'uso di conoscenze possedute, e dunque i giudizi e le preferenze dei soggetti possono essere influenzate sia da errori cognitivi di processazione dell'informazione sia da osservazioni personali (per esempio, teorie e modelli di spiegazione soggettivi).

Un aspetto principale, teorico e tecnico, è il ruolo rivestito dalla teoria attribuzionale (per esempio, il contributo di autori come Heider, Rotter, Seligman) nell'impianto della psicoterapia cognitiva e negli interventi cognitivisti. Le inferenze e le valutazioni, rispetto alle determinanti o alle caratteristiche degli eventi, possono essere identificate da tre fattori. L'attribuzione causale può riguardare la distinzione tra globalità e specificità a seconda che il fattore causale sia riferito a variabili generali o strettamente particolari: per esempio, criticarsi per un difetto particolare (specificità) oppure criticarsi come persona (globalità). Le attribuzioni sulla causalità possono anche riguardare le variabili stabilità e temporaneità: per esempio, giudicare una caratteristica altrui come temporanea piuttosto che stabile. I processi attributivi riguardano, altresì, le caratteristiche di internalizzazione (o personalizzazione) e esternalizzazione: per esempio, giudicarsi meritevoli per un successo proprio (giudizio interno) ma giudicare non meritevole un'altra persona attribuendo il suo successo al caso o alla fortuna (giudizio esterno). Queste tre variabili bipolari rappresentano i fattori costitutivi delle decisioni sui processi causali ma, ovviamente, costituiscono anche le variabili di distorsione di giudizi e inferenze su quelle stesse attribuzioni. Dunque i trattamenti cognitivi hanno pienamente applicato questi meccanismi di attribuzione e decisione per modificare le convinzioni e le conoscenze disfunzionali del soggetto.

Vale la pena ricordare che uno dei modelli più celebri nella concettualizzazione della psicologia depressiva è proprio la teoria attribuzionale che identifica nel paziente giudizi negativi su di sé, interni, stabili e globali (A.T. Beck e A. Freeman, 1993; M.E.P. Seligman, 2006, M.E.P. Seligman e D.L. Rosenhan, 1997). Un ulteriore punto è quello riguardante le valutazioni di stati emotivi. Gli individui spesso si trovano coinvolti in una condizione psicologica di disagio derivante dal fatto di avere determinati problemi personali. Alla base di alcuni di questi stati psicologici sta il fatto che gli esseri umani tendono a complicare le situazioni esterne. L'influenza degli stati psicologici derivanti dai problemi personali e da quelli esterni ambientali è frequente nelle condizioni cliniche, può complicare o mantenere notevolmente il quadro psicopatologico (C. De Silvestri, 1982a; F. Mancini, 1996; G.L. Dell'Erba, 1998). Le assunzioni personali sono regole e principi fondamentali che guidano il comportamento e che sono formulate nel corso della propria esistenza. Più le assunzioni sono precoci e più sono pervasive e stabili, in quanto varie credenze si collegano tra loro in reti di conoscenza che possono avere temi esistenziali generali comuni o specifici episodi soggettivamente rilevanti.

Le assunzioni personali sono atteggiamenti specifici relativamente a una varietà di eventi o temi che riguardano il soggetto (o più esattamente, temi che il soggetto sostiene che lo riguardino). A. Ellis (1987) ha individuato una lista di atteggiamenti o idee irrazionali che riguardano le regole che il soggetto si dà e le relazioni che egli intraprende con gli altri o con il mondo esterno o con se stesso.

Questa lista può ben essere ricondotta ad alcuni atteggiamenti principali:

- doverizzazioni;
- giudizi totali su di sé e su gli altri;
- insopportabilità e intolleranza;
- catastrofizzazione;
- indispensabilità e bisogni assoluti.

Tali atteggiamenti sono ulteriormente definibili, secondo Ellis (1987, 1994), in tre doverizzazioni di base:

1. doverizzazioni su se stessi ("io devo assolutamente... altrimenti... e quindi...");
2. doverizzazioni sugli altri ("gli altri devono trattarmi in modo... devono essere... altrimenti... e allora...");
3. doverizzazioni sulle condizioni di vita ("le cose che succedono devono essere come io le pretendo... altrimenti... e quindi tutto sarà ingiusto o insopportabile").

Questi atteggiamenti sono appresi durante lo sviluppo del soggetto e sono particolarmente resistenti, principalmente in base a due fattori generali: la generalità di applicazione di un atteggiamento e l'automaticità di formulazione della specifica regola nella particolare situazione. Gli schemi costituiscono quella meno consapevole fra le attività mentali, con l'esclusione dei processi mentali delle funzioni cognitive di base, come memoria, percezione, attenzione, apprendimento ecc. (P.N. Johnson-Laird, 1989, 1990, 1994). Gli schemi, secondo il modello della psicologia cognitivista, guidano o interferiscono sull'elaborazione di informazioni attraverso un uso selettivo dei dati in arrivo; questa caratteristica può essere così generale da limitare il soggetto stesso nella propria autoconoscenza. Il problema alla base è che il soggetto non è pienamente consapevole delle proprie teorie personali, costruite a partire da stadi precoci della propria vita, ma può essere consapevole sia della propria condotta attuale sia di valutazioni, giudizi e inferenze (semplici, ma non seriali o concatenate); tale possibilità data dalla propria attività mentale cosciente è sufficiente per ricostruire o riattribuire significati generali che possano spiegare dati, evidenze, ricordi e modalità di scelta del soggetto. Il fine del trattamento psicologico cognitivista, quale intervento preventivo, è di permettere al soggetto di esaminare la modalità con cui costruisce e comprende il mondo (cognizioni e attività mentali in genere) e di sperimentare nuovi modi di attribuire significati e attivare condotte orientate. Attraverso la consapevolezza del proprio modo di applicarsi nel dare un senso a ciò che avviene, nello scegliere i propri scopi, nel definire i propri progetti, il soggetto può essere in grado di modificare costrutti e significati non adeguati e ri-orientare i propri scopi e progetti generali, per fronteggiare, in modo più soddisfacente, le proprie relazioni con il mondo e con le persone (A.T. Beck e A. Freeman, 1993; V.F. Guidano, 1988; V.F. Guidano e G. Liotti, 1983). Per sintetizzare possiamo affermare che alla base del modello ABC c'è la distinzione tra la categoria A, cioè i fatti, gli eventi, le situazioni, lo stimolo, pensati più oggettivamente possibile; la categoria B, dove sono le nostre attività mentali come valutazioni, pensieri, immagini, giudizi, sia istantanei sia abituali, in sostanza, tutta la nostra attività cognitiva; e la categoria C che comprende le nostre reazioni emotive e comportamentali in risposta a ciò che avviene in B. È un modello molto semplice che permette di spiegare la psicologia della condotta umana.

Lo scopo di un progetto di prevenzione che abbia la caratteristica sia educativa sia di intervento si basa su una modalità tecnica di base per la modificazione degli aspetti cognitivi e comportamentali del soggetto.

Prima di trattare alcuni punti specifici, si può sicuramente affermare che la puntualità e la particolare definizione del modello ABC della condotta, come derivato dalla psicoterapia cognitiva, cioè della distinzione tra ciò che è un fatto, ciò che è una opinione o un giudizio o qualunque altra attività di pensiero e ciò che è una reazione emotiva e comportamentale, distinzione particolarmente importante, ci spinge a fare alcune considerazioni che sono immediatamente conseguenti.

Alcune conseguenze del modello ABC

La prima di queste considerazioni è che noi possiamo dire che tutti i problemi che una persona vive ed esperisce – come per esempio stati di ansia, depressione, stress, irritabilità – possono essere identificati come C, cioè come conseguenze delle nostre attività mentali. Questo è il presupposto alla base della psicologia contemporanea, che appunto mette al centro della condotta umana la nostra attività di giudizio, di rappresentazione, di valutazione. Soltanto in conseguenza di queste attività cognitive, tipo inferenze o giudizi o valutazioni, noi abbiamo delle reazioni comportamentali ed emotive. Quindi possiamo riassumere che in realtà tutti i problemi possono essere definiti come dei C, e noi possiamo schematicamente collocare questi problemi in una categoria che è quella delle "conseguenze" o delle "reazioni", come abbiamo già detto del tipo affettivo, sentimentale, emotivo e comportamentale.

I problemi dipendono dalle valutazioni

Una seconda conseguenza che deriva dal modello ABC è che i problemi dipendono da B e non dagli eventi della vita, dai fatti, dalle circostanze strettamente intese. In pratica i problemi della persona, i suoi stati d'animo e le sue sensazioni dipendono soprattutto dalla nostra attività valutativa, dai nostri giudizi e interpretazioni, dalle nostre inferenze e dalle nostre ipotesi e non certamente dalle cose in se stesse, da ciò che ci succede, dagli eventi descrittivamente intesi.

Per fare degli esempi, possiamo immaginare il caso di un ragazzo abbandonato dalla propria fidanzata e che si sente in uno stato di abbattimento e di depressione. Ma cosa causa la sua depressione? Il fatto stesso che la ragazza ha rifiutato di continuare la relazione? Oppure è la valutazione particolare e soggettiva del ragazzo?

Naturalmente la risposta è che l'attività valutativa e di giudizio del soggetto è quella determinante nello sviluppare in lui un sentimento di depressione; scendendo nello specifico, il soggetto ha sicuramente una valutazione negativa per quanto riguarda le proprie possibilità future di ricostruzione di questo legame e, probabilmente, un giudizio su di sé anch'esso svalutativo e negativo in termini di autocritica.

Un altro esempio potrebbe essere quello di un soggetto che in un conflitto con il suo capo ha uno stato di forte irritazione o persino di rabbia. Ma cosa causa questa profonda attivazione emotiva? È perché il capo s'è comportato in modo brusco e maleducato, oppure in modo aggressivo e svalutativo? Oppure è la particolare valutazione, il giudizio del soggetto a farlo stare così male?

Anche qui la risposta è che la particolare valutazione del soggetto, in termini di "che cosa una persona ha il diritto di fare oppure no" o "che cosa un soggetto possa permettersi oppure no di fare" può causare un'emozione di rabbia e, in particolare, determinare una valutazione in termini di "torto" (danno ingiusto): il soggetto potrebbe pensare "lui non ha il diritto di trattarmi così", e dunque attivare un'emozione di rabbia attraverso la considerazione di "aver subito un torto".

Quindi, come abbiamo detto, i soggetti non sono attivati emotivamente da fatti, eventi, stimoli, ma dalle loro personali considerazioni, dai loro processi mentali, giudizi, che possono riguardare se stessi, gli altri, o le circostanze della vita in generale.

Ci sono dei collegamenti tra valutazioni ed emozioni specifiche

Un'altra conseguenza del modello ABC è che sicuramente vi sono dei legami preferenziali tra le nostre attività mentali, la nostra vita interiore e le nostre reazioni emotive.

Ci sono rapporti molto stretti fra alcuni tipi di valutazioni e pensieri e il nostro stato emotivo. Per esempio, nel caso sopra descritto, la valutazione in termini di "torto", vale a dire il pensare di subire un danno ingiustamente, è legata alle emozioni di rabbia, irritazione, odio.

Le valutazioni in termini di "perdita" attivano stati emotivi di tristezza e di depressione: pensieri sulla perdita di qualcuno, di autosvalutazione, perdita di potere o dello status sociale, dell'immagine o della reputazione, oppure perdita di un legame importante o di amicizie.

Quando queste valutazioni ne attivano altre anche pessimistiche sulle difficoltà evolutive del futuro, lo stato psicologico del soggetto diventa anche di depressione piuttosto che solo di tristezza. Il timore di subire un danno può riguardare il proprio fisico, o l'immagine pubblica, o la considerazione di se stessi, o la propria reputazione, in questi casi l'emozione che ne scaturisce è di vergogna e imbarazzo.

Lo stato d'animo generato dal timore di "subire un danno" può causare ansia e, se accade che in un immediato futuro si accosti al pensiero il fatto stesso, l'emozione ansiosa si genera realmente in modo manifesto.

In generale, possiamo dire che per quanto riguarda i C, cioè le categorie delle reazioni emotive, a un livello primario di organizzazione vi sono le "emozioni di base": gioia, tristezza, paura, rabbia, disgusto, sorpresa. Esse sono organizzazioni comportamentali filogeneticamente predisposte e sono reazioni universali in quanto le condividiamo con tutti i nostri simili in tutti i luoghi del pianeta, al di là delle culture e dei metodi educativi.

Nell'uomo, diversamente dai primati, essendo più sviluppato in senso sociale e più complesso in senso mentale, possiamo trovare solo raramente emozioni così primarie, ma troviamo quelle emozioni di base con un contenuto più ricco in termini di valutazioni, pensieri, giudizi, ragionamenti, intenzioni e progetti, che le rendono degli stati complessi, come i sentimenti (emozioni secondarie o sociali), che costituiscono la caratteristica più peculiare della nostra vita interiore.

Le nostre valutazioni derivano dalla nostra storia personale

Un altro punto molto importante, che deve essere sottolineato come una conseguenza della concettualizzazione ABC della condotta umana, è che alcuni pensieri, valutazioni, giudizi molto rilevanti e generali riguardano il modo in cui siamo cresciuti e come abbiamo appreso delle informazioni particolarmente importanti e centrali su noi stessi, su chi siamo, su chi pensiamo siano i nostri genitori, su come sono fatte le persone, su cosa ci aspettiamo dal mondo e dagli altri ecc. Insomma, esse sono risposte nella forma di piccole teorie personali, assunzioni riguardo aspetti generali della storia di vita del soggetto e possono essere rintracciati, come affermano gli psicologi contemporanei, come delle "organizzazioni schematiche" o "schemi", come delle strutture di contenuto o più semplicemente come delle convinzioni e credenze di base, che fin dalla giovane età manteniamo strettamente dentro noi stessi perché in qualche modo esse hanno fatto o ancora fanno da base per altre credenze e convinzioni più specifiche e particolari, più legate ad avvenimenti concreti e particolari della vita (V.F. Guidano, 1988, 1992; G.L. Dell'Erba, 1993; A.T. Beck, 1996; A.T. Beck e A. Freeman, 1990). Un esempio potrebbe essere quello di una ragazza la quale si fa sempre accompagnare perché ha stabilito delle abitudini e comportamenti di dipendenza. Ma l'abitudine comportamentale è determinata dalla paura di rimanere sola, e a sua volta questa paura si ricollega al fatto che, se si trova sola, può sentirsi male. L'ipotesi di sentirsi male potrebbe essere legata alla convinzione più generale di essere "fragile" e "a rischio" nella salute fisica, e ciò potrebbe anche derivare da alcune esperienze, più o meno precoci, che abbia vissuto direttamente in modo traumatico o anche indirettamente (osservando altri); può aver appreso che "ha una salute delicata", "deve essere protetta", "è a rischio". È solo un esempio per illustrare come alcune convinzioni di base, organizzatrici della vita mentale, derivino dalla storia di vita dell'individuo.

Un elemento molto importante è quello che riguarda la convinzione del soggetto di avere subito un danno nel passato e di esserne ancora condizionato. Questo è tecnicamente uno stato mentale presente, una convinzione che il soggetto ha su se stesso e ne subisce naturalmente delle conseguenze in termini di attivazione emotiva. Ma il contenuto di questo pensiero si riferisce a un fatto passato. Questa non è una spiegazione del fatto che il passato influisce sul presente, ma specifica che sono le convinzioni della persona, convinzioni che sono attuali, su ciò che ritiene di aver subito o vissuto nel proprio passato a determinare lo stato emotivo.

La stessa cosa dovrebbe valere se una persona giudica o valuta di essere predisposta a particolari situazioni e circostanze negative, catastrofiche, particolarmente dannose; naturalmente ciò non può essere previsto (anche se alcuni soggetti spesso danno per scontate le proprie ipotesi).

Il lavoro sui pensieri modifica lo stato emotivo

Infine, come ulteriore e finale conseguenza del modello ABC, vi è il fatto che possiamo affermare con certezza che il lavoro sui pensieri e le valutazioni, cioè l'intervento che modifica certi giudizi o assunzioni o ipotesi, praticamente il lavoro su B, naturalmente modifica il proprio stato emotivo, sentimentale, affettivo e le conseguenze comportamentali.

Interventi psicoeducativi

Affrontiamo ora alcune delle applicazioni della psicologia cognitiva in campo educativo, ovvero negli interventi di prevenzione sui soggetti. Questi interventi possono applicarsi al personale scolastico, agli alunni della scuola, ai familiari di soggetti con disturbi psicologici, in particolare con disturbi mentali gravi; inoltre, possono essere anche indirizzati al personale di organizzazioni dove è prevedibile che si possano sviluppare dei conflitti che possono pesare psicologicamente sul rendimento, sul clima aziendale ecc.

In sostanza si tratta di applicare quelle direttive della psicologia cognitiva contemporanea al campo della prevenzione (D. Fontana, 1995; R.E. Ingram, 1986).

Svilupperemo alcuni punti in particolare, anche se questa disamina non è certo esaustiva e non comprende tutti i possibili interventi che possono essere attuati applicando la psicologia contemporanea al campo della prevenzione primaria; nonostante questo, i punti che tratteremo sono particolarmente rilevanti e centrali.

La distinzione tra fatto e opinione

Il primo di questi punti riguarda l'intervento che mira a far sviluppare la distinzione al soggetto, o al gruppo di soggetti a cui è indirizzato l'intervento, tra i concetti di "fatto", "stimolo", "evento", e i concetti di "opinione", "valutazione", "pensiero". In sostanza, si tratta di capire che cosa sia un A e che cosa sia un B e in particolare che A è qualcosa di diverso da B. Sebbene questa distinzione sia alla base dello sviluppo dell'intelligenza infantile, è noto che in condizioni di stress individui adulti normali adottino strategie di risoluzione e di fronteggiamento delle difficoltà con modalità intellettivamente inadeguate alla situazione.

È anche un dato acquisito che tutti i soggetti sono predisposti, in condizioni di incertezza, ad adottare "euristiche di ragionamento" che, pur essendo psicologicamente vantaggiose, sono virtualmente delle distorsioni della realtà.

Dunque tale capacità di distinguere le proprie attività valutative dalla descrizione dei fatti è una abilità cognitiva cruciale, ma anche molto precoce; tale potenzialità può essere promossa oppure ritardata nello sviluppo intellettivo del soggetto. L'intervento che si pone questo tipo di scopo, cioè la distinzione tra fatto e opinione, ha l'obiettivo di far acquisire al soggetto una autonomia rispetto alle circostanze dell'esistenza quotidiana, e a porre una barriera (per usare un'immagine) che ripara il soggetto dalle stimolazioni della vita o degli altri, o più esattamente stimola il soggetto ad acquistare una giusta misura tra sé e gli eventi esterni.

"Che cosa è un fatto?" è la domanda tipica che indirizza il soggetto verso un'analisi più descrittiva delle circostanze e del contesto in cui egli è inserito, in cui ha vissuto una certa esperienza, o sta attualmente vivendo una certa esperienza.

"Che cosa è una opinione?" è quella tipica domanda in cui il soggetto è più spinto a pensare a quale sia la propria attività mentale personale e della quale ha responsabilità, in quanto deriva dai suoi processi mentali (gli appartiene), e quest'attività mentale, come abbiamo detto, è il motore o la sorgente della propria attivazione emotiva, della propria vita sentimentale; quindi, in sostanza, le persone non sono stimolate o spinte dai fatti a reagire emotivamente, ma sono guidate dalle proprie opinioni e giudizi a sviluppare certi sentimenti piuttosto che altri, o certe reazioni emotive al posto di altre.

Quindi la distinzione è tra cosa è un A e cosa è un B; cioè tra cosa è un fatto "oggettivo", cosa è una situazione "descrittiva", cosa è veramente successo e "cosa ho pensato io", "cosa ho potuto pensare o immaginare" o "in che modo ho interpretato un certo fatto".

La distinzione tra opinione propria e opinione altrui

Un secondo punto è un'ulteriore distinzione tra "cos'è un'opinione propria" e "cos'è un'opinione altrui". In sostanza, e nei termini del modello standard della psicologia cognitiva e del modello ABC, la distinzione tra un B proprio e un B altrui.

Tale distinzione ha lo scopo di sollecitare il soggetto a separarsi, a distinguersi, a prendere la "giusta distanza" da opinioni, valutazioni e giudizi di qualcun altro o degli altri in genere. Possiamo dire, in generale, che è sempre utile prendere in considerazione le opinioni degli altri perché esse costituiscono un feedback sociale, una informazione utile e rilevante, qualche volta correttiva delle informazioni delle quali noi teniamo conto per autocorreggerci e per regolarci rispetto a certe conseguenze e a certe tendenze di una maggioranza (C. Castelfranchi, 1989; G.L. Dell'Erba, 1993); in particolare, quando mettiamo in atto un intervento cognitivo educativo ponendo la distinzione tra "cosa è una opinione propria" e "cosa è una opinione altrui" lo scopo è proprio quello di far acquisire al soggetto la "giusta distanza" tra un proprio pensiero o punto di vista e il pensiero o punto di vista di un'altra persona.

Aspetti particolari possono essere pensati nel caso di un conflitto o delle offese, dove la distinzione tra il proprio giudizio e quello di qualche altra persona serve a mettere a fuoco e a confronto due diverse posizioni che sono teoricamente delle "opinioni". Un altro punto sono i giudizi negativi su di sé, dove, in senso opposto, poniamo un confronto tra il nostro giudizio (negativo) e quello di qualche altra persona (eventualmente positivo o neutrale).

Prendiamo il caso di un ragazzo che ha subito un giudizio negativo da parte del proprio compagno di classe, il quale gli dice, per esempio, che è uno sciocco; il nostro soggetto può essere messo a confronto e guidato a porsi questa distinzione: "che cosa penso io di me stesso?" e "che cosa pensa lui di me?"; ora, anche se il compagno pensa che il nostro soggetto è sciocco, egli può non pensarla in questo modo, può avere in sostanza una opinione differente. Naturalmente, il prerequisito di questa distinzione è che "una opinione vale un'altra", e che "le opinioni sono punti di vista", e che "i punti di vista sono attività mentali che sono soggettive", e dunque non esiste, in genere, una persona che a priori ha un giudizio più importante di quello di un'altra.

Quindi, nel confronto tra "opinione propria" e "opinione altrui" è molto importante sottolineare che un punto di vista è uguale a un altro e che il proprio punto di vista vale tanto quanto quello di un'altra persona. Dunque, se un'altra persona ci offende o esprime un giudizio negativo su di noi, questo è soltanto il suo personale punto di vista.

Questa distinzione è particolarmente importante in quanto si pone l'obiettivo di far acquisire al soggetto quella distanza utile per poter affrontare in modo positivo e assertivo, in modo non catastrofico e svalutativo, le situazioni in cui qualcuno la giudica negativamente.

Il formato utile di questa operazione cognitiva di distinzione concettuale può risultare particolarmente vario in relazione alle capacità cognitive possedute dai soggetti.

Modello del robot e modello della condotta

Un ulteriore punto che si basa sempre su una distinzione è quello che si pone come scopo di far risaltare certe descrizioni di soggetti sulla propria condotta come se fossero una specie di automi, di macchine; gli psicologi si riferiscono a queste spiegazioni come "modello del robot", che sostanzialmente è, nei termini del modello ABC della condotta, un modello A/C. Su questa base viene fornito al soggetto l'esempio di una persona che, stimolata a fare una certa azione, reagisce emotivamente in un dato modo, appunto automaticamente, senza alcuna mediazione di attività mentali valutative.

Per esempio, se un individuo riceve un giudizio negativo del tipo "non vali nulla", egli si deprime automaticamente; se a una persona gli si dice "tu sei bravissimo", sarà automaticamente felice e orgogliosa. In questo tipo di intervento deve essere messo in risalto che il modello AC è inadeguato in quanto non prende in considerazione i dati mentali, il contenuto valutativo e interpretativo del soggetto e che, al contrario, il modello più adeguato per descrivere la condotta e le reazioni generali del soggetto è il modello ABC, nel quale egli è responsabile e attivo attraverso un'attività di valutazione e di interpretazione di ciò che gli viene detto, cioè l'interpretazione dello stimolo.

Nell'esempio sopra riportato, se un ragazzo dice "sei stupido" a un altro, il soggetto può interpretare come altamente rilevante questa informazione e quindi svalutarsi e deprimersi, o può anche svalutare la "fonte" di questa informazione e quindi restare indifferente; egli può anche interpretare come bizzarro o strano questo comportamento del compagno e quindi avere un'emozione di sorpresa e curiosità; e, ancora, può interpretare come dannoso e ingiusto questo giudizio del compagno e quindi sentirsi emotivamente attivato nel senso della rabbia e dell'irritazione. Dunque, questo terzo punto mira a evidenziare e a far emergere il modello ABC in modo più esplicito.

Un tipico formato utile a operare una tale distinzione è il porre l'attenzione sul dialogo interno dei soggetti, sia sotto la forma di pensiero automatico e di verbalizzazioni istantanee, sia accentuando le diverse interpretazioni dei diversi soggetti dello stesso stimolo o focalizzando le interpretazioni e valutazioni del soggetto in relazione all'attenzione riposta su singoli dettagli, diversi di volta in volta.

La distinzione devo/è utile

Un altro punto è abbastanza rilevante in quanto mira a una distinzione particolarmente interessante che è quella di differenziare le considerazioni di tipo "doveristico" ("tu devi", "egli deve", "si dovrebbe") da considerazioni in termini di utilità ("è conveniente", "è meglio fare così", " è preferibile").

La distinzione devo/è utile è un punto rilevante, potente ed efficace che deve essere portato avanti e inserito in un programma di prevenzione in quanto le risoluzioni in termini di comportamento reattivo e aggressivo, ma anche depressivo o ansioso, sono sviluppate a partire da atteggiamenti doveristici o assolutistici del tipo "devo assolutamente fare questa cosa, altrimenti chissà cosa succede...", "devo accontentare Tizio altrimenti...", piuttosto che "è utile fare i compiti in quanto...", "è utile essere gentile con...".

La distinzione devo/è utile è molto importante in quanto responsabilizza il soggetto, lo pone in un atteggiamento pratico, realistico e finalizzato a un comportamento "mezzo-fine", il quale ha come obiettivo quelo di vedere il termine della propria azione e lo scopo del proprio comportamento piuttosto che comportarsi in base a delle indicazioni impartite a partire da regole delle quali egli non conosce né il senso né l'origine.

Per esempio, pensiamo a ragazzini che si comportano in un dato modo perché i genitori hanno dato loro delle direttive, che essi seguono pur non condividendole e non comprendendole, con la conseguenza di soffrire; avendo una reazione emotiva negativa possono attivare comportamenti disfunzionali negativi, depressivi, ansiosi. Al contrario direttive e regole impartite promuovendo un atteggiamento di "utilità" tendono a sviluppare nel soggetto un atteggiamento di responsabilità, come anche contribuiscono alla conoscenza della congruità e della finalità realistica di un dato comportamento.

Spesso la distinzione devo/è utile (dovere/utilità) viene equivocata criticando il fatto che l'utilità può intaccare il comportamento educativo che dovrebbe avere delle doverizzazioni, in modo tale che il soggetto sia saldo su certe regole. Ciò, in realtà, è un errore perché ogni atteggiamento educativo che porta avanti delle doverizzazioni, cioè dei doveri che non sono spiegati al soggetto, non può essere efficace perché il soggetto poi può porre in discussione questi doveri e regole e avere anche, in determinati casi, un atteggiamento oppositivo e ribellistico nei confronti di queste stesse regole (A. Ellis, 1987; A. Pope, E. McHale e S. Craighead, 1992; D. Fontana, 1995).

La distinzione pretendo/vorrei

Il successivo punto si pone l'obiettivo della distinzione "pretendo/vorrei". Questa distinzione affronta un argomento particolarmente dibattuto nella filosofia e nella psicologia e viene chiamato "paradosso della spontaneità" o anche "paradosso dell'intenzionalità". In particolare, la distinzione pretendo/vorrei pone come obiettivo il poter distinguere due tipi di atteggiamento; l'uno in cui il soggetto ritiene che sia suo diritto che gli venga concessa una certa cosa, come l'amore, l'affetto, l'amicizia, la fiducia, insomma cose che egli ritiene desiderabili, l'altro che queste cose siano soltanto "desiderabili", vale a dire che egli le desideri soltanto. Tale distinzione non è da poco, ovviamente, e ci si impiega un certo tempo prima di coglierla appieno, in quanto molte persone racchiudono nella espressione "voglio" entrambi questi atteggiamenti, il pretendere qualcosa e il desiderare qualcosa, che sono invece molto distinti.

Questa distinzione cerca di favorire il soggetto nella direzione del libero desiderio di qualcosa e magari attivarsi per quanto gli è possibile verso quel suo desiderio, senza cadere in una sorta di trappola per la quale pretendere qualcosa vuol dire, molto spesso, precludersela. Un soggetto, cioè, pretende delle cose che non sono in suo potere (o in suo possesso), vale a dire dove non è possibile pretenderle, ma il fatto di pretenderle mina alla base la possibilità di averle. Se noi, per esempio, diciamo a qualcuno "pretendo che tu mi ami", e l'altra persona ci dice che ci ama, noi siamo tentati di non credergli. Perché? La risposta "ti amo" è una risposta che abbiamo stimolato noi stessi con la pretesa di avere proprio quella risposta.

Determinate cose sono valide solo se spontanee: quando noi le pretendiamo, anche se abbiamo ottenuto un comportamento che somiglia molto a ciò che noi desideriamo, quel comportamento viene giudicato come ipocrita, falso, non genuino.

Quindi il paradosso della spontaneità, ossia la distinzione pretendo/vorrei, mira proprio a far sviluppare nel soggetto quella distanza rispetto alla possibilità di cadere in trappola nel pretendere ciò che non è possibile determinare con la nostra intenzionalità.

Certi atteggiamenti intenzionali, certe nostre pretese, sono molto pericolose perché una volta attivate rendono difficoltosa la ripresa dello stato iniziale. Per esemplificare, possiamo immaginare una situazione che ben rende questo delicato meccanismo, la barzelletta dei fiori: una signora desidera molto dei fiori, e in particolare ricevere un mazzo di fiori dal marito, e si pone come problema il fatto che il marito non le regala mai dei fiori; il giorno dopo si decide e gli dice "non mi regali mai dei fiori"; l'indomani il marito torna a casa con un bel mazzo di fiori, ma la donna è visibilmente scontenta e delusa. Che cosa è successo? Si è, appunto, attivato il paradosso della spontaneità; abbiamo cioè ottenuto un comportamento che però non vorremmo fosse provocato da noi ma fosse spontaneo nella mente dell'altra persona o nel mondo che ci circonda: provocandolo non ci sentiamo più di riconoscerlo come desiderabile, perché ha perso il desiderato carattere di spontaneità, acquisendo un carattere di forzatura e di autoinganno.

Il paradosso della spontaneità o dell'intenzionalità, quindi, è particolarmente importante perché mira a sviluppare nel soggetto degli atteggiamenti che sono più tendenti verso dei desideri e, naturalmente, verso tutto quello che egli può fare e che è in accordo con il proprio libero desiderio, ma senza cadere nella trappola delle pretese, perché altrimenti si verrebbe a creare una situazione paradossale come quella di ottenere qualcosa che era desiderabile ma ora non lo è più.

Inoltre, la distinzione pretendo/vorrei mira a porre l'attenzione del soggetto sulle proprie realistiche possibilità nel raggiungimento dei propri scopi e allontana gli "oggetti" del desiderio dallo status di mezzi perseguibili, così che il soggetto può pensare a tali desideri in modo libero, spontaneo e non opportunistico.

La distinzione tra potere proprio e potere altrui

Alcuni psicologi cognitivisti (C. Castelfranchi, 1989; M. Miceli e C. Castelfranchi, 1995) hanno particolarmente sviluppato un concetto, già in qualche modo tradizionale nella psicologia generale (per esempio nei contributi di Albert Bandura), in cui si evidenzia la distinzione tra "ciò che possiamo fare noi, che è in nostro potere" e "ciò che non è in nostro potere".

Questa distinzione, così centrale negli interventi psicologici, era già presente nella filosofia stoica, e in particolare in Epitteto che poneva l'attenzione sul fatto che le persone possono fare solo ciò che è in loro potere e non possono né pretendere, né realizzare ciò che non è in loro potere. Dunque, questa distinzione, ora sviluppata dagli psicologi con l'espressione "stile esplicativo o attribuzionale" (per esempio M.E.P. Seligman, 2006), mira a far sviluppare nel soggetto quell'atteggiamento consistente nel porsi sempre il quesito su ciò che è in nostro potere rispetto a ciò che non ci appartiene o che non abbiamo i mezzi per acquisire. Tale punto dà due tipi di risultati immediati: uno è quello di fare in modo che il soggetto non si spinga in iniziative o progetti rispetto ai quali non ha possibilità concrete e mezzi per portarli avanti; l'altro è quello di spingere il soggetto a porsi delle mete che possono essere quelle della acquisizione dei mezzi per avere più potere e possibilità. Per esempio, se noi vogliamo fare qualcosa ma ci mancano i mezzi materiali, possiamo porci come obiettivo l'acquisizione di quei mezzi in vari modi, o direttamente o sviluppando precise abilità o chiedendo ad altre persone, congruamente identificate.

Questo sembra essere molto importante nell'educazione in età evolutiva nella quale si contribuisce alla fermezza dell'individuo sviluppando un atteggiamento realistico e concreto, secondo il quale per ottenere ciò che si vuole è importante avere i mezzi, e il comportamento di ricerca e acquisizione di questi mezzi deve essere concreto, realistico e finalizzato e quindi ciò, come abbiamo già affermato, può essere acquisito attraverso lo sviluppo di abilità proprie attinenti all'oggetto, oppure attraverso lo sviluppo delle abilità di richiedere ad altri il mezzo opportuno che non possediamo, o attraverso la ricerca di un mezzo intermedio che possa farci raggiungere la nostra meta, cioè ciò che ci manca. Per fare un esempio, se vogliamo andare all'università dobbiamo acquisire il diploma delle scuole superiori e, se non l'abbiamo, dobbiamo studiare per poterlo avere; quindi in questo caso l'abilità da sviluppare è quella di superare gli esami finali; se il nostro scopo è quello di appendere un quadro al muro, il nostro obiettivo sarà quello di avere un chiodo e un martello: se non abbiamo l'uno o l'altro di questi mezzi, dovremmo attivarci per chiederlo a qualcuno, o andare a cercarlo o, se è in nostro potere, comprarlo. In sintesi, la distinzione fra potere proprio e potere altrui è interessante ed efficace perché contribuisce allo sviluppo nell'individuo di un atteggiamento mirato a una condotta realistica e finalizzata; ciò permette un'applicazione di questo principio in molti campi, da quello scolastico ed educativo, a quello lavorativo o anche a quello psicoterapico e clinico.

La competenza emotiva

Un differente campo di indagine, e quindi di intervento, è quello dello sviluppo della competenza emotiva. Tale competenza inizia con lo sviluppo delle capacità di riconoscimento delle emozioni principali (o primarie).

Le emozioni sono condotte organizzate aventi la funzione sia di salvaguardare dal pericolo sia di organizzare i contatti sociali fondamentali; in sostanza, sono le basi del comportamento sociale e servono per la sopravvivenza. Le emozioni, essendo comportamenti organizzati e predisposti filogeneticamente, sono sia universali sia innate. Le forme primarie di queste condotte sono le "emozioni di base", riconosciute come presenti in tutti gli individui a partire da età molto precoci.

Le emozioni di base sono "famiglie" o "categorie" di emozioni principali; esse sono:

- gioia;
- tristezza;
- paura;
- rabbia;
- disgusto;
- sorpresa.

Ogni categoria rappresenta e segnala uno scopo specifico per la vita del soggetto e predispone la condotta verso obiettivi definiti. Ciascuna classe emotiva di base è composta da diverse sfumature che definiscono emozioni più complesse e sociali.

Gli scopi basilari delle emozioni primarie possono essere definiti come segue (G.L. Dell'Erba, 1993; P.N. Johnson-Laird, 1989):

- acquisizione e riproduzione (gioia);
- accudimento (tristezza);
- autoprotezione (paura);
- predazione e aggressività (rabbia);
- rifiuto e protezione dei confini del corpo (disgusto);
- orientamento (sorpresa).

Le categorie emotive che più frequentemente affrontiamo e osserviamo sono però quelle relative alla tristezza, alla paura e alla rabbia. Ciascuna di queste raggruppa diversi stati che si differenziano tra loro per gli scopi più specifici ai quali sono dirette, e sono più complesse in quanto in esse vi è un elaborato contributo da parte del ragionamento (e per questo sono anche più culturalmente sensibili). Per esempio la paura comprende gli stati di: ansia, panico, preoccupazione, tensione, agitazione, timore, vergogna, imbarazzo; la tristezza quelli di: depressione, tristezza, colpa, scoraggiamento, delusione, apatia, svilimento; la rabbia quelli di: collera, furia, irritazione, risentimento, gelosia, invidia.

Le credenze e le convinzioni legate a emozioni di paura e ansia sono attinenti alla minaccia di un danno sia fisico che psicologico; esse sono collegate con il comportamento di evitamento e fuga.

Le convinzioni e le credenze che riguardano emozioni di tristezza sono attinenti alla perdita di status, di autostima, di libertà o di possibilità, di persone importanti; la condotta che tende all'immobilità si caratterizza per pensieri d'incapacità e mancanza di speranza.

Le credenze e le convinzioni riguardanti la rabbia concernono l'invalidazione di diritti o di convinzioni relative a torti subiti (danni che sono pensati come ingiusti); i comportamenti sono orientati alla vendetta, al pareggiamento, all'attacco.

La competenza emotiva si basa principalmente sulla gestione delle reazioni emozionali e un ruolo fondamentale è giocato dal riconoscimento degli stati emotivi sia propri che degli altri, intorno a noi. Apprendere o potenziare il riconoscimento degli stati emotivi è un intervento relativamente semplice e prende la forma di un intervento educativo in cui l'"alfabetizzazione" sugli stati emotivi è lo stadio iniziale. L'uso di esempi, l'osservazione di volti tipici per ciascuna emozione di base, il simulare situazioni che tipicamente possono innescare specifiche emozioni è una attività educativa importante e basilare, in quanto intervento preventivo (o base per interventi preventivi più complessi).

Un secondo stadio nella educazione emozionale è quello di focalizzare l'importanza delle valutazioni personali, dei giudizi, delle attività mentali sull'innesco di specifiche reazioni emotive (ciò è stato già accennato più sopra nella distinzione tra A e B, nel modello ABC). Tale intervento tende a incrementare la consapevolezza che il dialogo interno e le verbalizzazioni del soggetto influiscono sulla tonalità emotiva (il tipo di emozione) e sull'intensità dell'emozione stessa. A tale livello di educazione emotiva, i soggetti possono coinvolgersi nella definizione di una certa emozione riconoscendola attraverso le verbalizzazioni di altri, nelle intenzioni espresse e negli atteggiamenti espliciti caratterizzanti simulazioni o scene tratte da resoconti o figure.

Come per ognuno dei punti riguardanti gli interventi psicoeducativi, anche nella competenza emotiva è importante adattare il livello della complessità dei materiali e delle informazioni veicolate; in tale ambito, comunque, il grado di intelligibilità delle informazioni riguardanti le emozioni di base è elevato già precocemente nello sviluppo affettivo e intellettivo e riguarda la capacità di riconoscere le emozioni primarie, la capacità di comprendere le intenzioni dell'altro e di simulare stati emotivi (P.L. Harris, 1991; G. Attili, 1995; A. Karmiloff-Smith, 1995).

L'autostima

Sebbene il valore che i soggetti attribuiscono a se stessi possa dipendere da numerosi fattori, sia profondi sia superficiali, è certamente il modo di pensare a se stessi in modo più strategico che distingue un soggetto con elevata autostima da un soggetto con autostima bassa. Inoltre la maggior parte dei ricercatori in tale ambito sostiene che la capacità del soggetto di considerarsi efficiente e puntare su se stesso è una delle caratteristiche distintive.

Da tale prospettiva la teoria attribuzionale (M.E.P. Seligman, D.L. Rosenham, 1997) identifica tre principali fattori che modulano le valutazioni personali del soggetto riguardo a sé o riguardo al giudizio di altri, sia in caso di successo sia in caso di fallimento (M.E.P. Seligman, 2006). Questo tipo di intervento vede coinvolti gli specifici fattori esposti come strumenti di modificazione delle valutazioni e delle convinzioni del soggetto. Come illustrato precedentemente, i fattori nei giudizi di attribuzione causale o di merito sono i seguenti.

1. La *valutazione interno/esterno.* Quando il soggetto deve stabilire se un dato fenomeno o capacità o fatto specifico dipende da un qualche fattore interno a sé, a qualche propria abilità, oppure da qualcun altro o dal caso.
2. La *valutazione globale/specifico*. Quando il soggetto deve valutare se un certo episodio ha caratteristiche generali e onnicomprensive oppure si riferisce soltanto a un particolare aspetto di quell'episodio.
3. La *valutazione stabile o temporaneo*. Quando il soggetto giudica se un fatto è durevole nel tempo oppure è soltanto uno stato temporaneo e passeggero.

Queste valutazioni riguardano sia i casi positivi, i successi, i meriti, sia i casi negativi, i fallimenti e le colpe. Riguardano la valutazione delle responsabilità delle proprie azioni e delle azioni altrui.

La graduazione dei tre fattori esposti è in grado di modulare la percezione della propria autostima, del proprio benessere psicologico, della capacità di percepirsi efficaci e in grado di raggiungere le proprie mete; inoltre, è anche responsabile del pessimismo, dell'evitamento, del conservatorismo estremo e dell'incapacità di rischiare per perseguire i propri scopi.

Una delle immediate applicazioni di tale prospettiva è il riconoscimento dell'estrema diversità tra attribuzioni in un senso o nel senso contrario in diverse situazioni proposte, sia positive che negative: si può pensare a tipiche situazioni scolastiche come litigare, essere accusati ingiustamente, ricevere una offesa, prendere un brutto voto, subire una sgridata, ricevere una punizione. Tutti questi esempi implicano la capacità di modulare i fattori attribuzionali per essere fronteggiati adeguatamente.

Tra i fattori favorenti la modulazione dell'autostima, e quindi in aggiunta alle valutazioni attribuzionali, possiamo trovare il possesso di specifiche abilità che il soggetto utilizza nel fronteggiare le difficoltà. Alcune di queste abilità, così come identificate da diversi autori, sono state messe a punto per specifici scopi educativi e scolastici (E. McGinnies, A.P. Goldstein et al., 1992). Esse sono:

- abilità di autorganizzazione;
- abilità di fare e mantenere le amicizie;
- abilità di riconoscere ed esprimere le emozioni;
- abilità di gestione della rabbia;
- abilità di gestione dello stress.

L'uso di tale fattore prende le forme di esperienze di apprendimento o training durante le quali i soggetti imparano e si esercitano nelle abilità sociali di base. Elementi principali della maggior parte dei programmi strutturati, sia preventivi sia rieducativi, sono i seguenti ingredienti: apprendimento delle abilità sociali, ristrutturazione cognitiva tramite distinzioni concettuali, sviluppo della competenza emotiva, esercizi di rilassamento e antimpulsività, problem solving (M. Di Pietro, 1992; P. Kendall e M. Di Pietro, 1995; A.P. Goldstein e B. Glick, 1990).

Conclusioni

Qual è la base sulla quale progettare interventi psicologici preventivi? Come possono essere pensati interventi efficaci? Quale obiettivo devono avere?

Queste domande devono guidarci nella progettazione degli interventi, sia negli aspetti strategici che nelle caratteristiche tecniche e, infine, nel diverso uso di materiali e stimoli. Un intervento può essere preventivo del disagio solo se definendo che cosa è e in cosa consiste il disagio, o una sua componente, ne definiamo anche le caratteristiche mentali (scopi, conoscenze, processazione delle informazioni); in questo modo ogni argomento può essere ricondotto a regole e punti di riferimento applicabili nella pratica e utilizzabili dai soggetti come strumenti concettuali. Se un seminario o una discussione in classe, per esempio sul "rispetto degli altri", non traduce le regole morali in credenze e desideri nella vita concreta dei soggetti, o in educazione alle tipologie di valutazione e comportamento, è improbabile che dalla teoria scaturisca una qualche pratica.

Ogni soggetto crede ciò che per lui è plausibile; se le sue credenze sono platealmente in contrasto con quelle di una maggioranza oppure l'applicazione di esse gli determina sofferenza, allora è bene chiedersi quale sia la fonte di tali credenze. Tutti noi crediamo a qualcosa, ripeto, che ci sembra plausibile e affidabile; dunque, un aspetto del cambiamento di credenze, o della loro formazione, deve essere ben plausibile e affidabile come un intervento preventivo costruito su basi concrete. Molte delle informazioni contenute in lezioni, seminari, discussioni di gruppo possono essere in stridente contrasto con regole e bersagli concettuali che l'intervento vorrebbe veicolare: tali interventi non sono solo inefficaci, ma dannosi, in quanto contribuiscono alla formazione di molteplici casi particolari, rendendo gli obiettivi sganciati dalla vita concreta.

Si può seriamente credere che parlare della situazione giovanile e del suo rapporto con la droga possa davvero ridurne il consumo? Oppure, si può pensare che una discussione di gruppo sul rapporto genitori-figli sia davvero un intervento che ha un senso? Non potremmo pensare, invece, che tali metodi incidentalmente favoriscano i comportamenti e le valutazioni critiche sulle quali si intendeva incidere?

Un intervento psicologico deve avere una strategia mirata alla produzione o al cambiamento di informazioni che guidano la condotta; la formazione e la modificazione di ogni comportamento deve porsi il problema di come incidere sulle credenze e sui desideri dei soggetti, e a tale finalità ogni strumento tecnico educativo deve tradursi in informazioni critiche che vogliamo trasmettere in modo plausibile e affidabile. Senza una fonte autorevole le informazioni non sono ascoltate e, senza un contenuto plausibile, tali informazioni non sono credute.

CAPITOLO 4

Situazioni di difficoltà nell'età della formazione

La separazione dei genitori

Essere figlio di genitori separati sta diventando sempre più frequente in Italia, come del resto in tutto il mondo occidentale. È una situazione che comporta inevitabilmente per il bambino momenti di crisi, non solo nel periodo in cui tale separazione di fatto avviene, ma anche e soprattutto nel periodo precedente a essa e talora in quello immediatamente successivo. Non si tratta solo di cambiare le abitudini di vita e le modalità di rapporto con i genitori: sono in gioco anche la qualità di tale rapporto, la possibilità di trovare sostegno nei genitori, i processi di identificazione, lo stesso strutturarsi dell'immagine di sé e dell'identità sociale.

Il bambino può sentirsi in pericolo perché non trova chi si preoccupa pienamente dei suoi autentici bisogni, ma – soprattutto se è piccolo – può sentirsi minacciato dai suoi stessi impulsi, quando vede concretizzarsi nella realtà quelle sue fantasie aggressive e di divisione dei genitori che sono normale retaggio di alcune fasi del suo sviluppo psicologico. Egli può reagire a questo con comportamenti che aggravano la distanza psicologica tra lui e i genitori, già presente per il concentrarsi delle loro energie e della loro attenzione sul conflitto reciproco, ma può anche cercare un "accomodamento", instaurando stili di comportamento funzionali alla situazione familiare, ma disfunzionali per la sua crescita come persona e per la sua socializzazione (come quando accetta ruoli che lo pongono in posizione di passività, o sviluppa meccanismi difensivi che risultano adeguati al non essere troppo coinvolto o danneggiato nel conflitto genitoriale ma che a lungo andare si rivelano inadeguati nell'ambito di altri sistemi relazionali a cui partecipa: quello scolastico, il gruppo dei coetanei ecc.). Egli può anche, a volte intenzionalmente ma più spesso senza rendersene conto, sostenere o accentuare il conflitto dei genitori attraverso la "scelta" di uno di essi, a cui spesso viene più o meno direttamente sollecitato. Ma anche questo acuisce le sue difficoltà e i suoi motivi di crisi perché, lungi dall'aiutarlo a uscire dal disagio, lo porta a dover sostenere in continuazione tale scelta e a volte anche ad autoprecludersi i rapporti con l'altro genitore, non avendo altra possibilità, per vivere meno angosciosamente e non porsi sempre in discussione, che il rifiutare il contatto con una realtà che gli ripropone una "verità" diversa e lo espone a sensi di colpa e a timori di punizione e di abbandono.

Naturalmente, la separazione dei genitori non comporta automaticamente una problematica dei figli che non possa essere superata. È stato anzi da più parti dimostrato come si sviluppino nel corso degli anni maggiori disturbi di personalità e di socializzazione tra i figli di genitori formalmente uniti ma il cui ménage è caratterizzato da tensioni più o meno acute e prolungate. Tuttavia, la crisi del bambino che partecipa al disgregarsi dell'unione dei genitori può essere superata solo se questi ne percepiscono l'esistenza e si adoperano per aiutare il figlio in tal senso. Ciò purtroppo spesso non avviene. I genitori infatti non poche volte tendono a coinvolgere e a strumentalizzare il figlio nella loro contesa e spesso non riescono a cogliere il significato dei comportamenti che egli mette in atto per adeguarsi alla situazione, o comunque con l'intento di trovare in essa un vantaggio, o anche solo la possibilità di essere "visto" o ascoltato. Una lettura non appropriata di tali comportamenti anzi a volte li allarma, ed essi divengono sempre meno disponibili a comprendere le reazioni del figlio e ad aiutarlo a superare le sue difficoltà. È d'altra parte comprensibile che un simile aiuto venga dato difficilmente nel momento della separazione, che è per ambedue i genitori un momento di grave crisi personale. I vari stati d'animo che si possono sviluppare in questa circostanza inevitabilmente rendono soggettiva la percezione della realtà e fanno concentrare ogni energia nel tentativo di trovare, in se stessi e nel contesto, elementi che permettano di sentirsi, e di proporsi agli altri, come persone valide. Non raramente, inoltre, per potersi garantire un'immagine di sé positiva, i coniugi hanno bisogno di contrapporre a essa l'immagine negativa del coniuge: in questi casi, non solo vi è scarsa disponibilità verso il figlio, ma vi è anche l'esigenza che il figlio sia disponibile a confermare la propria interpretazione della situazione.

Tuttavia, una difficoltà ad aiutare il bambino nei suoi problemi può esistere anche prima della separazione se i genitori, nel tentativo di definire la consistenza della propria posizione con la ricerca di alleati fuori e dentro il nucleo familiare, condizionano il loro rapporto con il figlio all'atteggiamento che questi assume nei loro confronti e nei confronti dell'altro.

Ugualmente, può mancare per molto tempo dopo la separazione una capacità a recepire le esigenze e le problematiche del figlio, quando i genitori non riescono a realizzare il "divorzio psichico", cioè la cessazione di una dipendenza emotiva reciproca, e tendono a bloccare lo scorrere degli eventi piuttosto che adeguarsi a essi. In tali casi, anzi, essi possono danneggiare ulteriormente il figlio quando, coinvolgendolo nella strutturazione delle loro difese, arrivano a costruirgli, attraverso complessi meccanismi di proiezione, identificazione o compensazione, bisogni e ruoli non suoi, che lo costringono a nascondere, camuffare, distorcere i propri sentimenti (ad esempio quelli verso l'altro genitore), e ad accettare pertanto di perdere qualcosa di sé per non perdere una disponibilità, se pur parziale, di uno o di ambedue i genitori.

Così appare evidente che la soluzione delle problematiche affettive del bambino, i cui genitori si stanno separando o si sono separati, potrebbe essere favorita da un aiuto esterno, sia direttamente, attraverso un chiarimento delle problematiche del figlio e una guida e una risposta adeguata al loro esprimersi, sia indirettamente, mediante un'azione intesa a sostenere i genitori nell'uscita dalla loro stessa situazione di crisi personale, perché possano trovare da soli, una volta riacquistata una sufficiente stima di sé, modalità di rapporto con il figlio valide e gratificanti per ambedue, e conservare uno spazio per un simile rapporto tra il figlio e l'altro genitore.

Il lavoro terapeutico nella separazione

L'aiuto alla famiglia che si disgrega, in funzione della prevenzione e del trattamento dei disturbi psichici dei suoi componenti, è ormai scontato in molti paesi. Negli Stati Uniti, per esempio, si è venuta sviluppando una specializzazione in questo tipo di trattamenti. In questo caso, nel lavoro terapeutico non vengono presi in considerazione solo i problemi che i coniugi pongono, ma anche gli aspetti psicologici che essi non sono riusciti a evidenziare e che stanno alla base del permanere di incomprensioni e conflitti. Tra questi viene posto di solito in primo piano il problema dei figli, considerati in situazione di rischio psicologico, anche se non vi è una dichiarata contesa su di essi da parte dei genitori. Il lavoro, in questi casi, è indirizzato a chiarire le forme con cui i figli vengono concretamente coinvolti nel conflitto, e a un progetto di prevenzione della comparsa e dell'aggravamento di eventuali disturbi psichici. Esistono anche pubblicazioni a carattere divulgativo per i genitori e per gli stessi bambini, e la pubblicistica specializzata appare molto abbondante. Questo non significa che non debba essere tentata, ove possibile, una ricostruzione dell'unione coniugale, considerando che la sua dissoluzione è pur sempre fonte di difficoltà per tutti i membri del nucleo familiare, ma significa che, una volta accertata l'impossibilità di ristrutturare l'unione in modo tale da presentare elementi di positività per le relazioni familiari, viene presa in considerazione la possibilità che la separazione comporti la minor sofferenza possibile per tutti.

In Italia, l'aspetto psicologico della separazione è relativamente trascurato, se si fa eccezione per alcuni consultori familiari e per qualche associazione privata, che hanno scelto come campo d'azione e d'interesse principale il terreno delle problematiche relazionali. Risulta così scoperto un grosso ambito d'intervento su persone a rischio psicologico, e in particolare sui bambini soggetti a tale rischio. In questa situazione ha certo un'influenza notevole un atteggiamento culturale verso la separazione che deriva da una concezione di famiglia intesa ancora essenzialmente come istituzione, garante della struttura sociale e della trasmissione dei valori etico-normativi che a essa sottendono. Una famiglia che va quindi protetta e garantita al massimo nella sua unità, indipendentemente dalle dinamiche interpersonali che si sono sviluppate tra i coniugi, anche se queste non solo non permettono più alcuna forma di sostegno reciproco, o determinano una situazione di conflittualità permanente, ma sono anche venute assumendo caratteristiche tali da poter essere considerate distruttive per ambedue. È una concezione che rispecchia una scarsa attenzione all'uomo come persona, ponendo in primo piano un interesse "sociale", esso stesso basato più sulla conservazione delle istituzioni che sulle effettive esigenze degli individui che tale società compongono, e che trova riscontro in quanti temono che il dar peso alle esigenze personali dei singoli, e quindi anche dei coniugi, possa essere di per sé un elemento di indebolimento della famiglia e quindi della società. In questo contesto, la separazione viene accettata solo come dato di fatto, ma non valutata positivamente, né considerata un mezzo atto a risolvere problemi coniugali non altrimenti risolvibili e per consentire ai coniugi di trovare altri modi e altri spazi non solo per vivere e per realizzarsi, ma anche per essere più disponibili verso i figli e per permettere loro esperienze di vita più positive. E di questo sembrano convinti, nella realtà ita-

SEPARAZIONI E DIVORZI IN NUMERI

Nel 2008 (dati Istat) le separazioni in Italia sono state 84.165 e i divorzi 54.351. Rispetto al 1995 le prime sono più che raddoppiate (+101%) e i secondi sono aumentati di oltre il +61%. Tali incrementi si sono osservati in un contesto in cui i matrimoni diminuiscono e quindi sono imputabili a un effettivo aumento della propensione alla rottura dell'unione coniugale.

Soltanto nel 2008 separazioni e divorzi hanno interessato più di 430.000 persone tra coniugi e figli.

Notevoli sono gli effetti che la rottura di un matrimonio arreca sul piano demografico e sociale e sui percorsi di vita dei soggetti coinvolti direttamente o indirettamente.

liana, paradossalmente, gli stessi coniugi che si separano, che assai spesso tendono a nascondere ai figli questa loro intenzione o a spiegar loro in modo poco chiaro e contraddittorio cosa sta avvenendo. Certo, ciò accade anche perché essi vivono la separazione con ansia e con notevole incertezza per la nuova condizione: ma è evidente che, se essi non la sentissero socialmente poco accettabile, riuscirebbero ad affrontarla più realisticamente e a prospettarla più serenamente ai figli, ponendo in evidenza i vantaggi che essi stessi ne possono ricavare. In quest'ottica, anche il discorso dell'interesse e dell'educazione dei figli, pur considerato scopo primario della famiglia, assume un carattere particolare e riflette il sostanziale sconcerto dei singoli come persone: è evidente infatti che il loro crescere in una famiglia solo formalmente unita, ma caratterizzata da scontri o incomunicabilità tra i suoi membri, può essere considerato solo un mezzo per trasmettere loro un valore di indissolubilità del matrimonio che prescinda dalla qualità delle relazioni interpersonali tra i componenti del nucleo familiare. Sembra così perseguito non tanto l'interesse per una adeguata crescita psicologica del bambino, quanto piuttosto l'interesse che esso assuma alcune norme sociali: atteggiamento che, peraltro, corrisponde al concetto ancora largamente diffuso di educazione intesa come trasmissione di valori, piuttosto che come aiuto al bambino a far emergere le sue capacità e a realizzarle in modo autonomo. In tale situazione, è comprensibile come i coniugi e chi li circonda non riescano ad avvicinarsi alla realtà della separazione senza tendere a una immediata classificazione morale dell'evento che richiede la ricerca di un colpevole e di un innocente, di una "ragione" e di un "torto". Ed è comprensibile come spesso l'intervento del giudice venga visto come l'unica possibilità in caso di contrasti che i coniugi non riescono a risolvere da soli.

I tempi appaiono maturi anche in Italia per interventi psicologici specifici sul disagio della famiglia che si va disgregando e in quest'ambito la psicologia italiana ha ancora molto da recuperare, rispetto a quanto è già stato fatto in altri paesi. Si tratta, oltre che di affrontare un lavoro delicatissimo nella sua specificità, di compiere una più vasta opera di sensibilizzazione dell'opinione pubblica al problema nella sua concretezza. È evidente infatti che i coniugi che si separano saranno tanto più capaci di affrontare con realismo le loro difficoltà e quelle dei figli, quanto più si sentiranno capiti da coloro che li circondano.

Questo è uno dei motivi per cui, così ricorrentemente, i genitori preferiscono eludere la faccenda, magari rassicurati dalla convinzione, del resto insita nel senso comune, che i bambini sono troppo piccoli e fragili per sopportare il peso di tali problemi o che "le questioni fra mamma e papà riguardano soltanto loro".

A smentire l'opinione collettiva arrivano invece gli studi più recenti sugli effetti della frattura coniugale sui minori coinvolti: circa l'80% dei cosiddetti "figli del divorzio" non riceve una preparazione adeguata alla disgregazione familiare, né viene dettagliatamente informata su ciò che sta accadendo alla propria famiglia. I figli, in poche parole, vengono lasciati quasi sempre soli ad affrontare uno degli eventi più stressanti che possa capitare al nucleo familiare. Spessissimo, i genitori sono così turbati emotivamente e psicologicamente da non avere più a disposizione la stessa quantità di tempo, energie e capacità di prendersi cura dei figli. Così, facilmente finiscono per trascurare, che lo vogliano o no, le esigenze dei più piccoli, che sono invece i soggetti più bisognosi di una presenza forte e fidata che li accompagni nel difficile transito verso una nuova forma di vita ed un nuovo assetto familiare. Questo non significa che il divorzio sia sempre un male: è ormai ampiamente dimostrato, anzi, che per i figli è più salutare vivere in una famiglia ricostituita o di tipo monogenitoriale ma abbastanza serena, piuttosto che vivere quotidianamente in un ambiente carico di conflittualità e instabilità.

La visione impostata secondo un rigido determinismo, assai di moda fino alla metà degli anni Settanta, che faceva del divorzio una delle cause principali di disturbi emotivi, cognitivi, affettivi e comportamentali nei figli che lo subivano, ha lasciato oggi spazio a una interpretazione più pacata e meno drammatica della separazione che, in quanto evento di rottura e di crisi può diventare anche una proficua occasione di cambiamento positivo, una risorsa per tutti i membri del nucleo familiare. Del resto, nonostante sia usato nell'accezione più comune di "disastro", dal punto di vista etimologico il termine "crisi" significa "scelta critica", e indica quindi la possibilità di scegliere percorsi diversi. Ma rimane il fatto che per i bambini, grandi o piccoli che siano, non essere adeguatamente seguiti e preparati agli eventi che precedono e seguono la separazione dei propri genitori può rappresentare un rischio per la loro crescita e per il loro sano e armonioso sviluppo psicologico e affettivo. Tanto più che tutti i bambini hanno, almeno a livello latente, la paura di essere abbandonati da mamma e papà, e il divorzio rappresenta per loro proprio la concretizzazione del loro timore immaginario. Timore che può ingigantirsi o affievolirsi a seconda di come i coniugi in via di separazione si comportano e comunicano con loro, e che può letteralmente prendere il sopravvento quando i genitori passano il tempo a litigare fino alla disperazione, non li informano di ciò che sta accadendo e mancano di rassicurazioni nei loro confronti. È quindi molto importante che i coniugi spieghino ai figli il passaggio in corso ed evitino di strumentalizzarli per ottenere vantaggi sull'altro coniuge, magari perché ritenuto colpevole di tradire o di agire la fuga dal "nido familiare".

Consigli per i genitori in via di separazione

Psicologi, psicoterapeuti, mediatori familiari ed esperti del settore concordano nel ritenere che si debba assolutamente evitare di trasmettere ai bambini messaggi negativi sull'altro coniuge, cosa che potrebbe incrinare l'immagine di una delle figure per loro più significative.

I figli non dovrebbero diventare i confidenti dei genitori, e neppure i loro messaggeri. Per un bambino assumere il ruolo dell'amico di mamma o di papà significa contemporaneamente tradire, diventare nemico dell'altro genitore e questo provoca in loro pericolose ambiguità e dannosi dilemmi di lealtà, dato che spalleggiare uno dei genitori vuol dire contemporaneamente voltare le spalle all'altro. Tanto più che molto spesso i figli si sentono in colpa perché credono di essere loro la vera causa della separazione.

Dai quattro anni in su i bambini si sentono in parte responsabili di ciò che sta accadendo nella loro famiglia; ne derivano in loro sentimenti

LA NORMATIVA VIGENTE

L'affidamento dei figli in caso di separazione è oggi disciplinato dalle norme introdotte con la legge n. 54 dell'8 febbraio 2006.

Il principio fondamentale è che, in caso di separazione personale dei genitori, il figlio minore ha il diritto di mantenere un rapporto equilibrato e continuativo con ciascuno di essi, di ricevere cura, educazione e istruzione da entrambi e di conservare rapporti significativi con gli ascendenti e con i parenti di ciascun ramo genitoriale.

Pertanto, in sede di separazione e salvo diverso accordo tra i coniugi, il giudice deve valutare prioritariamente la possibilità che i figli minori restino affidati a entrambi i genitori (affidamento condiviso), oppure stabilisce a quale di essi i figli sono affidati (affidamento esclusivo), sempre e comunque considerando l'esclusivo interesse della prole.

Il giudice determina inoltre i tempi e le modalità della presenza dei figli presso ciascun genitore, fissando altresì la misura e il modo con cui ciascuno di essi deve contribuire al mantenimento, alla cura, all'istruzione e all'educazione della prole.

Il coniuge affidatario in via esclusiva avrà la potestà sui figli oltre all'amministrazione e all'usufrutto legale dei loro beni.

Il genitore divorziato non affidatario conserverà l'obbligo, ma anche il diritto di mantenere, istruire ed educare i propri figli.

Il genitore non affidatario è tenuto a versare un assegno di mantenimento per la prole.

L'assegno viene versato mensilmente e devono essere corrisposte anche le somme relative alle spese, considerate straordinarie, ad esempio quelle scolastiche, ricreative, mediche, sportive o per le vacanze. L'importo per legge deve essere valutato annualmente secondo gli indici ISTAT.

Il giudice può anche stabilire un assegno a favore dei figli maggiorenni da versare a loro direttamente, quando gli stessi figli non abbiano adeguati redditi propri. L'art. 155 quarter del Codice civile stabilisce che l'interesse dei figli è anche determinante per stabilire a quale dei coniugi sarà assegnato il godimento della casa familiare.

di angoscia, autosvalutazione e speranze di riconciliazione destinate a essere di continuo deluse in un circolo vizioso di delusione e sofferenza.

A qualsiasi età i bambini vivono la separazione dei genitori come una perdita: indipendentemente da come si svilupperà nel futuro la relazione

ALCUNE REGOLE SU COME AFFRONTARE IL TEMA DELLA SEPARAZIONE CON I BAMBINI

1. Dare una versione il più possibile univoca e chiara di ciò che sta accadendo. Meglio se la decisione viene comunicata alla presenza di entrambi i genitori. Una frase tipo potrebbe essere: «Io e papà non ci amiamo più e abbiamo deciso di separarci. Ma continueremo a volerti bene ed avere cura di te come sempre».
2. Dare informazioni il più possibile dettagliate sulle questioni pratiche che cambieranno la vita del bambino, del tipo: «Tuo padre/tua madre abiterà altrove, vi vedrete ogni fine settimana, farai con lui/lei parte delle vacanze estive ecc.».
3. Cercare di non alterare troppo la vita quotidiana e la routine dei figli, che proprio in questo momento di caos emotivo hanno bisogno di poter contare su solidi punti di riferimento anche pratici.
4. Rassicurare il più possibile il bambino, e invitarlo a parlare dell'argomento e fare domande ogni volta che ne sente il bisogno.
5. Evitare di strumentalizzare il bambino, di usarlo come arma di ricatto verso l'altro coniuge; di parlare male dell'ex moglie/marito, sia in sua presenza sia in sua assenza. È di vitale importanza che i figli possano mantenere sereni e solidi rapporti con entrambe le figure genitoriali.
6. Il genitore non affidatario dovrebbe mantenere frequenti contatti con i figli, vederli due-tre volte la settimana – compatibilmente con gli accordi di separazione – e cercare di mantenere le attività che prima della separazione condivideva con i figli (giochi, cinema ecc.).
7. Spiegare al bambino che i cambiamenti fanno parte della vita, ed è bene imparare a viverli e ad affrontarli. Rassicurarli sul fatto che presto ciò che ora appare strano e inusuale diventerà normale e piacevole. Soffermarsi sugli aspetti positivi dei cambiamenti in corso.
8. Evitare di dire al bambino bugie, del tipo "tuo padre è partito per un viaggio di lavoro". Potrebbe fantasticare sul suo ritorno, per poi subire una cocente delusione. Allo stesso tempo non c'è bisogno di dilungarsi troppo sui dettagli spiacevoli della separazione.
9. Rassicurare il bambino nel caso in cui provi vergogna o imbarazzo con i suoi coetanei per la situazione anomala della sua famiglia. Le famiglia "strambe" sono tantissime al mondo, e di famiglie ne esistono di tutti i tipi: con un genitore, con due, con i nonni, senza ecc.

fra gli ex coniugi, i figli sentono che con la frattura coniugale anche loro perdono qualcosa. È la dimensione della coppia, l'immagine del "babbo e mamma", per dirla in termini figurativi, quella che viene meno nella mente del bambino o adolescente che sia. I bambini nel momento in cui assistono all'abbandono della casa coniugale da parte del padre o della madre ragionano più o meno così: "se ho perso te, posso perdere chiunque". Da qui deriva l'importanza, mai abbastanza sottolineata, che i figli abbiano accesso, dopo la separazione, a entrambi i genitori, possano mantenere (salvo, ovviamente, casi estremi di violenze) un rapporto significativo con il coniuge non affidatario e siano rassicurati sul fatto che con la separazione non perderanno né il babbo né la mamma. La separazione, in poche parole, dovrebbe essere percepita dal bambino come un cambiamento, ma mai come una perdita.

Salvatore Grimaldi, pediatra, neuropsichiatra infantile e presidente dell'Associazione ASNE, durante il convegno svoltosi a Firenze sul tema «Genitorialità e famiglia ricostituita» (settembre 2001) ha sottolineato come una crescita sana poggi su tre fattori indispensabili: la continuità, la prevedibilità e l'affidabilità:

1. *Continuità*. Coinvolge soprattutto gli aspetti pragmatici della vita del bambino, dove egli deve poter contare su solidi punti di riferimento come una casa dove abitare, precisi orari del sonno, dei pasti e degli svaghi e una routine che si ripete nel tempo e nello spazio.
2. *Prevedibilità*. Riguarda la possibilità per il minore di poter pensare a un domani simile all'oggi, con una cadenza sensata e prevedibile degli eventi; questo permette al bambino di sviluppare la sua capacità di controllare le situazioni e le sue personali reazioni a queste.
3. *Affidabilità*. È l'aspetto centrale e fondamentale perché i bambini possano sviluppare la fiducia nelle relazioni attuali e in quelle future: i bambini hanno bisogno di solidi punti di riferimento emotivi, di avere rapporti soddisfacenti e ricchi con le figure più significative come il padre, la madre, i nonni ecc. Questo coinvolge varie dimensioni: a ogni età il figlio deve poter sentire che i genitori gli vogliono bene, hanno cura dei suoi bisogni e delle sue esigenze, hanno fiducia in lui, lo aiutano e lo spronano a sviluppare le sue abilità, e lo proteggono nelle situazioni difficili e nuove.

Dalla dislessia ai disturbi specifici dell'apprendimento

Secondo il DSM IV Manuale statistico e diagnostico dei disturbi mentali, la dislessia è un disturbo della lettura che si manifesta in individui in età evolutiva privi di deficit neurologici, cognitivi, sensoriali e relazionali e che hanno usufruito di normali opportunità educative e scolastiche. Più precisamente la dislessia è la difficoltà del controllo del codice scritto, difficoltà che riguarda la capacità di leggere e scrivere in modo corretto e fluente.

I bambini dislessici mostrano un'inefficace automatizzazione del processo di lettura, abilità che dovrebbe essere strutturata dalla terza elementare, età in cui il bambino dovrebbe cominciare a velocizzare la scrittura e nella lettura accedere direttamente al significato. L'attenzione è di tipo focale, il bambino cioè si concentra specificatamente sulla decodifica del testo stancandosi rapidamente, commettendo errori, rimanendo indietro e di conseguenza avendo difficoltà di acquisizione.

La difficoltà di lettura può essere più o meno grave e spesso si accompagna a problemi nella scrittura, nel calcolo e, talvolta, anche in altre attività mentali; queste tre abilità infatti (lettura scrittura e calcolo) presentano delle basi comuni. Una "sottocategoria" della dislessia evolutiva riguarda i bambini con un precedente disturbo specifico del linguaggio (dislessia fonologica).

La dislessia non è causata da mancanza d'intelligenza, né da problemi ambientali o psicologici o da deficit sensoriali o neurologici, anzi, i bambini dislessici sono intelligenti e creativi.

Il loro rendimento scolastico è però generalmente carente, portando gli insegnanti a credere che il bambino abbia difficoltà intellettive; in realtà il problema nasce dal fatto che il bambino dislessico durante la lettura presenta una scarsa attivazione dei meccanismi cerebrali deputati a tale compito, alla quale di contro corrisponde un'eccessiva attivazione di aree cerebrali deputate ad altre attività. È stato inoltre dimostrato che alcune competenze, come per esempio quelle linguistiche, metalinguistiche, visuo-spaziali ecc. siano compromesse solo nella loro funzionalità reciproca e non in sé. Le ricerche più recenti sull'argomento confermano l'ipotesi di un'origine costituzionale della dislessia evolutiva; ci sarebbe cioè una base genetica e biologica che origina la predisposizione al disturbo. La dislessia tende, infatti, a essere presente in più membri della stessa famiglia, anche se con gradazione diversa. Le difficoltà di

LA LEGGE SULLA DISLESSIA

Legge 8 ottobre 2010, n. 170 - Nuove norme in materia di disturbi specifici d'apprendimento in ambito scolastico

Art. 1. - Riconoscimento e definizione di dislessia, disgrafia e discalculia

1. La presente legge riconosce la dislessia, la disgrafia/disortografia e la discalculia, di seguito denominate «DSA», quali difficoltà specifiche di apprendimento, che si manifestano in presenza di capacità cognitive adeguate, in assenza di patologie neurologiche e di deficit sensoriali.

[...]

7. I DSA impediscono l'utilizzo in maniera automatica e strumentale delle capacità di lettura, di scrittura e di calcolo e possono costituire una limitazione importante per alcune attività della vita quotidiana delle persone.

lettura e scrittura possono essere notate fin dall'ultimo anno di scuola materna (se vi vengono svolti esercizi di prelettura e prescrittura) o in prima elementare. Nella dislessia evolutiva ciò che viene a mancare è la correttezza e la rapidità con cui si legge, la comprensione del testo è variabile, ma generalmente buona o sufficiente.

Gli errori del dislessico

Riguardo alla correttezza di lettura ecco alcuni degli errori tipici del bambino dislessico:

1. *errori di tipo visivo*: scambio di lettere che hanno tratti visivi simili o speculari (*e* con *a*, *r* con *e*, *m* con *n*, *b* con *d*, *p* con *q* ecc.);
2. *errori di tipo fonologico*: scambio di lettere che hanno la stessa "radice" (*f* con *v*, *c* con *g*) ecc.

I disturbi di scrittura associati alla dislessia evolutiva sono detti disortografie, cioè difficoltà nel realizzare i processi di correzione automatica del testo. Riguardo alla scrittura ecco alcuni degli errori tipici.

1. *Errori fonologici*: scambi di lettere che hanno tratti visivi simili o speculari (*e* con *a*, *r* con *e*, *m* con *n*, *b* con *d*, *p* con *q* ecc.); omissioni o aggiunte di lettere o sillabe; inversioni (*il*/*li*); inesattezze grafiche (p.e. *sh*, *sch*, *ghi*).

2. *Errori non fonologici*: separazioni illegali (p.e. *in-sieme*); fusioni illegali (p.e. *lacqua, nonèvero*); scambio grafema omofono (p.e. *quore, squola*); omissione o aggiunta di *h*.
2. *Altri errori*: accenti, doppie ecc.

Oltre a ciò, generalmente il bambino con dislessia evolutiva non riesce a imparare le tabelline e alcune informazioni in sequenza, come le lettere dell'alfabeto, i giorni della settimana, i mesi dell'anno; può fare confusione per quanto riguarda i rapporti spaziali e temporali (destra/sinistra; ieri/domani; prima/dopo) e può avere difficoltà a esprimere verbalmente ciò che pensa. In alcuni casi sono presenti difficoltà in alcune abilità motorie, nel calcolo, nella capacità di attenzione e di concentrazione. Il bambino ha difficoltà a copiare dalla lavagna e a prendere nota delle istruzioni impartite oralmente. Per tutto ciò, appare evidente come il bambino possa perdere la fiducia in se stesso e avere alterazioni del comportamento. Sono molti, infatti, i bambini dislessici non diagnosticati ad accusare ansia da prestazione, depressione e scarsa autostima.

Riguardo allo stile di apprendimento, è stato rilevato che nei bambini dislessici l'acquisizione delle abilità connesse alle prime fasi dello sviluppo (parlare, camminare ecc.) è stata più lenta rispetto alla media. Il bambino dislessico apprende rapidamente attraverso l'osservazione e soprattutto grazie a supporti visivi.

La diagnosi di dislessia

La diagnosi della dislessia evolutiva deve basarsi tanto su indagini neuropsicologiche che fisiologiche. È importante innanzitutto escludere, con mezzi oggettivi, deficit sensoriali (della vista e dell'udito) neurologici, cognitivi ed emotivo-relazionali.

Il disturbo deve essere analizzato nelle sue diverse componenti per capire le aree di difficoltà del bambino e soprattutto le strategie che utilizza durante la lettura; egli infatti durante il corso delle elementari metterà in atto alcune strategie di compensazione, tendendo cioè a compensare con altre abilità le sue carenze.

È essenziale che la diagnosi sia il risultato di un lavoro multidisciplinare tra neuropsichiatra, logopedista, psicologo, psicopedagogista; la diagnosi deve riguardare infatti le capacità cognitive del bambino, le abilità prassiche e spaziali, la memoria, il linguaggio e l'apprendimento in senso stretto.

Le strategie per aiutare il bambino dislessico

Partendo dal presupposto che i dislessici hanno un diverso modo di imparare, ma possono imparare, diamo qui di seguito alcuni consigli per gli adulti che, nei diversi ruoli, si trovano ad avere a che fare con un bambino dislessico.

Quello che devono fare i genitori

- Informarsi sul problema anche attraverso l'applicazione della legislazione (per esempio è bene sapere che la legge permette di prendere permessi di lavoro per seguire i figli dislessici, art. 6 legge 170).
- Cercare un'appropriata valutazione diagnostica.
- Discutere del problema con gli insegnanti.
- Aiutare il bambino nelle attività scolastiche (ad esempio leggergli ad alta voce).
- Sostituire la lettura con altri strumenti (registrazioni, dvd, computer ecc.).

Quello che devono fare gli insegnanti

- Accogliere realmente la "diversità", studiarla, comunicare serenamente con il bambino e dimostrargli comprensione, come peraltro prevede la legge.
- Parlare alla classe, non nascondere il problema e coinvolgere gli altri (ad esempio chiedendo ad ogni bambino di esporre ai compagni una loro difficoltà).
- Spiegare alla classe il perché del diverso trattamento che viene riservato in varie occasioni all'alunno dislessico.
- Utilizzare i compagni di classe come risorsa, per esempio assegnandone uno come tutor al bambino dislessico.
- Collaborare attivamente con i colleghi.
- Comunicare continuamente con i genitori.
- Comunicare e interagire con i servizi ASL.
- Se di scuola materna o elementare, conoscere le tappe di acquisizione della scrittura e della lettura e sapere condurre il lavoro fonologico e metafonologico.
- Se di scuola media o superiore, riconoscere le tipologie degli errori ortografici, saper fare un bilancio della lettura nella propria classe, fare un lavoro metacognitivo sulla lettura, lavorare sulle abilità di studio, valutare tenendo conto dei punti di partenza.

LA LEGGE SULLA DISLESSIA: MISURE EDUCATIVE E DIDATTICHE

L'articolo 5 della legge riguarda i doveri della scuola nei confronti degli alunni dislessici.

1. Gli alunni con segnalazione diagnostica di DSA hanno diritto a fruire di appositi provvedimenti dispensativi e compensativi di flessibilità didattica nel corso dei cicli di istruzione.

2. Agli alunni con DSA le istituzioni scolastiche garantiscono [...] tutte le misure utili a:

a) favorire l'uso di una didattica individualizzata e personalizzata, con forme efficaci e flessibili di lavoro scolastico che tengano conto anche di caratteristiche peculiari dei soggetti, quali il bilinguismo [...];

b) coltivare negli alunni una struttura positiva di apprendimento, aiutandoli a vivere l'apprendimento in condizioni di benessere;

c) favorire il successo scolastico;

d) prevedere tecniche compensative, che possono comprendere anche l'uso delle tecnologie informatiche e degli strumenti di apprendimento alternativi [...];

e) prevedere, nei casi di alunni bilingui con DSA, strumenti compensativi che favoriscano la comunicazione verbale e che, in particolare per l'insegnamento della lingua straniera, assicurino ritmi graduali e adeguati di apprendimento [...].

Pedofilia: un fenomeno da combattere

Oltre che attraverso le cronache quotidiane, il fenomeno della pedofilia può essere ampiamente descritto attraverso i numeri e le statistiche che ne illustrano tragicamente la rilevanza. Occorre comunque specificare che alla pedofilia sono strettamente collegati anche gli episodi relativi a scomparsa, abuso psicologico e trascuratezza dei minori.

Innanzitutto è bene chiarire che se oggi si parla sempre più apertamente di pedofilia e si tende a scaricarne la colpa su Internet, come se fosse l'unico fattore responsabile di quanto le inchieste giudiziarie portano alla luce; in realtà gli abusi sessuali perpetrati ai danni dei bambini, purtroppo ci sono sempre stati e il più delle volte i fatti avvengono non lontano dall'ambiente familiare. Ne deriva che è fondamentale parlare apertamente ai bambini dei rischi che possono correre, quando un adulto, che non sia un genitore, usa termini che richiamano le parti intime o che in qualche modo cerca di toccare loro le parti intime.

Molto spesso gli abusi sessuali vengono consumati da persone conosciute e di cui ci si fida: è quindi necessario mettere i bambini in condizione di poter esprimere ciò che in qualche modo può turbare il loro sviluppo psicofisico. Anche se non è piacevole per i genitori parlare di un argomento così delicato ai propri figli, è necessario farlo perché questo ha il fine ultimo di difenderli da un pericolo. Solo dei bambini consapevoli possono "fuggire" la minaccia di un abuso. Ecco, allora, alcune indicazioni su come e quando iniziare a parlare ai bambini dei rischi che corrono.

Le regole per i genitori

Poiché, come sempre, la prevenzione è la migliore difesa, di seguito alcuni utili consigli (senza dimenticare che comunque resta fondamentale l'atteggiamento dei genitori).

- Innanzitutto state attenti a non generare nei vostri figli una forma di sfiducia generalizzata del mondo degli adulti: "Tra i grandi ci sono alcuni cattivi ma la maggior parte sono buoni".
- Il controllo ossessivo e ansiogeno è sconsigliabile.
- Non ogni segnale comportamentale di disagio è riconducibile a un abuso sessuale.
- Dovete preventivamente conoscere qual è il vostro livello di imbarazzo ad affrontare l'argomento pedofilia.
- Se non ve la sentite di affrontare il problema, chiedete l'aiuto di educatori, psicologi e degli insegnanti dei vostri figli.
- Prevenire vuol dire educare, quindi non tenere all'oscuro: per difendersi, i ragazzi devono conoscere.
- Per quanto possa essere difficile, informate i bambini che il sesso con gli adulti è una cosa sbagliata.
- Non fateli sentire mai soli, perché la solitudine li rende fragili
- Instaurate con i vostri figli un dialogo aperto su ogni argomento.
- Ponete molta attenzione ai loro discorsi.
- Per parlare di pedofilia usate un linguaggio adatto a loro senza, però, nascondere i termini chiari del problema.
- Al primo sospetto di un abuso, intervenite attraverso indagini, anche se sono relative a un vostro caro e insospettabile familiare.

- Non dimenticate che il 70% delle violenze avviene in famiglia.
- Evitate di farli uscire da soli.
- Teneteli sempre in vista quando giocano fuori casa.
- Se sono in possesso di soldi che non gli avete dato voi, chiedete da dove provengono.
- È giusto conoscere tutte le persone che frequentano i vostri figli.
- Insegnate ai bambini a usare Internet, ma informateli e proteggeteli dai suoi pericoli.

Le regole per i bambini

Alcune semplici indicazioni possono essere fornite ai nostri figli quali strumenti di comprensione e di difesa. Il bambino che è ben educato a proteggersi da spiacevoli esperienze parlerebbe così.

- Quando esco di casa devo comunicare dove vado e con chi.
- Non sono così stupido da lasciarmi portare in qualche posto da qualcuno che non conosco.
- Se qualcuno mi tocca in un modo che non mi piace, lo fermerò e lo dirò subito ai miei genitori.
- Anche se proverà a toccarmi una persona che conosco bene, gli dirò di smettere.

PEDOFILIA: LA DEFINIZIONE PSICHIATRICA

Nel primo DSM (*Diagnostic and Statistical Manual of Mental Disorders*), ossia il manuale diagnostico-statistico dei disturbi mentali più accreditato tra i professionisti del settore psichiatrico, la pedofilia rientrava nel capitolo della sessualità patologica; nel DSM II era invece considerata una deviazione sessuale; per il DSM III e DSM III R, era inserita tra le parafilie, termine questo che sta a indicare un disturbo dell'eccitazione sessuale, reso possibile solo da stimoli particolari come ad esempio il feticismo, il sadismo o ancora il voyerismo (cfr. più avanti il par. «I disturbi sessuali»).

Nel DSM IV, oltre ad approfondire le precedenti definizioni, viene inserita anche la presenza di "comportamenti ricorrenti" e si stabilisce un'età massima per il partner: tredici anni.

Il pedofilo deve avere più di sedici anni e comunque la differenza di età tra abusatore e abusato deve essere almeno di cinque anni.

- Se è uno dei familiari ad avere comportamenti anomali, ne parlerò con qualche adulto di cui mi fido o con i miei insegnanti.
- Se qualcuno mi ha toccato in modo strano, i miei genitori vogliono saperlo e non si dispiaceranno, anzi mi aiuteranno a capire che cosa è successo.
- Nessuno può convincermi del fatto che è giusto lasciarmi toccare, se qualcuno me lo dice, mi sta prendendo in giro.
- Anche se certe persone sono normalmente molto gentili e affettuose con me, se tentano ripetutamente di toccarmi, mi stanno facendo del male e devo ribellarmi.
- Solo i miei genitori sono autorizzati a toccarmi e solo nel caso in cui mi stiano lavando o per controllare se ho irritazioni o infezioni.
- Non mi allarmo subito se qualcuno è affettuoso con me, forse mi vuole semplicemente bene.

Cosa è e cosa comporta l'abuso

In Italia il 15 febbraio 1996 viene varata una legge che definisce la violenza sessuale un reato contro la persona e non più contro la morale pubblica. In questo modo la violenza è tale anche senza atti sessuali completi. Ciò che è importante è l'atto in sé, l'intenzione.

Ma è con la legge n. 269 del 3 agosto 1998 recante *Norme contro lo sfruttamento della prostituzione, della pornografia, del turismo sessuale in danno di minori, quali nuove forme di riduzione in schiavitù*, che si ha effettivamente il salto di qualità. Vengono apportate modifiche al Codice penale e la lotta alla pedofilia, allo sfruttamento sessuale, alla pornografia e al traffico di minori si fa più capillare, così come l'intervento di coloro i quali operano per aiutare i bambini abusati a ritrovare un loro equilibrio. Secondo la *Dichiarazione di consenso in tema di abuso sessuale all'infanzia*, documento redatto e approvato dal coordinamento nazionale dei centri e dei servizi di prevenzione e trattamento dell'abuso in danno di minori nel 1998, l'abuso:

- comporta il coinvolgimento di un minore in attività sessuali (non necessariamente caratterizzate da violenza esplicita), messo in atto da un partner preminente;
- è un fenomeno diffuso;

- si configura sempre e comunque come attacco confusivo e destabilizzante alla personalità del minore e al suo percorso evolutivo;
- l'intensità e la qualità degli esiti dannosi derivano dal bilancio tra le caratteristiche dell'evento (precocità, durata, gravità degli atti sessuali) e gli interventi protettivi e riparativi esterni che si attivano in relazione all'abuso.

Inoltre il danno è tanto maggiore quanto più:

- il fenomeno rimane nascosto o non viene riconosciuto;
- non viene attivata la protezione nel contesto primario e nel contesto sociale;
- l'esperienza resta non verbalizzata e non elaborata;
- è forte il legame di dipendenza fisica e affettiva della vittima dall'abusante.

Che cosa accade infatti nella mente e nell'esistenza del bambino nel momento in cui viene abusato? Non solo l'equilibrio psichico viene profondamente sconvolto, ma perde, oltre ai riferimenti esterni, anche il senso della propria identità e sicurezza. E con queste la libertà. Il bambino, proiettato violentemente in una realtà che non gli appartiene, viene violentato anche nella sua dignità di essere umano. Non considerato più come persona, ma come oggetto, rimane paralizzato nella violenza che poi lo accompagnerà nella crescita e nello sviluppo della personalità con conseguenze nella socializzazione. Per questo è fondamentale intervenire con leggi ancora più severe per coloro che abusano, ma anche individuare preventivamente le situazioni a rischio e creare delle reti di aiuto affinché lo sviluppo del minore possa essere garantito nella sua integrità.

CAPITOLO 5

Adolescenza e identità

L'adolescente e la costruzione dell'identità

Entrare nel periodo adolescenziale e uscirne costituiscono momenti di forte cambiamento. In questo periodo molte certezze consolidate sono messe in discussione, perché immaginare il proprio futuro e prepararsi anche ad affrontarlo può essere particolarmente difficile.

È in queste circostanze che risulta importante il raggiungimento di una nuova stabilità e continuità personale, necessaria per poter prendere decisioni consapevoli sulla propria vita futura. Tale stabilità corrisponde al sentimento di identità personale.

Erikson usò per la prima volta il termine di "identità dell'Io" (*ego-identity*), e poi di identità tout-court.

La dotazione biologica, l'organizzazione e l'esperienza personale e l'ambiente culturale contribuiscono a dare significato, forma e continuità all'esistenza unica di ciascuno. Come già accennato (Parte I, cap. 6), Erikson concepisce la vita di un individuo come una successione di fasi, a ognuna delle quali è assegnata una funzione evolutiva di natura psicologica: nell'adolescenza uno degli aspetti fondamentali evolutivi è l'acquisizione dell'identità sessuale e di ruolo, che è una nuova acquisizione, ma anche la ricapitolazione delle acquisizioni raggiunte nelle tappe precedenti dello sviluppo. L'acquisizione di tale identità comporta:

- il raggiungimento di una percezione matura del tempo, alla quale si lega la capacità di prefigurarsi le realizzazioni e in cui si esprime la fiducia di base sperimentata nelle prime fasi di vita;
- la certezza stabile nella percezione di sé (contrapposta al dubbio e alla preoccupazione ossessiva sulla propria identità), in cui si esprime il sentimento di autonomia sviluppato nell'infanzia;

- l'assunzione e la sperimentazione dei ruoli senza cadere in definizioni negative di sé e nella riattivazione del senso di colpa sperimentato alla fine dell'infanzia;
- la capacità di sentirsi adeguati dal punto di vista produttivo in contrapposizione al timore paralizzante nei riguardi del lavoro adulto, in cui si riattiva il sentimento di inferiorità, proprio dell'età scolare;
- l'acquisizione di un'identità sessuale definita e stabile;
- la capacità di avere un confronto con l'autorità o l'assunzione di autorità;
- la definizione di un orientamento consapevole nei propri ideali personali e sociali.

James E. Marcia, uno psicologo clinico formatosi all'Ohio State University e al Massachussets Mental Health Center di Boston, ha dedicato gran parte della sua carriera a studiare il processo di costruzione di identità, partendo dal costrutto teorico eriksoniano.

L'osservazione delle diverse modalità con cui gli individui studiati (tutti verso la fine dell'adolescenza) affrontavano il problema dell'identità spinse Marcia a postulare quattro stati dell'identità, sulla base dei due fattori di crescita: l'esplorazione/crisi e l'impegno.

L'esplorazione riguarda come e quanto l'individuo ha indagato e sperimentato credenze e direzioni di crescita diverse; l'impegno si riferisce alla scelta di una tra le varie possibilità che il soggetto percepisce disponibili nei diversi ambiti vitali. Gli stati di identità possono essere: acquisizione dell'identità, *moratorium*, blocco dell'identità, diffusione.

- Chi ha acquisito l'identità ha messo in atto un'esplorazione significativa delle alternative presenti nei diversi ambiti vitali e ha assunto impegni seri.
- Chi si trova nello stato definito *moratorium* è ancora nella fase esplorativa della propria esperienza: gli impegni non sono ancora assunti in maniera netta, ma è presente uno sforzo notevole per raggiungere tale condizione.
- Chi è in uno stato di blocco dell'identità è notevolmente impegnato in alcuni ambiti (per esempio professionale, ideologico, religioso), ma senza aver effettuato alcuna esplorazione delle alternative disponibili. È come se avesse mantenuto le identificazioni e i valori precedenti senza metterli in discussione.

- Chi si trova nello stato di diffusione dell'identità ha effettuato vari tentativi di esplorazione, ma sempre in modo superficiale. Vi è in questo caso assoluta mancanza di impegno.

Non si può tuttavia sostenere che il modello degli stati di identità corrisponda a una teoria dello sviluppo dell'identità, ma da studi di ordine empirico, effettuati successivamente, si deve ritenere che la maggior parte dei soggetti costruisce una propria "identità imperfetta", cioè un'identità in equilibrio tra i diversi stati indicati da Marcia.

L'età adolescenziale conosce, dunque, diversi momenti di esplorazione/crisi che possono risolversi o meno a seconda dell'orientamento assunto dall'insieme delle forze in gioco, nella costruzione di una componente rilevante dell'identità del soggetto.

L'individuo, in vari periodi, è posto di fronte a diverse opzioni e deve scegliere assumendo un impegno preciso (modello focale di Coleman). È importante che gli adolescenti affrontino anche i problemi più gravi, pochi per volta, in successione. L'età adolescenziale occupa gran parte della seconda decade della vita.

Molti cambiamenti possono aver luogo in tale periodo, dando la possibilità al soggetto che li vive di recuperare la propria forza psicologica dopo ogni episodio di coinvolgimento emotivo più intenso e di affrontare la difficoltà successiva.

Il dover far fronte a una molteplicità di problemi contemporaneamente rischia di rendere la situazione non risolvibile.

L'immagine di sé

L'immagine di sé consiste nella descrizione di sé fornita dall'individuo: è l'aspetto cosciente dell'identità.

Essa regola l'autostima, l'autoefficacia (cioè l'idea di essere in grado di compiere un'attività, di seguire un modello), l'aspettativa di essere accolto e apprezzato dagli altri, la soddisfazione di sé, piuttosto che l'emergere di sentimenti di inadeguatezza.

Cooley sostiene che il sé sia una costruzione sociale che implica l'interiorizzazione degli atteggiamenti di chi può rappresentare una figura di riferimento importante (che l'autore definisce "altri significativi"): il soggetto fa propri gli atteggiamenti che gli altri esprimono nei suoi confronti; queste valutazioni riflesse definiscono quello che metaforicamente viene indicato come il *looking-glass-self* (autorispecchiarsi).

Nell'adolescenza l'ancoraggio sociale dell'immagine di sé è ancora più evidente che negli altri periodi della vita: l'incertezza generata dai mutamenti fisici ed emotivi e dalle diverse attese sociali, che a essi sono connessi (passaggio a un nuovo tipo di scuola, relazioni eterosessuali, far parte di un gruppo di coetanei) porta a una ancor maggiore dipendenza dagli altri, per la conferma dell'immagine e della stima di sé.

Gli adulti (genitori, insegnanti, istruttori sportivi ecc.) sono importanti per la definizione dell'immagine di sé degli adolescenti che, perciò, rifletteranno in parte le aspettative di questi adulti.

Quando, ad esempio, gli allievi percepiscono le valutazioni espresse dagli insegnanti, le quali determinano in loro delle corrispondenti autovalutazioni, si origina un "bias", a partire dalle impressioni percettive, dall'"effetto alone" e dall'etichettamento degli allievi nelle normali interazioni in classe. Gli allievi rispondono a questo processo di etichettamento adattando il proprio comportamento alle etichette di "successo" o di "fallimento". Il successivo rinforzo di questi modelli di comportamento influenzerà la stima di sé degli adolescenti, e in alcuni casi, i giovani cesseranno di considerare gli insegnanti "altri significativi", al punto da creare sottoculture in opposizione alla scuola, che saranno sostenute dal gruppo dei pari. I coetanei possono assumere per alcuni aspetti rilevanti dell'immagine di sé (per esempio qualità fisiche, simpatia, coraggio) un'importanza anche superiore a quella dei genitori e degli altri adulti, perché controllano una parte notevole della vita e delle risorse sociali dell'adolescente.

Per esempio in una realtà in larga parte controllata dai coetanei com'è la scuola, può essere importante il modo di vestire, la simpatia, il successo nelle attività extrascolastiche, almeno quanto il successo in quelle strettamente scolastiche.

Lo sviluppo sociale

Le modificazioni del pensiero adolescenziale si applicano anche alle regole sociali: precedentemente le norme sono accettate in relazione al principio di autorità e nel rapporto asimmetrico adulto-bambino; ora diventano norme "possibili" da confrontare con le altre. Inoltre il ricorso

LA COMPETENZA SOCIALE

La competenza sociale, anche se meno studiata rispetto allo sviluppo cognitivo in senso stretto, costituisce un aspetto dello sviluppo di pari importanza per il benessere e il successo personale. Possiamo considerare i seguenti come aspetti fondamentali di tale abilità.

- **La competenza espressiva**:
  decodifica dei segnali mimico-espressivi di altre persone, capacità di interpretare i sentimenti dell'altro in base a tali segnali, capacità di realizzare espressioni mimiche adeguate a trasmettere specifici sentimenti o intenzioni.
- **La comprensione empatica**:
  comprendere i sentimenti dell'altro, avvertire i suoi stati di disagio.
- **La conoscenza e l'utilizzo di "copioni"**:
  saper chiedere, saper ottenere attenzione, saper consolare o aiutare, saper dire cose gradite agli altri, saper dire di no senza offendere.
- **La capacità di cooperazione**:
  sia in situazioni organizzate e dirette da un adulto, sia in situazioni spontanee e di competizione, un'efficace competizione presuppone un contesto di collaborazione, reciprocità e rispetto di regole comuni.
- **L'autonomia e l'iniziativa**:
  saper prendere l'iniziativa in uno scambio sociale, saper agire autonomamente dall'adulto.
- **La capacità di comunicare**:
  saper esprimere i propri sentimenti, intenzioni, desideri; saper interagire efficacemente sia verbalmente che pragmaticamente; saper dissimulare efficacemente.
- **La capacità di comprendere e rispettare regole e comportamenti di gioco.**

Nell'adolescenza tutte queste competenze si sviluppano in due direzioni di fondo. La prima verte su una maggiore consapevolezza delle proprie reazioni e abilità, nonché delle strategie che si possono mettere in atto: si tratta della "metaconoscenza" sociale, che permette all'adolescente un "monitoraggio" delle proprie prestazioni e modalità di "autorappresentazione" agli altri.
La seconda direzione è quella di una superiore capacità di comprensione dei sentimenti, delle emozioni e delle intenzioni, anche complesse e indirette, degli altri.

a principi astratti spinge l'adolescente a discutere credenze e teorie riguardanti la religione, le relazioni affettive, le istanze sociali.

L'adolescente prova piacere nella scoperta di questa sua nuova capacità e diventa talvolta provocatorio, nel tentativo di saggiare i limiti a cui può spingersi, di scoprire quali nuove risposte può avere. Spesso non gli interessa discutere un determinato argomento, ma esercitarsi in questa nuova abilità, affascinato dal divenire il demiurgo di realtà possibili e di modelli ideali.

È possibile perciò che si raffiguri una famiglia ideale, un mondo ideale, che segue coerentemente l'amore per il prossimo o la giustizia, relazioni interpersonali ideali.

In questa fase è possibile un ritorno all'egocentrismo, differente da quello del bambino, che consisteva nella difficoltà di tener conto di punti di vista diversi e di coordinarli tra loro. «L'egocentrismo dell'adolescente si manifesta come una sorta di messianismo tale che le teorie per mezzo delle quali egli si rappresenta il mondo sono imperniate sull'attività riformatrice che egli si sente chiamato a svolgere nell'avvenire» (J. Piaget e B. Inhelder, 1970).

David Elkind, psicologo americano della Tufts University, Massachusetts, che ha dedicato molti lavori allo studio della psicologia infantile e adolescenziale, riprendendo i concetti espressi da Piaget e Inhelder, evidenzia come gli adolescenti tendano a valorizzare in senso esclusivistico le proprie esperienze, i propri ragionamenti, i propri sentimenti, ritenendoli unici (il mito personale).

Un altro interessante concetto proposto da Elkind è quello di "pubblico immaginario".

Molti comportamenti adolescenziali sono più comprensibili se si ha presente che per loro è molto importante ciò che gli "altri significativi" pensano di loro. L'adolescente ritiene che ciò che egli pensa, per il solo fatto di essere da lui pensato, sia in qualche modo reale. Egli è carente di esperienze, contrariamente all'adulto, che conosce la differenza tra il pensare le cose e metterle in atto, e si comporta come se l'attuazione di determinati progetti non implicasse resistenza da parte del reale. I suoi comportamenti sono perciò contradditori: egli può propugnare ideali di amore universale, ma comportarsi con frequenti insensibilità e durezze.

Lo sviluppo cognitivo dell'adolescente comporta una maggiore conoscenza sia della propria interiorità sia di quella degli altri, mentre il bambino è più "materialista", infatti considera gli altri in relazione a ciò che fanno e non riesce a immaginarne l'interiorità. L'adolescente, invece, è più capace di immaginarsi gli stati interiori degli altri e si comporta in relazione a queste rappresentazioni. Egli si immedesima nelle situazioni vissute dall'altro e l'amicizia diviene specificamente condivisione di esperienze, sentimenti.

Questo scambio, particolarmente presente nelle ragazze, differenzia l'amicizia adolescenziale da quella infantile, molto più centrata su giochi e attività.

Nell'adolescenza è possibile rappresentarsi le emozioni e i vissuti degli altri, anche se sono relativamente lontani dai propri: si può pensare a situazioni di ordine generale – coinvolgendosi nelle catastrofi collettive – e astratto – fantasticando su invasioni aliene –, come a quelle che coinvolgono intere categorie, popoli, gruppi ("i ragazzi", "le donne", "i poveri").

L'adolescente e la famiglia

È doveroso considerare l'importanza del rapporto dell'adolescente con la famiglia di origine. I moderni approcci psicologici considerano la famiglia come una forma particolare di piccolo gruppo, caratterizzato da una storia passata e da una prospettiva di vita futura, capace di trasformazione e di adattamento attivo in relazione a stimoli provenienti sia dal contesto sociale che dal proprio interno.

In questo approccio è centrale il concetto di ciclo di vita familiare, di cui è elemento costitutivo l'idea del susseguirsi di più fasi. Il criterio più adeguato per dividere in fasi il ciclo di vita familiare è quello di identificare alcuni eventi critici che la famiglia incontra durante il suo percorso.

L'ingresso nell'adolescenza dei figli rappresenta proprio uno di tali eventi critici, intesi come un momento di "crisi" potenziale per l'equilibrio della famiglia. In particolare la famiglia si trova a dover affrontare due movimenti antagonisti che si presentano con forte impatto: la tendenza del sistema all'unità, al mantenimento dei legami affettivi e al sentimento di appartenenza da un lato, e dall'altro la spinta verso la differenziazione e l'autonomia dei singoli membri.

Tuttavia le possibili crisi vanno intese come fisiologiche, in relazione ai cambiamenti dei rapporti in atto e non come contrapposizione, ostilità o conflitto permanente.

Spesso questa fase viene rappresentata insistendo sul conflitto, ma è una forzatura. Ciò che accade è che i genitori non sono più l'unico punto di riferimento e inevitabilmente si sviluppano alcuni conflitti che riguardano ambiti di indipendenza quali il modo di vestire, le amicizie, il tempo libero, gli orari.

Da numerose ricerche emerge un sostanziale accordo tra gli adolescenti e i genitori sui valori più importanti dell'esistenza; la famiglia viene rivalutata per l'importante funzione affettiva che svolge.

Pur essendoci un certo numero di conflitti tra ragazzi e genitori, non si può certo parlare di guerra tra generazioni, frutto di uno stereotipo divulgato dai mass media e non estensibile alla totalità degli adolescenti.

I bisogni adolescenziali che emergono nei conflitti sono:

- sviluppare l'autonomia e il distacco emotivo dalle figure parentali (la critica ai genitori rispetto ai modelli ideali esterni può assolvere a questa funzione);
- rinegoziare il rapporto tra dipendenza e autonomia (i problemi sugli orari, le chiavi di casa, la necessità di chiedere permessi, la necessità di avvertirli, telefonando, per informarli dei propri spostamenti);
- ridefinire in modo autonomo la propria identità e immagine di sé (è il bisogno di essere considerati nella propria individualità senza fraintendimenti e facili generalizzazioni, come il "voi giovani", fenomeno rilevato particolarmente presso adolescenti di classe sociale più bassa e con genitori meno istruiti);
- tener protetta e nascosta la propria identità, in un ambito di privacy, in quanto ancora in fase di rielaborazione interna.

Non è tuttavia solo il versante degli adolescenti a essere coinvolto nel processo di separazione, ma anche quello dei genitori. È un periodo caratterizzato da ansia e ambivalenza anche per loro; le ragioni possono essere ritrovate nel senso di inutilità nel momento in cui i figli sembrano non aver più bisogno di loro rispetto alla lunga abitudine di dominio e di controllo quasi assoluto, una fase che si è protratta per almeno dodici, tredici anni.

È stato detto efficacemente da più specialisti che i genitori hanno bisogno di essere indispensabili per i figli e i figli hanno "bisogno di non aver bisogno" dei genitori.

È indubbio che la qualità delle relazioni familiari è importante nel determinare la competenza e la fiducia con cui gli adolescenti affrontano il loro processo di crescita.

Nell'ambito della qualità delle relazioni, la modalità comunicativa tra i membri assume una sua funzione costruttiva.

La comunicazione ideale tra genitori e figli adolescenti richiede:

- l'asserzione di sé (*self assertion*), cioè la capacità di avere punti di vista e comunicarli con chiarezza;
- la separatezza, cioè la capacità di esprimere la differenza tra sé e gli altri;
- la permeabilità, ovvero la capacità di essere aperti alle idee degli altri;
- la mutualità, cioè la capacità di essere sensibili e rispettosi nelle relazioni con gli altri.

Dalle ricerche di A. Musso e O. Gadoni (2004) emerge che la presenza di questi fattori nelle relazioni intrafamiliari contribuisce sia alla formazione dell'identità e dell'autostima dell'adolescente sia all'elaborazione di capacità interpersonali quale per esempio l'abilità di negoziazione con gli altri.

È importante, quindi, esaminare nei rapporti tra genitori e figli, ma anche tra insegnanti e allievi, gli stili di conduzione.

Gadoni riferisce quattro tipologie fondamentali di figura genitoriale: il genitore autorevole, quello autoritario, quello permissivo e infine quello permissivo-indifferente. La conduzione autoritaria produce una maggior conflittualità rispetto alla conduzione autorevole. Con gli stili permissivo e autoritario, è proprio la comunicazione a risultare carente; se ci si basa su uno stile autorevole, invece, anche attraverso la "negoziazione" si può prendere spunto per il confronto di opinioni e il raggiungimento di un equilibrio tra genitori e figli. La buona comunicazione a livello familiare diventa garante per favorire l'emancipazione sociale e il consolidamento degli affetti.

Anche nella situazione di conflittualità familiare di separazione e di divorzio emerge il bisogno, da parte dell'adolescente, di avere una buona comunicazione con i genitori per poter rielaborare insieme a loro il verificarsi di cambiamenti in questo specifico processo.

Problemi specifici possono emergere nei confronti di un nuovo genitore, anche se il ricostituirsi di una nuova coppia parentale può dar luogo a un'esperienza positiva, al di là dei primi problemi di adatta-

I RAPPORTI CON I FRATELLI

Gli studi inerenti i rapporti con i fratelli (A. Musso e O. Gadoni, 2004), mettono in evidenza l'emergere di sentimenti ambivalenti, caratterizzati sia da affetto e senso di vicinanza sia da rivalità e conflitto.

Tanto per i maschi quanto per le femmine affetto e intimità prevalgono con la sorella (soprattutto tra due sorelle), mentre rivalità e conflitto emergono più fortemente fra fratelli maschi.

Durante l'adolescenza il fattore affetto e intimità diminuisce di importanza nei confronti del fratello, ma rimane stabile nei confronti della sorella.

In una famiglia con più fratelli, l'affetto e l'intimità con la sorella tendono a essere più importanti (soprattutto per l'ultimo nato).

mento; oppure può costituire un'ulteriore fonte di complicazione per i problemi legati al passaggio adolescenziale e richiede una suppletiva dose di pazienza e flessibilità da parte dei genitori.

L'adolescente e il gruppo dei pari

Mentre il rapporto con i genitori, pur rimanendo fondamentale, è talvolta conflittuale, nell'adolescenza cresce l'importanza del gruppo dei pari. I coetanei rappresentano un riferimento importante per esplorare nuovi spazi e valutare in modo autonomo le proprie scelte, a prescindere dal controllo degli adulti. La condivisione degli stessi problemi porta alla ricerca di soluzioni, in condizioni di parità ed empatia.

All'interno della categoria sociale dei coetanei si possono individuare una pluralità di esperienze di gruppo dalle caratteristiche e dai significati diversi fra loro.

Una prima distinzione emerge tra gruppi formali e informali o spontanei. Tali tipi di gruppi sono di tipo associazionistico (sportivi, culturali, religiosi, formativi, politici) e orientati verso obiettivi dichiarati e caratterizzati dalla presenza di adulti che hanno funzione di stimolo e di controllo.

L'adesione a gruppi formali, secondo varie ricerche, è più accentuata nella prima adolescenza (dagli undici ai tredici-quattordici anni), per poi calare consistentemente nella piena adolescenza.

Volendo descrivere in modo sintetico le modalità di aggregazione degli adolescenti, ci avvaliamo di una serie di ricerche condotte da A. Palmonari (1989) che fanno riferimento alla realtà italiana della fine degli anni Ottanta. Si può dire che nell'età della piena adolescenza il 90% circa frequenta in modo regolare e continuativo un gruppo di coetanei; se si considerano solo gli adolescenti che frequentano gruppi (cioè all'interno di questo 90%), circa il 70% vive esperienze di gruppi spontanei, il 15% appartiene a gruppi sportivi, il 12% fa parte di gruppi religiosi, il 2% aderisce a gruppi politici e l'1% sperimenta realtà associative varie, di tipo ambientalista o culturale.

Sono soprattutto i maschi a far parte dei gruppi sportivi, mentre nell'ambito della vita parrocchiale è più rilevante la presenza femminile. Tra i quindici e i diciassette anni diventa molto importante far parte di un gruppo informale; luoghi d'incontro sono la piazza, il bar, i giardini pubblici. All'interno della compagnia si instaura un'intensa attività comunicativa: lo stare insieme a parlare rappresenta l'attività centrale. La coesione del gruppo si fonda sulle piccole esperienze concrete vissute insieme.

Dal gruppo dei coetanei provengono varie forme di aiuto: a livello emotivo, di comportamento, psicologico e anche a livello cognitivo. Se il gruppo rappresenta un buon oggetto di identificazione, può offrire un valido aiuto nei momenti di difficoltà.

Tuttavia è stato dimostrato che la capacità di gestire attivamente il proprio sviluppo, non dipende solo dal livello di identificazione con il gruppo dei coetanei ma anche dallo stabilire relazioni forti e significative con altre entità sociali, per esempio, la famiglia.

Infatti una ricerca condotta da Palmonari su un campione di 1600 adolescenti (suddiviso in quattro sottogruppi a seconda della bassa o alta identificazione con il gruppo dei coetanei e la famiglia) di tre città italiane ha dimostrato che quelli con alta identificazione con il gruppo dei coetanei e con la famiglia, riescono a usufruire del massimo aiuto per il superamento delle difficoltà quotidiane, in quanto l'adolescente impara a differenziare il tipo di contributo che può richiedere e ottenere dalle diverse componenti. È cioè di estrema importanza che l'adolescente trovi un equilibrio nel processo di identificazione con i diversi oggetti sociali, senza eccessive dipendenze dall'uno o dall'altro, in modo da non compromettere lo sviluppo della sua individualità.

L'adolescente e la scuola

Notevole è l'importanza dell'esperienza scolastica nel percorso di crescita dell'individuo.

Il bambino prima e l'adolescente poi sono investiti da una serie di compiti scolastici di sviluppo, il cui esito positivo viene considerato importante anche sul piano individuale e sociale.

La sfida per il futuro nella nostra società è soprattutto di incentivare il "sapere", essendoci necessità di padroneggiare le nuove tecnologie che creeranno sempre più un discrimen tra coloro che "sanno" e coloro che "non sanno".

L'esperienza scolastica può incidere profondamente sullo sviluppo dell'adolescente sia nel processo di costruzione dell'identità sia nella verifica delle proprie abilità cognitive e sociali.

In un'indagine condotta da Palmonari per individuare l'importanza attribuita a dodici compiti di sviluppo, facenti capo a tre aree: personale, interpersonale e socio-istituzionale, è risultato che gli adolescenti ritengono più importanti e più difficili da superare proprio quelli riferiti all'area socio-istituzionale.

I compiti di quest'area erano così definiti:

- portare a termine la propria esperienza scolastica;
- prepararsi per l'inserimento nel mondo del lavoro;
- prepararsi alla responsabilità di una famiglia propria.

Per quanto impegnativi i problemi personali (turbolenza, autonomia, accettazione di sé, consapevolezza, valori) e relazionali (rapporti interpersonali e di gruppo con persone dello stesso sesso e di sesso opposto) erano ritenuti meno difficili da affrontare. È necessario analizzare, a fronte di un atteggiamento negativo, che si va diffondendo, nei confronti dell'esperienza scolastica, il concetto di difficoltà.

L'esigenza del successo scolastico accompagna tutto l'iter formativo dello studente, ma in età adolescenziale i ragazzi si trovano a dover affrontare alcune situazioni scolastiche particolarmente impegnative che possiamo considerare come compiti di sviluppo tipici della loro età.

La letteratura individua fra questi compiti di sviluppo, il passaggio tra cicli di studio e la scelta del ciclo scolastico successivo all'istruzione obbligatoria.

Nei primi anni dell'adolescenza lo studente si trova ad affrontare dei cambiamenti, nel passaggio dalla scuola elementare alla scuola media, che richiedono un notevole investimento di energie cognitive e psicologiche. Una nuova e più problematica esperienza di cambiamento è vissuta nella piena adolescenza al momento dell'inserimento nella scuola superiore. Nella transizione tra "cicli di studio" l'adolescente ha l'occasione di verificare le proprie capacità e il superamento delle difficoltà lo porta ad aumentare l'autostima e la fiducia di essere in grado di affrontare i compiti successivi.

Un altro compito di sviluppo strettamente connesso con il precedente riguarda la scelta che egli deve compiere: se optare per l'interruzione o il proseguimento degli studi e quale tipo di studi intraprendere. Entrano in gioco, in ciò, le esperienze pregresse, le aspettative personali e le influenze degli altri "significativi": la famiglia, la scuola frequentata, il gruppo dei pari.

Può essere quindi importante per prevenire abbandoni o insuccessi scolastici e per chiarire le istanze individuali che sia messa in atto un'opera di orientamento che accompagni lo studente in itinere e non solo al momento della scelta.

Vari studiosi rilevano come l'esperienza scolastica, durante l'adolescenza, contribuisca in larga misura al processo di costruzione dell'identità dell'individuo.

L'immagine di sé (gli elementi cui una persona fa riferimento per descrivere se stesso) si alimenta nell'esperienza scolastica, attraverso l'interazione prolungata con gli insegnanti e il confronto con i coetanei.

L'adolescente che vive esperienze scolastiche problematiche o caratterizzate da insuccessi attraverso il confronto con i compagni può convincersi che i vari compiti siano oggettivamente superabili, ma lui non riesca a superarli a causa di propri limiti. L'insuccesso diventa quindi una minaccia di svalorizzazione dell'identità.

Quando insorgono delle problematiche, la tendenza generale è quella di ricercarne i motivi che le scaturiscono mediante l'attribuzione, un processo cognitivo attraverso il quale l'individuo cerca di spiegare un evento, ricercando la causa che lo ha determinato

In caso di insuccesso prolungato che genera bassa autostima, lo studente in età adolescenziale tende ad aderire a uno stile attribuzionale interno, riconducibile a sé. In questo modo si corre il rischio che la situazione si ripeta anche in futuro, e non soltanto limitatamente alla sfera scolastica, ma che investe anche altre aree. Può accadere cioè che, in caso di risultati negativi, si generalizzi applicando uno stile attribuzionale di tipo esterno, che attribuisce i risultati positivi a circostanze fortuite, limitate a una determinata situazione, piuttosto che a meriti personali, dando un senso di instabilità, piuttosto che permettere l'acquisizione di uno schema specifico che favorisca nuovamente il successo.

In sostanza il ragazzo tenderà ad attribuire i risultati negativi a una mancanza di abilità, mentre i successi saranno imputati a cause ambientali al di fuori del proprio controllo (C.S. Dweck e E.L. Leggett, 1988; A. Pope e S. McHale, E. Craighead, 1992).

Secondo gli studiosi l'esperienza scolastica è in grado di influenzare non solo la costruzione della rappresentazione di sé dello studente, ma anche il suo progetto di vita.

Infatti solo il soggetto che percepisce se stesso come qualificato e competente può progettare di investire le proprie energie in attività di studio e lavorative.

Lo studente con un buon livello di convinzione sulla propria efficacia personale – *self-efficacy* (A. Bandura, 1969) – si comporta in modo tale da raggiungere gli obiettivi che si è posto e ricavarne conferme e gratificazioni.

Al contrario gli studenti che hanno una bassa percezione di autoefficacia tendono a ridurre l'impegno di fronte alle difficoltà e gestiscono le situazioni stressanti con dispendio di energie emotive.

È già stato detto che la scelta scolastico-professionale al termine del ciclo di istruzione obbligatoria e il passaggio dalla scuola media inferiore a quella superiore devono essere considerati due compiti di sviluppo dell'età adolescenziale.

La decisione di intraprendere un certo tipo di studio o di lavoro, si basa sostanzialmente sulla valutazione dei risultati ottenuti negli anni precedenti alla scelta.

La ricerca si è occupata soprattutto del processo decisionale (non ci sono dati che documentino, a distanza di tempo, il livello di soddisfazione e la riuscita della scelta effettuata), ma in realtà le difficoltà connesse alla transizione sono comuni a tutti gli indirizzi scolastici e non strettamente legate alla scelta effettuata. Lo studente deve soprattutto spendere energie per ambientarsi, sia appropriandosi cognitivamente del nuovo spazio sia imparando a gestire i rapporti con i compagni e gli insegnanti.

Egli deve imparare a comprendere le regole di funzionamento del nuovo sistema organizzativo, deve scoprirle da solo con ripetuti tentativi tipo prova ed errore, poiché non sempre la scuola esplicita le proprie finalità e rende comprensibili le proprie richieste.

Il problema dell'inserimento nella scuola superiore è stato oggetto di numerose ricerche che hanno messo a fuoco soprattutto il tema degli abbandoni scolastici.

I fattori che rendono problematico il superamento della transizione dalla scuola media inferiore a quella superiore, fanno riferimento ad aspetti:

1. didattico-metodologici (stile di insegnamento, metodo di studio, carico di lavoro per lo studente, numero di materie ecc.);
2. relazionali e di comunicazione soprattutto con gli insegnanti.

Secondo i risultati della ricerca condotta a suo tempo da C. Baraldi e D. Turchi (1990) il disagio scolastico nel primo anno della scuola superiore si esprime con tre categorie di sintomi:

1. sintomi che si manifestano con sofferenza psicologica dovuta allo stress per le prestazioni scolastiche, caratterizzata da comportamenti di insicurezza e talvolta di angoscia;
2. sintomi che si manifestano con l'aumento di problemi comunicativi in particolare nei confronti della famiglia, quando i ragazzi sentono la pressione delle aspettative dei genitori nei confronti dei risultati scolastici;
3. sintomi di tensione che si manifestano con l'assunzione di sostanze psicoattive (alcol, eccesso di fumo, droghe leggere, soprattutto da parte dei ragazzi, e tranquillanti, da parte delle ragazze).

Lo studente che vive in modo problematico l'impatto con la scuola superiore e che sperimenta ripetuti insuccessi, fino a mettere in discussione la prosecuzione degli studi, tende ad abbassare la stima di sé e a perdere la fiducia di superare i compiti che gli si presentano. L'insuccesso a scuola rischia di diventare insuccesso anche nella vita sociale e poi nel campo lavorativo.

Tuttavia non bisogna pensare che un percorso scolastico difficoltoso sia necessariamente causa di comportamenti sociali non accettabili. Un adolescente può trovare gratificazioni e conferme alla propria autostima in altri campi (nell'impegno sportivo, nelle relazioni di amicizia, nel rapporto di coppia).

L'esperienza scolastica può quindi incidere sul processo di sviluppo anche se non in maniera esclusiva, fornendo all'individuo molteplici occasioni di sperimentazione di sé e di verifica delle proprie competenze cognitive e sociali.

L'età scolare e il bullismo

Il bambino/a fa esperienza di un ambiente indifferente verso di lui sul piano affettivo, nel quale deve da solo cercarsi il suo posto, senza beneficiare dei vantaggi dell'amore dei genitori o dell'accoglienza più specifica della scuola dell'infanzia.

Deve adattarsi senza discutere a inevitabili costrizioni cui non è abituato e davanti alle quali falliscono le manifestazioni di seduzione e di affetto, così efficaci in casa. Scopre per così dire "l'uguaglianza democratica davanti alla legge", in quanto si misura con esseri uguali a lui. Ha in sostanza l'opportunità di definire da solo la sua condizione e di stabilire rapporti di reciprocità con i coetanei.

Il gruppo assume tanta importanza quanta la famiglia (se non di più), in esso l'egocentrismo infantile entra in crisi, perché nel gruppo capricci e drammi non servono per conquistarne l'attenzione.

A scuola ogni bambino desidera compiacere il maestro. A partire dagli otto anni lo "spione" o il "secchione" corrono il rischio di essere emarginati dal gruppo. In esso il bambino impara a difendere i propri diritti e le proprie idee. Gradualmente apprende il modo più persuasivo ed efficace per farlo: prima reagisce all'offesa con musi lunghi, insulti, percosse, poi apprende la capacità di discutere, di accettare delle prove, di conquistare il consenso, ricercare i compromessi, la coerenza, perché ogni contraddizione gli viene rinfacciata con durezza.

Nel gruppo c'è provocazione, rivalità, e in molti casi purtroppo c'è bullismo. Ma troviamo anche aiuto reciproco, complicità, intesa per taluni scopi, scambi di materiali. Il bambino impara a valorizzare se stesso e gli altri. La critica altrui lo spinge all'autocritica. È sottomesso all'autorità degli altri ma altrettanto la esercita, grazie al controllo reciproco. Scopre una forma di obbligo che proviene da un accordo tra uguali e da un'adesione personale.

Nel gruppo il bambino viene apprezzato per le sue qualità. È tipico il fenomeno della costituzione delle cosiddette bande. E qui nascono i primi drammi: emarginazione di qualche bambino, che funge da capro espiatorio, vittima predestinata; autoritarismo di altri, che diventa preludio all'instaurarsi del bullismo. Sino alla fine della fanciullezza la banda presenta un carattere autocratico e aristocratico: un capo, circondato dai suoi più fidati, e poi i gregari. Intorno ai dodici anni la banda acquista un carattere più democratico. La forza fisica del capo non ha mai molta importanza: ciò che lo rende tale è la sua capacità di non-compromesso con l'adulto. Il potere dell'educatore è minimo in confronto all'attrazione che esercita il gruppo e al prestigio di cui gode il suo capo.

Una realtà in crescita

L'ultimo allarme arriva da una indagine condotta a Milano riportata da Matteo De Matteis e pubblicata su www.genitori.it. Conferma che il bullismo nelle scuole è in crescita e, soprattutto, che riguarda sempre di più anche i bambini delle elementari e i ragazzi delle medie. Il 64% degli alunni delle scuole elementari e il 50% di quelli delle medie ha avuto a che fare, come vittima o come aggressore, con il fenomeno del bullismo. I dati emergono da uno studio redatto da Nicola Iannacone per conto dell'Azienda Sanitaria e della Regione in 59 plessi milanesi (33 elementari e 26 medie) per un totale di 10.513 alunni (5.426 maschi e 5.087 femmine) dei quali 4.406 delle scuole elementari e 6.107 delle medie. L'età media del campione delle scuole elementari è pari a 9,5 anni, mentre per le medie 12,6 anni.

Dati allarmanti che pongono Milano al primo posto di una classifica sicuramente poco invidiabile. Il 51,9% dei bambini e il 48,3% delle bambine delle elementari hanno dichiarato di avere subito angherie e prepotenze dai bulli della scuola. Il 48,5% dei maschi e il 39,5% delle femmine hanno invece confessato di essere stati responsabili di episodi di bullismo. Percentuali meno elevate si riscontrano alle medie, dove il 32% dei maschi e il 29,8% delle femmine hanno dichiarato di essere state vittime, mentre il 37,9% degli alunni e il 30,9% delle alunne hanno confessato di avere commesso angherie nei confronti dei compagni. Un fenomeno inquietante e ancora poco conosciuto in quanto, spesso, i bambini e i ragazzi vittime tendono a nascondere agli insegnanti e ai genitori le violenze e i soprusi di cui sono oggetto. Ma è un fenomeno preoccupante perché gli stessi curatori della ricerca hanno segnalato che i bulli hanno maggiori probabilità di una «carriera deviante che li porterà in molti casi ad avere problemi con le droghe e la giustizia prima dei ventiquattro anni».

UN'INDAGINE SUL BULLISMO

In una inchiesta condotta in istituiti superiori con 996 allievi ai quali sono stati forniti altrettanti questionari in materia di bullismo è risultato quanto segue.

Alla domanda : "Se a un ragazzo o a una ragazza dovesse capitare di subire delle prepotenze ripetutamente da uno o più compagni di scuola, o di vederle fare ad altri compagni, secondo te sarebbe più opportuno..." hanno risposto:

- il 2-3 %: "Non fare nulla, perché poi se la prendono di più";
- il 3-5%: "Non fare nulla perché sono cose che succedono normalmente tra i ragazzi";
- il 33%: "Cercare di reagire apertamente alle prepotenze";
- il 58-61%: "Parlare con insegnanti e genitori";
- l'1%: "Non so".

In totale, mentre il 59% cerca l'intervento degli adulti (insegnanti, bidelli o genitori), il 41% pensa che la questione debba essere risolta fra ragazzi.

Un altro specifico punto di indagine riguardava la percezione della gravità di alcune azioni legate al bullismo.

Dare colpi, pugni, calci. è considerato molto grave dal 76% dei ragazzi (82% delle femmine; 71% dei maschi).

Prendere in giro con cattiveria è considerato molto grave dal 50% degli studenti (56% delle femmine; 43% dei maschi).

I rischi di sviluppare una sintomatologia da bullismo che molto somiglia a un preludio del mobbing si riferisce alle seguenti aree di risposta di reazione:

- non fare nulla, perché poi se la prendono di più;
- non fare nulla perché sono cose che succedono normalmente tra i ragazzi;
- cercare di reagire apertamente alle prepotenze.

Considerazione suffragata da ciò che il procuratore della Repubblica per i minorenni di Milano, Giovanni Ingrascì, ha scritto nella relazione per l'inaugurazione dell'anno giudiziario, nella quale ha sottolineato l'aumento dei reati commessi dalle cosiddette baby gang: «Si aggrava – scrive il magistrato – l'allarme per la propensione al crimine di minori appartenenti a classi abbienti, propensione priva di giustificazioni socioeconomiche ma seriamente motivata da situazioni di abbandono morale da parte di famiglie incapaci di rappresentare un valido riferimento etico-educativo». Ingrascì aveva appunto segnalato che le piccole rapine ed estorsioni da parte delle baby gang erano commesse ai danni dei coetanei.

Facile immaginare che chi alle superiori costringe i compagni di classe a farsi consegnare telefonini, scarpe, giubbotti e denaro, alle elementari e alle medie abbia avuto una carriera da bullo.

La ricerca ha messo in evidenza che rispetto al fenomeno quasi la metà degli insegnanti ha difficoltà a riconoscere atti di bullismo che accadono nella propria classe. Allo stesso tempo anche i genitori evidenziano difficoltà sia nel dialogo con i propri figli sia nell'aiutarli ad affrontare il problema.

I risultati dell'indagine ci dicono che vi sono alcuni minori che pensano e si applicano a reagire con metodi pericolosi, pregiudizievoli per la loro crescita sana e funzionale.

La metodologia di reazione del non fare nulla, perché altrimenti si peggiora la situazione, è comunque altamente rischiosa perché sviluppa un atteggiamento troppo passivo che può strutturarsi in una modalità comportamentale che rasenta il masochismo e il vittimismo.

Anche la reazione del non fare nulla perché sono cose che comunque succedono non promette soluzioni sane ed evolutive per i ragazzi, in quanto degenera facilmente in un qualunquismo che porterà a tollerare l'aggressività altrui, quando invece deve essere sconfitta con l'aiuto degli adulti.

Ancora peggio la reazione di reagire apertamente alla prepotenza con altrettanta prepotenza che dunque compromette in ogni caso il carattere della personalità emergente dei minori, con rischi di violenze e aggressioni fisiche da non sottovalutare. In questa area troviamo minori che sostengono che è comunque importante farsi rispettare e rispondere con la stessa moneta.

In sintesi negli studi condotti nelle scuole possiamo affermare che: è "vittima" del bullismo il 33% degli studenti, ne è "spettatore" il 45%. Chi sono le vittime? Principalmente i maschi, i più piccoli (al decrescere della età), quelli più timidi, quelli emotivi, quelli distratti e in alcuni casi anche quelli più vivaci ma sensibilii.

Dunque è più che mai necessaria la prevenzione. Già a partire dal 2009, sono molte le scuole che investono risorse autonome o contributi statali in corsi di divulgazione e di psicopedagogia del bullismo, con gli allievi e gli insegnanti: un segno di progresso e civiltà che può contribuire a evitare ai giovani futuri stress da lavoro correlato col mobbing.

In questo caso cultura e informazione coincidono con la prevenzione.

CAPITOLO 6

Il rapporto con la sessualità

L'energia vitale non è da ritenersi strettamente collegata alla sessualità, malgrado quanto affermato da Freud secondo il quale l'energia vitale, nella sua struttura primigenia ed essenziale, è di natura sessuale, cioè identificabile con l'erotismo: da qui il nome di libido.

Freud è stato probabilmente influenzato dalla filosofia di Arthur Schopenhauer, per il quale la libido nutre gli istinti e le pulsioni, ma non sembra avere uno scopo esistenziale preciso. In ogni caso l'energia vitale (costituita dalla somma dell'energia biologica, psicologica e spirituale) è stata interpretata da studiosi e ricercatori sotto più angolazioni: Reich parla di "orgone", Roberto Assagioli di "atto di volontà". Il fulcro di questa tematica consiste nel fatto di rilevare la presenza di una forma d'energia, la quale può essere sia forte che debole, a erogazione continua o a erogazione ritmica, può subire rallentamenti, si scarica e si ricarica.

Diverso ancora il concetto di energia sessuale definita come istinto biologico, che si caratterizza per non essere omeostatica, per il suo basarsi su un vuoto biologico che nessun altro istinto offre: Lacan, per esempio, ha detto che la sessualità è l'unico istinto fine a se stesso, non può compensarsi o direzionarsi in altre forme e in quanto tale può essere soddisfatto persino da un oggetto. Ora questa affermazione direziona l'interpretazione psicologica della sessualità in un campo privilegiato che è la relazione affettiva tra gli esseri umani.

La sessualità risulta essere particolarmente vulnerabile e concausa delle problematiche nevrotiche del soggetto, a partire dalla relazione genitoriale. Da questo punto di vista, nella misura in cui la componente sessuale si avvicina o si allontana troppo dalla realizzazione del desiderio, abbiamo la patologia specificatamente nevrotica della sessualità. Freud, nel 1912, mostra con chiarezza, la prima variante dalla quale può scaturire la patologia. L'ombra del desiderio edipico della madre cade su un oggetto determinato; questo è molto vicino al desiderio e l'impossibilità sessuale è un'esigenza strutturale della situazione. Si avrebbe allora inibizione per erotizzazione, come descrive Freud nel 1926, o una sessualità sintomatica, con le caratteristiche di una formazione di compromesso carente (disturbi conversivi).

Quando, al contrario, le situazioni sessuali si allontanano troppo dal desiderio, niente si può articolare riguardo a esse come una richiesta, perché l'oggetto è eccessivamente diverso. Ci sarà impossibilità per inappetenza e, talvolta, una mancanza di compromesso narcisistico: in questo caso l'oggetto non dice niente al soggetto. Le situazioni nevrotiche solitamente si presentano molto più legate all'eccessiva vicinanza che all'eccessiva distanza.

Tuttavia nella vita coniugale, per esempio dopo la maternità e le trasformazioni del corpo alle quali questa dà luogo, possono apparire disturbi per l'eccessiva distanza dal desiderio, nella misura in cui questo corpo non è un corpo-fallo, appetibile.

In contrasto con i disturbi nevrotici, l'attività sessuale normale, cioè l'esercizio facile e piacevole della vita sessuale, si manifesterà quando il soggetto e il suo oggetto si trovano a una distanza ottimale in relazione al desiderio.

Sebbene i quadri che studieremo siano molteplici e complessi, essi rientrano in due grandi gruppi, l'impotenza nell'uomo e la frigidità nella donna. Vale la pena sottolineare che anche altri disturbi della vita sessuale della donna, come per esempio la mancanza di latte nella gestante, o il rifiuto all'allattamento o ancora certe forme di sterilità non vengono inclusi nelle nevrosi sessuali, ma sono classificati come disturbi relativi allo stress della vita quotidiana, divenendo pertanto oggetto della psicologia psicosomatica. Si può dire lo stesso dell'infertilità psicogena dell'uomo, tanto poco studiata.

Sessualità e adattamento ambientale

Il desiderio sessuale racchiude una serie innumerevole di fenomeni, che non sono di esclusivo dominio psicologico biologico, bensì di relazione ulteriore e significativa con l'adattamento ambientale, addirittura con i ritmi stagionali.

Secondo la "cronobiologia"[1], la scienza medica che studia i fenomeni biologici dell'organismo umano, compresi quelli che si manifestano ritmicamente, in funzione dello scandirsi del tempo e delle stagioni, uno degli aspetti più interessanti della stagionalità è l'influenza che il susseguirsi delle stagioni esercita sul sistema neuroendocrino, con conseguenti aumenti dei livelli di aggressività e attività sessuale. Nel 1981, un gruppo di cronobiologi, tra i quali A. Reinberg, riportarono i dati di una loro ricerca, nella quale si evidenziava un incremento sensibile, in primavera ed estate, degli episodi di violenza sessuale rilevati in due punti del mondo molto distanti fra loro: Parigi e Houston, nel Texas.

Sembrerebbe, dalle prime ipotesi sperimentali, ancora oggetto di studio, che la spinta ormonale del desiderio sessuale, più maschile che femminile, s'incrementi in primavera e in estate, sulla base del rilevamento dell'aumento del livello di testosterone, del numero degli spermatozoi e del volume dello sperma. Di conseguenza aumenta anche il numero di rapporti sessuali e, purtroppo, anche l'eventualità di violenze sessuali. È come se il transito annuale del sole possa, in un certo qual modo, agire sull'attività ormonale sessuale e dunque sul desiderio.

1. La cronobiologia nasce intorno al 1950, per opera di alcuni ricercatori francesi e statunitensi, A. Reinberg, J. Aschoff e F. Halberg, che scoprirono come ogni organismo è sensibile alle scansioni del tempo in una maniera che gli è propria. Si chiarì, pertanto, che le funzioni interne dell'organismo oscillano aritmicamente (cioè si ripetono secondo un andamento costante e identificabile) e tale oscillazione non è casuale, ma ha una propria regolarità. La cronobiologia indaga sui ritmi, o cicli, che costantemente interagiscono con l'uomo, al punto che sono parte integrante del suo equilibrio psicofisico e della sua stessa sopravvivenza. Oltre ai riconosciuti cicli circadiani, che governano i ritmi endogeni della sincronizzazione del ritmo sonno-veglia, esistono tra i molti studiati dalla cronobiologia, anche quelli circannuali, che oscillano tra i dieci e i tredici mesi. Quello della stagionalità quale predisposizione alle malattie è un fenomeno intrinseco all'astrologia, oggi confermato dalla cronobiologia. Per esempio, nel 1979 fu pubblicata una ricerca scientifica a opera di H. Jones e D. Frei, del Dipartimento di Psichiatria dell'Università di Melbourne, in Australia, nella quale i due ricercatori si posero il problema di stabilire quale relazione sussistesse tra stagione di nascita e malattie psichiatriche. Essi analizzarono la data di nascita di 915 schizofrenici, la cui malattia, in questo caso, era stata diagnosticata con particolare attenzione: 467 maschi e 448 femmine. I risultati generali furono abbastanza simili a quelli condotti precedentemente da altri colleghi nell'emisfero australe: un maggior numero di schizofrenici era nato in inverno. Il dato particolarmente rilevante era che questi pazienti erano nati tra maggio e ottobre, cioè i mesi che corrispondono all'inverno australe! È dunque l'inverno a condizionare in qualche modo, ancora sconosciuto, la predisposizione alla schizofrenia. L'influenza delle stagioni è stata studiata per diverse malattie: per il mongolismo, per esempio, che è stato messo in relazione con i cambiamenti stagionali nel sistema endocrino delle madri; o per l'oligofrenia (che comporta un quoziente d'intelligenza sotto la media) per cui sembra esistere una qualche forma di relazione tra stagione di nascita e livello intellettivo.

Con l'avvento della primavera, il pianeta e gli esseri viventi che lo abitano, vivono una rinascita, caratterizzata essenzialmente dall'effetto del primo sole, ideale per creare e procreare. È come se uno "schiaffo" ambientale sollecitasse gli organismi, spronando il loro sistema immunologico e quello riproduttivo a funzionare. Avverrebbe una sorta di reset psicobiologico, che riavvia gli ormoni.

Si attiva una maggiore istintualità sessuale attraverso la neuro-ricettività dell'olfatto, che va ad aggiungersi alla stimolazione visiva e termica attuata di per sé dal potere solare. Sebbene l'olfatto sia nettamente superato come canale percettivo dall'utilizzo prioritario di altri sensi quali la vista e l'udito, ha invece un'importanza sorprendente sull'attivazione dei centri del desiderio e del piacere.

L'olfatto è stato definito una tensione verso l'ignoto! In quanto un profumo può riempire le cavità nasali, e in quel momento assaporare il profumo equivale ad aspirare l'essenza della fonte emanatrice. Pur emanato da una fonte precisa, l'odore non è localizzabile in un punto unico nello spazio, si diffonde nell'ambiente e si disperde. Ogni profumo ha un equilibrio che si rivela nel corso del tempo, cambia secondo le situazioni e le condizioni. Nell'ambito del piacere sessuale, inteso nella sua globalità, l'uomo è sensibile a una complessa serie di odori: l'odore del corpo, gli odori del sudore e quelli dei genitali; per quanto nell'epoca attuale si stenti a crederlo, più abituati alla ricerca dei gradevoli profumi di pulito come quello del sapone, del bagnoschiuma o dell'acqua di colonia. In particolare l'odore dei genitali si differenzia tra i due sessi: gli odori maschili (della verga, del pene ecc.) si differenziano dagli odori femminili (vulvare, della vagina ecc.).

La diversità dell'odore sessuale femminile di origine sebacea, dal corrispettivo odore sebaceo maschile è da riferire a differenze metaboliche indotte in ogni sesso dai gonosomi: infatti, l'odore della verga e della vulva compaiono ben prima della pubertà e persistono oltre la menopausa, anche se sono acuiti dall'impregnazione ormonale puberale, che accentua la caratteristica olfattiva di ciascun sesso. L'influenza dei cosiddetti "ferormoni" nei meccanismi di attrazione e nel contesto del piacere sessuale umano, è reale, anche se meno osservabile rispetto agli animali. È dimostrabile comunque che anche gli uomini producono sostanze che hanno caratteristiche biochimiche simili a quelle dei ferormoni. Via via nei secoli, la sensibilità olfattiva è cambiata contemporaneamente alla trasformazione degli usi e costumi e al progredire della civiltà.

Per tornare al tema centrale, è interessante osservare come con l'avvento della primavera, accanto al risveglio della natura, all'odore della terra bagnata dalle acque primaverili o dalla rugiada, si diffonda nell'aria anche un odore del tutto simile a quello prodotto dagli organi sessuali, come l'odore del muschio o del sottobosco, che richiama immediatamente la traccia mnestica dell'odore dell'organo sessuale maschile. È come se la natura, seguendo ritmi solari precisi, nel periodo primaverile, lanciasse un suo chiaro messaggio di tipo visivo, epidermico e olfattivo, di vita-rinascita e conseguentemente di desiderio sessuale.

La sessualità, espressione naturale di vita

Come dice Alexander Lowen (1990): «Sarebbe illogico scrivere sul sesso senza approfondire il suo stretto e necessario rapporto con l'amore. La persona sessualmente sofisticata considera il sesso e l'amore come due sentimenti distinti e separati. Tale atteggiamento è caratteristico degli individui nevrotici, e si basa su una visione superficiale delle emozioni». Infatti, affrontare psicologicamente la sessualità significa entrare in relazione con gli aspetti complessi e molteplici dell'anima e del corpo umano.

Prima di tentare un'analisi della sessualità nell'amore, bisogna riconoscere che, nella nostra cultura, l'uomo medio non è libero da conflitti nevrotici e atteggiamenti ambivalenti.

Ambivalenza significa che nelle personalità sono presenti contemporaneamente tendenze opposte. Così facendo, una moglie può amare il marito e, nello stesso tempo, mostrarglisi ostile. Una madre può voler bene ai propri figli eppure essere così collerica con loro da farsi solo temere. È l'ambivalenza che, nella relazione stessa, determina la presenza contemporanea dell'odio e dell'amore. Essa deriva da un conflitto della personalità che sdoppia in due emozioni opposte e contrarie quello che dovrebbe essere un sentimento unitario. Il sesso, dunque, è un'espressione biologica d'amore (A. Lowen, 1984a).

Se l'atto sessuale è accompagnato da sentimenti d'ostilità o di disprezzo verso il partner sessuale, questa ambivalenza denota la dissociazione dei sentimenti coscienti dell'individuo dal suo comportamento istintivo. Nelle forme più intense il sentimento dell'amore comprende il desiderio di fondersi, di unirsi con la persona amata.

Come scrisse Erich Fromm in *L'arte di amare*, la soluzione del problema dell'esistenza umana «è nel raggiungimento dell'unione tra due persone, nella fusione con un altro, nell'amore». Possiamo interpretare altri fenomeni come riprova della tesi che il sesso è un'espressione d'amore. L'erezione del pene dipende dalla tumescenza dell'organo, prodotta dall'irrorazione sanguigna, esattamente come la tumescenza è necessaria per la risposta sessuale femminile. La sensazione di pienezza nella vagina e nel clitoride, il flusso delle secrezioni lubrificanti e la sensazione di calore, derivano dall'affluire del sangue nella regione pelvica del corpo femminile.

Biologicamente, possiamo considerare l'eccitazione genitale come una funzione del sangue e del sistema circolatorio. Durante l'atto sessuale due organi gonfi di sangue, spesso fino al punto di pulsare, entrano nel più intimo contatto possibile. Le zone erogene sono caratterizzate dalla presenza della ricchezza di irrorazioni circolatoria. Anche con il bacio o con l'allattamento abbiamo due ulteriori atti che sono considerati d'amore, laddove le zone in causa, labbra e seno, sono irrorate di sangue e svolgono un'azione di unione, sopravvivenza e aggressività.

Anche il rapporto tra amore e cuore, inteso come attività cardiocircolatoria, è degno di analisi. Quando la freccia di Cupido trafigge il cuore, significa che si è acceso l'amore. Capita che alcuni psicopatici scrivano con il proprio sangue messaggi d'amore, quasi a sottolineare che cuore, amore e sesso sono legati da sottili e mute relazioni biologiche, fisiologiche e psicologiche. Solo un perfetto equilibrio di spontaneità istintiva e di maturazione psicosessuale equilibrante garantisce la realizzazione-gratificazione sessuale.

Abbiamo già visto come l'aspetto dell'ambivalenza manifesti una scissione, una depolarizzazione tra sesso e amore; a questa bipolarità possiamo aggiungere la relazione piacere-dolore. Le perversioni possono diventare una via di realizzazione e di gratificazione sessuale davvero potente, tanto da catturare l'attenzione dell'uomo o della donna che si dicono già innamorati o legati sentimentalmente in un rapporto di coppia; ma in realtà consistono nel godere della sessualità come se fosse superiore all'amore. Il solo istinto sessuale non può superare il valore energetico vitale della completezza sesso-amore-cuore.

Alcuni soggetti, che banalmente vengono definiti disturbati, sono convinti che procurando dolore a sé o al partner possano migliorare il soddisfacimento orgasmico personale. Questa convinzione probabilmente deriva dal fatto che per giungere al soddisfacimento orgasmico, dopo una fase iniziale di eccitazione, seguita da eventuali preliminari, è indispensabile compiere i movimenti propri del coito, con espressioni e ritmi che sicuramente ricordano manifestazioni di aggressività e violenza prima di giungere all'apice orgasmico. Legare il dolore al piacere però è una perversione e non fa parte del più equilibrato rapporto sesso-cuore-amore. Da queste prerogative e da processi evolutivi psicosessuali interrotti o meglio accompagnati da fissazioni psicologiche di attenzione nelle fasi orale, anale e fallico-genitale vengono a definirsi comportamenti e inclinazioni diversificati nel vivere la vita sessuale.

Nella donna il problema dell'anorgasmia è più nettamente definito rispetto a quello maschile: ciò probabilmente perché il mondo femminile è più incline all'autoanalisi, nonché alla critica della priopria interiorità. Molte donne riferiscono apertamente di non avere mai avuto alcun tipo di acme durante l'atto sessuale: certe addirittura ignorano del tutto il fatto che la donna possa avere l'orgasmo e percepirlo in modo analogo all'uomo; altre lo provano in modo soddisfacente quando il rapporto si basa sull'armonia e sull'affetto, perché viene raggiunta la completezza sesso-amore-cuore.

La consapevolezza femminile della possibilità naturale di poter provare piacere orgasmico nel rapporto sessuale è fenomeno assai recente, a seguito della rivoluzione sessuale e femminile. Una mia paziente recentemente ha espresso con estrema semplicità e chiarezza il suo disagio sessuale: «Non riesco ancora ad avere l'orgasmo. Il coito mi rattrista e mi fa venir voglia di piangere. Credo che se durante il coito avessi un orgasmo vaginale mi sentirei veramente donna». Il problema della potenza orgasmica femminile è complicato dal fatto che molte donne riescono a ottenere un'acme sessuale mediante stimolazione del clitoride. Questa reazione è denominata orgasmo clitorideo per distinguerla dall'orgasmo vaginale. Qual è la differenza tra le due reazioni? L'orgasmo clitorideo è soddisfacente? Perché alcune donne riescono ad avere solo questo tipo di orgasmo? Bisogna dare una risposta a questi interrogativi, se si vuole comprendere il problema dell'impotenza orgasmica nella donna.

Nel celebre Rapporto Kinsey sul comportamento sessuale della donna (1953), leggiamo questa affermazione: «Dal momento che è provato che le pareti della vagina sono comunemente insensibili, è evidente che la soddisfazione ottenuta mediante la penetrazione vaginale debba dipendere da qualche meccanismo posto all'esterno delle pareti vaginali». Questa considerazione comprende un'ovvia verità, ma anche un meno ovvio equivoco. La verità è che il meccanismo dell'orgasmo dipende dal movimento pelvico, cioè il movimento corporeo che coinvolge anche le pareti vaginali. L'errore è nell'implicazione secondo cui, dato che le pareti della vagina sono insensibili, l'orgasmo femminile debba risultare dalla stimolazione di un'altra parte del corpo. Kinsey suggerisce quattro regioni come fonti per l'eccitazione che conduce all'orgasmo: la stimolazione tattile della superficie del corpo, quando l'uomo giace sulla donna; la stimolazione tattile del clitoride, delle piccole labbra e dell'imbocco della vagina; la stimolazione dei muscoli elevatori e la stimolazione dell'addome e della zona perineale.

Ma dall'affermazione di Kinsey non emerge la sostanziale differenza tra i due tipi di orgasmo femminile: l'orgasmo vaginale differisce da quello clitorideo perché è un orgasmo che coinvolge tutto il corpo della donna!

La disfunzione orgasmica femminile

A differenza di quelle maschili, le disfunzioni femminili non sono state chiarite del tutto. Una prova di ciò la troviamo già nel confuso significato del termine "frigidità".

Frigidità è un vocabolo con cui si fa riferimento a tutte le forme di inibizione della reazione sessuale femminile, dall'assoluta mancanza di reattività e di sensazioni erotiche ai gradi minori di inibizione orgasmica. Pertanto il termine è impreciso da due punti di vista: non vi è in esso implicito il fatto che le componenti della reazione sessuale femminile possono essere separatamente inibite. In secondo luogo, l'implicazione secondo cui una donna che soffre di una inibizione sessuale sia necessariamente fredda e ostile nei confronti degli uomini è insieme inesatta e negativa.

In realtà le donne che soffrono di una disfunzione sessuale sono spesso calde e reattive. Le numerose varianti di frigidità, come la frigidità vaginale e la frigidità coitale, che si trovano spesso nell'attuale letteratura specializzata, non ci aiutano a comprendere meglio le disfunzioni sessuali femminili: anzi semmai servono solo ad aumentare la confusione. In questo panorama concettuale e diagnostico Masters e Johnson hanno proposto, nel tentativo di chiarire la terminologia corrente e di conseguenza la prassi clinico-terapeutica, di classificare l'astenia e l'inibizione sessuale femminile con il termine "disfunzione orgasmica", definizione meno denigratoria e sicuramente più precisa rispetto a frigidità.

Vediamo dunque brevemente che cosa s'intende con disfunzione orgasmica. La stragrande maggioranza delle donne che ha problemi di tipo sessuale lamenta l'inibizione specifica del riflesso orgasmico. La disfunzione orgasmica riguarda esclusivamente l'inibizione della componente orgasmica della reazione sessuale femminile e non include il disturbo dell'eccitamento generale, anche se può essere accompagnata da un'inibizione secondaria della componente d'eccitamento della reazione sessuale. Come regola generale, le donne che soffrono di disfunzione orgasmica sono sessualmente reattive. S'innamorano, provano sensazioni erotiche, hanno abbondanti lubrificazioni e mostrano anche il normale inturgidimento genitale. La loro difficoltà risiede esclusivamente nel raggiungimento dell'orgasmo, con gravità variabile da soggetto a soggetto.

Si tratta dunque, per dirla in termini moderni, di effetto-stress, di «un'inibizione dell'azione» (G. Abraham, P. Marrama, C. Carani e J.M. Gaillard, 1986). Una sorta di anoressia sessuale dove però c'è lo stimolo ad assumere cibo, fuor di metafora la spinta a vivere un rapporto sessuale, ma la presenza di qualcosa di psicologico, sottile e profondo, che impedisce di intraprenderlo o assaporarlo. È assolutamente sbagliato pensare che una donna che soffre di disfunzione orgasmica sia incapace di sentire e/o provare piacere per la sessualità: gli stimoli ci sono, l'eccitazione anche, manca solo l'esplosione orgasmica!

Le cause psicologiche relative all'inadeguatezza femminile verso l'orgasmo sono molteplici e comprendono parametri intrapsichici, diadici con la madre, con il partner, con gli usi e costumi delle tradizioni familiari e del gruppo sociale d'appartenenza.

Le disfunzioni sessuali maschili

Nell'ambito delle casistiche più diffuse relative al disturbo sessuale maschile, emergono dati diagnostici relativi all'eiaculazione precoce e al disturbo erettivo del membro.

La psicosessuologia ritiene che l'eiaculazione precoce abbia nel 90% dei casi una motivazione psicologica ed emotiva. Spesso si tratta di persone con un'età compresa tra i diciotto e i quarantacinque anni d'età, che vivono nell'ambito delle relazioni con la donna un coinvolgimento emotivo-sentimentale di grande eccitazione, che altera pertanto la performance sessuale scatenando, come risposta, un'eiaculazione di liquido seminale con tempistiche rapide, rispetto alla normale durata di un rapporto sessuale. Il lato tendenzioso è l'aspetto psicologico: il maschio in genere tende a fissare mentalmente tale deficit di comportamento sessuale come evento negativo. In tal senso si crea un effetto a circolo vizioso che amplifica ancora di più il disturbo, fino, in alcuni casi, a cronicizzarlo. Trattandosi in fondo di un problema emotivo-affettivo è necessario che il maschio colpito da questo disturbo da performance sessuale si sottoponga a terapie di tipo cognitivo-comportamentale.

Non solo il dialogo e la capacità di comprendere i personali disagi emotivi risultano benefici, ma anche, e soprattutto, la capacità di imparare a controllare l'emotività, evitando che si manifesti nuovamente nelle aree di funzionalità sessuale. Anche l'uso di strumenti tecnico-scientifici, come il biofeedback (misuratore di tensione nervosa cutanea), contribuisce ad aiutare il paziente a misurare e dunque a modificare la sua reattività emotiva nei confronti della prestazione sessuale. Imparando a controllare l'emotività e l'ansia, che sono la causa del disturbo, attraverso le tecniche psicologiche, questo tipo di disagio sessuale si risolve generalmente entro sei mesi, in modo pressoché definitivo.

Un po' più complesso è il disturbo da deficit di prestazione sessuale, cioè il disturbo erettivo.

Vi sono due modalità: una sicuramente psicologica e ormonale, che è facilmente correggibile anche e soprattutto con interventi psicologici e psicofunzionali, con l'uso del biofeedback. Mentre la seconda modalità di disturbo è fisiologica: dipende da uno scompenso ormonale-vascolare complicato da componenti psicologiche. In quest'ultimo caso l'intervento terapeutico richiede approfondimenti clinici diagnostici: esami ematici di controllo ormonale del testosterone, verifica della vascolarizzazione del pene, controlli della vascolarizzazione dei corpi cavernosi del pene. Successivamente sono d'aiuto interventi di tipo farmacologico, ad esempio il Viagra, abbinati a un'adeguata terapia psicologica di sostegno.

In tutti i casi per superare il disagio è fondamentale la disponibilità del paziente, che chiaramente vuole guarire, ma soprattutto il fatto che egli sia in relazione con una donna tollerante e disponibile ad aiutare le difficoltà sessuali del partner.

Quando nella coppia c'è collaborazione, il superamento dei disturbi è in ogni caso garantito.

Sessualità e psicosomatica

Una delle aree in cui la rigidità inconscia investe il corpo di tensioni neuromuscolari, che sollecitano la muscolatura a irrigidirsi, è la zona pelvica, ivi compresi bacino e organi genitali.

Al minimo accenno di eccitazione sessuale, le ghiandole endocrine iniziano a secernere i loro fluidi alterando lo stato fisico e psicologico, molte delle nostre strutture interne cambiano posizione e il sangue viene inviato in quantità superiore al normale verso gli organi sessuali e le zone erogene. Con l'aumentare dell'eccitazione tutto il corpo si prepara all'atto sessuale: aumentando il tono muscolare, scompaiono le sensazioni di fame e di dolore e noi diventiamo estremamente sensibili nei confronti dell'unica sensazione che ci sovrasta, una sensazione che parte dalla radice dei capelli e arriva alla punta dei piedi, quella di raggiungere l'acme orgasmico.

Sfortunatamente sono molte le persone che si lasciano sfuggire buona parte di queste sensazioni, così ricche e profonde, che non sapranno mai quanto può essere potente l'ondata orgasmica, a disposizione durante l'atto sessuale. Tutto ciò che la maggior parte delle persone conosce non è che la parte più evidente, di superficie della vita sessuale che si riassume così: eccitazione e orgasmo genitale. Il fatto è che molti sono coloro che per impostazione di vita educativa e ideologica hanno inavvertitamente costruito delle difese e barriere inconsce nella zona pelvica-genitale, divenendo così troppo rigidi per rendersi conto del piacere che si prova, nell'espandere e contrarre liberamente e naturalmente il corpo nell'atto sessuale.

In tal senso, l'itinerario di questo libro è anche quello di approfondire le tensioni della nostra corazza caratteriale che impediscono un pieno e completo appagamento orgasmico. Ancora una volta il lettore si troverà ad affrontare la conoscenza e la consapevolezza del proprio corpo, soffermandosi a valutare il piacere già presente ed evidente e favorendo la possibilità di aumentarne la quantità e dunque la qualità. Imparando a sentire e a rilassare le tensioni muscolari delle pelvi, del bacino e degli organi genitali è possibile ritrovare il piacere di un rapporto libero e spontaneo, come natura ha preordinato. Mentre i movimenti diventano facili, lo stress e la tensione diminuiscono e aumentano distensione e soddisfazione. Quindi il sesso, che tra le attività del corpo è senz'altro quella più aerobica, invece di sfinirci, diventerà un esercizio naturale e spontaneo per rigenerarci nel corpo e nella mente.

I DISTURBI SESSUALI

Vediamo in breve un elenco di quelli che la psichiatria e la sessuologia definiscono disturbi sessuali.

- **Esibizionismo**. Per un periodo di almeno sei mesi, il soggetto ha messo in atto l'impulso di mostrare a sé e agli altri il proprio organo genitale, provando fantasie sessualmente eccitanti.
- **Feticismo**. Nel corso di un periodo di almeno sei mesi, si sono verificati ricorrenti, intensi impulsi sessuali e fantasie eccitanti che implicano l'uso solitario di oggetti inanimati come per esempio biancheria femminile. Il soggetto può tra l'altro usare successivamente gli stessi oggetti in compagnia di un partner.
- **Frotteurismo**. Nel corso di un periodo di almeno sei mesi, il soggetto ha mostrato ricorrenti, intensi impulsi sessuali, e fantasie sessualmente eccitanti, che implicano il fatto di toccare e di strofinarsi contro una persona non consenziente. È il toccare, e non la natura coercitiva dell'atto, che risulta sessualmente eccitante.
- **Pedofilia**. Nel corso di un periodo di almeno sei mesi, si sono avuti ricorrenti, intensi impulsi sessuali, e fantasie sessualmente eccitanti, che implicano attività sessuali con uno o più bambini prebuberi (generalmente di tredici anni o più giovani).
- **Masochismo sessuale**. Vi sono ricorrenti, intensi impulsi sessuali e fantasie sessualmente eccitanti che implicano atti (reali, non simulati) di venire umiliati, percossi, o fatti soffrire in qualche altro modo.
- **Sadismo sessuale**. Nel corso di un periodo sempre di almeno sei mesi, il soggetto dimostra ricorrenti impulsi sessuali e fantasie eccitanti che implicano atti (reali, non simulati) in cui la sofferenza psicologica o fisica oppure l'umiliazione della vittima procurano al soggetto l'eccitazione sessuale.
- **Feticismo di travestimento**. Nel corso di un periodo di almeno sei mesi in un maschio eterosessuale, si sono verificati ricorrenti, intensi impulsi sessuali e fantasie sessualmente eccitanti riguardanti il travestimento.
- **Voyeurismo**. Si hanno ricorrenti, intensi impulsi sessuali e fantasie sessualmente eccitanti riguardanti l'atto di osservare una persona che non se lo aspetta quando è nuda, mentre si spoglia, o mentre è impegnata in attività sessuali.

- **Parafilie.** Il soggetto ha ricorrenti desideri di mettere in atto manifestazioni parafiliache quali: scatologia telefonica con frasi oscene di provocazione sessuale; necrofilia (impulso sessuale verso i cadaveri); parzialismo, o attenzione su particolari del corpo; zoofilia (sesso con animali); eccitazione sessuale per le feci (coprofilia), per i clisteri (clismafilia), per le urine (urofilia). Questi sono i limiti-eccesso dei disturbi psicosessuali, la cui natura ed eziologia sarebbe piuttosto complessa da esporsi in questa sede.

La prossima volta che vi troverete con il vostro partner, provate a vedere fino a che punto vi permettete di essere coscienti nella danza sessuale. Lasciate perdere l'idea di controllare azioni e movimenti, abbandonatevi piuttosto a movimenti morbidi e sinuosi, che sono naturali per il nostro corpo.

Una delle cause di tensione sessuale assai frequente (specie nei soggetti femminili) è legata al voler raggiungere l'orgasmo a tutti i costi; ma l'orgasmo arriva quando è ora. Se lasciate la vostra testa vagare libera senza pensare ai fini da raggiungere, ecco che anche il corpo si rilasserà. La diminuzione della tensione vi ripagherà con un maggiore piacere sessuale.

Il tic nervoso è un disturbo sessuale?

Un tic nervoso è essenzialmente un movimento involontario, o un'emissione sonora, rapida, ricorrente, non ritmica, e per di più stereotipata. Viene vissuto dall'individuo come irrefrenabile, ma può venire soppresso per periodi variabili di tempo. Tutte le forme di tic sono spesso esacerbate dallo stress, e di solito si attenuano nettamente durante la fase del sonno notturno, per poi ripresentarsi il mattino appena svegli.

La manifestazione essenziale di questo disturbo (assolutamente correggibile e quindi non grave), è un tic singolo o multiplo, psicomotorio e/o vocale, che si manifesta molte volte al giorno, quasi ogni giorno, per almeno due settimane, per una potenziale durata complessiva di dodici mesi consecutivi.

I più comuni tic transitori (non gravi e facilmente eliminabili) sono: lo strizzamento degli occhi o il movimento laterale della bocca, il mor-

STRATEGIE PER ATTENUARE I TIC NERVOSI

Si è osservato, in ambito psicologico, che lo stato involontario, cioè l'automatismo tipico del tic nervoso, può attenuarsi anche durante la giornata se l'individuo riesce a concentrare la propria attenzione su attività particolarmente semplici e leggere, ma coinvolgenti da un punto di vista psicomotorio; come per esempio lo scrivere, il cucire, il disegnare ecc.

Sia i tic motori, legati al movimento, che quelli vocali, in relazione al linguaggio, possono essere semplici o complessi, sebbene i confini fra le due categorie non siano ancora stati definiti con chiarezza.

dicchiamento delle labbra o della lingua, l'onicofagia (mangiarsi le unghie così come la pellicina intorno alle unghie), togliere e mettere, più volte senza motivo, gli occhiali o giocarvi, così come aggiustarsi spesso la cravatta, toccarsi orecchini, braccialetti, collane, anelli ecc.

In aggiunta ai movimenti corporei, possono esserci emissioni vocali gutturali.

Un individuo può avere uno solo o numerosi tic; nel secondo caso, i tic possono manifestarsi simultaneamente, in sequenza, oppure casualmente. L'età di esordio, laddove compaiono le prime manifestazioni di questo fenomeno nervoso, sono sempre da ascriversi alla fanciullezza, o alla prima adolescenza; in rari casi si trovano le prime manifestazioni di tic già all'età di due anni.

Ricerche, per esempio, effettuate su bambini delle scuole elementari hanno riscontrato che una percentuale dal 5% al 24% ha avuto una storia personale di manifestazione del fenomeno dei tic nervosi. Tuttavia, poiché questi studi non specificano la durata minima o massima, non è possibile utilizzarne i dati per indicare la prevalenza dei disturbi da tic e il loro effettivo ripetersi nell'età adulta.

Sappiamo invece con certezza che il disturbo è tre volte più comune tra i maschi che tra le femmine. Inoltre questo disturbo possiede precedenti quasi sempre di carattere ereditario, nei consanguinei di primo grado.

Un altro aspetto dei tic nervosi legato alle tensioni vocali e fonetiche è quello classificato con la denominazione di "farfugliamento". La caratteristica essenziale del farfugliamento è una alterazione di scorrevolezza che comporta una cadenza singolarmente rapida e un ritmo erratico del discorso, rendendolo poco chiaro e poco concludente. Modalità difettose di fraseggio sono solitamente presenti, cosicché vi sono scoppi verbali che consistono in gruppi di parole scollegate dalla struttura grammaticale della frase. Il soggetto non si rende conto solitamente del suo difetto di comunicazione.

Le manifestazioni associate più comuni comprendono errori di articolazione, con suoni oppure sillabe omesse, sostituite, o trasposte, errori di linguaggio espressivo che comprendono errori sintattici (per esempio molte parole possono venire omesse, o rimpiazzate con un "uh"), in casi particolari si arriva al disturbo da deficit di attenzione con iperattività e con possibili risvolti di insufficienza uditivo-percettiva o visivo-motoria.

Reich, nel suo libro dal titolo *Il tic come equivalente della masturbazione*, pone in rilievo l'aspetto energetico di tensione del corpo, che deve necessariamente, perché eccitato dalle emozioni, trovare su se stesso attraverso un'attività motoria la possibilità di scaricare l'emozione quale fonte perturbante l'equilibrio. La ripetibilità della gestualità del tic nervoso fece supporre allo psichiatra una potenziale relazione di similitudine con l'attività sessuale della masturbazione.

Naturalmente, l'aspetto analitico, il quadro oggettivo di similitudine tra il tic nervoso e l'aspetto similar-sessuale si devono ritenere esclusivi sul piano di carica e scarica di una tensione psicosomatica.

I diversi tipi di tic nervoso

Vediamo ora in breve di analizzare gli aspetti semplici e complessi di questo fenomeno che coinvolge gli aspetti della relazione mente-corpo, producendo parziali, ma osservabili alterazioni degli aspetti della nostra personalità.

Il tic nervoso, qualsiasi esso sia, è comunque un messaggio del nostro corpo che avverte la mente dell'esistenza di uno stato di tensione emotiva esistente tra il desiderio dell'oggetto e la sua possibilità di ottenerlo.

- I tic in relazione all'attività psicomotoria definiti semplici e più comuni sono per esempio strizzare gli occhi, scuotere la testa, scrollare le spalle e fare smorfie con il viso. I tic vocali semplici più comuni sono tossire, senza necessità effettiva, schiarirsi la voce, borbottare, annusare, russare ed emettere mugolii.

- I tic psicomotori complessi più diffusi sono i movimenti gestuali di mimica, i comportamenti tipo toccarsi e rassettarsi, colpirsi battendo la mano sulla gamba, saltare, battere dita e nocche delle mani tamburellando, annusare sempre e comunque gli oggetti.
- I tic vocali complessi più comuni sono ripetere parole e frasi fuori del loro contesto, per esempio la coprolalia (uso di parole socialmente inaccettabili, frequentemente oscene), oppure la palilalia (ripetizione dei propri suoni o parole) e l'ecolalia (ripetizione di suoni, parole o frasi di un'altra persona appena sentiti, oppure di un rumore appena sentito).
- Tra gli altri tic complessi vi è l'ecocinesi, ossia l'imitazione dei movimenti di qualcuno che abbiamo osservato e c'è piaciuto per la sua personalità, ma soprattutto per la sua gestualità comunicativa.

CAPITOLO 7

Il rapporto con il sonno

Il cervello come sistema

Per capire e comprendere lo stress della mente e del corpo, è necessario scoprire come lavora il cervello. Tale tentativo di lavoro e ricerca si fonderà sul mettere brevemente in evidenza l'analisi degli aspetti d'attività cerebrale legati all'apprendimento, alla percezione, al linguaggio, ai sogni e al sonno, tutti aspetti in relazione con la cognitività mentale dell'uomo, relativi all'intelligenza così come al comportamento, senza tuttavia studiare il cervello da un punto di vista neurologico.

Un tale tentativo deve fondarsi sull'assioma moderno secondo cui il cervello essendo, in un certo senso, un sistema fisico che costituisce il supporto o in qualche modo dà una spiegazione della mente, può essere studiato utilizzando la metodologia scientifica.

L'evidente autenticità di questo assioma si è andata sempre più consolidando (almeno nell'opinione scientifica) negli ultimi cento anni, tanto è vero che ora, la maggior parte degli scienziati, non dubita che il cervello sia l'organo responsabile del comportamento e dei processi mentali. Se cessano le sue funzioni fisiologiche, per esempio, anche il comportamento si arresta: un'ulteriore dimostrazione che il cervello è la sede della mente. Questa conclusione sembra l'unica possibile, se si tiene conto della reale difficoltà di trovare altre ragioni, o meglio, teorizzazioni per le quali la mente, originariamente chiamata "psiche", poteva trovarsi nel cuore.

Ancora oggi, probabilmente ignari della psicosomatica e delle innumerevoli relazioni mente-corpo, si pensa che la psiche dell'uomo non sia necessariamente collegata all'attività cerebrale e fisica del corpo, ma sia unicamente una forma di energia che abita il soma dell'uomo, dandogli la possibilità di essere e di sentirsi di origine divina.

Definizioni come quest'ultima risiedono naturalmente nell'immaginario umano, nei fenomeni del sogno, dell'allucinazione e dei bisogni religiosi, che è doveroso studiare perché sono parte dell'essere umano, dei suoi bisogni spirituali e della sua intrinseca paura della morte. In questa sede affronteremo il sonno e il sogno.

Lo stress: sonno e insonnia

Il sonno è uno dei più importanti bisogni dell'uomo. Si dice che noi trascorriamo un terzo della nostra vita dormendo. Secondo una visione moderna il sonno rappresenta un meccanismo di protezione per impedire al nostro organismo un danno causato da eccessivo affaticamento. Come compare la fame ai normali orari dei pasti, così accade anche per la sonnolenza, all'usuale ora di coricarsi. L'uomo può vivere fino a tre settimane senza cibo, mentre lo stesso periodo trascorso senza dormire porterebbe a gravi danni psichici, intellettuali e fisici. Viceversa certe malattie mentali sono accompagnate da gravi disturbi nel sonno, oppure ne sono precedute.

Anche il soggetto stressato corre il rischio di alterare i suoi ritmi circadiani di veglia e sonno.

Sembra che la relazione stress-insonnia sia strettamente correlata al fattore ambiente, vale a dire alla mancanza di spazio vitale nelle operazioni e nei rapporti sociali. Di regola, se due persone si parlano i loro volti non distano meno di trenta centimetri, proprio nel rispetto dello spazio vitale. In un locale affollato in cui le distanze sono minori, le persone si pongono automaticamente di sbieco per aumentare la distanza. Addirittura nel letto matrimoniale due persone, anche marito e moglie, provano forte disagio conversando, perché troppo vicine e generalmente l'interlocutore retrocede per ristabilire l'equilibrio della distanza.

Questi semplici fatti suggeriscono l'esistenza di regole rigide che governano i rapporti spaziali tra due individui. Le regole della distanza esistono anche per gli animali. Se costretti in un ambiente troppo limitato, essi aumentano l'irritabilità e le zuffe, anche in presenza di cibo abbondante. Stipati in poco spazio, i tacchini non riescono a dormire e si dispongono con il becco rivolto verso l'esterno, alla ricerca di un territorio personale. I maschi richiedono più spazio delle femmine: gli ormoni sessuali influenzano quindi la necessità di spazio. Nelle situazioni di superaffollamento si verifica anche il disdicevole comportamento dei più aggressivi, che divorano e consumano più di quelli miti, i quali finiscono per dimagrire e deporre uova meno grosse.

Anche lo spazio quindi è motivo di stress e soprattutto di insonnia, pregiudicando l'efficienza degli individui e la loro salute.

Accanto all'aspetto psicologico del sonno bisogna considerare anche il lato fisiologico: secondo gli scienziati lo scopo principale del sonno consiste nel "rinnovamento" delle cellule. Durante il sonno vengono immagazzinate nuove energie per il giorno seguente. Si potrebbe quasi paragonare il sistema nervoso centrale dell'uomo a una batteria dalla capacità limitata, ma molto adattabile, che si può caricare solo quando si è esaurita. Vivere il sonno in modo sano è quindi assolutamente necessario, in quanto meccanismo di regolazione del sistema scarica-carica della batteria.

Durante il dormiveglia, dopo una prolungata mancanza di sonno, è possibile vivere degli eventi simili ai sogni, nel senso di interpretazioni errate o disconoscimento di situazioni reali sotto forma di pseudoallucinazioni: si vedono muoversi le pareti o il pavimento, visi che fissano, figure che si avvicinano, si odono rumori di auto, voci strane ecc., tutte situazioni che in realtà non esistono.

Dormire non implica, come si pensava una volta, una riduzione abbastanza uniforme dell'attività globale del sistema nervoso centrale, bensì uno spostamento dell'attività verso alcuni centri nervosi; in pratica, quindi, alcuni centri cerebrali subiscono un incremento di attività. Si deve ritenere che il sonno sia indotto da alcune sostanze chimiche prodotte a livello delle cellule del diencefalo.

Finora però, nonostante le ricerche di W.R. Hess, premio Nobel per la medicina e la fisiologia, non si è riusciti a isolare quest'ipotetica sostanza chimica, e di conseguenza non la si può usare per la pratica clinica di cura nei disturbi del sonno. Lo sviluppo dell'elettroencefalografia e la sua applicazione con i nuovi metodi di ricerca ci permettono ora di rivedere la concezione del sonno.

Utilizzando in modo sistematico l'elettroencefalografo (EEG), si è dimostrato che il sonno notturno si suddivide in periodi, stati o cicli, durante i quali cambia anche la sua profondità. In generale bisogna distinguere tra sonno con e senza sogni, periodi che però non sono intercambiabili. A una fase di sonnolenza segue l'addormentamento e poi il sonno di media intensità che termina nel vero sonno profondo. Solo dopo quest'ultimo si manifesta il sonno con i sogni. L'andamento a onde si ripete dalle tre alle cinque volte nell'arco d'ogni notte, con una progressiva diminuzione del sonno profondo e un aumento della durata dei sogni. Il sonno più profondo non è quello più ristoratore: si è, invece, completamente rilassati e sciolti solo durante la fase del sonno con i sogni, il cosiddetto sonno paradosso, o sonno REM. Le fasi del sonno sano e completo si dividono in periodi di circa 90 minuti l'uno. Se, per esempio, vogliamo alzarci il mattino in pieno equilibrio mente-corpo senza avere la testa pesante, dobbiamo seguire fedelmente questi periodi del sonno. Ottimo sarebbe dormire cinque fasi REM, vale a dire 90 minuti moltiplicati per 5, per un totale di 7 ore e 30 minuti di sonno. Possono essere sufficienti quattro fasi di 90 minuti pari a 6 ore di sonno. Coloro che, per esempio, dormono le famose sette o otto ore, si sentiranno sempre poco svegli ed efficienti, perché il primo avrà interrotto l'ultima fase di sonno e il secondo avrà appena iniziato l'ultima da appena mezz'ora.

I disturbi del sonno

Il numero di persone che soffre soggettivamente di disturbi del sonno aumenta di anno in anno: tra il 1960 e il 1985 esso si è più che raddoppiato. In Italia riguarda circa il 20% della popolazione.

L'essere umano si sveglia a una soglia di rumore che varia considerevolmente da individuo a individuo e che varia anche nella persona stessa. Inoltre giocano un ruolo decisivo i rumori di fondo e i fattori psicologici ambientali di relazione, insieme a quelli personali.

Quali sono i motivi che ci impediscono un sonno normale? Esistono malattie che possono provocare insonnia, per esempio una difficoltà respiratoria, dei dolori, il prurito ecc. Altrettanto possono esserne responsabili tutta una serie di situazioni psicologiche. Non sono dunque la "coscienza sporca" o le preoccupazioni che provocano insonnia, ma le tensioni emotive accumulate durante il giorno. Rabbia, paura, senso di colpa, ansia, vergogna o rimorsi sono sentimenti che gravano sull'individuo e possono alterare la sua pace interiore.

Molti insonni conoscono la causa che li tiene svegli, ma non riescono a controllare le tensioni che albergano in loro. Accade che la loro mente inizi a produrre quel fenomeno di pensiero chiamato ideazione reattiva, dove pensieri, sensazioni, immagini ecc. affollano la mente, impedendo il relax necessario all'induzione del sonno. Di gran lunga la causa principale dei disturbi cronici del sonno resta però l'ansia, in tutte le sue forme e di ogni origine.

L'induzione del sonno avviene in modo naturale e spontaneo come se esistesse in noi un preciso orologio biologico, che scatta per poi scandire i ritmi REM del sonno. Le pressioni esterne alterano la spontaneità di questo meccanismo del sonno, producendo insonnia.

Gli uomini hanno diversi modi di vivere, quindi anche ritmi di sonno-veglia differenti. Vi è chi dorme poco e chi dorme a lungo, colui che ama restare sveglio la sera e chi invece si sveglia presto al mattino. Purtroppo molte persone non riescono a conciliare (o non possono) il proprio ritmo di sonno-veglia con le esigenze dell'ambiente sociale e di lavoro. Ma nonostante i ritmi sfrenati e sincopati della vita, troviamo soggetti che, imperterriti, continuano ad avere il loro orologio del sonno attivo e inalterato... dormono.

Se il soggetto invece permette che in lui alberghi e dimori l'ansia, ecco che il meccanismo del sonno è alterato, lui non dorme più!

Sonno e sogno: dalla fisiologia all'interpretazione psicologica

Il sonno è uno stato caratterizzato da una temporale perdita della coscienza, associato a una sorta di immobilità, durante la quale può essere adottata una postura tipica della specie (umana, animale ecc.) di non rispondenza agli stimoli esterni.

Per accordo internazionale il sonno è definito sia in termini di aumento dell'*arousal*[2], sia in termini di configurazioni elettroencefalografiche (EEG).

Usando un elettroencefalografo per controllare l'attività elettrica di un cervello che dorme, si rivelano, come accennato, cinque stadi distinguibili di sonno, che si susseguono in cicli di circa 90 minuti.

I primi due stadi (stadio 1 = sonno leggero, stadio 2 = sonno pro-

2. Concetto psicofisiologico che viene usato in tutte le branche della psicologia e in particolar modo nella teoria della personalità. Si tratta della reattività del sistema nervoso, cioè la relazione tra l'intensità dello stimolo e l'ampiezza della risposta neurofisiologica e comportamentale.

fondo) sono caratterizzati da un'assenza di movimenti oculari, o soltanto dalla comparsa di movimenti lenti, e vengono definiti come stadi di sonno senza movimenti oculari rapidi, o sonno non-REM.

Gli stadi 3-4 sono spesso combinati e sono chiamati sonno delta.

Lo stadio 5 è associato a movimenti oculari rapidi ed è noto come sonno REM o sonno con sogni.

Il sonno delta si verifica principalmente nel primo terzo della notte, mentre il sonno REM nell'ultimo terzo. Il ciclo di sonno ha grandi variazioni individuali il cui significato è ignoto.

Un animale che dorme viene attivato meno facilmente da un suono o da uno stimolo tattile, rispetto a un animale sveglio (addirittura, alcuni pesci possono essere tolti dall'acqua mentre dormono). La profondità del sonno viene misurata dall'intensità dello stimolo richiesto per attivare l'animale.

A qualche livello la risposta alla stimolazione è selettiva. I suoni familiari, per esempio, sono meno attivanti di quelli non familiari. Alcuni animali, come i bovini, vengono svegliati dal sonno dal più lieve segno di pericolo.

Possiamo diagnosticare il sonno negli uccelli e nei mammiferi sulla base dei potenziali elettrici misurati nel cervello, o sul cuoio capelluto, mediante il già menzionato elettroencefalografo. Il cosiddetto sonno quieto è caratterizzato dalla presenza di variazioni di potenziale a onda lenta di grossa ampiezza, mentre durante il sonno attivo, il tracciato EEG somiglia allo stato di veglia con rapide variazioni di potenziale di basso voltaggio.

La situazione è alquanto paradossale perché gli esami di *arousal* mostrano che di solito la profondità del sonno è maggiore durante il sonno attivo, rispetto a quella del sonno quieto. Il sonno attivo viene spesso accompagnato da episodi sporadici di movimenti oculari rapidi. Se sono risvegliati durante questi episodi, gli individui riferiscono spesso che stavano sognando.

Ci stiamo lentamente rendendo conto del fatto che gli stati caratterizzati da modificazioni della coscienza, che conducono nel sonno a una diminuzione della rispondenza all'ambiente esterno e nell'*arousal* a un'interazione efficiente con esso, possono essere già elementi caratterizzanti una prima definizione del sonno.

Sebbene questi due estremi d'attività possano essere distinti facilmente mediante l'ispezione visiva, una definizione più attendibile deve descrivere il sonno e la veglia come un ritmo biologico accuratamente identificato solo mediante tecniche di registrazione elettrofisiologica. Usando tali tecniche si riconosce unanimemente che, per esempio, gli uccelli, i mammiferi e i primati, incluso l'uomo, presentano almeno due schemi fondamentali di sonno.

Il primo chiamato sonno a onde lente o SWS (dall'inglese *slow wave sleep*) o sonno non-REM, è caratterizzato dalla comparsa nell'elettroencefalogramma (EEG) di fusi corticali di 14-18 Hz. Allo stesso tempo onde aguzze di alto voltaggio 500-800 UV, sono registrate dall'ippocampo, mentre l'elettromiogramma (EMG), o il tono muscolare, diminuisce lievemente. Di solito dopo 30-40 minuti appare la fase di sonno con movimenti oculari rapidi (REM), caratterizzata dalla comparsa d'attività veloce di basso voltaggio nell'EEG corticale, di un ritmo teta, 5-6 Hz ippocampale regolare, di un EMG isoelettrico, da perdita totale del tono muscolare e da raffiche di movimenti oculari rapidi.

Circa mezzo minuto prima dell'inizio del sonno REM e durante esso compaiono scariche EEG di alto voltaggio nella formazione reticolare pontina, nel nucleo genicolato laterale NGL e nella corteccia occipitale. Queste scariche sono chiamate PGO, da ponto genicolo occipitali, e hanno un tasso giornaliero abbastanza costante ed elevato.

Gli stadi di sonno EEG nell'uomo, sono più differenziati e consistono di 4 stadi di sonno non-REM: stadio 1, perdita dell'alpha; stadio 2, fusi e onde brevi isolate, chiamate complessi K, su una attività di fondo di basso voltaggio; stadio 3, attività delta di grossa ampiezza, onde lente a 1-3 Hz; stadio 4, con oltre il 50% di attività delta e uno stadio REM, caratterizzato da attività teta di basso voltaggio senza fusi o complessi K, accompagnato, naturalmente, da movimenti oculari e perdita del tono muscolare.

Durante questo stadio vi è anche un aumento del valore medio e della variabilità del ritmo cardiaco, del ritmo respiratorio e della pressione sanguigna.

Gli eventi che si verificano durante il sonno REM sono stati classificati come fasici e tonici. Gli eventi fasici sono rappresentati da attività quali le raffiche di movimenti oculari, l'attività muscolare dell'orecchio medio, le irregolarità cardio vascolari, le variazioni respiratorie, le concentrazioni muscolari, le variazioni del diametro pupillare, le fluttuazioni dell'erezione del pene e le scariche PGO. Gli eventi tonici sono riscontrabili da attività EEG veloce di basso voltaggio, dalla soppressione dell'EEG veloce di basso voltaggio, dalla soppressione dell'EMG, dall'aumento della temperatura e da un aumento del flusso sanguigno.

Le basi fisiologiche del sonno

Parallelamente alla ricerca delle strutture cerebrali che regolano il sonno c'è stato un grande interesse per l'identificazione delle sostanze chimiche utilizzate da tali strutture. Anche in questo caso è più che probabile che partecipino più sostanze, sebbene siano state proposte teorie che favoriscono una sostanza rispetto all'altra.

Quella più nota e diffusa è la teoria monoaminergica, che ritiene che il sonno a onde lente sia avviato dalla liberazione di serotonina (5-HT), dai neuroni dei nuclei del rafe caudale. I meccanismi esecutivi del sonno REM sono governati dalle catecolamine (NE) del terzo caudale del *locus coeruleus*, sono responsabili dell'atonia muscolare associata al sonno REM, mentre quelli del terzo mediale del *locus coeruleus* funzionano come pacemaker dell'attività PGO. D'altro lato la veglia e l'*arousal* corticale dipendono dai neuroni del *locus coeruleus* anteriore, dai neuroni che contengono dopamina della formazione reticolare mesencefalica e dai neuroni colinergici della corteccia.

Altre ipotesi ruotano attorno all'idea per cui è più probabile che la sintesi proteica, o un particolare gruppo di proteine, siano implicate nella produzione di sonno REM, attraverso un tipo di meccanismo a chiusa, che modula il livello d'eccitabilità dei vari gruppi neurali, implicati nella produzione dei segni elettrofisiologici degli episodi del sonno REM.

Il sogno

Noi viviamo i sogni durante i citati cicli REM. Gli occhi si muovono continuamente sotto le palpebre chiuse come se chi sogna fosse perso in un'esperienza misteriosa, emozionante ed estremamente intima. Nello stesso tempo la muscolatura è completamente rilasciata. Il fatto strano è che, con l'avanzare degli anni, le fasi del sonno, con un rilassamento corporeo completo, si riducono in relazione alla sua durata totale. Già in un soggetto di vent'anni, per esempio, esse occupano solo un quinto del sonno totale.

La fase dei sogni è d'importanza vitale per ogni persona. I sogni sono indispensabili per un sonno davvero sano, anche se la maggior parte di essi è già dimenticata prima del risveglio. Un esperimento ha potuto stabilire come alcuni volontari, sistematicamente privati delle sole fasi REM, dopo solo un paio di notti senza sogni sviluppassero uno stato di crescente irrequietezza e non fossero più in grado di reagire normalmente. Durante le notti seguenti le stesse persone, non più disturbate, mostravano un estremo bisogno di recupero, tanto che le fasi di sogno si prolungavano più del normale.

Evidentemente i sogni servono a scaricare l'individuo dalle tensioni psichiche della giornata. In questo senso il sogno deve essere considerato non soltanto un semplice guardiano del sonno, ma piuttosto il custode della vita psichica, esattamente come il sonno stesso è il custode della salute fisica.

Fin dai tempi biblici, da quando Giuseppe faceva andare in collera i suoi fratelli raccontando i suoi sogni e si guadagnava i favori del faraone spiegandogli il significato del sogno delle sette vacche magre e delle sette vacche grasse, fin da allora, attribuiamo ai sogni un significato simbolico.

Il sogno è la lingua raffigurativa, ma cifrata, nonché l'officina di riparazione dell'anima (C.A. Meier, 1994).

Il significato dei sogni è diverso da ciò che essi raffigurano. Sigmund Freud negò ai sogni una funzione profetica, ma attribuì loro un potente carattere simbolico: egli vide nei sogni una raffigurazione in codice dei profondi conflitti del sognatore, spesso di natura così penosa che non si possono formulare in nessun altro modo se non nella lingua simbolica del sogno. Per la sua teoria, Freud si fondò sull'interpretazione dei sogni raccontati dai suoi pazienti. La sua innovativa opera sull'interpretazione dei sogni, pubblicata nel 1899, permise di avvicinarsi in modo geniale alla soluzione del dilemma. Analizzando le rappresentazioni, apparentemente senza senso, che si svolgevano ogni notte nell'inconscio dei suoi pazienti, Freud scoprì lo schema di una struttura del sogno, una serie di regole nascoste, che si concatenavano con uno scopo preciso.

Nei sogni si esaudiscono desideri che durante la veglia sono irrealizzabili. Per esempio, un soggetto che stia seguendo una cura dimagrante, può sognare dei polli allo spiedo o tavole imbandite di ogni ben di dio.

Per lo più, però, si tratta di desideri che colui che sogna non ammetterebbe mai, nemmeno di fronte a se stesso: l'inconscio codifica quindi la realizzazione di questi desideri sconvenienti e ne risultano così sogni apparentemente privi di senso o assurdi.

Per esempio una mia giovane paziente mi raccontò di un suo sogno in cui volava a cavallo di un cigno, sopra un mare in burrasca e dopo precipitava a terra, sdraiata sopra un cuscino su una spiaggia. La donna, durante il colloquio, ammise che i suoi genitori erano contrari al suo matrimonio con un giovane straniero. Per tale ragione ella aveva rinunciato alla vita coniugale ed era ritornata al proprio paese, anche se desiderava ardentemente sposare il giovane.

Il sogno risolve situazioni conflittuali e placa problemi sorti durante il giorno, pensieri che farebbero stare svegli. Esso funge da custode del sonno.

Un altro esempio può essere quello di uno studente che sognava di trovarsi a sostenere un esame molto importante, che avrebbe nella realtà dovuto sostenere il giorno successivo. Nel sogno egli rispondeva esattamente a tutte le domande. L'esaminatore, sempre nel sogno, era molto comprensivo e gentile; egli non aveva nessuna somiglianza fisica con l'insegnante reale del ragazzo. In questo modo lo studente anticipava in modo positivo l'evento futuro, tenendo a bada l'eventuale ansia da prestazione, che ne sarebbe potuta scaturire, garantendosi un sonno tranquillo.

Freud chiamò il sogno "la via maestra dell'inconscio". Certo occorre precisare che tutti gli studi sulla natura dei sogni si fondano solamente su spezzoni di sogni ricordati occasionalmente e non su rapporti fondati con sicurezza.

I sogni dell'uomo sono influenzati dalle esperienze personali e dalla sua struttura psichica, e danno preziosi indizi sugli aspetti nascosti della vita di chi riferisce il sogno, sul suo carattere, sulle sue ansie, sulle sue nevrosi ecc.

Non esiste alcun mezzo per interpretare correttamente i sogni, ma è importante che durante l'analisi di un sogno sia attivamente presente il sognatore che lo riferisce, in quanto, essendone lui stesso toccato direttamente, l'interpretazione può aiutarlo a capire un po' meglio parti di sé che vengono raffigurate nel sogno. I sogni sono le vitamine del sonno e costituiscono un grande rimedio terapeutico. Sogni, e quindi sonno, compensano molte tensioni dell'inconscio: sogni a contenuto angosciante e incubi compaiono quando sussistono conflitti; i sogni piacevoli, invece, nel caso di stati di stanchezza fisica.

È estremamente difficile condensare ciò che nell'ambito della psicoanalisi e della moderna psicologia è stato detto, ed è a tutt'oggi sostenuto, in merito ai sogni. La letteratura relativa ai sogni, dopo la pubblicazione della fondamentale *Interpretazione dei sogni* di Freud, riunisce ormai centinaia di volumi e migliaia di saggi e articoli. Si pensi che l'edizione del 1974 dell'ottima opera dello psicoanalista argentino Angel Garma, *Psicoanalisi de los sueños,* riporta una bibliografia di circa cinquanta pagine di soli titoli e autori che hanno prodotto lavori sul sogno.

Secondo la psicoanalisi e la psicologia, i sogni hanno una funzione che potrebbe paragonarsi a quella di una valvola di sicurezza. Il sogno cerca di ottenere uno sfogo, una carica rispetto a qualche eccitazione o stimolo fisico o psichico che sia.

Supponiamo che l'udito di un soggetto, durante il sonno, sia stimolato dal suono di un campanello. Se non esistesse la valvola del sogno, al dormiente non rimarrebbe che svegliarsi. Invece inserire il suono del campanello nel sogno, per esempio attraverso il festoso suono delle campane domenicali, può permettergli di continuare il suo sonno, rendendo accettabile e gradevole il rumore disturbante.

Tuttavia la grande maggioranza dei sogni presenta problemi d'interpretazione ben più complicati che non quello del campanello o quello del dormiente affamato che sogna un banchetto. Nel caso in cui si tratti di stimoli psichici, anziché fisici, abbiamo a che fare sovente con tendenze, desideri e fantasie molto profondi, molto lontani dalla coscienza del sognatore. Queste tendenze e aspirazioni, più o meno primitive, sono per giunta molto spesso in conflitto tra loro.

Il sogno non coincide, se non di rado, con la sua facciata. Di solito, come ogni architettura che si rispetti, dietro la facciata c'è una struttura, ed è questa la parte che più importa e interessa ai fini di una più completa conoscenza scientifica e psicoterapica.

La notevole differenza che passa tra i processi della coscienza e quelli della zona più oscura e inconscia della personalità fa sì che i sogni siano, il più delle volte, assai distorti, deformati, allusivi e simbolici rispetto ai loro contenuti di partenza. Solo tenendo conto di questi e di altri meccanismi possiamo alle volte interpretare il sogno con una analisi attenta e paziente.

È di fondamentale importanza conoscere gli aspetti psicologici della personalità del sognatore. Inoltre è necessario dialogare con lui, per interpretare insieme il sogno. È indispensabile partire dal presupposto che il sogno è di chi lo fa e non dell'analista. Taluni sogni hanno carattere universale e ricorrente, il loro significato è generico ed è abbastanza noto. Questo aiuta a comprendere perché sia stato possibile giungere ad alcune indicazioni generali di carattere interpretativo, sia tradizionali, popolari, di fantasia, che psicologiche e parapsicologiche.

La teoria psicologica di C.G. Jung sulla libido e l'inconscio differisce

I MECCANISMI DI DEFORMAZIONE DEL SOGNO

I meccanismi di deformazione che troviamo più frequentemente nei sogni sono i seguenti.

- **Condensazione dei significati**:
  uno, due o anche più elementi vengono fusi insieme in un'azione o immagine del sogno.
- **Spostamento dell'accento**:
  ciò che sembra molto importante sovente non lo è, e viceversa.
- **Rappresentazione a mezzo del contrario**:
  una cosa può significare il suo opposto.
- **Proiezione**:
  attribuiamo ad altri certe intenzioni o tendenze che non vogliamo riconoscere per nostre.
- **Simbolismo**:
  in base al quale sappiamo per lunga esperienza che una casa per esempio può rappresentare una donna o che l'uscire da un sotterraneo può simboleggiare venire al mondo.

sostanzialmente da quella di Freud, anche per quanto riguarda la teoria del sogno. Per Jung il sogno può essere un anticipatore creativo, istruttivo e perfino profetico. I sogni sono una potenziale fonte di crescita personale, in quanto, specie per i sogni collettivi, derivano da immagini simboliche particolari: quelli che Jung chiamava archetipi dell'inconscio collettivo.

Gli archetipi sono i simboli comuni che trascendono il tempo e lo spazio, presenti nell'arte folcloristica, nella religione, nei miti, riti e visioni di diverse culture esistenti sul pianeta.

Simboli originari ritenuti innati, contengono percezioni e immagini universali e perfino mistiche, come quelle della natura dell'anima e della totalità armonica divina o umana, riscontrabile nei mandala. I sogni collettivi possono perciò estendere la percezione delle singole risorse interne del sognatore e possono contenere spunti per la soluzione dei problemi contenuti nell'attività onirica. I sogni personali sono quelli che riflettono più immediatamente l'inconscio collettivo.

La definizione di Freud, secondo la quale il sogno è l'esaudimento mascherato di un desiderio rimosso, è per Jung insufficiente, e ciò a causa di tre motivi:

1. si può, infatti, applicare a qualsiasi fenomeno patologico;
2. non considera l'aspetto caratteristico del sogno, che è l'allucinazione;
3. non descrive dettagliatamente la struttura psichica interna del sogno.

L'allucinazione, caratteristica del sogno, nasce come conseguenza dell'impatto traumatico dei conflitti inconsci genetici. Contrariamente a quanto Freud supponeva nella teoria del giudizio di realtà, per Jung l'allucinazione onirica si produce perché i meccanismi di difesa dell'Io, che durante il sonno possono manovrare con minore facilità contenuti rimossi, sono più efficaci di fronte ai contenuti che nascono spontaneamente nello psichismo che non di fronte a quelli che sono dovuti agli stimoli immediati, derivanti dalla realtà esterna.

L'allucinazione per colui che sogna viene vissuta come realtà, il sognatore crede che, ciò che vive nel sogno sia vero (reale) e non una pura fantasia. Questo significa che i contenuti mascherati nel sogno costituiscono ciò che si potrebbe definire la sua verità interna. Questa credenza nella verità dei sogni rende colui che sogna più sensato dell'individuo sveglio, che invece li svaluta.

Il sogno è una drammatizzazione regressiva mascherata di conflitti inconsci traumatici, insolubili per l'individuo addormentato e dei suoi tentativi di soluzione, che sempre sono fittizi. Quando l'individuo è capace di risolvere efficacemente i suoi conflitti inconsci, allora non ha bisogno di allucinarne il contenuto durante il sonno.

Il significato dei sogni

Erich Fromm, nato a Francoforte nel 1900 e morto a Muraldo Ticino nel 1980, psicoanalista e filosofo, definisce il sogno come l'espressione delle attività più elevate dell'anima così come di quelle infime. I nostri sogni contengono informazioni preziose: non sogniamo mai cose assurde o di nessun'importanza, si tratta sempre di cose che c'inseguono fino all'interno del sonno.

Come dobbiamo fare per riuscire a interpretare e decifrare i sogni? Il primo compito è quello di entrare in confidenza con i nostri sogni.

Intanto ci possiamo proporre di ricordarli. Prima di addormentarci, dovremo ripetere più volte "voglio ricordare i miei sogni", l'esperienza conferma che tale tecnica d'autosuggestione è spesso coronata da successo. Possiamo anche prefiggerci di sognare determinate persone e determinate questioni, che ci interessano: questa, come diceva Jung, è un'intenzione positiva per accordare il nostro inconscio. Oggi con l'aiuto di tecniche come il training e con la dinamica mentale, quanto anticipato da Jung non solo diviene possibile, ma diventa estremamente facile, oltre che funzionale per il nostro equilibrio psicofisico.

È necessario riassumere i nostri sogni con poche ma pregnanti frasi e poi farle seguire da alcune domande. Esempio: che cosa mi ricorda, o meglio che cosa rappresenta, la mela che ho sognato? In quale occasione ho visto oppure ho mangiato una mela? Chi c'era accanto a me? e via di seguito.

Bisogna anche imparare a mettere per iscritto il sogno. In questo modo il contenuto si può rendere più chiaro e inoltre si possono così raccogliere più sogni e magari confrontarli fra loro, vedere come il problema reale del quotidiano si inserisca nel sogno, avere vari parametri di confronto che favoriscono una maggiore consapevolezza di se stessi.

È importante ricordare lo stato d'animo che accompagna i sogni: eccitazione, angoscia, paura, contentezza, rabbia e aggressività. L'umore del risveglio è influenzato dall'ultimo sogno.

Esercitandosi a ricordare e interpretare i propri sogni si diventa consapevoli dei simboli che vi compaiono e si imparano a individuare quelli che possono avere un particolare significato. Un riccio può rappresentare un problema; tre persone possono fondersi in una; una persona può avere, contemporaneamente il volto di Marco, i capelli di Luca, le mani di Gianni ecc. In genere i sentimenti e lo stato emotivo sentimentale vengono rappresentati attraverso atteggiamenti e comportamenti di persone estranee alla vita privata dell'individuo.

Come ottenere un sonno naturale e rigenerante

Abbiamo visto come il sonno sia uno stato di particolare funzionalità della mente e del corpo. Esso è comunque indispensabile per la vita e per la sopravivenza dell'individuo. Il sonno rappresenta paradossalmente uno stato di riposo funzionale con un isolamento dall'ambiente esterno, con modificazioni di attività psicofisiche importanti quali la risposta dei riflessi, i processi metabolici e l'atteggiamento posturale.

Il sonno, che viene a innescarsi naturalmente in ogni individuo, subisce spesso modificazioni, diventa a rischio quando raggiunge la soglia dell'inibizione con l'insorgere dell'insonnia.

Le motivazioni delle modifiche che si apportano al sonno sono innumerevoli: dalla presenza di una patologia, che attraverso la persistenza del dolore fa sì che il soggetto mantenga uno stato d'allarme che inibisce il sonno, alla presenza di pensieri e preoccupazioni che sfociano in processi ideativi reattivi, alterando la funzione del sonno naturale. Il dato costante di fondo è che, in qualsiasi causa o concausa che preclude il sonno ristoratore provocando insonnia, vi è sempre uno stato d'ansia e/o angoscia presente nell'individuo.

La via per stabilire un normale accesso al riposo e al sonno naturale è dunque soperattutto quella di imparare a vincere l'insorgere dell'ansia e dell'angoscia.

Vincere l'insonnia con il training di rilassamento

Il training di rilassamento è la metodica psicosomatica più diffusa e più soddisfacente per garantire il risultato di controllo e superamento dell'ansia presente negli individui insonni.

"Training" significa allenamento, cioè apprendimento graduale di una serie di esercizi di concentrazione psichica passiva, studiati e concatenati allo scopo di portare progressivamente la realizzazione di spontanee modificazioni del tono muscolare, della funzionalità vascolare, dell'attività cardiaca e polmonare, dell'equilibrio neurovegetativo e dello stato di coscienza. Il preciso e costante allenamento a tali esercizi porta a modificazioni gradualmente più valide, precise, consistenti.

Per ottenere risultati soddisfacenti di rilassamento e di superamento dell'ansia è necessario un esercizio continuo, assiduo e costante. Dato che la tecnica coinvolge meccanismi psicologici e fisiologici parecchio sensibili, all'inizio è indispensabile che il soggetto si impegni con attenzione e serenità.

È necessario che si chieda l'aiuto di un partner che lo guidi prestandosi come trainer, che reciti l'itinerario dell'induzione al rilassamento. Altrimenti è possibile incidere su nastro tutto l'itinerario di induzione al rilassamento, per poi utilizzarlo con comodità, riascoltandolo durante la giornata.

La metodica del rilassamento è estremamente semplice in tutti i suoi aspetti, che possiamo classificare nel seguente modo.

- *Postura del corpo.* Le posizioni consigliate sono quelle a voi più gradite, quelle cioè che vi permettono di rilassarvi con estrema tranquillità. Potete per esempio sedervi comodamente sulla vostra poltrona preferita, sulla vostra sedia a dondolo oppure sul vostro divano. È necessario però precisare che la posizione che maggiormente permette il completo rilassamento e l'adeguato svolgersi dell'itinerario del training di relax è quella distesa coricati su una superficie confortevole, perché favorisce l'abbandono delle tensioni e la percezione del corpo.

- *Itinerario del training.* Dopo aver scelto la posizione a voi più consona, l'induzione del training consiste nel recitare la trama itinerante, qui di seguito riportata. Come già detto la trama può essere recitata da un partner, oppure attraverso l'ascolto di una registrazione, operata da voi o da altri.

ITINERARIO DEL TRAINING DA RECITARE O DA INCIDERE E RIASCOLTARE

- Concentra tutta la tua attenzione su questa voce, come se non esistesse nient'altro al mondo, come se non esistesse niente nell'universo, eccetto questa voce. E mentre stai ascoltando questa voce, per favore, presta attenzione anche al tuo corpo. È molto importante, infatti, che adesso tu possa acquistare piena coscienza di ogni parte del tuo corpo. Prendi coscienza di dove ti trovi precisamente. Dapprima dirigi l'attenzione verso la tua testa. Saprai così dove si trovano la tua faccia, i tuoi occhi, la fronte, le orecchie; potresti toccarti queste parti del corpo mentre questa voce le nomina, in modo da sentire con più precisione. Più tardi, concentra la tua attenzione sul collo, sul punto dove si trovano le tue spalle, le tue braccia, il braccio destro, la mano destra, il braccio sinistro, la spalla sinistra, il tronco del tuo corpo.
- Adesso concentrati sulle tue gambe. Usando la tua immaginazione, sposta la tua attenzione lungo la gamba destra fino al ginocchio e fino

al piede. Adesso sei pienamente cosciente dell'area di spazio che è occupata dal tuo corpo. A eccezione di questa area delimitata dal tuo corpo non vi sarà null'altro nello spazio, solo questa voce che ti guiderà verso un completo e salutare rilassamento della tua mente e del tuo corpo. Rimarrai serenamente protetto dal tuo corpo, che sentirai sempre più leggero e rilassato.

- Adesso dirigi la tua attenzione verso le mani. Inizieremo alcuni esercizi. Chiudi entrambi i pugni e ora tendi i muscoli delle dita quanto più puoi. Stringi i pugni molto forte e sforza i tuoi muscoli... e ora allenta le tensioni, rilascia le dita e prendi coscienza del benefico effetto del rilassamento delle mani.
- Ripetilo ancora un'altra volta, con entrambe le mani. Sforza i muscoli, chiudi i pugni, più forte, ancora più forte e ora rilasciali, distendile con serenità. Ripetilo ancora con più forza e rilascia i muscoli, che si stanno stancando, e assapora meglio il relax.

Adesso ci esercitiamo con le tue braccia.

- Tendi tutti i muscoli di entrambe le braccia. Fallo con tutta la tua forza, tendendo anche i muscoli dei pugni e aggiungendo tutti gli altri muscoli di entrambe le braccia. Ora lasciati andare, allenta la tensione. Ripeti nuovamente, tendi i muscoli delle braccia e delle mani, sempre più forte, sempre più forte... e ora lasciati andare.
  Ripeti ancora: tendi tutti i muscoli delle braccia e delle mani e ora lasciati andare... pian piano... assapora il relax distensivo dei tuoi muscoli stanchi.

Adesso faremo lo stesso esercizio con le gambe.

- Come prima cosa sforza gli alluci e anche ora mettici tutta la forza che ti riesce d'esercitare... E allenta la tensione... Una volta ancora, tendi gli alluci mettendoci veramente tutta la forza che puoi esercitare... e lasciati andare... Ora sforza gli alluci per la terza volta... più forte... e allenta la tensione.
- Adesso aggiungi gli altri muscoli delle gambe. Tendi tutti i muscoli della tua gamba destra, le dita dei piedi, tutti i muscoli del tuo polpaccio, anche le tue cosce... ora rilassali... Fa' la stessa cosa per la gamba sinistra, tutti i muscoli al di sotto del ginocchio... e anche i muscoli al di sopra del ginocchio, l'intera gamba... sforzali di più... e allenta la tensione... Ancora una volta.. le dita dei piedi, tutti gli altri muscoli... più forte... ancora più forte... e allenta la tensione...
- Adesso riposati, ascolta il relax ottenuto. I tuoi muscoli devono essere doloranti... e stanchi per lo sforzo compiuto.

Dopo questo breve riposo, adesso eserciteremo contemporaneamente le braccia e le gambe

- Tendi le dita delle mani e dei piedi... più forte... con più intensità... e ora allenta la tensione e rilassa i muscoli. Ancora una volta... tendi le dita delle mani e dei piedi... più forte... ancora una volta... tendi le dita delle mani... dei piedi... sforzali... i muscoli delle braccia e i muscoli delle gambe... sforzali quanto più ti è possibile, mettici tutta la forza... e lasciati andare... respira con profondità e lentezza.
- Inspira lentamente, senti l'aria che entra dolcemente e piano, attraverso le tue narici raggiunge i tuoi polmoni... gonfiandoli, trattieni un attimo... e ora sempre lentamente lascia che l'aria fuoriesca lentamente dalla tua bocca, con naturalezza e semplicità... sentiti svuotare e liberare...
- E ora ripeti...
- Adesso concentrati nuovamente su i tuoi muscoli... contrai tutti muscoli delle braccia e delle gambe con tutta la forza che hai... lentamente rilascia la tensione... abbandonati al relax...
- Ora nuovamente respira, inspirando lentamente con il naso ed espira con la bocca, sempre con molta tranquillità e serenità...
- Adesso tendi i muscoli del collo, tendili... e rilassati... un'altra volta tendili e rilassali sempre con decisione determinazione e lentezza...

Ora aggiungi i muscoli della schiena.

- Tendili con tutta la forza che hai... sempre più forte, sempre più forte... e poi rilasciali con serenità e profonda respirazione, che devi eseguire con lentezza e tranquillità.
- Ancora una volta... tendi con forza collo, spalle e schiena e poi rilassa tutti i tuoi muscoli... respira con tranquillità e serenità...

Adesso devi unire lo sforzo di contrarre tutti i muscoli del tuo corpo.

- Tendi le dita delle mani, dei piedi, le braccia, le gambe, il collo, il corpo intero; tutto insieme... più forte... e lasciati andare...sereno e tranquillo assaporando il tuo relax...
- Ripeti più volte... tendi tutti i muscoli del corpo con forza, senza paura, con determinazione, dopo di che rilassali in estrema tranquillità.. respirando... inspira dal naso e libera l'aria espirando dalla bocca... con lentezza, tranquillità e serenità...

Quando allenterai ancora una volta le tensioni, sentirai un benefico relax in tutto il corpo, in tutte le sue parti...

Ora continuerai a sentire solo questa voce che continua a guidarti in questo rilassamento consapevole, attraverso il quale ti sentirai sempre più rilassato, sicuro e felice di sentirti libero dalle tensioni e dall'ansia che ti affliggeva...

- Ora rilassati sempre più, abbandona ogni pensiero e ogni preoccupazioni... concentrati su questa voce che ti sta guidando... lasciati andare, rilassati sempre più, respira con profondità e intensità, concentrati sul tuo respiro.

- Senti l'aria che entra tra le tue narici e che ti riempie i polmoni... adesso libera con lentezza il tuo respiro...espira con lentezza e tranquillità attraverso la bocca, fai uscire lentamente l'aria, senti come i muscoli del torace e anche il tuo corpo si stanno rilassando completamente...
- Respira sempre con tranquillità, gonfia sempre di più i tuoi polmoni... ed espira sempre più con lentezza e determinazione... pian piano senti attraverso la tua bocca fuoriuscire l'aria... Il tuo corpo si rilascia al tuo ritmo respiratorio, più è lento e più ottieni il tuo meritato rilassamento. Concentrati sulla respirazione lenta, sicura e tranquilla... Inspira ed espira con profondità e lentezza, assaporando sempre di più il tuo rilassamento.

CAPITOLO 8

Mente e comportamenti

Cervello e mente

Il cervello è la fonte di tutto ciò che siamo, di tutto ciò che ci rende degli esseri umani, che determina la nostra umanità e unicità. Esso è la fonte della nostra capacità di parlare, di amare, di ridere, di disperarci e di odiare. Solo in anni molto recenti ci siamo resi conto che la vita risiede nel cervello. Il cuore, a cui si attribuiva tanta importanza nell'antichità, è oggi relativamente insignificante. Esso è semplicemente una pompa meccanica fatta di tessuto muscolare.

L'era delle ricerche scientifiche sul cervello iniziò nell'Ottocento. Nelle sue primissime fasi dipese massicciamente da "esperimenti naturali" attraverso lo studio di persone che avevano sofferto di lesioni al cervello, in conseguenza di ictus o di ferite alla testa. La parte del cervello che ebbe per prima una rappresentazione topografica accurata, fu la regione del linguaggio, che è situata nell'emisfero sinistro. Ciò avvenne a opera del medico Marc Dax, che nel 1837 presentò a Montpellier, in Francia, durante un congresso medico, la prima ipotesi della localizzazione cerebrale del linguaggio.

Sebbene vi fossero già stati dei tentativi di localizzazione delle aree del linguaggio e della motricità, a opera del tedesco Franz Gall, fondatore della frenologia, fino ad allora tutte le ipotesi e teorie venivano considerate più frutto di fantasie che di approcci scientifici.

La situazione mutò sostanzialmente nel 1861, quando il francese Paul Broca presentò i dati di una ricerca su un paziente da lui chiamato Tan, il quale colpito da apoplessia in età avanzata, presentava la parte destra del corpo paralizzata e l'unica parola che riusciva a dire era appunto "tan". Quando il signor Tan morì, Broca praticò l'autopsia sul tessuto cerebrale, individuando il danno subito dal paziente nella parte posteriore della terza circonvoluzione frontale sinistra. In seguito alla scoperta dello scienziato francese, questa regione prese il nome scientifico di "area di Broca".

Ulteriori esprimenti e ricerche portarono gradualmente alla conoscenza dei due emisferi separati e all'individuazione della dominanza del sinistro, rispetto a quello destro. Nel 1876 il tedesco Karl Wernicke scoprì che l'area del linguaggio era differente da quella dell'ascolto e la chiamò "area di Wernicke".

La storia delle localizzazioni cerebrali ancor oggi comporta sempre nuove scoperte: il centro del linguaggio è stato individuato nell'emisfero sinistro, successivamente si è passati allo studio di altre regioni dell'encefalo, per localizzarne ulteriormente le funzioni con una minuziosità di particolari impensabili, che agli albori delle ricerche si fondavano su teorie e su dati empirici insufficienti, mentre progressivamente si è arrivati alle moderne rappresentazioni topografiche della funzione cerebrale, che si fondano su un secolo di dati accumulati e vagliati con cura e metodo scientifico.

L'autodifesa della mente

Come abbiamo visto il cervello è un organo complesso, ma ancora più complessa è la vita mentale. Per studiare brevemente i meccanismi di difesa della mente è necessario partire dalle valutazioni fatte in merito al fenomeno dell'insorgenza dell'ansia.

Come già detto, l'insorgenza dell'ansia scatena delle reazioni psicosomatiche che coinvolgono le capacità mentali e sensoriali del corpo, incrementandole o inibendole, secondo le circostanze e lo stato in cui si presenta l'organismo; tutto questo accade in modo inconsapevole (automaticamente, per istintualità) e spesso restano sconosciute le cause stesse dell'insorgenza dell'ansia: possiamo parlare allora di origini inconsce.

A questo stesso livello di non consapevolezza esistono dei meccanismi di difesa che hanno la funzione di proteggere da stati affettivi dolorosi, provocati da situazioni spiacevoli o da conflitti con l'ambiente o con se stessi. Tali meccanismi sono numerosi e non sempre separabili l'uno dall'altro, ma in ogni caso descrivono caratteristiche diverse della modalità di autodifesa della psiche umana: presento qui brevemente i più importanti.

DESCRIZIONE SIMBOLICA DEL CERVELLO

Il fattore che complica la nostra comprensione del cervello è l'inesistenza di modelli, simbologie o metafore, sufficientemente precisi per descrivere come esso funzioni, senza entrare nel merito della terminologia medica.

Forse il modello più comune è quello del computer, che memorizza e recupera informazioni con un'efficienza sorprendente e che può essere programmato per usare l'informazione memorizzata in vista dell'esecuzione di compiti complessi, come giocare a scacchi. È un paragone utile ma non preciso, in quanto il cervello umano differisce dal computer perché vanta un'intelligenza autonoma, anche se può esser meno efficiente. Il cervello umano, per esempio, può essere creativo e modificare ciò che sta facendo, se le cose non funzionano, mentre il computer si blocca, non riesce a riconoscere il problema, dà la soluzione sbagliata ed è irritantemente inflessibile, come sanno anche troppo bene tutti coloro che devono usarlo quotidianamente per svolgere le loro attività professionali. Il cervello umano, invece è in grado di elaborare informazioni provenienti dai suoi recettori, quali l'udito, la vista, la sensibilità propriocettiva, il gusto e l'olfatto. La capacità d'elaborazione può essere persino simultanea: nell'uomo possono attivarsi sistemi di pensiero di elaborazione e di pianificazione nello stesso tempo.

Una metafora alternativa, che potrebbe essere utile alla comprensione delle funzioni del cervello, è quella di pensarlo come una rete molto estesa di centri di comunicazione diversi, che possono attivarsi e disattivarsi, inviandosi reciprocamente messaggi per mezzo di impulsi elettrici. Il cervello contiene molti centri d'informazione specializzati, disseminati nel suo spazio tridimensionale. Queste aree di materia grigia, altamente specializzate, sono centri o stazioni secondarie, che contengono la capacità di ricordare, di formulare decisioni e di emettere comandi. Le funzioni per le quali sono specializzate sono le più svariate, come muoversi, vedere, toccare, ascoltare, pensare, mangiare o dormire.

Spesso queste aree sono ridondanti: in altri termini, varie aree possono compiere la stessa funzione. Così, quando un centro di comunicazione è messo fuori uso da un'infermità, può accadere che un altro centro sia pronto a subentrargli nella sua funzione. Queste aree specializzate di materia grigia sono interconnesse tramite fibre simili a fili elettrici; questi fasci di fibre sono il materiale che vediamo nel cervello sotto forma di materia bianca.

Quando la comunicazione fra i centri cerebrali s'interrompe, l'interruzione può dipendere o da un danno a un centro di materia grigia o da un danno alle fibre che collegano i centri. Spesso però anche le connessioni fra i centri sono ridondanti cosicché, quando avviene un danno, i messaggi possono essere inviati attraverso connessioni alternative. Così il cervello ha una capacità di adattamento sorprendente, che viene designata talvolta come plasticità. Quando il cervello lavora al suo livello di prestazione normale, corrispondente a un'attività cerebrale molto intensa, può essere concepito come uno schema tridimensionale di quadri elettrici, in cui molte aree diverse ricevono messaggi, si attivano e inviano messaggi di risposta.

L'introiezione e l'identificazione

Una prima modalità difensiva della mente è quella che tende a cambiare il rapporto dell'individuo con il mondo esterno, invitandolo a portare all'interno di sé, in forma d'immagini mentali o di simboli, alcune parti della realtà. Questo è quanto avviene nei confronti delle persone, delle quali si avverte la necessità d'introiettare atteggiamenti, valori, schemi e modalità cognitivo-comportamentali; in altri termini possiamo parlare di un processo d'identificazione.

Questo meccanismo di difesa si presenta assai presto, sin dall'infanzia, con l'identificazione primaria del neonato nei confronti della madre, che rappresenta il prototipo delle successive forme di tale meccanismo nella vita adulta. Esso è dunque rilevante per la formazione delle competenze sociali, cioè della capacità di vivere positivamente l'interazione con gli altri individui. Il suo valore difensivo sta nel permettere la risoluzione di conflitti e paure nei confronti di persone influenti (genitori, datore di lavoro ecc.). L'individuo si conforma al loro tipo di vita e mostra un comportamento simile a quello della persona presa a modello e questo consente l'adattamento sociale e l'evitamento della punizione; inoltre lo porta a percepirsi come "l'altro". Annulla il pericolo della sanzione stessa in quanto chi applica questo meccanismo di difesa diventa parte dello stesso aggressore.

L'incorporazione degli aspetti positivi degli altri, che vengono considerati come propri, corrisponde a un soddisfacimento fantastico, ma denota potenzialità difensive, per esempio, quando l'introiezione avviene verso aspettative magiche, o di onnipotenza, così come accade nell'infanzia nei confronti dei genitori.

Cosi l'individuo può sentirsi in una posizione di costante sicurezza verso gli eventi più drammatici, ricorrendo alle stesse forme magiche tipiche del pensiero infantile.

La proiezione

Questo fenomeno psichico, al contrario del precedente, fa attribuire alcune delle caratteristiche del soggetto a una o più persone estranee. Il suo aspetto difensivo consiste nell'evitare di prendere consapevolezza dei propri impulsi proibiti che altrimenti scatenerebbero l'ansia. In questo modo la persona evita di constatare in sé la presenza di caratteristiche odiose e inaccettabili, che consideriamo presenti negli altri, con conseguenze negative sui rapporti sociali.

La fissazione

Un altro meccanismo che tende a mantenere l'equilibrio psicologico in situazioni conflittuali e ansiogene è la fissazione, caratteristica di coloro che sono stati molto protetti e gratificati nel loro ambiente (per esempio i figli unici).

Essa consiste in una interruzione parziale della maturazione, per cui possono manifestarsi atteggiamenti tipicamente infantili, quali l'aggressività distruttiva (che si manifesta anche solo a livello mentale) e i sentimenti di desiderio di possesso, accompagnati da profonde sensazioni di odio e rancore.

La regressione

Frequentemente si trova associata alla precedente difesa la regressione, che riporta la personalità a uno stadio di maturazione precedente o comunque passata.

Il fenomeno è stato descritto dallo stesso Freud come frequente e normale, simile a un esercito che, avanzando sul campo di battaglia, trovando grossi impedimenti al proseguimento, ritorna alle basi già fortificate della retrovia.

Il valore difensivo si attua con l'allontanamento delle situazioni spiacevoli, tornando simbolicamente agli anni dell'infanzia, caratterizzati dalle forme di pensiero magico, dove le avversità è come se non si fossero ancora presentate.

La sublimazione

Il meccanismo di difesa che consente una maggiore liberazione dell'energia psichica, generatasi in situazioni non piacevoli, è senza dubbio quello della sublimazione. Esso devia, per esempio, le cariche energetiche istintive, quali la sessualità e l'aggressività, verso obiettivi socialmente più accettabili e premiati dalla comunità. È perciò il più soddisfacente, perché offre un'alternativa alla scarica delle tensioni inevitabilmente accumulate.

La negazione

Questo meccanismo si presenta quando la coscienza abolisce ciò che la persona rifiuta in sé o nell'ambiente; si crea così un conflitto con la memoria e la percezione, che viene superato mediante espedienti inconsapevoli. Tipico dell'infanzia, si mostra anche nell'adulto, in concomitanza con eventi drammatici.

La rimozione

Simile alla negazione nell'escludere dalla consapevolezza idee non accettabili, desideri impossibili, immagini spiacevoli, istinti sessuali o aggressivi eccessivi, la rimozione mantiene il ricordo dell'avvenimento traumatico ma lo svuota della sua carica emotiva, la quale, però, tende costantemente a manifestarsi ed è all'origine di numerosi disturbi psicosomatici. Il ritiro emotivo può essere anche generalizzato a tutto il comportamento, delineando così un'esclusione dai rapporti interpersonali e un isolamento dalle situazioni conflittuali, per ricercare il soddisfacimento nei sogni a occhi aperti, nell'alcolismo e talvolta nella tossicomania.

Alla base di tutto ciò vi è il rifiuto di aprirsi a nuove relazioni, che comportano il rischio di "abbandoni emotivi" da parte di persone affettivamente importanti, già provati in passato e non superati. È da notare che il blocco o la repressione degli affetti sono meccanismi di difesa utilizzati frequentemente nelle relazioni sociali, tanto da assumere l'aspetto di una vera e propria competenza, negli ambienti dove la manifestazione dei propri sentimenti viene criticata dagli altri.

La razionalizzazione

L'uso della logica permette l'accettazione razionale di fenomeni o situazioni inaccettabili sul piano affettivo.

PARTE III

Come migliorare se stessi e la relazione con gli altri

Le tecniche per migliorare se stessi

La relazione con gli altri

I nuovi malesseri della società

Vita di coppia e vita sociale: emozioni e seduzione

Il noi

La sessualità nella coppia

Coppia e carattere

CAPITOLO 1

Le tecniche per migliorare se stessi

Imparare a leggere velocemente e a scrivere in modo chiaro

Contrariamente a quanto molti credono, l'occhio non si muove fluidamente ma a scatti. Nella pausa tra uno scatto e l'altro, l'occhio legge l'insieme di punti e linee che compongono la frase, o meglio, legge le sillabe che compongono la parola! In seguito il cervello decodifica le sillabe restituendoci la parola intera. Capita spesso che, leggendo grandi quantità di informazioni, ci sentiamo stanchi. Questo perché l'occhio deve compiere migliaia di *stop and go* per leggere un singolo brano e il più delle volte dopo aver passato molto tempo a studiare, la mente comincia a distrarsi. Si arriva a parole che richiamano in qualche modo momenti meno impegnativi, tipo "mare", ed ecco che si inizia a pensare ai bei momenti passati sulla spiaggia, al mare calmo e trasparente o alle serate trascorse in compagnia degli amici durante le vacanze; nel contempo si continua a leggere il testo e ci si trova costretti a cercare il punto dove avevamo staccato l'attenzione dal contenuto del libro per divagare sulle spiagge!

La nostra mente può decodificare molto più delle 150-300 parole al minuto (PAM) che vengono lette normalmente e quando, durante una lettura concentrata, la costringiamo ad andare piano, può accadere che essa cerchi in qualche modo di occupare la parte di cervello che non viene utilizzata: e interviene la fantasia. Facciamo un esempio: consideriamo 1000 le parole che al massimo si possono leggere in un minuto e 150 le parole che leggiamo. La differenza, e cioè le 850 parole al minuto che rimangono, vengono utilizzate dal cervello per distrarsi. Quando leggiamo un avvincente romanzo le 850 parole che in altri momenti ci distrarrebbero ci aiutano a visualizzare le scene, sentire le emozioni dei protagonisti ecc. e, colmo dei colmi, senza aver studiato il libro riusciamo a ricordare alla perfezione tutta la storia. Purtroppo, raramente si studia su testi che stimolano la fantasia e allora la migliore soluzione per evitare distrazioni e aumentare la comprensione è quella di aumentare la velocità di lettura, diminuendo il tempo di dispersione. Se aumentiamo la velocità a 800 PAM, per esempio, il tempo di dispersione diminuisce di conseguenza, ed ecco che la comprensione aumenta perché si è più concentrati su ciò che si legge. La velocità massima di lettura varia da persona a persona e solo esercitandosi diventa possibile conoscere il proprio limite ed eventualmente superarlo. La velocità di lettura della maggior parte delle persone è intorno alle 150, 200 PAM. Eseguendo degli esercizi che stimolino il muscolo oculare, la velocità di lettura può arrivare dalle 750 alle 2000 PAM, con un conseguente aumento di comprensione. Applicando delle tecniche specifiche, si può andare anche oltre, superando addirittura le 3000 PAM, ma per meglio comprendere i testi che si devono studiare, la lettura consigliata è intorno alle 1500 PAM. Si può persino imparare a variare consapevolmente la velocità di lettura a seconda del contenuto, se leggere a 2000 PAM o semplicemente a 200 PAM per vivere più intensamente le eventuali emozioni che può trasmettere un testo. La lettura lenta è data dal fatto che anziché leggere le parole (o le frasi) per intero, esse vengono lette per sillabe, quindi partendo da sinistra a destra, dalla prima fino all'ultima sillaba.

LA FORMULA DI RUDOLPH FLESCH

Esiste una formula matematica per calcolare la leggibilità di un testo: la formula di Rudolph Flesch, così detta dal nome dell'americano che la espose nel 1946 nel suo libro *The art of readable writing* (l'arte di scrivere in modo leggibile). Eccola:

leggibilità = 206 – (P + 0,6 S)

dove P = numero medio di parole per frase; S = numero medio di sillabe in 100 parole.

Quanto più il numero finale è elevato tanto più il testo risulta facile. Al contrario, un risultato basso equivale a un testo complicato. Quindi, estremizzando: avremo 100 = testo facilissimo e 0 = testo incomprensibile.

Naturalmente nessuno, neanche chi si impegna a fondo, riesce a raggiungere quota 100 o 0. Un brano viene considerato leggibile sopra 50, e oscuro sotto quel livello. Sopra 80 è uno scritto per bambini, sotto 20 risulta indecifrabile.

Sillabando ci si costringe a leggere a una velocità più bassa con il rischio di distrazione e di diminuzione della comprensione. Un esempio concreto della velocità di lettura è dato dalla situazione pratica di quando siamo al volante di un'auto e incontriamo cartelli stradali e pubblicitari. Le scritte di quei cartelloni sono perlopiù di grandi dimensioni ma nella maggior parte dei casi, mentre si guida, non ci si sofferma a leggerli, ma solo si "intravedono". Eppure con un semplice colpo d'occhio riusciamo a capire il senso della frase scritta. Solamente riconoscendo l'insieme di punti e linee che compongono una parola e quindi una frase, si riesce a cogliere il senso del cartellone! Il bello in tutto questo è che a volte ci domandiamo: "perché mi è venuta in mente quella parola? Dove l'avrò letta?". Al che ci voltiamo alla ricerca di quel cartello prendendo coscienza, solo in quel momento, di averlo letto. Le tecniche di apprendimento della lettura veloce si basano per l'appunto sulla possibilità di cogliere linee e punti per leggere la parola, evitando di sillabarla. Leggere velocemente non stravolge le nostre normali abitudini, ma le esalta, favorendo la possibilità di conoscere molti più argomenti.

Maurizio Costanzo sostiene che un bravo comunicatore dovrebbe immaginare di rivolgersi a un pubblico di dodicenni: così ti capiscono tutti. Indro Montanelli insisteva sul fatto che «bisogna scrivere per farsi capire anche dal lattaio dell'Ohio», intendendo che è lodevole farsi capire anche dalle persone semplici e poco colte. Glielo avevano insegnato in America, dove una delle materie scolastiche si chiama *comprehensive writing*, scrittura globale. Da noi, invece, resiste una vecchia tradizione snob, accademica e leguleia, che confonde lo scrivere bene con il bello scrivere e quest'ultimo con lo scrivere complicato. E non solo: anche prolisso, contorto, involuto. Il distorto concetto è che la persona di cultura non si esprime come i comuni mortali, e se questi non capiscono, peggio per loro: che s'istruiscano. Risultato: le scrivanie sono soffocate da montagne di comunicati, relazioni, circolari che non saranno mai prese in mano sia perché, essendo inutilmente lunghe, richiedono troppo tempo per essere lette, sia perché, essendo scritte in modo intricato (lo stile-giungla, lo chiamava l'esperto di comunicazione organizzativa Chester Barnard), richiederebbero troppa fatica per capirci qualcosa.

La scrittura semplice e chiara è frutto di due accorgimenti: parole brevi e frasi brevi. Brevità uguale leggibilità: una parola corta, con poche sillabe, è più leggibile di una lunga; e una frase corta con poche parole è più leggibile di una lunga.

Lo stile chiaro, leggibile può essere paragonato a un tempio greco:

semplice, lineare, ma nello stesso tempo elegante nella sobrietà delle forme; fuor di metafora, frasi brevi, poche subordinate e coordinate e uno sviluppo orizzontale.

Lo stile da evitare è quello "gotico": come il duomo di Milano, aggrovigliato in una selva di guglie e pinnacoli, cioè di frasi lunghe contorte e complesse. Un esempio di frase a tempio greco: "La mamma fa la spesa con i bambini". Frase gotica: "La mamma, che è bionda e ha 33 anni [frase subordinata], fa la spesa con i bambini suoi e della sua amica Stefania, che stamattina è andata a insegnare nella scuola di Gorgonzola [altra frase subordinata]». Come si semplifica questa frase? Spezzandola in frasi più brevi: «La mamma fa la spesa con i bambini. La mamma è bionda e ha 33 anni. I bambini sono suoi e della sua amica Stefania. Stefania è andata a insegnare nella scuola di Gorgonzola». Troppo ripetitivo? Si può rendere il discorso più elegante accorpando le frasi a due a due: «La mamma, una trentatreenne bionda, fa la spesa con i bambini. Sono figli suoi e dell'amica Stefania, che stamattina insegna a Gorgonzola». Adesso abbiamo evitato tanto le frasi lunghe quanto le ripetizioni.

Le frasi brevi e scarne aiutano a venire subito al dunque: cosa essenziale sul lavoro, dove manca il tempo per leggere tutto quanto. La notizia va data all'inizio del comunicato, della lettera o della relazione: inutile tirarla per le lunghe. Per questo è opportuno scrivere l'oggetto della comunicazione al suo inizio, a mo' di titolo, con carattere ben visibile, ed è altrettanto utile sottolineare, o far risaltare con il grassetto, i punti salienti del testo.

Impariamo anche a titolare i vari argomenti e, se necessario, a inserire dei sottotitoli. Tutto quanto rompe l'uniformità di un testo per fornire spiegazioni a riguardo ne favorisce infatti la comprensione.

È altresì utile abituarsi a cancellare con una matita rossa dal proprio testo tutte le parole inutili, che lo appesantiscono. È un'attività raccomandabile ai burocrati; il loro scopo, scherzava Oscar Wilde, è «rendere difficile il facile attraverso l'inutile».

Sfruttare al meglio le ore della giornata

Se ci sentiamo oppressi dai problemi, cambiamo punto di vista: consideriamoli delle sfide. In questo modo sarà naturale affrontarli con coraggio ed entusiasmo. Poi, per risolverli, adotteremo determinate strategie. La prima consiste nel fare "a pezzi" i problemi, dividendo cioè quelle che sembrano difficoltà insormontabili, in difficoltà più maneggevoli, da affrontare una per volta.

Un altro buon metodo per superare un ostacolo è fare una seduta di *brainstorming*, cioè spremersi la mente per trovare tutte le soluzioni possibili e immaginabili. L'importante è partorire tante idee perché se se ne ha una sola e non funziona, siamo fritti. Non ne ne vengono? Allora si può fare così.

1. *Informarsi bene*
   Leggi, chiedi e confronta le soluzioni che altri hanno trovato a problemi simili al tuo. Scarta le informazioni inutili ed elaborane altre.
2. *Pensare ad altro*
   Cerca di distrarti, vai al cinema, guarda la tivù. Intanto, la tua parte inconscia continuerà a macinare soluzioni senza che te accorga.
3. *Partorire l'idea*
   D'un tratto, quando meno te lo aspetti, ecco l'idea! Scrivila subito da qualche parte: potresti dimenticarla.
4. *Adattare l'idea a se stessi*
   Ora occorre solo mettere a punto la soluzione che finalmente hai trovato.

Quante volte capita, arrivata sera, che ci accorgiamo d'aver completato solo una piccola parte di quanto c'eravamo ripromessi di fare! Domani dovremo recuperare; ma con quali esiti è facilmente intuibile. Perché se non sappiamo gestire il nostro tempo saranno gli altri, con le loro continue interruzioni e gli imprevisti che spuntano come funghi, a gestirlo per noi.

Per organizzarsi bisogna, innanzitutto, avere un'agenda (elettronica o cartacea non importa) e pianificare in anticipo i propri impegni. Alla sera, terminata la giornata lavorativa, apriamo l'agenda e verifichiamo quali impegni avremo domani. Non avremo molto da correggere se durante il week-end abbiamo già pianificato gli impegni della settimana entrante. Uno dei momenti più indicati per molti è la domenica sera: agenda in mano, si controllano gli appuntamenti dei prossimi sette giorni. Talvolta ci si spinge anche più in là, pianificando anche i principali appuntamenti della settimana ancora successiva.

Nell'organizzare gli impegni sarà bene aggiungere un tempo pari al 20% di quello previsto. Perché è bene calcolare i ritardi, gli inconvenienti e gli intoppi che si potranno incontrare durante il lavoro e che ce lo faranno ritardare. Non è detto che ci siano, ma è probabile: quindi è bene attrezzarsi. È come quando si va a prendere l'aereo: si calcola che da casa all'aeroporto si impiega mezz'ora, più un quarto d'ora per il check-in, più un altro quarto d'ora per l'imbarco. Morale: si parte da casa un'ora prima del decollo. Ma se il traffico è più intenso del solito, o non si trova il parcheggio, o c'è la coda al check-in? Si riesce ugualmente solo se si calcola un margine di tempo per gli imprevisti o per... tirare il fiato e rilassarsi.

Diamo un ordine alle nostre priorità. Abbiamo dieci cose da fare? Stabiliamo quali vanno affrontate per prime. È come riempire un recipiente con dei sassi: cominci con i più grossi, quindi con le priorità più rilevanti, poi ci infili quelli un po' più piccoli, infine i sassolini che entreranno negli spazi vuoti. Se, invece, metti per primi i sassolini, non ci sarà più spazio per i sassi grossi. Per analogia, è meglio iniziare la giornata lavorativa dalle faccende più cospicue, rimandando il disbrigo delle incombenze di poco conto in momenti di maggiore relax. A volte può capitare di essere tentati di fare il contrario, pensando "mi tolgo di mezzo queste sciocchezzuole, e poi mi potrò dedicare alle cose importanti". Ma le sciocchezzuole possono rubare più tempo del previsto; o altrimenti possono far sprecare le ore migliori della giornata, quelle in cui siamo più carichi di energia. La nostra energia, massima a inizio giornata, con il passare delle ore va calando. Si conferma, quindi, la validità dell'adagio inglese: *first things first*, le prime cose (prime per rilevanza) vanno svolte per prime. Così, se anche non si riesce a far tutto, abbiamo svolto almeno le cose più importanti e le più urgenti.

Le cose urgenti vanno fatte subito, immediatamente, ma non sempre sono importanti; mentre le cose importanti, che non sempre sono urgenti, cambiano la vita. Le parole "importante" e "urgente" non sono sinonimi. Per esemplificare possiamo dirci: "In questo momento per me è importantissimo avere un figlio: è la cosa più importante della mia vita". Con ciò affermiamo che una cosa è importante, ma non urgente (il figlio si può avere tra un anno, o due, o tre). Invece in questo secondo caso diciamo: "È urgente rinnovare l'abbonamento al quotidiano: scade domani, se non lo pago subito non mi recapiteranno più a casa il giornale". La scadenza ha valore d'urgenza, ma molto meno d'importanza, poiché del quotidiano se ne può fare a meno per qualche giorno.

Distinguiamo dunque tra:

- cose urgenti e importanti: hanno la precedenza assoluta;
- cose urgenti e poco importanti: vanno fatte, ma non a scapito delle prime;
- cose importanti e poco urgenti: vengono spesso trascurate, eppure sono quelle che ci possono condurre al successo;
- cose né importanti né urgenti: dimentichiamole.

Guardare sempre gli altri negli occhi

Quando si parla con qualcuno bisogna guardarlo negli occhi. Questo ce lo hanno detto mille volte. Non commettiamo, però, l'errore di fissare continuamente l'interlocutore: penserebbe che lo stiamo minacciando o che lo vogliamo corteggiare.

Alcuni studiosi hanno calcolato che, durante una conversazione di lavoro, dovremmo passare il 70% del tempo a guardare l'interlocutore nel triangolo compreso tra gli occhi e la punta del naso. In un incontro tra amici, invece, questo triangolo può scendere fino alla punta del mento. Ma l'attenzione deve rivolgersi, principalmente, agli occhi dell'interlocutore. Durante una conversazione, poi, dovremmo sempre togliere gli occhiali da sole. Le lenti scure impediscono all'altro di guardarti bene negli occhi, facendoti apparire una persona sfuggente o poco sincera. Infine, ricordiamo che è meglio guardare un po' più l'occhio sinistro che il destro. La ragione è semplice: il sinistro è collegato all'emisfero destro del cervello, dove hanno sede l'emotività e i sentimenti. È facile capire che, per conquistarsi la simpatia di qualcuno, si deve far leva proprio sulla sua parte "irrazionale".

Eliminare una sofferenza del passato

Se abbiamo dei riferimenti negativi nel passato, emozioni che vogliamo neutralizzare, possiamo adottare una tecnica molto potente: innanzitutto proviamo a pensare la nostra vita come una linea che dal passato va verso il futuro, passando per il presente. Si può tracciare una linea sul pavimento, per esempio con della carta adesiva (che si possa rimuovere), oppure la si può immaginare. Su questa linea del tempo si trovano tutti gli eventi della nostra vita: la si può suddividere in anni e all'interno di questa divisione si possono segnare i mesi. Immaginiamo di posizionarci su questa linea, all'altezza del punto in cui si trova l'esperienza che ha generato questa emozione negativa. Per esempio un mese fa, o un anno fa, o dieci anni fa; se si tratta di un mese fa è sufficiente suddividere la linea del tempo nel mese passato, in quello presente e in quelli futuri, immaginando la continuità del tempo senza necessariamente visualizzarla concretamente. Se invece si tratta di evocare un evento che si riferisca all'anno precedente, la linea deve essere un po' più lunga, per comprendere la suddivisione dei dodici mesi passati, oltre il momento presente e il futuro. Molto più lunga ancora dev'essere la linea che ci serve per rievocare l'evento che si riferisce a dieci anni prima. Restiamo posizionati lungo la linea all'altezza dell'evento spiacevole che cerchiamo di superare, manteniamo l'obiettività, immaginiamo il fatto con distacco e pensiamo di quale risorsa avremmo avuto bisogno in tale contesto per viverlo al meglio. Consideriamo una risorsa formulata in termini positivi e personali. Maggiore flessibilità, sicurezza, autostima, coraggio e così via. Ripensiamo a una volta in cui abbiamo provato e vissuto questa risorsa: ricordiamola con tutti i particolari: le sensazioni che abbiamo provato, le immagini che abbiamo visto, i suoni che abbiamo udito. Ora stringiamo il pugno, così da ancorare in questa stretta, la potente risorsa che ci è mancata. Mantenendo il pugno serrato, immaginiamo che questa risorsa assuma un colore che pervade l'intera esperienza, di modo che si compensi la mancanza nell'esperienza del passato. In pratica, per fare un esempio, ripenso a quando avevo quindici anni e ci tenevo tanto a superare l'interrogazione di biologia con un voto alto: studiai a lungo e quando arrivai al momento dell'interrogazione non riuscii a ottenere quanto mi ero prefissato per mancanza di lucidità, perché mi ero applicato in eccesso sui libri e non riuscii a fare una buona esposizione. Ecco la risorsa assente in quel momento: la lucidità; ora, ripensando all'evento attribuisco alla lucidità, chiarezza mentale, il colore giallo, e lo diffondo sulla scena del ricordo. In questo modo compenso l'assenza di quella mia risorsa, affinché mi aiuti a risolvere la situazione attuale e a superarla. L'esempio riporta un evento banale ma il metodo è valido anche con situazioni più complesse.

Dopo aver cosparso di colore il ricordo del passato, torniamo nel presente. Per sfruttare al meglio questa terapia, una volta individuata la risorsa venuta a mancare nell'evento ricordato, cerchiamo nel passato tutte le altre esperienze in cui abbiamo provato la stessa emozione negativa: ora si tinge tutta la linea del tempo con il colore prescelto. Immaginiamo anche di agire sul futuro, colorando tutte le situazioni in cui si potrebbe avere bisogno di quella risorsa.

Fobie: curarle per sempre

Immagina in ogni dettaglio una situazione assolutamente piacevole, nella quale hai avuto fiducia in te, sicurezza, forza interiore. Visualizzala nella tua mente: Cosa vedi? Cosa senti? Cosa riesci ad ascoltare? Si tratta di un'immagine o di un film? A colori o in bianco e nero? È vicino o lontano dai tuoi occhi? È nitido o sfocato? Nota bene tutte le caratteristiche di questo ricordo. Ora immagina, dissociato da te stesso (cioè da fuori), una situazione in cui si possa manifestare la tua reazione fobica. Ancora una volta controllane tutti i particolari.

Probabilmente vedrai un'immagine buia, sfocata, anche se poi dipende tutto da come sei abituato a raffigurarti le situazioni. Quello che devi fare è semplice: trasforma la situazione fobica in una positiva. Prendi ogni singolo dettaglio e modificalo in modo da renderlo uguale a quello della situazione positiva. Per esempio: prendi l'immagine negativa, aggiungile colore e luminosità, rendila più nitida, finché non assomiglia a, quella positiva. E così per tutti i particolari. Ora prova a rivivere la situazione fobica: ti stupirai di come tutte le sensazioni negative siano scomparse!

La solitudine: come sconfiggerla

La solitudine è un male molto diffuso e proprio questo rappresenta la soluzione stessa al problema. Tanta gente ne soffre, tanta gente ha bisogno di amicizie e di affetto.

Non ripensare con tristezza al passato in cui hai conosciuto la solitudine, perché quello che conta è solo il presente. Comincia subito la tua nuova vita, vai a cercare altre persone che si sentono sole, chiama le persone che conosci, renditi disponibile e aiuta chi ha bisogno. Tutti hanno bisogno di un amico e proprio tu potresti essere l'amico del cuore tanto desiderato. Devi solo volerlo.

Non essere prigionieri delle proprie convinzioni

La nostra vita si basa sulle nostre convinzioni, su quello in cui crediamo. E se le nostre convinzioni fossero limitanti? E se potessimo scegliere liberamente ciò in cui credere? Potremmo finalmente liberarci di ogni limite e di ogni identità non produttiva. Forse siamo convinti di essere timidi. Forse dei perdenti. Forse degli insicuri. Forse pensiamo questo perché da piccoli ci hanno dato un'etichetta e noi ce la siamo portata dentro durante tutta la nostra vita, ce ne siamo convinti e abbiamo agito secondo questa etichetta. Ma prendendo consapevolezza che le nostre convinzioni si sono basate su eventi che da bambini ci hanno scosso ma che oggi sono insignificanti, possiamo cambiarle! Vogliamo davvero diventare sicuri? Bene, andiamo a cercare nella nostra mente tutte le volte che ci siamo sentiti sicuri di noi, come se nulla potesse fermarci. Prendiamo questi riferimenti positivi e mettiamoli insieme: dobbiamo creare una solida base per la nostra nuova convinzione! Prendiamo questa convinzione e visualizziamola nella nostra mente, come un'immagine solida, nitida, luminosa e vicina a noi. Con una cornice altrettanto solida, marmorea, irremovibile, salda. Incidiamo su di essa la nostra convinzione: "io sono una persona sicura di sé!". E ogni volta che lo riterremo opportuno, guardiamo questa immagine, visualizziamola con l'occhio della mente. Un buon lavoro di visualizzazione e l'abitudine ad accedere a questa risorsa ci rendono, in breve tempo, assolutamente certi delle nostre parole.

Affrontare la morte con serenità

Epicuro diceva: «Non ho paura della morte. Quando c'è la morte non ci sono io, quando ci sono io non c'è la morte». Nulla di più giusto. Avere paura della morte è una proiezione del futuro e come tutte le paure possiamo eliminarla semplicemente concentrandoci sul presente. Vivi l'attimo. Vivi il presente con serenità. Non sprecare la tua vita pensando alle preoccupazioni del futuro. Allo stesso modo puoi affrontare la morte di una persona cara. Perché quella persona non potrà sentire la morte e continuerà a vivere in te e in tutte le persone che le erano vicine. Ma attenzione: non vivrà in te sotto forma di ricordo. Vivrà in te, nel tuo presente, come parte integrante del tuo carattere. Quello che tu sei oggi, la tua personalità si è formata grazie alle esperienze della tua vita. E le esperienze che hai fatto con questa persona cara sicuramente ti hanno dato un forte contributo. E solo in questo modo potrà continuare a vivere dentro di te, nella tua persona, nel tuo carattere, nel presente. Questa esperienza che stai vivendo sicuramente ti darà forza e coraggio per affrontare qualsiasi evento della vita. Apprezzala per quello che è e vivila serenamente. E ora affronta la situazione con serenità, aiuta chi ti sta vicino a viverla con coraggio e ti sentirai subito più forte e indistruttibile.

I fallimenti non esistono

Spesso la differenza tra quello che si è e quello che si vuole essere causa malumori e insicurezza personale. È necessario, invece, gioire per quello che si è. Non si deve essere felici solo quando si raggiunge un obiettivo, si deve essere felici sempre. Nella vita conta anche come si raggiunge l'obiettivo: il percorso intrapreso ha valore stimabile e soddisfacente, certo il risultato finale è eclatante e porta al culmine della sensazione positiva, ma anche l'attività quotidiana, volta al raggiungimento dell'obiettivo deve soddisfare e rendere consapevolmente fieri e felici. Ogni esperienza della vita contribuisce, infatti, alla crescita interiore e a creare riferimenti utili per il futuro: i fallimenti non esistono. Le difficoltà sono sfide, le emozioni negative sono solo stimoli che si interpongono prima del traguardo. Nessuno, al di fuori di te, può cambiare quello che provi dentro, perché sono le tue decisioni, e non le condizioni della vita, a determinare il tuo destino. Tieni bene a mente che il futuro non è uguale al passato: puoi cambiare la tua vita in un istante, abbandonare i tuoi limiti in un secondo, con la sola forza di volontà.

Le sette regole comportamentali per superare il senso del fallimento sono le seguenti.

1. Concentrati sui tuoi obiettivi e crea nella tua mente una rappresentazione visiva, uditiva e sensoriale della persona che vuoi diventare.
2. Comunica a te stesso la sicurezza, la fiducia, la passione, l'amore, la felicità che desideri avere, vivi le tue sensazioni con la capacità razionale di leggerti e correggerti.

3. Semplifica le tue regole: rendi facile soddisfare i tuoi valori e difficile violarli.
4. Caricati dell'energia che stai trasformando e comincia subito a vivere come una persona nuova, senza più aspettare.
5. Raccogli le sfide che la vita ti presenta, affrontale con la tua nuova identità, con la tua sicurezza, con la fiducia in te.
6. Concentrati su come vorresti sentirti e su come ti sentirai quando le avrai superate, e con quello stato d'animo positivo vincerai qualsiasi difficoltà, presente, passata e futura.
7. Crea un'alternativa per i tuoi ricordi dolorosi, rivivi con le nuove risorse che oggi hai a disposizione le tue esperienze passate, modificandone la percezione ed eliminandone le connotazioni negative: in questo modo apri la via dell'ottimismo.

Creare un obiettivo nel futuro

Pianificare i propri obiettivi e le proprie mete è essenziale, sia per non lasciarsi trasportare dalla vita passivamente, sia per creare un'autostima basata su riferimenti positivi, chiari e determinati. Raggiungere un obiettivo che abbiamo stabilito ci dà tanta soddisfazione e soprattutto ci dà una grandissima sicurezza nell'affrontare le situazioni della vita.

Un obiettivo deve essere espresso in forma positiva e non negativa. Dire, per esempio, "non voglio fare questo lavoro" non è prefiggersi un obiettivo, ma solo un allontanamento da qualcosa. Invece "voglio fare il pilota" è corretto. L'obiettivo dev'esser formulato al presente, quindi "sono un pilota", e non "sarò un pilota". Ovviamente dobbiamo cercare un obiettivo finale, non strumentale. Per esempio, se diciamo: "voglio un nuovo lavoro più redditizio", questo potrebbe essere solo uno strumento per raggiungere obiettivi più alti, come comprarsi una nuova casa. In tal caso, l'obiettivo da focalizzare non è il primo, ma quello di "comprarsi una nuova casa". Deve essere carico di emozioni, sentito nel cuore, vissuto con i cinque sensi. Deve cioè essere quello che realmente desideriamo con tutta la passione possibile. Al tempo stesso deve essere raggiungibile in tempi determinati, quindi essere ragionevole e misurabile, ovvero deve essere chiaro in che modo ci avviciniamo ad esso e come possiamo capire di averlo raggiunto. Ci dobbiamo assumere la responsabilità del nostro cammino verso la meta, dal primo all'ultimo passo. E non deve interferire con la nostra salute fisica e mentale, deve rispettare le nostre possibilità e i nostri valori. Chiariti questi punti, proviamo a pensare la nostra vita come una linea, che dal passato va verso il futuro, passando per il presente. Su questa linea del tempo si trovano tutti gli eventi della nostra vita. Immaginiamo di posizionarci su questa linea, all'altezza del punto in cui riteniamo opportuno raggiungere quest'obiettivo. Per esempio tra una settimana, una stagione, un anno. A questo punto, cosa possiamo sentire quando raggiungiamo l'obiettivo? E cosa possiamo vedere? Entriamo nella scena immaginaria, guardiamola con gli occhi di chi l'ha raggiunta e godiamone con tutti i sensi. Ora usciamo dalla scena, guardiamola dall'esterno, così da sapere che è quello che desideriamo e da motivarci ancora di più verso quest'obiettivo. Ora da quel punto del futuro, guardiamo verso il presente e, lentamente, riavvolgiamo il film, ripercorrendo tutti gli eventi intermedi, dall'obiettivo raggiunto al primo passo che abbiamo deciso di compiere in quella direzione. Torniamo al presente e viviamo carichi e motivati: il nostro cervello si orienta automaticamente verso quell'obiettivo ed è sensibilizzato verso tutti i passi necessari al raggiungimento della nostra meta.

CAPITOLO 2

La relazione con gli altri

Esiste un complesso sistema simbolico-tensionale di comunicazione mente-corpo. Questo tipo di comunicazione può essere studiato e interpretato, per comprendere ogni linguaggio della comunicazione. La comunicazione fra esseri umani non avviene unicamente attraverso l'uso delle parole, ma anche dei gesti. I gesti non sempre sono volontari: esistono anche i gesti inconsci, che si compiono in automatico e si attivano senza un comando volontario, e che rivelano spesso anche i sentimenti che vorremmo tenere nascosti. Sono state messe a punto delle modalità di osservazione e tecniche d'interpretazione per cogliere e comprendere gli svariati comportamenti umani, basate sul sottile e complesso dialogo di comunicazione mente-corpo e sul modo con cui questo dialogo si esprime nella relazione con gli altri.

Dire che l'assioma su cui poggia la realtà dell'intero sistema interpretativo è quello che "il corpo non mente", vuol dire che ogni gesto, svolto durante una comunicazione interpersonale, esprime il reale significato delle emozioni, talvolta discostandosi dal contesto della comunicazione espressa verbalmente.

Applicando questo principio, è così possibile scoprire se una persona ci stia dicendo la verità, oppure se essa in cuor suo la pensi in modo diverso, rispetto al contenuto della conversazione. Insomma leggendo i gesti involontari è possibile addentrarsi nel vivo dei sentimenti: così è possibile stabilire se stiamo ascoltando una bugia, se l'intenzione di chi promette di realizzare determinati obiettivi sia quella di impegnarsi concretamente nella riuscita degli stessi o si riveli solo una chiacchiera del momento; se un proposito espresso verbalmente venga condiviso dagli altri oppure infastidisca. Insomma applicando le tecniche di lettura e interpretazione dei gesti, nel limite del possibile, "nulla sfugge" e si diventa capaci di analizzare le espressioni dell'individuo come si farebbe utilizzando la macchina della verità. Si diventa capaci di rilevare titubanze, perplessità, menzogne o convinzioni di ogni soggetto sul quale desideriamo avere informazioni più specifiche.

Il linguaggio verbale e quello corporeo

Il linguaggio degli esseri umani è una funzione complessa, tipica della nostra razza, per mezzo del quale l'uomo, con l'uso di simboli mimici, gestuali, verbali, grafici e altro, comunichiamo con gli altri.

Nell'ambito degli studi psicologici sul comportamento è largamente condiviso che il linguaggio umano rappresenti un insieme di forme particolari, appartenenti al concetto molto più generale di comunicazione. Quest'ultima implica, nella sua definizione, la trasmissione di informazioni da una sorgente all'altra.

Comunicare significa informare: tale identità è però molto limitativa, in quanto esclude tutto ciò che determina l'accoglimento di un'informazione. La struttura psicologica dell'individuo utilizzerà l'informazione nel modo che riterrà più consono alle sue esigenze e il comportamento che ne scaturirà sarà conseguente a tali esigenze, indipendentemente dagli oggetti contenuti nell'informazione stessa.

Solo un computer è in grado di assumere un'informazione esclusivamente per i suoi aspetti di contenuto. Anche negli animali dobbiamo evidenziare un aspetto di relazione, nel momento in cui si trasmette loro un'informazione. Comunicare significa definire una natura di relazione e trasmettere un contenuto.

La verità dei pensieri e il tradimento del corpo

Occorre tenere presente che in una comunicazione ordinaria le interazioni non consistono solo in scambi verbali, cioè in parole pronunciate ad alta voce, ma anche in scambi non verbali. È sorprendente il confronto in percentuale di questi due tipi di comunicazione all'interno di una determinata situazione. Per esempio quando un oratore parla a un'assemblea, la percentuale dello spazio occupato dalla comunicazione verbale

I SIMBOLI NEL DIALOGO FRA MENTE E CORPO

Il nostro cervello è costituito da due emisferi, ognuno dei quali presiede delle funzioni ben precise. L'emisfero sinistro ha funzioni più analitiche, che possiamo definire verbali. Quello destro invece ha funzioni percettive, spaziali: in quest'emisfero hanno sede la creatività e l'inconscio, per intenderci è l'emisfero che ci permette di sognare, sia a occhi chiusi che aperti, attraverso l'immaginazione. Tra le funzioni attribuibili all'emisfero destro, in questo contesto, è di rilievo quella del movimento involontario, degli automatismi, della gestualità inconscia, che rientra nella comunicazione non verbale.

Capire il significato di questo tipo di gestualità, sia la nostra che quella di chi ci sta di fronte, può aiutarci a conoscere in modo più approfondito noi stessi e il prossimo. Per comprendere come si possa procedere in tal senso, possiamo esaminare il caso di uno studente universitario che davanti al docente dichiari di aver studiato e di essere pronto a sostenere l'esame, ma che al momento di presentare il libretto, su cui annotarne l'esito, se ne trovi sprovvisto. Quest'evento potrebbe far pensare a una banale dimenticanza dello studente, giustificabile dalla sua premura per arrivare puntuale. In realtà può anche significare che, in cuor suo, il ragazzo non si sentisse sufficientemente preparato per sostenere l'esame e in questo modo, dimenticando il libretto (che equivale al lasciapassare, indispensabile per confermare la propria presenza all'appello), si rifiuti esplicitamente, con un linguaggio inconscio, di essere esaminato.

Sovente ci capita di essere convinti di voler fare una cosa, ma nel compierla incontriamo un mare di ostacoli. Talvolta ci avviliamo per questo e ci commiseriamo pensando che il mondo sia contro di noi e ci metta i bastoni fra le ruote, senza lasciarci liberi di agire secondo la nostra volontà. Ma quando è così dovremmo invece riflettere su quale sia la nostra vera volontà, potremmo scoprire che questi ostacoli, queste situazioni difficili, che ci rallentano la riuscita, in un certo qual modo li crei il nostro inconscio, perché tenta di indurci a riflettere in modo che ci accorgiamo che il nostro desiderio, "puro", all'origine, non sia quello che consciamente sosteniamo.

è solo del 7%, mentre il rimanente 93% costituisce la parte di scambio nella comunicazione cosiddetta non verbale. Questa percentuale deriva da studi e ricerche eseguite dall'antropologo Albert Mehrabian. Per comprendere il significato di questo risultato, senza addentrarci troppo nella materia, è sufficiente esaminare la situazione dell'oratore, portata per esempio all'interno dello studio.

Durante lo svolgersi di una conferenza l'oratore intrattiene la sala, ma l'esposizione che si ascolta non rappresenta l'unica forma di comunicazione, infatti ogni uditore dal canto proprio, ascolta e si esprime: chi attraverso un'espressione del viso (una smorfia, uno sbadiglio), chi annuendo o sfregandosi; la comunicazione è costituita anche dallo scambio non verbale.

La comunicazione non verbale è più spontanea, meno filtrata da censure e quindi anche più vera. Si pensi a un bambino che cerca di convincerci mentre ci racconta un episodio in cui sia contenuta una bugia: egli prima di terminare il discorso porta la mano alla bocca, quasi come per trattenere le ultime parole del discorso, ma questa gestualità è un riflesso inconscio di cui il soggetto non può fare a meno. Imparare a interpretare questo tipo di linguaggio vuol dire comprendere la verità che talvolta si nasconde dietro le parole.

La prosopologia: il linguaggio e il significato simbolico delle tensioni neuromuscolari

Il linguaggio non verbale è studiato da un settore della psicologia che si occupa di particolari e specifici modelli d'interazione e comunicazione interpersonale, che sono centrati sulla ricerca e comparazione dei significati simbolici espressi dal corpo. Vale a dire che per linguaggio non verbale s'intende tutto quel complesso comunicazionale di segnali, gesti, movimenti del capo, del viso, e altri movimenti del corpo (posture, espressioni del volto, direzione dello sguardo, vicinanza e posizione spaziale, contatto corporeo, orientazione, toni della voce) e ancora altri aspetti non verbali del discorso, abiti e ornamenti del corpo.

Ognuno di questi segnali è oggetto di approfondite ricerche ed è divisibile in una vasta gamma di variabili. Lo sguardo, per esempio, presenta diversi aspetti: guardare mentre si ascolta, guardare mentre si parla, sguardi reciproci, durata delle occhiate, grado di apertura dell'occhio, espansione della pupilla.

In accordo con gli studi di M. Argyle, esposti nel libro *Il corpo e il suo linguaggio* (1992), i gesti-segnali del corpo, qui sopra citati, si rivelano fondamentali per l'interpretazione degli stati d'animo, delle emozioni, degli atteggiamenti che nascono quali risposte automatiche e spontanee nei rapporti interpersonali. Si tratta di informazioni sull'Io, a completamento e sostegno del discorso, che fungono da feedback e segnali di sincronizzazione e, talvolta, di sostituzione del discorso stesso.

In sintesi quando parliamo con un nostro interlocutore, o di fronte a una telecamera, o ancora in una pubblica piazza, contestualmente alle parole noi usiamo il movimento delle mani, delle braccia, degli occhi, del collo e della testa ecc. Chi ci segue e ascolta, pur senza parlare, risponde al discorso con altri segnali del corpo, per esempio, come risposta corporea alle tensione derivante dalla conversazione, si gratta.

In conformità agli aspetti di studio e ricerca della psicologia sperimentale comportamentale, di orientamento psicosomatico, si può imparare a leggere questi messaggi dei gesti e dei segni del corpo, con contributi legati all'osservazione estemporanea, arricchendo la comprensione della comunicazione.

Per comunicazione, normalmente, s'intende l'invio di segnali appartenenti a un codice decifrabile dagli altri. Si possono inviare volontariamente dei segni, che sono segnali d'appartenenza a un gruppo sociale determinato: per esempio l'uso volontario dell'accento, per chi appartenga a una società che ne faccia uso. Tuttavia può capitare di farne uso involontariamente, così che proprio l'accento può diventare il segno involontario che tradisce chi invia il messaggio, che magari aveva il desiderio di conservare l'anonimato, rivelandone l'identità sociale. Quindi proprio un medesimo segnale, in questo caso l'accento, può agire sia come comunicazione esplicita che come segno da cogliere e interpretare.

Allo stesso tempo un segnale non verbale può essere parzialmente comunicazione e parzialmente segno. Per esempio, l'espressione facciale dell'emozione è in parte spontanea e in parte controllata dal desiderio di conformarsi alle norme culturali.

La comunicazione non verbale tra gli animali, è in gran parte innata ed è necessaria per la sopravvivenza della specie; essa infatti ha il compito di attrarre o respingere i propri simili, dare l'allarme in caso di pericolo e cosi via. Non è altrettanto chiaro perché essa venga usata tra gli uomini, dal momento che questi possiedono l'uso del linguaggio, strumento ben più preciso ed evoluto di un borbottio indistinto o di un cenno del capo. Lo studio dell'espressione gestuale delle tensioni neuromuscolari sta assumendo un ruolo sempre più importante tra le scienze umanistiche e sociali, fino a divenire fondamentale in molti settori della ricerca psicologica classica, come dimostrano i lavori di M. Argyle, di R.A. Hinde, di E. Goffman, di D. Efron. I segnali non verbali, dunque gestuali, sono più efficaci di quelli verbali; allo stesso tempo, i segnali non verbali, non potendo esser controllati perfettamente, perché istintuali, sono probabilmente più spontanei. Si può aggiungere che nel cosiddetto comportamento sociale umano i canali di comunicazione non verbale vengono utilizzati per esternare atteggiamenti interpersonali, mentre i canali verbali vengono usati principalmente per trasmettere informazioni. Così, anche in una situazione che non consenta informazioni verbali, un individuo potrà manifestare un preciso atteggiamento, per esempio di superiorità. Infatti, attraverso la postura (corpo eretto, capo in alto), l'espressione del volto (assenza di sorriso, aspetto arrogante), il tono della voce (volume alto, risonante, tono imperioso), l'aspetto esteriore (abiti indicanti lo status sociale), lo sguardo (diretto dall'alto verso il basso o a lato), si possono comprendere i sentimenti di un individuo che stanno a monte di ogni esplicita e volontaria comunicazione espressa mediante le parole.

Tuttavia alcuni sistemi di tensione neuromuscolare sui quali si basa la modalità di lettura e di interpretazione del linguaggio non verbale, possono essere rapportati a diverse interpretazioni. Come afferma M. Argyle (1992): «Attraverso uno stesso segnale, si esprimono significati diversi. Per esempio, un sorriso può esprimere un atteggiamento interpersonale, oppure un'emozione, o ancora essere parte della presentazione di sé, o accompagnare il discorso; far parte di un rituale, come il saluto e altro».

Nel linguaggio delle parole è risaputo che una stessa parola possa avere significati diversi: per esempio la parola "rosa", può indicare un nome di battesimo, il nome del fiore e il nome del colore. Questo accade anche nel linguaggio delle tensioni neuromuscolari e dei gesti, cioè uno stesso segnale può avere interpretazioni diverse, come abbiamo visto nell'esempio poc'anzi esaminato del sorriso. Nel linguaggio verbale, la parola perde l'ambivalenza e acquista senso compiuto e inequivocabile quando viene correttamente inserita nella frase, che razionalmente esprime un'idea, un concetto specifico. Nell'ambito della lettura e interpretazione del linguaggio della tensione neuromuscolare analogamente anche i gesti, per esempio grattarsi la nuca, acquistano un significato interpretativo unico e chiaro, soltanto se sono rapportati al momento in cui si svolge la sequenza di eventi e alla struttura di una situazione.

Come sostiene Argyle, solo attraverso la struttura di una situazione si comprende l'insieme fondamentale delle relazioni e degli scopi dei partecipanti. Per esempio per scoprire le relazioni di potere tra due persone, vi sono svariate combinazioni a cui prestare attenzione se si vogliono cogliere adeguatamente tutte le sfumature necessarie per giungere a un'interpretazione attendibile e veritiera. Nell'osservazione, occorre valutare se le persone sono impegnate in compiti o in attività piacevoli e se vi sia una relazione essenzialmente positiva (per esempio di cooperazione) o, all'opposto, negativa (per esempio di competitività), e se le stesse siano dello stesso sesso o di sesso opposto.

I gesti e i simboli del corpo

La gestualità comunicativa, oggetto di studio di antropologi come Desmond Morris, che ha pubblicato *I gesti nel mondo* nel 1995, è diventata in questo nuovo millennio uno dei linguaggi più importanti e rappresentativi delle relazioni umane sul pianeta. Il significato dei gesti è l'espressione di risposta tensionale del corpo, espressa durante l'instaurarsi di comunicazioni verbali con uno o più interlocutori, è propriamente oggetto di studio e di interpretazione del linguaggio delle tensioni neuromuscolari. Le operazioni gestuali che ognuno di noi esegue, suo malgrado, in modo del tutto automatico mentre si svolge un qualsiasi tipo di dialogo o comunicazione (per esempio grattarsi, toccarsi ripetutamente la guancia, lisciarsi la barba, giocherellare con l'anello e così via) hanno la finalità non consapevole, ma economica da un punto di vista psiconeuroenergetico, di scaricare tensione emotiva fastidiosa, che viene percepita sotto forma di tensioni neuromuscolari.

È praticamente impossibile assistere a una conversazione, diretta o indiretta, senza compiere un gesto che risponda allo scatenarsi di microtensioni neuromuscolari del corpo, dovute alla qualità emotiva dei discorsi. Questo avviene, tuttavia, senza una percezione consapevole e quindi anche l'elaborazione della risposta rimane altrettanto inconscia e si manifesta, il più delle volte, sotto forma di "grattatine" e "toccatine". Pertanto l'osservazione comportamentale durante i rapporti di comunicazione, siano essi diretti o indiretti, ci aiuta a comprendere l'esistenza, in ognuno di noi, di un grande e complesso sistema di dialogo interno tra la mente e il corpo e tra il corpo e la mente. La mente scatena una serie di microtensioni neuromuscolari e cutanee, in relazione a ciò che percepisce nell'ambiente circostante, come l'ansia, il disagio, il fastidio o il piacere di una conversazione, di una parola, di una comunicazione con l'altro. Nel corpo si disegna una mappa di piccole tensioni che si manifestano attraverso dei "toccamenti" e delle "grattatine" automatiche. Se si è capaci di cogliere quel gesto, compiuto da un soggetto con cui stiamo dialogando, o da noi stessi mentre siamo impegnati in una conversazione, è possibile darne un'interpretazione specifica, a seconda della zona del corpo interessata al manifestarsi della tensione emotiva e nervosa, originatasi dalla predisposizione psicologica personale a essere sensibili, o meno, a determinati argomenti o a simpatie istintive piuttosto che ad altre. Quindi, la mente di ognuno di noi, pur seguendo in linea di massima l'esplicazione delle tensioni attraverso uno schema generale di rappresentazioni corporee, vive tuttavia i rapporti di comunicazione in modo del tutto personale. Guai se così non fosse! Ma è proprio qui che l'illogico mondo delle emozioni e delle tensioni nervose trova una sua lettura razionale e logica, comprensibile al modello di lettura interpretativo comportamentale.

Assistiamo a un processo identico a quell'atto creativo, che fa sì che l'artista trovi una logica del caos, riemergendo attraverso le sue conflittualità d'ispirazione, mentre realizza un'opera comunque razionale, sia essa su tela o su partitura. L'irrazionalità delle emozioni e dei sentimenti riesce a organizzarsi secondo un'esigenza logica ed evolutiva, richiesta dalla nostra impostazione mentale razionale, attraverso la quale la lettura somatica degli aspetti psichici trova coerenza e motivo di esistere. Vogliamo concretamente esporre in breve il modo in cui si può leggere il corpo. Attraverso l'osservazione della gestualità dei modelli relazionali esistenti tra le mani e il volto, se ne può scoprire il significato psicosomatico. Per esempio, la relazione esistente tra il prurito al naso e il bisogno di grattarselo ci informa della presenza di una tensione da alleviare, che deriva probabilmente da un disagio percepito durante una conversazione. Per l'occasione, supponiamo si tratti dell'incontro tra due individui di cui uno è un politico. La "grattatina" al naso, in questo caso, rivela ciò che soggiace all'incontro: è possibile che il discorso del signor politico disturbi in profondità l'ascoltatore. Egli, infatti, credendo di controllare il proprio disappunto, non si accorge dell'automatico tradimento del corpo, che lo invita a grattarsi ma, così facendo, esprime un momento tensionale pari al 100%, il massimo del fastidio registrabile riferibile a un individuo o a un argomento.

Durante un colloquio con una persona provate a osservare la sua gestualità. Allo stesso modo provate a osservarvi mentre parlate o ascoltate i discorsi di qualcuno. In entrambe le situazioni noterete che, a certe parole o a certi discorsi fatti con alcune persone piuttosto che altre, il vostro volto e le vostre mani subiscono modificazioni ben visibili. A titolo di ulteriore esemplificazione riguardo a come possa avvenire il modo di lettura della gestualità del corpo in relazione agli episodi che ci coinvolgono, riporto il ricordo di un episodio svoltosi una sera durante una cena con degli amici. L'argomento di discussione a un certo punto si orientò sui camion, sui TIR da trasporto internazionale; in quel momento un'amica, che prendeva parte alla cena, in modo automatico e inconsapevole, spostò la sedia, sulla quale sedeva, avvicinandosi ancor più sotto il tavolo, mise a posto le posate, raddrizzandole e orientò il senso del piatto più vicino a lei. Le chiesi se avesse problemi con camion o camionisti e lei, sorpresa, annuì; il suo nuovo amore era un camionista, sempre in viaggio, insieme al quale da tempo desiderava trascorrere una serata. La lettura del corpo e dei suoi meccanismi di reazione, durante una qualsiasi comunicazione interpersonale, offre una gamma finita e definita di messaggi, chiari, razionali e di utile compendio alla psicologia comportamentale.

Come leggere comportamenti e gesti nelle altre persone

Se prestiamo attenzione durante una comunicazione a chi ci sta di fronte, seguendo alcune precise indicazioni, possiamo captare molte più cose di quante ne vengano espresse solo con le parole. Non solo, possiamo addirittura essere sicuri della verità dei discorsi e inoltre possiamo avere delle informazioni sul carattere del nostro interlocutore.

Sono state messe a punto delle modalità di osservazione, le quali ci indicano cosa occorre osservare e rilevare. Schematicamente si possono elencare come segue.

- *Variazioni posturali di diversa natura*. Chi si dondola, chi varia la posizione delle gambe, chi si avvicina e chi si allontana, chi deglutisce, chi sfugge lo sguardo, chi si alza da seduto, chi si siede, chi allunga il capo.
- *Suoni del corpo*. Chi si raschia la gola, chi ha un abbassamento di voce, chi sospira, chi respira in modo più profondo e chi trema.
- *Movimenti che accompagnano il dialogo*. La fisiognomica del volto, con i movimenti degli occhi, delle sopracciglia, del mento,

del naso e delle labbra. Chi si accarezza i capelli, chi si tira su le maniche fino al gomito, chi unisce le mani facendo pressione con la punta delle dita; chi accavalla le gambe, chi sta a braccia conserte, chi tiene le mani sui fianchi, chi appoggia le mani sulla cintura, chi le tiene in tasca, chi si spolvera ecc.

- *Movimenti con gli oggetti, anche personali.* L'uomo che si tocca la cravatta, la donna che si trastulla con la collana, che giocherella con l'anello, chi tocca e gira ripetutamente gli oggetti che sono sulla scrivania ecc.
- *Movimenti a tavola.* Chi allontana le briciole, chi le avvicina, chi prende in mano a sua volta l'oggetto con cui si trastullava il soggetto con cui sta parlando, chi lo sposta allontanandolo, chi giocherella con le posate.
- *Movimenti della seduzione.* Lo sguardo, le parole e l'emozioni, i gesti delle mani, dei piedi e delle gambe, l'abbigliamento.

L'osservazione delle posture fondamentali assunte dal corpo

Vi sono segnali comportamentali così generici e comuni tra gli esseri umani che possono essere studiati e intesi come rafforzativi di un discorso o di un'intenzione di azione. Per esempio, durante una conversazione da seduti è importante notare l'accavallamento delle gambe e la correlazione delle variazioni di posizione con gli argomenti che si stanno affrontando e discutendo. Anche il dondolamento rappresenta una risposta corporea di noia o disagio rispetto agli argomenti trattati. Se invece la conversazione avviene stando in piedi, occorre osservare se l'interlocutore si avvicina a chi parla con piccoli passi: in questo caso egli dimostra, senza volerlo, di essere interessato all'argomento, mentre se si allontana dimostra la sua estraneità. Se l'individuo sotto osservazione deglutisce, con uno sforzo automatico della gola, significa che il tipo di discorso smuove reazioni personali di sofferenza e paura, mentre se rifugge spesso lo sguardo, si trova in grande imbarazzo e non riesce a concentrarsi.

Di estrema importanza è notare come l'individuo si siede, con quale naturalezza o meno prende la sedia e vi si siede sopra. Successivamente anche l'alzarsi dalla sedia risulta essere un segnale da interpretare: indica la capacità di cambiare da una posizione all'altra, che equivale all'elasticità di tolleranza durante un dialogo e per questo diventa segnale per comprendere se l'incontro sia stato gradito o meno. Se si alza lentamente e dimentica un oggetto personale, è segno positivo di piacere dell'incontro; mentre se si alza rapidamente, "di scatto", l'insofferenza è pressoché evidente! Un altro gesto rilevabile è quando l'interlocutore allunga il collo; nel caso in cui siamo sicuri che non soffra di cervicale, possiamo desumere che si tratta di un movimento che dichiara estremo interesse per quello che stiamo dicendo. Per essere maggiormente esemplificativi nell'esposizione della tecnica di lettura del corpo ci avvaliamo di alcuni disegni. Per ogni disegno viene esposto il possibile significato nascosto del gesto in esso rappresentato.

Stare in piedi

Se i piedi sono uniti fra loro e perpendicolari al corpo, quasi a formare un perfetto angolo di 90° con le gambe, il soggetto è di carattere riservato, oppure è la situazione in cui viene osservato in tale postura che richiede riservatezza. Inoltre questa postura ci informa che il soggetto tende a volersi mostrare attento e in ordine, pronto a eseguire o esaudire le richieste altrui (fig. 1).

Figura 1

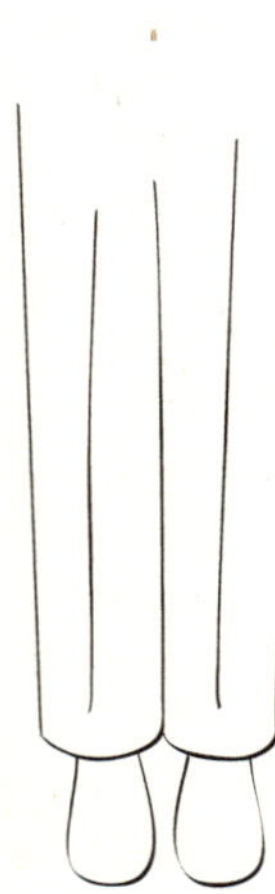

Figura 2

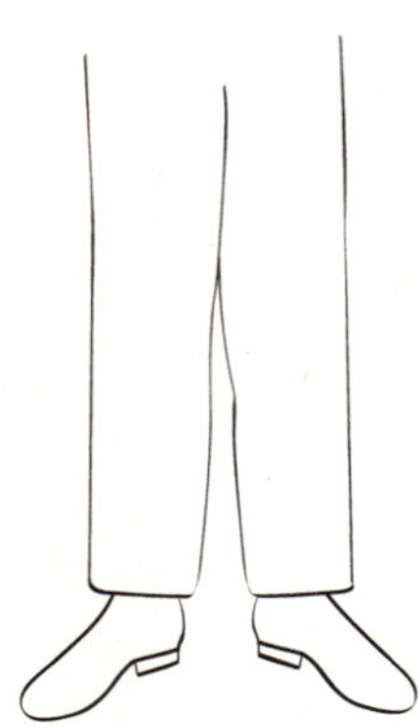

Figura 3

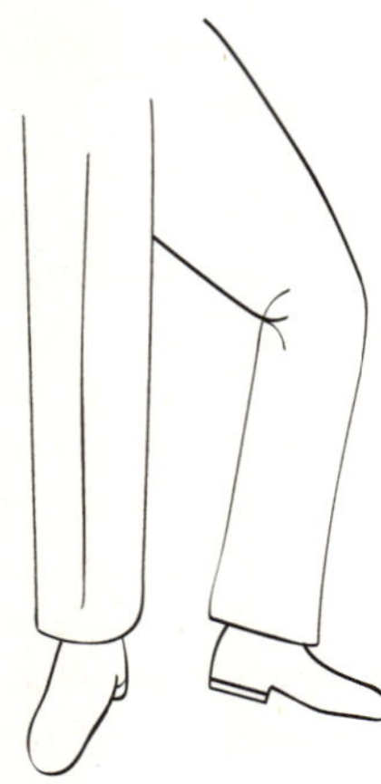

Figura 4

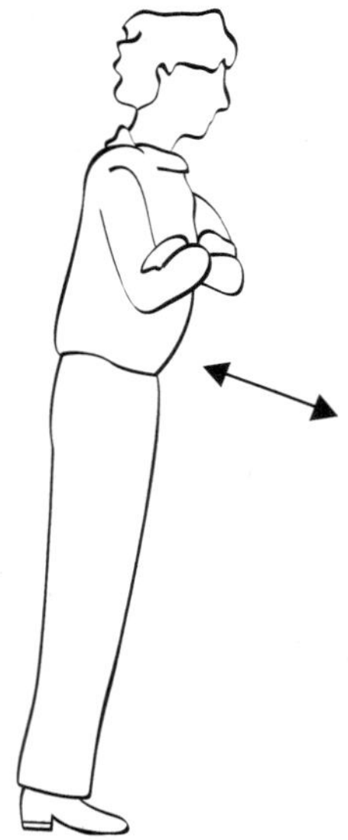

Figura 5

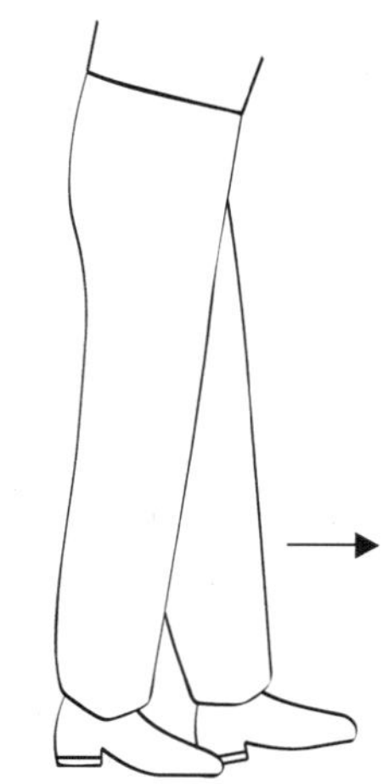

Figura 6

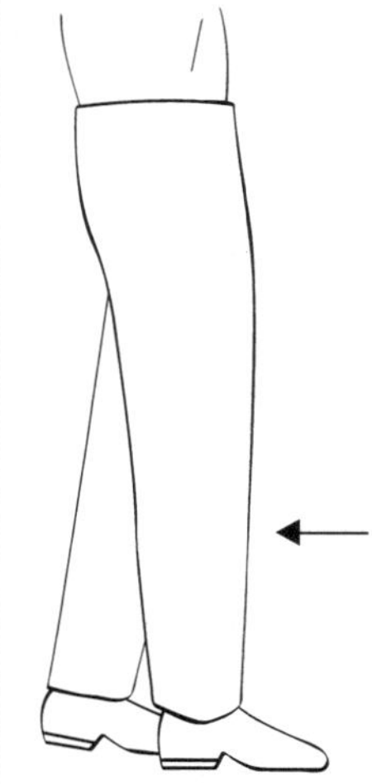

Quando i piedi sono aperti, cioè con il destro che ha la punta rivolta verso destra e il sinistro verso sinistra, mentre i talloni sono abbastanza vicini fra loro, ci troviamo di fronte a un individuo schietto, sicuro di sé e delle proprie capacità e, per questo, motivato ad aprirsi a nuove esperienze e conoscenze, attraverso una libera conversazione (fig 2).

Nel caso i piedi aderiscano strettamente al terreno, si può notare che il soggetto poggia il peso del corpo sulle gambe che restano leggermente divaricate per meglio percepire il contatto con il suolo, si può pensare che con tale posizione si esprima una certa fermezza e concretezza nella realizzazione dei propri intenti, in quanto si è in grado di soppesare adeguatamente la realtà e rapportarla alle proprie capacità (fig 3).

Il dondolamento involontario del corpo indica che l'individuo avverte dentro di sé un bisogno di rassicurazione e di protezione: forse la situazione che vive in quel momento lo mette in discussione, oppure, all'opposto, è così tanto gradita che vi si crogiola e abbandona. Per differenziare l'interpretazione occorre scorgere nella postura altri particolari, come per esempio la posizione delle braccia: se le braccia sono conserte,

Figura 7

Figura 8

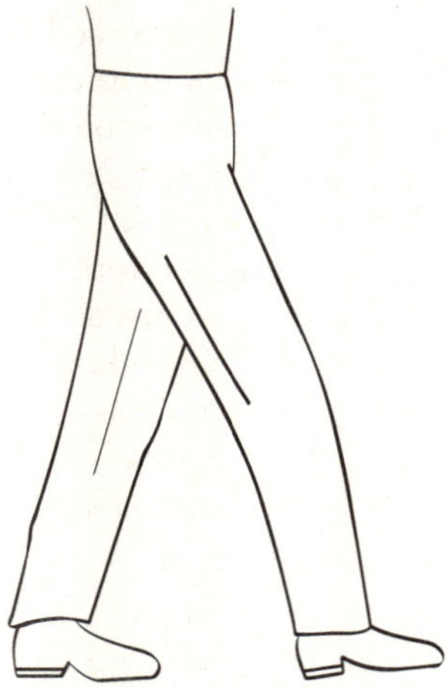

come da figura, cioè in atteggiamento di chiusura è valida la prima interpretazione; se invece le braccia sono lungo i fianchi o appoggiate al viso, la situazione è davvero di gradimento (fig 4).

Mentre si svolge un dialogo fra due persone che stanno in piedi, capita che colui che ascolta si avvicini a piccoli passi al suo interlocutore, ciò indica che l'argomento introdotto o trattato interessa e smuove il desiderio di approfondirlo (fig 5).

Al contrario, quando l'ascoltatore si ritrae, pare che egli non gradisca quanto gli viene esposto dal suo interlocutore, oppure si senta toccato e preferisca riflettere tra sé e sé, prendendo le distanze (fig 6).

Camminare

Un passo veloce e deciso (fig. 7) rivela un individuo pronto, scattante, che sa organizzarsi in poco tempo anche di fronte alle novità, un tipo impaziente e desideroso di ottenere la realizzazione dei propri scopi nell'immediato, poco incline alle lunghe attese.

Una camminata lenta e ponderata (fig. 8) rivela, invece, un individuo riflessivo, lento nelle decisioni ma molto costante e perseverante nella realizzazione dei propri obiettivi, con una volontà "di ferro", al punto da apparire testardo e cocciuto.

Una camminata vacillante e insicura (fig. 9) rivela che il soggetto sta attraversando un momento in cui deve prendere delle decisioni professionali o di studio e non ha ancora scelto, oppure un momento in cui c'è una crisi affettiva, magari la fine di una relazione, oppure esistono delle difficoltà nel rapporto con i figli, o, all'opposto, se il soggetto è un figlio, difficoltà con i genitori.

Il dondolamento del bacino mentre si cammina (fig. 10) indica che il soggetto sta vivendo uno stato di spensieratezza. L'individuo che assume tale postura è in cerca di nuove amicizie e di nuove esperienze. È un soggetto che ama farsi notare perché ritiene fermamente che, in questo modo, possa essere invitato e inserirsi in nuovi ambienti.

Figura 9

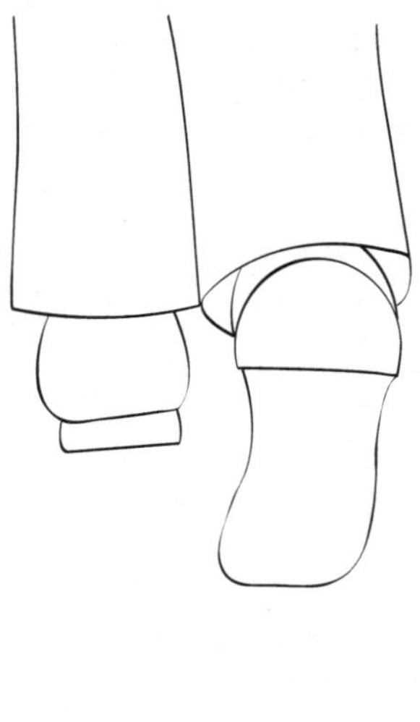

Figura 10

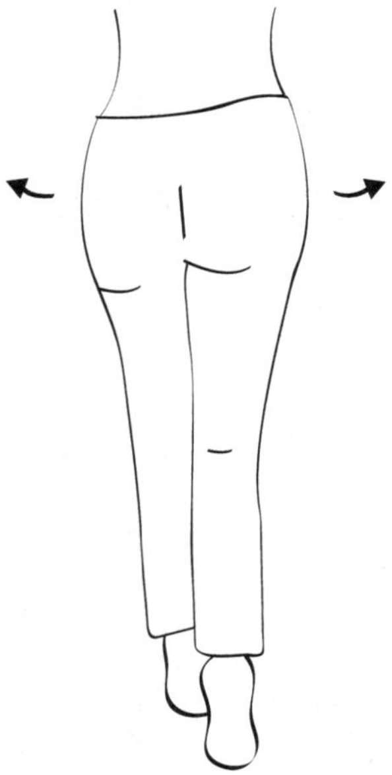

Figura 11

Figura 12

Modo di sedersi

Quando una persona si siede, occorre osservare se si appoggia alla sedia con le mani prima che con il posteriore (fig. 11). In questo caso, il soggetto è un tipo timido e riservato, che dosa le proprie energie in quanto esse sono piuttosto scarse, o tenta di superare le difficoltà di relazione che l'eccesso di timidezza, o d'imbarazzo, in quella precisa situazione, fa insorgere. Quando ci si alza dalla sedia per riassumere la posizione eretta, se le mani

Figura 13

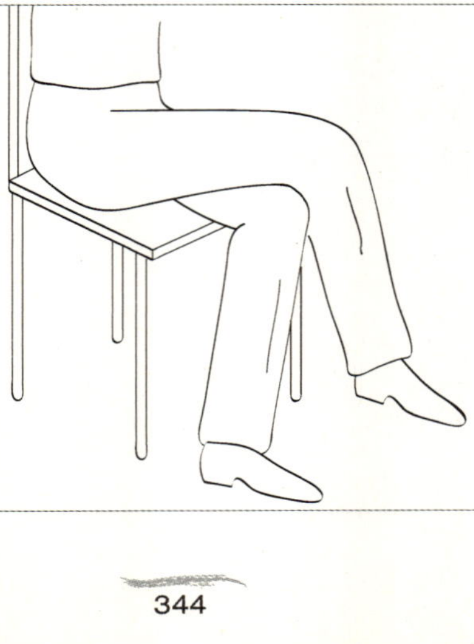

sono appoggiate sulle gambe e ci solleviamo lentamente, ma con sicurezza (fig. 12), ciò significa che portiamo rispetto all'interlocutore, il quale è probabilmente un superiore, o lo percepiamo come tale, e che al tempo stesso abbiamo gradito quanto abbiamo ascoltato mentre stavamo seduti.

Accavallare le gambe

Dalla posizione seduta si può osservare come un soggetto accavalli le gambe. se le accavalla, lasciando il polpaccio della gamba accavallata poggiato sul ginocchio, aderente all'altra gamba (fig. 13), si è di fronte a una persona di buone maniere, un po' rigida, che ama studiare la situazione prima di comunicare senza inibizioni con il proprio interlocutore. Se invece le gambe sono accavallate in modo che la caviglia della gamba accavallata poggi sul ginocchio dell'altra (fig. 14), il soggetto è spontaneo e incline a esporre al proprio interlocutore il meglio di sé. Detto in altro modo: la persona in questione desidera essere applaudita è smaniosa di esibirsi ed è sempre disponibile a uno scambio interattivo con chiunque sia ricco intellettivamente. Se, durante l'accavallamento, viene appoggiata una mano sulla gamba accavallata e pare che la mano spinga la gamba verso il resto del corpo (fig. 15), tale postura significa che il

Figura 14

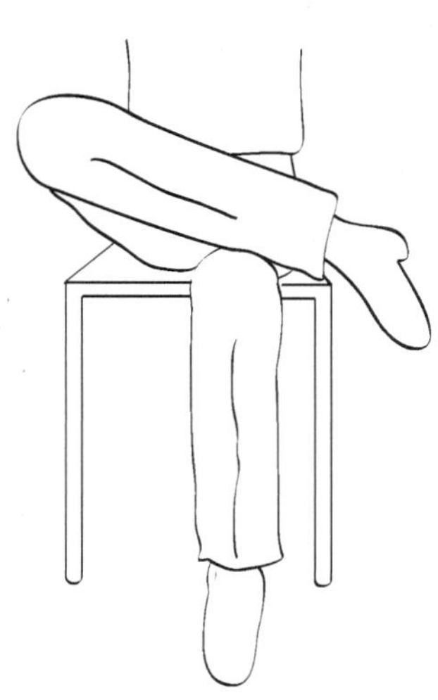

Figura 15

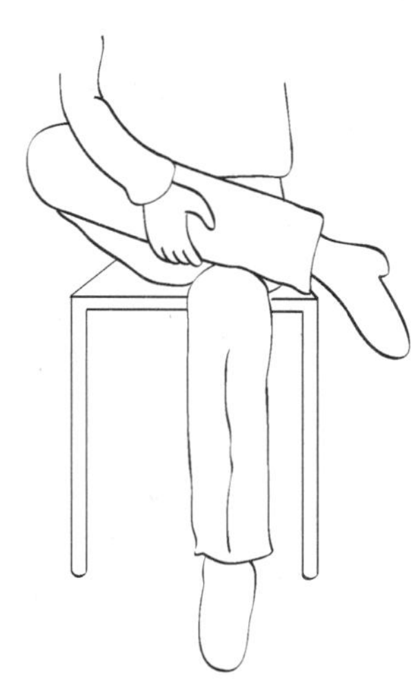

soggetto è un tipo piuttosto seducente, che sta cercando di far penetrare nel profondo del proprio interlocutore il contenuto della conversazione o per analogia, nel caso stia ascoltando, sta concentrandosi per memorizzare quanto gli è appena stato detto.

Figura 16

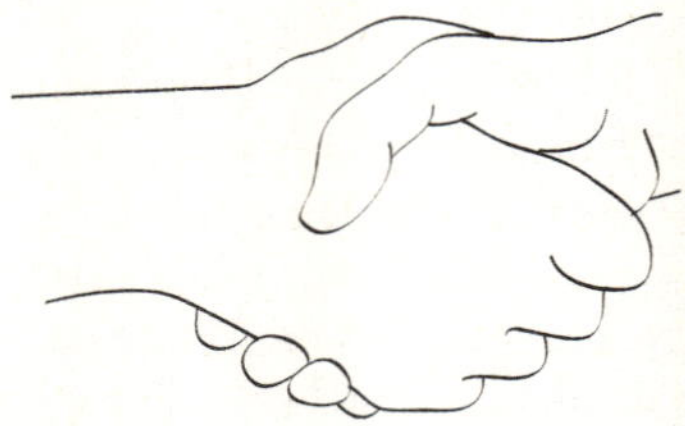

Il saluto

Quando la stretta di mano è adeguatamente dosata (fig. 16), né eccessivamente energica, né tanto meno eccessivamente morbida, l'individuo con cui avviene lo scambio è ben predisposto ai rapporti interpersonali, sa parlare il giusto e soprattutto sa ascoltare. Quando il saluto avviene con la mano alzata in segno amichevole (fig. 17) e il braccio supera l'altezza della spalla, il soggetto è un tipo espansivo, che ama l'amicizia e la comunicazione, particolarmente autoreferenziale, avverte la necessità di continue, nuove conoscenze. Se il saluto avviene in modo ossequioso, con il capo chino, la mano non troppo tesa e la schiena leggermente ri-

Figura 17

Figura 18

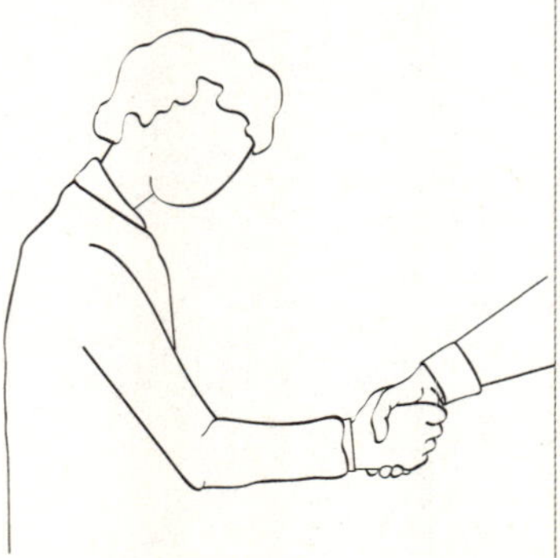

curva (fig. 18), l'individuo che saluta è soggetto a restrizioni e limitazioni, vive chiuso e appartato ed è poco incline a partecipare alle riunioni con tante persone, perché preferisce la lettura di un libro a una conversazione che non abbia un tema predefinito. È sicuramente molto ricco culturalmente ma ama compiacersi della propria sapienza solo in famiglia o con un cerchio ristretto di amici, selettivamente individuati.

I suoni emessi dal corpo

Raschiarsi la gola, abbassare la voce, sospirare, respirare in modo profondo pur non essendo affetti da raffreddore o influenza. Questi segnali, spesso trascurati, lasciano cogliere eventuali disagi per le argomentazioni, ascoltate o espresse. Si tratta di reazioni psicosomatiche di tensione nervosa.

Il raschiamento della gola

Schiarirsi la voce, incurvando verso il basso gli angoli della bocca e talvolta contraendo i muscoli del collo, indica che quel particolare momento è per il soggetto fastidioso. È probabile che si stia parlando di un argomento che provoca imbarazzo o addirittura disagio, in quanto occorre chiarirsi le idee in proposito e non si è sicuri di riuscirvi. Quando vi sia anche la contrazione del collo, ciò implica un disagio quasi incontenibile (fig. 19).

Figura 19

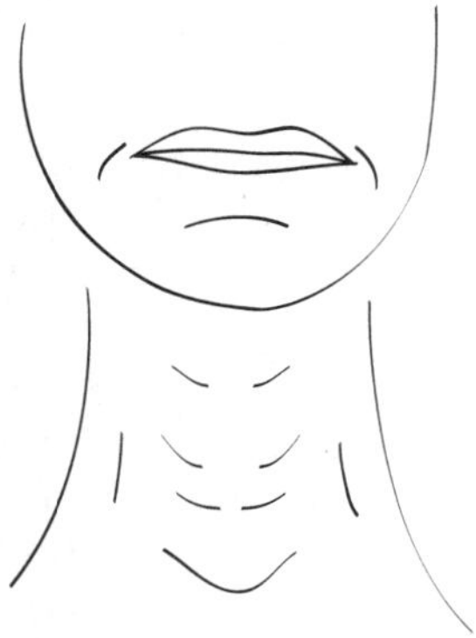

Figura 20

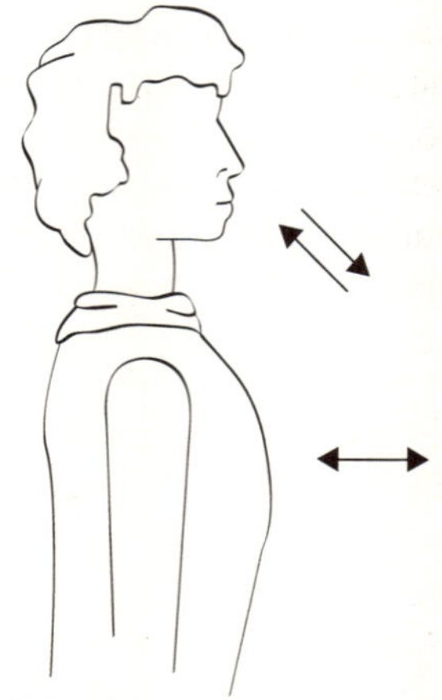

Il ritmo di inspirazione ed espirazione

Se il soggetto inspira attraverso le narici, gonfia il petto e ritrae il ventre per poi espirare dal naso, sgonfiando il petto e allentando il ventre in modo visibile e percepibile anche a livello sonoro, il soggetto vive un periodo non troppo sereno; è poco rilassato perché avverte delle ansie e delle paure che lo comprimono, dunque per respirare e mantenere il controllo necessita di maggiore sforzo anche nelle funzioni più spontanee e basilari come la respirazione (fig. 20).

Il significato psicosomatico del volto

La nascita della fisiognomica, ossia l'arte di dedurre il carattere dal volto, risale al XVIII secolo. Tra il 1775 e il 1778, infatti, il teologo svizzero Johann Kaspar Lavater pubblicò *Frammenti fisiognomici per promuovere la conoscenza e l'amore dell'uomo*. Intorno agli anni Cinquanta del Novecento tale disciplina si trasformò, a opera di Sheldon, Pende e Gibass, nella moderna prosopologia, tecnica psicologica che studia le relazioni di tensione emotiva neuromuscolare sul volto, aprendo una via di integrazione con i significati della moderna medicina psicosomatica. La fisiognomica è una tecnica psicologica di percezione visiva, che permette di conoscere il carattere di un soggetto osservandone le espressioni del volto. Particolare attenzione e rilevanza assumono le contrazioni muscolari del viso e i movimenti degli occhi, che nella loro attività espressiva d'accigliamento e di movimento neuromuscolare, esteriorizzano la comunicazione non verbale esercitata in modo diretto, dunque istintivo, dell'inconscio personale. Attraverso l'uso di fotografie, si possono rilevare alcuni tratti salienti del carattere, ma non è possibile, essendo la fotografia una rappresentazione statica, descrivere la complessità espressiva del volto, in tutte le sue manifestazioni e implicazioni con la mente e con il carattere. Ne deriva che l'approccio metodologico di interpretazione fisiognomica svolge unicamente la funzione di indicatore espressivo di massima degli aspetti molteplici e dinamici della personalità dell'individuo. Le figure che seguono vertono proprio sui tratti del volto, di importanza primaria nell'interpretazione fisionomica e ci aiutano a riassumere le basi tecniche utilizzabili.

La forma del volto

Il volto viene diviso in tre parti cui si fanno corrispondere le attitudini intellettive al ragionamento (zona della fronte), la valutazione emotiva, sentimentale e di sensibilità (occhi e naso) e, infine, la valutazione dell'istintività e della volontà di determinazione (struttura del mento). Il volto, da un punto di vista strettamente geometrico, invece, è suddiviso in sei tipi fondamentali, che sono sovrapponibili: triangolare con base superiore, triangolare con base inferiore, quadrato, rettangolare, tondo, ovale (fig. 21). È possibile che la morfologia di un volto possieda fino a tre schemi fissi di struttura fondamentale: esemplare è il volto della giornalista Lilly Gruber che realizza insieme le espressioni di tondo, ovale e rettangolare.

Figura 21

Figura 22

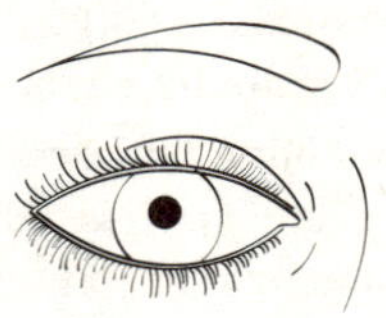

Figura 23

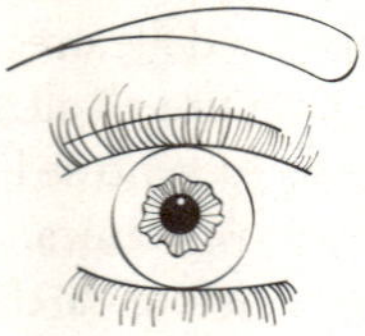

Sopracciglia e palpebre

Le arcate sopraccigliari, l'apertura e la conformazione delle palpebre, possono fornirci indicazioni interessanti sul ritratto psicologico del nostro interlocutore, anche se la cosa più importante è afferrare la luminosità o l'intensità dello sguardo (fig. 22).

Occhi

Gli occhi sono la fonte più attendibile di informazioni sull'indole del soggetto in analisi fisionomica, se si vuole stabilire la sua predisposizione all'introversione o all'estroversione. È importante la posizione degli occhi nelle orbite, che può essere incassata per l'introverso, esterna per l'estroverso o in asse per il "qualunquista". Recentemente gli iridologi (A. Musso, 1999) riconoscono d'estrema importanza per l'interpretazione psicologica anche il significato connesso al colore dell'iride (fig. 23).

Naso

Al pari degli occhi il naso caratterizza immediatamente un volto e colpisce subito l'osservatore. È un elemento fondamentale per valutare la presenza di alcune caratteristiche quali: la volontà, se il naso è prominente, la perseveranza, se il naso ha la punta schiacciata e l'originalità se il naso è leggermente all'insù (fig. 24).

Bocca

La bocca è la zona del volto in relazione con lo stato emotivo del soggetto, con l'espressione e ricerca di calore affettivo, così come della passionalità, sensuale e sessuale. Importanti le dimensioni delle labbra per la valutazione della sensualità, mentre la distanza dal mento e dal naso è indice di valutazione del livello di aggressività (fig. 25; J.K. Lavater, 1975).

Orecchie

La dimensione delle orecchie, così come la distanza dal volto, rivelano la capacità di sentire gli altri, le informazioni e la sensibilità altruistica, qualità che sono presenti se le orecchie si presentano aperte all'esterno o aderenti alla scatola cranica.

Conformazioni di orecchie particolarmente piccole e chiuse su se stesse rivelano una predisposizione a essere centrati su sé e poco disposti verso gli altri (fig. 26).

Mandibola e mento

Il mento e la mandibola sono gli elementi che caratterizzano la capacità di essere determinati negli avvenimenti della vita, di imporsi e di mediare.

Esistono sei classificazioni di mento: quadrato, ossuto, quadrato arrotondato, voluminoso, stretto e magro, tondo, con fossetta. Le prime classificazioni, le più squadrate, indicano un maggior livello di aggressi-

Figura 24

Figura 25

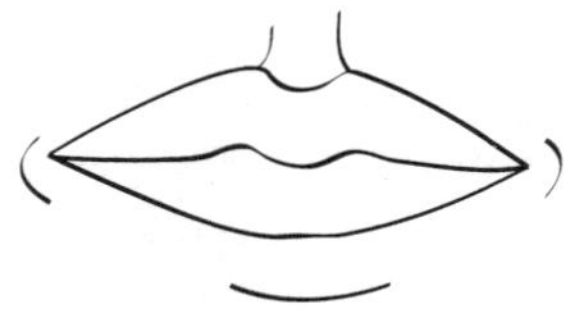

Figura 26

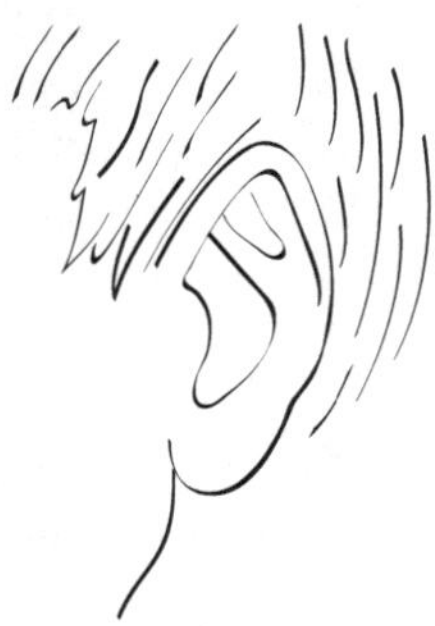

Figura 27

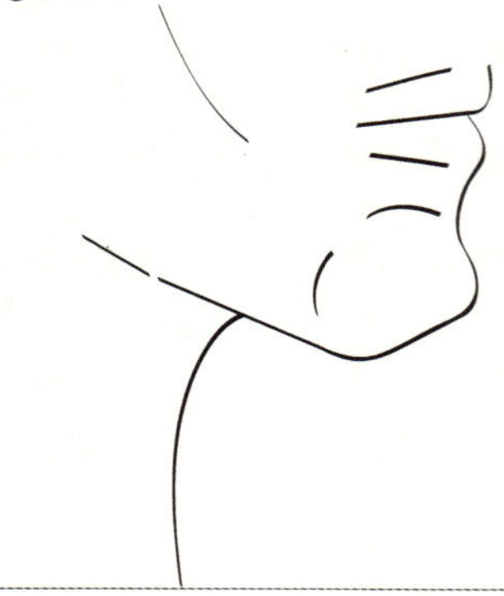

Figura 28

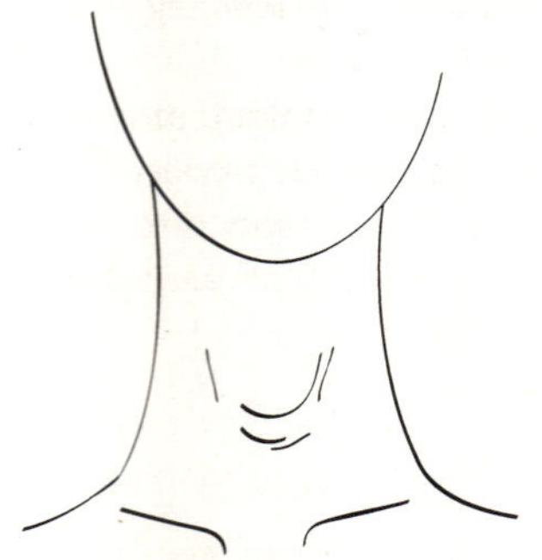

vità (fig. 27); più la struttura del mento e della mandibola si arrotonda, più si affina l'aggressività, incanalandosi come capacità di determinazione della volontà e di mediazione nei rapporti interpersonali.

Collo

Rappresenta la forza e la capacità di radicarsi ben saldi nel corpo. Il collo è il punto d'incontro somatico e psicologico della mente e del corpo. Interessanti sono gli anelli di rughe, che assumono il significato dell'esistenza di una dissonanza emotiva tra mente e corpo (fig. 28).

Attraverso l'osservazione di questi elementi si determina essenzialmente una valutazione dell'energia psicofisica del soggetto.

Barba e capelli

È possibile notare energia fisica primitiva nei soggetti con capelli, barba e baffi poco curati, mentre è presente energia psicofisica armonica nei soggetti più curati. Quando barba e baffi sono curati, ciò indica autorevolezza, prestigio e autorità (fig. 29).

Rughe

Le rughe sono i segni fissi lasciati sul volto da movimenti neuromuscolari contratti e cronicizzati nei tessuti e nel derma, ripetuti con una certa frequenza, per lo più involontari, che soggiacciono a una spinta

Figura 29

Figura 30

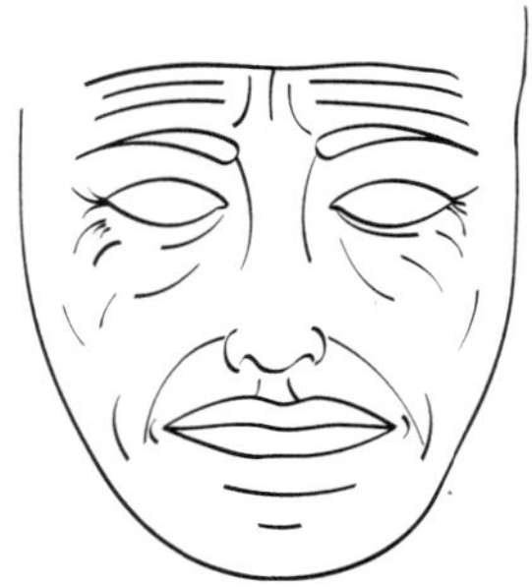

emotiva nervosa ben precisa. Sono sempre il sintomo evidente di una tensione e di un disagio emotivo, vissuto dall'individuo e protrattosi nel tempo (fig. 30).

I movimenti che accompagnano il dialogo

Lo abbiamo già detto più volte che quando si parla, la comunicazione non consiste soltanto nell'espressione verbale ma anche nel corollario di gesti, volontari e non, che la accompagnano. La gestualità è spontanea e schietta, si libera durante una conversazione nei modi più svariati e per questo riflette i sentimenti legati a quel momento. Per fare qualche esempio possiamo descrivere alcune delle espressioni più frequentemente osservabili.

Chi si accarezza i capelli dimostra autocompiacimento narcisista, nel senso che crea un rinforzo psicologico ed emotivo centrato sul piacersi e sul piacere anche agli altri.

Chi si tira su le maniche fino al gomito mette in risalto le proprie capacità decisionali di volontà di determinazione così come di disponibilità di passare a un'azione di forza.

Chi unisce le mani, facendo pressione con la punta delle dita, dimostra di sforzarsi a essere concentrato nell'ascoltare un dialogo che crea tensione e disagio, mantenendo diplomazia e tolleranza.

Chi accavalla le gambe cerca una postura disinvolta, atta a comunicare una certa disponibilità di opinione e apertura mentale; mentre chi sta a braccia conserte tende da un lato a chiudersi, difendendosi con una certa rigidità, e nello stesso tempo a rassicurarsi nel sostenersi, tenendosi aggrappato a se stesso, alle proprie idee e opinioni.

Chi tiene le mani sui fianchi cerca d'imporsi agli altri; chi le tiene in tasca si presenta qualunquista e disarmato di fronte agli altri; chi, invece, appoggia le mani sulla cintura sente il desiderio di provocare l'interlocutore, quasi per spaventarlo, o metterlo in difficoltà.

Le tensioni neuromuscolari del viso e le grattatine

Nel corso di una conversazione i contenuti, o altre situazioni che si svolgono durante il contesto, possono causare alcune reazioni di tensione psicosomatica che, oltre agli atteggiamenti descritti poco sopra, generano del prurito sul viso, al quale inevitabilmente si risponde sotto forma di grattatine. La lettura delle grattatine, nelle diverse zone del viso, rivela molte cose interessanti.

Vedremo, qui di seguito, quali siano gli effetti degli stressor (situazioni che generano tensione e stress) non appena siano in entrata nella mente, alla soglia della percezione emotiva e all'inizio dell'attivazione di risposta nervosa neuromuscolare. Gli stressor sono stati misurati e stimati allo scopo di elaborare una sorta di scala delle situazioni stressor. Nell'ambito della comunicazione e dei rapporti interpersonali, è possibile stimare in percentuale lo stato di difficoltà e fastidio che la persona prova, a seconda della zona del corpo attivata quale risposta allo stressor. Osservando i movimenti compiuti dall'interlocutore che ci è di fronte, capiremo se l'argomento e le parole di un discorso suscitano interesse oppure noia e ancora, acquisendo un po' di capacità, potremmo divenire così bravi da essere una sorta di macchina della verità, in grado di individuare falsità e diffidenze, sia nei nostri confronti che verso gli altri.

Se, durante un rapporto di comunicazione, l'interlocutore, o altre persone in ascolto, si grattano rapidamente la fronte, questo gesto è interpretabile come fattore di scarica tensionale emotiva e nervosa, che è generata da un fattore stressante. Questa reazione è rapportabile a una tensione pari al 35% del potenziale massimale di reazione nervosa neuromuscolare, che è del 100%. Se invece il prurito, e dunque la reazione di grattamento si riflette nella zona delle tempie, abbiamo una risposta tensionale da stress per gli argomenti, o per la situazione, pari al 25% (fig. 31).

Figura 31

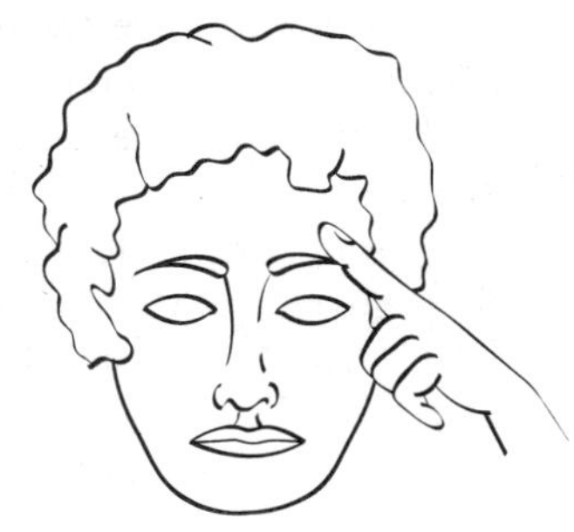

Figura 32

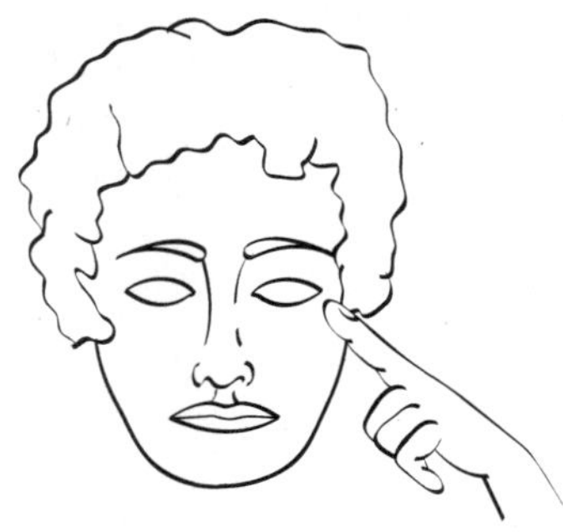

Se, ancora, il prurito con riflesso evidente di gestualità in fase di grattamento si manifesta durante un dialogo, con lo sfregarsi della parte posteriore della nuca, tra il collo e l'attaccatura dei capelli, la risposta di tensione emotiva e nervosa e pari al 30%.

Se il prurito-grattamento è vicino alla zona lacrimale, o a quella della palpebra inferiore, il soggetto in questione avverte ed esprime, con questo gesto, che è infastidito di vedere, o di pensare di poter vedere, quello che qualcuno gli sta propinando, oppure semplicemente è infastidito da quel che sente riguardo all'argomento in questione. La tensione stress avvertita è stimabile al 35% (fig. 32). Se avvengono delle rapide strizzate d'occhio automatiche, oppure se vengono strofinati gli occhi, la persona denota una situazione emotiva fastidiosa pari a uno stress del 45%.

Se il prurito, e quindi il riflesso del grattamento, è nella zona dei muscoli maxillofacciali, vicino alla base degli orifizi del naso, rappresenta il risultato di una tensione di stress pari al 100% (fig. 33). Se invece il grattamento, avviene nella zona circostante il naso, il soggetto esprime una tensione di fastidio per quello che sta avvenendo attorno a lui, pari all'85%.

Per manifestazioni di prurito interno, di grattamento e toccamento delle narici, abbiamo un valore d'espressione di tensione nervosa dovuta a irritazione e fastidio o insofferenza di livello pari al 100%.

Anche lo sfregamento del naso, segnala l'esistenza di uno stato di stress del 100%. Una tensione di una percentuale così elevata è facile che sia suscitata da affermazioni non vere: probabilmente non è solo quanto viene argomentato a essere fastidioso ma la necessità di sostenerlo, pur sapendo che si tratta di una bugia.

Figura 33

Figura 34

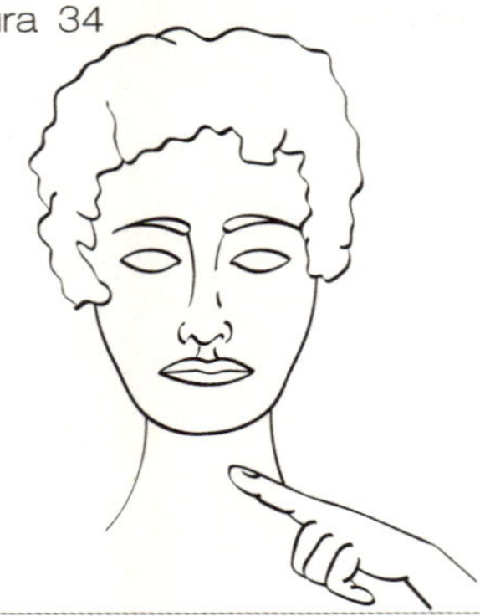

Per riuscire a smascherare un falso sono illustrati i gesti e i movimenti per scoprire la verità.

L'inspirazione ed espirazione da sniffo, contratto e rumoroso, rivela l'esistenza d'una tensione nervosa ed emotiva del 40%.

Se, durante una conversazione o mentre ascoltate un'esposizione, manifestate prurito, che, peraltro, è un riflesso di grattamento, allora state evidenziando, nonché scaricando, una tensione pari al 20%. Le zone interessate a questo valore di stress psicosomatico di tensione neuromuscolare sono: il collo (fig. 34), lo sterno, il petto, il torace, la spalla e il mento.

L'irrigidimento della mascella e del collo segnala, invece, la presenza di tensione pari al 100%. Un raschiamento della gola, fatto per schiarirsi la voce indica anch'esso la presenza di una tensione fastidio del 100%. Anche il rossore, la vasodilatazione improvvisa di capillari del collo e della faccia, indica una tensione pari al 100%.

Se, a seguito di dialoghi, discussioni o rapporti di comunicazione verbale, il soggetto si tocca il labbro inferiore con un dito, o con una penna, dimostra d'essere interessato al discorso, alla situazione o al soggetto in questione, ma dimostra allo stesso tempo d'avere delle riserve, nel senso che induce un piacevole atteggiamento di diffidenza. Il fattore di stress è del 30%, mentre il piacere è del 70% (fig. 35).

Il mordicchiamento delle labbra indica una piacevole ma forzata necessità di attenzione, quindi il fattore di stress, aumenta a fattore 35%. La formazione espressiva dell'atto del baciare abbassa il valore di stress al 10%, mentre esso è annullato a zero se si pone la punta della lingua tra le labbra, dove il fattore piacere è al massimo al 100%.

Figura 35

I movimenti con gli oggetti

L'uomo che si tocca la cravatta cerca la centralità di se stesso durante la relazione con gli altri, tende a dimostrarsi a posto e in ordine e, nello stesso tempo, rinforza psicologicamente la capacità di determinazione della volontà con il desiderio di prevaricazione sulle idee e sulle opinioni altrui.

Molto spesso si osservano donne che si trastullano con la collana, altre che giocherellano con l'anello, altre infine toccano e girano ripetutamente gli oggetti che sono sulla scrivania: in tutti questi casi si trasmettono segnali di tensione nervosa derivanti dai colloqui di relazione che risultano essere noiosi e poco piacevoli. Questi gesti d'esibizione se, da un lato, servono per mettersi in mostra, dall'altro, compensano il disagio relazionale.

L'uomo che si tocca la cravatta vive una situazione di desiderio sessuale frustrato: è come se, nel momento in cui compie il gesto, qualcosa o qualcuno attivasse in lui un'attrazione a livello sessuale, che però non si può esprimere, per il rispetto dell'etica comportamentale (fig. 36).

La donna che giocherella con la collana che indossa esprime involontariamente il desiderio sessuale che non riesce a soddisfare. Il discorso intrapreso la stuzzica e l'attrae, o forse l'attrae ancor più il personaggio che sta discorrendo, ma non sa come mettere in evidenza il meglio di sé per riuscire a sedurre (fig. 37).

Trastullarsi con l'anello può significare una carenza dal lato affettivo. Chi ruota più volte l'anello intorno al dito è bisognoso di affetto e desi-

Figura 36

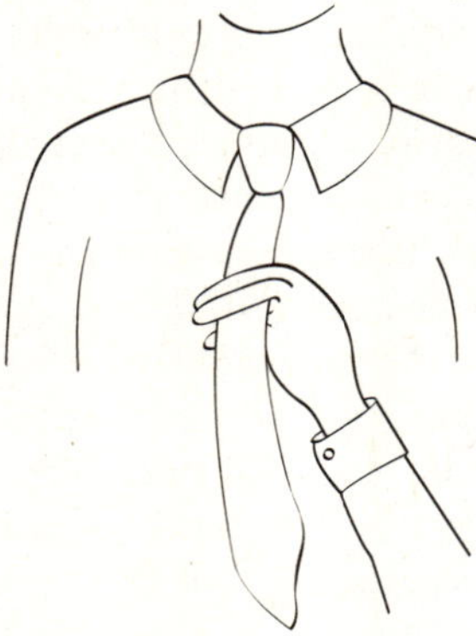

Figura 37

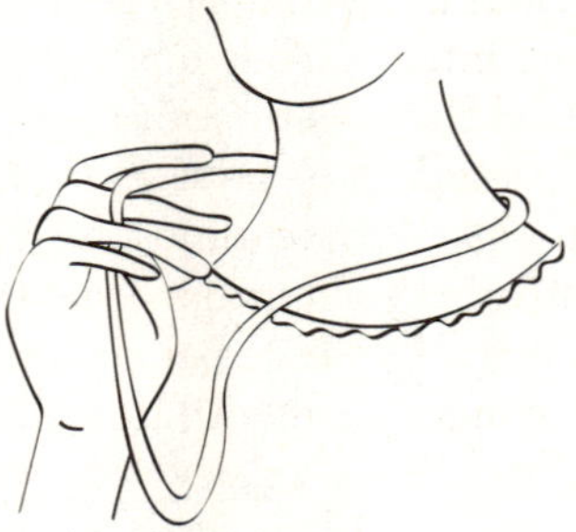

Figura 38

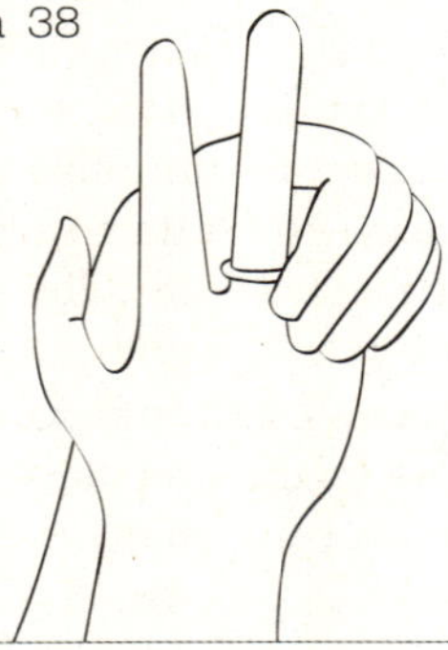

Figura 39

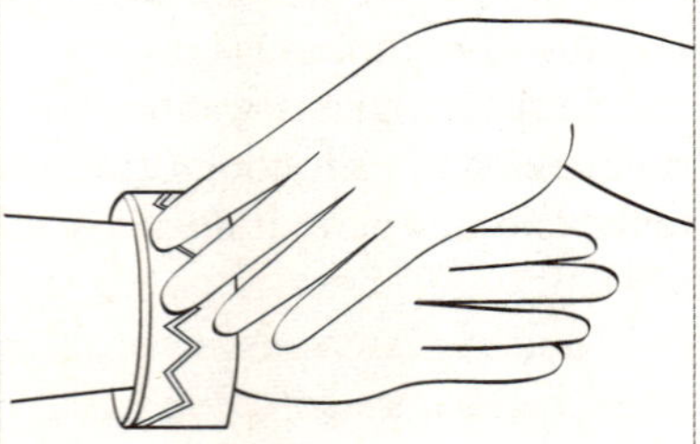

Figura 40

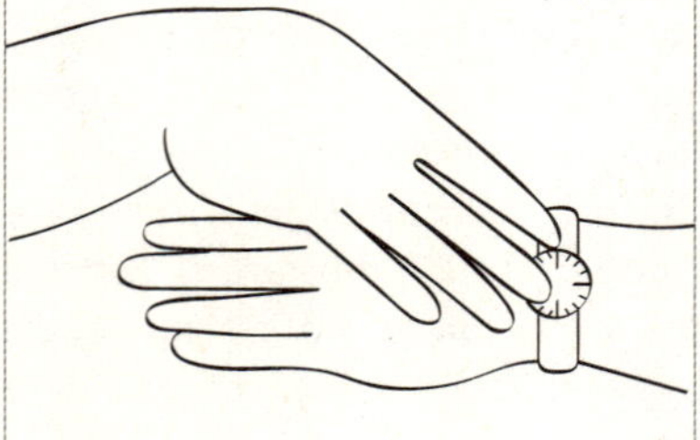

Figura 41

dera vivere momenti di calore e di intimità. Chi invece solleva l'anello dalla base del dito lungo la falange esprime l'impulso sessuale attivato dalla situazione in cui compie il gesto (fig. 38). Giocherellare con il bracciale può essere interpretabile quale gesto di compensazione di una carenza d'affetto che il soggetto prova a causa della scarsa considerazione che ottiene nella situazione che si sta svolgendo (fig. 39). Toccarsi insistentemente l'orologio è come dimostrare la propria impazienza e il desiderio di vedere volgere al termine la situazione in corso. Accarezzare il quadrante e il cinturino serve per compensare la tensione in attesa del momento del congedo (fig. 40).Quando vengono indossati degli orecchini ad anello, è come se si volesse dimostrare di gradire approcci seduttivi. Quanto più il diametro dei cerchi è grande, tanto più forte è il desiderio di sedurre e di essere sedotti. Se poi, durante una conversazione, ci si trastulla con orecchini di questo tipo infilando il dito nei cerchi, o congiungendo il dito pollice e l'indice fra loro sopra il bordo del cerchio, si cerca di trasmettere con evidenza la propria disponibilità e il proprio intento di seduzione (fig. 41).

Se si appoggia la mano sulla cintura, si è in un momento di allerta, si sta esaminando a fondo quanto si sta ascoltando, che risulta poco gradito, tanto che si avverte il desiderio di provocare l'interlocutore (fig. 42). Se sulla cintura vengono appoggiate entrambe le mani l'impulso di provocazione è maggiore. Quando si sta seduti con le gambe accavallate e ci si trastulla giocherellando con i lacci o con le fibbie delle scarpe (fig. 43), si

Figura 42

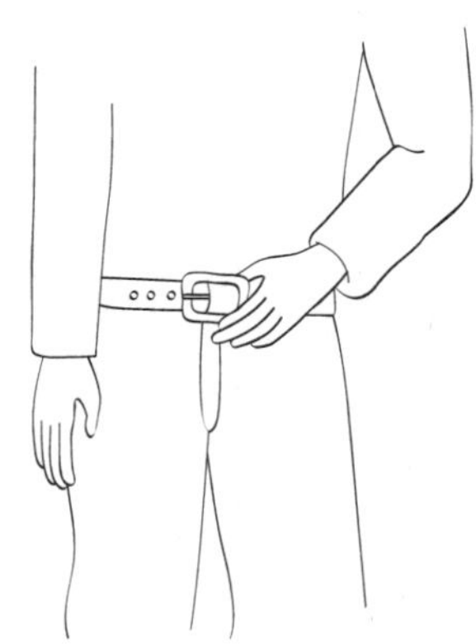

Figura 43

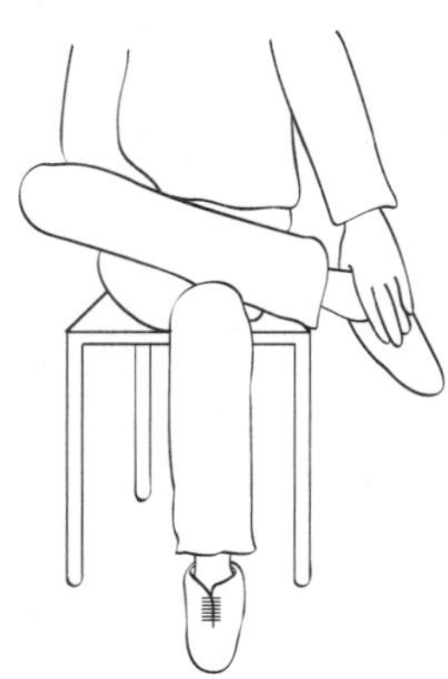

avverte il bisogno di coccolarsi per rassicurarsi. È probabile che la conversazione abbia sollevato degli argomenti che turbano l'individuo, il quale cerca di compensare il disagio provato attraverso questo gesto.

I movimenti a tavola

Giocare con le briciole allontanandole o avvicinandole a se stessi, giocare con gli stuzzicadenti, con le posate ecc., come abbiamo visto, a ogni osservazione corrisponde un'interpretazione simbolica che ci offre l'opportunità di raccogliere preziose informazioni soggiacenti alle parole, rivelando il meraviglioso segreto del linguaggio del corpo.

Figura 44

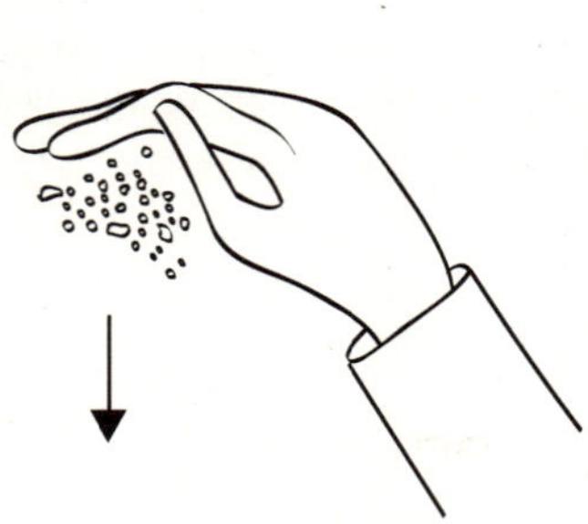

Figura 45

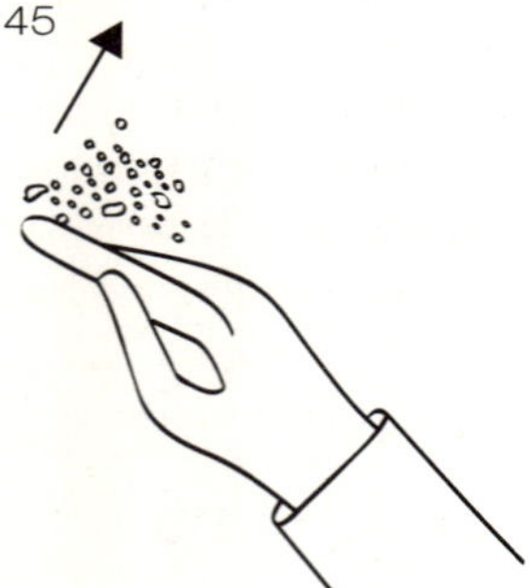

Figura 46

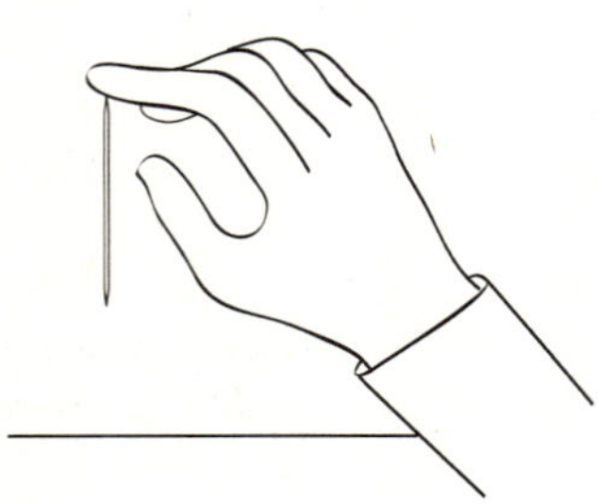

Figura 47

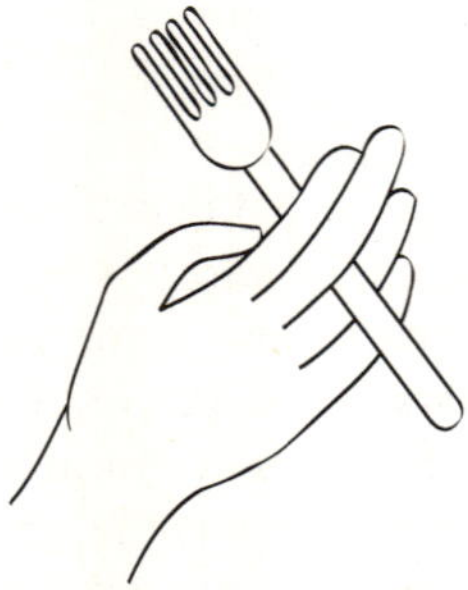

Quando, durante un pranzo o una cena, il nostro vicino di tavolo, parlando raggruppa le briciole che vi sono sulla tovaglia e le avvicina a sé o al proprio piatto, egli ci sta informando di gradire la nostra compagnia e l'argomento che stiamo trattando (fig. 44).

All'opposto, se le briciole vengono allontanate verso il centro del tavolo, si manifesta il desiderio di "spazzare" via l'argomento intercorso, o di allontanare l'interlocutore che ci trattiene. Come volersi fare spazio intorno a sé, spolverando ciò che ci oscura (fig. 45).

Se il commensale gioca con gli stuzzicadenti e, in particolare, se li punta sul tavolo tenendo l'altro estremo con il polpastrello di un dito, significa che egli non si sente a proprio agio e non gradisce ciò che sta osservando, perché si sente provocato e vorrebbe pungere i promotori della situazione (fig. 46).

Anche giocare con le posate indica un momento di tensione. Il soggetto che, mentre parla o ascolta, rotea la posata tra le dita, sente la necessità di attirare l'attenzione su di sé e teme di non riscuotere la dovuta considerazione. Se il soggetto si trastulla col cucchiaio, questo significa che sta vivendo un momento di narcisismo, che ama compiacersi di sé ed essere compiaciuto. Se invece si trastulla con la forchetta o il coltello, la situazione è problematica e il soggetto avverte la necessità di provocare (fig. 47).

I movimenti e i gesti della seduzione

Sono svariati i significati che si cercano di esprimere attraverso gli occhi. Un detto antico recita "l'occhio è lo specchio dell'anima". Spesso, infatti, attraverso gli occhi cerchiamo di conoscere o di farci conoscere, talvolta anzi scegliamo proprio l'occhio come organo sul quale puntare per attrarre il prossimo.

Il movimento in cui si sbattono le ciglia avviene lentamente e quando le palpebre si chiudono, si appoggiano lievemente sulla parte inferiore dell'occhio, per inumidire e porre in risalto l'iride. Questo gesto, quasi tipicamente femminile, induce colui al quale è rivolto a pensare di trovarsi di fronte a un soggetto cheto, desideroso d'abbandonarsi a uno spirito forte e farsi trasportare ovunque senza bisogno di esprimere e tanto meno imporre la propria volontà.

In realtà, chi si serve di questo gesto ha invece uno scopo ben pre-

Figura 48

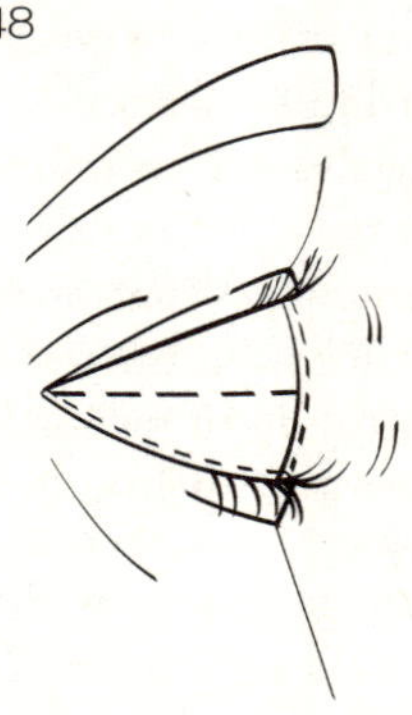

Figura 49

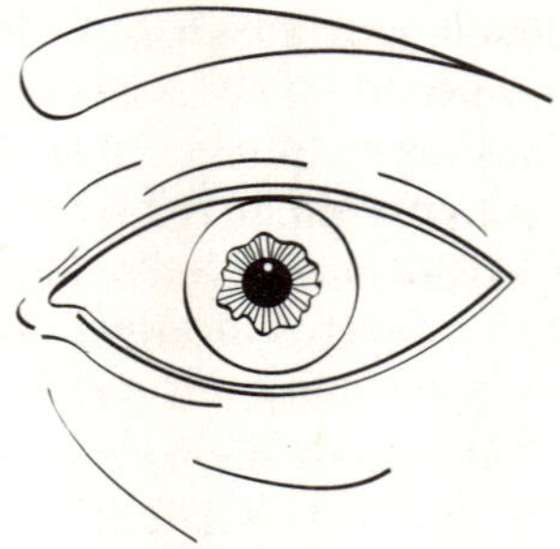

ciso e mira ad ammaliare a farsi corteggiare, in modo da tenere in pugno il o i prescelti (fig. 48). Anche quando si spalancano gli occhi, generalmente il tentativo è quello di porre in risalto l'iride per comunicare con maggiore intensità i propri sentimenti, che quando accompagnano questo gesto sono tipicamente di forte interesse e passione verso la persona a cui è rivolto lo sguardo (fig. 49). A volte, in particolare negli uomini, si può osservare il gesto opposto, cioè di stringere gli occhi, con ciò essi mirano ad aumentare il loro magnetismo.

Mordicchiarsi il labbro inferiore significa avvertire un certo appetito di ordine sessuale, che scaturisce dalla situazione. Probabilmente l'argomento trattato, o la persona presente, suscitano spiccato interesse nel soggetto che si mordicchia il labbro, la tensione neuromuscolare che porta a questa reazione automatica rimane a livello inconscio (fig. 50).

Figura 50

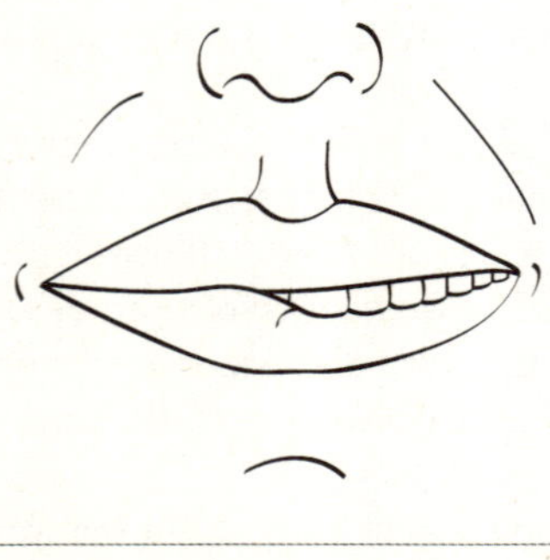

Figura 51

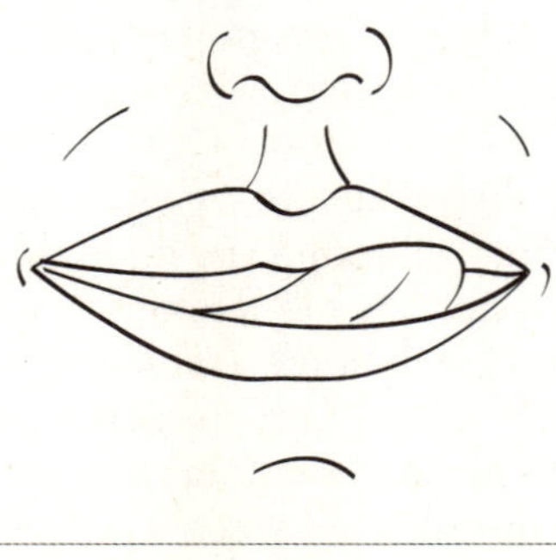

Maggior consapevolezza c'è invece quando si compie il gesto di inumidirsi le labbra. Se ciò avviene con lo sguardo fisso verso l'interlocutore, mentre la lingua scorre lentamente lungo il labbro inferiore e di seguito lungo quello inferiore. Dietro a questo movimento vi è l'intenzione di eccitare chi sta di fronte, quasi come per far assaporare parte del piacere di un incontro più intenso, come un preliminare di un incontro sessuale. Può anche accadere che il fatto di inumidirsi le labbra avvenga in forma più automatica, in questo caso esprime la compiacenza per la situazione che si sta vivendo (fig. 51).

I movimenti con mani, gambe e piedi

Quando un individuo ha le gambe accavallate, è possibile che si accarezzi ripetutamente il ginocchio e parte del polpaccio. La donna però compie questo gesto con un pizzico di malizia massaggiandosi la parte molto lentamente: in questo caso desidera lanciare un segnale di richiamo, per attirare non soltanto lo sguardo altrui, ma per dire che le piacerebbe sentirsi palpare da chi ha di fronte (fig. 52). Le gambe di una donna sono accavallate, la parte inferiore rimane obliqua rispetto alla superficie d'appoggio e il piede sfiora il terreno solo con la punta anteriore (fig. 53). È un atteggiamento elegante, allunga le gambe e quindi abbellisce la figura. Se si vuole sedurre si può adottare questo modo per incrociare le gambe: è di sicuro vantaggio, viene insegnato anche alle modelle.

Figura 52

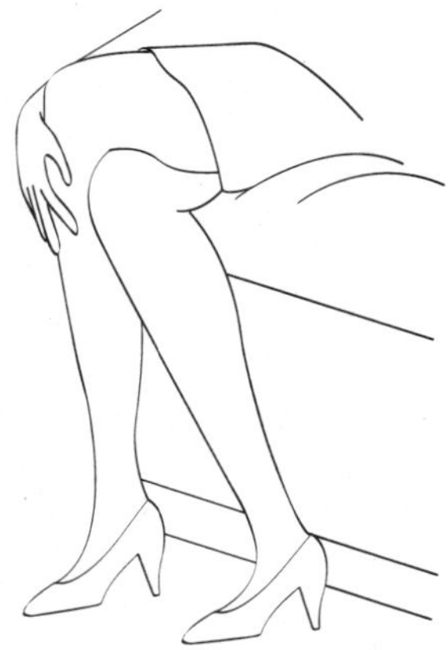

Figura 53

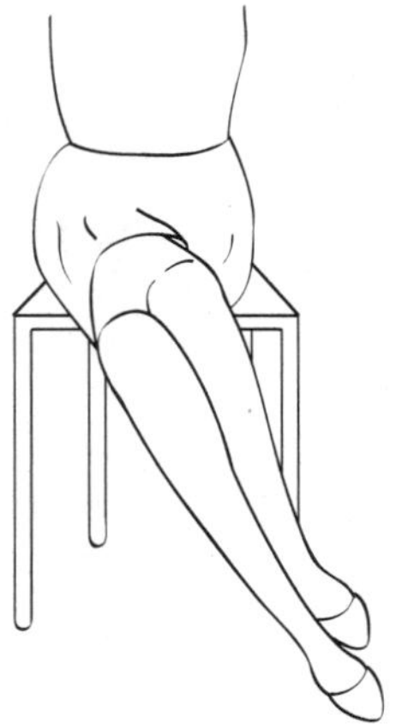

Figura 54

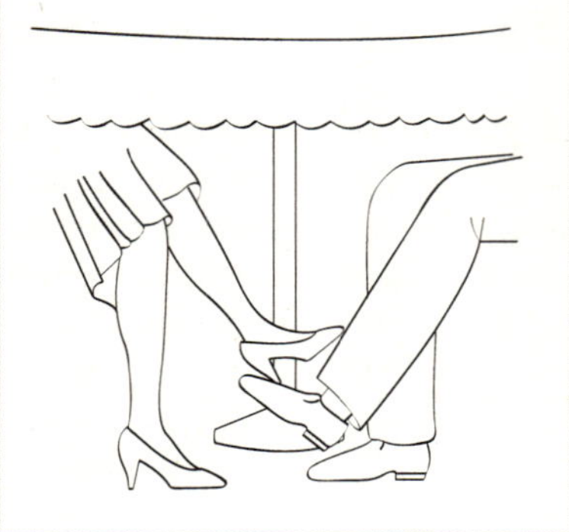

Figura 55

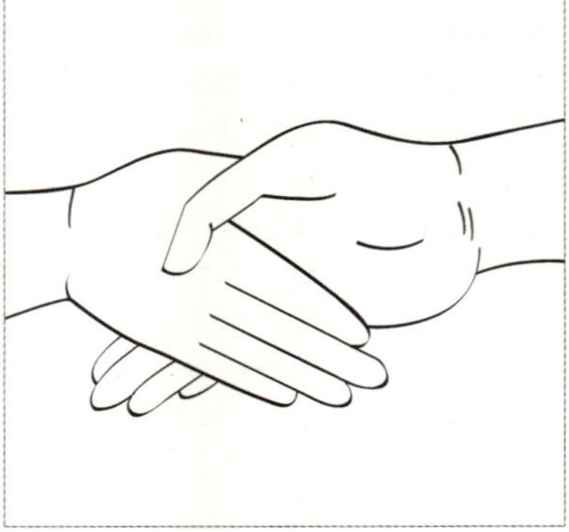

Durante una cena, o comunque quando ci si trova attorno a un tavolo e ci si sente attratti verso una persona, glielo si fa capire sfiorando il suo piede con il proprio. È come dire di gradire poter approfondire l'incontro, non appena sia finita la situazione intorno al tavolo, in un contesto sociale decisamente più intimo (fig. 54).

La donna che voglia esser posseduta da un uomo, lo saluta con la mano allungata, senza chiuderla intorno a quella maschile, mentre il pollice accarezza le nocche dell'uomo all'esterno della mano. Solo le dita e i metacarpi entrano in contatto, invece viene meno il contatto fra i palmi (fig. 55). L'uomo si comporta diversamente per far capire a una donna che desidera averla: durante la stretta di mano, sfrega più volte il palmo femminile con la punta delle dita della propria mano.

Emanare l'energia dell'emozione e della seduzione con tutto il corpo

Arrotolare con il dito una ciocca di capelli esprime, per una donna, il desiderio di vivere una situazione diversa da quella attuale e invita chi la guarda a "rapirla" per portarla altrove offrendole emozioni più gradite (fig. 56).

Succhiare biro e matite ha un valore di compensazione a una carenza affettiva: è un modo per soddisfare un bisogno orale. Secondo l'ottica psicoanalitica ha un chiaro riferimento sessuale, laddove l'oggetto succhiato, che è sempre di forma allungata, rappresenta l'organo maschile. Secondo una visione psicologica occorre precisare che la prima forma che soddisfa il principio di piacere è proprio quella orale mediante l'attaccamento al seno materno o al biberon: soddisfare il desiderio di suzione libera l'emozione del primo istinto e, quindi, assume significato di rassicurazione (fig. 57).

Con le braccia conserte la donna si appoggia su una superficie, il busto è proteso in avanti, le braccia si incrociano sotto il seno, mettendolo in evidenza. È un atteggiamento che libera dell'aggressività e trasmette al tempo stesso un temperamento deciso, allo scopo di indicare all'uomo di ottenere sempre ciò che desidera, come la conquista di un amore (fig. 58). Aggiustarsi la calza sollevando leggermente la gonna esprime il desiderio femminile d'essere in ordine, ma anche di mostrare la propria intimità. La donna prova il desiderio di piacere agli altri e di ricevere complimenti (fig. 59).

Figura 56

Figura 57

Figura 58

Figura 59

I gesti della seduzione a tavola

Durante un pranzo si può segnare con un dito il bordo del bicchiere, per soddisfare una sensazione di piacere che, attraverso il polpastrello, si libera nel corpo e può trasmettersi alla persona che si desidera sedurre. È un modo per richiamare momenti d'intimità e carezze nelle zone erogene del corpo (fig. 60).

Quando a tavola un individuo appoggia un dito sul labbro inferiore, circoscrivendo delicatamente la circonferenza della bocca e mordicchiandosi le labbra, trattiene il desiderio di baciare e di essere baciato. Riscontrando questo gesto, possiamo supporre d'aver sedotto la persona con cui stiamo pranzando (fig. 61).

I grissini o i gambi di sedano possono aiutare a trasmettere, o a cogliere,

Figura 60

Figura 61

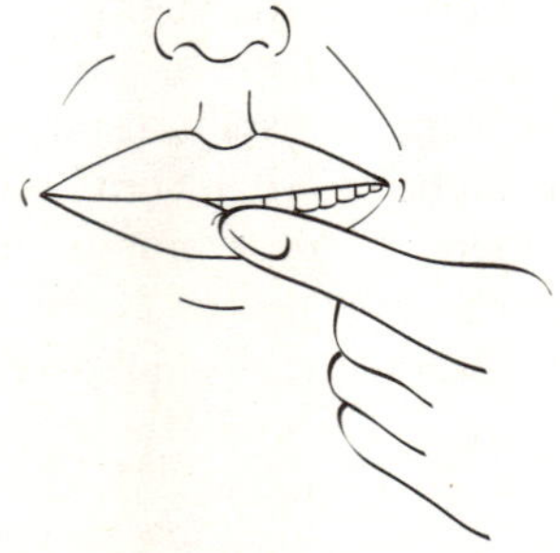

Figura 62

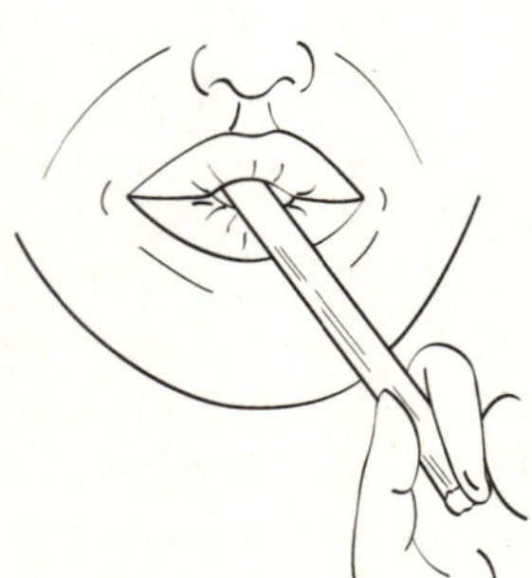

Figura 63

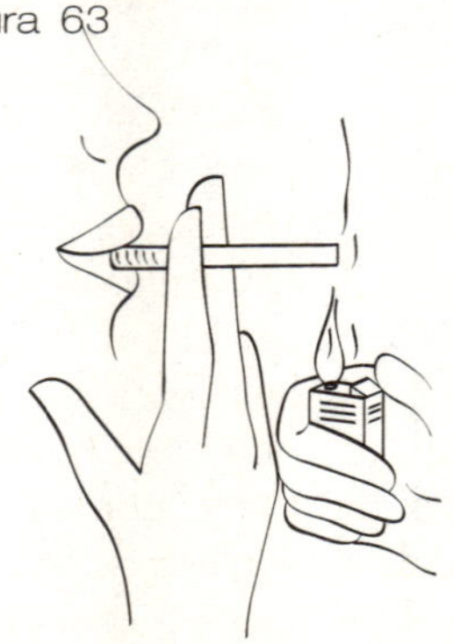

il desiderio di spingersi in effusioni di amore, espresso dalla persona che li mangia. L'interpretazione regge se questi cibi sono masticati lentamente, dopo che si sono tenuti a lungo fra le labbra (fig. 62).

Anche la sigaretta, per una donna, può essere tenuta in bocca per provocazione o seduzione. Se dopo averla girata fra le labbra il cavaliere, dall'altra parte della tavola, risponde con galanteria e porge l'accendino tenendo fermo lo sguardo negli occhi della donna, il calore del fuoco sottolinea che la seduzione è in atto (fig. 63).

Avance in luoghi pubblici

Si può credere al colpo di fulmine, o anche solo al desiderio di conquista, che stimola degli approcci, a volte anche un po' forzati, con l'indubbio tentativo di entrare in contatto con una determinata persona. Talvolta può capitare di ricevere delle avance da una persona che s'incontra casualmente per la prima volta, mentre svolgiamo un'operazione che rientra nel quotidiano come per esempio fare la spesa. In altri casi le avance provengono da un superiore sul luogo di lavoro. La reazione, oltre che di turbamento, può anche essere di compiacimento; ci si sente lusingati e ciò ci può far sorridere, senza per questo infrangere le regole della morale e senza necessariamente cedere al conquistatore. Quando, però, le avance diventano eccessivamente insistenti e assumono un tono al limite della decenza, si può parlare di molestie. In genere alla base del desiderio di molestare il prossimo vi è un disturbo di tipo sessuale. Per il molestatore il piacere sessuale è vissuto anche, o solo, attraverso i gesti osceni eseguiti in luoghi pubblici, o prendendosi la libertà di palpare un'altra persona, in genere sconosciuta e di sesso opposto, oppure cercando di escogitare altre forme che possano disturbare il prossimo e attirare l'attenzione. Vediamo nelle illustrazioni della pagina successiva di quali avance è bene diffidare.

Durante il percorso su un mezzo pubblico, uno sconosciuto, in genere di sesso maschile, sta eccessivamente vicino a una donna e le poggia la mano lungo i fianchi e sul posteriore, la cosiddetta "mano morta"; in alcuni casi la mano si muove e inizia ad accarezzare le parti (fig. 64). Talvolta capita che i due soggetti si trovino di fronte l'uno all'altro, in questo caso la mano poggia sul seno, o lungo i fianchi. Sempre viaggiando sui mezzi di trasporto, l'uomo s'avvicina a una donna che sia girata di spalle, e dondolandosi in avanti spinge la propria zona pelvica verso il bacino femminile. È un gesto di "spintonamento" anche se, durante l'ora di punta, è difficile captare subito l'intenzionalità tendenziosa dell'atto (fig. 65).

Figura 64

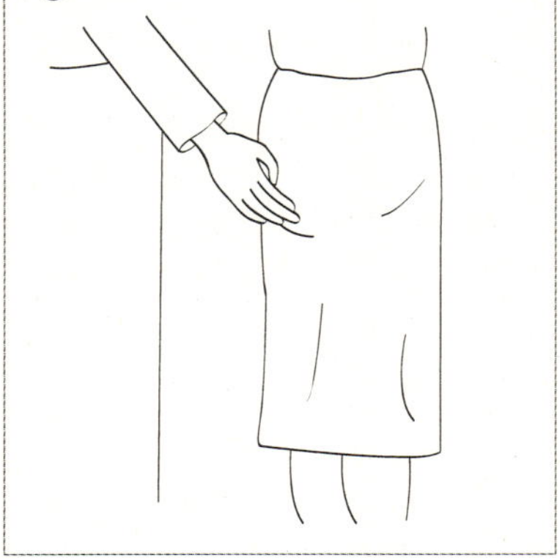

Figura 65

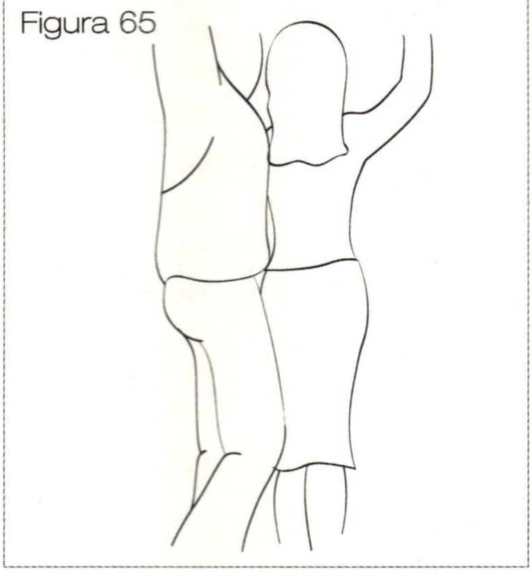

In una sala da ballo o in discoteca, mentre si balla, un individuo può fingere di inciampare o di perdere l'equilibrio, per finire addosso a una persona prescelta. Dall'incontro ravvicinato, spesso seguono delle "palpatine", prima che si abbia il tempo di divincolarsi (fig. 66).

Un individuo versa una bibita addosso a un altro, fingendo d'essere sbadato, poi vuole aiutarlo a pulirsi, così facendo si prende la libertà di entrare in contatto fisico con la/o sventurata/o. È una situazione che può accadere oltre che in discoteca, anche in locali come bar, pub, ristoranti ecc. (fig. 67).

Al supermercato, si urta il carrello mosso dalla persona che si desi-

Figura 66

Figura 67

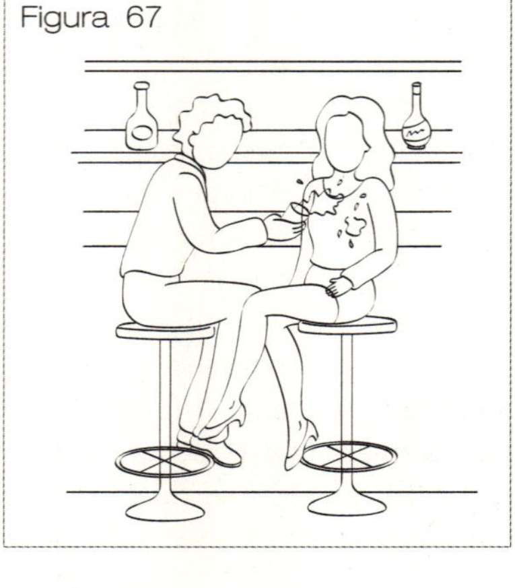

Figura 68

Figura 69

dera approcciare (in genere è l'uomo che prende l'iniziativa, ma capita anche il contrario). Dopodiche, si segue la/il sinistrata/o, cercando di attaccar discorso e si ripete lo scontro (fig. 68).

E ancora, l'uomo chiede informazioni sulla qualità del prodotto o sul prezzo, anche quando questi sono visibilmente indicati, senza però ascoltare le risposte, perché in realtà lo sguardo è fisso al petto della signora (fig. 69). Molto più di rado capita il contrario, ovvero che sia la donna, con la stessa tecnica, a tentare l'approccio di un uomo.

A scuola, si tirano pallottole di carta, gessi, biro e quant'altro venga a tiro al fine di disturbare e attirare l'attenzione; altrimenti si cerca di tirare oggetti che possano imbrattare il bersaglio, come per esempio lo straccio per cancellare la lavagna (fig. 70). Oppure si lanciano gli oggetti altrui, per provocare la rabbia dei compagni. Questo tipo di comportamento, che in genere si attua durante lo svolgersi della lezione, è riscontrabile anche nella scuola materna o alle elementari, tuttavia espresso in forma diversa: tirando i capelli delle compagne di classe, specie se raccolti in coda e codini, mordendo i coetanei o muovendo ripetutamente il banco. Un'altra situazione è il nascondersi nei bagni: in genere sono i ragazzi a farlo in quelli femminili, per origliare i discorsi, per sbirciare, o solo per spaventare, in particolare colei che interessa (fig. 71).

Toccarsi o grattarsi i genitali di fronte al sottoposto di sesso femminile è una forma di esibizionismo che il superiore assume, per assaporare, a suo giudizio, la sua superiorità (fig. 72). È un atteggiamento che si sta diffondendo anche nelle donne che, in genere, aprono la camicetta e si toccano il seno davanti al sottoposto di sesso maschile.

Figura 70

Figura 71

La donna che tenta l'approccio fa notare a un collega o a un superiore il disegno della propria calza, o la smagliatura, lamentandosi di essersela procurata per lavorare. Comunque trova qualsiasi pretesto per mostrare le gambe e il petto, per ammaliare (fig. 73).

Nell'era multimediale i timidi hanno la possibilità di esprimersi, senza lottare per trattenere il rossore in viso o evitare che la voce tremi. Oggi, esiste una svariata gamma di possibilità di comunicazioni scritte, che, pur senza perdere il vantaggio dell'immediatezza, risparmiano l'esposizione in prima persona, favorendo i contatti non soltanto platonici. Attraverso il telefono cellulare è possibile inviare un messaggio a un altro cel-

Figura 70

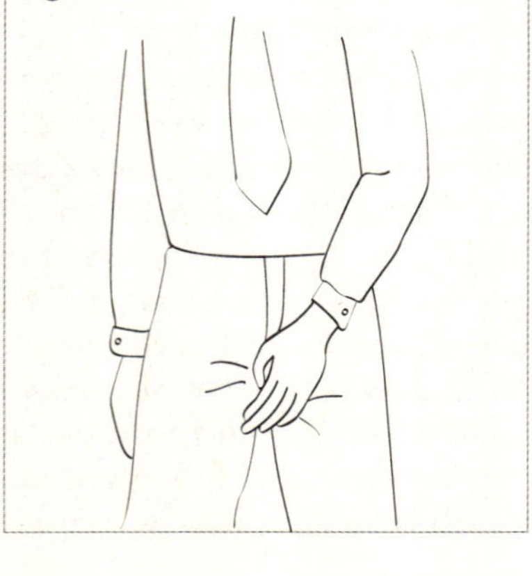

Figura 73

lulare. In questo modo si può chiedere a una persona di uscire per una cena, senza il timore della "figuraccia", in caso di risposta negativa. Se, invece, si vuol stupire con effetti speciali, si può corredare il messaggio di disegnini, musichette o poesie. Sempre mediante il cellulare si può inviare una e-mail (di contenuto più ampio). Gli adolescenti inviano chiamate a costo zero, una specie di codice cifrato di comunicazione, che si basa solo sul numero di squilli: il numero convenuto corrisponde a uno specifico significato, per esempio per una conferma "sì" due squilli, una disdetta "no" uno squillo. Via Internet, è possibile navigare e conoscere nuovi amici, senza esporsi fisicamente, facendo conoscere solo ciò che si decide di comunicare. S'intrecciano amicizie virtuali, nascono amori virtuali e anche il sesso può svelarsi, attraverso lo schermo, sotto una nuova forma di appagamento, meno materiale e molto più mentale. Vi sono locali che forniscono un apparecchio telefonico per ogni tavolo, in modo da consentire di comunicare con le persone degli altri tavoli. Comunicare in questo modo è come partecipare a un gioco, tutto risulta più gaio e più semplice, le inibizioni vengono meno e aumentano le probabilità di riuscita di un approccio.

I gesti e i movimenti per scoprire la verità

Fin da piccini, attraverso la fiaba di Pinocchio, siamo stati addestrati a comprendere come individuare una persona sincera, e a valutare le conseguenze in cui può incorrere un bugiardo. Il personaggio della fiaba lo si ricorda con un naso particolarmente lungo e a punta, che è la caratteristica che rivela il suo comportamento: esso, infatti, si allunga in specifiche occasioni, quando cioè il burattino, diventato ragazzo, racconta le bugie perché non segue le raccomandazioni nell'eseguire dei compiti che lo proiettino verso il futuro, come per esempio andare a scuola, e, al contrario, si lascia tentare dal paese dei Balocchi, luogo in cui si rimane ingannati perché il tempo del divertimento è piuttosto breve e una volta finito, si diventa tutti asini.

Anche nella realtà il naso ci rivela se una persona è sincera oppure se dissimula, o addirittura mente, su alcuni argomenti. La fiaba ha un richiamo simbolico: certo non dobbiamo aspettarci di vedere crescere il naso di chi ci sta dicendo una bugia, come invece succede a Pinocchio, ma partendo dal naso possiamo applicare una tecnica che ci offre l'opportunità di accorgerci, non soltanto quando stiamo ascoltando una bugia, ma anche di comprendere il grado di gravità che quella bugia può comportare e, in parte, la vera intenzione del mentitore.

Prendere il naso con indice e pollice è un gesto provocato da un prurito all'interno delle narici: ciò può avvenire in seguito a un'affermazione fatta, o ascoltata, dal soggetto che si tocca il naso. A ogni modo, il gesto è sempre la proiezione di qualcosa che infastidisce, con la percentuale di disagio massima pari al 100% (fig. 74).

Grattarsi il naso con un dito, o con più dita contemporaneamente, lungo la linea verticale, talvolta con estensione alla zona maxillofacciale vicina, è una reazione a un discorso che infastidisce il soggetto, sia pronunciato che ascoltato. Rivela il massimo disagio, esprimibile con una percentuale pari al 100% (fig. 75).

Sfregare la base del naso con l'indice, o con la mano aperta, ripetendo l'operazione più volte, senza riuscire a interrompersi, e talvolta sfregare anche la punta del naso, rivela un notevole disagio verso la situazione, o il discorso, che coinvolge il soggetto. Anche in questo caso la tensione che si genera è data da un fastidio pari al 100% (fig. 76).

Figura 74

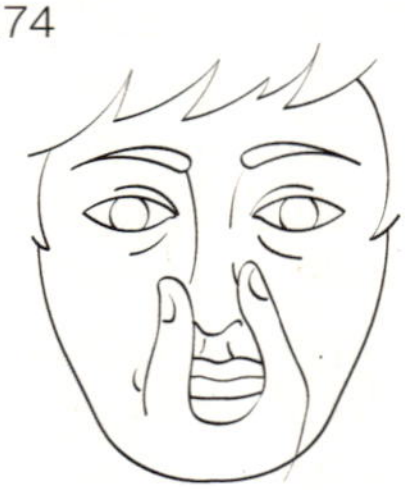

Figura 75

Figura 76

CAPITOLO 3

I nuovi malesseri della società

Lo stress

Trascorriamo un terzo della nostra giornata nel mondo del lavoro, è necessario relazionarsi con i colleghi e con i superiori, sempre cercando di mantenere equilibrio e diplomazia. Ne deriva che siamo continuamente esposti a tensioni relazionali e professionali che, se evolvono in maniera negativa, possono generare nuove patologie, legate alla sfera dello stress, quali il burn-out e il mobbing.

Il 9 giugno 2008 è stato firmato a livello nazionale un accordo quadro sottoscritto da numerose associazioni e sindacati di categorie professionali per il riconoscimento dello stress da lavoro correlato. Tale atto fa riferimento a un precedente riconoscimento europeo in materia di stress da lavoro correlato stipulato l'8 ottobre 2004 a Bruxelles.

Il problema dello stress pesa in modo non indifferente sulle finanze degli stati: attualmente le spese per problemi di salute di origine professionale si valutano tra i 185 e i 289 miliardi di euro annui per ciascun stato UE, per un totale di 20 miliardi di euro annui nell'intera Unione Europea.

La novità del concetto di stress sta nell'osservare come e quanto l'organismo reagisce e sa reagire agli stimoli snervanti prodotti da una relazione negativa, per esempio in ambito lavorativo. Se la risposta globale della persona è troppo intensa, o di troppo lunga durata, può indebolire le difese organiche e scatenare la malattia.

Gli stimoli che raggiungono l'organismo attraverso i cinque sensi vengono sottoposti, prima di innescare una reazione emozionale, a un filtro cognitivo che ha la sua struttura portante nella complessità dei circuiti nervosi della corteccia cerebrale e nella rappresentazione mentale della realtà.

LA "NASCITA" DELLO STRESS

Nel 1936 Hans Seyle, conia il termine "stress" riferendosi a una serie di studi compiuti sulla sindrome generale di adattamento degli animali e degli esseri umani. Si tratta di uno studio condotto sulle capacità di reazione aspecifica indotte dall'azione protratta nel tempo di fattori di diversa natura: chimica, fisica, batterica e psichica.

"Stress" oggi è un termine sempre più frequentemente usato negli ambulatori medico-psichiatrici, sia dai pazienti, per riferire del disagio che avvertono nella vita di tutti i giorni e che percepiscono come causa diretta di molti sintomi, sia dallo psichiatra o dallo psicologo, spesso per mettere in guardia contro i rischi che possono derivare al paziente dal non cercare contromisure adatte. Non vi sono dubbi che vi sia un abuso di termini impropri e che attualmente anche "stress" sia diventato un'espressione comune e corrente, in tutte le lingue. Altrettanto era toccato anni fa al concetto di "esaurimento nervoso", tanto che era di moda e piuttosto comune trovare soggetti affetti da tale sindrome.

Che cosa è lo stress

Lo stress è la reazione dell'organismo umano agli stimoli ambientali; implica segnali di difesa da un lato e segnali di adattamento dall'altro.

Tenendo presenti le varie definizioni date dalla psichiatria moderna, possiamo stabilire che lo stress è uno stato di tensione dell'organismo in cui vengono attivate difese per far fronte a una situazione di "minaccia". Ne segue una reazione non specifica dell'organismo, fino alla difesa e all'eventuale "ribellione". La chiave per capire lo stress sta appunto nella locuzione "reazione non specifica". Quando, per esempio, ci facciamo una piccola ferita, le risorse del nostro corpo si mobilitano e creano attorno alla parte una barriera di difesa contro i germi esterni, ciò che chiamiamo infiammazione. Se siamo esposti a temperature troppo basse rabbrividiamo per aumentare la temperatura: i nostri vasi sanguigni si contraggono per diminuire la perdita di calore. Questi sono esempi di reazione specifica del nostro organismo. Ma ogni volta che siamo aggrediti da qualche fattore fisico o psichico, il nostro corpo predispone una serie di difese che sono sempre le stesse per qualsiasi tipo di stimolo. Questo meccanismo di difesa, questo stato di allarme generale è lo stress. Non si tratta, quindi, di semplice tensione nervosa, ma di una serie di fenomeni biologici, solo in parte noti, che riguardano sicuramente anche il sistema nervoso centrale ma che interessano soprattutto il sistema detto "simpatico". Vengono considerati stressor tutti gli stimoli che portano a una reazione stressante. Gli stimoli possono essere di diversa natura, tuttavia producono nel corpo una reazione biologica quasi identica.

Da cosa dipende lo stress

Lo stress deriva sicuramente dalla difficoltà del compito che uno si assume, dal carico di responsabilità che sente di avere (anche se esse poi nella realtà non sono così pesanti), ma in misura maggiore dalla struttura della personalità, che può trasformare in stress un affaticamento o un esigenza non soddisfatta. È stato confermato che paura, collera, rabbia e, soprattutto, i conflitti familiari sono molto più pericolosi dei lavori pesanti.

Non è il lavoro in sé che genera stress, ma il contesto di relazione con l'ambiente familiare, sentimentale e lavorativo, che viene percepito come ostile. Il lavoro può addirittura allontanare lo stress, se è organizzato in modo efficace, con una corretta definizione dei compiti e delle soddisfazioni. In questo caso si parla di stress positivo che è chiamato "eu-stress", contrapposto al "di-stress" che è stress solamente negativo (quest'ultimo termine è usato anche come semplice sinonimo di stress).

Accanto allo stress da lavoro in alcuni periodi si può verificare un fenomeno aggiuntivo di stress relazionale che si verifica tra colleghi e superiori. Alcune persone reagiscono con sospettosità e diffidenza altre con aggressività: si sentono perseguitati e messi da parte, cioè esclusi dal gruppo di lavoro o sospesi dalle loro funzioni esecutive. Tale condizione risponde alla definizione di mobbing.

Il mobbing

Quali sono le persone a rischio e in quali ambienti di lavoro è frequente lo stress e il suo correlato, il mobbing? E ancora come prevenirlo e come difendersi?

Nel lavoro si creano alleanze e collaborazioni preferenziali basate sulla simpatia, sulle convenienze e talvolta sull'amicizia. Ma in altri casi, purtroppo numerosi, si scatenano antipatie e modalità di reazione decisamente critiche tra colleghi e superiori.

Vi sono persone che a seguito di queste ostilità nell'ambiente di lavoro si sentono afflitte e distrutte al punto da ammalarsi. Questa reazione di disagio scatenata da colleghi e superiori fino a qualche anno fa veniva interpretata considerando l'individuo emotivamente fragile, eccessivamente sensibile alle azioni degli altri, oppure sofferente di una visione paranoica dei fatti; oggi si parla di una condizione specifica definita come mobbing.

Che cosa è il mobbing

La parola "mobbing" è stata originariamente usata nel campo dell'etologia. Konrad Lorenz l'ha impiegata per indicare il comportamento aggressivo di alcune specie di uccelli nei confronti di loro simili, finalizzati all'allontanamento dal gruppo. In inglese *to mob* significa infatti aggredire, assalire qualcuno.

Lo psicologo del lavoro tedesco Heinz Leymann, che lavora dal 1955 in Svezia, è stato il primo a introdurre nell'ambito della psicologia il termine "mobbing". Questa parola designa l'insieme di azioni tendenziose, che hanno per unico scopo quello di distruggere un collega o sottoposto e comprendono allusioni subdole, calunnie, umiliazioni, intimidazioni, continue vessazioni, fino alle molestie sessuali.

Il mobbing non comprende però quei conflitti occasionali propri di qualsiasi rapporto di lavoro – pettegolezzi, invidie e intrighi esistono ovunque –; esso si configura soltanto laddove il clima di lavoro e le modalità di conduzione dell'azienda lo consentono. Si tratta di una vera e propria attività persecutoria esercitata su un individuo all'interno di un gruppo di lavoro, tesa al raggiungimento del suo allontanamento dal gruppo e dal posto di lavoro, proprio come il comportamento animale osservato da Lorenz.

Tutte le ricerche in materia indicano che alla base del mobbing c'è un conflitto irrisolto: se tale conflitto venisse risolto, non ci sarebbe il mobbing e, per questo motivo, la gestione del conflitto assume un'importanza fondamentale per prevenirlo. Altrimenti si arriva a una escalation del conflitto che porterà inevitabilmente all'esclusione e alla stigmatizzazione della persona colpita.

Chi sono le vittime del mobbing

Le persone oggetto di mobbing non sono prevalentemente donne né si fanno notare per avere qualche tratto tipico della vittima. Gli esperti di mobbing affermano tutti che le vittime non sono responsabili della loro situazione e che sarebbe quindi sbagliato attribuire loro la colpa. Un cattivo clima di lavoro, un'organizzazione carente nella distribuzione dei compiti e quadri che non dispongono delle qualità dirigenziali necessarie per lo svolgimento corretto della loro funzione sono le cause che permettono al mobbing di nascere.

Da ricerche condotte in alcuni paesi del Nord Europa è emerso che chi esercita il mobbing sono per il 44% colleghi e colleghe, per il 37% i capi, per il 10% colleghi e capi coalizzati e per il 9% i sottoposti.

È evidente che le cause del disturbo trascendono l'individuo, perché sono il risultato di un ambiente malato che lo fa ammalare!

Le fasi del mobbing

Il mobbing si sviluppa seguendo quattro fasi.

- *Prima fase*. Hanno luogo i primi attacchi che a poco a poco si moltiplicano. La futura vittima viene individuata e vista come una persona fastidiosa. È in questa fase che nasce l'interesse negativo per la persona colpita.
- *Seconda fase*. Cominciano le vessazioni, le scorrettezze. Tutti si rifiutano di collaborare con la persona colpita, vengono fuori storie sulla psicologia della persona, voci sul suo stato psichico, al punto che la vittima non riesce più a controllarle.
- *Terza fase*. Iniziano gli abusi di potere e le violazioni del diritto. La persona colpita diventa "un caso" a tal punto che il datore di lavoro deve occuparsene. In questa fase si tenta di allontanare la vittima usando ogni mezzo a disposizione, spesso violando il diritto del lavoro. Non sono più in discussione né il conflitto all'origine del problema né i possibili responsabili. La colpa viene attribuita esclusivamente alla vittima del mobbing e le voci si fanno sempre più insistenti. Il passaggio dalla terza alla quarta fase avviene progressivamente.
- *Quarta fase*. I colleghi tacciano di instabilità psichica la persona, che di fatto è davvero diventata aggressiva o depressa ma a causa della disperazione dovuta al mobbing di cui è oggetto. La malattia psichica di una vittima di mobbing viene quindi vista come la causa e non come la conseguenza dei problemi che si presentano nell'ambiente di lavoro.

Col passare del tempo le vittime del mobbing sono sottoposte a gravi aggressioni di diverso tipo e vengono progressivamente isolate. Questo produce una situazione di forte stress che causa la malattia. Il mobbing distrugge la forza fisica e psichica, porta all'emarginazione della vittima che ha sempre meno possibilità di reagire. La persona colpita perde sicurezza di sé e infine la capacità di sentirsi a suo agio con gli altri. Ha una cattiva reputazione, i colleghi/e stanno alla larga per timore di essere coinvolti. La vittima viene quindi sempre più isolata e la sua rete sociale distrutta.

Le conseguenze del mobbing sulla salute sono disturbi psichici e psicosomatici: un senso di disagio psichico nella prima fase, sintomi psicosomatici nella seconda che, nella terza e nella quarta fase, possono spingersi fino alla depressione, ai comportamenti ossessivi, all'abuso di medicinali o di sostanze stupefacenti. In queste fasi aumenta il pericolo di suicidio. Nella quarta fase la vittima è esclusa dal mondo del lavoro.

Un caso particolare: il bossing

Il bossing si definisce come una sorta di mobbing strategico adottato dai titolari delle aziende nei confronti del personale. A differenza del mobbing che spesso non ha un'origine razionale, il bossing ha invece una matrice estremamente logica, razionale e cinica. Il proprietario dell'azienda o chi per lui, tortura psicologicamente la vittima designata all'eliminazione invitandola a licenziarsi di sua volontà: si tratta di una vera manipolazione indotta!

Perché si attua il bossing? Per togliere di mezzo una persona indesiderata, sia per motivi personali – per esempio invidia da parte dei superiori, paura del capo diretto di essere superato dal dipendente –, sia organizzativi, ovvero per ridurre personale, per "tagliare i rami improduttivi" dell'azienda senza essere costretti a licenziare.

Le persone colpite dal bossing presentano notevoli rovesciamenti d'umore, soffrono d'insonnia, perdono fiducia in se stessi e nelle proprie capacità, spesso si ammalano anche gravemente.

Come risolvere praticamente il mobbing

Oggi c'è qualcosa in più come sostegno e aiuto pratico per coloro che ritengono di essere vittime del mobbing. In Italia recentemente sono stati aperti degli sportelli di consulenza nell'ambito dei sindacati di categoria ove

GLI STRUMENTI LEGISLATIVI CONTRO IL MOBBING

L'art. 2087 del Codice civile si riferisce alla tutela delle condizioni di lavoro: «L'imprenditore è tenuto ad adottare, nell'esercizio dell'impresa le misure che, secondo la particolarità del lavoro, l'esperienza e la tecnica, sono necessarie a tutelare l'integrità fisica e la personalità morale dei prestatori di lavoro».

L'art. 582 del Codice penale si riferisce alle lesioni personali: «Chiunque cagiona ad alcuno una lesione personale dalla quale deriva una malattia del corpo o nella mente è punito con la reclusione da 3 mesi a 3 anni».

Inoltre esiste una proposta di legge (9 luglio 1996, n. 1813) presentata da alcuni deputati della Camera sulle *Norme per la repressione del terrorismo psicologico nei luoghi di lavoro* la quale afferma che chiunque cagiona danni, molestie, atti vessatori al lavoratore è punibile da 3 mesi a 3 anni di reclusione.

sono presenti persone addestrate a raccogliere informazioni e denunce di mobbing. In materia di giurisprudenza si attengono agli articoli del Codice civile e del Codice penale che, anche se non specifici, vengono comunque applicati nei casi di mobbing conclamato. Inoltre, il datore di lavoro responsabile della condizione lavorativa stressante a cui ha sottoposto il suo dipendente può essere chiamato a risarcire il danno derivante dall'incidente occorso al lavoratore a causa dello stress.

Anche se a tutt'oggi non esiste ancora una chiara regolamentazione giuridica del danno psicologico da stress da lavoro correlato e da mobbing, esistono molti avvocati in ambito civile che sono diventati esperti di mobbing e che si avvalgono di adeguate perizie di parte che coinvolgono psicologi, psichiatri e neurologi. È sempre bene consultarsi con i sindacati di categoria, con avvocati esperti e dunque procedere secondo la giurisprudenza, e soprattutto farsi aiutare da psicologi esperti per evitare danni troppo gravi.

Il burn-out

Il termine inglese *burn-out*, traducibile in italiano con "bruciato, esaurito, scoppiato", esprime con una efficace metafora il bruciarsi dell'operatore, il suo cedimento psicofisico e l'esaurimento delle sue risorse nel tentativo di adattarsi alle difficoltà del confronto quotidiano con la propria attività lavorativa. Il termine esprime il nervosimo, la prostrazione e il senso di vuoto e di impotenza che colpisce molti lavoratori, in particolare quelli che si dedicano a una *helping profession* (infermieri, medici, insegnanti, assistenti sociali, poliziotti, operatori di ospedali psichiatrici, persone che lavorano con i bambini ecc.). La sindrome del burn-out è caratterizzata da:

- *esaurimento emotivo*, che si riferisce alla sensazione di essere in continua tensione, emotivamente inariditi nel rapporto con gli altri;
- *depersonalizzazione*, che identifica una risposta negativa e sgarbata nei confronti delle persone che richiedono o che ricevono la prestazione professionale, il servizio o la cura;
- *ridotta realizzazione personale*, che corrisponde alla sensazione che, nel lavoro a contatto con gli altri, la propria competenza (così come il proprio desiderio di successo) stia venendo meno.

Il burn-out è una possibile conseguenza dello stress ma, come sottolineano A. Rossati e G. Magro (1999), è un fenomeno più complesso, perché determinato non solo dalle componenti soggettiva e oggettiva dello stress individuale, ma anche da variabili storico-sociali e culturali che possono "accelerare" il passaggio dallo stress al burn-out. Perciò, sostengono i due autori, mentre lo stress è un fenomeno individuale, il burn-out è un fenomeno fondamentalmente psicosociale. Nel mettere in evidenza le cause del burn-out, quindi, occorre distinguere fattori individuali (componente soggettiva e componente oggettiva dello stress) e fattori socioculturali.

Cause soggettive del burn-out

La componente soggettiva dello stress è quella che determina quali stimoli verranno percepiti come stressanti e l'intensità della reazione individuale a tali stimoli. Fanno parte di questa componente le caratteristiche della personalità, le aspettative professionali, lo stress non professionale.

A. *Caratteristiche della personalità*:

- insufficiente maturazione emotiva;
- incapacità di reggere relazioni sociali coinvolgenti;
- tendenza all'eccessivo coinvolgimento nelle problematiche altrui;
- intolleranza della frustrazione;

- insufficiente superamento della "posizione depressiva" (con il significato dato a quest'espressione da Melanie Klein), cioè insufficiente capacità di elaborare la spinta a "riparare", laddove la riparazione è inconsciamente assunta come propria responsabilità;
- incapacità di gestire il tempo in modo efficace e produttivo, con conseguente, continua insoddisfazione per come lo si è utilizzato (indipendentemente dagli esiti raggiunti).

B. *Aspettative professionali*:
- motivazioni inadeguate: desiderio inconsapevole di esercitare potere decisionale sugli altri; bisogno inconscio di approfondire la conoscenza di sé; identificazione con professionisti di successo; fantasia del salvatore;
- convinzioni inadeguate: "la formazione garantisce la competenza" e/o "la competenza garantisce la riuscita";
- mistica professionale: rappresentazioni idealizzate della professione (ritenuta intrinsecamente stimolante e gratificante) e dell'utenza (ritenuta sempre riconoscente e collaborativa);
- narcisismo patologico: rappresentazioni idealizzate del "sé professionale" (possono portare al cosiddetto "delirio di onnipotenza").

Come si manifesta il burn-out

La sindrome del burn-out presenta un quadro sintomatologico piuttosto variegato nella sua espressione clinica ma si può considerare curabile e reversibile. Non scoppia tutta in una volta: incomincia con le prime sconfitte, continua con una lunga serie di aspettative frustrate, di progetti falliti, di mancati riconoscimenti e – a meno che non intervengano dei cambiamenti interni o esterni – procede verso gli stadi successivi.

Tutti i principali studiosi che se ne sono occupati sono concordi sull'importanza e la necessità di considerare il burn-out non semplicemente un "evento" ma sempre e comunque come un "processo" che attraversa varie fasi.

1. *Fase dello "stress lavorativo"*. Lo stress lavorativo è definito come lo squilibrio che viene a crearsi tra le risorse disponibili e le richieste che provengono dal mondo interiore ed esterno; lo squilibrio si crea quando le risorse disponibili non sono sufficienti a

rispondere in modo adeguato ai propri obiettivi, alle richieste che provengono dalla struttura organizzativa o dall'utente. Tale squilibrio può verificarsi in ogni professione, senza per questo condurre al burn-out, pertanto non esiste una diretta correlazione tra stress e burn-out: lo stress non necessariamente conduce a esso.

2. *Fase dell'"esaurimento"*. È la risposta emotiva a questo squilibrio che si esprime sotto forma di tensione emotiva, ansia, irritabilità, fatica, noia, disinteresse, apatia; l'ambiente lavorativo viene vissuto come logorante, l'attenzione viene deviata verso gli aspetti più tecnici e burocratici piuttosto che clinici: il soggetto si trova in una condizione di allarme e di continua tensione che, se non adeguatamente gestita, conduce alla disillusione e frammentazione dei propri ideali professionali con conseguente incapacità a riprogrammare l'attività in funzione delle risorse disponibili.
3. *Fase della "conclusione difensiva"*. Si hanno cambiamenti nell'atteggiamento quali disinvestimento emotivo, rigidità comportamentale, cinismo: questi cambiamenti negativi servono a limitare, per quanto possibile, i danni fisici e psichici che inevitabilmente ne derivano, nella speranza di riuscire a sopravvivere nella professione.

Il burn-out è una psicopatologia risolvibile e prevedibile, essa è il risultato di una complessità di turbative emozionali e di frustrazioni subite e autoindotte dalle modalità relazionali in persone che assorbono troppe energie emozionali negative dall'ambiente in cui lavorano. Da alcuni anni sono stati istituiti corsi di informazione e addestramento psicopedagogico per gli operatori più a rischio di burn-out con notevoli risultati di contenimento e di prevenzione dell'innescarsi delle problematiche psicologiche e psichiatriche individuali e collettive.

Lo stalking

Alcuni comportamenti, come telefonate, sms, e-mail, visite a sorpresa e perfino l'invio di fiori o regali, sono generalmente graditi segni di affetto che, tuttavia, a volte, possono trasformarsi in vere e proprie forme di persecuzione in grado di limitare la libertà di una persona e di violare la sua privacy, giungendo perfino a spaventare chi ne è destinatario suo malgrado. A diventare molestatore assillante o "stalker" può essere una persona conosciuta con cui si è avuta qualche tipo di relazione o perfino uno sconosciuto con cui ci si è scontrati anche solo per caso, magari per motivi di lavoro.

Il molestatore assillante

Inseguimento, molestia e persecuzione possono manifestarsi sotto innumerevoli forme. Possono essere qualcosa di sporadico oppure insistenti manifestazioni di un fenomeno psicologico e sociale conosciuto soprattutto con il nome di "stalking", ma chiamato anche "sindrome del molestatore assillante", "inseguimento ossessivo" o anche con la locuzione inglese di *obsessional following*.

Il termine più in uso, quello di "stalking", deriva dal verbo inglese *to stalk*, che significa "appostarsi" "avvicinarsi furtivamente", l'atteggiamento preferito di chi mette in atto molestie assillanti. Il molestatore assillante, o stalker, manifesta, infatti un complesso insieme di comportamenti che vengono ben espressi sinteticamente dall'espressione "fare la posta" che comprende l'aspettare, l'inseguire, il raccogliere informazioni sulla "vittima" e sui suoi movimenti: comportamenti che sono tipici di tutti gli stalker, al di là delle differenze rilevate di situazione in situazione.

In effetti alcuni studi compiuti su questo fenomeno (Mullen P.E. et al., 1999) hanno distinto due categorie di comportamenti attraverso i quali si può attuare lo stalking.

- *Comunicazioni intrusive*. La prima tipologia comprende tutti i comportamenti che hanno lo scopo di trasmettere messaggi sulle proprie emozioni, sui bisogni, sugli impulsi, sui desideri o sulle intenzioni, tanto relativi a stati affettivi amorosi (anche se in forme coatte o dipendenti) che a vissuti di odio, rancore o vendetta. I metodi di persecuzione adottati, di conseguenza, si attuano con l'ausilio di strumenti come telefono, lettere, sms, e-mail o perfino graffiti e murales.
- *Contatti*. Il secondo tipo di comportamenti di stalking è costituito dai contatti, che possono essere attuati sia attraverso comportamenti di controllo diretto – quali per esempio pedinare o sorvegliare – che mediante comportamenti di confronto diretto, quali visite sotto casa o sul posto di lavoro, minacce o aggressioni.

Generalmente non si ritrovano due tipologie separate, "pure" di stalker, ma molestie in forme miste in cui alla prima tipologia, in genere, segue la seconda.

Il comportamento stalkizzante è stato delineato nei suoi dettagli più specifici che permettono di distinguerlo da comportamenti simili (G.M. Galeazzi e P. Curci, 2003). A tal proposito, sono particolarmente importanti tre caratteristiche perché una molestia sia definibile stalking.

1. L'attore della molestia agisce nei confronti di una persona che è designata come vittima in virtù di un investimento ideo-affettivo basato su una situazione relazionale reale oppure parzialmente o totalmente immaginata (in base alla personalità di partenza e al livello di contatto con la realtà mantenuto).
2. Lo stalking si manifesta attraverso una serie di comportamenti basati sulla comunicazione e/o sul contatto, ma in ogni caso connotati dalla ripetizione, insistenza e intrusività.
3. La pressione psicologica legata alla "coazione" comportamentale dello stalker e al terrorismo psicologico effettuato pongono la vittima stalkizzata, definita anche "stalking victim", in uno stato di allerta, di emergenza e di stress psicologico. Questi vissuti possono essere legati sia alla percezione dei comportamenti persecutori come sgraditi, intrusivi e fastidiosi, che alla preoccupazione e all'angoscia derivanti dalla paura per la propria incolumità.

Identikit del molestatore assillante

La coazione che connota il comportamento di stalking, e che permette di delinearlo anche giuridicamente, ha fatto ipotizzare che tale problema fosse una forma di "disturbo ossessivo". Tuttavia, come è stato osservato, i disturbi psicopatologici ossessivi sono connotati da vissuti egodistonici relativi ai comportamenti attuati e, conseguentemente, da un malessere provocato dalle idee, dai pensieri, dalle immagini mentali e dagli impulsi ossessivi legati alla persecuzione. Questi vissuti di disagio e di intrusione in realtà non risultano presenti in genere negli stalker che, al contrario, tendono perfino a trarre piacere dal perseguitare.

È molto importante sottolineare che lo stalking non è un fenomeno omogeneo; pertanto, risulta difficile fare rientrare i molestatori assillanti in una categoria diagnostica precisa o identificare sempre la presenza di una vera e propria patologia mentale di riferimento. Gli stalker non sono sempre persone con un disturbo mentale e, anche se esistono alcune forme di persecuzione che sono agite nel contesto di un quadro psicopatologico, questa non è una condizione sempre presente, così come non esiste sempre un abuso di sostanze associato al comportamento stalkizzante.

Ciò che è importante comprendere è che dietro a comportamenti di molestia simili possono celarsi motivazioni anche molto differenti tra loro. A questa conclusione si è giunti in seguito a studi che hanno esaminato il profilo psicologico di numerosi stalker e, sulla scorta dei quali, si è giunti a individuarne cinque tipologie, distinte in base ai bisogni e desideri che fanno da motore motivazionale (P.E. Mullen et al., 1999).

1. *Il risentito*. Il comportamento di questa prima tipologia di molestatore insistente è sospinto dal desiderio di vendicarsi di un danno o di un torto che ritiene di aver subito ed è quindi alimentato dalla ricerca di vendetta. Si tratta di una categoria piuttosto pericolosa che può ledere prima l'immagine della persona e poi la persona stessa. Il problema più grave è legato alla scarsa analisi della realtà: perché il risentimento fa considerare giustificati i propri comportamenti che, producendo sensazioni di controllo sulla realtà, tendono a loro volta a rinforzarli.
2. *Il bisognoso d'affetto*. Questa seconda tipologia di stalker è motivata dalla ricerca di una relazione e di attenzioni che possono riguardare l'amicizia o l'amore. La vittima in genere viene considerata, per via di una generalizzazione a partire da una o più caratteristiche osservate anche superficialmente, un partner o amico/a ideale, una persona che si ritiene possa aiutare, attraverso la relazione desiderata, a risolvere la propria mancanza di amore o affetto. Spesso il rifiuto dell'altro viene negato e reinterpretato sviluppando la convinzione che egli abbia bisogno di sbloccarsi e superare qualche difficoltà psicologica o concreta. Questa categoria include anche la forma definita "delirio erotomane", in cui il bisogno di affetto viene erotizzato e lo/la stalker tende a leggere nelle risposte della vittima un desiderio a cui lei/lui resiste. L'idea di un rifiuto, vissuto come un intollerabile attacco all'Io, viene respinta con grande energia e strutturando un'alta difesa basata sull'allontanamento della percezione reale dell'altro, delle sue reazioni e della relazione reale che viene sostituita da quella immaginaria.

3. *Il corteggiatore incompetente*. Una terza tipologia di persecutore tiene un comportamento alimentato dalla sua scarsa o inesistente competenza relazionale, che si traduce in comportamenti opprimenti, espliciti e, quando non riesce a raggiungere i risultati sperati, anche aggressivi e villani. Questo tipo di molestatore è generalmente meno resistente nel tempo nel portare avanti la persecuzione di una stessa vittima, ma tende a riproporre i propri schemi comportamentali cambiando persona da molestare.
4. *Il respinto*. Si tratta di un persecutore che diventa tale in reazione a un rifiuto. È in genere un ex che mira a ristabilire la relazione oppure a vendicarsi per l'abbandono. Spesso oscilla tra i due desideri, manifestando comportamenti estremamente duraturi nel tempo che non si lasciano intimorire dalle reazioni negative della vittima: la persecuzione infatti rappresenta comunque una forma di relazione che rassicura rispetto alla perdita totale, percepita come intollerabile. Nella psicologia di questo tipo di inseguitore assillante gioca un ruolo cruciale il modello di attaccamento sviluppato: una delle forme di tipo insicuro, in grado di scatenare angosce legate all'abbandono che creano una tendenza interiore, più o meno consapevole, a considerare l'assenza dell'altro come una minaccia di annientamento del sé.
5. *Il predatore*. Infine, è stata descritta una categoria di stalker costituita da molestatori che ambiscono ad avere rapporti sessuali con una vittima, che può essere pedinata, inseguita e spaventata. La paura, infatti, eccita questo tipo di stalker che prova un senso di potere nell'organizzare l'assalto. Questo genere di stalking può colpire anche i bambini e può essere agito anche da persone con disturbi nella sfera sessuale, quali pedofili o feticisti.

La vittima e il legame con il suo stalker

Molte persone che subiscono molestie assillanti sono donne di un'età compresa tra i diciotto e i ventiquattro anni. Tuttavia, alcuni tipi di persecuzione, quali per esempio quelle legate al risentimento o alla paura di perdere la relazione che nasce dall'essere respinti, sono rivolte principalmente a donne tra i trentacinque e i quarantaquattro anni.

Alcuni studi sul fenomeno in esame hanno mostrato dei risultati interessanti che servono a riflettere ulteriormente sulle caratteristiche delle vittime di stalking e sull'importanza della relazione che, spesso solo nella mente dello stalker, si instaura con tutta la capacità di influenza che può esercitare una relazione reale.

A questo proposito si è riscontrato che esiste una "categoria sociale a rischio di stalking", rappresentata da tutti gli appartenenti alle cosiddette "professioni d'aiuto", vale a dire i medici, gli psicologi, gli infermieri e ogni altra sorta di *helper*.

Ciò sembra trovare due spiegazioni: da un lato questi professionisti entrano in contatto con bisogni profondi di aiuto delle persone e possono facilmente divenire vittime di proiezioni di affetti e relazioni interiorizzate; dall'altro le eccessive speranze di alcuni "pazienti" possono essere tradite dalla quotidianità professionale e lo stalking diventa una domanda di attenzione o una ricerca di vendetta per l'attribuzione di responsabilità sulla salute o sulla vita propria o dei propri cari, aspetti che non sono in realtà mai completamente nelle mani di nessuno.

Tecniche di comportamento antistalking

Dal momento che non tutte le situazioni di stalking sono uguali, non è possibile generalizzare delle modalità comportamentali di difesa che devono essere adattate alle circostanze e alle diverse tipologie di persecutori. Esistono tuttavia alcune regole utili.

1. Innanzitutto, è inutile negare il problema. Spesso, dal momento che nessuno vuole considerarsi una "vittima", si tende a evitare di riconoscersi in pericolo, finendo per sottovalutare il rischio e aiutare così lo stalker. Il primo passo è allora sempre quello di riconoscere il problema e di adottare delle precauzioni maggiori rispetto a quelle adottate dalle persone che non hanno questo problema. Occorre informarsi sull'argomento e comprendere i rischi reali, mettendo in atto dei comportamenti volti a scoraggiare, quando è possibile, gli atti di molestia assillante.
2. Se la molestia consiste nella richiesta di iniziare o ristabilire una relazione indesiderata, è necessario essere fermi nel dire di no una sola volta e in modo chiaro. Altri sforzi di convincere il proprio persecutore insistente, comprese improvvisate interpretazioni psicologiche che lo/la additano come bisognoso di aiuto e di cure, saranno lette come reazioni ai suoi comportamenti e

quindi rappresenteranno dei rinforzi, in quanto attenzioni. Anche la restituzione di un regalo non gradito, una telefonata di rabbia o una risposta negativa a una lettera sono segnali di attenzione che rinforzano lo stalking.

3. Comportamenti molto efficaci per difendersi dal rischio di aggressioni sono quelli in cui si esce senza seguire abitudini routinarie e prevedibili, in orari maggiormente affollati e in luoghi non isolati, magari adottando un cane addestrato alla difesa, un modo che si è rivelato molto utile, sia come concreta difesa, che per aumentare la sensazione di sicurezza della vittima.
4. Se le molestie sono telefoniche, non cambiare numero. Anche in questo caso, le frustrazioni aumenterebbero la motivazione allo stalking. È meglio cercare di ottenere una seconda linea, lasciando che la vecchia linea diventi quella su cui il molestatore può continuare a telefonare, magari azzerando la soneria e rispondendo gradualmente sempre meno. È utile mantenere a portata di mano un cellulare in più per chiamare in caso di emergenza.
5. Per produrre prove della molestia alla polizia, non lasciarsi prendere dalla rabbia o dalla paura e raccogliere più dati possibili sui fastidi subiti.
6. Se si pensa di essere in pericolo o seguiti, non andare mai di corsa a casa o da un amico, ma recarsi dalle forze dell'ordine e sporgere denuncia.

Le conseguenze dello stalking

La legge n. 38 del 2009 prevede un inasprimento delle misure cautelative con una condanna che va dai sei mesi ai quattro anni di reclusione per chi viene ritenuto colpevole di atto persecutorio, con un aggravio di pena se il fatto è stato commesso da un coniuge, legalmente separato o divorziato, da persona che sia stata legata da relazione affettiva, o da persona già ammonita dal questore.

La pena inoltre cresce fino al doppio, se il fatto è commesso contro un minore, una donna in stato di gravidanza o una persona disabile, o con l'utilizzo di armi.

È contemplata anche la massima pena, vale a dire l'ergastolo, nel caso limite in cui il persecutore arrivi a uccidere la vittima (art. 1). Inoltre, anche da un punto di vista meramente psicologico, lo stalker, che agisce

UN NUOVO REATO PERSEGUIBILE PENALMENTE

Il secondo capo della legge n. 38/2009 (da art. 7 ad art. 12) riproduce i provvedimenti contenuti nel disegno di legge a firma dei ministri per le Pari opportunità Carfagna e della Giustizia Alfano (AS 1348) già approvato da un ramo del Parlamento in materia di atti persecutori, nel linguaggio corrente stalking.

Per fornire una risposta concreta nella lotta contro la violenza perpetrata soprattutto a danno delle donne viene introdotto, con l'inserimento nel Codice penale dell'art. 612-bis (dopo il 612 che definisce la minaccia tra i delitti contro la libertà morale), questo reato penale, nuovo per il nostro sistema giuridico che all'estero invece trova già applicazione in diverse nazioni: Stati Uniti, Canada, Nuova Zelanda e, in Europa, Regno Unito, Germania, Austria, Belgio, Danimarca e Irlanda.

Una misura penale importante a tutela di tutte quelle persone, (e la cronaca ci dice che sono tante), che spesso si trovano a fare i conti con ossessive invadenze nella propria vita privata, casi che si trasformano spesso in veri e propri atti di violenza.

compulsivamente seguendo i propri bisogni e negando la realtà, danneggia progressivamente anche la propria salute mentale e la qualità della propria vita sociale che si deteriorano sempre di più, via via che la persecuzione si protrae nel tempo.

Per chi lo subisce, poi, le conseguenze dello stalking sono spesso diverse e si trascinano per molto tempo, cronicizzandosi.

In base al tipo di atti subiti e alle emozioni sperimentate possono determinarsi stati d'ansia e problemi di insonnia o incubi, ma anche flashback e veri e propri quadri di disturbo postraumatico da stress.

E un danno subisce anche il "pubblico" degli episodi di stalking, generalmente la ristretta cerchia familiare della vittima che, identificandosi empaticamente con lei, può sviluppare preoccupazioni per la persona cara o forme vicarie di paura e ansia.

CAPITOLO 4

Vita di coppia e vita sociale: emozioni e seduzione

La coppia è il risultato di una relazione tra due persone realizzata con l'intenzione di vivere insieme un percorso segnato dalla progettualità e che si basa sulla capacità di amarsi, sostenersi ed evolvere insieme, senza ostacolarsi vicendevolmente.

Ogni coppia nasce da un tentativo riuscito di seduzione.

Il sottile gioco della seduzione è da sempre presente in ogni forma dell'esistere: è l'eterna molla della vita, nel bene e nel male, nonostante i cambiamenti che la concezione della seduzione ha incontrato nel corso dei secoli.

Secondo Kierkegaard i Greci non avevano cognizione della seduzione. La visione cristiana identifica invece la seduzione con il diavolo. Il verbo "sedurre" prende il significato di ingannare, deviare: Satana diventa il re dei seduttori. Nel Medioevo, la seduzione trovava poco spazio. L'Amore era il principio che muoveva il mondo, ma era l'Amor sacro a prevalere sull'Amor profano: l'innamorato non doveva cedere ai sensi ma alla forza spirituale.

Nel Seicento, la seduzione si avvicina molto all'estasi: l'amore non ascende dal corpo ma vi discende tumultuosamente fino a provocare l'appagamento e l'estasi.

La seduzione raggiunge il suo massimo splendore nel Settecento, perdendo il significato originariamente negativo e suscitando grande interesse. Cambiano le leggi del bello: il bello diventa relativo e il gusto è soggettivo. Questa è l'epoca dei grandi seduttori, dall'inappagabile Giacomo Casanova, alla ricerca unicamente del piacere dei sensi, al più cinico Don Giovanni, proiettato verso l'esibizionismo e il successo sociale. L'arte seducente e seduttiva del rococò, molto lineare, evolve in una più complessa forma di seduzione e la donna – la femmina fatale del Decadentismo – si trasforma in una femmina vampira (Baudelaire) il cui fascino è quello della notte. La vera seduzione non si esercita nel soddisfare il desiderio ma nel suscitarlo. Sempre durante l'epoca romantica emerge un nuovo tipo di seduttore, che fa della propria raffinata eleganza trasgressiva uno strumento di fascinazione intellettuale, il dandy. Lord Brummel ne è l'inventore all'inizio dell'Ottocento e Oscar Wilde porta l'idea alle estreme conseguenze alla fine del secolo.

Nell'estetismo di fine secolo, la seduzione è intesa solo come principio generale di fascinazione e ridotta a essenza dell'estetica e dell'arte. La seduzione in questo periodo è rivolta unicamente a provocare un interesse ispiratore sull'artista. È con D'Annunzio che si ripropone nella piena luce del successo e finalmente senza "dramma", anzi come sospensione della tristezza.

Il dominio della seduzione è nuovamente passato al maschio: il poeta-soldato, l'artefice che vede il mondo in termini di conquista. In Gustav Klimt c'è invece un'autentica e "femminea" elaborazione della "malattia" di fine secolo: la donna personifica non solamente la tentazione ma anche la poesia e sulla seduzione della carne trionfa la seduzione dell'arte (bellezza purificata).

Con l'avvento della psicoanalisi la seduzione viene considerata un'illusione, la creazione di un feticcio, la comprensione del proprio agire. Ogni rapporto interpersonale crea un sottile gioco di seduzione: entrambi gli individui cercano di conquistarsi reciprocamente. In essa si cela un bisogno nascosto creato dalla propria immaginazione ed è molto difficile sottrarsi al suo fascino.

Mai come nel Novecento l'arte si allontana bruscamente dalla seduzione. E dopo quel senso di persuasione barocca e di seduzione rococò, romantica e liberty, il nuovo e unico possibile stimolo è ora la "provocazione".

Prevale l'avventura dell'intelletto su quella dell'animo e dai disagi e dalle denunce sociali deriva l'inquietudine. L'arte abbandona dunque la natura e il suo simbolo, la donna. E anche se può esserci una forma di seduzione, questa viene vista nell'ottica maschile: la donna va maltrattata, è maltrattando che si conquista! Viene ripudiato il passato con i suoi sentimentalismi e sembra tramontare l'idea del peccato: la donna è sesso, il sesso è donna. La bellezza sta per essere cancellata dal mondo dell'arte e sublimata dalla macchina da presa: Marlene Dietrich (*Angelo azzurro*), la divina Greta Garbo o la meno sopra le righe, più calda e "distrattamente" maliziosa Marilyn Monroe. In un mondo privato di contenuto, la seduzione riempie il vuoto lasciato dal senso e si identifica non solamente con lo star system, ma con i mass media e i loro messaggi "persuasivi": anche la persuasione occulta è una forma di seduzione.

La fotografia, filtrando la realtà, sublima il rapporto e la seduzione si riduce a una rarefatta estasi estetico-esistenziale e quindi completamene "artificiale". Con l'avvento della cinematografia Rodolfo Valentino inaugura il culto del seduttore latino ispirandosi a esempi illustri come Don Giovanni e Casanova. È l'emigrante italiano di bell'aspetto, ballerino di tango e sensibile, che ha offerto il pretesto all'industria culturale per la costruzione di un prodotto di largo consumo.

La nostra beneamata coppia, deve il suo costituirsi agli assunti del Romanticismo tedesco, che la vede come realizzazione di un impulso affettivo liberamente scelto dai singoli individui. Insomma visti e piaciuti; in quanto innamorati, i due individui si apprestano a diventare una coppia che cerca di condividere il cammino della vita. Prima dell'età romantica, le coppie erano basate sull'impulso della necessità. Dapprima necessità di sopravvivenza e poi, con gli insediamenti delle comunità sociali, l'organizzazione delle città e le relazioni sociali, impulso di comodità o convenienza. Sono infatti le famiglie, nel senso dinastico e tradizionale del termine, che scelgono e decidono di affidare in matrimonio la propria figlia al figlio di una famiglia che loro conoscono e che rappresenta una utilità sociale o economica di convenienza. Molti matrimoni avvenivano addirittura all'interno della stessa famiglia, per meglio accordarne gli interessi pratici. In tali coppie i componenti dovevano pertanto accettare e imparare ad amare per forza il partner scelto da altri.

La necessità era la regola che s'imponeva all'emozione del sentimento che invece desiderava manifestarsi liberamente.

Le difficoltà erano dunque incredibili e imprevedibili, non vi era la possibilità di conoscersi per poi stabilire se effettivamente vi fosse compatibilità di carattere e di progettualità, tutto avveniva per volere degli dei e della famiglia.

Proprio con la nascita del Romanticismo, si hanno le prime ribellioni agli schemi familiari. Si scappa di casa con l'innamorato e si ritorna a nozze compiute con il rigido vincolo dell'unione umana e mistica che consacra senza possibilità di tornare indietro l'unione di coppia.

Oggi le coppie giovani tendono a scegliersi, s'impongono lunghi fidanzamenti, provano convivenze e poi si sposano e decidono anche di avere figli. Ma le statistiche dimostrano che, nonostante tutte queste esplorazioni, avvengono ancora numerosi casi di separazione con altrettanti tentativi di annullamento matrimoniale.

Le coppie che più resistono sono quelle che non solo si sono scelte liberamente, che si sono studiate reciprocamente, ma anche quelle che lavorano insieme e condividono le reciproche abilità, aiutandosi a realizzarle. Ogni coppia ha mille motivi ogni giorno per lasciarsi, tuttavia la volontà di stare insieme, unita alla funzionalità degli affetti e della sessualità e dei progetti che vengono realizzati, costituiscono un cocktail che la salva.

Spesso, le difficoltà riscontrate dagli individui nel tentativo di entrare in relazione con una persona verso la quale provano emozioni e sentimenti sono molte, e il più delle volte vi è un senso di vero e proprio disagio. Anche per le persone che vivono in coppia – fidanzati, conviventi e coniugi –, non mancano le difficoltà. Ci capita di ascoltare racconti di pazienti che riferiscono di relazioni difficili e perfino impossibili, tanto da desiderare di interromperle con inevitabili separazioni.

Sulla base di queste considerazioni ci giunge spontaneo porci una serie di interrogativi, a cui cerchiamo di rispondere con questo libro.

Esiste un partner ideale, ma reale? Perché alcune coppie sono indistruttibili? Che cosa le tiene unite e cementate? È vero che con il passare degli anni non è più possibile essere innamorati del proprio partner?

Nella nostra esperienza personale, abbiamo raccolto queste e altre domande come le più sentite, che hanno bisogno di risposte più precise ed esaurienti di quelle che abbiamo tentato di formulare.

Siamo perfettamente d'accordo con C.G. Jung che si permette di affermare che l'amore è una forza del destino il cui potere si estende dal cielo all'inferno. Dal momento che è davvero difficile definire l'amore, dobbiamo solo permettere a noi stessi di viverlo in qualunque forma venga a noi, anche se poi dovremmo parlare di infatuazione, di illusione, di bisogno psicologico o di qualunque altro appellativo relativo a un rapporto fallito.

Il recente lavoro degli psicologi statunitensi sulla *flooding emotivity* (tempeste neurofisiologiche scatenate dalle tensioni della relazione di coppia) dimostra che le incompatibilità di coppia hanno effetti sconvolgenti sul sistema nervoso centrale e periferico, cardiovascolare, endocrino e immunologico.

È evidente come per mantenersi in salute sia importante poter vivere bene l'amore e la relazione di coppia. Sulla base di verifiche professionali, abbiamo ritenuto opportuno offrire consigli e modelli di confronto per coloro che abbiano difficoltà nelle relazioni. Uno degli aspetti fondamentali della difficoltà relazionale è la timidezza: per questo abbiamo scelto di descriverne le cause e i rimedi per vincerla.

Sempre per coloro che abbiano difficoltà nella relazione con gli altri, abbiamo pensato di fornire una serie di ulteriori stimoli attraverso un elenco delle differenti modalità di baci, con le relative descrizioni delle tecniche e delle metodiche per poter baciare ad arte.

Il percorso seguito, in questa trattazione, in riferimento all'argomento relazione di coppia parte dall'analisi delle emozioni del desiderio, parla della seduzione e raggiunge, con i comportamenti finalizzati, la nascita di un sentimento che si organizza nella vita di relazione della coppia che si ama. Amare ed essere amati è il senso della vita di tutte le persone che cercano, attraverso la seduzione e l'amore, di vivere bene in coppia.

La biochimica della seduzione

Cosa avviene nel corpo quando si prova attrazione per l'altro sesso è argomento di studio e di ricerche inesauribili, che costituiscono una composizione che si arricchisce anno dopo anno.

Una ricerca, eseguita da un gruppo coreano, ha permesso addirittura di "filmare", attraverso la risonanza magnetica funzionale, le modificazioni del cervello connesse alla visione dell'oggetto del desiderio amoroso. Così che il cervello si conferma organo "direttore d'orchestra", anche e soprattutto, di quest'aspetto della vita umana.

La prima parte del corpo accesa dal desiderio è l'area cerebrale visiva, localizzata nella parte posteriore del cervello, nella corteccia occipitale. Qui arrivano tutte le immagini, non solo quelle sessualmente interessanti, ma queste ultime attivano potentemente la corteccia visiva primaria: la risonanza funzionale, infatti, registra un aumento dell'attività nervosa sino al 200% rispetto a uno stimolo visivo neutro.

L'immagine del nostro oggetto di desiderio, però, prima che alla corteccia occipitale, è già giunta in un'area profonda del cervello chiamata amigdala. Questa struttura, che riceve input diretti anche dall'occhio e dall'orecchio, e che è collegata con il sistema dello stress (l'ipotalamo, a sua volta connesso col sistema endocrino), è una delle sedi fondamentali di percezione delle emozioni e di organizzazione della risposta amorosa. È l'amigdala che ci fornisce una percezione grossolana, ma fondamentale, dello stimolo, fornendo, per così dire, una prima valutazione: mi interessa, non mi interessa.

L'immagine di lei o di lui raggiunge anche altre aree corticali: alcune di competenza emozionale legate a esperienze analoghe precedenti (corteccia associativa dell'area temporale); altre che pesano l'intensità della stimolazione sessuale in rapporto alle personali motivazioni, così da valutare se il gioco vale la candela.

Se l'impatto della visione del soggetto dell'altro sesso è forte e non ci sono freni inibitori di varia natura, i passaggi successivi mettono in gioco le aree cerebrali profonde legate all'eccitazione: ipotalamo, tronco dell'encefalo e da qui, lungo la spina dorsale, fino ai genitali. I quali, a loro volta, sempre seguendo le vie del midollo spinale, inviano segnali al tronco dell'encefalo e, per suo tramite, a tutto il cervello. Il soggetto raggiunge il livello di eccitazione sessuale.

Negli altri mammiferi anche l'olfatto svolge un ruolo fondamentale neuroenodocrino eccitatorio, mentre per gli esseri umani, a opinione di Francesco Bottacioli, presidente della Società italiana di psiconeuroendocrinoimmunologia, non ci sono prove definitive. Seppur diversi scienziati, in epoche diverse e anche di recente, abbiano riproposto dati che vanno nella direzione dell'esistenza della via erotico-olfattiva proprio nella nostra specie (si veda più avanti il par. «L'influenza di odori e profumi sull'erotismo»).

La psicologia della seduzione

La seduzione è una modalità comportamentale, a volte strategica, ma in genere dettata dall'istinto, attraverso la quale l'individuo cerca di conquistare affettivamente la persona che gli interessa.

Quando siamo sedotti, il nostro unico desiderio è di stare in compagnia del seduttore, dimenticando ogni altro impegno. L'attrazione verso la fonte di seduzione assume priorità assoluta, qualsiasi altra cosa, qualsiasi altra attività sembra non trovare più lo spazio adeguato. Una forte emozione ci induce a cancellare il resto del mondo e a volgere la nostra attenzione unicamente verso chi ci seduce.

La seduzione implica molte emozioni ma occorre tenere presente che tali emozioni possono indurre verso scelte che ci appaiono attraenti mentre poi si rivelano illusioni.

Le emozioni si suddividono in positive e negative. Le nostre emozioni positive, che si convertono in sensazioni di piacere, tendono a manifestarsi e chiedono alla nostra mente di esprimersi e di essere gratificate attraverso scelte e comportamenti finalizzati.

La manifestazione delle emozioni negative – come il disagio, la timidezza, l'ansia e gli spunti depressivi del tono dell'umore – viene invece meno. Queste emozioni tendono a rimanere occulte e a essere scaricate e superate nel tentativo di raggiungere l'obiettivo di mantenere equilibrio e armonia e vengono elaborate solo a livello mentale.

Gli esseri umani sono sensibili alle suggestioni esterne, proprio mediante le funzioni emotive che ne costituiscono la reazione. Non solo, le funzioni emotive scaturiscono non esclusivamente dagli stimoli esterni: c'è anche la possibilità di autosuggestionarsi!

Di qui il passo è breve per comprendere come nell'individuo possa scatenarsi l'infatuazione o autoillusione di innamoramento. Vi sono, infatti, individui, in genere i più timidi e introversi che, quando s'innamorano, manifestano una vera e propria esplosione emotivo-sentimentale che non riescono a gestire. In sostanza l'impulso dell'innamoramento appare loro incontenibile; essi hanno paura di manifestarlo perché temono di non essere liberi di poter dare a vedere alla persona da loro desiderata tale esplosione emozionale. È così che s'innesca il circolo vizioso dell'autosuggestione. Il vano tentativo di controllarsi razionalmente con la volontà crea situazioni buffe e comportamenti goffi. Il risultato rende palese lo stato d'innamoramento che si voleva celare. Ma tutte le manifestazioni emotive e comportamentali, che risultano essere alquanto bizzarre e nel contempo inibite, ridicolizzano la persona infatuata, con la tragica conseguenza di far scappare la persona di cui è innamorata, la quale ovviamente percepisce il presunto innamorato come una persona emotivamente fragile.

Per l'infatuato subentra il rischio che la tragedia si strutturi: in effetti egli si sente messo da parte e crede di non essere desiderato, o meritevole di essere ricambiato nell'amore. Così quando riconosce nuovamente questo tipo di emozione, la tendenza a inibirla è sempre più forte, e anche i comportamenti buffi che lo ridicolizzano sono sempre più frequenti. Si struttura così l'incapacità affettivo-relazionale, per l'impossibilità di differenziare l'altro da se stessi, causata da un eccesso di timidezza che non consente la vera capacità d'innamoramento e amore, che perciò si riversa su se stessi. Il soggetto si ritira sempre più, preferendo la solitudine ai tentativi di relazione affettiva con altri, giudicandoli anzitempo un fallimento e quindi un'inutile perdita di tempo. Riversa la sua attenzioni su scelte personali, limitando progressivamente sempre più i confronti con il mondo circostante, illudendosi di sentirsi poco predisposto verso la vita di coppia perché maggiormente attratto da impegni personali. L'illusione consiste nel credere di essere appagato da questi interessi, che invece lo allontanano da una vita di relazione sincera, investendo soltanto su se stesso, con una forma d'amore narcisistico. Ecco allora perché si parla di illusione d'amore piuttosto che di amore vero.

Un altro modo di amare nell'illusione è il caso dell'amore cieco. Quando, cioè, una persona che sente l'attivazione emozionale dell'innamoramento, percepisce solo l'esplosione d'amore e rincorre questa sensazione perdendo la capacità di valutazione oggettiva, tanto da pensare di amare l'altro, mentre invece, essendo attratto solo dalla piacevole sensazione dell'innamoramento, non lo considera per quello che è veramente. In pratica il rapporto d'amore si blocca al primo istante, quando i partner brillano di luce, infuocati dalla freccia di Cupido. Manca lo sviluppo successivo, per conoscersi, per entrare in intimità, per pensare a un futuro con senso critico.

Questa forma di illusione d'amore è negativa per la costruzione di una coppia duratura, perché l'eccitazione dell'innamoramento in quanto tale non può perdurare. Nella coppia gli individui possono essere innamorati l'uno dell'altro anche a distanza di anni, ma è certo che non possono trascorrere anni di costante innamoramento vissuto con la stessa intensità dei primi momenti. Solo un'adeguata alternanza di momenti critici e razionali a momenti unicamente emozionali può consentire una forte unione.

Nel caso in cui uno dei due componenti sia incapace di staccarsi dall'eccitazione suscitata dalla freccia di Cupido, può accadere che invece dell'amore vero trovi spazio una storia più amara. Vi sono infatti molti individui che, purtroppo, approfittano di questi innamorati "illusi" dall'attrazione verso l'amore, e si rendono compagni poco sinceri, consapevoli di potersi celare al partner, accecato dalle sensazioni dell'innamoramento. È chiaro che i danni psicologici e morali che si creano avventurandosi in tali storie sentimentali sono davvero preoccupanti e, alle volte, possono avere dei tragici finali.

Vi sono fattori sociali e psicologici che incidono sullo stato emotivo dell'attrazione. Così può capitare che ci si innamori del contesto nel quale la coppia si costituisce, oppure del ruolo professionale dell'essere desiderato, dell'ambiente che frequenta, oppure per dei motivi ricollegabili al vissuto del soggetto che lo inducono a fraintendere il vero amore. Via di seguito, l'elenco degli esempi dell'incidenza di questi fattori può essere molto ricco e abbondante, però la conseguenza è unica: l'illusione d'amore. Si pensa di essere innamorati del partner e invece ci si è innamorati di ciò che soddisfa il fattore sociale o psicologico per il quale si prova attrazione. Di certo non è questa la base sulla quale possa poggiare una coppia duratura.

A ogni individuo le proprie responsabilità morali e psicologiche: noi riteniamo che sui sentimenti propri e altrui non si debba, mai e poi mai, scherzare. Dunque largo alla chiarezza, quale superamento della possibile tendenza a illudere gli altri e soprattutto spazio alla conoscenza di noi stessi, della nostra personalità, per imparare a non illuderci; infine imparare a comprendere la nostra funzionalità emotiva, affettiva sentimentale e sessuale, che garantisce l'integrità del nostro saper essere noi stessi. Solo attraverso una buona conoscenza di noi stessi, delle nostre sicurezze personali e delle nostre fragilità, possiamo affrontare il mondo e gli individui muovendoci verso la vita, vivendo con serenità il senso dell'esistenza, che è amore.

La relazione uomo-donna

Quando c'innamoriamo cerchiamo inconsciamente e consciamente di valorizzare la nostra parte migliore, quella che sentiamo più vera, più attraente, in modo da renderci quanto più è possibile interessanti e piacenti; spesso però accade che il partner a cui miriamo apprezzi maggiormente altri aspetti della nostra personalità. L'investimento affettivo nei confronti dell'amato ci spinge ad avvalorare ciò che è da questi percepito a discapito delle nostre convinzioni, tanto da impegnarci a fondo per decifrare ogni segnale, ogni sfumatura comunicativa, che l'amato ci invia in modo da non trascurare alcun simbolo che potrebbe alimentare l'infatuazione amorosa. Così la comunicazione si tinge di attenzioni verso l'altro e cambiamenti repentini della percezione che abbiamo di noi stessi, per esaltare ciò che il partner apprezza al fine di essere seduttivi.

Può accadere che si crei della confusione in questo tortuoso meccanismo di comunicazione fra i due: infatti può capitare che se un partner eccede nell'avvalorare i segnali dell'altro e vi si adatta in modo esasperato, il primo può approfittarne per indurlo a un comportamento a proprio favore, esercitando un forte potere che lusinga e, ahimè, nel contempo spersonalizza, tanto da rendere l'innamorato disponibile a rispondere a un sol cenno del seduttore.

Certo è che nell'interazione fra due innamorati occorre una comunicativa dialettica, ovvero che entrambi i componenti della coppia vi partecipino attivamente onde evitare che si instauri un disequilibrio da cui ne risulti un seduttore e un sedotto. La dinamica di coppia deve prevedere che entrambi siano seduttore e sedotto al tempo stesso. Con questo intendo dire che la partecipazione consiste nell'essere attivi e passivi a fasi alterne, senza che vi siano dei tempi preordinati; è indispensabile l'alternanza delle due sequenze affinché si strutturi l'amore al di là della seduzione. La seduzione è caratteristica dei primi momenti di comunicazione tra i due aspiranti amanti, dopo non si può dire sia inesistente ma neppure l'unica predominante, altrimenti diventa di ostacolo per una comunicazione vera, chiara e sincera.

La dialettica della seduzione è una comunicazione fra due polarità opposte: una solare e l'altra lunare. Questa nostra affermazione si rifà agli studi condotti da Carl Gustav Jung nello studio sui tipi psicologici, dove affermava che in ogni individuo esistono interiormente nelle funzioni psichiche due polarità una femminile, chiamata *anima*, e l'altra maschile, *animus*. Le due polarità si attraggono proprio perché opposte e complementari: quella solare brilla di luce propria mentre quella lunare riflette la luce solare, nessuna delle due polarità può fare a meno l'una dell'altra, la prima non potrebbe riflettersi e la seconda non potrebbe brillare. Le due polarità sono destinate a restare due elementi a sé stanti ma nel contempo costituenti la sfera entro cui si sviluppa l'amore. Ogni componente della coppia deve sentirsi incuriosito anche al di là del rapporto a due, deve conoscere nuove opportunità per arricchire la coppia con le nuove conoscenze e sedurre l'altro raccontando le nuove acquisizioni. Il sedotto riflette lo splendore del seduttore, ma deve saper superare questa fase per poter a sua volta illuminare la coppia e, questa volta, sedurre il compagno attraverso le nuove esperienze socioculturali avute insieme o fuori della coppia.

L'uomo ha bisogno di polarità, cioè, deve poter identificare se stesso proiettandosi nell'altro; in geometria un punto non ha dimensioni, ma se si disegna un punto più distante si può creare un'estensione. Tutto è su base due, vi è il giorno e in contrapposizione vi è la notte, vi sono la luce e il buio, esistono il buono e il cattivo, il bello e il brutto, il vecchio e il giovane, l'uomo e la donna. Gli opposti sono una caratteristica vitale, danno l'equilibrio al cosmo, quindi l'amore è equilibrio, armonia cosmica. L'amore diventa un confrontarsi con se stessi, per mettersi alla prova, traendo da ciò nuova energia vitale.

Il bacio, la danza e la musica

Il bacio è una delle prime espressioni esplicite di consenso e di desiderio di unione fra il sedotto e il seduttore. Alcune condizioni ambientali possono favorire tale espressione: per esempio baciarsi a suon di musica è per alcuni un buon corroborante energetico. Nel calore dell'amore, ogni tipo di musica può essere adatta per accendere la voglia di baciarsi.

Il bacio è un simbolo erotico, ma anche un segnale dalle mille facce, tant'è che lo studioso statunitense del comportamento, Michael Christian, ha riportato il risultato della sua ricerca sui segreti del bacio, pubblicando nel 1998 il volume dal titolo *L'arte del bacio*.

Come s'impara a baciare? «Non c'è un modo giusto o sbagliato di baciare, tuttavia con la pratica si può imparare molto. Un esercizio valido è quello di chiedere al partner come vorrebbe esser baciato e invitarlo a dimostrare sulle vostre labbra». In questo modo, con reciproca e piacevole collaborazione, si lascia spazio alla fantasia e al piacere che i baci offrono come ampio spettro di soddisfazione sensuale.

Ma c'è una collega degli Stati Uniti, una psicoterapeuta di Seattle, che è andata ben oltre negli studi sul bacio, si chiama Cherie Byrd, ha cinquantasei anni e poco importa se è single, tanto che ha creato la "Kissing School", cui è seguito un libro che ha scalato subito le classifiche (cfr. www.kissingschool.com).

Dal 1999 a oggi ben 500 sono state le coppie che pagando 275 dollari hanno scoperto tutti i segreti per baciarsi appassionatamente. Nel baciare, occorre grande creatività, poiché nel nostro corpo esiste una vera e propria geografia del bacio: la zona del collo, delle orecchie, dei seni, delle natiche, l'attaccatura dei capelli, il naso, lo stesso contorno della bocca, degli occhi che vanno esplorati con cura e piacere dalle labbra.

Le labbra sono zone corporee ad alta intensità erotica; l'abbondante vascolarizzazione e la sensibilità delle vie nervose conferiscono loro una capacità di comunicazione naturale e spontanea dell'affettività.

Cibo, calore, conoscenza sono tre processi fondamentali che accompagnano l'essere umano fin dalla sua nascita. Le labbra aiutano il bambino a conoscere il mondo a partire dagli oggetti che egli stesso in modo naturale porta alla bocca. Nel rapporto di relazione nutritiva con il capezzolo materno o con la tettarella del biberon le labbra rappresentano per il bambino, oltre che la via della nutrizione, anche la trasmissione dell'affettività. Nella fase dell'adolescenza, con lo sviluppo sessuale, alle funzioni affettive e sensuali del bacio si aggiunge e si definisce

LA MAPPA DEI PUNTI CALDI DA BACIARE

L'orecchio

Questa zona si può sfiorare o avvolgere con le labbra, pizzicare leggermente con i denti o toccare con la punta della lingua. Quello che rende questo bacio speciale è che offre la possibilità di parlare e sussurrare all'altro. Così i sensi vengono stimolati di più e le frasi mormorate, o il semplice respiro, aumentano l'eccitazione.

Il collo

È un punto sensibile del corpo ed è normale provare piacere se viene baciato. L'eccitazione che provoca questo contatto ha anche un'altra ragione. Il collo è la zona di passaggio fra la testa e il corpo e baciarla vuol dire fare un passo oltre la frontiera che divide i preliminari dal rapporto sessuale.

Il corpo

Il vostro ragazzo di punto in bianco si è messo a baciarvi l'incavo del ginocchio? Non fermatelo. Se non avete sperimentato prima questo punto, farete una piacevole scoperta. Lo stesso effetto si ottiene coprendo di baci l'incavo del braccio, il seno, le natiche, l'interno delle cosce, la linea immaginaria che congiunge l'ombelico e il pube.

Baci intimi

Più che baci, quelli sui genitali sono veri e propri giochi sessuali. E, a questo proposito, si può dire che la sessualità maschile, negli ultimi anni sia davvero cambiata. Agli uomini piace stimolare la partner e farle provare il massimo piacere. Un tempo, questo tipo di contatto veniva considerato preliminare, spesso da saltare per soddisfare il proprio desiderio. Oggi entrambi i partner si coinvolgono e sanno procurarsi il proprio soddisfacimento senza per questo negarlo all'altro.

per tutta la vita anche la funzione di attivazione erotica. Il bacio ora rappresenta il piacere affettivo e sessuale.

Nei suoi corsi ormai più che decennali, Cherie Byrd si serve di filmati, diapositive, perfino commenti musicali e dimostrazioni dal vivo per insegnare l'arte di baciare, riceve migliaia di telefonate e lettere da persone di tutte le età, desiderose di perfezionare con i suoi consigli il loro virtuosismo labiale.

Tipi di bacio

Il bacio, quello profondo, mette in relazione lingue e saliva. La saliva contiene acido folico, vitamina C, K, H, B2, B5, B6 e B8,vari ormoni, tra cui quelli che stimolano la proliferazione e la giovinezza della pelle. In particolare stimola l'ormone encefalina, che dà sicurezza e felicità ed è in grado di bloccare le sostanze mutagene come le aflatossine contenute nei cibi mal conservati e il benzopirene contenuto nelle sigarette.

Anche il bacio, visto sotto il profilo di una comunicazione salivare acquista un nuovo significato. Un bacio può incrementare la salivazione e, quindi, tutte le sostanze che bloccano o inibiscono tutto ciò che è malsano, mantenendoci in salute.

Che dire di alcune stupide campagne di divulgazione che affermano che il bacio riduce la longevità? «Per ogni bacio perdi tre minuti della tua vita, la tensione dei 56 muscoli facciali determina stress, spasmo e sforzo»!

Michael Christian ha raccolto dati sui baciatori di tutto il mondo, divisi per età, sesso e capacità tecniche. I risultati ottenuti hanno permesso di stilare un elenco dei tipi di bacio più praticati.

I baci più richiesti sono i seguenti.

- Il *lip-o-suction*: gioco di parole tra *lip* labbro e liposuzione. Il maschio succhia il labbro superiore della donna e lei ricambia succhiando quello inferiore.
- Il *nip–kiss*: mentre si bacia a fasi alterne uno dei due con i denti pizzica e mordicchia leggermente le labbra del partner.
- Il *blow–kiss*: i partner si osservano con intensità negli occhi, poi mettono in pratica un bacio fatto di leggerissime soffiatine sulle labbra.
- Il *bacio sulla guancia*: è una dimostrazione di affetto e si usa per salutare amici e conoscenti; a seconda della consuetudine, del paese i baci variano di numero: in Italia solitamente sono due, in Francia e Austria tre.
- Il *baciamano*: forma d'omaggio assai comune in passato, oggetto di un particolare galateo; resiste come saluto e segno di deferenza verso importanti personalità.
- Il *bacio alla francese* (in forma volgare italiana la limonata): è il più praticato da quando milioni d'anni fa uomini e donne incominciarono a fare l'amore in posizione frontale. Labbra contro labbra e profonda esplorazione della bocca con la lingua.

I SEGRETI PER DIVENTARE UN ABILE BACIATORE

Denti puliti e alito fresco

È fondamentale per il baciatore mantenere i denti perfettamente puliti e avere alito fresco. Poi partire con molta cautela, sporgere gradualmente le labbra e dare tempo alla partner di rispondere, senza assalirla, e senza dimostrare insicurezza. L'approccio è morbido, naturale. Una delle migliori tecniche è senz'altro quella del bacio seduttivo

Respirare dal naso

Il bacio alla francese va gustato e, per poterlo fare a lungo, bisogna abituarsi a respirare dal naso. Non forzare mai cercando di fare arrivare la lingua in gola, controllare la salivazione e, se si vuole smettere, non staccare d'improvviso o, peggio, non fingere una crisi di soffocamento asciugando la bocca con il dorso della mano, ma chiudere lentamente le labbra come per fare una pausa.

Pausa di riflessione

Prima di allontanarsi del tutto, aspettare di vedere se il partner vuole rincominciare oppure no. Se invece si è proprio stufi ci si può scostare gentilmente ma anche in maniera brusca: quest'ultimo metodo sembra più sconcertante ma è possibile trasformarlo nell'inizio di uno stuzzicante tira e molla.

- Il *bacio seduttivo*: i partner si attorcigliano le labbra e si stuzzicano con la lingua di tanto in tanto il collo e i lobi delle orecchie, titillandoli lentamente.
- Il *bacio straordinario*: si pratica nelle isole Trobriand, nell'Oceano Pacifico. I partner si strofinano a lungo i nasi e le bocche senza baciarsi, ma mordicchiandosi prima delicatamente e poi sempre più furiosamente, fino a che il labbro inferiore non incomincia a sanguinare.
- Il *bacio elettrico*: dopo avere spento le luci uno dei due partner strofina i piedi su un tappetino per caricarsi di elettricità negativa, quindi si avvicina all'altro per baciarlo, senza però toccarlo in nessun'altra parte del corpo per non neutralizzare il campo bioelet-

trico. A pochi centimetri dalla bocca scoccherà una scintilla simile a un piccolo fuoco d'artificio. Il risultato è una sorta di sovrapposizione di effetti energetici: da un lato il campo emozionale di eccitazione dei due partner che desiderano baciarsi, e dall'altro l'energia elettrostatica che il partner elettrizzato scarica sulle labbra della partner.

- Il *bacio del piede*: indica riverenza e umiltà. Non è tipico della nostra cultura, ma di quelle cinese e giapponese: dimostra una forma di sottomissione, ma è anche segno di profondo erotismo.

Fin dall'inizio il bacio ha comunicato disponibilità, anche sessuale, ed è stato considerato l'atto preliminare di un rapporto completo.

La ricerca condotta dallo psicologo comportamentista indica che nove donne su dieci amano farsi baciare sul collo, al 67% degli uomini non importa che le labbra della partner portino il rossetto e il 100% dei campioni preferisce in assoluto il bacio alla francese. Infine l'uomo lascia l'iniziativa del bacio alla donna in oltre il 60% dei casi: è lei infatti la prima a baciare chiudendo gli occhi, mentre l'uomo li tiene quasi sempre aperti perché per lui la vista è fondamentale in campo erotico.

Come comunicare per conoscere il partner

Il desiderio di avere un compagno, la ricerca dell'"altra metà" sembrano essere una tendenza innata e istintiva. Ma se per istinto si cerca di creare una coppia, la buona riuscita è frutto di lento e progressivo lavoro d'autoconsapevolezza e conoscenza reciproca. Un buon punto di partenza è senza dubbio quello di affidarsi al proprio fiuto e vivere le situazioni attraenti. Sovente capita infatti che ci si immerga eccessivamente negli obblighi quotidiani e si diventi insensibili alle sollecitazioni "extra lavoro". È necessario invece lasciare fluire le emozioni, ascoltarle, riconoscerle e viverle, senza temere di non saperle gestire, o di non avere il tempo per esse.

All'inizio di una relazione, in piena attività seduttiva, l'innamorato/a mette in luce tutti i suoi aspetti migliori per cercare di fare colpo sulla persona che cerca di conquistare. Qui entra in gioco l'abilità di comunicazione. Per sedurre occorre saper esporre il meglio di sé. Ma mentre ci si mette in mostra bisogna anche non perdere la capacità obiettiva di valutazione dell'altro. L'applicazione delle strategie di seduzione in sostanza diventa una trattativa. Con questo non vogliamo sminuire il fascino del momento seduttivo, ma è importante riconoscerne la vera natura. Infatti proprio nei primi momenti in cui le due persone che potrebbero costituire la coppia si studiano vicendevolmente, scoprono l'una nell'altra la soddisfazione o meno delle personali aspettative riguardanti il compagno ideale e nel contempo cercano di mettersi in luce per apparire loro stessi compagni ideali per quel partner.

La conquista in amore diventa dunque una trattativa privata fra due persone, le quali sono alla ricerca di una serie di caratteristiche ben specifiche nell'altro, per alcune delle quali sono intransigenti, mentre per altre sono disposte a mediare. Quando viene meno la volontà di mediazione, quando si è tanto rigidi ed esigenti nel pretendere il riscontro di specifiche qualità, la trattativa si fa più difficile e dunque si allontana la possibilità di riuscita alla ricerca del partner. Lo stesso dicasi quando si pretende di non cambiare nulla di sé durante il delicato passaggio da single a componente di una coppia.

È necessario rivedere le capacità di comunicazione che diventano il dialogo costituente la relazione di coppia.

Il dialogo, in quanto tale, è costituito dall'apporto di entrambi gli interlocutori, che devono sapersi alternare l'uno dopo l'altro nel colloquiare, ma anche e soprattutto nell'ascoltare. Solo in questo modo il dialogo arricchisce, diventa stimolante e si completa, altrimenti rischia di diventare un soliloquio in presenza di un altro individuo.

Non sempre si riesce a far combaciare la funzione cognitiva (capire il contenuto del discorso) con la funzione affettiva (comprendere col cuore), in quanto ciò che si capisce non viene accettato a livello emozionale e viceversa. I tempi di elaborazione mentale molto si discostano da quelli di elaborazione emotiva: talvolta i primi sono più rapidi perché seguono la logica, altre volte rallentano invece l'immediatezza attraverso la quale si può comprendere a livello affettivo. Questo comporta una certa dissonanza, cioè un'inquietudine che ci fa soffrire senza poter cogliere il nocciolo del problema. Solo conoscendosi a fondo, o anche solo predisponendoci a metterci in discussione, è possibile individuare questo stato d'animo dissonante e, di conseguenza, la causa che lo induce. Ciò, al fine di dissolvere ogni eventuale incompatibilità interiore, che può incidere sulla capacità di dialogo per una buona relazione.

Disagi e blocchi emozionali

Ogni essere umano possiede l'innata capacità di percepirsi, cioè di sentire emozionalmente e fisicamente se sta bene oppure se sta male in una determinata situazione. Nello stesso modo è in grado di rendersi conto se ha delle difficoltà nell'esprimersi e nel relazionare con gli altri, invece di tendere all'isolamento, alla chiusura su se stessi diventa necessario, per il proprio miglioramento e benessere psicofisico, individuare le proprie debolezze, riconoscerle e imparare a gestirle fino al loro superamento.

È difficile trovare delle persone che non abbiano dei sentimenti atti a socializzare con altre persone. I sentimenti che impediscono di socializzare sono causati spesso da vedute errate e negative, che uno ha di se stesso, o da false idee sugli altri. Quando ci si accorge di ciò e ci si corregge, ogni sentimento antisociale diminuisce e spesso sparisce, lasciando il posto all'abilità di negoziazione, divenendo più tolleranti, più disponibili a valutare e a selezionare. È proprio questo tipo d'abilità che non deve mai mancare se si vuole avere l'abilità di trattativa e quindi di seduzione.

Un modo efficace di vincere la timidezza, il nervosismo e i sentimenti di non socializzazione è quello di ascoltare intensamente concentrandosi attentamente su colui che parla. Non soltanto questa concentrazione attenta crea delle reazioni amichevoli da parte di colui che parla verso colui che ascolta, ma aumenta la capacità di comunicare e di destreggiarsi. L'ascolto intenso è anche un mezzo molto utile per valutare dei potenziali partner per l'amore.

Molte buone occasioni per scoprire un eventuale partner in amore sono perdute da parte di quelle persone che temono ciò che gli altri possono pensare di loro, nel momento in cui cercano di "agganciare" la persona dalla quale sono attratti. Molte altre opportunità sono perse per non voler agire a causa della propria timidezza o per la paura di essere respinti.

La paura di contattare altre persone può diminuire quando ci si sofferma a considerare la natura del rifiuto: se dipende dal modo in cui ci poniamo o dalla scelta nei confronti di un soggetto non disponibile perché già in coppia, o ancora perché durante l'approccio si scoprono dei tratti di personalità dell'altro che ci demotivano nel perseguire l'iniziale desiderio di conquistarlo.

I rifiuti non devono essere considerati delle personali mortificazioni, in realtà servono ad acquisire dei processi di scelta, che permettono una rapida eliminazione di occasioni non promettenti, con la minima perdita di tempo.

Il dramma della timidezza

Come combattere quel fastidioso e imbarazzante rossore che sale quando il vostro amato si avvicina, quando vi fanno un complimento o, peggio, quando vi prendono in giro? Con gli anni il fenomeno si attenua, però è comunque possibile cercare di controllarlo.

La prima regola è di non farne un dramma e non pensarci in continuazione, con atteggiamento quasi ossessivo, di timore e di ansietà. A ogni attacco di timidezza soggiace il panico, la paura di sentire che qualcosa, o meglio qualcuno, vi sta puntando gli occhi addosso, oppure sta parlando di voi. L'essere posti al centro dell'attenzione è, secondo Freud, una predisposizione narcisistica che vede schierarsi in prima linea il mondo delle donne. Pare, infatti, che le maggiori conservatrici della fase psicoemotiva comportamentale chiamata narcisismo primario siano le donne. Il narcisismo (che consiste nell'investimento affettivo centrato solo su se stessi) si manifesta senza alcuna misura nella prima infanzia, come necessaria fase dell'età evolutiva, in forma naturale e spontanea. Con l'evoluzione, verso l'età adulta, è destinato a essere più contenuto, pur rimanendo presente in ogni essere umano quale garanzia di conservazione, per tutta la vita, di amore e fiducia in se stesso e di percezione dello schema corporeo.

Dato che la timidezza è una reazione di timore legata all'idea di accentrare l'attenzione su di sé, trova origine proprio nel comportamento narcisistico della prima infanzia.

Come abbiamo appena detto, nel bambino in tenerissima età si manifestano una serie di comportamenti atti ad attirare l'attenzione su di sé. Se, in questo periodo, il bimbo viene assecondato, capito, aiutato e moderato nel suo desiderio di accentrare le attenzioni, vive una fase narcisistica sana e utile a sentirsi parte integrante del nucleo familiare. Ciò gli sarà di grande vantaggio nei rapporti con gli altri: ben difficilmente arrossirà quando si parlerà di lui, al contrario saprà esserne felice e gratificato. Acquisterà fiducia nel suo comportamento e diverrà estremamente socievole.

Quando però i genitori non riescono a esprimere adeguatamente riconoscimento e stima verso l'individualità emergente del proprio figlio, può capitare che non sappiano trasmettere un affetto e un appoggio sufficiente a permettergli di costruire la fiducia primaria in se stesso. La situazione si può aggravare ancor più quando, come afferma lo psichiatra A. Lowen, gli stessi genitori, in genere inconsapevolmente, hanno del bambino una visione del tutto personale, che non coincide con la realtà. In questo caso si rischia che l'atteggiamento genitoriale, che con seduzione emotiva cerca di far corrispondere la figura reale del figlio all'immagine che se ne sono fatti, condizioni il comportamento del bambino. La personalità inizialmente accentratrice del bambino, quando manca di cure adeguate e di stima, crea una distorsione affettiva: proprio questa è la base su cui poggia il disturbo della timidezza.

Come superare la timidezza

La timidezza dev'essere superata non appena il problema venga identificato, altrimenti potrebbe avviarsi un circolo vizioso in cui un individuo non compreso, a causa della sua introversione, può rinchiudersi maggiormente in se stesso, fino a diventare un tipo solitario. Questa solitudine può creare un'errata immagine della persona e farla apparire timida e noiosa.

Un grande passo per eliminare la timidezza è accettare noi stessi così come siamo. Per metterlo in pratica ci si deve rendere conto che non esiste nessun modello col quale identificarsi o da imitare per raggiungere il successo e la felicità. Una persona per vincere la timidezza deve accettare se stessa così com'è, senza nessun senso di colpa e deve desiderare ciò che vuole in modo razionale, senza tener conto di ciò che gli altri possono dire o pensare di lei.

Un soggetto timido raramente è noioso. Un noioso è poco interessante, ottuso o fastidioso verso gli altri; non è noioso a se stesso, ma agli altri. Si può essere noiosi o fastidiosi nei confronti di un individuo e, nel contempo, risultare simpatici e attraenti ad altri.

Il timido o la timida devono superare l'ansia di separazione che sentono tra la loro inibita capacità di simpatia e di affetto e quella che gli altri possono solo dedurre, senza vederli propriamente esprimere a causa della timidezza.

Per superare l'ansia di inibizione espressiva dovuta alla timidezza, è consigliabile una regolare attività di comunicazione e di relazione sociale:

attività di gruppo nello sport, ma ancora meglio nell'ambito di scuole di recitazione ed espressione corporea.

Da soli si può compiere un'osservazione di se stessi, esercitata di fronte a uno specchio, nel quale potersi osservare nelle movenze degli occhi, delle labbra e in tutta la gestualità corporea.

Un altro consiglio è quello di intraprendere argomenti, reputati dal timido delicati e imbarazzanti, cercando di affrontarli con l'aiuto di un amico/a e di uno specchio, in modo da controllare e ripetere le affermazioni della discussione fino a evitare di attivare involontariamente quelle spiacevoli scariche di adrenalina, che fanno arrossire. Un po' di pazienza, allenamento e costanza sono gli ingredienti indispensabili per combattere la timidezza, o perlomeno per controllarne gli spiacevoli effetti. È importante inoltre ricordare che capita a tutti di arrossire quando qualcosa di particolare colpisce la nostra intimità, solo che in alcuni si nota di meno, perché questi sono in grado di gestire meglio le proprie emozioni fastidiose. Arrossire è un fatto naturale, è una manifestazione del corpo che esprime le sensazioni che stiamo provando.

Solo riacquistando la fiducia primaria verso se stessi e nelle proprie capacità è possibile controllare le manifestazioni tipiche della timidezza. Ma non solo, si deve anche tenere presente che il prossimo è più disposto ad accettarci per quello che siamo, rossori compresi, ben più di quanto si pensi.

Inferiorità e adattamento

Alcune persone sono dotate di caratteristiche fisiche che spiccano maggiormente e che possono indurre interesse e simpatia negli altri, favorendo la fluidità nei rapporti interpersonali. Non è così per tutti, ma non per questo i contatti sociali devono venir meno. Coloro che non hanno una bellezza naturale devono darsi da fare per sviluppare il loro carattere e la loro competenza, devono far di tutto per possedere una personalità interessante. Essi lo devono fare per competere meglio nell'attirare un partner. Coloro che invece sono dotati di una bellezza naturale non hanno la stessa pressante necessità di impegnarsi per sviluppare il proprio carattere e la propria competenza. Così alcune persone, anche senza bellezza naturale, ma che si rendono più competitive mediante il loro impegno, si trovano e si piazzano bene negli ambienti più competitivi ed evoluti della vita. Esse spesso si elevano in alto sia nel potere, sia nell'attrazione intellettuale. La tendenza naturale a svilupparsi fisicamente perfetti, non è una forza evolutiva sotto il controllo dell'uomo. Tuttavia azioni controllate e intelligenti possono essere più competitive dell'apparenza fisica naturale, non soltanto per la procreazione e la sopravvivenza, ma anche per la prosperità, la felicità e l'amore. Una volta che ci si è innamorati è fondamentale proporsi all'altro con chiarezza e semplicità.

Vi sono alcuni accorgimenti da mettere in pratica per partire nel migliore dei modi fin dall'inizio. Quando si è tesi verso l'autoconsapevolezza è più facile farsi apprezzare perché ci si pone verso il prossimo senza paure e inibizioni che possono indurre confusione e perplessità in chi ci valuta. È bene conoscersi per saper offrire se stessi, così come per valutare l'adeguatezza di chi ci ha rubato il cuore.

I segni e i simboli del dialogo d'amore

Viviamo l'era dell'estetica: sia donne che uomini, in egual misura, hanno potenziato la necessità di essere sempre più belli. Ne sono esempio gli innumerevoli solarium e centri del benessere del corpo, che raggiungono fatturati davvero incredibili.

Coloro che si affidano alla bellezza del corpo, o all'attrazione fisica, per controllare le loro situazioni amorose sono generalmente in difficoltà a vivere una storia d'amore.

Ciò è dovuto al fatto che, nella maggioranza dei casi, essi ignorano gli sforzi e la disciplina necessari allo sviluppo delle capacità di ricevere o concedere l'amore e i piaceri da esso derivanti.

Coloro che rispondono a un approccio iniziale spontaneo e semplice, spesso si rivelano i migliori candidati a vivere l'amore nel modo migliore. Per questo motivo una persona deve esprimere la propria personalità senza veli fin dall'inizio, affinché il proprio processo di scelta possa effettivamente funzionare per scoprire i migliori partner.

L'analisi del tipo di linguaggio che due innamorati adottano fra loro ci dimostra la spontanea condizione di semplicità che sta alla base di un rapporto d'amore: le tenerezze, i sorrisi, il tono della voce e le moine che accompagnano le parole, i gesti affettuosi, riconducono ai primi scambi d'affetto ricevuti durante l'infanzia. Questo può indicare che quando il cuore batte al ritmo dell'amore, quando vi è la fusione dei due cuori, non

SEGNALI CHE INDICANO DISPONIBILITÀ

Al primo incontro: guardare negli occhi per un periodo più lungo di quello dettato dalla cortesia. Anche un'occhiata falsamente casuale al corpo indica un certo interesse.

Aggiustarsi l'abito, ravvivarsi i capelli con la mano, sistemare la cravatta, controllare il trucco.

Raddrizzare il portamento: petto in fuori e pancia in dentro. È un comportamento che ha radici antichissime e che è tipico di tutti i bipedi.

Parlare lentamente e con tono pacato. La qualità della voce è tra le prime a essere alterata dall'interesse verso un'altra persona.

Durante la conversazione: sorridere spesso, annuire anche in modo impercettibile, piegare il capo verso una spalla.

Tenere le braccia ben discoste dal corpo e le mani aperte.

Giocherellare con un mazzo di chiavi o un altro oggetto, far scorrere un dito intorno a un bicchiere o a una tazza.

Disponibilità da parte di lui

- Infilare i pollici nella cintura o nelle tasche dei pantaloni e puntare le altre dita verso i genitali.
- Appoggiare una caviglia sul ginocchio dell'altra gamba.

Disponibilità da parte di lei

- Cercare un contatto in modo apparentemente innocente: sistemare per esempio la cravatta di lui, afferrargli un polso per vedere l'ora, sistemargli il bavero della giacca.
- Mostrare il palmo della mano e il polso; contemporaneamente accarezzarsi i capelli, o altre parti del corpo, con l'altra mano.

Segnali di rifiuto o di indifferenza

- Ginocchia incrociate, gambe strette, piedi uniti.
- Braccia incrociate sul petto.
- Mani unite in grembo o una che stringe il polso all'altezza del seno.
- Coprirsi il viso con le mani.
- Tenere un bicchiere in mano fra sé e l'altra persona.
- Toccarsi il naso o la nuca guardandosi intorno.
- Mordicchiarsi le labbra e muovere nervosamente un piede.
- Evitare ogni contatto fisico, anche quelli accidentali.

emerge altro che spontaneità e semplicità, proprio come nel rapporto simbiotico che una mamma vive con il proprio neonato. Quest'analogia ci aiuta a riflettere sulle caratteristiche essenziali dei momenti della seduzione. Se pensiamo all'amore dei genitori nei confronti del loro figlio, non possiamo far altro che associarvi un ulteriore sentimento: la gioia per la vita, che appaga e completa l'individuo (genitore) che straordinariamente si trova in una condizione di estrema e smisurata generosità. Ecco che cosa costituisce la base dell'amore: la generosità. Ecco dunque il requisito indispensabile per sedurre: la generosità.

L'inprinting dell'amore ricevuto nell'infanzia si ripete nell'età adulta: infatti riducendo alla semplicità di base l'amore, si può affermare che come il bambino nei suoi primi mesi di vita desidera attrarre costantemente l'attenzione dei propri genitori e ama in modo possessivo, allo stesso modo due aspiranti amanti desiderano possedersi l'un l'altro. Comprendendo questa analogia si può capire come sia importante sapersi offrire con generosità al futuro compagno/a. Farsi sentire disponibili a ogni richiesta di colui che vogliamo conquistare può garantirci la buona riuscita.

Non esiste una formula magica per poter sedurre chi ci attrae, nemmeno un unico metodo: grazie al cielo il mondo è bello perché è vario, di conseguenza ogni individuo ha le proprie caratteristiche e le proprie esigenze. Sulla scorta di ciò occorre saper valutare cosa si addice maggiormente per stuzzicare il desiderato partner (come ad esempio per una donna sfoggiare una toilette curata, oppure una minigonna o ancora una pettinatura sofisticata, della biancheria intima con pizzi; mentre l'uomo può indossare una maglietta attillata se può vantare una massiccia muscolatura, oppure curare le scarpe, che siano lucide e in ordine, o ancora usare un profumo intenso) ma occorre ricordare che prima di tutto è la disponibilità verso l'altro che ci aiuta a sedurre.

A seconda della cultura di un popolo, i gesti assumono un differente significato. Desmond Morris nel suo *I gesti del mondo* (1995) illustra le espressioni più comuni fra i popoli e le molteplici interpretazioni. Dal contenuto di questo trattato, si può rilevare come l'ambiente condizioni le espressioni: per gli eschimesi, per esempio, il "naso contro naso" sostituisce il bacio, questo perché a causa del freddo essi sono sempre coperti e l'unica parte del corpo che esce dai vestiti è proprio il naso.

Ma quanti gesti accompagnano la seduzione? Esiste un linguaggio d'amore? Le parole si ascoltano solo con le orecchie? È ovvio che l'intenzionalità del seduttore è quella di sedurre, per riuscirvi egli deve saper scegliere le parole e i gesti più indicati che sono quelli che tengono conto di come l'altro li può recepire, attraverso la funzione cognitiva e quella affettiva. Non solo il tono di voce modula notevolmente il contenuto delle parole, anche i gesti che le accompagnano. Per questo abbiamo inserito, in questo capitolo, una parte per conoscere il significato nascosto dei gesti della seduzione; in modo da saper leggere i gesti delle persone che ci vogliono sedurre e saper usare quelli più appropriati per sedurre.

Quando sboccia l'amore

Quando si è innamorati e il pensiero della persona amata è sempre in testa come un dolce chiodo fisso, c'è qualcosa nel metabolismo degli innamorati che li fa accomunare a chi soffre dei cosiddetti disturbi ossessivo-compulsivi; viene chiamato anche mal d'amore. È quanto risulta da uno studio effettuato dall'Università di Pisa a cura dei professori Donatella Marazziti e Giovambattista Cassano, e pubblicato su «Psychological Medicine», che ha messo a confronto venti persone innamorate da non oltre sei mesi con un eguale numero di ammalati. In entrambi i casi si è osservata un'alterazione delle proteine che trasportano la serotonina, importante neurotrasmettitore responsabile del tono dell'umore!

È interessante notare come il comportamento dell'individuo affetto da disturbo ossessivo-compulsivo abbia dei criteri di similitudine a livello comportamentale e relazionale con l'innamorato.

Durante la fase dell'innamoramento il fuoco dell'amore brucia ardentemente, la sua furia ci travolge e fa passare in secondo piano tutto il resto. Un po' come da bambini una situazione di gioco assume la precedenza davanti a ogni altra cosa, distogliendoci temporaneamente dalla realtà. Così l'immaginario trova spazio e i pensieri più romantici si svelano. Si sogna una vita con il lui/lei di cui ci siamo innamorati, e in genere ci si raffigura come i protagonisti delle fiabe o della fiction televisiva, in cui ci si sorride, ci si abbraccia, si parla in modo sensuale e si avverte un'aurea rosa che fa da sfondo quasi a circoscrivere il romantico quadretto. In questi momenti tutto appare facile e fattibile. Una sferzata di ottimismo e di fiducia raggiunge ogni desiderio e sembra allontanare la razionalità.

Quando due innamorati cominciano a frequentarsi, quando superano il primo impatto e sono più in confidenza, inizia l'intesa e nel contempo iniziano le critiche. Infatti a mano a mano l'infatuazione viene meno e ci si permette di osservare l'altro, avanzando anche delle pretese che talvolta diventano il pretesto per i primi litigi.

Inizialmente, ogni "suo" gesto, ogni "sua" mossa viene considerata la cosa più dolce sulla faccia della terra e ci appaga. Peraltro inizialmente l'innamorato è molto più disponibile a offrire situazioni romantiche, proprio perché è calato e assorbito in quell'atmosfera che lo stacca dal quotidiano, in cui sembra quasi in corso la gara per essere l'uno il più carino nei confronti dell'altro.

L'innamorato, al pari dell'ossessivo-compulsivo, vede e vive se stesso in un'unica direzione: conquistare la persona di cui si è innamorato. In altri termini l'innamorato se realizza l'amore diventa un illuminato, altrimenti cade nella scoperta dell'illusione e gli viene il mal d'amore.

Il dopo innamoramento, quando la storia d'amore si struttura, non è la fine di un'illusione, semplicemente si torna alla piena consapevolezza delle dinamiche del quotidiano, fatto di impegni e di minuti contati; così, una volta che la coppia sembra essersi consolidata, si rischia di non soppesare più l'importanza delle gentilezze e delle romanticherie. È vero che lo stato dell'innamoramento consiste in un momento emozionale così tanto intenso da non poter accompagnare costantemente la vita della coppia, ma è altrettanto vero che se la coppia desidera essere duratura non si deve trascurare di lasciare spazio alla fantasia e al trasporto verso il romanticismo. Il colore che tinge di rosa tutto ciò che avvolge gli aspiranti partner non può, e non deve, dissolversi dopo la fase iniziale. Anzi per evitare inutili disillusioni, anticipatorie d'eventuali fallimenti, deve sapersi accostare agli altri colori della vita anche a quelli più intensi e sgargianti.

La coppia innamorata

Un modo per conservare vivo l'interesse dei due innamorati è mantenere la memoria dell'inizio. Ben inteso la coppia deve evolvere e stare al passo con le nuove situazioni di ogni giorno, con questo suggerimento non si pensa certo che debba vivere di ricordi. Ma conoscere bene il proprio passato, ricordare i primi approcci, le prime situazioni romantiche, i primi imbarazzi, le prime situazioni buffe, aiuta verso la piena consapevolezza e fa bene al cuore.

La riprova è immediata, lo può sperimentare chiunque. Un giorno in cui si sia in collera col proprio partner, nel tentativo di superare questo stato, si possono far riaffiorare alla memoria le prime valutazioni nei suoi confronti, come ci si è conosciuti, come ci si è presentati e così via. Se la coppia è stabile, è assai probabile che dopo queste considerazioni il livello di collera diminuisca notevolmente, tanto da rendere possibile una discussione e un chiarimento.

Diversi anni fa attraverso delle emittenti televisive, prima americane e poi anche italiane, fu proposto un programma dal titolo *Il gioco delle coppie*, durante il quale in separata sede i partner di una coppia dovevano ricordare dei momenti del loro vissuto e rispondere sui gusti propri o del partner. Vincevano quando entrambi rispondevano in modo uguale. Il gioco è valido tutt'oggi: avvicina e propone un piacevole confronto fra i partecipanti che hanno modo di ricordare e di parlare di sé e di momenti trascorsi insieme. Sovente capita di essere convinti di conoscersi ma verificarlo anche nelle cose apparentemente più banali, come il ricordo di episodi ridicoli e divertenti, può diventare una terapia per il mantenimento di una coppia felice.

Per il bene della coppia giocare e parlare di se stessa è un'opportunità preziosa da cogliere al volo; ci pare invece che la tendenza attuale, presentata anche nei programmi televisivi, sia piuttosto quella di esaltare i momenti di scontro e di dramma, istigando a litigi e urla che non sempre si addicono a sani chiarimenti e che poco rivalutano l'individuo e la coppia. Riteniamo che la memoria aiuti a tenere vivo il presente e agevoli la proiezione verso il futuro. Solo la piena consapevolezza del passato favorisce la percezione di quanto si è costruito insieme e dell'evoluzione continua della coppia, infondendole fiducia ed energia per la realizzazione dei progetti futuri.

Dall'emozione all'intesa di relazione

Sono tante le storie, i lungometraggi, le fiabe che narrano di legami amorosi molto forti, che ci fanno sognare e ci fanno augurare di poter essere anche noi, un giorno, innamorati proprio come i protagonisti di quelle storie. Poter vivere un rapporto di amore così bello da sembrare in una favola, dove tutto è perfetto, in cui si va d'accordo anche dopo il momento della seduzione è il sogno di molti ma la convinzione di pochi. Perché se questo tipo di rapporto amoroso è un sogno tanto ambito da tanti, deve sembrare così difficile da realizzare? Una volta che si incontra un partner con il quale si crede di poter costruire un amore, sovente ci si sente spaesati, quasi alla ricerca di un introvabile libretto di istruzioni che ci insegni come farlo funzionare; così in mancanza di precise istruzioni si procede per tentativi. Ma proprio qui sta la formula vincente: ogni amore è vincente di per sé, non può aderire a delle istruzioni o avere modalità e meccanismi comuni ad altri; lo stesso individuo che viva due amori in tempi diversi non dovrà ricercare lo stesso percorso nelle due storie. È però possibile stabilire alcune tappe comuni, che si percorrono con tempistiche differenti.

L'incontro, il flash d'innamoramento, la freccia di Cupido che colpisce il cuore e annebbia la vista che si orienta solo verso l'amato, la confusione, l'incapacità di mantenere la razionalità, il desiderio di fermare il tempo e l'astensione da ciò che accade intorno alla vista del partner, sono le caratteristiche tipiche dei primi momenti dell'amore, che sovente si sviluppano prima ancora di iniziare a uscire insieme. Questo è il momento in cui il principio maschile e quello femminile si attraggono e ciò avviene proprio perché sono opposti e complementari al tempo stesso. Ogni individuo ha dentro di sé una mappa in cui vi si possono leggere le coordinate dell'anima gemella: questa mappa è costituita da predisposizione genetica, dal carattere, dai vissuti, dagli investimenti affettivi del passato e dall'immaginario. Il sentimento non si sviluppa nello stesso modo per ognuno di noi, le differenze sono dovute alla personalità di ciascuno.

Il sentimento è strettamente legato al desiderio sessuale: quando si prova attrazione verso l'altro si desidera raggiungere la fusione più completa, anima e corpo. La sessualità vitale porta sempre in qualche modo a uscire da se stessi, a protendersi verso l'altro, o meglio verso il noi, ma non basta. L'erotismo dunque è un aspetto della tenerezza, tuttavia la costituzione del "noi" è opera dell'amore e non della pulsione fisiologicamente intesa né dell'erotismo, che, di per sé, se non vengono combinati al sentimento, misconoscendo la persona nella sua totalità, distruggono la comunione anziché edificarla.

L'intesa sessuale

All'inizio del corteggiamento l'attrazione è molto forte di per sé, tanto da diffondersi in tutto il corpo e da far sorgere il desiderio spontaneo dell'unione con l'altro. Talvolta però può capitare che le aspettative vengano tradite, ciò che si era immaginato non viene vissuto, oppure la crisi subentra successivamente quando l'infatuazione viene meno e prende il sopravvento la routine del quotidiano. L'intesa sessuale può nascere da un lavoro consapevole che si organizza e si struttura proprio come l'amore; amore e sesso non sono scindibili, nessuno dei due da solo è in grado di produrre un legame duraturo. Il sesso non è più un dovere com'è stato in passato, in particolare per le donne, o solo motivo di svago e trasgressione secondo l'ottica maschile. Anzi vivere bene il sesso presuppone un adeguato riconoscimento dei ruoli di entrambi i componenti della coppia, significa saper considerare le differenze e sviluppare il rapporto a due nella piena consapevolezza e rispetto di queste differenze, affinché ciascuno possa realizzarsi, senza sacrificare il proprio spazio.

Nel simbolo della diversa sessualità (l'una intrusiva e l'altra recettiva), è già evidente una prima opposizione polare: da un lato, il penetrare, l'estrinsecarsi, il produrre, l'ambire e trasformare maschile; dall'altro, l'accoglienza femminile, il permettere che avvenga in sé, l'elaborare che protegge e conserva. Di qui non è difficile risalire alle tematiche esistenziali. L'esistenza maschile appare sotto il segno distintivo del tendere all'esterno, la sua azione penetra e afferra il mondo, il quale, secondo una modalità femminile, viene invece riportato immediatamente all'interiorità. All'irrequietezza maschile fa riscontro la stabilità femminile. Poiché il mondo aperto e lontano si trova per l'uomo sotto il segno della lotta e della conquista, esso diventa un mondo di cose; quello della donna, invece, è un mondo di persone. La posizione eccentrica dell'esistenza maschile porta l'uomo a vivere il mondo come realtà ostile al suo operare; grazie invece alla femminilità, l'esistenza umana è ricondotta nell'immediatezza della vita, e il mondo viene indagato come orizzonte di valori. Nella prima posizione, la logica è quella della violenza, dell'uomo sull'uomo e dell'uomo sulla natura; nella seconda, la logica è quella della riconciliazione, dell'uomo con l'uomo e dell'uomo con la natura. Questo presupposto, fuor di dubbio, favorisce l'impostazione del noi in modo coerente, senza che venga meno l'essenza di ciascuno.

Il sesso è sicuramente un piacere che arricchisce e che fa stare bene, per questo è fondamentale per sentirsi realizzati, non solo nella coppia ma anche come individuo.

Godere la vita vuol dire anche poter vivere l'orgasmo. Chi vive l'amore, sesso compreso, è più sereno, presente nelle situazioni, sa gioire dei propri successi e di quelli altrui, vede le cose sotto un aspetto creativo ed evolutivo.

L'amore dunque coinvolge il corpo e non lo coinvolge in modo accessorio o marginale bensì sostanziale, poiché concerne l'essere nella sua concretezza. In questo senso il sesso, che costituisce la condizione e il segno dell'invalicabile separazione, diventa occasione e mezzo di incontro.

Non si tratta semplicemente di toccare l'altro o di guardarlo, sentire il caldo della sua pelle, scoprirne le forme nascoste. Posso toccare l'altro e guardarlo per farne la mia preda, catturarlo alla mia voglia; posso con mano avida frugare il suo corpo o sedurlo con studiati indugi; posso spiarlo nella sua intimità, sorprenderlo, rapirlo a se stesso. Ma i gesti dell'amore, nonostante una somiglianza apparente, hanno una diversa profonda eloquenza: al di là del corpo, come mera cosa carnale, sguardo e carezza evocano la persona che tuttavia senza il corpo rimarrebbe inespressa. Nel reciproco riconoscimento, il mondo di ciascuno diventa trasparente, si scioglie ogni barriera.

Allora il piacere non è la semplice soddisfazione di una pulsione o chiusura egoistica su se stessi ma, piuttosto, espansione dell'essere.

Nell'incontro dei due che si amano, ciascuno dei due protagonisti, sessualmente separati, s'immerge nella forma corporea del noi.

CAPITOLO 5

Il noi

La ricerca della conoscenza psicologica e di relazione nel rapporto a due è una delle caratteristiche delle coppie del terzo millennio.

Fino alla metà dell'Ottocento costituire una coppia e poi una famiglia era considerato un percorso di realizzazione tradizionalmente necessario. Spesso la coppia si realizzava attraverso un'unione decisa e stabilita dalla famiglia di origine e spesso era ancora motivata dalla gestione d'interessi economici e strategici politici.

I requisiti richiesti a una donna "da marito" erano, per lo più, la buona capacità nelle mansioni domestiche e nell'educazione dei figli, oltre che la fedeltà e l'affettuosità, senza trascurare l'eventuale dote economica.

Proprio così: c'era affetto, si parlava di rispetto e poco di stima reciproca e di capacità relazionali. Oggi, invece, sono sempre più necessarie le risposte agli interrogativi di complessità che lo stare in coppia genera.

Oggi la coppia si sceglie liberamente, attraverso la percezione dello stato d'innamoramento. Quando due persone si amano cercano di costruire l'amore di coppia, che è basato sull'innamoramento e non più su una scelta di conformità tradizionale o economica come invece avveniva in passato. Quando si riesce a stare insieme oggi si è anche felici e non solo rispettosi e responsabili nelle proprie mansioni, all'interno dell'unione a due. In sostanza si è più consapevoli di ciò che si desidera, lo si ricerca nell'altro senza perdere di vista la propria identità personale, per costruire un noi di coppia che non sia solo un impegno o una sistemazione, ma motivo di gioia.

A partire dagli anni Sessanta del Novecento è stata la donna a comprendere l'importanza della consapevolezza di sé. Dapprima in forma un po' esasperata, con le lotte per la propria emancipazione, successivamente imparando ad accettare compromessi senza per questo venir

I CONSIGLI PER LUI

Se l'uomo ha l'impressione che la propria compagna, all'improvviso, "stia sulle sue", è importante considerare che forse sta attraversando solo il "periodo fertile". È meglio seguire alcuni consigli: prestarle maggiore attenzione e mostrarsi più affettuosi; la "galanteria" paga, specie in questo momento.

L'uomo che desideri una relazione sentimentale può trarre proficui risultati nello sperimentare le modalità comportamentali della comunicazione dei gesti contenute all'interno di questo libro. È abbastanza facile leggere tra le righe della gestualità la disponibilità o meno della compagna prescelta a intrattenersi in una relazione di conoscenza e frequentazione. L'asso nella manica sono più che mai complimenti e lusinghe.

meno alla propria individualità, nella convinzione di saper scegliere in nome della realizzazione di un progetto in comune con il partner, la costituzione della coppia.

La donna desidera oggi più di ieri concretizzare la fiaba dell'incontro con il principe azzurro che la renda felice; per questo motivo pretende di sentirsi appagata sotto tutti gli aspetti sia nella comunicazione, nell'intesa intellettuale, nello scambio del sentimento e nell'intesa sessuale. È proprio questa pretesa la garanzia della stima personale e contestualmente per il noi di coppia. Nonostante tutta l'evoluzione di libertà di scelta affettiva oggi molte coppie sono in crisi. Una riflessione più approfondita evidenzia come la maggiore autonomia femminile induca ad agire una donna, che viva un rapporto che non la soddisfi, fino ad arrivare a decidere di troncarlo, cosa che un tempo accadeva decisamente di rado.

I CONSIGLI PER LEI

Se la donna ha in mente un regalino particolare che vorrebbe ricevere, deve sfruttare il momento: nei giorni in cui risulta fertile ha molta più presa sul lui!

Se invece è in cerca di una storia, è il momento di andare a "caccia", è il periodo in cui acquista "punti premio", non deve fare altro che "essere se stessa".

Bisogni femminili e maschili

Si è scoperto che quando la donna è nel periodo fertile, il compagno diventa più premuroso e presente. Sensibilità per il suo stato? Macché, si tratta di una tattica per tenere alla larga i rivali!

È ormai un luogo comune che, quando un uomo appare in vena di carinerie o fa qualche complimento, nasconde sempre un secondo fine: il sesso! Uno spiacevole fraintendimento... a sentire gli uomini. Una verità sacrosanta a sentire le donne.

La ricerca ha ora però messo fine a questa querelle: lui non è mosso solo da bassi istinti quando è gentile; a renderlo affettuoso contribuisce anche un altro istinto: quello di tenere a bada i desideri di trasgressione della partner.

A sostenerlo sono gli psicologi S. Gangestad, R. Thornill e C. Carver dell'Università del New Mexico. In un articolo comparso su «Proceedings of the Royal Society: Biological Science», gli psicologi hanno pubblicato gli esiti di una ricerca sulle "smancerie" maschili: il sesso forte sarebbe naturalmente più attento, premuroso e galante verso la propria compagna quando in qualche modo ha il sentore che potrebbe essere attratta da altri uomini.

Il punto di partenza dello studio è una scoperta emersa in una precedente indagine: le donne nel periodo dell'ovulazione (quando la fertilità raggiunge l'apice) cambiano le proprie preferenze estetiche verso il partner: comunemente prediligono chi abbia fattezze del volto, espressione e modi più delicati e rassicuranti.

Nel periodo fecondo, però, sembra che nelle donne a prevalere sia l'istinto e infatti sono attratte da uomini dall'aspetto più virile e dal temperamento più dominante. Anche l'odore maschile in questo frangente piace più pungente e muschiato. Inoltre pare, che nelle donne quell'intervallo sia maggiormente associato a fantasie sessuali riguardanti compagni di letto diversi dal marito o dal boyfriend; in definitiva, lei sarebbe più facile a una "scappatella".

I ricercatori americani, sulla base di queste premesse, hanno voluto effettuare una riprova di questi risultati e accertare se l'uomo, nel momento "ripensamento" della partner metta in atto qualche contro misura. Per capirlo hanno reclutato cinquantuno donne d'età media di circa venti anni. A ogni partecipante è stato chiesto di compilare un questionario in cui venivano poste una prima serie di domande generiche sulle proprie abitudini, atteggiamenti ecc. In un punto successivo venivano chieste informazioni più personali e intime, come le attitudini sessuali, i sentimenti al riguardo e le fantasie erotiche.

Un secondo questionario era somministrato per valutare il comportamento del compagno nei due giorni che precedevano il periodo fecondo: obiettivo della seconda batteria di domande era verificare se il partner in quel frangente si fosse mostrato più presente e carino; più precisamente si intendeva stabilire se quest'ultimo avesse accentuato i comportamenti di controllo (come fare telefonate inattese), di monopolizzazione (passare più tempo del solito in compagnia della partner) e fosse stato più premuroso (per esempio, fare un regalo senza una ragione particolare). Tutte le donne sono state sottoposte quindi a un test per verificare a quale punto del ciclo si trovassero.

Il risultato è veramente singolare: lei è più eccitabile e tende a fantasticare su altri uomini; lui cerca di arginare questo impulso mostrandosi più geloso, possessivo, ma anche più attento alle esigenze e alla sensibilità della partner.

Tutto questo in ogni caso avverrebbe senza consapevolezza da parte di lui e di lei; per entrambi si tratterebbe di impulsi ancestrali: la donna risponderebbe alla ricerca di un padre che trasmetta alla discendenza caratteri genetici come la forza e la salute; l'uomo cercherebbe dal canto suo di non essere... "cornuto e contento".

Se le motivazioni biologiche sono comprensibili, non è altrettanto chiaro come faccia lui ad accorgersi che la donna si trova nella condizione di essere esposta al rischio di gravidanza o abbia "grilli per la testa". Secondo gli autori americani questo "fiuto" potrebbe dipendere dal fatto di saper cogliere delle variazioni nel comportamento non verbale associate all'ovulazione.

Uno dei più significativi indizi di questo stato è per l'appunto di tipo olfattivo: l'odore della pelle della donna in quel frangente diviene più gradevole e sexy. Cambia anche il suo aspetto fisico: la pelle del volto appare più tesa e le guance assumono un colorito rosato. I seni sono più sodi e più simmetrici (cioè uguali nella forma).

Anche il modo di abbigliarsi ne risulta influenzato: lei tende a indossare abiti più succinti (gonne con spacchi, magliette scollate o canottiere) che tendono a lasciare scoperte alcuni parti del corpo. Infine, il suo interesse per il sesso aumenta notevolmente: così è più sensibile alle stimolazioni erotiche, mostra maggiore attenzione per scene di sesso alla TV o quando se ne parla fra amici ed è più divertita e tollerante di fronte alle barzellette "sporche".

L'equilibrio nella relazione uomo-donna

A tutt'oggi, non è facile conciliare le infinite potenzialità femminili – sia in campo professionale, sia familiare, in qualità di compagne e di madri – con l'effettiva possibilità di realizzazione all'interno della realtà quotidiana. Così, spesso succede che, nonostante le battaglie fatte per l'emancipazione, le donne debbano fare delle scelte che inevitabilmente comportano anche delle rinunce. Se la donna si realizza in campo professionale non sempre riesce in quello familiare, ancor più nel fare la madre. Al contrario, se dedica più tempo alla famiglia difficilmente può seguire la carriera professionale. Insomma la giusta via di mezzo è assai rara da raggiungere, con il risultato che le donne si sentono frustrate perché non riescono a raggiungere la sensazione di essere completamente realizzate e appagate.

L'amore non può sopravvivere a una continua e sempre maggiore disparità di crescita personale e di sviluppo di carattere tra i due partner. Questa disparità eventualmente genererà delle reazioni di inadeguatezza, di gelosia, di possessività e persino di invidia da parte del partner meno sviluppato o evoluto; da parte del più evoluto genererà risentimento, insoddisfazione e disinteresse. Le relazioni di amore, tuttavia, possono crescere e fiorire anche se esistono delle grandi differenze in abilità creative o altre tra i due partner.

Anni fa un'inchiesta scientifica assai rigorosa dimostrò che coloro che per ragioni varie, traumi, malattie, malformazioni, avevano dovuto subire una castrazione in giovane età avevano poi avuto una vita più lunga, come se castrazione fosse sinonimo di longevità! La statistica riguardava solo uomini, nessuna indagine fu fatta sulle donne. Ma ora il problema pare risolto. Le ricercatrici L. Partridge e M. Farquhar dell'Università di Edimburgo sono ricorse allo studio dei moscerini dell'aceto, o drosofile, per risolvere il quesito e, per venire subito ai dati conclusivi, hanno dimostrato che le drosofile maschio ipersessuali vivono quaranta giorni, quelle che hanno un'attività media vivono cinquantasei giorni, quelle che non hanno vita sessuale sessantacinque giorni.

Le statistiche dimostrerebbero che i "puri di cuore", che hanno un concetto della vita più spirituale che corporeo, vivono più a lungo. Anche le esperienze condotte nei kibbutz israeliani rivelano la maggiore longevità dei puri. Come afferma Carlo Sirtori (1987): «Le coronarie si dilatano al soffio della virtù».

Secondo questi studi la chiave che apre la porta all'armonia e al benessere individuale è la scelta di una vita di relazione, il più possibile monogama nell'unione a due.

I diciassette tipi d'amore secondo la neuroscienza

L'amore si può interpretare e vedere anche da un punto di vista medico scientifico e si può analizzare attraverso le molecole che esso stesso scatena e dalle quali è sostenuto.

Ogni individuo, quando ama, dimostra comportamenti e capacità di relazione che sono direttamente collegati all'attività psicologica, la quale dipende dalla biochimica delle molecole del cervello, del sistema endocrino e di quello immunologico.

Dagli studi condotti nell'ambito delle neuroscienze risulta che gli esseri umani nell'atto della relazione amorosa, vengono attivati da diciassette combinazioni molecolari, responsabili di altrettanti comportamenti amorosi. Vediamo ora insieme quali sono.

1. *Amore corticale*. Si tratta di un amore che ha razionalità incombente, è fatto di pensieri, motivazioni, partecipazione intellettuale e anche creativa per dare maggiore spazio alle novità d'amore, per dimostrare che è un fatto personale, individuale, privato, diverso da ciascuno a ciascuno.
2. *Amore ipotalamico*. È un tipo d'amore che scatena reazioni emotive, vegetative, istintive, crea suspence, batticuore, aggressività, ossessione, disturbi psicosomatici, dalle gastralgie alle enteriti, alle allergie, alle verruche, alla sudorazione, alla perdita dei ritmi circadiani e quindi del sonno; e per l'appetito può portare alla magrezza oppure alla bulimia (saziare con il cibo il desiderio d'amore).
3. *Amore passionale*. È un amore violento, ossessivo, aggressivo, che scatena una sorta di psicosi, quasi una schizofrenia perché, di fatto, troviamo la molecola che lo sottende, la feniletilamina, anche nei detenuti per reati di violenza e negli schizofrenici. È una molecola contenuta anche nel cioccolato e che imprime, a chi fa largo uso di questo alimento, una verbosità aggressiva.

4. *Amore disritmico*. Dall'amore violento all'amore che sconvolge i ritmi cerebrali. Nell'organismo compare dimetiltriptamina, la notte diventa giorno ed emergono insonnia, irregolarità dell'appetito, dissociazioni nel lavoro e nei rapporti con il prossimo. In casi ostinati si hanno comportamenti patologici con atti oltraggiosi e fenomeni di piromania.
5. *Amore encefalinico*. È legato alla molecola encefalina che dà *arousal*, volitività, desiderio di successo, d'affermazione; è un amore appagante e nasce verso l'uomo o la donna che esaltano le proprie doti e danno fiato alle trombe delle proprie ambizioni.
6. *Amore endorfinico*. Connesso alla molecole dell'endorfina, che imprime alla vita e ai rapporti un senso di mistica beatitudine, come toccare il cielo, come udire il canto degli angeli. È un amore eminentemente platonico fatto di parole, sussurri, speranze, programmi. Un amore speculativo come impresa appena iniziata e che se realizzata sarà sempre remunerativa.
7. *Amore istonico*. È un'evoluzione dell'amore encefalinico ed endorfinico, capace di evocare potenziali nascosti in ciascuno di noi, come se avesse il potere di staccare alcuni istoni (molecole che possono bloccare questo o quel tratto di DNA, questo o quel gene, renderci vivi, realizzarci). È un amore che può veramente trasformare una persona, renderla quasi irriconoscibile, segnare l'inizio di un nuovo iter esistenziale.
8. *Amore ACTH-cortisone*. L'amore, il desiderio esistono, ma un assommarsi di fatti negativi, incomprensioni, dubbi, calunnie, crea uno stato d'incertezza che diventa uno stress insopportabile, che stimola l'attività ipofisaria cerebrale ad attivare il sistema corticale, producendo cortisone in circolo. Ha risvolti perfino positivi: alcuni amori stressanti hanno risolto problemi di salute in alcuni individui perché distrugge le cellule infiammate e i dolori cessano.
9. *Amore vagabondo*. Esiste l'amore errabondo, inquieto, da playboy. Sono amori che potrebbero definirsi spartani, poiché secondo la tradizioe gli spartani, adusi alle guerre, dopo le vittorie erano colpiti dalla depressione da successo e quindi dovevano sempre andare alla ricerca di nuove vittorie.
10. *Amore appagante*. È l'amore dove tutto converge verso una situazione soddisfacente e persistente. Ogni giorno si scopre qualcosa di nuovo nell'amato, la felicità è costantemente in crescita, così come le sostanze connesse (poliamine, ormone della cre-

scita, enzima ornitin-decarbossilasi, encefalina, endorfina), per cui si ha anche un ringiovanimento fisico.

11. *Amore ferormonico*. È basato su ormoni che il nostro corpo emana. Vi sono uomini che emanano l'alfandrostenolo, che suscita reazioni affettive amorose quasi immediate. Alcuni di questi ormoni volatili non sono avvertiti dall'olfatto, ma penetrano nelle vie aeree e poi nel sangue e nel cervello, dove suscitano sentimenti amorosi. Si sono dati vari nomi a queste sostanze: seducina, serenina, civetone, copulina e sono spesso il substrato molecolare di ciò che chiamiamo fascino.
12. *Amore elettromagnetico*. Corrisponde all'energia che esce dal nostro corpo e che si può captare, per esempio, in un elettrocardiogramma o un elettroencefalogramma. Esistono anche onde particolarmente attive che passano da un corpo all'altro. "Sento la tua vicinanza", "mi sento elettrizzato" sono modi di dire che corrispondono a questo passaggio di onde elettromagnetiche.
13. *Amore da gruppi tissutali*. Le nostre cellule e tutto il corpo sono rivestiti da molecole specifiche per ogni individuo, che fanno sì che noi non tolleriamo, per esempio, un trapianto di un organo non nostro (rigetto). Può darsi, è una teoria, che tra persone che hanno molecole analoghe il rapporto d'amore sia più facile, più duraturo, perché anche le cellule cerebrali hanno questi gruppi tissutali che sono sottesi e messi in opera dal DNA cellulare, dai geni. Potrebbe essere la risposta al pieno e costante accordo che alcune coppie vivono e possiedono!
14. *Amore romantico*. È un amore fatto di sogni, nasce tra persone che potrebbero scrivere un romanzo di fantasia. Persone munite del cosiddetto pensiero laterale e obliquo e dello *spin-off* e dei *brain-drain* e del gioco combinatorio delle idee. Non appena un'idea si accende, altre cento fiammelle vibrano, in un cervello eclettico: coloro che le possiedono hanno brama d'amore, dell'ignoto e dell'infinito dell'immaginazione.
15. *Amore caritativo*. Vi sono persone che possono amare soltanto in funzione della carità. Il desiderio di dare e di giovare è preminente. E consciamente o inconsciamente vanno alla ricerca di persone cui possono essere d'aiuto con illuminata generosità. Qual è la molecola di quest'amore? Non la si conosce ancora. Sappiamo che la noradrenalina governa l'amore orgasmico e che l'acido aminogammabutirrico GABA favorisce l'amore ipnotico.

16. *L'amore orgasmico*. Modulato dalla noradrenalina che dà al viso il colore del fascino, elettrizza la fisionomia e l'intelligenza, vi traspare il senso di conquista e la sicurezza di sé. La noradrenalina aumenta fino a venti volte sotto l'effetto dell'ira e del rapporto sessuale.
17. *Amore ipnotico*. L'amore ipnotico si ha quando un componente della coppia subisce quasi totalitariamente l'influsso dell'altro: nel suggestionato aumentano i livelli di GABA, che inibisce le motivazioni interne e accoglie le suggestioni esterne.

Dall'innamoramento all'amore: crescita di personalità

È l'esperienza intima, soggettiva, della nascita, della creazione di un nuovo mondo. È l'artefice della costruzione della più piccola comunità possibile, quella formata da due persone. Contestualmente è la rinascita dell'individuo, perché ogni individuo tende alla collettività. Consiste nel desiderio di una intimità spirituale e fisica, nel progetto di una vita a due: in questo senso è maturazione perché va oltre il primo innamoramento che ogni individuo ha provato verso il bisogno delle cure materne. L'innamoramento trasforma l'"io" in un "noi".

Se durante le prime esperienze adolescenziali d'innamoramento, il soggetto innamorato non è corrisposto dall'oggetto verso il quale si è innescato l'innamoramento, il fallimento e il dolore per non poter vivere il "noi" desiderato possono portare delle conseguenze: separare l'amore dalla sessualità.

Prendendo esempio dai modelli di comportamento circostanti, il soggetto può cercare esperienze sessuali, senza però trovare in esse il piacere che possa sostituire l'esperienza del "noi" con la persona amata. Le esperienze sessuali diventano un fine e non un mezzo, perché il soggetto le sperimenta nell'attesa dell'incontro con la persona amata. Così la sessualità si separa dall'amore, non avviene la maturazione dell'innamoramento, cioè il passaggio a una vita a due, a una comunità erotico-amorosa adulta.

L'innamoramento quando è maturazione diventa amore, altrimenti si ferma alla fase iniziale e resta infatuazione breve, una cotta che dopo poco svanisce e il soggetto coinvolto viene attratto da un'altra persona.

L'amore nasce dal profondo e guarda verso il futuro. L'amore sboccia quando incontriamo una persona che ha qualità che per noi sono importanti, che soddisfano desideri, sogni, ambizioni profonde che si sono formate nel corso della nostra vita a partire dall'infanzia, bisogni reali e bisogni simbolici, coscienti e inconsci.

Perché l'amore sia bilaterale, corrisposto, occorre che questi bisogni reciproci si corrispondano. La vita amorosa di coppia richiede un'attiva gestione. Ciascun componente deve comprendere ciò che piace all'altro, tenere conto delle sue esigenze, delle sue speranze, dei suoi timori, in questo modo la reciproca soddisfazione può raggiungere il massimo.

Rispetto allo stato nascente dell'innamoramento, l'amore è istituzione: cioè qualcosa di scelto, di voluto, un patto.

L'esordio della coppia

La coppia incomincia con lo stato nascente dell'innamoramento. In una prima fase vi è l'erotismo; le persone provano la felicità erotica, il gioco amoroso, la fusione dei corpi e degli spiriti. Così si crea un legame intimo, intenso.

Secondo Francesco Alberoni, due individui in precedenza diversi, separati, sentono di avere delle affinità, di avere mete e sogni in comune, di dividere lo stesso destino; perciò tendono a unirsi, a fondersi per formare una piccola collettività compatta, un "noi" solidale.

La persona innamorata rompe il cerchio magico che lo teneva legato alla sua comunità. Modifica i rapporti avuti fino a quel momento. Avviene un mutamento dell'essere, la "metanoia" di cui parla san Paolo, la morte-rinascita. L'individuo innamorato si arrende a qualcosa che lo trascende e in cui si realizza. Per questo i due corpi prima di congiungersi diventano sacri; allora si compie il miracolo, la fusione con l'universo. Questo è il matrimonio, l'unione consacrata; è la celebrazione della coppia sponsale e della natura, entrambe non si distinguono più: il corpo diventa divino, si congiunge con l'altro e simbolizza tutto ciò che nasce e germina. Da qui nasce il progetto di percorrere il mondo insieme.

Nel produrre il progetto gioca la cultura, l'esperienza accumulata, le paure, le angosce, le delusioni subite, i successi infantili, i sogni, i desideri insoddisfatti. Il passaggio dall'innamoramento alla costruzione della vita di coppia è un passaggio dallo stato infantile a quello adulto, da quello irrazionale a quello razionale e porta con sé molte difficoltà. Si tratta di un processo di crescita dove i sentimenti raggiungono un punto di prova e di riscontro nella pianificazione dell'amore nella realtà.

Ciò che determina il successo di una relazione di coppia è la conferma di una capacità di creare una crescita di valori umani.

Paradossalmente soltanto quei partner che hanno raggiunto una maturità psicologica e relazionale libera da vincoli emotivi e da disagi psicologici sono in grado di prendere degli impegni onesti e duraturi per costruire la relazione d'amore.

I partner implicati nelle relazioni amorose possono e dovrebbero evitare degli impegni per l'avvenire che si basino sull'autorità.

Il solo impegno necessario al successo tra due partner è quello verso l'onestà e la crescita.

Se una relazione si sviluppa da una scelta onesta e libera, i valori si accumuleranno in modo naturale. La relazione, quindi, formerà una crescente permanenza, frutto di una scelta. Se la crescita continua, la relazione acquisterà una forza e una permanenza che non possono interrompersi. Se la crescita si ferma, la relazione può terminare pacificamente e tutti e due i partner riterranno i valori accumulati durante la loro relazione, per cui ognuno di loro avrà aumentato le proprie capacità per le future relazioni. Inoltre, la pacifica conclusione di una relazione che sia stata orientata verso dei veri valori, può (se i partner lo vogliono) rimanere aperta a possibili ripensamenti che permetterebbero di riallacciare la relazione.

Come tutti i valori importanti, l'amore romantico e i piaceri psichici richiedono preoccupazione, impegno e tempo per svilupparsi. I valori positivi che vengono creati sono in proporzione al pensiero razionale e all'impegno onesto applicati. Tra le coppie che funzionano il dato emergente è la capacità di condividere spontaneamente valori e progetti comuni. Il punto di partenza è la similarità comune ai due partner nella visione della vita e nelle loro premesse filosofiche di base. Senza questa base di armonia filosofica non può esistere nessun solido terreno sul quale sviluppare reciprocamente una relazione di amore romantico, orientata verso dei veri valori.

Per stabilire una valida relazione, possibilmente di lunga durata, ambedue i partner debbono comprendere le idee che ognuno sostiene nei riguardi delle relazioni uomo-donna. Per cooperare efficacemente verso la formazione di una buona relazione i due partner devono subito identificare le basi e la natura della loro relazione.

Vivere sotto lo stesso tetto

La condivisione del quotidiano produce un insieme di norme da elaborare con pazienza per tentativi ed errori, fino ad arrivare a un lento adattamento reciproco e a nuove abitudini. Una delle difficoltà maggiori sta proprio nelle abitudini! Ogni individuo, infatti, si abitua al quotidiano e inconsapevolmente non ammette possibilità diverse, per esempio "l'asciugamano in bagno deve stare vicino al lavandino piegato in quel determinato modo". Così abitudini individuali diventano norme ferree alle quali nulla e nessuno si può sottrarre. Il problema non è tanto l'accettazione o meno di queste abitudini-norme da parte del partner, quanto il fatto che queste, il più delle volte, non sono consapevoli e magari nemmeno personali, ma acquisite dagli usi della famiglia nativa. È quindi necessario cercare d'essere quanto più possibile trasparenti e sinceri con se stessi, per prendere coscienza e rivedere il bagaglio di abitudini quotidiane che si trasporta nella casa in cui si abiterà in coppia. Se si riesce a prendere coscienza delle proprie vere esigenze ci sono maggiori possibilità di saperle dichiarare, e ottenerne il rispetto, compatibilmente con quelle del proprio partner, in modo da non partire già svantaggiati.

Una coppia può restare unita per abitudine, ma resta innamorata solo se riesce a soddisfare, al suo interno, l'impulso creativo del mutamento. Vi è un'esigenza di novità da soddisfare affinché si possa essere attivi e piacevolmente partecipi, per cui occorre rinnovare e rinnovarsi in continuazione. La vita è rinnovamento, evoluzione mediante cambiamento, la coppia perciò resta innamorata quando è attiva, cioè quando fa scorrere l'energia del cambiamento e si rivitalizza. Le due polarità devono coesistere e sono entrambe indispensabili all'interno della coppia allo stesso modo, perché sono garanzia di libertà, umanità, e non automatismo, vivacità. Si configurano due polarità opposte nella coppia: l'una è quella della sicurezza e della fedeltà a schemi comuni di comportamenti, l'altra è la novità.

La realtà del "noi"

La coppia è la più piccola comunità, ma non per questo non può essere rivedibile o deve stravolgere e assorbire appieno gli individui che la costituiscono. La coppia opera un lavoro di ristrutturazione di quanto è appartenuto a ogni individuo, ma per sfruttare al massimo le opportunità per una buona riuscita deve saper applicare una visione antropologica, capace di considerare il passato rifunzionalizzato nel presente, in grado di proiettarsi nel futuro. Quindi nessuna negazione di ciò che è stato, ma fare tesoro di ogni apporto che ciascuno degli amanti è in grado di mettere a disposizione.

Sovente subentra il sentimento della gelosia che può ostacolare questo percorso: la passione e l'investimento affettivo sono così intensi da indurre l'innamorato a negare tutto ciò che è avvenuto nella vita dell'amato prima del suo arrivo. Questa reazione però può limitare la libertà e la ricchezza della coppia. Non basta però un certo ridimensionamento degli impegni personali e una revisione delle relazioni sociali per costituire i nuovi parametri di riferimento della coppia. Il sentimento, quando è puro, perché possa esprimersi e farsi spazio richiede l'obbligo di ripartire da zero. La fondazione della coppia è tale quando vi è una vera e propria rinascita, seppur non decisa razionalmente ma rivelata per intuizione, che fa nascere il "noi" sulla base di un "me" e "te".

Nel sentimento d'amore, la coppia è intimamente rapita dall'intuizione del significato di una realtà che riguarda, direttamente e immediatamente, l'essenza dei due individui; si rivela qualche cosa che riguarda, da un lato, il "me" nella sua totalità e, dall'altro, la persona amata nella sua totalità il "te". Con la volontà razionale di riconoscere e valorizzare il sentimento, i nostri "me" e "te" riescono a creare la coppia d'amore.

Amore e fedeltà

Nella nostra tradizione la fedeltà ha una doppia origine. Una deriva dal concetto di possesso esclusivo: in epoca patriarcale la donna appartiene all'uomo e se lo tradisce deve essere uccisa. L'altra radice invece è quella della fedeltà esclusiva alla tribù, alla patria, al capo, richiesta dai movimenti politici, religiosi e dagli innamorati.

Con la fedeltà comunico al mio amato che egli vale più di qualunque altra cosa, che è il mio solo bene, il mio solo desiderio. La fedeltà indica una dedizione di energie, un dispendio di sé a favore dell'amato, è un dono di sé. Si scontrano due tendenze: la prima è caratterizzata dalla ricerca del nuovo, la promiscuità sessuale; la seconda dall'innamoramento, che stabilisce un legame esclusivo e duraturo.

Molto dipende dalla cultura, se la società è poligama o monogama. In epoca recente si è diffusa una ideologia contraria alla coppia e alla fedeltà coniugale; in particolare negli anni Settanta del Novecento, con l'affermarsi della cosidetta rivoluzione sessuale e del femminismo, questa ideologia si è allargata a macchia d'olio.

Il patto di fedeltà si forma quando è in atto il processo di fusione e le emozioni e le promesse sono le fondamenta su cui si innalza l'istituzione dell'amore di coppia.

Accade che in alcuni ambienti vada di moda che i coniugi non si debbano raccontare nulla, ciascuno finge di non sapere niente dell'altro a condizione che sappia svolgere le funzioni familiari e salvare le forme.

La crisi precoce della coppia, che è statisticamente rilevabile, può essere dovuta alla mancanza di attenzione nel costituire un legame forte:

- per mancanza di vero innamoramento;
- per fantasie romantiche e poco reali;
- per scelta di comodo, fatta solo per uscire da una situazione familiare non gradita;
- per cedimento verso l'unico dei due che è innamorato.

La crisi tardiva, invece, può accadere:

- per la monotonia del quotidiano;
- per mancanza di co-evoluzione.

Vi sono rapporti sessuali propriamente detti che escludono i sentimenti. Riferendosi all'uomo si può notare che per millenni questo tipo di rapporti fuori del matrimonio non sono stati nemmeno considerati atti di infedeltà, mentre per la donna sì. Oggi i due sessi sono equiparati; vi è la tendenza a non considerare un tradimento un rapporto privo di coinvolgimento emotivo.

Ma l'atto d'amore è uno scambio di vitalità, un provocare e provocarsi uno stato di piacere e, al tempo stesso, di carica vitale; abbassando la soglia tensionale è dunque ricco di emotività.

Il proibito, il piacere di sedurre o di essere sedotti, l'irrefrenabile desiderio verso il nuovo, verso la trasgressione possono per alcuni essere una fiamma che arde maggiormente rispetto a quella della coppia stabile. Secondo F. Alberoni (1991), il motivo che spinge uomini o donne sposate verso l'adulterio è un capriccio, un futile piacere gratuito. La sessualità, impulso irrefrenabile, si trasforma in erotismo, in potenza inquietante. Ma la coppia che si sposa dichiara davanti a un pubblico l'intenzione di fedeltà: i coniugi scelgono liberamente di sottostare alla legge della monogamia.

La vita della coppia dipende dalla capacità di conservare, sia pure in parte, l'intimità provocata dallo stato nascente dell'innamoramento. L'istituzione deve essere l'erede della promessa, la custode. L'amore è il risvolto emozionale interiore della nascita di una nuova collettività e di un nuovo se stesso. L'amore, come emozione d'amore, come slancio, languore, è l'energia creativa nel suo manifestarsi.

La coppia che rimane innamorata possiede la capacità di conservare le proprietà straordinarie dello stato nascente, cioè la capacità di rigenerarsi. In questo caso l'innamoramento, diventato amore, conserva l'emozione, l'erotismo, il brivido dello stato nascente. L'amore è la risonanza di un processo in cui ciascuno genera ciò che a sua volta lo genera. Una coppia può restare innamorata solo se riesce a soddisfare al suo interno l'impulso creativo del mutamento. La vita è costante trasformazione e mutamento, la coppia deve saper essere presente nel mondo esterno, nel sociale e non solo chiusa in se stessa. Se è capace di seguire le costanti trasformazioni partecipandovi, evita bruschi e improvvisi cambiamenti, anzi, attraverso il costante dialogo e scambio può amalgamarsi e rigenerarsi mantenendo spirito di libertà e di avventura, evitando l'impoverimento dell'assorbimento alla monotonia.

Erich Fromm, nel libro *L'arte di amare*, sostiene che amare sia un'esperienza personale che ognuno può acquisire attraverso se stesso. E precisa che amare, così come ogni altra arte, richiede disciplina, concentrazione e pazienza. Requisiti sempre più rari ai nostri giorni.

La capacità d'amare dipende dalla propria capacità di emergere dal narcisismo e dall'attaccamento incestuoso per la propria madre e il proprio clan; dipende dalla capacità dell'individuo di crescere, di sviluppare un orientamento produttivo nei rapporti col mondo e se stessi. Tale processo di evoluzione necessita di una qualità, come condizione necessaria: la fede. Fede irrazionale e razionale, la prima è la sottomissione a un potere forte, la seconda è il risultato del nostro spirito di osservazione e del nostro pensiero. Abbiamo fede nella potenzialità degli altri, in noi stessi e nella specie umana, perché abbiamo sperimentato lo sviluppo della nostra potenzialità, la forza del potere di ragione e amore. La base per la fede razionale è la produttività. L'amore non è soltanto una relazione con una persona: è un'attitudine, un orientamento di carattere che determina i rapporti di una persona col mondo. Se una persona ama solo un'altra persona ed è indifferente nei confronti dei suoi simili, il suo non è amore, ma un attaccamento simbiotico, o un egotismo portato all'eccesso.

Pochi riflettono sulla facoltà d'amare. Spesso, infatti, noi tutti erroneamente intendiamo l'amore esclusivo nei confronti di una persona quale prova di vero amore, dimenticando che, invece, l'amore è un potere, un'attività dell'anima. Sono, così, distinguibili svariate forme di amore, legate all'oggetto amato. Per esempio, dobbiamo considerare l'amore fraterno, che è tra i simili; l'amore materno, che è amore per l'essere indifeso. Possiamo ancora considerare l'amore erotico, che è il desiderio della fusione completa, dell'unione con un'altra persona, quello che più propriamente ci riguarda all'interno della nostra trattazione.

Confrontando queste forme d'amore si possono riscontrare notevoli differenze: le prime due tipologie hanno in comune il fatto di non essere limitate a una sola persona, mentre l'amore erotico sì, per sua stessa natura esso è esclusivo e non universale ed è forse la più ingannevole forma d'amore che esista. Nell'amore erotico c'è un'esclusività che manca nell'amore fraterno e materno. L'esclusività dell'amore erotico spesso è interpretata come attaccamento possessivo, che annulla i due esseri a vicenda, i quali risolvono il problema della separazione fondendosi tra loro, illudendosi però di superare, in questo modo, la solitudine. È importante non commettere questo errore: l'esclusività dev'essere intesa nella fusione erotica ma non nel senso profondo dell'amore fraterno. L'amore erotico è essenzialmente un atto di volontà, di unire la propria vita a quella di un'altra persona. Questo atto di volontà dà significato all'indissolubilità del matrimonio.

Amare qualcuno non è solo un forte sentimento, è una scelta, una promessa, un impegno, è volere.

Convivenza o matrimonio?

Nell'epoca attuale capita sovente che i due innamorati decidano di vivere insieme, senza necessariamente sottoscrivere il vincolo del matrimonio. Come interpretare questa decisione? Talvolta la scelta verso la convivenza è fraintesa, soprattutto dalle generazioni più anziane. Non sempre si tratta di una scelta di comodo, che sottolinea la leggerezza dei giovani d'oggi, accusati di essere incapaci di responsabilizzarsi e impegnarsi a rispettare dei valori affettivi! I motivi che fanno optare per la convivenza possono essere svariati, i più ricorrenti sono i seguenti.

- Desiderio di sperimentarsi. Difficoltà economiche per affrontare contemporaneamente la spesa di mettere su casa e organizzare la cerimonia nuziale.
- Paura di fallire. Maggiore facilità per un'eventuale separazione.
- Attesa del divorzio da un precedente legame.
- Paura di vincolarsi.
- Desiderio di amarsi senza la necessità di un vincolo esplicito.
- Paura di adagiarsi perché l'anello al dito dà la certezza del vincolo e può in un certo qual modo sospendere le attenzioni verso l'altro e verso la cura personale.
- Seconda unione in terza età: spesso per vedovanza, un secondo matrimonio comporterebbe una riduzione economica sulla pensione.

La convivenza è una realtà di relazione amorosa sempre più frequente anche nel nostro paese. Si parla anche di "coppia o unione di fatto" e sono molte le associazioni culturali e sociali che da tempo tentano di produrre emendamenti e proposte di legge per ottenere riconoscimento alla libera unione di fatto che la convivenza comporta. I dati statistici riportano che la maggioranza delle convivenze dopo alcuni anni di vita insieme si concludono felicemente con le nozze.

Vita quotidiana in due

Gestirsi in casa. Si deve lavorare in due? Chi deve cucinare, riordinare, lavare i piatti? Mai dare nulla per scontato. Vanno sempre dichiarate le aspirazioni, i desideri, le ideologie di entrambi e quando queste siano differenti, discuterne al fine di trovare un punto di incontro. Entrambi i componenti della coppia hanno diritti e doveri, il proverbio "l'unione fa la forza" può davvero fare al caso.

Non è detto che vi sia una regola generale che valga per tutte le coppie: come abbiamo già avuto modo più volte, di specificare cerchiamo di evitare inutili generalizzazioni. Si possono piuttosto valutare alcune considerazioni in cui vale la regola del buon senso, illustrate nella scheda qui di seguito.

CONSIDERAZIONI DA PARTE DELLE DONNE: È bene non trascurare che...

"È necessario lavorare in due se si vuole mantenere la famiglia, ma è la donna la più indaffarata, che deve lavorare sul posto di lavoro e quando arriva a casa riprende a lavorare".

Non è facile "sbarcare il lunario", ma una buona qualità della vita non è fatta solo di beni materiali ma anche di rapporti pacifici e di rilassamento. Occorre valutare accuratamente le necessità della famiglia: se si stabilisce l'indispensabilità di due stipendi, quando l'orario di lavoro è eguale tra i coniugi, anche l'impegno domestico dovrebbe essere simile. Se l'uomo non si sente propenso perché è stato educato in altro modo, può sperimentare con pazienza le varie mansioni e, nel caso ve ne siano alcune per le quali si senta negato, facendolo presente alla propria compagna, si possono stabilire le responsabilità di ognuno senza per questo perdere la propria identità di personalità.

"A me piacerebbe realizzarmi professionalmente e nello stesso tempo amo occuparmi dei figli e della casa, ma non riesco a conciliare i diversi impegni".

La donna ha infinite capacità e ruoli, la sua difficoltà consiste nel realizzarli praticamente nell'ambito della disponibilità di tempo. Da qualche anno sono nate le banche del tempo nelle quali alcune persone, per lo più pensionati, mettono a disposizione il loro tempo, iniziative che favoriscono il miglioramento della qualità della vita. Questa formula può aiutare a conciliare gli impegni femminili in modo da non richiedere troppe rinunce. Le mamme possono aggregarsi e a turno occuparsi, oltre che dei propri figli, anche di alcuni vicini di casa, compagni di scuola, di squadra sportiva: in questo modo si è più impegnati il giorno in cui si è di turno, in compenso si guadagna un giorno libero. Anche gli asili condominiali rappresentano un'iniziativa che segue questa mentalità. Il principio è quello di evitare sprechi di tempo, come gli spostamenti in auto da una parte all'altra della città, per raggiungere i servizi, e allo stesso tempo aggregare situazioni simili. Laddove una mamma investe del tempo per accudire il suo bimbo, può dare asilo a uno o due altri bambini, anche estranei alla famiglia. Valutando con più attenzione le dispersioni di tempo, si rendono realizzabili molte opportunità. Quando però si debbono selezionare ancora gli impegni, nonostante gli aiuti e le strategie, è bene pensare di fare delle scelte e non delle rinunce: ciò favorisce la serenità e il miglioramento della qualità della vita.

"Che le lotte femministe valgano a qualcosa: sia l'uomo a lavare i piatti".

Le lotte degli anni Sessanta-Settanta del Novecento si sono rese necessarie per sollevare molte donne da una posizione di sfruttamento. Come per ogni rivoluzione vi è stato un necessario momento di esaltazione ed esasperazione, che ha permesso di delineare una situazione di emancipazione femminile in un successivo contesto più moderato. Se per mantenere il giusto equilibrio in una coppia, basta vedere i piatti lavati dal marito, si adotti pure quest'abitudine! Ma, senza sottovalutare l'aiuto della lavastoviglie: si ricordi che alla base dell'intesa di coppia ci dev'essere il senso di collaborazione reciproca, che non spersonalizza nessuno dei due e aiuta a mantenere il buon senso.

"Si è lottato per la parità e parità sia: che ognuno badi a riordinare, la donna non è mica una schiava!".

Per collaborare occorre una buona disponibilità reciproca, senza bisogno d'essere prevenuti, né dall'una né dall'altra parte.

CONSIDERAZIONI DA PARTE DEGLI UOMINI: È bene non trascurare che...

"Vedo la naturalezza con cui mia moglie svolge i lavori di casa, e gestisce le persone che l'aiutano (colf, baby-sitter), mentre per me ognuno di essi diventa un impegno mentale che mi distoglie dalla concentrazione per la mia professione.

Se l'uomo si sente davvero negato per i lavori domestici ed è poco pratico, perché svolge un'attività che lo occupa mentalmente, la compagna, compatibilmente con le proprie aspirazioni professionali, può occuparsi della gestione della casa. Altrettanto vale per il caso opposto quando sia la donna che svolge una professione che la impegni in forma superiore rispetto al proprio compagno.

"Vorrei aiutare in casa ma ho anche voglia di rilassarmi e andare al bar, dopo il lavoro".

Collaborare significa gestire insieme e non solo pensare ad aiutare. Predisponendosi con questo tipo di mentalità è più facile trovare il modo per conciliare gli impegni e gli svaghi reciproci.

"La donna deve accudire figli, marito e casa. Preparare pranzetti e fare la maglia, mentre l'uomo lavora fuori casa".

Questo tipo di mentalità è decisamente retrograda per il terzo millennio, epoca in cui molte donne hanno una preparazione scolastica e professionale per la quale necessitano anche di un'emancipazione sociale.

I segreti di una buona relazione

Non esiste un modello comportamentale che si possa adottare quale formula infallibile per vivere sereni e realizzati all'interno di una coppia. Ogni individuo ha determinate caratteristiche personali e singolari, la combinazione fra due soggetti può essere dunque assai complessa e altamente variegata.

Quante e quali pretese sono consentite all'interno della vita di coppia? Si può essere felici, o i compromessi per restare uniti sono tali che si è destinati a comprimersi a vicenda e dunque a opprimersi?

La pretesa numero uno, per ciascun individuo che compone una coppia, è quella di realizzarsi e vivere sereno. Con questo intendiamo dire che un legame può chiedere sacrifici e compromessi ma non deve mai opprimere! Altrimenti la coppia può anche restare unita ma di certo non può dirsi che essa funzioni.

Il modo di percepirsi all'interno di un'unione è differente a seconda del sesso del componente: prendere consapevolezza dei propri timori e di quelli che il compagno può provare è già un buon punto di partenza per vivere il rapporto a due in modo più sincero e meno esasperante.

Per gli uomini i timori più diffusi sono:

- sentirsi costretti in un legame e non più liberi di agire e di pensare;
- dover rispettare degli orari;
- non poter più fare apprezzamenti sulle altre donne oltre alla propria e non poter più scherzare con gli amici;
- perdere la propria privacy;
- dover modificare il rapporto con la famiglia di nascita, in particolare con la propria mamma;
- dover modificare il rapporto con gli amici;
- doversi responsabilizzare sul lato economico;
- doversi responsabilizzare sul lato pratico e partecipare attivamente anche alle mansioni domestiche;
- non avere più segreti;
- rinunciare a essere vanitoso;
- non essere libero di decidere di rischiare a livello personale;
- andare incontro alla monotonia, rinunciando al desiderio di novità;
- sentirsi impreparati;
- perdere la propria autonomia;
- essere controllati;

- subire la prepotenza femminile;
- non riuscire a gestire l'aggressività della compagna;
- non essere approvati, sentendosi sempre sotto giudizio;
- sentirsi inibito nell'esprimersi sessualmente;
- annoiarsi restando fedeli.

Per le donne fra i timori più diffusi emergono i seguenti:

- essere nel dubbio di non aver scelto l'uomo giusto;
- essere tradita;
- chiudersi in una situazione limitante;
- perdere il fascino seduttivo;
- dover modificare e/o rinunciare alla propria carriera professionale per paura di essere assorbita dagli impegni familiari;
- perdere la propria autonomia;
- non riuscire a stabilire la parità;
- non riuscire a definire ruoli e compiti, in modo da sentirsi sfruttata;
- perdere la possibilità di restare da sola;
- non potersi confidare con il proprio uomo;
- non riuscire a farsi capire;
- avere poche esperienze comuni;
- non essere approvata;
- essere paragonata alla suocera e non reggere il confronto;
- sentirsi inibita nell'esprimersi sessualmente;
- sentirsi derisa quando esprime la propria tenerezza;
- non essere ricambiata negli scambi d'affetto;
- non riuscire a comunicare in modo chiaro;
- non riuscire a discutere tutti gli argomenti ritenuti importanti;
- non comprendere i gesti del compagno;
- non potersi confidare col partner;
- non ottenere il rispetto personale;
- dover sottostare a un eccessivo autoritarismo del partner;
- non sentirsi indispensabili e unici per l'altro.

Per far fronte alle difficoltà che possono insorgere vivendo una vita a due è fondamentale, fin dalle prime fasi, tenere in considerazione alcune regole base, onde evitare inutili illusioni o la frenetica ricerca dell'impossibile.

1. *Il corteggiamento è un periodo piacevole dove si è speciali*. Si deve prendere coscienza che il corteggiamento è uno stato di grazia. In quanto tale, ha una durata limitata e non è possibile vivere la vita quotidiana in questo stato; ma anche se è solo temporaneo, non necessariamente deve svanire completamente. È evidente che se la scintilla dell'amore scocca, e da ciò nasce un rapporto duraturo, i due amanti andranno ben oltre alla speciale situazione iniziale. Non si deve pensare di essere stati ingannati dalle tenerezze e dalle attenzioni avute durante il corteggiamento, i due compagni, infatti, possono corteggiarsi anche quando l'amore si sia consolidato, ma il corteggiamento non può essere di tutti i giorni.
2. *Non esiste l'uomo/la donna ideale che non abbia anche dei difetti*. Il partner ideale è solo un'invenzione romantica, tuttavia al mondo esiste un'abbondante riserva di individui ben equilibrati con cui meriti condividere la propria vita, malgrado questa scelta implichi doverne accettare anche le parti meno brillanti.
3. *Il troppo fascino può abbagliare*. Non va confuso il trasporto che si prova per una persona affascinante con l'amore. Al di là del desiderio vi dev'essere la sostanza per intessere un rapporto schietto e sincero; per rendere l'idea ci aiutiamo con un luogo comune: "non è tutto oro ciò che luccica".
4. *Non è giusto pretendere di conquistare la fiducia in se stessi attraverso l'altro*. Ciò può pesare in modo eccessivo sull'individuo al quale si chiede di fare la parte dell'eroe, che per questo si può esaurire e rischiare di deludere l'altro, creando così un circolo vizioso dal quale può risultare impossibile, o quanto meno difficile, uscire.
5. *È inutile tentare di cambiare il partner per modificare i lati che non ci piacciono*. La vita a due deve svilupparsi, evolvere, affermarsi nella massima espressione di entrambi i partner. Arroccarsi invece intorno a schemi prefissati con la pretesa di rientrarvi, o peggio, farvi rientrare il partner, porta a un inutile e dannoso dispendio di energia.
6. *Il risentimento è nocivo*. Mai nessun rapporto ha avuto giovamento da comportamenti dettati da rabbia e ostilità. Anche quando vi sia motivo per non approvare il comportamento dell'altro, è inutile rispondere con risentimento, è invece più fruttuoso cercare un chiarimento e un'intesa.

I MODELLI PIÙ FREQUENTI DI COPPIA

Le coppie conflittuali

Sono composte da persone che litigano continuamente su chi deve portare il cane a fare la pipì e magari, cinque minuti dopo, sui perché della vita, per finire la schermaglia con una bella risata e tenere effusioni d'amore con coinvolgimenti appassionanti di strabiliante sessualità.

Impetuosi e di temperamento tellurico, ilari e un po' aggressivi, di solito formano una coppia "alla pari". Sono disposti a dirsi qualsiasi cosa, anche a confessarsi i tradimenti reciproci, consumati o desiderati. Ma le manifestazioni di affetto sono sempre frequenti e plateali; ed è questo che in questa coppia aiuta a stare insieme: l'amore litigarello.

Le coppie rispettose

In queste coppie vi sono due persone che sanno esporre le proprie opinioni ascoltando pazientemente l'uno quelle dell'altro. Nei dialoghi essi sono addirittura prolissi e usano frequentemente espressioni come "capisco", "certo", e insieme arrivano a un compromesso soddisfacente per entrambi. Il tutto si svolge in modo educato e controllato. È questa la ricetta della felicità? Non è detto. C'è il rischio di trasformare la vita di coppia in un accordo, in cui l'amore è sacrificato sull'altare dell'amicizia e della comprensione.

Le coppie pacate

Arrivano soltanto alla prima fase della discussione, cioè quella dell'esposizione delle idee di uno dei due, e poi questi si tira subito indietro. Nessun tentativo di persuasione, nessun compromesso e nessuna discussione: al contrario, nella coppia vi è la tendenza a eludere il confronto, lasciando che sia il tempo a decidere. I componenti di questa coppia temono ogni forma di aggressività e non vogliono discutere. L'introspezione, la comprensione, il dialogo non vengono presi in considerazione. Insomma, può capitare che i due un mattino si sveglino e nel guardarsi l'un l'altro abbiano la sensazione di trovarsi di fronte a uno sconosciuto. Però molte coppie funzionano proprio così!

7. *Non esagerare nelle aspettative*. Possono soffocare la spontaneità e la vitalità di coppia. Si rischia di arrivare a un punto in cui si tende a criticare tutto, così che il rovescio della medaglia è l'assenza d'iniziativa.
8. *Per la donna crescere significa abbandonare la figura paterna*. Di norma, nei primi anni di vita di una donna, esiste una naturale

affinità tra figlia e padre, grazie alla quale il padre spontaneamente esercita un senso di protezione, evitando ogni situazione difficile alla figlia. In questo modo la figlia cresce all'insegna della dolcezza e della passività, infatuata dell'uomo che tutto può, incapace però di rendersi parte attiva negli eventi che la riguardano. Intanto il padre si sente indispensabile, forte e protettivo, ogni volta di più, radicando quel misterioso legame esistente tra padre e figlia. Quando la ragazza diventa donna, continua a servirsi di questi modelli di comportamento per ottenere una reazione calorosa dagli uomini. Gli uomini inizialmente possono gradire questo comportamento, sentendosi padroni della situazione, ma, a lungo andare, il rapporto di coppia rischia di diventare innaturale: per l'uomo troppo pesante e per la donna deludente perché "nessun uomo sarà al pari di papà!".

9. *Per l'uomo crescere significa superare la madre onnipotente*. Dai primi momenti della loro esistenza gli uomini (come tutti gli esseri umani) dipendono dalla mamma. La madre soddisfa ogni bisogno del figlio: lo sazia, lo cura, lo conforta ed è sensibile a ogni sua variazione d'umore. Così in qualsiasi situazione in cui il bambino ha bisogno di essere soccorso, ricorre alla mamma. La madre dunque ha un ruolo potente e centrale nella vita di un bambino. I sentimenti di attaccamento e di dipendenza, inizialmente gradevoli, se non vengono superati, rischiano di creare un senso di debolezza e di poca autonomia, compromettendo lo sviluppo di una vita di coppia felice.
10. *La tensione romantica tiene vivo un rapporto*. Mai pretendere che il legame che si è creato sia scontato. Non vanno abolite dolcezze, attenzioni, un po' di cura per se stessi, fascino e romanticismo. Occorre sempre mantenere vivo l'interesse dell'altro e l'interesse verso l'altro, evitando di farsi assorbire dalla routine del quotidiano.
11. *Gli uomini sono disposti a legarsi*. È luogo comune che gli uomini rifuggano i legami e non siano facilmente disposti a privarsi della propria libertà, ciò però non si è rivelato vero: è soltanto un pensiero largamente condiviso. Sovente è proprio la richiesta esplicita di una decisione seria e duratura che favorisce il consolidamento del rapporto a due.
12. *Le donne e gli uomini sono responsabili delle loro esperienze*. È inutile entrare in una forma di vittimismo e pensare di essere sfor-

tunati se non si riesce a trovare l'anima gemella. Una persona dev'essere consapevole di poter forgiare il proprio destino, dunque, solo avendo ben chiaro ciò che si vuole da un rapporto, lo si può ottenere, disposti ad accettare dei compromessi per scelta – con la consapevolezza che ciò serve al rapporto – e non per sottomissione.

Le forze del destino nella vita a due

L'uomo primitivo aveva il senso del divino; per lui il bene e il male provenivano da un'entità sacra. Esso proiettava il proprio inconscio all'esterno, lo personificava e gli dava il nome di un dio. Era un'impostazione automatica, il destino bello o brutto che fosse, nonostante la proiezione, veniva vissuto per se stesso. Giudicando il destino premio o castigo della divinità, l'uomo si riconosceva responsabile della propria sorte e viveva in armonia con essa.

Secondo lo psicoterapeuta tedesco Thorwald Dethlefsen (1984), il destino è la proprietà più individuale e più privata dell'uomo. Perciò è necessario, anzi indispensabile, che il singolo abbia uno stretto rapporto interiore col proprio destino, lo comprenda, viva in sintonia con esso e ne percepisca il senso.

Anche la moderna genetica invita a pensarci come predestinati dalle aggregazioni genetiche, che, a partire dalle ascendenze genitoriali, si traducono, per la legge della meiosi di Mendel, come attivatori stabili delle linee guida della nostra fisicità, ivi compresi il cervello e buona parte dell'attività psicologica.

Ci sono infiniti sentieri attraverso i quali la ricerca umanistica e scientifica ci possono trasmettere informazioni e chiarimenti in materia di relazione, di sentimenti e d'amore. Per tutti noi, in un modo o nell'altro, le risposte ai quesiti della vita di coppia sono celate nel processo del vivere. Soltanto vivendo la nostra vita con lealtà, verso il nostro sé interiore e verso quello del partner, riusciremo a possedere l'amore e a viverlo.

Eppure ogni coppia si manifesta nella tendenziosità della relazione di comunicazione, cadendo nei trabocchetti dell'orgoglio e della presunzione personale, con frasi, come racconta Liz Greene, psicoterapeuta della relazione e astrologa, del tipo: «se davvero tu mi amassi, non avresti parlato così", oppure "non avresti corteggiato la cameriera"; oppure " non avresti trascurato di prepararmi la cena" e così via all'infinito. Dal momento che è davvero difficile definire l'amore, dobbiamo solo permettere a noi stessi di viverlo in qualunque forma venga a noi, anche se poi dovremo parlare di infatuazione, di illusione e di bisogno psicologico o di qualunque altro appellativo relativo a un rapporto fallito.

Ogni individuo ama e vuole essere amato perché questo è il senso dell'amore ed è il destino della vita.

A questo punto è necessario cercare di definire il destino.

Crisippo, il filosofo neoplatonico, descriveva il destino come un ente dualistico, composto di energia e sostanza. Anche Socrate e Platone separavano la dea Necessità e le sue figlie, le Moire, da un altro genere di forza deterministica nelle vicende umane. Questa forza prese il nome di *daimon*.

Nell'ambito della psicologia del profondo, la Moira è considerata come un qualcosa che spetta all'individuo dalla nascita: è la portata o il limite della sua forza vitale, l'aspetto negativo e repressivo del suo destino. Il *daimon* (genio) di una persona, invece, racchiude in sé l'elemento del potere benefico, o *mana* funzionale.

Quando sosteniamo, per esempio, che il carattere di un uomo è il suo *daimon*, con ciò intendiamo dire che si tratta di una forza che ne plasma la vita dall'interno, che ne fa la fortuna o la rovina, e non di un fato assegnatogli dall'esterno!

Esiste dunque una sostanziale differenza tra questi due concetti di destino. Il destino-Moira è un'energia di tipo femminile, il suo regno è l'istinto, il retaggio, la caducità. Il destino-*daimon*, che noi incontriamo nella filosofia di Platone, possiede una qualità più ambiziosa e più attiva: tenta di dirigersi da qualche parte, esso contiene il senso di un obiettivo esistenziale!

L'obiettivo esistenziale, il contenuto del *daimon* è l'amore e, così, l'amore diventa il destino dell'uomo, visto che riflette il dio in se stesso. In effetti, l'intero modello della vita di una persona porta il marchio del proprio *daimon* e quando lo guardiamo col senno di poi, oppure a distanza, il modello risulta chiaro. Lo si percepisce quando si ama, quando si è innamorati, quando la propria anima riconosce nel partner se stessa ed è li che le forze del destino hanno il sopravvento sulla mente e sul corpo.

La persona viene invasa da un senso di predestinazione a una vita a due così energeticamente sentita, da capire e comprendere in un solo istante di trovarsi di fronte alla persona giusta.

L'esperienza, che può essere descritta come stato emozionale di *peak experience*, è del tutto simile a uno stato modificato di coscienza. Le caratteristiche d'intensità e luminosità percepita molto assomigliano agli stati spirituali di estasi religiosa.

Sono esperienze uniche e irripetibili, difficili da spiegare in termini scientifici, però sono esperienze di innamoramento reali da noi raccolte perché descritte da molti pazienti, amici e conoscenti e tra i quali anche noi come coppia ci collochiamo.

Alcune tipologie di coppia

Gli eterni fidanzati

In genere si conoscono in vacanza. Visti e piaciuti, si coinvolgono e s'innamorano e continuano, nonostante il rientro a casa in città, spesso distanti, ad amarsi. Cercano di vedersi ogni fine settimana, per confermarsi di stare insieme, non c'è giorno che trascorre senza flussi incessanti di conversazioni telefoniche.

La domanda è sempre la stessa: quanto può durare un amore così? Se non si tratta di un'avventura, la durata è direttamente proporzionale alle capacità d'autonomia affettiva dei partner e alla capacità di riconoscere in questa relazione un ampio soddisfacimento cognitivo, affettivo e sessuale. La storia può continuare anche per molti anni entrando nell'ambito di quelle casistiche di eterni fidanzati, che davvero sono persino impossibilitati a farsi ombra uno con l'altro, ma sono bravi e generosi entrambi nel sapersi dare amore libero ed eterno. Ma, prima o poi, uno dei due dovrà sradicarsi dalla propria città, famiglia e amicizie per congiungersi in modo più completo e presente al partner che vive altrove. Se questo non avviene, le frustrazioni che inevitabilmente ne conseguono, rischiano di stravolgere la qualità dei sentimenti.

Con impegno, volontà e pazienza, nel tempo tutto diventa possibile, anche trovare una nuova casa, se quella del partner è insufficiente, oppure trasferirsi o cambiare occupazione.

Le difficoltà sono essenzialmente quelle emotivo-affettive del partner che letteralmente si sradica per entrare in un nuovo mondo, in una nuova vita, guidato unicamente dall'amore che prova per il compagno.

Fra le tante storie vere di vita di coppia a distanza quella più straordinaria è della nostra amica Diana di Torino, giornalista. La sua storia la lega a un uomo che vive a Roma. Dopo alcuni anni d'amore a distanza e di viaggi da Torino a Roma, Diana riesce nell'ambito del lavoro a ottenere il trasferimento a Roma. Non solo cessa il trantran, che aveva ormai raggiunto persino livelli di frustrazione, per la notevole distanza, ma addirittura migliora la qualità del suo tipo di lavoro giornalistico. Ne risultano ritmi più pacati, maggiore interazione relazionale con colleghi e superiori, orari più ordinari, a dimensione umana.

In questa storia il destino-*daimon* d'amore ha dato i suoi frutti, favorendo la realizzazione della coppia e della persona.

Non sempre la vita degli esseri umani è retta e governata dalla volontà personale o sociale, esistono manifestazioni di cambiamento esistenziale collegate a forze psicologiche ancora inconsce, ma potenti e reali, che danno luogo alla manifestazione della forza del *daimon*, che ci conferma che se è amore, quello vero, quello che costruisce una comunità, si rivela e manifesta come una potente forza della natura e della vita, che realizza il destino dell'anima, individuale e di coppia.

I separati e le nuove coppie

Vi sono poi le relazioni con partner reduci da una separazione o da un divorzio. Dopo una relazione matrimoniale finita, l'individuo continua l'esistenza in piena libertà personale, occupandosi, in accordo con l'ex coniuge, dell'eventuale gestione e sostegno dei figli. Ed è proprio questo il caso più diffuso, che vede l'individuo separato con figli ritrovarsi in maggiore difficoltà relazionale di fronte alla nascita di un nuovo amore.

Inizialmente il rapporto viene vissuto nell'ombra, né l'ex partner né, tantomeno, i figli sanno dell'esistenza di un'altra persona.

Poi, con le frequentazioni più assidue della nuova coppia e con la sicurezza di funzionare in pieno regime di soddisfazione reciproca, si passa alla fase della possibile accettazione da parte dei figli e dell'ex partner. Se tutto procede e si delinea civilmente, con i dovuti riconoscimenti affettivi, si assiste alla strutturazione delle nuove famiglie allargate.

Se c'è differenza d'età

Vi sono infine coppie con notevole differenza d'età che sanno vivere bene in piena soddisfazione relazionale.

Spesso la combinazione più costruttiva e stabile è quella che vede lei giovane e lui molto maturo, con differenze di età tra i venti e i trenta anni. Molto dipende dalle aspettative reciproche e dalle reali capacità relazionali dimostrate e, fattore non meno trascurabile, da una risposta soddisfacente nella relazione sessuale.

Vi è in fondo nel partner più giovane una ricerca di sicurezza emotiva e affettiva, una sorta di rassicurazione paterna o materna, spesso mai vissuta. In genere, infatti, si tratta di persone che hanno vissuto una carenza di amore da parte delle figure genitoriali. Si tratta di un disturbo affettivo persistente che trova unica guarigione nello scegliersi un partner più grande. Anche la sicurezza economica spesso gioca un ruolo importante: il partner dei sogni che può tutto perché ha acquisito potere sociale ed economico scatena un flusso emozionale potente che attira e attanaglia l'affettività dei tipi abbandonici.

Nello stesso modo, queste persone realizzate e potenti da un punto di vista culturale, sociale ed economico, hanno spesso amato con scarsa profondità. Allora si prestano, proprio malgrado, a lasciarsi folgorare dall'anima innamorata di una persona più giovane, fresca e pura di fronte al percorso della vita.

Essi hanno la sensazione di un maggiore controllo, sia emotivo, sia didattico-formativo, si autoeleggono, anche perché richiesti dal partner più giovane, una sorta di tutor, di mentore dell'esistenza e del destino dell'amore. In questi casi le storie possono realizzarsi con piena soddisfazione perché entrambi i partner curano le ferite più profonde della loro anima, realizzandosi uno con l'altro nel percorso della vita di coppia.

Infatuazione o amore vero?

Come è possibile accorgersi che quello che proviamo è un amore vero e non un'infatuazione?

L'innamoramento nasce da una grande spinta vitale che non riesce a realizzarsi nella situazione ordinaria dell'esistenza. È come se la parte emotiva più profonda cercasse di realizzarsi, di uscire allo scoperto proponendoci la forte sensazione di dare priorità assoluta a una persona, rispetto a qualsiasi altra persona, cosa o situazione. Coscientemente noi cerchiamo di conservare gli schemi del passato, i nostri vecchi rapporti, gli oggetti. Questa nuova potenzialità che si manifesta tende, però, a imporsi e tutto ciò che prima aveva significato ora rischia di perderlo!

Tutto questo non è un atto volontario (nessuno può innamorarsi volontariamente), è un processo emotivo-mentale interiore profondo e potente. Quando ci innamoriamo della persona che può completarci, noi iniziamo tanti tentativi di innamoramento, fatti di esplorazioni relazionali e di infatuazioni. Capita in questa fase iniziale dell'innamoramento, come afferma Francesco Alberoni, in *Innamoramento e amore* (1979), che «lo stato nascente dell'amore e dell'innamoramento si accende per un attimo, inizia una ristrutturazione del campo». In questa fase pare che vi sia tutto per essere certi di avere trovato l'anima gemella, e invece in seguito accade di capire che quella non è ancora la persona giusta.

Alcune persone dicono di innamorarsi in continuazione, oppure hanno l'impressione di essere innamorate contemporaneamente di diverse persone, in realtà ciò è il risultato del fatto che il vero innamoramento non è ancora nato!

Quando l'amore si presenta, il rapporto con la persona amata diventa esclusivo, totale. L'immagine amata, come dice Alberoni, se viene scacciata, ritorna e si impone.

Di grande importanza per evitare le infatuazioni e il ripetersi tortuoso e doloroso di unioni e abbandoni è spingersi alla conoscenza psicologica del proprio carattere e di quello della persona amata, o meglio di quella candidata a essere amata.

Sebbene i processi psicologici che regolano l'amore abbiano caratteristiche irrazionali e inconsce, di difficile approccio razionale, la psicologia può davvero aiutarci a percorrere e realizzare la nostra completezza sentimentale. La prima tappa importante è la conoscenza di se stessi, per arrivare alla conoscenza degli altri.

I danni psicosomatici di una relazione difficile

Per far funzionare una coppia bisogna investire molta energia, tempo, pensieri. La mancanza di intesa sessuale, lo si è sempre detto, è un elemento estremamente negativo. E anche il tradimento può essere un duro colpo. Ma sono molte di più le coppie che sopravvivono a questi problemi di quelle che si sfasciano.

La stragrande maggioranza delle separazioni e dei divorzi avviene per altre ragioni. Quali? Oggi gli psicologi sono convinti di essere riusciti a trovare le risposte e di avere individuato, grazie a nuovi sistemi di indagine scientifici, basati su studi di laboratorio e dati biologici più che su interpretazioni e teorie astratte, sia i meccanismi che fanno precipitare il rapporto di coppia in una spirale di ostilità e ripicche reciproche, sia l'invisibile linea di demarcazione oltrepassata la quale la comunicazione tra i due partner non ha più speranze di poter riprendere. Al punto che, semplicemente studiando il modo in cui marito e moglie discutono, è possibile prevedere, con una percentuale di successo del 94%, quale sarà il destino del loro matrimonio.

Così sostiene John M. Gottman, del Dipartimento di psicologia dell'Università di Washington, uno dei pionieri delle nuove tecniche di ricerca, che ha studiato nei suoi laboratori più di duemila coppie di volontari, facendoli discutere e tenendo al tempo stesso sotto controllo una serie di parametri fisiologici come il battito cardiaco, la sudorazione, il rilascio di ormoni, la pressione e il ritmo di respirazione. Con queste tecniche Gottman ha scoperto per esempio che i messaggi più ostili tra un uomo e una donna che vivono insieme da molto tempo si nascondono spesso in gesti, modi di fare, sguardi assolutamente inavvertibili da un osservatore esterno. E che una domanda banale come: "hai bagnato i fiori oggi?", pronunciata con tono di voce normale, può nascondere vecchie tensioni, fare impazzire il tracciato elettrocardiografico di entrambi i partner, aumentare il livello di sudorazione e provocare un'inondazione di adrenalina. Talvolta basta un insulto e l'amore, nell'arco di pochi istanti, si trasforma in un percorso di distruzione: il cuore passa da 70 a 100 battiti il minuto, la pressione sale, lo stomaco si contrae, si comincia a sudare, i movimenti diventano nervosi, il corpo si irrigidisce e, infine, la mente si annebbia. Quando questo accade, la discussione arriva a un punto morto. Più cresce la tensione e meno si è in grado di cogliere i messaggi dell'altro, di capire le sue ragioni. Avviene una chiusura che rende impossibile la comunicazione. Se queste reazioni si manifestano ogni giorno, con ritmi sempre più incalzanti, la persona rischia di ammalarsi seriamente. Dapprima si verificano disturbi di tipo ansioso con possibili attacchi di panico accompagnati da disturbi del tono dell'umore. Successivamente, se trascurati, si manifesteranno, nell'arco di pochi mesi, disturbi conversivi psicosomatici che scompensano la fisiologia dell'individuo scatenando patologie persino irreversibili.

È soprattutto analizzando il modo di affrontare i conflitti che, secondo questi studi, si può capire se una coppia è destinata o meno a durare. E i risultati della ricerca riservano non poche sorprese. A differenza di quanto si è sempre detto non è vero, per esempio, che le coppie particolarmente litigiose siano le più esposte al rischio divorzio. E non è neppure vero il contrario: che, cioè, una coppia composta da due partner che non affrontano mai i problemi che si creano tra loro, e rimandano all'infinito qualsiasi conflitto, sia condannata a saltare. Anzi, la soluzione dei conflitti è, spesso, solo un optional: ci sono coppie che vivono felicemente insieme da quaranta anni e periodicamente ripetono le stesse discussioni: sempre le solite accuse da parte di lei, la stessa chiusura da parte di lui.

Certo, il modo in cui si discute è importante! Ma da altri punti di vista. È importante per esempio – sostiene Gottman – che i momenti di tensione siano compensati da un maggior numero di momenti d'affetto, di gratificazione e di sostegno reciproco. Ed è pure importante che si eviti, nei conflitti, un'escalation capace di scatenare il fenomeno della cosiddetta *flooding emotivity* (alluvione emotiva), vale a dire una reazione psicologica e biologica che inonda l'organismo come un fiume in piena, rendendo impossibile ogni tipo di comunicazione.

Per la sopravvivenza e l'evoluzione della coppia, è assolutamente necessario evitare di:

- essere ipercritici nei confronti del partner;
- cadere nei trabocchetti del vittimismo;
- disprezzare i comportamenti del partner;
- inserire eccessivi silenzi nel dialogo.

Perché la coppia "scoppia"

Può capitare, e di fatto capita, che il desiderio affettivo e sessuale subisca delle flessioni. Sovente questo capita a seguito di modificazioni importanti, e verosimilmente spesso proprio dopo l'unione in matrimonio. Molto dipende dalla tipologia di carattere e di personalità dei due individui che compongono la coppia, come essi gestiscono le molteplici situazioni della vita quotidiana e le responsabilità, rispetto alla loro storia sentimentale e come essi concepiscono l'evolversi della loro unione. Si tratta di una dimensione relazionale delicata dove l'affetto e l'innamoramento devono essere rialimentati con continuità e con arte. Spetta alle capacità relazionali e costruttive della coppia il merito dell'evoluzione amorosa costante, all'insegna del rinnovamento continuo. Il dialogo, la conoscenza delle fragilità emotive dell'altro e la disponibilità a rinforzare e migliorare i comportamenti positivi, destinati a mantenere vivo l'amore e la sessualità, sono le basi per far sì che l'unione possa essere felice e duratura.

La gelosia del passato

Si devono troncare le vecchie amicizie? Si possono conservare i rapporti con un compagno avuto in precedenza? Si può essere gelosi perché il nostro partner ha avuto delle storie sentimentali prima di quella attuale?

In genere il passato fa parte delle esperienze di conoscenza dell'altro sesso e dei tentativi di costruire una coppia. Una persona dotata di senso critico e costruttivo, al momento di instaurare una nuova storia sentimentale, racconta con una certa facilità il proprio passato di esperienza amorosa. Capita che alcuni individui, più introversi, non comunichino certi dettagli, che successivamente possono diventare oggetto di discussione fra i partner e addirittura esplodere come vero e proprio problema nel nuovo rapporto di coppia, minacciandone l'integrità. Altre volte capita che individui per carattere più possessivi pretendano di conoscere tutto ciò che riguarda e ha riguardato il loro amato, ma, al tempo stesso, non tollerino alcuni episodi, tanto da sollevare delle problematiche nell'attuale rapporto di coppia, rendendone critica la stabilità. Nei casi più difficili, quando vi sia la volontà di costituire un'unione duratura, ma si verifichino incomprensioni e reazioni emotive incontrollabili, è bene ricorrere all'aiuto di un terapeuta della coppia.

I rapporti con i genitori e con i suoceri

Quali abitudini della famiglia di origine sono da conservare e quali da cambiare? Quali consigli si possono accettare da mamma e suocera? Quanto tempo si deve dedicare ai genitori?

In Italia, oggi più di ieri, le persone prolungano il tempo di permanenza nella famiglia d'origine. Ciò comporta, da un lato, che i giovani abbiano una maggiore autonomia nel campo affettivo e sessuale fin dall'adolescenza; dall'altro lato, però, ciò diventa una sorta di sospensione dagli obblighi sociali, dalle responsabilità della vita adulta e dalla gestione del quotidiano. Il legame che si crea con la famiglia nativa è forse ancora più forte di un tempo e può in un certo senso essere predominante anche quando si compia il passo di mettere su casa in coppia. La tendenza a mantenere le abitudini della casa dalla quale si proviene e il desiderio di conservare stretti rapporti coi genitori possono talvolta destare turbamenti nel partner.

Abbiamo riscontrato che le maggiori difficoltà le ha la donna. All'inizio della convivenza, si sforza di applicarsi nella gestione della casa, un compito fino a quel momento appreso solo parzialmente vivendo con la famiglia d'origine, e intanto si delineano le situazioni più ridicole e frustranti. Ad esempio, la suocera, desiderosa di continuare a dare il meglio al figlio, consiglia con assiduità, se non addirittura critica, senza dare il giusto spazio di autonomia in una casa non sua. Oppure il marito se ne esce con frasi come "la mia mamma mi preparava sempre lo spezzatino, cuocendolo a fuoco lento per ore", oppure "non sopporto che i miei calzini debbano cambiare colore a ogni lavaggio".

Imparare a gestire una casa senza venire meno alle esigenze di entrambi non è facile, ma occorre che fin dall'inizio ci si predisponga a farlo, senza per questo pensare di non conservare il giusto affetto per i genitori.

Solo una piena emancipazione individuale può davvero gratificare il genitore, che dona ai figli per vederli autonomi ed efficienti. L'affetto "sano" non è fatto di possessività ma di realizzazioni. La libertà dell'individuo, e di conseguenza la felicità di coppia, devono prevalere sulla famiglia di origine.

Le difficoltà sul lavoro

La realizzazione in campo professionale è importante per l'emancipazione individuale, e anche per la stabilità economica. Una modificazione nella routine del lavoro, come un trasferimento, la messa in cassa integrazione, o nella peggiore delle ipotesi il licenziamento, può destabilizzare non soltanto l'individuo ma anche l'equilibrio di coppia.

Il trasferimento senza dubbio comporta delle modifiche sul piano pratico, che costringono come minimo a rivedere le possibilità d'incontro dei partner, se non addirittura a prospettare un cambio di casa. Alcune professioni prevedono continui trasferimenti, in questi casi la coppia mette già in conto gli spostamenti, che diventano meno traumatici. Quando invece il trasferimento arriva inaspettato, occorre valutare le dinamiche dei cambiamenti correlati con calma e amore, altrimenti, ne nascono ostilità, si mette a rischio la stabilità della coppia perché possono insorgere molteplici problemi. Se il lavoratore trasferito decide di fare il pendolare diventano più difficili il dialogo e la condivisione dei momenti e delle situazioni di vita; se si opta per il cambio di casa, il partner si può sentire costretto ad abbandonare cose e persone a cui è affezionato, oppure può sentirsi ostacolato nell'autorealizzazione perché deve instaurare nuovi contatti in un ambiente che gli è meno familiare.

Il licenziamento invece, così come la cassa integrazione, può destare preoccupazioni di ordine economico con ripercussioni psicologiche sul lavoratore che ne rimane coinvolto.

È sempre bene considerare insieme le difficoltà che insorgono, cercando di valutare le situazioni con obiettività. Il rischio è quello di sentirsi parte integrante del problema e di non riuscire a valutarlo con il distacco e l'estraneità che si rendono indispensabili per non dar luogo a equivoci. Se vi è una buona intesa e disponibilità nella coppia, ci sono buone possibilità di far fronte anche a questi eventi, ma se le cose sembrano precipitare è bene ricorrere all'aiuto di un terapeuta, che dall'esterno coadiuvi l'adeguata valutazione delle difficoltà. Si deve tenere presente che le preoccupazioni per gestire la difficile situazione di un licenziamento possono procurare notevoli inflessioni del tono dell'umore, che indubbiamente si ripercuotono nel rapporto sentimentale.

Il desiderio di un figlio

Non sempre entrambi i partner si sentono maturi per avere un figlio. Oppure, si decide di avere un figlio, ma non arriva.

L'arrivo di un figlio, soprattutto del primo, rappresenta nella coppia una solenne svolta. Tutto cambia: ritmi di vita, rapporti coniugali, esigenze e disponibilità. La storia personale e di coppia è destinata a mutare per diventare storia familiare.

Fenomeno di questi ultimi cinquant'anni è l'indispensabilità della realizzazione individuale, che sovente condiziona e rallenta la propensione alla procreazione. Anche il desiderio di poter garantire il meglio ai figli costituisce un altro freno alla scelta di procreare, dato che questo "meglio" sembra sempre irraggiungibile.

Per quanto le considerazioni sopra riportate siano valide anche al contrario, in genere è la donna a manifestare per prima il desiderio di avere un figlio e a sollecitare l'uomo a riguardo.

Un momento tipicamente critico per la donna è il compleanno dei trent'anni: esso sembra rimarcare la necessità di creare la situazione che renda fattibile la procreazione in un tempo ragionevolmente breve. A un certo punto si ha la sensazione che gli anni sfuggano dalle mani, che uno dopo l'altro si susseguano velocissimi, col timore di non riuscire a consolidare i risultati che favoriscono la scelta di diventare genitore. È come se non si riuscisse a gestire e a combinare insieme la realizzazione professionale, la vita sentimentale e la maternità. Di conseguenza subentra la crisi.

Per l'uomo il desiderio di paternità solitamente è più tardivo. D'altro canto l'età del padre condiziona meno le probabilità di malattie e malformazioni del feto, rispetto a quella della madre.

Ci è capitato sovente di raccogliere le confidenze e le perplessità di partner in procinto di decidere di diventare genitori: in sintesi, spaventa il coinvolgimento totale che può richiedere questo ruolo, con annessa la necessità di dare incessantemente e senza limiti. Con la frase: "Sono sempre così occupato/a da dover fare già molte rinunce, non credo di poter gestire un impegno come quello di genitore", si esprimono i timori nei confronti del difficile ruolo di padre o di madre.

Presi come siamo a inseguire la realizzazione personale, pur facendo parte di una coppia, sovente si dimentica che anche l'essere genitore contribuisce all'autorealizzazione, perché i figli costituiscono un'esperienza unica: il capolavoro della propria vita. Questo è il concetto chiave con cui si può stuzzicare e convincere il partner che opponga resistenza alla difficile decisione verso la naturale tendenza alla procreazione. Quando invece il desiderio verso un figlio sia esplicito tra i coniugi, ma questo tardi ad arrivare, la situazione si fa delicata. Desiderare un figlio e non riuscire ad averlo è un'esperienza che è capitata più o meno al 18% delle coppie. Nella maggior parte dei casi però non si tratta di un problema senza soluzione; oggi infatti la sterilità è curata con successo anche nei casi che fino a poco tempo fa venivano considerati irrisolvibili. La sterilità è un problema di coppia, non solo perché coinvolge la vita di entrambi, ma perché tutte e due possono esserne responsabili sia separatamente che insieme. Infatti può capitare che nessuno dei due partner risulti completamente sterile, ma che la combinazione delle loro rispettive difficoltà si traduca in sterilità di coppia. Affrontare il problema significa sottoporsi a una serie di accertamenti clinici che riguardano entrambi. È necessario sostenersi vicendevolmente evitando inutili accuse e cercando di contenere le manifestazioni di stress che questi episodi scatenano. Va tenuto conto che sovente subentrano fattori psicologici che ostacolano o rallentano la procreazione. Questi fattori hanno ripercussioni somatiche ma non sempre sono riconosciuti come tali dagli aspiranti genitori, con il risultato di allungare i tempi dell'attesa dell'arrivo della gravidanza. L'amore e la disponibilità fra i partner può agevolare sicuramente quello che viene chiamato l'"atto d'amore" per eccellenza, quello cioè di mettere al mondo un figlio.

Andare in pensione

La pensione è sicuramente un evento che può avere risvolti a doppio taglio. Da un lato può avere un effetto scioccante: sentirsi pensionato implica dover fare i conti con l'ingresso nella terza età. Inoltre, si teme di non potere fare a meno dei rapporti interpersonali e dell'impegno che il lavoro comporta. D'altro lato, la fine della vita lavorativa può dare spazio alla creatività e all'immaginazione, perché si è finalmente liberi dagli orari, con tutta la giornata a disposizione.

Ciò comporta il rivedere tutta l'impostazione della routine quotidiana e di conseguenza dei rapporti con il partner. Si può iniziare a viaggiare, a frequentare circoli culturali e/o ricreativi, a impegnarsi nel volontariato e così via.

Anche in questo caso consigliamo di svolgere insieme le nuove attività, perché nella coppia è importante frequentarsi anche quando si sia diventati "più grandi". C'è sempre spazio e tempo per le tenerezze e la manifestazione dei propri sentimenti, che a ogni età rafforzano l'amore.

I principali modelli della psicoterapia individuale e di coppia

Vi sono alcune fasi della relazione di coppia dove possono prodursi delle vere e proprie crisi psicologiche comportamentali e di disagio o difficoltà d'intesa sessuale. In questi casi, i più richiesti sono i servizi di psicologia e di psicoterapia.

È nostra intenzione fornire al lettore una breve guida, sia per l'individuo che per la coppia, per potersi orientare in un'eventuale scelta terapeutica utile alla soluzione delle problematiche relazionali.

Gli orientamenti fondamentali della psicoterapia sono quattro, e si distinguono per l'origine, gli aspetti privilegiati dell'indagine e le tecniche impiegate.

1. *Orientamenti psicodinamico-psicoanalitici*. Fortemente influenzati dalla psicoanalisi e dalla postulazione dell'inconscio, questi orientamenti stabiliscono un legame tra le difficoltà attuali sperimentate dal paziente e i conflitti rimossi o irrisolti della sua storia personale. La persona in terapia viene condotta a prendere progressivamente coscienza dell'influenza dei conflitti inconsci sui suoi comportamenti attuali al fine di comprenderla, e per quanto possibile risolverla. L'analizzando è considerato un paziente che richiede la cura di un esperto.
2. *Modello esistenziale-umanistico*. In tale approccio, ci si basa sulla capacità della persona di dirigere la propria esistenza e di realizzarsi pienamente. L'accento è posto sul presente e sulla capacità personale di prendere coscienza delle proprie difficoltà attuali, di comprenderle e modificare di conseguenza il proprio modo di essere e di agire. Lo psicologo facilita l'esplorazione di sé iniziata dal cliente, aiutandolo a sperimentare nuovi modi d'essere e di comportarsi. La persona che consulta è considerata un cliente all'interno di un rapporto paritario con il terapeuta.
3. *Modello comportamentale-cognitivo*. Gli specialisti di tale approccio ritengono che le difficoltà psicologiche siano legate a pensieri o comportamenti inadeguati che la persona agisce nel suo ambiente quotidiano. Si tratta allora di analizzarli, contestulmente all'ambiente, al fine di poter apprendere nuovi comportamenti, e sostituire i pensieri e le emozioni indesiderati con altri più adattivi.
4. *Modello sistemico*. All'interno di quest'orientamento terapeutico si ritiene che i problemi personali nascano e si cristallizzino a causa dell'interazione della persona con il suo ambiente (famiglia, amici, lavoro). Dopo aver analizzato la situazione problematica, l'obiettivo della terapia è di modificare le relazioni tra la persona e il suo ambiente, e per questo è frequente che lo psicologo incontri anche le persone significative dell'entourage del paziente.

La terapia della coppia

Quando una coppia arriva dallo psicologo, generalmente ha provato diverse strade che conducono, più o meno direttamente, alla risoluzione del conflitto o alla definizione e correzione del disagio vissuto. Quindi, quando tutti i tentativi sono falliti, quando i due soggetti non si sentono più parte di un "noi", quando ormai alla comunicazione si è sostituito il "gridarsi addosso", l'indifferenza nei confronti dell'altro, il pregiudizio nel dialogo interpersonale, la presenza d'odio, risentimento e a volte l'uso della violenza, allora se nella coppia esiste ancora un minimo desiderio di restare insieme, di "fare qualcosa per non perdersi così", emerge la richiesta di aiuto, il bisogno di rivolgersi a un terzo esterno. L'alternativa a questo punto della storia tra i due è la separazione, un lasciarsi con l'amaro in bocca. Ma rimaniamo nel campo di tutte quelle coppie che si rivolgono all'esterno per chiedere aiuto.

A questo punto dove andare? A chi rivolgersi? Tra i servizi pubblici che svolgono un'attività di consulenza, di sostegno e, in alcuni casi, di terapia della coppia, ricordiamo i consultori. Oltre ai consultori che appartengono alle ASL (Azienda Sanitaria Locale), vi sono quelli decanali, chiamati consultori per la famiglia, dove, prima di giungere ad avere un colloquio con lo psicologo, si possono avere uno o più colloqui con un consulente familiare. In tali strutture è possibile, comunque, richiedere un appuntamento per parlare con lo psicologo. In entrambi i casi non vi sono costi a carico della coppia.

L'alternativa ai servizi pubblici è quella di rivolgersi privatamente a un professionista che opera presso uno studio proprio o consociato. Le strade per arrivarvi sono varie: si va per conoscenza (per esempio: l'amico che già frequenta quello psicologo), oppure si cerca sulla Pagine gialle alla voce «Psicologi/psicoterapeuti», oppure si consulta Internet, e via di questo passo. In tutti questi casi, ossia quando ci si rivolge a un professionista privato, i costi da sostenere sono quelli segnalati dal tariffario dell'Ordine degli Psicologi (cfr. la pagina Internet www.psy.it/tariffario.html).

Lavorare con la coppia significa usare vari strumenti in modo differente a seconda del caso che si presenta. Comunque sia, è importante tenere presente, in primo luogo, la fase iniziale di conversazione in cui le due persone portano il loro problema; in secondo luogo ripercorrere le tappe della loro storia comune. Il percorso non è semplice, tuttavia al termine di questo cammino, qualora i due soggetti si ridefiniscano in un'entità chiamata "noi" sotto una nuova la luce, la sensazione che sovente li accompagna è quella di soddisfazione e felicità per aver recuperato qualcosa che si temeva perduto.

Da soli o in coppia?

Il primo incontro con i due soggetti, che non si sentono più un'entità armonica definita "noi", è molto importante per capire quale indirizzo e quale taglio dare all'intervento psicologico. Non sempre, e non necessariamente, sono entrambi a presentarsi dallo psicologo, a volte è solo uno. In questo caso è importante cogliere la richiesta in tutte le sue sfaccettature, cercando inoltre di capire tramite uno o più colloqui se è possibile coinvolgere anche l'altro o meno.

Può succedere che l'altro venga anche coinvolto ma ciononostante percepisca il problema non come anche suo, bensì come qualcosa che riguarda esclusivamente l'altro, il disagio è solo di uno e lui, o lei, non ne è minimamente toccato. Si crea così una sorta di squilibrio, il cui risultato (che è anche l'esito dell'intervento psicologico) può andare in due direzioni. In un caso si avrà lo scioglimento del legame per opera, ovviamente, di un soggetto soltanto; nel secondo caso, si manterrà il legame a discapito della propria felicità ponendosi in una dimensione di rassegnazione. In quest'ultima circostanza il disagio/sofferenza non risolti si manifesteranno attraverso altri canali, quali per esempio i figli, che potrebbero presentare a loro volta problemi di tipo comportamentale.

Bisogna però tenere conto del fatto che, oltre alla storia di coppia, i soggetti hanno una loro una storia personale da narrare, spesso con riferimenti alla propria famiglia d'origine. In questo senso, a volte può essere utile avere dei colloqui separati soprattutto nella fase iniziale dell'intervento, colloqui in cui possono emergere dei segreti che il partner non vuole far sapere all'altro.

Lo psicologo come giudice

Sempre nella fase iniziale dell'incontro con lo psicologo, può emergere che il conflitto tra i due sia talmente intenso che il terzo esterno è vissuto come una sorta di "giudice".

L'intervento si connota allora, per entrambi gli elementi della coppia, come una sorta di processo in cui una parte deve avere il sopravvento sull'altra, e l'esito deve essere una sentenza che dia ragione soltanto a uno. In questo caso, il compito dello psicologo è quello di condurre le due persone, tramite un confronto verbale scevro di ogni pregiudizio reciproco, a una visione diversa dell'intervento psicologico che non corrisponda a quella di un processo-sentenza che soddisferebbe l'uno ma che lascerebbe l'altro "senza parole".

In questa fase l'uso di un'eccessiva direttività può essere altamente compromettente ai fini dell'intervento psicologico, in quanto potrebbe porre il professionista proprio nella posizione di "giudice".

Se vi sono dipendenze

In alcuni casi può accadere che l'intervento con la coppia non sia da solo sufficiente, ma che sia necessario far entrare in gioco un secondo servizio e/o professionista che si occupi di una problematica specifica: in questa categoria, rientrano tutte quelle coppie in cui uno dei due partner fa abuso di alcol o manifesta una patologia di tipo psichiatrico. Nel primo caso ci si potrà rivolgere a strutture che si occupano delle dipendenze patologiche (Sert, Associazione alcolisti anonimi ecc.), mentre nel secondo caso ci si rivolgerà ai servizi psichiatrici presenti sul territorio (CPS, Centro psico-sociale).

CAPITOLO 6

La sessualità nella coppia

Nel mondo animale la sessualità si identifica con lo scopo a cui essa è destinata: l'unione, più o meno transitoria, di due individui in vista della riproduzione (comprendendo ovviamente tutta la corte di impulsi e di soddisfazioni sensibili che ne derivano). Una soluzione a priori della sessualità all'uomo, invece, non è data, come agli animali. Rispetto agli animali manca nell'uomo un istinto propriamente detto. L'attrazione reciproca dei sessi, in quanto radicata nella vitalità organica, presenta una pulsione che, come per gli animali, nasce da un bisogno specifico e per questo può dirsi istintiva, mentre non può definirsi innato il comportamento adattivo corrispondente. La componente emotiva, l'erotica, supera il bisogno reale o lo sostituisce con uno immaginario. Anche la periodicità dell'insorgenza del bisogno, tipica del mondo animale (il periodo cosiddetto del "calore"), è assente nell'uomo; al contrario troviamo pulsioni permanenti che non lo abbandonano. In sostanza l'essere umano è in grado di dissociare il piacere dal fine biologico dell'accoppiamento, cosicché il piacere diventa un nuovo fine del comportamento sessuale.

Fin dal principio della storia dell'uomo, la sessualità è vista come potenza e possibilità. Proprio per questo suscita atteggiamenti ambivalenti e va soggetta a divieti e a esorcizzazioni, che nel corso dei secoli e a seconda delle varie culture presentano manifestazioni diverse.

Per questa stessa plasticità, la sessualità si carica di una simbologia che interessa piani diversi dell'esistenza. La riduzione a semplice ricerca di piacere sembra frutto della nostra società; quelle più antiche vedevano nell'eros umano l'espressione dell'eros cosmico, pertanto ogni evento umano assumeva valenza cosmica e ogni aspetto cosmico si traduceva in esperienza umana. Nel crearsi e ricrearsi della vita si percepiva qualche cosa di sacro. Le stesse figure dell'uomo e della donna erano utilizzate nella personificazione delle potenze celesti o terrene, che in tutti i miti apparivano come maschili o femminili. La penetrazione della Terra da parte del Cielo era vista come un'unione sessuale da cui tutti gli esseri traevano origine; da questa ierogamia cosmica alla Terra derivava il simbolo di fecondità, l'appellativo di Grande Madre.

Tratto caratteristico delle società agricole era il riconoscimento del legame esistente fra la fecondità della terra e quella della donna. Da ciò derivò la considerazione che la realtà terrena fosse colma di potenza sacra e per questo la sessualità divenne tabù (parola che deriva dal verbo polinesiano *tapui* che significa "rendere santo")[1].

La sessualità si pone innanzitutto quale condizione dell'esistenza e fondamento dell'identità personale: l'uomo e la donna sono i soli due modi d'essere persona.

Ne consegue che la sessualità non è eliminabile dall'uomo, essendo una sua componente essenziale e, d'altra parte, che l'uomo non può ridursi all'uso fisiologico del sesso. Come già aveva visto Freud, il sessuale non si identifica con il genitale, cioè con il complesso degli organi e delle funzioni deputati alla riproduzione. Le relazioni umane sono sempre sessuate, anche se non tutte sono sessuali.

La corporeità, infatti, denuncia la struttura duale dell'esserci: il corpo proprio chiama il tu nel corpo dell'altro. Possiamo certamente ripetere ciò che afferma Jean-Paul Sartre nel suo saggio del 1943 *L'essere e il nulla*, e cioè che è: «Il mio desiderio nei confronti dell'altro e il desiderio dell'altro nei miei confronti che mi permette di percepire il mio essere sessuato e l'essere sessuato dell'altro».

Nella sessualità si configura la radicale alterità della persona dell'altro ed è già implicito un movimento che supera l'individualità: la funzione riproduttiva, diversamente da ogni altra funzione, è posseduta dal singolo soltanto in modo incompleto. Per questo è il luogo privilegiato dell'attuarsi dell'amore. In quanto incontro dell'io e del tu, abitato dall'amore, la sessualità incarna, e a suo modo compie, lo sforzo dell'essere umano di superare la propria finitezza. Così nell'essere con l'altro nell'amore viene colto il significato della sessualità umana. L'amore si serve della sessualità, quale istintivo tendere all'unione, come del mezzo più idoneo per il concretarsi di una vita con l'altro.

---

1. La violazione del tabù comporta infatti più che una punizione o un castigo, una sventura, poiché è la potenza stessa che si vendica, senza che si renda necessario un intervento esterno.

Le stesse differenze fisiologiche tra i due sessi non si lasciano comprendere solo sulla base delle condizioni biologiche di riproduzione; al di là di queste significano qualche cosa di specificamente umano. Il sesso rinvia all'intenzionalità fondamentalmente amorosa della persona. È il modo di essere nel mondo amando che dà significato alla sessualità maschile e femminile, conferendole una struttura polare. Maschile e femminile sono due possibilità di esistenza, non sono semplice frutto di identificazione o aleatorio prodotto del complesso edipico; fanno parte di una struttura trascendentale della persona che mette un sesso in rapporto intenzionale con l'altro. Questi "a priori" non rappresentano in alcun modo ipostatizzazioni di realtà psichiche, sono bensì modi d'essere al mondo.

Essi costituiscono una coppia di opposti non contraddittori: l'uno, infatti, non contraddice l'altro ma lo afferma. Sono due realtà inderivabili l'una dall'altra eppure tali da rendere l'una impensabile senza l'altra; l'una è possibile solo in rapporto con l'altra e ciascuna delle due contiene in sé qualche cosa dell'altra, in un certo qual modo la preannuncia.

La coniugalità dei due principi, maschile e femminile, è già iscritta nella natura di ciascun sesso. La realizzazione come uomo o come donna, se respinge nel profondo il principio opposto, non spegne la polarità: un atteggiamento del tutto unilaterale renderebbe povera e monotona la vita. Tale coniugalità intrapersonale rimanda alla coniugalità interpersonale dell'uomo e della donna. La comunità amorosa, infatti, è ad un tempo creativamente produttiva e creativamente recettiva.

L'uomo e la donna non sono dunque l'uno a fianco dell'altra, bensì l'uno di fronte all'altra. La specificità dell'uno si stabilisce però in relazione con l'altra. È soltanto con Eva che nasce anche Adamo.

In questa prospettiva ci sembra che si debba intendere la complementarità dei sessi. L'uomo e la donna solo nell'integrazione con l'altro trovano la loro completezza.

Il piacere sessuale

Cuore, amore e sesso sono legati da sottili e mutue relazioni biologiche, fisiologiche e psicologiche. Amore-cuore (attività cardiocircolatoria) è un connubio raffigurato anche dalla mitica freccia di Cupido, che appunto trafigge il cuore, accendendo l'amore. Solo un perfetto equilibrio di spontaneità istintiva e di maturazione psicosessuale equilibrata, garantisce la realizzazione sessuale.

Può capitare che chi prova la gratificazione sessuale pensi di trovare soddisfazione sufficiente dall'atto stesso, senza necessariamente considerarlo un gesto d'amore. La mancanza di quel sottile equilibrio tra fattori biologici, fisiologici e psicologici però rende la situazione non completamente appagante, tanto è vero che in genere si instaura l'irrefrenabile desiderio di cercare sempre nuove esperienze, rasentando la perversione.

Le perversioni a prima vista possono sembrare una via di realizzazione e di gratificazione sessuale davvero potente, infatti attirano uomini e donne verso unioni extraconiugali, nonostante questi si dichiarino innamorati o legati sentimentalmente in un rapporto di coppia. In realtà le perversioni rappresentano l'ambita illusione di godere sessualmente dell'amore senza però esserne coinvolti. È come se il perverso, o colui che professa ed esercita gli aspetti meramente sessuali, ricercasse appunto in questo tipo di accoppiamento quel soddisfacimento orgasmico che invece è solamente relegato all'aspetto del sesso-amore-cuore, unicamente riferibile alla coppia stabile.

Il desiderio sessuale tende alla fusione ed è, senza alcun dubbio, solo un appetito fisico, il sollievo da una tensione spasmodica. Ma il desiderio sessuale può esser stimolato dall'ansia della solitudine, dal desiderio di conquistare o di essere conquistato, dalla vanità, dalla volontà di ferire e perfino di distruggere, così come può essere stimolato dall'amore. Sembra che il desiderio sessuale possa facilmente essere confuso o esser stimolato da una forte emozione. Se il desiderio di unione fisica non è stimolato dall'amore, sostiene Erich Fromm, se l'amore erotico non è anche amore fraterno, non porta mai alla fusione se non in un senso orgiastico e fittizio. L'attrazione sessuale crea sul momento un'illusione d'unione, eppure senza amore questa unione lascia due esseri estranei e divisi come prima.

Durante un atto sessuale fine a se stesso si manifesta l'ambivalenza. Abbiamo già visto come l'aspetto dell'ambivalenza manifesti una scissione tra sesso e amore, a questa bipolarità va ad aggiungersi la relazione piacere-dolore.

Proprio su questa dicotomia poggia le basi il comportamento di alcuni soggetti che potrebbero banalmente definirsi disturbati (masochisti o sadici), i quali sono convinti che procurando dolore a sé, o al partner, possano migliorare il soddisfacimento orgasmico personale. Certo il soddisfacimento orgasmico ha un non so che di animalesco, in cui però istinti e aggressività si fondono insieme a dolcezza e romanticismo. A prima vista un atto sessuale travolgente può far pensare anche al dolore. Alla prima e iniziale fase di eccitazione, seguono eventuali preliminari. Poi si arriva ai movimenti propri del coito, fase questa in cui le espressioni e i ritmi ricordano manifestazioni di aggressività e violenza, fino a sfociare all'apice orgasmico in cui le piacevoli sensazioni favoriscono il fluire del sentimento d'amore.

Pulsioni sessuali ed erotismo

Per comprendere l'esperienza dell'incontro sessuale dobbiamo distinguere tre sfere: la pulsione elementare (ciò che comunemente va sotto il nome di istinto), l'erotismo e l'amore.

La pulsione, in generale, richiama il concetto di bisogno, inteso in senso stretto come mancanza di qualche cosa, una necessità dell'essere vivente in relazione con il mantenimento dell'equilibrio organico. Pur sorgendo in modo spontaneo, il bisogno richiede e, in certa misura, anticipa l'oggetto idoneo alla propria gratificazione e quest'oggetto costituisce il segnale capace di scatenare il comportamento adatto. Ogni attività di appropriazione originata da un bisogno, e tale dal punto di vista biologico è il comportamento sessuale elementare, si conclude nel piacere, il quale pertanto non può essere ridotto a un'eccitazione esterna, indipendente da un fattore interno, soggettivo, che la completa.

Sul piano umano il bisogno non corrisponde sempre alla mancanza di qualche cosa: può essere anche slancio di affermazione e accrescimento dell'esistenza. Non è più allora un puro richiamo fisiologico, bensì un desiderio, che supera il bisogno reale o lo sostituisce con uno immaginario. Ebbene l'erotismo differisce dalla pulsione elementare come il desiderio differisce dal bisogno. Quest'ultimo si rivolge a un oggetto concreto, finito, e nell'urgenza di essere soddisfatto va alla ricerca del suo esaurirsi. Il desiderio, vivendo della rappresentazione dell'oggetto, non è strettamente dipendente dalla concretezza del reale, è infinito e tende a rimandare la soddisfazione completa per prolungare il godimento. Ma perché infinito e indefinito, la sua soddisfazione è sempre impari all'attesa.

Possiamo vedere nell'erotismo un tentativo di riscattare l'umano dall'animalità che lo insidia. Il comportamento istintivo, proprio dell'animale, è scatenato dalla percezione di un segnale specifico e determinato; l'erotismo, proprio dell'uomo, si gioca sul simbolo, sull'ambiguità, sull'interpretazione inesauribile di una significanza. È l'attitudine a sperimentare il proprio essere sessuale non semplicemente nell'atto genitale ma in tutti gli atti che sono in qualche modo correlati con la sessualità. Così il fine dell'erotismo è la seduzione, laddove la sessualità elementare, nella sua precipitosa ingordigia, mira al possesso immediato, alla consumazione dell'oggetto. La pulsione riguarda il corpo, non la persona né la relazione. L'erotismo, invece, chiede la presenza umana dell'altro. In esso si compiono gesti che hanno significato umano; in qualche misura si valorizza l'altro, strappandolo dall'anonimato di un rapporto puramente genitale per immergerlo in una tenerezza sensuale. L'erotismo insomma esprime la funzione ludica della sessualità e in quanto tale è un aspetto della tenerezza.

La sessualità cessa così di essere un puro impulso o un semplice gioco per rivolgersi a un tu, facendosi dono.

Nello stesso modo in cui la sessualità è un luogo privilegiato per l'incontro, essa può costituire un luogo privilegiato per la sopraffazione e il dominio.

Sicuramente nell'incontro sessuale la persona dell'altro non mi interessa, se non attraverso il corpo. Però l'unione può seguire una doppia logica: quella del prendere e dell'essere presi, o quella del dono reciproco, garantito dalla reciproca libertà.

La moderna riflessione antropologica, ha considerato la sessualità una dimensione relazionale dell'uomo, una dialettica del vivere con gli altri. La sessualità appartiene all'intenzionalità dialogica della persona, che trova nell'amore il proprio coronamento.

Nell'unione amorosa dell'io e del tu, mediata dalla sessualità, l'uomo è in grado di svolgere l'intera pienezza delle sue possibilità, quasi fosse sul punto d'infrangere le soglie dell'infinito e dell'eterno. La relazione sessuale rivela un bisogno di assoluto, un'aspirazione all'immortalità di cui l'amore è al tempo stesso figura e speranza.

L'influenza di odori e profumi sull'erotismo

Recenti ricerche sulle preferenze in campo sentimentale hanno messo in luce che tra i parametri più profondi e importanti nella scelta del partner è la profumazione della sua pelle. Fin qua niente di nuovo, se non fosse che l'odore personale, pare, segnali inconsciamente l'identità genetica dell'individuo. A questa conclusione sono giunti una serie di studi, di cui illustriamo di seguito gli esiti più sorprendenti. Una delle più interessanti indagini al riguardo è stata condotta degli psichiatri tedeschi Manfred Milinski e Claus Wedekin ed è stata pubblicata su «Behavioral Ecology». Scopo della ricerca era dare una soluzione a un'annosa questione scientifica: il profumo che si usa serve a nascondere gli odori corporali o a esaltarli? Per capirlo, Milinski e Wedekin hanno reclutato un gruppo di 137 soggetti di entrambi i sessi. A tutti i volontari è stato chiesto di annusare una serie di profumi spruzzati su bandelle di carta. I partecipanti sono stati quindi invitati a dare un giudizio sulla piacevolezza del profumo; la valutazione veniva espressa su una scala che andava da "gradevole" a "repellente". Cosa più importante però, dovevano scegliere quello che avrebbero potuto usare come profumo personale. Parallelamente era stato prelevato un campione di sangue a ogni soggetto per un'analisi di una particolare classe di geni detti "complesso maggiore di istocompatibilità" o semplicemente MHC. L'MHC è una famiglia di geni che si trova sulla superficie dei globuli bianchi e aiuta questi ultimi a riconoscere gli organismi estranei. Come suggerisce il nome è in base a questo grappolo di molecole che viene stabilita la compatibilità, nel caso di trasfusioni di sangue o di trapianto d'organi. È stato provato che il complesso di istocompatibilità e la sua "fragranza" sono utilizzati dai ratti nella selezione del partner. Analisi sugli esseri umani hanno stabilito che molecole di MHC sono presenti nei fluidi organici, come urina, sudore e saliva. Un esame con la gascromatografia (una specie di tac dei composti gassosi) ha inoltre posto in evidenza come nel profilo grafico dell'urina siano rilevabili "tracce" analoghe a quelle emanate dalle proteine di MHC.

Tornando allo studio dei ricercatori tedeschi, questi erano partiti dall'ipotesi che se il profumo è un modo per intensificare la qualità dell'odore personale, ci doveva essere una relazione tra le essenze predilette e l'identità genetica fornita dal complesso d'istocompatibilità. Gli esiti dell'esperimento hanno dato loro ragione: chi aveva un MHC simile tendeva a scegliere lo stesso profumo.

In definitiva, trovare un profumo che venga sentito adatto alla propria persona sarebbe una sorta di "pubblicità occulta" del proprio patrimonio genetico; questa "informazione" aiuterebbe inconsapevolmente gli esseri umani a selezionare un compagno con cui la compatibilità ha radici decisamente profonde. Forse è proprio per non trovarsi di fronte a spiacevoli sorprese nella "miscela del proprio DNA e quello del partner" che le donne pare tendano a preferire uomini che sappiano di "papà". O almeno questo è quanto è emerso da un'indagine svolta da Martha

McClintock e altri colleghi dell'Università di Chicago. Questo team ha fatto annusare a un certo numero di donne dei tamponi ascellari indossati per qualche notte da alcuni uomini. Sia ai "donatori" maschi sia alle "testatrici" donne è stato eseguito un esame del sangue per stabilire l'MHC. Alla "sniffata" ha fatto seguito una richiesta alquanto insolita: quale odore avrebbero preferito avesse il proprio compagno per la vita.

Buona parte delle partecipanti ha dato mostra di prediligere odori che indicavano un MHC simile al proprio, ma più precisamente a quella parte del corredo cromosomico ereditata dal padre. Viene automatico pensare all'incesto e al complesso di Edipo proposto da Freud. Tuttavia, l'unica cosa che in realtà è stata appurata non è l'attrazione per individui che somigliano al genitore del sesso opposto (anche se solo sotto il profilo immunitario), ma il criterio in base a cui le donne scelgono colui che potrebbe divenire il padre dei propri figli. La scelta femminile cadrebbe su chi risulta familiare invece che su chi appare "sconosciuto". Questa tattica, secondo la McClintock, consentirebbe alle donne di assicurarsi che ai figli vengano trasmessi dei geni sani. Con un individuo del tutto estraneo i rischi in questo senso aumenterebbero. D'altra parte, come non giustificare tanta cautela, quando le statistiche relative ai padri di figli con difetti congeniti parlano chiaro: l'abbandono della famiglia in quei casi cresce vertiginosamente.

Il meccanismo fisiologico dell'odorato è piuttosto complesso, si conosce tuttavia con precisione solo il percorso che conduce le molecole odorose verso le aree specifiche del cervello: il flusso dell'aria, attraverso gli orifizi delle narici raggiunge la parte superiore del naso, dove si trovano due cavità dette olfattive. Si tratta di due frammenti di tessuto epiteliale in cui sono inseriti due tipi di fibre nervose, la prima è il nervo olfattivo e la seconda è una terminazione del nervo trigemino. Le estremità del nervo olfattivo sono corredate di milioni di cellule provviste di ciglia, con dei filamenti vibratili che catturano, come dei veri e propri recettori, le molecole degli odori. Il nervo olfattivo è, dunque, eccitato dalle vibrazioni dei recettori cigliati e trasmette impulsi alle aree cerebrali del sistema limbico, con particolare sollecitudine all'ipotalamo e all'ipofisi[2].

---

2. L'ipotalamo è un gruppo di cellule nervose responsabili delle stimolazioni istintive quali la fame, la sete, il sonno e il desiderio sessuale; l'ipofisi connette e dirige l'apparato ormonale dell'organismo.

AROMATERAPIA E UMORE

Gli studi condotti nell'ambito dell'aromaterapia sostengono che vi sia corrispondenza tra determinate essenze e l'attivazione emozionale. La sperimentazione effettuata sugli individui dimostra che gli odori modificano l'attività del sistema nervoso e gli atteggiamenti del comportamento umano.

Tuttavia, è terreno di studio complesso, in quando uno stesso odore può essere dichiarato gradevole da alcune persone e sgradevole da altre. Pertanto il criterio di valutazione e classificazione rimane a tutt'oggi estremamente soggettivo, sebbene statisticamente si possano raggiungere delle indicazioni terapeutiche di massima, per le quali stabilire dei criteri accettabili e divulgabili con coerenza d'informazione.

A ognuno il proprio profumo, con la personale risposta di distensione neuromuscolare o di amplificazione del desiderio. Quando l'odore è sgradevole, la reazione è di sottrarsi e irrigidirsi, con l'effetto dell'abbassamento del tono umorale.

Le vie olfattive, dunque, rappresentano un canale di stimolazione e di possibile regolazione naturale di importanti funzioni psicologiche e fisiche. Le attuali condizioni ambientali comportano un disagio nella funzionalità naturale e spontanea dell'olfatto, scatenando svariati disturbi quali l'insonnia episodica, gli squilibri della stimolazione all'appetito, le emicranie tensionali e vascolari e le oscillazioni del tono umorale e del desiderio sessuale.

Come stimolare in modo naturale il desiderio sessuale

In estate la capacità olfattiva subisce un'impennata percettiva, tutto l'ambiente odora: la terra, il mare, la campagna e la montagna, i prati, gli alberi, i fiori, i cespugli; persino le città più inquinate possiedono, tra il cemento e l'asfalto, squarci di verde che emanano, sotto i raggi solari, odori gradevoli che stimolano il rilassamento e di conseguenza l'attivazione di sensazioni corporee legate alla sfera del piacere.

Secondo gli studi condotti dal francese P. Belache, fitoterapeuta, e dal collega inglese C. Wildwood, risulta che gli odori della natura attivano, con modalità diretta, le risposte naturali e spontanee dei comportamenti istintivi dell'essere umano. Gli studiosi hanno evidenziato e classificato tre categorie fondamentali di odori-profumi naturali, che a loro parere corrispondono statisticamente ad attivazioni di risposte comportamentali condivise dalla maggioranza degli individui che sono stati sottoposti alle esperienze di studio. I risultati di indagine offrono risposte molto specifiche che riguardano:

- la *stabilizzazione del tono dell'umore*: essenze di camomilla, finocchio, gelsomino, ginepro, issopo, melissa, mirra, mirto, pino, rosmarino e zenzero;
- l'*aumento del desiderio sessuale*: essenze di basilico, cannella, chiodi di garofano, coriandolo, menta, muschio, patchouli, rosa, sandalo, ylang-ylang, vetiver;
- la *distensione neuromuscolare* come effetto della sedazione del sistema nervoso: essenze di arancio amaro, incenso, lavanda, maggiorana, mandarino, salvia e verbena.

Nell'ambito dell'aromaterapia, l'essenza di vetiver, stimola le vie olfattive calmando l'azione dei pensieri angosciosi e il fluttuare negativo delle emozioni, stabilizza l'umore e suggerisce maggiore capacità di concentrazione. In Oriente questo profumo è usato per risvegliare vigore e sicurezza nella sfera sessuale, attivando interiormente il desiderio sessuale.

L'essenza di basilico agisce psicologicamente contro la tendenza alla stanchezza cronica e alla svogliatezza, solleva l'umore dai fenomeni depressivi e stimola il coraggio nei momenti di ansia acuta da panico. Dona una sensazione di desiderio epidermico di contatto e abbraccio.

L'essenza di patchouli, di origine malese, stimola l'immaginazione amplificando la sensualità e lo spirito selvaggio, accende fantasie e desideri erotici.

Il sandalo, di origine indiana, allenta l'aggressività e le esasperazioni emotive. La maggiore efficacia si ottiene immergendosi in un bagno caldo con almeno venti gocce di essenza, in questo modo si stimola la sensazione di una sorta di apertura mentale verso ampi spazi di calma, che libera l'energia sessuale bloccata dalle tensioni psicosomatiche.

L'essenza di chiodi di garofano risveglia le pulsazioni emotive della voglia di vivere con coraggio e determinazione di volontà. Non meraviglia che nell'arcipelago delle Molucche, paese d'origine dei chiodi di garofano, sia considerata un potente afrodisiaco.

Ogni lettore può sperimentare l'effetto dell'essenza come descritto

COME USARE LE ESSENZE SUL CORPO E NELL'AMBIENTE

Per l'uso delle essenze si consiglia di confezionare le erbe in piccoli sacchetti di stoffa, da portare sempre con noi. Oppure di utilizzare dei tamponi in stoffa imbevuti delle essenze scelte, che si possono inserire nella borsa, oppure nel portafoglio o ancora appendere al collo.

Una volta individuata l'essenza o il cocktail di essenze personali, è necessario verificare la reazione cutanea del proprio corpo, onde evitare eruzioni di tipo allergico. Il consiglio è quello di provare il tipo di essenza prescelto, inizialmente in piccole quantità e in zone della pelle esteticamente non visibili. Qualora l'esito si presenti nefasto, si potrà ricorrere all'uso dei sacchetti come più sopra suggerito.

Negli ambienti chiusi, come quelli di casa e di lavoro, per adottare un accorgimento ecologico si consiglia l'uso di vaporizzatori a candela evitando nebulizzatori o vaporizzatori elettrici.

Le essenze indicate sono di facile reperibilità, presso erboristerie di fiducia e farmacie omeopatiche.

La scelta del proprio profumo è un atto creativo e per questo ha effetto terapeutico, prima viene l'idea, il sentimento, l'intenzione, poi il profumo diventa l'espressione di tutto ciò, esattamente come la realizzazione di un'opera d'arte. Individuando il proprio profumo, o il cocktail di profumi, si realizza un complemento individuale che, da un lato, è il prolungamento della nostra energia di personalità e, dall'altro, la compensazione necessaria per stare in equilibrio con l'uso di sostanze naturali, che madre natura saggiamente ha stabilito di confezionare per il nostro benessere.

dagli studiosi, scoprendo le proprie preferenze, con la possibilità di combinare le diverse essenze creando personalissimi cocktail. Il grado di ricettività olfattiva di percezione di gradevolezza e di stimolazione rimane strettamente personale!

Cibo e sessualità

L'idea che grandi abbuffate siano sinonimo di benessere, di gioia, di festa, e che si accompagnino a momenti di forte sessualità, appartiene ormai al passato. Ne sono esempio i baccanali (culto di Dionisio o Bacco), dove cibo e sesso erano davvero un continuum spazio-temporale; fino ad arrivare ai sabba e alle orge medievali. Nei tempi moderni, quel che è messo in rilievo è il sesso, punto e basta. Il culto del piacere della mente e del corpo, legato alle rotondità paciose e grassocce del binomio cibo-sesso, è stato sostituito con l'esigenza salutare di avere l'aspetto magro e asciutto, eliminando il culto dell'abbuffata, come penalizzante per la salute e per la prestazione sessuale. L'enfasi del piacere-salute si è spostato sul sesso e sui cibi proteici e afrodisiaci, atti a produrre il carburante necessario per raggiungere l'apice del godimento. Persino l'associazione alcool e sessualità è venuta meno: la medicina ha dimostrato i danni irreparabili e irreversibili che tale sostanza produce sulla libido. Rimane aperta una porta sugli stupefacenti, con particolare attenzione a sostanze dubbie come la cocaina. I cibi piccanti, come il peperoncino e il cacao, un cui uso smodato può portare danni a reni e vescica, lasciano dubbi circa la loro predisposizione a essere cibi effettivamente afrodisiaci. Tuttavia il rapporto cibo-sessualità ha dei correlati scientifici innegabili. Infatti, sappiamo da tempo, come la neurofisiologia insegna, che esiste un legame stretto tra il cibo e la sessualità. L'ipotalamo, che è un piccolo gruppo di cellule nervose, situato nella scatola cranica in posizione centrale e in direzione frontale, è responsabile degli istinti quali la fame, la sete e la sessualità. Ma l'aspetto più interessante è sicuramente quello psicologico, che mette in risalto le sottili ed evidenti analogie tra comportamento alimentare e comportamento sessuale.

Oggi è possibile affermare con sicurezza che l'eiaculatore precoce abbia un comportamento alimentare accelerato, mangi rapidamente, divori con avidità e trangugi come un lavandino. La donna che ha un rifiuti del cibo, senza per questo essere anoressica, dimostrerà di avere un rifiuto della sessualità. Soggetti con comportamento alimentare che ricordano quelli principeschi e regali, rifletteranno la stessa tipologia, da schizzinosi, anche nella sessualità.

Si capisce bene che l'istintualità tribale, feroce e aggressiva, perché pulsionale, della fame e della sessualità venga costantemente mediata e modulata dai pensieri, dalla filosofia di vita del soggetto e dalle emozioni. La tavola è il punto d'incontro con il cibo, ma non solo, la tavola è anche un momento socializzante e di festa, è un inno alla vita. Dallo svezzamento in poi, la tavola con il cibo diventa uno dei centri di polarizzazione della crescita, dei rapporti sia familiari sia sociali, senza tuttavia trascurare quelli sentimentali. Pensiamo a una serata in pizzeria con una ragazza. Il cibo, il dialogo, gli sguardi, i pensieri assumono lentamente i toni di un momento ricco di preliminari, i quali conducono necessariamente alla vitalità di uno sfrenato desiderio sessuale. Oppure immaginiamo, nella medesima circostanza, ragazzi con personalità più introverse, un po' timidi. Questi mangiano, e poi continuano ancora a mangiare, sempre più a mano a mano che avvertono la presenza di desiderio sessuale, perché spaventati dal darlo a vedere, e magari intimoriti da qualche ricordo di mancata prestazione sessuale. Oppure, ancora, immaginiamo delicate e gracili anoressiche, dalla mentalità onnipotente, che stuzzicano il maschio, per poi darsela a gambe.

Sulla base delle cinque tipologie caratteriali descritte a proposito del test del carattere, abbiamo preso in esame la relazione tra cibo e sessualità e abbiamo cercato di descrivere i possibili comportamenti delle differenti categorie, raggruppandole in sole quattro modalità.

1. La tipologia di *carattere masochista* e *orale* pone l'attenzione alla logica e alla razionalità delle cose, preferisce attenersi a norme e regole di riferimento, che sceglie in relazione a tradizioni sicure e controllate, o a metodi che convincono sulla base di dati e statistiche. Il tipo masochista, rappresenta lo stereotipo del comportamento di dovere e di fatica e dolore. Il rapporto con il cibo segue linee precise di quantità e qualità. Per il tipo orale sono possibili grandi abbuffate, ma solo con cibi genuini, che ricordano la naturalità dei prodotti e della cucina tipica tradizionale. La sessualità ha similari orientamenti, dove il piacere diviene ingordigia, voluttà della carne, piacere tellurico dei sensi.
2. La tipologia di *carattere megalomane* si configura mutevole, inafferrabile, in continua metamorfosi. Queste persone possiedono capacità di adattarsi alle situazioni di volta in volta, a seconda delle esigenze richieste dagli altri e dall'ambiente. Il piacere della tavola si sposta nei rapporti con gli altri, ottenendo un piacere-successo nella convivialità. I megalomani dimostrano d'essere flessibili e accomodanti, incuriositi dal piacere che gli altri traggono dal cibo. Anche nella sessualità, scopriamo gli identici riflessi di curiosità per l'erotismo degli altri. Nel rapporto a due, uno dei meccanismi che scatena l'eros è il piacere dichiarato ed espresso dal partner, che li manda in orbita.
3. La tipologia di *carattere isterico-rigido* è eclettica e incostante. La loro filosofia poggia sul concetto di relatività delle situazioni della vita. Gli appartenenti a questo tipo sono in alcuni momenti

estremamente coinvolti, in altri completamente distaccati. L'indipendenza, con continui meccanismi di evitamento, pare essere la loro sintesi comportamentale. A tavola il loro atteggiamento è di curiosità a 360 gradi, sui diversi piatti, sulla tipologia degli ingredienti, sulla loro origine e provenienza, sul consenso del gusto, raggiunto dopo accurate e tendenziose indagini svolte a tavola.

4. La tipologia di *carattere schizoide* è centrata sul continuo bisogno di bruciare, provare e sperimentare nuovi obiettivi di vita, sia social-sentimentale che professionale. Il continuo bisogno di rinnovamento, se represso, li rende irascibili. A tavola, la velocità, e il desiderare di consumare rapidamente, bruciando i tempi, lascia poco spazio al piacere profondo, da assaporare lentamente. È naturale per questi tipi, piluccare qua e là, l'ideale è il buffet, con tanti antipasti e piattini, o ancora meglio il self-service, rappresentazione di funzionalità e rapidità. Nella vita sessuale è presente la necessità di raggiungere immediatamente il piacere, senza troppi preliminari, bruciare e godere: le "sveltine" con più partner in momenti diversi sono una possibile soluzione. A tavola poche cose, ma giuste, soprattutto da masticare, da mordere, che siano possibilmente piccanti, stimolanti e stuzzicanti. A letto, una donna calda e piacente, dall'orgasmo facile, che sia subito disponibile alla penetrazione.

CAPITOLO 7

Coppia e carattere

Secondo l'impostazione psicosomatica di questo libro, siamo riusciti a dividere le tipologie di carattere degli individui in cinque tipi (si veda nella Parte I, il cap. 11):

1. carattere orale;
2. carattere masochista;
3. carattere rigido-isterico:
   a) fallico-narcisistico;
   b) passivo-femminile;
4. carattere psicopatico-schizofrenico;
5. carattere schizoide.

Nella Parte I di questo trattato si trova il test psicosomatico strutturato con posture fisiche alle quali sottoporsi per identificare il proprio tipo di carattere.

Di seguito, alcuni suggerimenti sulle possibili combinazioni caratteriali all'interno della coppia.

I diversi tipi di combinazione nella coppia

Il tipo orale con quello orale

Il tipo orale è un soggetto dinamico, intraprendente, entusiasta e sempre pronto a partire per nuove avventure. L'incontro di due soggetti orale riserva momenti di gioco, di intesa nel desiderio di viaggiare, di trasferirsi in luoghi lontani. Talvolta l'entusiasmo può eccedere e avere ripercussioni sul buon rendimento nella gestione del quotidiano e nell'amministrazione delle finanze.

Il tipo orale ama l'etichetta e la formalità, se due individui di questo tipo si trovano a organizzare incontri, cene e party, la riuscita non farà una piega. Dato il presupposto, se l'unione si consolida in matrimonio, la cerimonia sarà sicuramente strepitosa.

Il tipo orale con il tipo rigido-isterico

L'attenzione alle buone maniere e al formalismo, caratteristica del tipo orale, non sempre viene soddisfatta dagli atteggiamenti del tipo rigido-isterico, che si rivela sovente più spartano e meno ricercato. In comune invece vi è la grande considerazione per il valore dell'amicizia, che in alcuni casi rischia di essere sentito come superiore a quello dell'amore di coppia. È infatti possibile che un partner possa trascurare l'altro per seguire la compagnia di amici, dimenticando di prestare la dovuta attenzione al partner e alle faccende a due. Sono anche abbastanza probabili le cosiddette scappatelle. I disaccordi nella coppia non sono solitamente profondi, ma frutto di gaffe o malintesi e si risolvono in breve.

L'amore impostato e razionalizzato, tipico del tipo isterico, non sempre viene soddisfatto dagli atteggiamenti del tipo orale, che si rivela sovente più esigente nella qualità degli affetti. Estremamente socievoli, dimostrano interesse per gli altri, al punto da trascurare i loro aspetti più profondi di complicità e di intimità.

Il tipo rigido offre maggiore segno di organizzazione della vita a due e il tipo orale tende alla dipendenza affettiva e relazionale. Dotati entrambi di passionalità si rivelano una coppia intensa ed efficace, capace di ottenere soddisfazione e reciproco appagamento, ma è fondamentale che sia il tipo rigido a guidare la vita a due.

Il tipo orale con il tipo masochista

Da quest'unione può nascere una buona intesa. Talvolta il tipo masochista può risultare al tipo orale un po' troppo preciso e puntiglioso. Questo però non guasta l'affiatamento di coppia, in modo particolare quando gli individui che la formano sappiano riconoscere di dover ognuno dare il proprio apporto per raggiungere le mete prefisse, stimando reciprocamente le caratteristiche dell'uno, mancanti all'altro. Alcuni screzi possono scaturire per la necessità di chiarezza e puntualità da parte del tipo masochista, che ricerca in ogni situazione, cosa che invece risulta più difficile al tipo orale che, sotto questo punto di vista, è più grossolano.

Il tipo masochista ha la necessità di sentirsi capito e compreso, spesso cade nel vittimismo esistenziale e riversa nella vita di coppia le conflittualità che incontra nella vita sociale e lavorativa. Il tipo orale possiede dalla sua la capacità di contenere i disagi e offre la propria affettuosità come potende antidoto. Il tipo masochista sentendosi amato riesce a liberarsi dalle avversità emozionali ed è in grado di ricambiare l'affettuosità del tipo orale. Unico neo è l'andamento della vita quotidiana dove il tipo orale rischia di perdersi nel caos, mentre le manie di controllo del masochista gli conferiscono precisione e puntualità.

Il tipo orale con il tipo schizoide

Questa coppia mira a consolidare la propria realizzazione attraverso il consenso sociale. Apparire e risplendere di luce propria, illuminando il pubblico per raccoglierne gli applausi, può risultare la principale aspirazione di questo tipo di unione. Difficilmente i due si permettono dei litigi, in caso di tempesta preferiscono il silenzio. Può essere un'eccellente accoppiata, non soltanto sotto l'aspetto amoroso, ma anche professionale e amichevole. Tutto è possibile, i compiti da intraprendere non sono mai abbastanza ardui.

Nel caso dall'unione nascano dei figli, questi ultimi possono avere qualche difficoltà a reggere il frenetico ritmo dei genitori. Entrambi con modalità diverse hanno bisogno di impegnarsi e di ottenere consensi da parte degli altri.

Dotati di talenti e abilità spesso si misurano non solo negli impegni lavorativi e sociali ma anche tra loro. La competizione reciproca apre conflittualità che rischiano di spegnere l'affettività e la stabilità di questo tipo di unione. Difficilmente i due si permettono dei litigi, in caso di tempesta preferiscono il silenzio. Il tipo orale patisce il comportamento intermittente del tipo schizoide, che sa dare tutto, ma sa anche togliere tutto.

Il tipo orale, con il suo costante bisogno di affetto, dovrà adottare sane strategie relazionali che gli consentano di armonizzare i cambiamenti comportamentali del tipo schizoide. Dalla sua il tipo schizoide, se rassicurato dal tipo orale, riesce a stabilizzare l'affettività e a evitare atteggiamenti eccessivi e in questo modo la coppia funziona.

Il tipo orale con il tipo megalomane

Il desiderio di comunicare e di stare in società, proprio del tipo orale, è decisamente meno sentito dal tipo megalomane: ciò può causare qualche incompatibilità, richiedendo una continua e costante mediazione tra le due necessità opposte.

La tranquillità che ricerca il megalomane è spesso messa a repentaglio dall'entusiasta orale, che trascinerebbe chiunque in imprese impegnative, che lasciano poco spazio alla stabilità. Il primo è persino eccessivamente sincero e ingenuo mentre il secondo è più riservato e misterioso. Il punto vincente è l'onestà e la rispettabilità verso il prossimo, sentita da entrambi, così la stima reciproca può far superare ogni difficoltà e favorire l'affiatamento tra i due.

Il megalomane può trovare con il tipo orale una dimensione affettiva di tranquillità e di soddisfazione nel sentirsi l'eroe della vita di coppia. Ponendosi nel rapporto con bisogni di conferme affettive, il tipo orale trova appagamento nella capacità di estroversione del megalomane.

Tuttavia il megalomane ha bisogno nella vita di coppia di estrema tranquillità che viene messa in discussione dal tipo orale che spesso rende nevrotica la relazione affettiva.

Il tipo orale necessita di conferme affettive continue che rischiano di esasperare il megalomane che, se irritato, reagisce con comportamenti negativi e disfattisti che stravolgono tutte le buone intenzioni del tipo orale.

Con la chiarezza dei bisogni reciproci l'amore fluisce e la coppia si rinsalda.

Il tipo rigido-isterico con quello rigido-isterico

Un po' troppo eclettici per trovare un equilibrio stabile. Il senso sfrenato per la libertà li rende imprendibili. Dunque due individui di questo tipo rischiano di elevare alla massima potenza le caratteristiche che renderebbero difficile un rapporto a due, già solo con uno dei componenti di questo tipo.

L'unione dunque si presenta bizzarra e instabile, quando capita che si consolidi è probabile che l'amore venga vissuto più sul piano della comunicazione verbale, con conversazioni sussurrate o gridate al vento, della condivisione delle amicizie e dei viaggi, sia materiali che immaginari. Si può dire che ne nasca un'amicizia amorosa, un tenero flirt, forse per l'eccessivo rispetto reciproco della libertà individuale.

Il tipo rigido-isterico con il tipo masochista

L'intesa a livello cerebrale è perfetta, amanti entrambi di novità, smaniosi di conoscere il mondo, gli usi e i costumi delle differenti civiltà, progettano in continuazione viaggi ed esplorazioni in grande complicità.

L'amore per questa coppia ha valenza infinita per abbracciare l'intera umanità, talvolta a discapito dell'intimità di coppia. Anche l'amicizia è molto sentita da entrambi e sovente la coppia impegna più tempo in compagnia di amici rispetto ai momenti strettamente riservati a se stessa. È difficile che ne nasca una di quelle passioni brucianti, ma l'unione può rivelarsi duratura, anche se poco vissuta fra le pareti domestiche e poco dedita alla prole.

Una coppia attenta ai particolari: estremamente precisi e determinati nell'affrontare gli impegni della vita quotidiana, fanno a gara a chi è il più bravo nel raggiungere obiettivi sociali e professionali. È di estrema importanza che non si strutturi una rigida competizione che rischia di incrinare l'intesa di coppia. Estremamente cervellotici, insieme possono lavorare con soddisfazione e profitto, fondamentale è la direzione dei lavori che deve essere affidata al tipo isterico. La grande complicità che dimostrano di avere nella vita quotidiana è una grande risorsa di affiatamento e sostegno reciproco. L'abilità della coppia sta nell'aprirsi l'un l'altro alla vita emotiva e affettiva, imparando a lasciarsi andare.

Il tipo rigido-isterico con il tipo schizoide

La tendenza del tipo rigido-isterico di dare spazio all'amicizia può seccare il tipo schizoide, che necessita di continue attenzioni e apprezzamenti personali. Così può capitare che, prima di trovare l'intesa perfetta, occorra superare furiose tempeste, che generalmente sono volute dallo schizoide, mentre il rigido-isterico dal canto suo si limita a far da spettatore, anche poco curante, dato che per sua natura evita di coinvolgersi.

Se i due riescono a superare i primi momenti critici, possono puntare alla realizzazione della vita a due basandola proprio sulla comunicazione sociale. In questo modo lo schizoide, a cui è tanto cara l'emancipazione in società, ha la certezza della riuscita attraverso la valida collaborazione del rigido-isterico, che lo aiuta a intessere e curare i rapporti con il prossimo, dando sfogo, nel contempo, alla dimensione che più lo appassiona.

Il tipo schizoide ha bisogno di attenzioni e di stimoli personali, altrimenti si spazientisce, mentre il tipo isterico ha la necessità di avere spazi sempre più ampi di consenso sociale. Il tipo rigido deve trasmettere non solo maggiore affettuosità al tipo schizoide, ma anche e soprattutto stimolarlo ad aprirsi con più sicurezza al mondo esterno, dove spesso e volentieri si sente smarrito.

Il tipo rigido-isterico con il tipo megalomane

È una coppia non facile. Il rigido può seccarsi delle pretese del megalomane, il quale desidera un compagno sempre efficiente, capace di accettare le sue personalissime abitudini. È possibile che l'unione riesca per la pazienza, o meglio per la capacità di estraniarsi, del rigido-isterico, che riesce a evitare drammi e polemiche. Ottima l'intesa sessuale, in questo campo la parola noia o monotonia è proprio fuori luogo, in quanto entrambi sono bizzarri e aperti alle novità e tendono a liberare le loro fantasie. Però, per fare esplodere questa ottima intesa sessuale è necessario che il megalomane sia in grado di ridimensionare, almeno in amore e nella vita di coppia, le sue personali esagerazioni, nonché la sua tendenza a sminuire e a screditare l'altro.

La fedeltà in amore non è una pretesa da parte di nessuno dei due. Al fine di garantire la stabilità di coppia è meglio che i due svolgano attività professionali diverse e comunque non abbiano affari in comune.

Il tipo masochista con quello masochista

Due veri amici, tante piacevoli conversazioni, parole a fiumi che tengono svegli anche tutta la notte. I due sono sempre alla ricerca di amici, pur avendone e frequentandone tanti. Le uscite sono per partecipare a conferenze, seguire rappresentazioni teatrali o cinematografiche, curiosare nei mercatini dell'antiquariato, pattinare lungo i viali e incontrare gente e novità. Anche i viaggi sono una vera passione, sia quelli vicini che quelli lontani, in ogni caso devono immergere i due individui negli usi e costumi di quel luogo. L'intesa sessuale è buona quando i due riescono a vivere la sessualità nei posti più impensati ed estranei alla tradizione, perché è proprio la ripetitività e la costanza che per assurdo destabilizza la coppia.

Il tipo masochista con il tipo schizoide

L'intesa può essere raggiunta con maggior facilità sul piano intellettuale, grazie alla capacità di mediazione del masochista, che riesce a soprassedere quando lo schizoide vuole imporre a tutti i costi le proprie idee, mentre il masochista abilmente mescola a queste anche le proprie. L'oralità non sempre trova la massima espressione, in quanto il cuore ardente dello schizoide, in amore, ricerca un coinvolgimento a 360 gradi, mentre l'eclettico masochista a volte preferisce saziarsi sul piano intellettivo, attraverso confronti culturali e comunicazioni verbali. Se il masochista è di cattivo umore lo schizoide, con il proprio calore, ha buone possibilità di ridargli il sorriso, mentre se la situazione è opposta c'è meno intesa: infatti, il masochista, non perde la propria vivacità e brillantezza ma poco si sofferma a crogiolarsi con lo schizoide. L'intesa può funzionare basandosi sulla reciproca disponibilità a fidarsi.

Il tipo masochista con il tipo megalomane

I due insieme sono ben assortiti. Per conquistare il partner il megalomane è anche disposto a uscire dal proprio guscio, ma presto diventa impaziente e cerca di arrivare al sodo. Il masochista, che è sensibile al fascino, rimane ammaliato dalle maniere del megalomane e si rende disponibile a lasciarsi fare. Ognuno gioca a modo proprio, sia in amore che in tante altre situazioni. Per questo motivo i due partner possono anche condurre affari in comune, capaci di ottenere i migliori vantaggi, conducendo il gioco a loro favore. Tra i due vi è un'attrazione speciale che li rende reciprocamente molto esigenti, incapaci di perdonarsi il minimo difetto, rendendo un po' pesante il tran tran quotidiano che, a lungo andare, può risultare estenuante. Sono poco inclini alla fedeltà reciproca. Conoscendo i propri lati di fragilità questa coppia può trovare una ferrea intesa costruttiva ed evolutiva, altrimenti saranno proprio le fragilità trascurate a segnare la fine del rapporto.

Il tipo schizoide con quello schizoide

Quanta luce emanano i due! Eppure non è detto che entrambi si illuminino a vicenda, anzi talvolta troppa luce può abbagliare e coprire le parti migliori che potrebbero brillare.

Due soggetti di questo tipo, prima di trovare l'equilibrio devono pazientare ed essere disposti a mediare, imponendosi molto autocontrollo, rinunciando alle impennate di orgoglio. Essi desiderano essere apprezzati e ricevere tutti gli applausi, così può capitare che l'uguale aspirazione di entrambi non sempre riesca a soddisfare tutti e due.

Questa unione è molto elegante, basata sul formalismo ma di sicuro non manca la passione, che rende ogni difficoltà sormontabile e ogni aspirazione realizzabile.

Il tipo schizoide con il tipo megalomane

È un'unione difficile, le aspirazioni dei due possono essere molto lontane le une dalle altre, o meglio il modo per realizzarle è diverso. Il punto forte in comune è il desiderio di compiere scalate sociali, ma la solarità dello schizoide può patire l'introversione del megalomane. Se l'amore è quello vero, i due sono capaci pazientemente di elaborare insieme un piano d'attacco, amalgamando le proprie abilità, in modo da assicurarsi la riuscita. La sessualità può essere travolgente e per questo è il punto cardine su cui ruota la coppia, anche se può verificarsi qualche insoddisfazione per lo schizoide, al quale sono tanto cari i preliminari che invece sovente vengono saltati per dare spazio alla passione più ardente.

Se il megalomane riconosce le abilità dello schizoide e ne apprezza i contenuti affettivi, l'innata insoddisfazione dello schizoide viene sanata ed egli si apre con fiducia e stabilità. Allo stesso tempo il megalomane si sente appagato dalle capacità e completato dall'intensità di risposta affettiva e sessuale che il tipo schizoide è in grado di offrire.

Il tipo megalomane con quello megalomane

La combinazione è complessa, l'incontro di due caratteri forti e nel contempo chiusi può generare notevole tensione. Per la riuscita si può contare solo sulla rinomata onestà del tipo megalomane che favorisce l'intesa. Quando la coppia trova il suo equilibrio, prepariamoci a vederne delle belle, perché tra le personalissime abitudini e la trasgressione alle tradizioni ne deriva un'impostazione di vita assai particolare. Ottima l'intesa negli affari: se i due conducono un'attività in proprio, la riuscita è garantita, grazie alla perseveranza e all'assiduità con cui viene seguito il lavoro.

Qualche pecca solo nei rapporti interpersonali, poco inclini come sono al rispetto del galateo, possono trovare difficile adeguarsi alle norme di condivisione sociale. Molto buona anche l'intesa sessuale.

PARTE IV

Oltre le terapie dell'emozione

La psicologia transpersonale

Tentativi di incontro fra scienza e spiritualità

La terapia emotiva della preghiera

CAPITOLO 1

La psicologia transpersonale

L'umanità, attraverso lo sviluppo della coscienza, è in continua evoluzione. Molte sono le persone che hanno avuto esperienze straordinarie e che si sono convinte che noi siamo molto più che quanto conosciamo di noi stessi, del nostro Sé psicologico ordinario.

Oggi la descrizione scientifica dell'attività neurologia e psicologica del cervello risulta essere ancora non esaustiva.

Il 23 maggio 2000 si è svolto a Roma, a cura della rivista «Informazione Psicologia Psicoterapia Psichiatria» e dell'Istituto W. James, col patrocinio della prima cattedra di Psicofisiologia clinica dell'Università "La Sapienza" di Roma, il convegno di psicologia transpersonale dal titolo *Itinerari di consapevolezza: coscienza e cambiamento*.

Il convegno ha offerto un esauriente panorama delle diverse vie, psicoterapiche, creativo-artistiche, spirituali e religiose di autorealizzazione, cercando di cogliere in esse il fattore comune responsabile della trasformazione di sé e riconoscendolo nella facoltà dell'attenzione quale fondamentale strumento per il raggiungimento di una reale consapevolezza, premessa necessaria per il cambiamento.

Compito della psicologia transpersonale è proprio quello di trovare possibili risposte alla domanda di trascendenza e mezzi per attuarla.

Ha aperto i lavori il professor Riccardo Venturini, titolare della prima cattedra di Psicofisiologia, chiarendo il significato che il concetto di autorealizzazione assume nella psicologia transpersonale, definendolo "quarta forza", che include e trascende il comportamentismo, la psicoanalisi e la psicologia umanistica. Andando oltre al significato espresso dalla psicologia umanistica per la quale l'autorealizzazione ha come fine ultimo «l'armoniosa e non conflittuale soddisfazione dei bisogni e l'attuazione delle potenzialità», Venturini ha sottolineato che la piena espressione dell'individualità, lungi dall'essere la finalità del processo di autorealizzazione, non ne è che una tappa, dovendo raggiungere l'uomo «l'unità fondamentale con la vita e con gli altri, tutti essendo parte di quella realtà ultima in cui viviamo e per cui viviamo», così come le grandi tradizioni sapienziali, quella filosofia perenne a cui esse fanno riferimento, ci insegnano. Compito della psicologia transpersonale è proprio quello di trovare possibili risposte alla domanda di trascendenza e mezzi per attuarla.

La relazione di Antonio Ferreri, didatta dell'Istituto W. James e collaboratore della prima cattedra di Psicofisiologia clinica dell'Università "La Sapienza" di Roma, ha proposto uno spettro completo delle diverse dimensioni dell'attenzione caratterizzanti vari stati di coscienza: diffusa, selettiva, fluttuante, equanime, flessibile, distaccata ecc.

Armando Catemario, docente di antropologia culturale, sempre alla Sapienza, ha distinto morale ed etica, a carattere coercitivo la prima, scelta di amore la seconda, sottolineando come invece gli spiritualisti del nostro tempo intendono l'etica: non autorealizzazione nella solidarietà, ma sistema che prescrive doveri, astinenze, precetti.

Il comportamento etico, al contrario, è conseguenza di un autentico cammino autorealizzativo e trasformativo, dove all'amore assoluto – l'Agape, quale «intenzione del cuore di unirsi uno all'altro, distinti, ma associati nel fondo di se stessi» – s'associa quell'alterazione dello stato di coscienza tipica dello stato contemplativo. La capacità d'attenzione, quale presenza mentale nel qui e ora, è lo strumento indispensabile per liberare la coscienza dall'illusoria realtà dell'Io storico in cui è imprigionata e per avere accesso alle potenzialità della mente e dello spirito. Come ha messo in evidenza Laura Boggio Gilot, presidente dell'Associazione italiana di Psicologia transpersonale, psicoterapeuta e istruttore di meditazione Vedanta, tale attenzione deve essere amorevole e inclusiva. L'autosservazione non interferente, così come la tradizione meditativa dell'*Advaita Vedanta* ci propone, aiutandoci a scollare la coscienza dai contenuti mentali, sensazioni, emozioni e pensieri, con i quali è identificata, e attraverso i quali elabora una realtà parziale e distorta, ci porta a discriminare tra Sé, nucleo spirituale del nostro essere interiore, immortale ed eterno, e Non Sé. Risvegliandoci dal sonno profondo nel quale nella quotidiana dimensione di coscienza siamo immersi, la pratica di autosservazione consente di riconoscere i fattori che distorcono la percezione di se stessi e della realtà, liberandoci dalla sofferenza prodotta dall'inconsapevolezza e preparando l'esperienza dell'illuminazione: l'unità della vita e del sacro che la sottende. Oliviero

Rossi, presidente dell'Istituto W. James e collaboratore della prima cattedra di Psicofisiologia clinica dell'Università "La Sapienza" di Roma, ha esplorato l'attenzione nella psicoterapia della Gestalt. Giuseppe Sacco, psicologo e psicoterapeuta cognitivo, e Aldo Carotenuto, analista junghiano, si sono soffermati sulla consapevolezza in terapia. Altre vie sapienziali e spirituali sono state illustrate: la relazione tra consapevolezza nella psicologia del profondo e la meditazione orientale è stata affrontata da Mauro Bergonzi, docente di Storia delle religioni all'Orientale di Napoli.

Le definizioni di coscienza ordinaria non includono risposte ai bisogni spirituali che gli esseri umani dimostrano di ricercare e vivere. In questa direzione si collocano interessanti esperienze di ricerca, che non dimostrano alcunché di scientifico, tuttavia invitano gli individui con spirito di ricerca a porre interrogativi e a compiere riflessioni di estrema importanza psicologica, neurologica e religiosa.

Un esperimento di preghiera e guarigione

Randolph Byrd, cardiologo, nel 1988 ha condotto, presso l'Unità di servizio coronarico del General Hospital di San Francisco, un esperimento su 393 pazienti, mostrando gli effetti terapeutici della preghiera a distanza. L'esperimento, durato dieci mesi, è stato condotto "in doppio cieco", ovvero né i pazienti né il personale medico e infermieristico erano consapevoli di ciò che stava accadendo. I pazienti erano divisi in due gruppi: il primo, composto da 192 individui, veniva seguito dai gruppi di preghiera; il secondo, di 201 pazienti, fruiva solo delle terapie ospedaliere.

I gruppi di preghiera si raccoglievano all'esterno dell'ospedale ed erano formati da credenti sia cattolici che protestanti. Fu chiesto loro di pregare concentrandosi sul nome dei pazienti e sulla guarigione dalla loro patologia ogni giorno per dieci mesi. Ogni paziente del gruppo dei 192 era oggetto della preghiera di cinque-sette persone ogni giorno. Risultati:

- i pazienti oggetto di preghiera hanno manifestato un bisogno di assumere antibiotici cinque volte minore (3 pazienti contro 16);
- i pazienti oggetto di preghiera sono stati tre volte meno soggetti a contrarre edema polmonare (6 pazienti contro 18);

- nessuno dei 192 pazienti oggetto di preghiera ha avuto bisogno di un'intubazione endotracheale (mentre nell'altro gruppo ci sono stati 12 casi);
- la mortalità è stata minore fra i pazienti oggetto di preghiera[1].

Mistica e cervello

Più recentemente (1999) si è delineata la neuroteologia, a opera di alcuni ricercatori dell'Università della Pennsylvania e del Wheathon College in Massachusetts. Da segnalare i lavori di Ursula Goodenngh, *The sacred depths of nature*, e di Andrew Newberg e Eugene D'Aquili. In modo particolare Newberg e D'Aquili riferiscono che i loro esperimenti sono tesi a dimostrare che le basi neurologiche della spiritualità potrebbero essere nient'altro che proprietà del cervello umano. È questa la conclusione cui i due ricercatori sono giunti dopo aver portato a termine uno studio sul comportamento della mente di un monaco buddhista tibetano. Newberg e D'Aquili hanno preso delle immagini del cervello del monaco – offertosi volontario – mentre era immerso in meditazione e, dopo avergli dato il tempo necessario per entrare in trance, gli hanno iniettato una sostanza radioattiva. Le immagini ottenute hanno dimostrato che durante la meditazione più profonda si erano manifestati dei cambiamenti celebrali: i più evidenti, ma prevedibili, erano avvenuti nella parte frontale, quella che ha a che vedere con la concentrazione. La sorpresa dei ricercatori è stata invece riscontrare una diminuzione dell'attività celebrale nel lobo parietale, ovvero la parte del cervello che aiuta a orientarci nello spazio tridimensionale. Più si concentrava e più il monaco perdeva la cognizione dello spazio. «Quando qualcuno ritiene di aver avuto un esperienza spirituale – ha spiegato Newberg – afferma spesso di essere entrato in contatto con l'universo e di aver perso la sensazione di sé: la spiegazione potrebbe essere proprio nel comportamento del lobo parietale quando si medita profondamente». Dalle immagini appare inoltre particolarmente attivo il lobo temporale, quello da cui dipende l'assimilazione di esperienze personali particolarmente significative.

1. I dati sono desunti dall'articolo *Religion and the brain*, «Newsweek», aprile 2001.

A una conclusione simile sulle potenzialità religiose del cervello è giunto Michael Persinger, professore di neuroscienza alla Larentian University di Sudbury, nell'Ontario in Canada, che ha condotto esperimenti su volontari ai quali erano stati fatti indossare particolari caschi in grado di trasmettere un debole segnale elettromagnetico sul cranio. «Quattro persone su cinque che indossavano questo casco – ha riferito Michael Persinger al *Washington Post* – una volta tolto raccontano di aver avuto esperienze mistiche, alcuni piangono, altri affermano di essere stati toccati da Dio e altri ancora ne risultano terrorizzati, impauriti, affermando di aver visto Satana».

Queste reazioni di tipo mistico confermano per Persinger ciò che affermava Newberg: la religione è qualcosa che ha a che vedere con il cervello e il suo funzionamento. Se la tesi dovesse dimostrarsi fondata, potrebbe voler dire che Mosè, Gesù, Maometto e Buddha avevano in comune un lobo parietale quasi dormiente, inattivo. Questa corrente di studi neuroscientifici sta prendendo piede in numerosi centri di ricerca del Nordamerica: all'Università della California è allo studio la manifestazione di fenomeni mistici su chi ha subito gli effetti dell'epilessia; alla Duke University si arriva addirittura a ipotizzare che basti un allucinogeno ben confezionato per conoscere il nirvana. Il dibattito è aperto e ha già sollevato dure proteste da parte dei teologi, che accusano gli scienziati di cercare solo conferme al loro connaturato ateismo. «La verità è che l'intenzione è quella di trovare, a tutti i costi, una giustificazione alla convinzione che ogni tipo di fenomeno possa essere ridotto alla misurazione delle unità che lo rendono possibile», fa notare Micheael Mc Clymond, obiettando però che «è una strada molto sbagliata perché per esempio un bacio è assai più che un mutuo e consensuale scambio di saliva».

Da tali considerazioni nasce l'esigenza di ipotizzare una seconda prospettiva sull'esistenza di una coscienza più vasta e ancora inesplorata, che poggia sulle complesse attività neurologiche ma dalle quali per ora si discosta. In linea con queste ipotesi si pone Elena Gadoni, biologa e ricercatrice: «Credo che ciò che possiamo formulare con il pensiero, che dal punto di vista biologico si origina attraverso differenze di potenziale elettrico nelle membrane dei neuroni, non possa che essere già presente in noi. Non farebbero eccezione quindi lo spirito e il concetto di Dio. Questa teoria potrebbe dunque mettere d'accordo tutti, credenti e agnostici, nel senso che non contrasta né con il pensiero degli uni né con quello degli altri. Per i primi può essere una conferma dell'esistenza della spiritualità, pur restando il mistero su come Dio permetta questa sua presenza in ciascun essere umano. Per i secondi si riconduce lo spirito alla fisicità dell'impulso nervoso, seppur nella sua, per ora non del tutto chiarita, complessità. Mi viene in mente, per analogia, un altro fenomeno che attualmente mi sembra permetta a tutti di trovare conferme alle proprie convinzioni: la teoria del big bang che avrebbe dato origine all'universo. Questa teoria permette ai credenti di vedere nell'istante iniziale o in quello immediatamente precedente a questa esplosione la mano dell'Essere soprannaturale, mentre i non credenti possono pensare che tutto sia riconducibile a un istante fisico spiegato da equazioni e formule matematiche».

Nascita della psicologia transpersonale

La psicologia transpersonale si è evoluta dalla psicologia umanistica negli anni Sessanta del Novecento. "Trans" viene dalla radice latina che significa "oltre": quindi oltre la "persona", la maschera sociale, il Sé ordinario, il personale. La psicologia transpersonale è il ramo della psicologia specializzato nello studio degli stati di coscienza, particolarmente dello stato transpersonale e degli stati detti superiori o di illuminazione. In questi stati si esce dalla dimensione abituale dello spazio-tempo, percepita dai nostri cinque sensi.

Questa disciplina nasce dai lavori di Roberto Assagioli e ancor prima dalle teorie di C.G. Jung. La prima associazione di psicologia transpersonale fu fondata negli Stati Uniti nel 1969; fra i suoi membri: Charlotte Buhler, Abraham Maslow, Allan Watts, Arthur Koestler, Victor Frankl. Negli anni Settanta l'associazione pubblicava una rivista curata sotto l'aspetto editoriale da Anthony Sutich, Micheal Murphy e James Fadiman. Bisogna, tuttavia, ricordare che sin dal 1966 veniva pubblicata in Canada una rivista di psichiatria consacrata allo studio della coscienza cosmica, sotto la direzione di Raymond Prince.

I principali aspetti empirici che interessano la psicologia transpersonale sono: i meta-bisogni dell'individuo e della specie, i valori ultimi, la coscienza unificante, le *peak experiences*, i valori esistenziali, l'estasi, l'esperienza mistica, il sacro, l'essere, l'autorealizzazione, l'essenza, la gioia, lo stupore, il significato ultimo, la trascendenza del Sé, lo spirito, l'unità, la coscienza cosmica, la sinergia individuale e specifica, l'incontro interpersonale ottimale, la sacralizzazione della vita quotidiana, i fenomeni trascendentali, le guarigioni spirituali, l'ironia cosmica, lo spirito ludico, la consapevolezza sensoriale ottimale, la reattività e l'espressione.

Secondo il parere di R. Walsh e F. Vaughan (1980): «La psicologia transpersonale cerca di espandere il campo della psicologia per includervi lo studio della salute psichica ottimale e del benessere psichico. È incredibilmente paradossale pensare che l'essere umano sia così autonomo da essere scollegato dalle infinite e sottili relazioni energetiche, spirituali che lo legano all'universo».

La psicologia transpersonale è stata definita la "quarta forza" (dopo la prima forza: il comportamentismo, la seconda: le teorie psicoanalitiche classiche, la terza: la psicologia umanistica) in quanto intende definire quelle potenzialità e capacità dell'essere umano che non sono state considerate dalle scuole che l'hanno preceduta.

Roberto Assagioli e la via spirituale

Il termine "psicologia transpersonale" sembra sia stato utilizzato per la prima volta da Roberto Assagioli (il creatore della psicosintesi)[2].

Poco dopo avere completato il training psicoanalitico ed esser stato considerato da Freud e da Jung il rappresentante della psicoanalisi in Italia, nel 1910, Assagioli si staccò dall'ortodossia freudiana e iniziò a lavorare alla sua personale teoria psicoanalitica·

Secondo Assagioli, si prova una grande sofferenza psichica, un senso di squilibrio e di mancanza di significato, quando i diversi elementi interni della psiche coesistono senza connessione o addirittura si scontrano l'un l'altro. L'autore ha osservato anche che, quando questi elementi si fondono in unità sempre più grandi, l'individuo sperimenta una scarica

2. Assagioli (1888-1974), medico psichiatra, nel 1911 fonda la rivista «Psiche»; nel 1926 pubblica *Psychosynthesis. A new method of healing*, in cui espone i suoi concetti sull'interazione psiche-corpo, oggi patrimonio della medicina psicosomatica. Fonda a Roma l'Istituto di psicosintesi. Oggi l'istituto conta tredici centri italiani e la sua opera di diffusione è affiancata da quelle degli istituti esistenti in Stati Uniti, Canada, Gran Bretagna, Brasile, Argentina, Portogallo, Olanda, Francia, India e Grecia.

d'energia, una sensazione di benessere e un più profondo significato della propria vita.

Considerato che questo processo tende a verificarsi spontaneamente in tutti gli esseri umani, ma viene spesso bloccato, Assagioli ha cercato di individuare i modi per evocarlo e facilitarlo, chiamando questo sistema psicosintesi.

Nell'essere umano esiste a livello psicologico un Sé personale e un Sé transpersonale; essi costituiscono, di fatto, un'unica realtà sperimentata a livelli diversi: rappresentano la nostra vera essenza, al di là d'ogni maschera e condizionamento.

La tecnica terapeutica è pragmatica: si appoggia a tecniche psicoanalitiche, a tecniche di padronanza, di trasformazione, di relazione e di relax psicosomatico, abbinate a tecniche di concentrazione e meditazione di chiare origini orientali.

La psicologia transpersonale enfatizza l'elemento spirituale, più che quello religioso. Da questo punto di vista, anche il cristianesimo può guidare l'uomo alla liberazione; ci si riferisce, soprattutto, al cristianesimo esoterico: gli apocrifi del Nuovo Testamento e alcuni personaggi isolati possono fornire preziosi insegnamenti a coloro che non concepiscono il cristianesimo unicamente nei suoi aspetti istituzionali. Con queste premesse si apre alla ricerca un campo totalmente nuovo: esistono particolari esperienze, grazie alle quali l'uomo può raggiungere un altro stato mentale, molto più significativo di quello della veglia.

Esse sono state già definite "esperienze picco" (*peak experiences*) da Abraham Maslow, importante esponente della psicologia umanistica, e sono in grado di fornire all'essere umano una nuova visione del mondo e della realtà. Per classificare lo stato d'animo che si lega a queste esperienze, le maggiori tradizioni spirituali hanno elaborato i propri termini specifici: nel buddhismo si parla di *satori*; nel taoismo, di *hsü* ("condizione del vuoto"); nel sufismo, di *fanà* ("estinzione dell'Io"); nel cristianesimo esoterico, del "regno dei Cieli", e così via. In fondo, si tratta sempre della condizione del bambino, in quanto attraverso di essa ritorniamo, per così dire, alla nostra infanzia, arricchiti nel contempo da esperienze che costituiscono il patrimonio comune dei santi e dei grandi personaggi dell'umanità. In un certo senso, tutti noi diventiamo "i bambini/figli di Dio".

Alla luce di queste considerazioni la psicologia transpersonale sembra connotarsi come un vasto movimento di pensiero e di ricerca, che opera per una sintesi progressiva delle conoscenze nel campo degli stati di coscienza e in particolare degli stati psicologici, cosiddetti, superiori.

Coscienza: un approccio psicologico, transpersonale e parapsicologico

È stato a lungo di moda parlare dell'umanità come di una specie creatrice di utensili. Questo è corretto, ma, sfortunatamente, noi tendiamo a concentrarci sugli utensili secondari, le macchine fisiche esterne, e a ignorare lo strumento primario e più importante: la coscienza umana, le nostre stesse menti. Qual è la natura della coscienza umana, specialmente nei suoi aspetti più profondi e interiori? Charles T. Tart, psicologo e parapsicologo americano, affronta questa questione da tre prospettive correlate che rappresentano gli aspetti principali sia della mia ricerca scientifica sia della mia vita personale come occidentale.

Le tre prospettive sono quelle della psicologia ordinaria, la psicologia transpersonale e la parapsicologia. Discuterò brevemente ciascuna di queste prospettive, con commenti sulle sue implicazioni primarie per comprendere la coscienza.

La prospettiva della psicologia ordinaria

La psicologia ordinaria è definita da Tart come la corrente principale della psicologia, un'area a lungo dominata da due approcci, quello psicoanalitico e quello comportamentistico.

L'approccio psicoanalitico/psicopatologico, formatosi dalle osservazioni e dalla terapia con i malati mentali, è stato molto utile nel trattare la malattia mentale, ha portato molta luce sulle ordinarie attività di coscienza, specialmente per tipi di patologie socialmente non evidenti. Sfortunatamente questa grande corrente tende a vedere quasi tutte le attività umane come patologiche, dandocene una visione distorta.

Il comportamentismo insiste sul fatto che i comportamenti esterni osservabili (fenomeni materiali) sono la sola materia appropriata di una psicologia scientifica. Esso ci ha dato utili strumenti di ricerca in alcune aree, ma il suo rinunciare all'esperienza come soggetto di ricerca legittimo lo ha reso troppo ristretto. Il comportamentismo classico non ha più una grande importanza in psicologia, in parte per le sue limitazioni, ma soprattutto perché è stato ampiamente sostituito dalla contemporanea psicologia cognitiva.

La psicologia cognitiva è stata ispirata dai computer, e la sua funzione primaria è quella di spiegare la coscienza in termini di semplici, non-consci, sottosistemi, per ridurre il tutto a procedure di elaborazione di informazione in un sistema fisico, sia che si tratti di un computer, sia che si tratti di un "computer biologico".

Come risultato della dominanza degli approcci comportamentistici/cognitivi e psicoanalitici, gli esseri umani tendono a essere visti come niente di più che una combinazione di robot e animali guidati istintivamente, i cui grezzi istinti sono a malapena tenuti in scacco dalla civilizzazione. Tali punti di vista non incoraggiano l'esplorazione dei livelli più profondi della consapevolezza, dato che essi suggeriscono che tutto ciò che troviamo lì sono impulsi primitivi e animali, che è meglio lasciar stare.

Queste due scuole psicologiche dominanti sono molto in armonia con la visione materialistica dell'uomo che ancora domina il pensiero occidentale, una visione che, quando si maschera da scienza, diventa "scientismo", ossia una rigidità che prende il successo delle scienze fisiche e le loro attuali scoperte come un totale sistema di pensiero.

Per illustrare gli effetti dello scientismo sulla vita occidentale, qualche anno fa ho messo a punto un esercizio esperienziale da usare nei seminari: si tratta di un "esperimento sulle credenze" che ho chiamato il "credo occidentale". Il suo scopo era di rendere la gente consapevole delle implicite e nascoste assunzioni che la civiltà occidentale e lo scientismo hanno instillato in vari gradi in tutti noi, persino nelle persone che pensano di avere un orientamento spirituale verso la vita.

L'esercizio – derivato dal lavoro di Charles T. Tart – è troppo emozionalmente potente da fare, se non si ha il tempo di lavorare con i sentimenti che emergono da esso. Ciononostante, il solo sentirlo descrivere suscita notevoli sensazioni.

Nelle parole di Tart: «Io chiedo alla gente di partecipare a un "esperimento sulle credenze", un periodo di venti minuti durante il quale essi credono quanto più possibile le parole che in seguito vengono dette, cercando d'osservare e in seguito condividere le loro reazioni emotive. Li forzo a partecipare emozionalmente, piuttosto che intellettualmente, dal cuore piuttosto che con la testa, dato che è l'aspetto emozionale delle nostre convinzioni che è di primaria importanza nelle loro vite. Quindi uso il potere della pressione sociale e del conformismo per intensificare gli effetti della partecipazione. Non so quanto universale questo sia, ma negli USA siamo allenati da bambini, a scuola, a stare in una posizione rigida e marziale di attenzione, in file e colonne ordinate, mettere la mano destra sul cuore, e recitare l'inno di alleanza alla bandiera americana, all'unisono con gli altri. Faccio prendere ai partecipanti questa postura fisica e recitare il credo occidentale insieme. Questo credo prende la stessa forma esteriore del credo di Nicea nella cristianità, ma i suoi contenuti sono basati sulle popolari convinzioni scientistiche, messe in una forma che rende le connotazioni emozionali più chiare. Incidentalmente voglio assicurarvi che questo non è un attacco alla cristianità, solo un esercizio educativo».

Ecco il credo delle più popolari convinzioni scientistiche tratto da Tart: «Io CREDO nell'universo materiale come la sola e definitiva realtà, un universo controllato da fisse leggi fisiche e cieca causalità.

Io AFFERMO che l'universo non ha un creatore, non un proposito oggettivo, non un obiettivo significato o destino.

Io RITENGO che tutte le idee riguardanti Dio o gli dei, esseri illuminati, profeti e saggi o altri esseri non fisici o forze sono superstizioni e illusioni. La vita e la coscienza sono totalmente identiche a processi fisici e nascono da interazioni casuali di cieche forze fisiche. Come il resto della vita, la mia vita e la mia coscienza non hanno oggettivamente proposito, significato o destino.

Io CREDO che ogni giudizio, valore e moralità, sia mio che altrui, sia soggettivo, derivante solo da determinismi biologici, storia personale e caso. La libera volontà è un'illusione, perciò i valori più razionali attraverso i quali io posso personalmente vivere devono essere basati sulla consapevolezza che ciò che mi fa piacere è il Bene e ciò che mi dà dolore è il Male. Coloro che mi danno piacere o che mi aiutano a evitare il dolore sono miei amici, coloro che mi danno dolore o mi allontanano del piacere sono miei nemici. La razionalità richiede che amici e nemici siano usati in modo che massimizzino il mio piacere e minimizzino il mio dolore.

Io AFFERMO che le Chiese non hanno altro reale uso che il supporto sociale, che non ci sono oggettivamente peccati da commettere o da essere perdonati, che non c'è una punizione soprannaturale o divina per il peccato o premio per la virtù, anche se ci possono essere conseguenze sociali delle azioni. Virtù per me è ottenere ciò che voglio, senza essere imprigionato o punito dagli altri.

Io RITENGO che la morte del corpo sia la morte della mente. Non c'è niente dopo la vita e ogni speranza in ciò è un non senso.

Ora io non vi ho chiesto di fare questo esperimento sulle convinzioni, ma io sospetto che alcuni di voi, semplicemente ascoltando la descrizione, percepiscano parte della depressione, del nichilismo e della negatività che i partecipanti comunemente sperimentano. Penso che questo sia un triste ma saggio esperimento psicologico, che aiuta i partecipanti a scoprire che molti di questi convincimenti sono parte del loro comportamento e influenzano le loro vite. Non hanno mai preso una decisione consapevole riguardo al fatto che vogliono che i loro convincimenti siano in questo modo; essi sono stati condizionati interiormente dal semplice fatto di essere dei moderni occidentali».

La psicologia ordinaria è una fonte di molte utili informazioni a riguardo e una metodologia di ricerca per studiare la coscienza, ma è usualmente portata avanti all'interno dell'implicito paradigma scientista dei nostri tempi. Nonostante queste limitazioni ci sono una quantità di scoperte rilevanti per comprendere la coscienza che possiamo desumere da essa. Da notarne almeno tre:

1. la totalità del funzionamento mentale è più grande che la parte che sperimentiamo come contenuto della nostra mente cosciente;
2. ci sono meccanismi psicologici personali di distorsione, come, per esempio, i classici meccanismi di difesa della psicoanalisi o il bisogno di approvazione, che deviano le nostre osservazioni dal contenuto della coscienza, allo stesso modo che le nostre osservazioni sul mondo esterno e sulla gente;
3. ci sono investimenti emotivi e cognitivi caratteristici di ogni cultura, in vari credi e visioni del mondo che similarmente influenzano le nostre osservazioni.

Questo mi porta alla seconda prospettiva di cui ho accennato per studiare la natura della coscienza, la psicologia transpersonale.

La prospettiva della psicologia transpersonale

Negli anni Cinquanta del Novecento, un nuovo tipo di paziente ha cominciato a recarsi dagli psicoterapeuti. Il paziente ordinario ci va perché non funziona bene nella vita ordinaria. Può sperimentare troppo stress, avere relazioni personali insoddisfacenti, essere troppo timido o reattivo ecc. Questo nuovo tipo di paziente avrebbe dovuto essere perfettamente felice secondo gli ordinari criteri sociali, dato che funzionava bene e aveva tutte le caratteristiche sociali che si ritiene producano felicità: cose come relazioni soddisfacenti, una buona vita sessuale, rispetto nella comunità, buoni lavori e un sacco di soldi e cose materiali. I loro problemi erano del genere: "La vita è tutta qui?" o "Sono stufo di diventare sempre più ricco, non c'è qualcosa di più?". Questi "nevrotici esistenziali", come erano chiamati, volevano più significato di quanto la società occidentale potesse dar loro. Questo ha portato alla creazione di una piccola ma importante nuova branca della psicologia, una "terza forza": la psicologia umanistica. Psicologi come Abraham Maslow presero a studiare, invece che pazienti psichiatrici, persone che funzionavano particolarmente bene. Nuovi soggetti psicologici, sino ad allora largamente negletti divennero aree legittime di studio. Il "normale" funzionamento psicologico, culturalmente ritenuto di successo, fu trattato come subnormale rispetto a quanto gli umani avrebbero potuto imparare a essere. Considerevole enfasi fu messa nell'applicazione pratica di queste idee, primariamente come nuove forme di educazione corporea ed emozionale, e abbiamo avuto gruppi di incontro dove gente comune imparava a vivere una più ricca vita emozionale. Tuttavia in generale la psicologia umanistica non ha realmente messo in questione il regnante paradigma materialistico e scientista. Non eravamo ancora null'altro che processi materiali, con nessuna ragione intrinseca di vivere altro che le pulsioni biologiche accidentalmente acquisite che ci spingevano, e tutto finiva in una morte senza senso.

La seconda prospettiva sulla coscienza, la quarta forza in psicologia, è la psicologia transpersonale. Attraverso la storia, le donne e gli uomini hanno avuto esperienze che li hanno convinti che noi siamo molto più che il nostro Sé ordinario. Consideriamo questa "esperienza mistica" minore, descritta in uno dei poemi di Yeats, *Vacillations*:

My fiftieth year had come and gone,
I sat, a solitary man,
In a crowded London shop,
An open book and empty cup
On the marble table-top.
While on the shop and street I gazed
My body of a sudden blazed;
And twenty minutes more or less
It seemed, so great my happiness,
That I was blessed and could bless[3].

3. Il mio cinquantesimo anno è venuto e andato, / Mi sono seduto, uomo solitario, in un affollato caffè di Londra, / Un libro aperto, una tazza vuota / Sulla superficie di marmo del tavolo. / Mentre guardavo il caffè e la strada / Il mio corpo improvvisamente vibrò; / Per venti minuti, più o meno / Mi sembrò così grande la mia felicità, / che io ero benedetto e potevo benedire.

Questo non è il modo nel quale ordinariamente ci sentiamo, ma il sentimento di essere un'intima parte e "canalizzare" qualcosa di più grande dei nostri ordinari Sé, oltre il nostro personale.

Come esempio più esteso, consideriamo l'esperienza mistica di Maurice Bucke, un fisico del XIX secolo. Egli la descrisse in terza persona, cercando di essere il più accurato e obiettivo possibile.

Era primavera, all'inizio del suo trentaseiesimo anno. Egli e due amici avevano passato il pomeriggio leggendo Wordsworth, Shelley, Keats, Browning, e specialmente Whitman. Si lasciarono a mezzanotte ed egli fece un lungo viaggio in carrozza (era in una città inglese). La sua mente profondamente influenzata delle idee, immagini ed emozioni evocate dalla lettura e discussione del pomeriggio, era calma e in pace. Egli era in uno stato di quieto, quasi passivo godimento. Improvvisamente, senza alcun preavviso, si trovò come avvolto da una nuvola del colore di fiamma. Per un istante egli pensò al fuoco, qualche improvvisa esplosione nella grande città, poi si accorse che la luce era dentro di lui. Immediatamente dopo, fu pervaso da un senso di esultanza, di immensa gioia, accompagnato o immediatamente seguito da una illuminazione intellettuale assolutamente impossibile da descrivere. Nel suo cervello passò un momentaneo lampo dello splendore brahmico che ha da allora in poi illuminato la sua vita; sul suo cuore cadde una goccia di benedizione brahmica, lasciandogli da quel momento un sapore di paradiso. Tra le altre cose... egli vide e seppe che il cosmo non è materia morta ma una presenza vivente, che l'anima dell'uomo è immortale, che l'universo è così costruito e ordinato che al di là di ogni dubbio tutte le cose lavorano assieme per il bene comune, che il principio fondante del mondo è ciò che chiamiamo amore e che la felicità di ognuno è alla fine assolutamente certa. Egli dichiarò di aver imparato di più nei pochi secondi che è durata l'illuminazione che nei precedenti mesi e persino anni di studi, e che apprese ciò che nessuno studio avrebbe mai potuto dare.

L'illuminazione durò solo pochi secondi, ma i suoi effetti di rivelarono indelebili; per lui fu per sempre impossibile dimenticare ciò che vide e seppe quella volta, né egli dubitò, o poté mai dubitare, della verità di ciò che fu allora presentato alla sua mente.

Si può ben dire che Bucke fosse oltre, "trans", il suo Sé ordinario.

La psicologia transpersonale è lo studio e l'applicazione di quelle esperienze che sembrano portarci oltre i nostri ordinari, biologici e materiali Sé. Sin dalle origini essa ricorre pesantemente alle antiche tradizioni spirituali per trarne stimolo. Per giovane che sia questa disciplina, possiamo comunque indicare alcuni importanti punti che aiutano a comprendere la coscienza umana. Possiamo dire che è possibile per gli umani sperimentare le seguenti condizioni.

1. Un grande allargamento del senso del Sé e della coscienza che fa apparire la coscienza ordinaria, per comparazione, una manifestazione molto ristretta e limitata della più grande totalità del Sé.
2. Un divertimento e una amorevole tolleranza per la pretenziosità del Sé ordinario nel ritenersi suprema manifestazione di intelligenza.
3. Vari tipi di nuova conoscenza, "conoscenza trascendente", che rendono la conoscenza ordinaria affatto assoluta. Questi generi trascendenti di conoscenza sono spesso stato-specifici, per esempio, non sono ricordati o compresi molto bene nella ordinaria consapevolezza, ma hanno perfettamente senso negli stati alterati transpersonali di trascendenza. Il contenuto di tale conoscenza usualmente concerne questioni di fondamentale significato e proposito, e costituisce una "conoscenza emozionale" oltre che intellettuale.
4. Persino il più breve tipo di esperienza transpersonale può enormemente trasformare l'orientamento della vita dello sperimentatore. Un esempio è l'assoluta convinzione portata indietro da coloro che hanno avuto esperienze di quasi morte (EQM) che lo scopo primario della vita è imparare ad amare; che se non hai imparato ad amare, la tua vita non è stata di gran valore.
5. Conoscenza assolutamente convincente che l'universo è un intelligente organismo vivente, in una dimensione mentale che include i fenomeni materiali come un sostrato, e che questa Intelligenza rende l'universo inerentemente amorevole e significante, nonostante gli apparenti orrori del livello ordinario. Noi siamo una parte inerente di quest'intelligenza, non un accidente senza significato.

La prospettiva della parapsicologia

Secondo Tart: «L'apporto di queste esperienze transpersonali è ovviamente fattualmente falso, concettualmente un non senso e probabilmente psicopatologico: la coscienza umana non è altro che un'elaborazione del cervello umano. La coscienza così come il cervello umano sono confinati all'interno del cranio e del corpo, con solo indiretti contatti sensori con il mondo esterno e gli altri, e quando il cervello muore, la coscienza muore. Nella peggiore delle ipotesi queste esperienze transpersonali rivelano delusione e superstizione, nella migliore possono essere necessari oppiacei per sostenere quelli che non possono affrontare la realtà della nostra realtà materiale».

Secondo il paradigma scientista, la società transpersonale non può essere altro che lo studio di illusioni.

È piuttosto difficile cercare di riassumere più di cento anni di studi eruditi e scientifici in pochi paragrafi, ma cercherò di farlo.

La parapsicologia (letteralmente *para*, "dietro o a fianco della", ordinaria psicologia) cominciò con la "ricerca psichica", uno studio sulle esperienze umane spontanee di acquisizione di informazioni riguardanti eventi distanti quando nessun plausibile meccanismo fisico o sensorio sembrava poterli sostenere. Una madre, per esempio, potrebbe fare un sogno terrificante, nel quale suo figlio viene ucciso e in seguito ricevere un telegramma che suo figlio, in un distante paese, è rimasto effettivamente ucciso in un incidente a quella stessa ora.

Per quanto riguarda meccanismi sconosciuti di trasferimento d'informazioni, a partire da casi di questo genere, ci sono ovviamente problemi inerenti riguardanti l'affidabilità dei testimoni, le distorsioni della memoria, occasionali burle, e la valutazione precisa di ciò che significa "coincidenza".

Nel corso degli anni precisi metodi di laboratorio si sono sviluppati gradualmente, impiegando criteri di sicurezza elaborati contro la frode, procedure a doppio cieco e valutazioni statistiche dei risultati. Per fare breve una storia lunga, quattro principali fenomeni "psi", come sono ora chiamati, sono stati sufficientemente indagati con risultati significativi (da dozzine a centinaia di studi ciascuno), che possono essere considerati provati e certi al di là di ogni ragionevole dubbio.

Questi fenomeni sono tre forme di percezione extrasensoriale (ESP), telepatia, chiaroveggenza e precognizione, e una forma di azione fisica sul mondo materiale, la psicocinesi (PK). Ci possono essere altre genuine forme di fenomeni psi, ma ci limiteremo a questi quattro basilari. Nonostante i fenomeni psi si manifestino in laboratorio di solito debolmente e in modo poco prevedibile, possiamo formulare delle conclusioni.

Senza avere il tempo di argomentare ciò in dettaglio, stando a quello che conosciamo scientificamente riguardo alla natura del mondo materiale e considerando le ragionevoli estensioni di questa conoscenza, in assenza di alcun conosciuto o plausibile meccanismo di trasferimento fisico di informazione, le considerazioni volte alla comprensione della coscienza che sono tratteggiate da quanto detto prima sono le seguenti.

1. Si può talvolta accedere ai contenuti mentali di un'altra persona: telepatia.
2. È possibile talvolta conoscere direttamente lo stato del mondo fisico distante benché sia sconosciuto a ogni persona presente: chiaroveggenza.
3. Si possono talvolta prevedere eventi futuri che sono impredicibili, dato il processo casuale che determina la loro realizzazione: precognizione.
4. Si possono talvolta modificare i risultati di processi fisici, semplicemente col desiderare un dato risultato: psicocinesi.
5. Per il fatto che questi dati empirici mostrano proprietà della coscienza che non sembrano essere riducibili alla variabile fisica tramite la nostra attuale comprensione di essa o ragionevoli sue estensioni, essi indicano che la coscienza deve essere investigata come un fattore a se stante e con concrete proprietà a se stanti, non come un semplice epifenomeno delle proprietà del sistema nervoso e del cervello fisico.

Questo è un approccio scientifico pragmatico e conservatore. Tart è uno di quegli scienziati che credono che i dati siano primari e la teoria secondaria. Dal suo studio qui riportato abbiamo dei dati che non soddisfano modelli scientistici, fisicistici, a meno che noi non coltiviamo una sorta di fede "religiosa" nel fatto che forse qualche giorno saranno spiegabili nei termini di una qualche futura fisica molto differente da quella che ora conosciamo, il che è fede, non un approccio propriamente scientifico. Tuttavia secondo parapsicologi come Joseph B. Rhine[4], Louisa Rhine[5] e Robert Van de Castle[6], la telepatia non è legata al corpo e la sua velocità di trasmissione è istantanea: essa supera la barriera della luce.

4. Rhine J.B. (1940), *Extra-sensory perception after sixty years*, Henry Holt, New York.
5. Louisa Rhine ha raccolto osservazioni e dati su 7000 persone che hanno dichiarato di possedere capacità paranormali. Questa ricerca è pubblicata come *Psychological processes in ESP experiences*, Part. II: *Dreams*, in «The Journal of Parapsychology», vol. 26, 1962.
6. Van de Castle R. (1977), *Sleep and dreams*, in B. Wolman (a cura di), *Handbook of parapsychology*, Van Nostrand Reinhold, New York.

La chiaroveggenza è una trasmissione di informazioni istantanea da uno spazio all'altro, come dimostrato in modo molto concreto alcuni anni fa da due fisici americani, Russell Targ e Harold Puthoff[7].

Nella guarigione spirituale, senza l'uso di campi magnetici o di radiazioni corporee, è possibile creare un contatto che trascende tutte le leggi della fisica e permette il verificarsi di fenomeni inspiegabili[8]!

Il punto di svolta: esiste un inconscio più ampio che oltre alle funzioni endogene svolge funzioni esogene, che chiameremo inconscio transpersonale. Nell'uomo esistono recettori diversi dai cinque sensi, che permettono di accedere ad altri aspetti della realtà: la coscienza ordinaria non è unica!

Esistono stati di coscienza diversi da quelli ordinari e dunque relazioni di tipo diverso con le diverse funzioni dell'inconscio personale, aprendo così inevitabilmente la via della considerazione dell'esistenza di un sesto senso.

Una psicologia della totalità

In sintesi la psicologia transpersonale si occupa di studiare fenomeni psichici specifici, senza classificarli come patologie, ma come espansione dell'attività mentale. Tali fenomeni sono:

- la capacità di descrivere la personalità e le vicende precise di una persona non conosciuta;
- la sensazione di uscire dal corpo (stati di coma reversibile);
- la percezione di avvenimenti e accadimenti a persone non conosciute;
- l'apparizione di esseri energetici (santi, dei, angeli, demoni);
- la sensazione di sintonizzarsi con la mente di persone, animali e di percepire il vissuto di storia e appartenenza di oggetti;
- la capacità di conoscere vite precedenti;
- i miracoli e le guarigioni straordinarie.

7. Targ, R. e Puthoff H.E. (1977), *Mind reach*, Delacorte, New York.
8. Lesham L. (1980), *Clairvoyant reality: towards a general theory of the paranormal* (nuova edizione di *The medium, the mystic and the physicist*), Turnstone press, Winnipeg.

La distinzione tra realtà esterna e realtà interna è data dalla funzione psichica della coscienza ordinaria.

Se ammettiamo l'esistenza di uno spettro di coscienza complesso e constatiamo che tutto è fatto di energia si aprono diverse dimensioni di interpretazione della funzionalità psichica:

- livello di coscienza personale;
- livello di coscienza interpersonale;
- livello di coscienza sociale;
- livello di coscienza ecologico-ambientale;
- livello di coscienza cosmico.

Là dove l'uomo sprofonda nei meandri dell'inconscio egoico può invece alzarsi all'esperienza transpersonale.

La psicologia transpersonale invita ad allargare la nostra visione del mondo e dell'uomo e a non separare ulteriormente quegli aspetti che chiedono solo di essere riunificati: corpo, psiche e spirito.

La parapsicologia e la psicologia transpersonale ci invitano a esplorare le religioni dell'umanità, gli stati di coscienza descritti dai mistici, dai saggi e dai santi: tutti testimoniano che c'è nell'uomo infinitamente più dell'uomo[9].

9. Wiber K. (1993), *Lo spettro della coscienza*, Edizioni Crisalide, Latina.

CAPITOLO 2

Tentativi di incontro tra scienza e spiritualità

Eccoci nel terzo millennio, dove il pensiero dell'umanità è permeato da concezioni e dimostrazioni scientifiche.

Tutti noi ragioniamo in termini di categorie scientifiche, anche in campi che in realtà non hanno nulla a che vedere con la scienza. Ogni teoria è, nel momento in cui viene ideata, un'immagine della coscienza del suo inventore, che è l'interprete di una ricerca finalizzata alla soluzione di un problema, utile all'umanità. La scienza procede con umiltà, prova e comprova la percezione della realtà svelando cause e concause che stabiliscono il funzionamento e la malattia di un organismo, superando credenze e superstizioni e aiutando la coscienza a svilupparsi sempre più in direzione di un piano di realtà.

Secondo T. Dethlefsen: «Il piano di realtà studiato dalla scienza è stato volontariamente adeguato all'esigenza di studiare la materia; questo metodo viene oggi inconsciamente utilizzato anche in settori che non hanno necessariamente a che fare con la materia. Si deduce che secondo le modalità di studio e ricerca scientifica, noi siamo circondati soltanto da materia, che solo quella possiamo misurare e che al di fuori della materia non può esistere altro».

Il recente fenomeno della New Age è stato il segnale mondiale di nuove necessità spirituali emergenti: studiare e vivere l'anima delle persone e l'anima del mondo.

Mai come in questo nostro XXI secolo si è registrato un fenomeno di migrazione spirituale così intenso. L'uomo ha abbandonato in alcuni casi parzialmente e in altri totalmente ogni idea e ogni credo verso le religioni tradizionali. Isolato e staccato dalle tradizioni religiose alle quali apparteneva, insoddisfatto si rivolge con sete interiore verso nuove forme di credenza spirituale che sappiano colmare il vuoto che esiste in lui. Le religioni orientali, opportunamente manipolate dalla mentalità scientista occidentale, hanno trovato nell'Europa e negli USA sempre più fedeli e discepoli. Questo fenomeno di malattia spirituale (visto in senso psicopatologico), che coinvolge l'occidentale moderno, non fa altro che sottolineare il bisogno disperato di certezza e sicurezza spirituale dell'uomo moderno.

Nel 1929 Aleister Crowley, l'eccentrico poeta ed occultista britannico, nell'introduzione al suo volume dal titolo *Magick*, così scriveva: «In pratica tutte le religioni e tutte le filosofie hanno incominciato, grossolanamente, promettendo ai loro seguaci il perno dell'immortalità. Fino a oggi nessuna religione si è estinta per non aver promesso abbastanza; il crollo attuale di tutte le religioni è dovuto al fatto che la gente ha chiesto di controllare le garanzie»[10].

Questo fallimento delle religioni «che non danno nulla di quanto promesso al fedele» trova alcune possibili radici nella seconda metà del XIX secolo, periodo durante il quale sorsero movimenti spiritualisti ed esoterici come lo spiritismo, la Golden Dawn e la Società Teosofica. Con questo non si vuole affermare che la nascita e diffusione dei movimenti spiritualistici sia la ragione ultima del fallimento delle religioni stabilite. Tuttavia molte furono le persone durante il XX secolo che insoddisfatte, forse deluse dalle religioni ufficiali, hanno abbandonato ogni credo tradizionale, per rifugiarsi nelle accoglienti braccia dell'"umbratile" mondo esoterico.

Nella nostra era abbiamo assistito, per dirla con Serge Hutin, autore di numerose opere sull'esoterismo e le scienze occulte, «a un fenomeno di migrazione spirituale, davvero significativo». I dati che seguono ne sono la prova. Secondo quanto riportato da Bruce Campbell[11], il numero di partecipanti al movimento spiritista negli USA del XIX secolo era stato stimato tra l'uno e i due milioni di persone. Jean Vartier scrive che a Lione, in Francia, nel 1861, «Le poche centinaia di spiritisti dell'anno precedente erano salite... a seimila. Il maestro A. Kardec aveva predetto ai suoi discepoli che in un anno sarebbero diventati trentamila... Previsione che si avverò dopo solo un anno»[12].

Dall'esoterista Renè Guenon giungono i seguenti dati: «Nel 1886 il dottor Gibier scriveva già che non credeva esagerato dire che a Parigi gli spiritisti fossero vicini ai centomila; alla stessa data la Blavatsky valutava

10. Crowley A. (1976), *Magick*, Astrolabio Ubaldini, Roma.
11. Campbell B.B. (1980), *A history of theosophical movement, ancient wisdom revived*, University California Press, Berkeley.
12. Vartier J. e Kardec A. (1972), *La nascita dello spiritismo*, Edizioni Mediterranee, Roma.

in venti milioni il numero degli spiritisti sparsi per il mondo intero, e negli USA. R. Wallace parla di undici milioni di spiritisti presenti nel nostro paese»[13].

Probabilmente lo spiritismo godette notevole simpatia e successo prevalentemente tra le masse incolte, che assetate da mistiche curiosità riuscivano a trovare attorno ai traballanti tavolini delle sedute spiritiche, ciò che poteva saziare i loro slanci spirituali insoddisfatti dall'irreale metafisico. Anche per la moderna teosofia, sebbene di carattere più aristocratico, può essere valida la stessa ipotesi.

A. Besant e A. Bailey, appartenenti alla Chiesa cristiana, deluse e insoddisfatte, si avvicinarono alla Società teosofica divenendone poi rappresentanti ufficiali. È opinione di Hutin che «la nascita di movimenti di tipo teosofico e spiritista ha soddisfatto in molti uomini reali bisogni spirituali»[14].

Questi bisogni spirituali insiti nell'uomo possono essere identificati nel modo seguente:

1. l'uomo sente il bisogno di conoscere se stesso;
2. l'uomo sente il bisogno di conoscere le proprie origini;
3. l'uomo vuole sapere con certezza scientifica (siamo nel XIX secolo e, attraverso il positivismo, la scienza impera) se esiste un aldilà;
4. se esiste un Dio e se esiste un aldilà, l'uomo desidera entrarvi in contatto;
5. l'uomo vuole sapere e comprendere se il suo Dio è il costruttore e quindi l'artefice del suo destino;
6. se esiste un destino dettato da Dio, l'uomo desidera conoscerne le tracce, i sentieri;
7. l'uomo vorrebbe modificare il destino impostogli da Dio e ne ricerca la possibilità.

È fortemente opinabile che questi bisogni tipici dell'uomo contemporaneo giustifichino a grandi linee la nascita dei movimenti spiritualistici occidentali di chiara impronta orientale.

13. Guenon R. (1974), *L'Errore dello Spiritismo*, Rusconi, Milano.
14. Hutin S. (1977), *Theosophie, à la Recherche de Dieu*, Dangles, St. Jean De Braye.

L'uomo moderno occidentale, che ancora ricerca il significato del suo destino individuale, ci appare ormai stanco e confuso. Le dottrine alle quali ha aderito sono molteplici, così come sono molteplici i movimenti religiosi. L'uomo del nostro tempo si trova innanzi a delle possibili verità, che con fatica discute, vaglia attentamente, analizza, ricerca e forse in parte accetta. Si domanda se esiste la verità suprema, la fonte unica e inesorabile che sia madre indiscussa della sua vita e del suo destino. Non essendo in grado di assumere una posizione assoluta nei confronti del cosiddetto mistero, l'uomo si autodestina al compito di rimanere l'essere che ricerca l'Essere.

Oggi si assiste a una continuazione e amplificazione della tendenza di libera ricerca oltre i limiti imposti dalle religioni stabilite.

La spinta a interrogarsi sull'esistenza dell'anima, sulla realtà di una continuazione della vita post-mortem (escatologia), ma soprattutto la ricerca di immediati benefici di tipo "energetico" per affrontare e superare le vicende della vita, sviluppando capacità di amare se stessi e gli altri in una sorta di reciproco sostegno, durante il percorso dell'esperienza terrena di vita, porta con sé lo svincolarsi dalle regole stabilite dalla religione di appartenenza, per spostarsi nella direzione di un altro sistema religioso.

Già con lo spiritismo si verificava la possibilità di vivere un fenomeno soprannaturale (tra lo spirituale e lo spiritista) che però non implicava la necessità di abbandonare il proprio credo religioso. Ma anzi diventava una sorta di sperimentazione di tipo sincretico, un "fai da te" che s'integrava e pareva rafforzasse il sistema di credenza originario.

La ricerca svolta dagli appartenenti alla Società teosofica, che a partire dal 1875 dagli Stati Uniti si diffuse in tutto il mondo, scelse come sede attiva di studi e ricerche la città di Adyar in India. Questi nuovi teosofi riconobbero proprio nella teosofia la radice madre di tutte le religioni. Il risultato fu anche qui una sorta di sincretismo dei contenuti dottrinali; ma l'orientamento fondamentale pratico dell'essere teosofi è quello di abbracciare un sistema di credenza sulla falsariga del buddhismo, soprattutto per quanto riguarda l'accettazione della legge della reincarnazione nell'esplicazione del *karma*, come ciclicità di continue e necessarie rinascite evolutive.

La ricerca spirituale si discosta dunque parzialmente, se non totalmente, dalle religioni stabilite di appartenenza e la vita dell'occidentale moderno si affaccia con curiosità e sete di esperienza interiore verso l'Oriente.

L'Oriente è posizione geografica tale che facilità il viaggio interiore dell'uomo alla ricerca di Dio. Il clima, le distese desertiche e vuote, la meraviglia dei tramonti, gli odori della terra e della vegetazione; il sole, il vento, il cielo e la terra si aprono e stimolano d'innanzi all'uomo il viaggio interiore: la ricerca della sua origine, la chiarezza della sua identità, e il destino che lo attende.

Oggi l'occidentale, giovane e meno giovane, sente il bisogno oltre che di sentirsi parte integrante di un sistema di credenza, di aprirsi in modo autonomo verso l'esperienza spirituale più personale e diretta. I giovani ricercano nuove forme di espressione spirituale, attraverso la musica, il canto, la danza, le filosofie, l'incontro con altri popoli e religioni, attraverso Internet ecc. Tutto in accordo con quanto scriveva il teologo battista Harvey Cox: «Non vi è alcuna differenza di esperienza emotiva spirituale tra il monaco rinchiuso nella cella in solitudine a pregare nel silenzio di unione mistica con Dio, e il giovane chiuso in discoteca nella solitudine di unione mistica con la musica assordante»[15].

Non cercano altre divinità; è abbastanza chiaro che in questi giovani Dio è unico e si è manifestato con varie modalità: i giovani cercano la loro personale identità spirituale, cimentandosi in tutte le esperienze più strane e diverse. Ho notato, attraverso la mia esperienza personale, come bisogni psicologici e spirituali spesso si intreccino e si sovrappongano negli individui di ogni età. Vi è una ricerca di emozioni e stati alterati di coscienza tali da essere conosciuti come stati dell'essere che trascendono l'essere, e l'individuo entra in una dimensione parallela a quella della coscienza ordinaria e stabilisce un contatto di esperienza spirituale. I giovani, con modalità discutibile, cercano se stessi, il loro destino, il senso della loro esistenza.

Secondo i dati forniti dal Centro studi sulle nuove religioni di Torino, tramite il presidente Massimo Introvigne, risulta che i movimenti religiosi sono oltre 30.000 nel mondo e oltre 200 in Italia.

Come fenomeno particolare in Italia indichiamo la crescita del movimento Soka Gakkai, di derivazione buddhista, che negli ultimi anni ha raggiunto la cifra di adepti. Gli aderenti al movimento Soka Gakkai si trovano presso le abitazioni degli stessi adepti che ogni 15 giorni, a rotazione, si ospitano e si invitano per riunirsi in preghiera collettiva. Secondo il fondatore Nichiren Daishonin (1222-1282), si può raggiungere la buddhità,

15. Cox H. (1971), *La festa dei folli*, Bompiani, Milano.

ovvero l'illuminazione, in questa vita recitando con una fede profonda il titolo (*daimoku*) del *Sutra del Loto – Nam-myoho-renge-kyo*, detto pure "Legge meravigliosa" – davanti al Gohonzon, pergamena o sacro mandala inciso da Nichiren. Individualmente l'adepto, mattino e sera, davanti al Gohonzon, recita due capitoli del *Sutra del Loto – Hoben* e *Juryo* – considerati i più importanti: questa pratica è chiamata *gongyo*.

Il fine della Soka Gakkai è di cambiare la situazione, considerata spiacevole, nella quale si trova l'individuo e il mondo e di promuovere la pace e la felicità. L'aspetto che pare emergere come attivante nella conversione dell'occidentale è quello che questa religione offre: una pratica concreta che dà risultati tangibili nel vivere e gestire la vita quotidiana. Secondo i seguaci praticanti, l'attività di preghiera (recitare quello che può essere chiamato il mantra *Nam-myoho-renge-kyo*) realizza benefici tangibili per trovare denaro o addirittura cibo, per trovare una macchina, uno strumento musicale, un alloggio o una casa. Si pratica anche per trovare un partner, un marito, una moglie, per la propria salute e per quella dei propri cari, per avere buoni risultati a scuola e agli esami; per il lavoro e per la carriera, per concludere un affare o un contratto; per uscire da una situazione difficile e per risolvere i problemi concreti di tutti i giorni. Molti neofiti vogliono così convincersi dell'efficacia dei riti della loro nuova religione cercando delle prove tangibili.

I cosiddetti convertiti, un tempo cattolici e cristiani, del nostro paese, affermano che il buddhismo di Nichiren ha una tecnica pratica utilizzabile per risolvere problemi quotidiani che manca al cristianesimo, orientato invece a un altro mondo. Il buddhismo parla di progresso mentre il cristianesimo si rinchiude nel peccato. Il buddhismo dà fiducia all'uomo, mentre il cristianesimo lo sottomette alla volontà di Dio. Il dato emergente risultante dalle interviste è quello che secondo loro al cristianesimo manca il concetto di *karma*, cioè la legge di causa ed effetto, una legge naturale e al tempo stesso compatibile con il pensiero scientifico.

Le persone intervistate sono in grado di affermare di avere trovato giovamento e maggiore equilibrio, fiducia in se stessi e negli altri, e maggiore consapevolezza in ciò che accade nella loro vita.

Si evidenzia che questo movimento, di chiare origini orientali, come molti altri, ottiene successo di adesione in Occidente, perché intende soddisfare sia i bisogni psicologici di vita personale e relazionale, che quelli spirituali.

L'uomo occidentale della nostra epoca vive una complessità di relazione con la propria società materiale e consumistica di tale intensità

DATI RILEVATI IN ITALIA SULLA PRESENZA DI MOVIMENTI RELIGIOSI E SPIRITUALI

Sono descritti più di 200 diversi movimenti alternativi, divisi e distinti in adepti di quattro tipi di settori della popolazione italiana.

1. La classe dirigente, che in passato si è rivolta alla Società teosofica, è attualmente attratta da gruppi ispirati alle religioni orientali:
   - Buddhismo classico, diffuso dall'Unione buddhista europea, che conta 8000 seguaci.
   - Soka Gakkai che ha 60.000 seguaci.
   - Meditazione trascendentale che ha 40.000 seguaci.
   - Antroposofia e Agni Yoga con più di 2000 persone.
2. Studenti universitari:
   - Chiesa dell'unificazione del reverendo Moon con 300 membri a tempo pieno.
   - Scientology, circa 800 membri.
   - Hare Krishna con 400 seguaci a tempo pieno, ne indicano 70.000, ma il dato è eccessivo.
   - Rajneesh, che affermano 6000 membri, ma sono circa 8000.
3. Settore popolare:
   - Testimoni di Geova, che con 243.400 aderenti in Italia, sono la terza religione.
   - Mormoni, che hanno riaperto la loro missione italiana nel 1966 e attualmente sono circa 22.000.
   - "Non siamo soli" fondato da Giorgio Bongiovanni, che attira circa 800 persone.
4. Gruppi interclassisti:
   - Movimento di Damanhur, magico-esoterico.
   - Vita Universale, cristiana solo in apparenza.
   - Mahikari con meno di 3000 persone.

Vi sono inoltre altri 12 tipi di movimenti magici per un totale 450.000 adepti:

- spiritualisti-spiritisti;
- gruppi UFO;
- gruppi pseudo-massonici;

- ordini pitagorici;
- grandi fraternità;
- ordini rosacroce;
- ordini martinisti;
- chiese e movimenti gnostici;
- ordine del tempio d'Oriente;
- fraternità Miriam;
- neotemplari;
- neopagani.

Dividendo questi movimenti per concetti e assiomi, si ottengono quattro categorie:

- Quelli che rifiutano il ruolo della Chiesa (credono in Cristo e non nella Chiesa; ricorrono alla Bibbia e a un'attesa millenaristica): testimoni di Geova, mormoni, neopentecostali, gruppi fondamentalisti protestanti.
- Quelli che rifiutano il ruolo di Cristo (credono in Dio ma non in Cristo): Hare Krishna, Meditazione trascendentale, Brahma Kumaris, Mahikan, Chiesa dell'unificazione del reverendo Moon, Teosofia e Antroposofia.
- Quelli che rifiutano il ruolo di Dio (credono nelle religioni ma non in Dio): Scientology, religioni dei dischi volanti e New Age.
- Quelli che rifiutano il ruolo della religione (sono attratti dal sacro ma non dalle religioni): movimenti magici, spiritismo, magia iniziatica, stregoneria, satanismo, Massoneria.

[Su concessione del CESNUR, Centro studi sulle nuove religioni di Torino, 1998-2008]

e portata che mai fino a ora si è vista. Le religioni stabilite con molta probabilità sono rimaste ancorate a un modello religioso troppo antico, i giovani cercano un dialogo diverso, più completo, libero da sensi di colpa, paure o timori di Dio. Cercano sempre lo stesso Dio, in un mondo che probabilmente è più confuso di loro e che certo non aiuta a orientarsi e a dirigersi con serenità, sia nella vita quotidiana che in quella spirituale. A noi spetta il compito di capire cosa accade nella vita dei giovani e di coloro che ricercano un contatto spirituale diverso da quello stabilito dalle tradizioni religiose. E tutto questo deve partire da una grande capacità di tolleranza e di disponibilità al dialogo, perché in fondo siamo tutti fratelli che con modalità diverse, in ogni direzione della terra cerchiamo la stessa cosa, l'amore per e con Dio!

CAPITOLO 3

La terapia emotiva della preghiera

«Essere credenti non importa, basta pregare. È come la penicillina: seguite la cura e funzionerà». Le parole di Herbert Benson, clinico della Harvard Medical School, e caposcuola della cosiddetta *prayer therapy*, sono un sollievo per chi è estraneo a ogni fede o pratica religiosa. A giudicare dalle decine e decine di studi sulle connessioni tra salute e preghiera, infatti, gli atei rischiano di vedersi sfuggire, oltre ai conforti spirituali della fede, anche più tangibili vantaggi fisici. Da qualche tempo a questa parte, l'influenza della religione sul benessere del corpo è sotto i riflettori dell'indagine scientifica, in particolare negli Stati Uniti, dove se ne sono occupati, tra gli altri, il National Institute of Health, l'equivalente americano del nostro Istituto Superiore di Sanità, e università di prestigio come la Loyola University di New Orleans. Sotto il profilo scientifico, e soprattutto sperimentale, il soggetto è alquanto scivoloso, e la comunità accademica ha spesso accusato queste ricerche di essere fatte di cattiva scienza. Ma secondo qualcuno si tratta di posizioni troppo rigide. Oggi, queste ricerche si fanno in doppio cieco, proprio come le altre. E anzi la delicatezza dell'argomento sottopone questi studi a uno scrutinio assai più severo di quanto avviene di norma.

David Larson, presidente del NIHR, un centro privato che si dedica esclusivamente a questo settore d'indagine, dichiara che la ricerca su fede e salute è sofisticata quanto le altre. E pubblica i propri risultati su riviste al di sopra di ogni sospetto come il «Journal of American Medical Association», a dimostrazione che la religione è un fattore sanitario da prendere seriamente. Ma cosa affermano esattamente questi studi? Guardando più in dettaglio, molto di ciò che viene ripreso dalla stampa sembra basarsi su materiali un po' troppo aneddotici per parlare di risultati scientifici. L'ondata spiritualista della New Age non risparmia nessuno, medici inclusi. Oggi, gran parte delle facoltà di medicina americane inseriscono nel programma di studi corsi sulla medicina olistica o lezioni intitolate "la cura dell'anima", ma gli esperti sostengono che nella stragrande maggioranza dei casi l'argomento sia presentato senza alcun inquadramento critico. Alcune delle ricerche, però, meritano senz'altro attenzione e giustificano, al di là delle possibili strumentalizzazioni, il clamore dei media che le ha accompagnate.

Una pubblicizzatissima ricerca della Dartmouth Medical School su un gruppo di pazienti sottoposti a chirurgia cardiaca, per esempio, ha individuato in quelli praticanti migliori capacità di recupero postoperatorio. Chi segue regolarmente le funzioni religiose, secondo un altro studio, guarisce più velocemente dalle fratture dell'anca e mostra una risposta più forte del sistema immunitario. Un'altra ricerca ha indicato che, a parità di condizioni socioeconomiche e di fattori di rischio, chi va a messa ogni settimana rischia di morire di una malattia coronarica il 50% in meno di chi ci va raramente. E, più in generale, supera meglio ansia e depressione e, quando è anziano, ha meno probabilità di finire in ospedale. Anche la lotta contro l'abuso di sostanze come l'alcol, la droga e persino il tabacco sembra vinta più facilmente dalle persone inserite in un'attività religiosa costante. E i fumatori praticanti hanno livelli di pressione sanguigna più bassi degli altri. Poiché tutti questi studi evidenziano l'importanza di una religiosità attiva, i ricercatori hanno preso in considerazione l'importanza di appartenere a un gruppo di supporto sociale come quello offerto da una chiesa, in alternativa a una condizione di solitudine.

Lo studio della Dartmouth già citato ha mostrato che i due fattori, religiosità attiva e supporto di gruppo, portano benefici in modo indipendente uno dall'altro. Una volta sommati, però, avvantaggiano in termini di salute di ben quattordici volte rispetto a chi manca sia di fede che di appoggio sociale. Secondo Herbert Benson, che ha scritto vari successi editoriali sull'argomento, il segreto sta nel fatto che la preghiera e la pratica religiosa rappresentano una semplice forma di meditazione. Concentrare la mente su un suono o un'immagine scatenerebbe una serie di risposte fisiologiche rilassanti, contrastando gli effetti negativi dello stress sulla salute del corpo. La preghiera, insomma, opera sui medesimi meccanismi biochimici del rilassamento, influenzando i cosiddetti "ormoni dello stress" e, quindi, abbassando la pressione del sangue, rallentando il ritmo cardiaco e respiratorio e così via. Rilassamento e religiosità, d'altronde, sembrano condividere le medesime strutture cerebrali, vale a dire quelle del sistema limbico, la parte più antica del nostro cervello, che influenza le emozioni profonde, il piacere sessuale e, pare, anche la spiritualità.

La preghiera fa bene al cuore

La preghiera fa bene al cuore ma non in senso metaforico. Secondo uno studio americano a giovarsi di un'attiva pratica religiosa è anche il nostro corpo, e più esattamente la pressione sanguigna. Andando regolarmente in chiesa e studiando la Bibbia con assiduità, riferisce l'indagine, la pressione del sangue rimane bassa anche nella terza età e diminuisce quindi il rischio di infarto.

Ma attenzione: per garantirsi la buona salute del corpo, oltre a quella dell'anima, non sono ammesse scorciatoie. Chi segue i servizi religiosi in TV o alla radio non si aspetti vantaggi che non siano spirituali. Le funzioni via etere vanno bene, forse, per lo spirito, ma il corpo non si lascia ingannare.

I risultati della ricerca sono indiscutibili: i credenti troppo pigri per presentarsi fisicamente nei luoghi di culto hanno livelli di pressione simili a chi religioso non è per niente. Lo studio, che fa parte di un'ampia indagine epidemiologica sugli anziani, è stato sponsorizzato dal National Institute of Health e ha avuto per oggetto lo stato di salute e le abitudini di un campione significativo di persone dai sessantacinque anni in su, esaminate tra il 1986 e il 1993. Tutti i soggetti dell'indagine vivevano nella Carolina del Nord, nel cuore della cosiddetta "Bible belt", dove la maggioranza degli abitanti è protestante di stretta osservanza. Secondo i ricercatori la misurazione della pressione sanguigna ha permesso di rilevare disparità consistenti in base alle abitudini religiose. Chi andava in chiesa almeno una volta alla settimana e pregava, o studiava la Bibbia una volta al giorno, ha fatto registrare livelli di pressione più contenuti: fino al 40% in meno rispetto agli altri. Una differenza che gli scienziati definiscono «ampia e clinicamente significativa», sottolineando che si tratta di «uno degli effetti più estesi mai individuati sulla salute cardiovascolare».

Il legame tra pratica religiosa e pressione sanguigna è inoltre risultato più forte tra gli afroamericani e tra i cosiddetti "giovani anziani", quelli di età tra i sessantacinque e i settantaquattro anni. Il culto di appartenenza, inoltre, non conta: gli effetti positivi si rilevano sia che si vada in chiesa, alla sinagoga o alla moschea.

Gli autori dello studio, un gruppo di clinici della Duke University di Durham, in precedenza avevano evidenziato una connessione tra religiosità e rafforzamento del sistema immunitario degli anziani. I risultati di questa nuova indagine, che si aggiunge a numerose altre ricerche sui rapporti tra fede e salute, fiorite soprattutto negli Stati Uniti nell'ultimo decennio, sono stati tuttavia accompagnati da un invito alla cautela. Prima di affermare con sicurezza che la pratica religiosa migliora la salute fisica, dicono gli stessi autori, bisogna proseguire le ricerche, poiché a spiegare i risultati dello studio potrebbero essere anche altri fattori.

Tra questi possiamo, per esempio, annoverare lo stile di vita più tranquillo e regolato di chi segue le prescrizioni di una Chiesa, ma anche i regimi alimentari imposti da molte religioni e l'appoggio morale e pratico fornito dagli altri fedeli.

L'emozione di Dio guarisce?

E il sovrannaturale? Per quanto si possano analizzare scientificamente gli effetti salutari della preghiera, è difficile dimenticare che chi prega si appella all'intervento di un potere trascendente e superiore. È a Dio, e non agli ormoni o ai neurotrasmettitori, che il fedele attribuisce il potere risanatore. Ma le azioni della divinità risultano assai complesse da misurare con gli strumenti della scienza. Come valutare se, e quanto, Dio risponde alle nostre invocazioni d'aiuto? Malgrado ciò, qualcuno ha cercato lo stesso di affrontare sperimentalmente il problema, indagando sulle preghiere taumaturgiche effettuate, per così dire, in conto terzi. Chi prega, in questo caso, non lo fa per sé, ma per chiedere la guarigione di un altro. In alcuni contesti religiosi, come per esempio quello della Christian Science, questa pratica terapeutica ha dato vita a vere e proprie figure "professionali", guaritori ufficialmente autorizzati dai ministri del culto a intercedere presso Dio a favore della salute degli altri.

Lo studio probabilmente più famoso sull'efficacia della preghiera altrui è stato quello cui abbiamo già accennato nel capitolo 1 di questa Parte IV, effettuato al San Francisco General Hospital. La ricerca, tuttavia, è stata fortemente criticata per difetti di organizzazione, e non è ancora stata replicata, mentre altri esperimenti relativi all'abuso di alcol non hanno registrato risultati positivi e un recente studio su un gruppo di malati di AIDS non ha ancora dato esiti significativi. Ma i ricercatori non demordono: i progetti di studio in corso sono vari e qualcuno coinvolge persino animali da laboratorio. Se i topi malati per cui si prega dovessero migliorare, ragionano gli studiosi, che cosa può spiegarne la guarigione se non l'intervento divino?

In mezzo ai condizionali risalta comunque una certezza. La fede e la preghiera da sole, senza la medicina, sono pericolosissime. Addirittura letali. Recentemente, il Dipartimento di pediatria dell'Università della California a San Diego ha pubblicato un'analisi delle morti di bambini appartenenti a famiglie la cui confessione religiosa sostituisce la preghiera e altre terapie spirituali alle normali cure mediche. Lo studio, che prendeva in esame 172 decessi avvenuti tra il 1975 e il 1995, ha stabilito che in tutti i casi, eccetto 3, i bambini avrebbero tratto vantaggio dall'intervento clinico, salvandosi ed evitando inutili e spesso atroci sofferenze. 18 piccoli pazienti, se curati normalmente, avrebbero avuto il 50% di possibilità di sopravvivenza. E ben 140 sono morti per patologie che la medicina cura con successo in più del 90% dei casi. Malattie che, nel mondo occidentale, non sono quasi mai fatali, come il diabete, o la polmonite, l'epilessia e addirittura l'appendicite.

In realtà, non è la prima volta che gli studi dimostrano la possibilità di trattamenti terapeutici a distanza basati su meditazioni, in grado di migliorare il campo energetico e quindi la salute dei pazienti, preghiere che curano, con l'invio di messaggi positivi all'organismo dei malati.

Non vogliamo, tuttavia, rafforzare le ipotesi sulla cosiddetta cura a distanza e tanto meno stimolare nei lettori l'idea di sostituire la preghiera alle terapie mediche. La nostra personale posizione, che riteniamo insieme scientifica e spirituale, è quella di vivere tutte le esperienze che ogni persona con la propria sensorialità si sente di vivere. Ciò va fatto, tuttavia, senza venir meno al primo e fondamentale impegno salutistico: quello di consultare il medico di famiglia e con lui formulare le traiettorie di terapia e cura estendendole, però, anche alla dimensione spirituale (A. Musso e B. Luban-Plozza, 2000).

APPENDICI

I

Gli studiosi della personalità

Allport, Gordon Willard

(*Montezurria 1897-Cambridge, MA, 1967*)
Psicologo statunitense, fratello di Floyd Henry Allport. Studiò filosofia e psicologia a Harvard e completò la sua formazione in Europa. Tornato a Harvard, dal 1930 vi insegnò psicologia. Ricoprì inoltre numerosi incarichi presso associazioni americane e straniere, tra cui la Società italiana di psicologia, e organismi internazionali dell'Unesco. Si occupò sia di psicologia della personalità sia di psicologia sociale.

In saggi quali *Psicologia della personalità* (1937), *Divenire: fondamenti di una psicologia della personalità* (1955), *Modelli e sviluppo della personalità* (1961), Allport definì la personalità come realtà psicofisica, frutto dell'interazione tra componenti della vita fisica e di quella psichica, contrassegnata da specifici tratti, ovvero modi d'essere caratteristici e unici d'ogni individuo, tendenze fondamentali che lo indirizzano determinandone il comportamento e l'adattamento all'ambiente. In contrasto col determinismo ambientale del behaviorismo, Allport considerò la personalità una struttura dinamica, in continua evoluzione. Distaccandosi anche dalla teoria psicoanalitica classica, sostenne che la personalità dell'individuo si costruisce non solo a partire dalla sua vita infantile, ma anche e soprattutto sulla base delle esperienze successive; in essa confluiscono elementi esperienziali e cognitivi, prima ancora che elementi inconsci. Allport formulò il principio della "autonomia funzionale dei motivi" per cui le tendenze (i motivi) di una personalità non sono riconducibili a pochi immutabili elementi istintivi, ma si modificano nel corso della vita, acquistando autonomia rispetto alla originaria necessità che le ha generate.

Nel campo degli studi psicosociali Allport pubblicò l'importante lavoro *La natura del pregiudizio* (1954), divenuto ben presto un classico.

In collaborazione con altri studiosi si interessò di aree applicative della psicologia sociale, pubblicando con H. Cantril *La psicologia della radio* (1935), con L. Postmari *La psicologia del rumore* (1947) e con Ph.E. Vernon *Studi sul movimento espressivo* (1933).

James, William

(*New York 1842-Chocorua, NH, 1910*)
Psicologo e filosofo statunitense. Figlio del filosofo Henry James Sr. e fratello del romanziere Henry, James trasse, dal vivace ambiente familiare e dai frequenti soggiorni in Europa, una formazione ricca e composita. Studiò dapprima scienze naturali e medicina, ma i suoi interessi si orientarono poi decisamente verso la nuova psicologia fisiologica di W. Wundt e di H. Lolze.

Nel 1872, dopo aver superato una grave malattia nervosa, James ottenne a Harvard un incarico per l'insegnamento di Fisiologia, trasformatosi poi nel 1876 in cattedra di Psicologia fisiologica, cui egli affiancò il primo laboratorio di psicologia sperimentale negli Stati Uniti. Dopo il 1890, gli interessi di James si orientarono più marcatamente verso la filosofia. Egli riprese il pragmatismo di Ch.S. Peirce e lo rielaborò autonomamente imponendolo come una delle principali correnti di pensiero del primo Novecento. In questa prospettiva James propone una nuova concezione della conoscenza e della verità: le idee che la mente umana produce sono strumenti che permettono all'uomo il dominio teorico e pratico dell'ambiente: il loro significato è dato dalle loro conseguenze pratico-sperimentali. La verità è definita come fattitudine delle nostre idee ad "adattarsi in modo soddisfacente alla realtà". Un'idea può dirsi vera quando si accorda con la realtà, nel senso che funziona con successo in rapporto all'ambiente, in cui deve compiere il suo lavoro e all'intenzione per cui è stata formata. La verità non può disgiungersi dagli interessi pratico-emotivi dell'uomo e non deve ridursi al mero requisito della coerenza logico-formale. Vero è ciò che dà luogo a effetti pratici soddisfacenti. Per questa via James rivendicava, contro i positivisti, il valore della fede e del sentimento religioso: i problemi fondamentali dell'esistenza non trovano risposta nelle tesi della scienza e della filosofia. L'uomo ha diritto a credere nei valori che danno senso e scopo alla vita: anzi, deve credere, accettando il rischio pascaliano della scelta della fede come scommessa, perché l'azione non può arrestarsi di fronte ai dubbi dell'intelletto. In questo senso la fede religiosa, razionalmente insostenibile per lo scienziato, si dimostra vera all'uomo comune. Nelle ultime opere James si sforzò di dare un più solido fondamento filosofico al suo volontarismo pragmatistico. Egli chiamò tale prospettiva empirismo radicale, cercando di mostrare come l'esperienza costituisca il fondamento universale di ogni umana attività, sia percettiva sia intellettiva. L'esperienza colta nel suo momento originario è "pura", cioè precedente alle intellettualistiche distinzioni di materia e spirito, soggetto e oggetto, mondo e io.

Opere principali: *Principi di psicologia* (1890), *La volontà di credere e altri saggi di filosofia popolare* (1897), *Le varie forme della coscienza religiosa* (1902), *Pragmatismo* (1907), *Il significato della verità* (1909), *Un universo pluralistico* (1909), *Altri problemi di filosofia* (incompiuta, 1911) e *Saggi sull'empirismo radicale* (postumi, 1912). James è comunemente considerato l'iniziatore della psicologia americana. Sintesi del suo lavoro in campo psicologico è l'opera in due volumi *Principi di psicologia* (1890). La psicologia di James si rivela precorritrice diretta del funzionalismo ma ricca di spunti che saranno valorizzati dal comportamentismo, dalla psicologia della personalità e dalla psicologia umanistica. Nel testo *Principi di psicologia,* James applica alla comprensione dei fenomeni psichici un metodo insieme fenomenologico e genetico funzionale di matrice darwiniana. Egli offre non solo una ricca analisi del pensiero, della sensibilità e della coscienza umana, ma anche un'interpretazione dell'uomo, della realtà e della conoscenza che sfocerà poi nell'elaborazione del pragmatismo jamesiano. La nozione centrale della psicologia jamesiana è quella di coscienza. In polemica con la concezione atomistico-associazionistica, che disarticola i fenomeni di coscienza in una serie di elementi discontinui connessi a meccanismi fisiologici, James sostiene la necessità di considerare i fenomeni psichici in modo dinamico e organico. L'analisi di Wundt, da cui egli prende le mosse, non riesce a cogliere proprio la caratteristica più importante della coscienza: il suo fluire. La realtà psichica va concepita come "flusso di coscienza" (*stream of consciousness*), come corrente unitaria, come incessante e mutevole fluire. Da descriversi nella sua immediatezza, a prescindere da ogni sovrastruttura metafisica (positivistica o idealistica) e da studiare nel "bel mezzo delle sue relazioni concrete", cioè nei suoi rapporti con un organismo che interagisce con l'ambiente. La coscienza è, infatti, legata all'individuo, è fondamentalmente selettiva secondo le esigenze di adattamento all'ambiente del soggetto. Questa concezione della vita psichica individuale, che ha trovato echi anche nella letteratura del primo Novecento (si pensi all'*Ulisse* di Joyce o ad alcune opere della Woolf), rappresenta sicuramente l'elemento di maggiore originalità della psicologia jamesiana.

Non meno innovativa è tuttavia la concezione della sensibilità e del pensiero. La sensibilità non è intesa come passivo strumento di acquisizione di forme fenomeniche, ma come funzione attiva, che seleziona il reale secondo scelte psicocognitive che gradualmente si trasformano in abitudini e sedimentano nella memoria storico-percettiva dell'uomo. Per quanto riguarda il pensiero, James sottolinea il fatto che è sempre connesso a un rapporto pratico col mondo, a un interesse o a un progetto. Nell'economia psicofisica dell'individuo, l'attività mentale ha la funzione di permettere l'adattamento dell'individuo alle condizioni di vita: di qui l'impossibilità di separare nettamente il pensiero dalla sensibilità e dal mondo inconscio e precategoriale. L'esperienza mentale dell'individuo va considerata come una totalità comprendente, oltre ai pensieri articolati, anche pensieri indeterminati e immagini indistinte, che come aloni circondano le idee chiare e distinte. La teoria più specificamente psicologica di James è conosciuta come teoria periferica delle emozioni. Egli la elaborò contemporaneamente, anche se indipendentemente al danese Carl Lange, sostenendo che nell'emozione il dato primario è l'aspetto fisiologico e somatico. Solo la presa di coscienza di tale aspetto permette lo scatenarsi dell'emozione in senso psichico. La teoria di James fu messa in dubbio dagli studi successivi sul meccanismo nervoso e ormonico di W.B. Cannon, H. Hea e Ph. Bard; oggi, tuttavia, le si attribuisce il merito di aver posto l'accento sulle concomitanti fisiologiche e somatiche delle emozioni.

Lewin, Kurt

(*Mogilno, Posnania, 1890-Newton, MA, 1947*)

Psicologo statunitense d'origine tedesca. Studiò nelle università di Friburgo, Monaco e Berlino. In quest'ultima città divenne uno dei membri più attivi del movimento gestaltista (psicologia della forma). Rispetto a M. Wertheimer, K. Koffka e W. Kohier, interessati quasi esclusivamente allo studio della percezione, Lewin si caratterizzò per la sua attenzione ai processi motivazionali e interpersonali.

Nel 1934 per sfuggire alle leggi razziste antisemitiche, si trasferì negli Stati Uniti. Condusse, nell'Università dello Iowa, una serie di esperimenti di psicologia sociale con soggetti in età infantile. Quest'attività, per il suo carattere pionieristico, gli meritò la direzione di un centro di ricerche sulla dinamica di gruppo (Research Centre for Group Dynamics) presso il prestigioso Massachusetts Institute of Technology, a partire dal 1944.

Dopo la morte di Lewin, il centro continuò a funzionare, divenendo uno dei punti di forza della psicologia sociale nordamericana e internazionale. Nelle sue opere principali (*Teoria dinamica della personalità*, 1935, e *Principi di psicologia topologica*, 1936), Lewin tenta una fondazione teorica della psicologia attraverso un'analisi epistemologica che lo conduce a rifiutare ogni forma di meccanicismo e ogni uso cieco del metodo classificatorio e dell'elaborazione statistica in favore di un approccio dinamico. A partire da questa impostazione sviluppa la propria teoria del campo (*field-theory*), che applica al comportamento interpersonale e al concetto di personalità i principi strutturali evidenziati dai gestaltisti nello studio della percezione. Mutuato dalle scienze fisiche, il concetto di campo è inteso da Lewin quale totalità di fenomeni psicologici che agiscono in reciproca interdipendenza d'influssi e, per quel che riguarda l'individuo, come la totalità di tutti i possibili eventi che lo influenzano, ossia il suo spazio vitale. L'individuo, in cui si distinguono una personalità interiore e una personalità percettivo-motoria volta verso l'ambiente esterno, si colloca al centro di un campo di forze ambientali che lo modificano e che, grazie a lui, si modificano. Il comportamento dell'individuo è in funzione dello spazio di vita, ossia della sua interazione con l'ambiente psicologico, di cui egli ha un'esperienza soggettiva più o meno cosciente. Lewin ricorre agli strumenti della topologia per descrivere in modo rigoroso la struttura della persona, concepita come un insieme di regioni, cioè di spazi intercomunicanti, mentre esprime, mediante vettori, l'intensità e la direzione delle forze, cioè dei principi dinamici che agiscono sull'individuo. Lo studio delle interazioni psicologiche tra l'individuo e l'ambiente permette non solo di descrivere una situazione, ma anche di prevederla; tale possibilità si è rivelata molto utile, sia in generale nella psicologia sociale, sia come mezzo di controllo e di gestione delle dinamiche di gruppo, di cui Lewin è stato tra i primi a occuparsi. Il gruppo è visto da Lewin non come un insieme di persone, ma come una totalità dinamica, dotata di un'unità che trascende i sensi. A partire da questa premessa, la dinamica di gruppo si costituisce non solo come ambito di studio, ma anche come strumento di intervento sociale rivolto al cambiamento e alla soluzione dei problemi della vita sociale. Si tratta della cosiddetta ricerca-azione (*action research*), detta anche ricerca attiva o partecipante, che sfrutta il clima di collaborazione che s'instaura tra i membri del gruppo per elaborare fattive strategie di intervento nella società. L'influsso di Lewin è stato particolarmente significativo proprio nella psicologia sociale e nei suoi rapporti con la psicologia dell'età evolutiva.

La sua lezione contribuì, negli anni Trenta e Quaranta, a svincolare la psicologia sociale statunitense dal paradigma comportamentista e stimolò, tra gli anni Sessanta e Settanta, la rinascita della psicologia sociale europea in forma autonoma e originale.

A Lewin e ai suoi collaboratori si devono anche numerose ricerche sperimentali, che conservano una loro validità anche al di fuori della cornice teorica in cui furono interpretate; tra queste citiamo: il famoso esperimento sul ricordo dei compiti non finiti (il cosiddetto effetto Zeigarnik), che dimostrò che si ricordano meglio i compiti che non sono stati portati a termine, in quanto si ha una perturbazione del campo dovuta all'interruzione e al conseguente stato di squilibrio e tensione; l'esperimento sulla frustrazione nei bambini, che dimostrò che essa produce una regressione nelle attività organizzative e costruttive, conferma secondo Lewin di una teoria freudiana; una serie di esperimenti sulle "atmosfere" democratiche, autoritarie e di *laissez-faire* e sui loro effetti sulla condotta sociale.

Maslow, Abraham H.

(*New York 1908-Menio Park, CA, 1970*)
Psicologo statunitense. Studiò all'Università del Wisconsin e insegnò al Brooklyn College e alla Brandeis University. Dopo aver iniziato la propria carriera come psicologo sperimentale, si interessò soprattutto del problema della motivazione, di cui propose una interpretazione "olistico-dinamica".

In *Motivazione e personalità* (1954; 2ª edizione ampliata, 1970) elaborò una classificazione gerarchica delle motivazioni, che dai bisogni primari e fisiologici (cibo, acqua, impulso sessuale ecc.) giunge a quelli superiori (appartenenza, stima, sicurezza, affetto, amore ecc.). Solo dopo aver appagato i bisogni elementari, l'individuo riesce a esprimere esigenze di livello superiore, al culmine delle quali Maslow colloca il bisogno di autorealizzazione intesa come piena attuazione delle potenzialità del soggetto. La nevrosi è secondo Maslow l'espressione di bisogni frustrati e di una mancata autorealizzazione. Scopo primario della psicoterapia è l'integrazione delle varie componenti della personalità (o del Sé) in quanto solo una perfetta autorealizzazione assicura all'individuo un'esistenza autonoma, appagata e creativa.

Negli anni Sessanta, convintosi da un lato dell'irrilevanza (in termini di significatività esistenziale) delle consuete ricerche psicologico-sperimentali e, dall'altro, della natura filosofico-ideologica dei presupposti tanto psicoanalitici quanto comportamentistici (riassumibile in una concezione restrittiva, meccanicistica e pessimistica dell'essere umano), fondò la rivista «Journal of Humanistic Psychology» (1964) e, affiancato da non pochi comportamentisti e psicoanalisti "convertiti" e da autori come Ch. Búhler e J.F.T. Bugental, divenne il leader della psicologia umanistica, un vasto movimento psicologico scarsamente penetrato in Europa ma che ebbe grande successo nelle università nordamericane. Diversamente da molti esponenti della psicologia umanistica, Maslow intraprese anche un'originale riformulazione di base psicologica delle tematiche epistemologiche e metodologiche e allargò i suoi interessi alla psicologia applicata, occupandosi di psicologia del lavoro, dell'organizzazione e dell'esperienza religiosa.

Altre sue opere: *Verso una psicologia dell'essere* (1962), *L'unità di fatti e valori* (1963), *Mitologia della scimmia* (1966), *Il bisogno di conoscere e la paura di conoscere* (1968).

Rogers, Carl

(*Oak Park, IL, 1902-La Jolla, CA, 1987)*
Psicologo statunitense. Intraprese dapprima studi di agronomia, che ben presto abbandonò per conseguire la laurea in psicologia alla Columbia University. Tra il 1931 e il 1940 fu terapeuta presso il Centro d'orientamento di Rochester, dove si occupò in particolare della prevenzione della criminalità negli adolescenti "difficili".

Nel 1940 divenne professore di Clinica psicologica all'Università dell'Ohio: successivamente insegnò presso l'Università di Chicago (1945-57), fondandovi un centro di consulenza per studenti che ebbe molto successo e contribuì a fornirgli la base empirica del suo metodo terapeutico.

Dal 1957 al 1963 insegnò a Madison presso l'Università del Wisconsin. Studioso della personalità d'impostazione esistenziale, attraverso le varie esperienze cliniche e terapeutiche individuò nella condotta umana una serie diversificata di motivazioni, non completamente riconducibili al paradigma psicoanalitico del "conflitto di natura sessuale". Su queste basi sviluppò una tecnica terapeutica, la "terapia non direttiva" o "terapia centrata sul cliente", che ha profondamente influenzato la pratica psicologico-clinica contemporanea (psicologia rogersiana).

Il metodo di Rogers, strutturato su una base dichiaratamente pragmatistica, che lo pone agli antipodi del sistema freudiano, si fonda appunto sull'empatia e sulla non direttività nel rapporto con il paziente-cliente: il terapeuta deve favorire la libera espressione dell'emotività del paziente, sostenendolo, senza influenzarlo, nell'autonomo processo di comprensione della propria realtà psichica. Presupposto teorico di tale tecnica, detta del *counseling*, è l'ottimismo motivazionale, per il quale il bisogno di autorealizzazione è l'unica fonte energetica del comportamento umano.

Del freudismo Rogers rifiuta esplicitamente i concetti di transfert e di interpretazione, che giudica difese del terapeuta, e il dualismo istintuale tra pulsioni di vita e pulsioni di morte.

Da segnalare, nella teoria della personalità, il ruolo assegnato al Sé. Con la "psicologia umanistica" di Maslow, la psicoterapia di Rogers si colloca entro un orientamento generale alternativo, tanto alla psicoanalisi quanto alle terapie comportamentali. In Europa l'influenza di Rogers si è avvertita più sul piano psicologico che su quello propriamente psicologico-clinico; in Francia il suo principale interprete è stato M. Pagès, mentre in Italia si sono riconosciuti nell'indirizzo rogersiano molti psicologi di cultura cattolica.

La sua opera principale è *Psicoterapia di consultazione* (1942); altre opere: *La terapia centrata sul cliente* (1951) e *Lo sviluppo della personalità* (1961).

Skinner, Burrhus Frederik

(*Susquehanna, PA, 1904-Cambridge, MA, 1990*)
Psicologo statunitense. La sua formazione fu influenzata da psicologi come Watson, Thorndike, Pavlov e da filosofi ed epistemologi come Mach, Poincaré, Russell e Bridgman, dei quale fece propria l'imposta-

zione operazionistica. Si laureò a Harvard nel 1931 con una tesi sui riflessi condizionati.

Professore di Psicologia presso le università del Minnesota, dell'Indiana e ad Harvard (dal 1947), fu uno dei principali rappresentanti contemporanei del comportamentismo, di cui incarnò l'anima più radicale nella piena ortodossia watsoniana, in polemica con i rappresentanti del cosiddetto "neocomportamentismo" (da C.L. Hull a E.C. Tolman). Egli sostenne il metodo sperimentale come unico criterio di scientificità, in aperta polemica contro ogni forma di "teorizzazione". Difensore della tradizione positivistica e induttivistica della psicologia, assunse il "comportamento direttamente osservabile dall'esterno" come unico oggetto dell'indagine psicologica.

Nelle opere *Il comportamento degli organismi* (1938) e *La scienza e il comportamento umano* (1953), Skinner introduce la distinzione tra comportamento "rispondente" e comportamento "operante"; il primo, tipico del condizionamento classico, è la risposta di un organismo a uno stimolo specifico e osservabile; il secondo si ha quando la risposta appare come un'azione spontanea dell'organismo, non connessa con alcuno stimolo identificabile. La risposta "operativa" tende a venir ripetuta in conseguenza degli stimoli che essa stessa introduce nell'ambiente. Il processo di "rinforzo", rappresentato dalla ricompensa ottenuta, genera un condizionamento che è definito operante, in quanto tende all'ottenimento della ricompensa. Ciò dimostra che il comportamento può essere orientato attraverso un sistema di ricompense. Per studiare il comportamento operante Skinner fece ricorso a speciali gabbie di sua invenzione (le cosiddette *Skinner box*), che permettevano di controllare dall'esterno l'esecuzione di un compito da parte di un animale sperimentale.

Nell'opera *Il comportamento verbale* (1957), Skinner diede un'interpretazione rigorosamente comportamentistica dei fatti linguistici e ricondusse l'acquisizione del linguaggio alla formazione di associazioni tra oggetti ed etichette verbali. L'analisi del comportamento verbale lo condusse ad approfondire i problemi dell'apprendimento scolastico e a progettare dispositivi meccanici in sostituzione dell'insegnante (*teaching machines*) dando così inizio a un vasto progetto di "istruzione programmata" che tante polemiche suscitò in ambito pedagogico.

Convinto della rilevanza sociale delle sue concezioni e della possibilità di modificare il comportamento umano mediante le tecniche dell'ingegneria comportamentale, Skinner pubblicò nel 1948 il romanzo utopistico *Walden Two*, nel quale prefigurava una società basata sul controllo scientifico del comportamento attraverso un sistema di "ricompense" opportunamente pianificato.

Tra le altre opere si ricordano: *Analisi del comportamento*, con J.G. Holland (1961), *La tecnologia dell'insegnamento* (1968), *Oltre la libertà e la dignità* (1971), *Vivere bene la terza età*, con M.E. Vaugham (1983)

II

Teorie della personalità

La teoria somatico-costituzionalistica

Studia la personalità a partire dalle corrispondenze tra le caratteristiche fisiche di un individuo e quelle psicologiche.

Inaugurata da Ippocrate e ripresa da Galeno, questa teoria ha percorso la storia fino a riproporsi oggi nelle tipologie ordinate da E. Kretschmer, W. Sheldon, N. Pende e altri. Siccome questa teoria approda, più che all'individuazione di una personalità, alla costruzione di modelli, notando qui solo che una persona che ha una determinata costituzione fisica e si comporta in conformità alle attese che l'ambiente ha nei suoi riguardi a partire dalla sua costituzione, riceve un rinforzo positivo che favorisce il suo buon aggiustamento con l'ambiente.

La teoria fattoriale

L'analisi fattoriale è stata applicata allo studio della personalità da R.B. Cattell e da H.J. Eysenck.

Secondo Cattell la personalità è ciò che consente di predire quel che un individuo farà in una situazione definita a partire dai suoi tratti che sono le sue strutture mentali che hanno anche una base biologica. Accanto ai tratti di superficie, che sono un gruppo di variabili correlate di scarso interesse perché instabili e diverse da individuo a individuo, esistono tratti d'origine che si ottengono con procedimenti più complessi, ma che sono più utili per la predizione perché più stabili.

Tali sono i tratti comuni, come i tratti di capacità, di temperamento, di dinamismo, e i tratti unici, come quelli patologici. Fra i tratti dinamici si distinguono gli *ergs* che sono innati e identificabili con la costituzione biologica degli individui, e i *metaergs* che sono acquisiti e si sviluppano progressivamente in interessi, atteggiamenti e sentimenti. Grande importanza assume lo strumento con cui questi tratti sono ottenuti. Cattell distingue in proposito lo strumento "L", biografico, che prevede il giudizio da parte di un osservatore sul comportamento della persona, lo strumento "Q", o d'autovalidazione, ottenibile mediante questionari e inventari, e lo strumento "T" che si avvale di test obiettivi.

Eysenck, partendo dal presupposto che è necessario impostare lo studio della personalità in termini di dimensioni o unità di comportamento determinabili e misurabili, definisce la personalità come la somma totale degli schemi di condotta dell'organismo attuali e potenziali, ereditari e acquisiti. Essa si origina e si sviluppa attraverso l'interazione funzionale dei quattro settori principali nei quali sono organizzati questi schemi di condotta: il settore cognitivo (intelligenza), clonativo (carattere), affettivo (temperamento), somatico (costituzione); egli ha definito la personalità, così intesa in termini di entità fattoriali, a partire da quattro livelli di organizzazione: il livello dei tipi o fattori generali, dei tratti o fattori di gruppo, delle risposte abituali che ricorrono in circostanze uguali o simili, e infine delle risposte specifiche che compaiono una sola volta.

A cavallo tra la teoria costituzionale e la teoria fattoriale si colloca la teoria dimensionale di H. Sjoebring, che fa riferimento al substrato neurofisiologico di cui viene valutata: l'ampiezza di ogni processo nervoso in base agli elementi che viene a interessare, la sua diffusione, e il grado di resistenza che incontra. Sulla base di questi concetti Sjoebring ha costruito una tipologia a partire da quattro radicali: la capacità che corrisponde all'intelligenza, la validità che si riferisce all'energia del sistema nervoso, la solidità data dalla costanza della struttura della personalità, e la stabilità proporzionale alla ripetizione che porta all'abituazione.

Le teorie olistiche

Queste teorie sottolineano l'aspetto unitario della personalità nel suo momento biologico e psicologico e affermano, con K. Goldstein, il quale ha compiuto fondamentali ricerche sui cerebrolesi di guerra, che la legge del tutto governa il funzionamento delle parti, e pertanto è più utile studiare clinicamente e integralmente una persona, che non esaminare in molti soggetti una funzione psichica isolata. Nell'evoluzione di una personalità, si manifesta più precocemente una condotta concreta che rappresenta una reazione automatica diretta agli stimoli, e successivamente una condotta astratta che è una risposta elaborata e ragionata agli stimoli. In condizioni patologiche, l'individuo può perdere la condotta astratta e regredire a quella concreta (1936). A. Angyal estende il concetto di integrazione all'ambiente in cui l'individuo vive, introducendo il concetto di biosfera, che include individuo e ambiente come aspetti di un'unica realtà, che solo astrattamente si possono separare. Nella biosfera si riconoscono tre dimensioni:

1. verticale, espressa dalla connessione tra condotta esterna e tendenze profonde;
2. progressiva, data dall'inserimento d'ogni atto in una sequenza di atti finalizzati;
3. trasversale, dove ogni atto è inserito in un comportamento integrato.

Maslow considera la personalità come un'integrazione di *needs*, o bisogni di base, distinti in *needs* fisiologici come la fame e la sete, *needs* di sicurezza, d'appartenenza, di amore, e *needs* cognitivi ed estetici; mentre P. Lecky individua il tratto di fondo della personalità nella capacità di mantenere un'organizzazione unificata e autoconsistente in un ambiente instabile da cui assimila i valori coerenti a sé, respingendo gli altri.

Le teorie oggettivistiche

Sono teorie promosse dall'esigenza di fondare le proprie teorizzazioni a partire da osservazioni empiriche, controllabili sperimentalmente. Rientrano in questo ambito la scuola riflessologica russa e il comportamentismo americano.

Partendo da esperimenti sugli animali, I.P. Pavlov elaborò una teoria della personalità incentrata sui concetti di riflesso condizionato, che dipende dalla scarsa sensibilità agli stimoli periferici e alla conseguente soglia sensoriale elevata, equilibrio correlato ad alcuni indici elettroencefalografici e alla capacità di rapido adattamento.

In ambito comportamentista, dopo una prima fase legata al nome di J.B. Watson, con J. Dollard e N. Miller s'è tentato un legame tra la dottrina psicoanalitica e la teoria dell'apprendimento. L'elemento fondamentale nella struttura della personalità è l'abito, o *habit*, che è l'associazione tra uno stimolo differenziato (*cue*) e una risposta che varia in rapporto all'esperienza individuale. Il fattore dinamico della personalità è il *drive*, o impulso sufficientemente intenso per mettere in moto l'individuo; esso non dirige la condotta ma soltanto la "energizza" costringendo l'individuo a rispondere per ridurre o eliminare l'impulso. Si distinguono *drive* primari assimilabili con qualche approssimazione all'istinto, e *drive* secondari acquisiti con l'apprendimento. Quest'ultimo si realizza con l'intervento di quattro elementi:

1. il *drive* che innesca l'azione;
2. il *cue* che guida la risposta che può essere "diretta", quando segue immediatamente lo stimolo, o "indiretta", quando consente di considerare l'effetto di un'azione prima di eseguirla;
3. la risposta che, con lo sviluppo della personalità, è sempre più influenzata dal tipo di cultura;
4. il rinforzo da cui dipende la possibilità o meno di costruire un *habit*.

La teoria dell'apprendimento sociale

È stata elaborata da J.B. Rotter, che definisce la personalità come «il modo caratteristico di reagire in una situazione identificabile» (1972).

Le variabili che intervengono in questa modalità sono: il comportamento potenziale dato dalla qualità dell'interazione tra individuo e ambiente, l'aspettativa dell'individuo sulla base della sua esperienza passata, il rinforzo il cui effetto è in stretta correlazione alla motivazione. Da questi quattro elementi si possono ottenere delle formule per la predizione di un comportamento diretto a una meta.

Le teorie psicodinamiche

Queste teorie hanno dato un contributo notevole all'evoluzione della concezione della personalità considerata in relazione alle varie tendenze che sono in equilibrio instabile, per cui il comportamento è il risultato di interazioni di disposizioni diverse spesso in conflitto. Questa conflittualità spiega il carattere dinamico della personalità, che affonda le sue radici nei suoi aspetti genetici. Dal punto di vista genetico la personalità, secondo S. Freud, si attesta a vari stadi di equilibrio corrispondenti alle fasi dello sviluppo psicosessuale (fase orale, anale, fallica, di latenza, genitale), caratterizzate ciascuna da una crisi evolutiva che deve essere superata per il raggiungimento dell'identità personale. Una fissazione in una data fase dello sviluppo determina un arresto nella maturazione della personalità che si rivelerà, nell'età adulta, con manifestazioni tipiche di quella fase.

Dal punto di vista dinamico Freud ipotizza tre istanze dell'apparato psichico, che nomina Es, dove vi sono le pulsioni sessuali e aggressive innate, Io che abbraccia l'area della coscienza e presiede il comportamento nel suo adeguarsi a modalità socialmente accettabili, e Super-io che esprime le esigenze della realtà sociale che trova la sua prima incarnazione nella figura del padre.

Nell'ultima fase del suo pensiero Freud introduce i concetti di Eros e Thanatos in cui si esprime, rispettivamente, la tendenza alla conservazione dell'individuo e della specie, e la tendenza, tipica di ogni essere vivente, a tornare allo stadio inorganico.

A queste conclusioni Freud perviene dopo un'evoluzione del suo pensiero le cui tappe sono analiticamente considerate ed esposte nella voce carattere, che è il termine propriamente impiegato da Freud. Alla stessa voce si rinvia per le varianti psicodinamiche introdotte dalle correnti di pensiero che si sono separate dall'impostazione freudiana della psicoanalisi (Jung, Adler, Reich) o che sono rimaste al suo interno ma con significative varianti (Klein, Horney, Rank, Fromm, Sullivan).

Le teorie della percezione

Sono teorie che prendono le mosse dalla constatazione che la percezione non è modulata solo dall'azione dello stimolo esterno, ma anche dalla struttura della personalità le cui tendenze percettive generano le seguenti coppie: analitico-sintetico, in base alla tendenza a cogliere i particolari o l'insieme; accentuatore-livellatore, in base alla tendenza a chiudere o meno lo spazio fenomenico percepito; dipendente-indipendente dal campo, a seconda che la percezione dipenda o meno dai dati offerti dal campo visivo.

La teoria pragmatico-relazionale

Sorta a Palo Alto negli anni Cinquanta del Novecento intorno a G. Bateson e a P. Watzlawick, questa teoria considera la personalità come un sistema, ovvero come un ordine dinamico di parti e di processi mutuamente interagenti, dove vigono queste leggi: della totalità, per cui il mutamento di una parte genera il mutamento del tutto; della retroazione o circolarità che, abbandonato il concetto di causalità lineare, stabilisce che l'attività di ogni singolo elemento influenza ed è influenzata dall'attività di ogni altro elemento; della equifinalità in base a cui si afferma che un sistema è la miglior spiegazione di se stesso perché i parametri del sistema prevalgono sulle condizioni da cui esso ha tratto origine. Ne consegue che la spiegazione non va cercata nel passato, ovvero in dati che al sistema non appartengono, ma nei parametri e nelle regole interne al sistema stesso.

La personalità umana è contrassegnata, secondo questa teoria, dalla comunicazione che non ha un suo opposto, perché sia l'attività che l'inattività, sia le parole che il silenzio hanno un valore di messaggio, ossia influenzano gli altri che, a loro volta, non possono non rispondere alla comunicazione, comunicando essi stessi.

Le teorie fenomenologico-esistenziali

Queste teorie hanno trovato la loro espressione in K. Jaspers e L. Binswanger: il primo ritiene che la personalità sia espressa dall'atteggiamento, che può essere oggettivo, autoriflessivo, entusiastico, a cui corrisponde rispettivamente l'immagine del mondo spazio-sensoriale, psichico-culturale, metafisico. Secondo Jaspers, solo all'interno degli stessi atteggiamenti gli uomini entrano in comunicazione gli uni con gli altri, comprendendosi reciprocamente. Se gli atteggiamenti sono diversi, l'uno vive, pensa, agisce passando accanto all'altro senza toccarlo.

Dal canto suo Binswanger, partendo dalla concezione heideggeriana dell'uomo (*dasein*) come originariamente aperto al mondo (*in-der-Welt-sein*) e agli altri (*mit-dasein*), distingue un'esistenza autentica, nel senso etimologico di "propria" (*autós*), da una inautentica, perché non propria ma semplicemente "fatta propria" dopo averla mediata dai modelli collettivi dell'esistenza (autenticità-inautenticità). Persuaso, secondo l'insegnamento di E. Husserl e di M. Heidegger, dalla decisività del carattere temporale dell'esistenza, Binswanger distingue i tipi di personalità in base alla modalità di aprirsi al tempo: o privilegiando il futuro, e quindi la progettualità, come accade nella persona realizzata; oppure il presente senza relazione con il passato e con il futuro, come nella personalità maniacale; oppure il passato in un mondo di assoluto rimpianto senza possibilità di sporgere verso le altre figure del tempo come nel malinconico.

La personalità, nella concezione fenomenologico-esistenziale, è strettamente correlata alla nozione di un mondo che non è qualcosa che "c'è", ma qualcosa che l'individuo "si dà" in base alle sue modalità di spazializzarsi, temporalizzarsi, coesistere ecc. (analisi esistenziale).

La teoria cognitiva

Questa teoria elabora un concetto di personalità centrato sulla mente da cui dipendono l'attività dell'organismo, le modalità d'adattamento e le sequenze comportamentali.

Perché noi non abbiamo a che fare con il mondo, ma con quell'esperienza del mondo che la nostra mente elabora: una mente intesa come sistema informativo in cui tutti i dati ambientali e sensoriali sono organizzati secondo codici di entrata per l'immagazzinamento e l'elaborazione, e codici di uscita per le risposte, ognuno con un feedback sugli altri. Lo sviluppo della personalità avviene attraverso l'elisione della dissonanza cognitiva che si verifica ogni qual volta l'individuo sperimenta informazioni in dissonanza con il suo precedente assetto mentale. L'incongruenza che si genera, siccome risulta intollerabile all'individuo, può essere risolta o con un mutamento dell'ambiente, o con una modificazione del proprio comportamento, o con una ristrutturazione del proprio mondo cognitivo. Questo esercizio, continuamente richiesto dalle relazioni con l'ambiente in continua mutazione, è la condizione della crescita della personalità.

La teoria funzionalista di G.W. Allport

Detta anche "psicologia dell'individuo", questa teoria pone l'accento sull'unicità di ogni singola persona, dovuta al modo assolutamente individuale con cui vengono composte:

1. le caratteristiche stabili della personalità (*proprium*)
2. i meccanismi di difesa;
3. la percezione della situazione;
4. le richieste e le attese legate alla situazione in cui hanno un valore essenziale cultura e ruolo.

La maturità della personalità è decisa dal grado di autonomia funzionale dei motivi, per cui un sistema motivazionale adulto, pur essendo originato da sistemi propri delle fasi precedenti, appare funzionalmente indipendente da essi.

Distinti i fattori congeniti da quelli acquisiti, Allport dichiara che la struttura dinamica della personalità è unica, anche se somiglianze dovute alla specie, alla cultura e alle fasi di sviluppo, possono produrre alcune somiglianze tali da giustificare l'uso di dimensioni universali. Mentre non si nega la possibile esistenza di istinti nell'infanzia, o anche il persistere di certe forme istintive di attività per tutta la vita, tuttavia il principio di autonomia funzionale considera la personalità sviluppata come un fenomeno post-istintivo.

La teoria del campo di K. Lewin

Concepisce i dati psicologici come organizzati in un campo di forze analoghe a un campo elettromagnetico con tendenza all'equilibrio del sistema. Nel campo, la persona occupa la posizione centrale circondata dall'ambiente psicologico con cui interagisce, attraverso un sistema di tensioni che possono nascere o dal mutamento dell'ambiente psicologico o all'interno della persona sotto forma di bisogno.

Lo stato di tensione attiva dei processi come pensare, agire, ricordare, percepire che continuano a operare, fino a che non si raggiunge l'equilibrio del sistema attraverso i percorsi tracciati dalle due geometrie, topologica e odologica descritte alla voce campo.

La personologia di H.A. Murray

Concepisce la personalità come un sistema in cui sono individuabili i bisogni legati a stati interni di insoddisfazione, le pressioni legate agli oggetti di cui rappresentano le proprietà reali (alfa), o percepite (beta), in ordine al soddisfacimento dei bisogni, il tema, che è l'unità coerente di bisogni e pressioni e che dà significato a certi comportamenti, e infine la catexi, positiva o negativa, con cui gli oggetti attraggono o respingono l'individuo, che ha il suo corrispondente soggettivo nel sentimento. Questi tratti che compongono la personalità sono evidenziabili con il test di appercezione tematica (TAT) ideato da Murray.

La teoria biosociale di G. Murphy

Prevede come componenti di base della personalità le disposizioni fisiologiche di origine genetica ed embriologica, le canalizzazioni attraverso le quali concentrazioni di energia trovano il modo di scaricarsi nella condotta, le risposte condizionate, ossia risposte ripetutamente rinforzate e le abitudini percettive e cognitive che sono il prodotto sia della canalizzazione che del condizionamento.

Nello sviluppo della personalità Murphy distingue tre stadi: globale, in cui il sistema è omogeneo e indifferenziato; differenziato, con separazione e indipendenza delle parti; integrato, contraddistinto dall'interdipendenza delle parti.

La teoria dei costrutti personali di G.A. Kelly

Ogni individuo è guidato dalle previsioni che formula sugli eventi a cui andrà incontro. Questa attività anticipatoria lo porta a formulare dei costrutti personali, che sono categorizzazioni dicotomiche che egli adatta a ogni elemento presente nell'ambiente.

L'organizzazione di questi costrutti, la loro estensione, gerarchizzazione e modificazione, dà il quadro della personalità dell'individuo (costrutto).

La teoria di C.R. Rogers

Il concetto di personalità, secondo Rogers, si articola in tre figure principali:

1. l'organismo, che è l'individuo nella sua totalità;
2. il campo fenomenico, che è la totalità dell'esperienza;
3. il Sé, che si sviluppa grazie all'interazione tra organismo e ambiente in continua mutazione per effetto dei processi di apprendimento e maturazione.

Sua caratteristica è la tendenza alla coerenza, per cui tutte le esperienze che non sono in armonia con il Sé vengono percepite come minacce. Una personalità è compiuta quando c'è coincidenza tra il campo fenomenico delle esperienze e la struttura concettuale del Sé; il che comporta, dal punto di vista soggettivo, un'assenza di tensione, e dal punto di vista oggettivo un adattamento realistico e un sistema di valori identico a quello raggiunto da qualsiasi altro individuo ben adattato.

III

Glossario

A

abuso
l'interesse per l'influenza dell'abuso sessuale infantile nasce, nella psicopatologia dell'adulto, dall'importanza che rivestono, nel determinismo o nella slatentizzazione delle patologie psichiatriche, le problematiche sessuali, la cui origine è spesso da ricercare in traumi subiti nell'infanzia. Sovente è evidenziabile, alla base di un quadro depressivo, di un severo quadro dissociativo, o di una grave alterazione della condotta alimentare, un abuso sessuale avvenuto, per lo più, in tempi assai lontani rispetto alla richiesta di aiuto medico-psichiatrico o della consulenza psicologica. Quindi possiamo concludere che l'abuso sessuale nell'infanzia è uno dei fattori di rischio per i disturbi psichiatrici in generale.

accomodamento (Piaget)
processo che permette di acquisire nuovi dati di esperienza attraverso la modificazione, in senso adattivo, degli schemi mentali.

acculturazione
processo di interazione fra gruppi con differenti culture, caratterizzato dal fatto che almeno uno di questi gruppi adatta alcuni dei propri tratti culturali in modo da renderli più congruenti con quelli che caratterizzano la cultura dell'altro (o degli altri) gruppi.

adattamento (Piaget)
prodotto dell'equilibrio tra processi di assimilazione e di accomodamento.

affettività
attitudine a essere sollecitati dal piacere o dal dolore. Indica, nelle applicazioni pratiche, un qualsiasi stato affettivo, penoso o gradevole, vago o qualificato, sotto forma di scarica massiccia o di tonalità generale. Per gli psicoanalisti, l'affettività è l'espressione qualitativa della quantità d'energia pulsionale e delle sue variazioni.

affettivo (Piaget)
sinonimo di energetico o dinamico o motivazionale, esso si riferisce a ciò che spinge l'individuo all'azione per raggiungere un determinato scopo. Per Piaget è uno dei due aspetti presenti in ogni comportamento. L'altro aspetto è quello conoscitivo o strutturale, in quanto struttura il comportamento in modo tale che sia possibile raggiungere lo scopo prefissato. Per la psicoanalisi: v. **affetto**.

affetto
termine usato in tanti modi diversi, che può perciò talvolta generare con-

fusione. Nel contesto dei disturbi affettivi, di solito si riferisce all'umore, uno stato affettivo variabile in reazione a stimoli e situazioni. Gli affetti penetrano nell'esperienza sensibile sotto forma di ciò che si chiama sentimento, umore ed emozione. Può essere talvolta impiegato quale sinonimo di emozione, stato d'animo, emozionalità, sentimento, inclinazione sentimentale. Nel contesto della schizofrenia, il termine tende a riferirsi alla capacità generale di provare emozioni. Così, dello schizofrenico che ha perduto la capacità di sentire ed esprimere emozioni, si dice di solito che ha un ottundimento o appiattimento affettivo.

affetto (psicoanalisi)
espressione qualitativa della quantità di energia pulsionale. È sempre legato a una rappresentazione: affetto e rappresentazione sono le due modalità con cui ogni pulsione si esprime.

aggressività
assieme alla libido è una delle due pulsioni ritenute da Freud (almeno nella più famosa delle sue teorizzazioni, dato che egli ha proposto almeno tre diverse ipotesi al riguardo) alla base del comportamento umano.

alfabetico, stadio
fase dell'apprendimento della lettura e della scrittura, caratterizzato dall'applicazione delle regole di trasformazione grafema-fonema (o viceversa).

alienazione
provare sentimenti di estraneità (sentirsi "alieno") nei confronti del prodotto (oggetti culturali, rapporti sociali) della propria attività. Di norma sono presenti anche sentimenti di impotenza e di ostilità di tali prodotti nei propri confronti.

allucinazione
il sogno è un fenomeno allucinatorio, che si verifica all'interno dello stadio del sonno e che viene chiamato sonno paradosso. Nello stato diurno di veglia, la maggior parte delle allucinazioni sperimentate riguardano pazienti psichiatrici, che riferiscono più frequentemente quelle uditive, nelle quali odono vari tipi di voci. Più raramente, le allucinazioni possono consistere nel vedere, toccare o comunque sentire cose che in realtà non ci sono. V. anche **delirio**.

ambiente
insieme di elementi fisici e psichici in cui l'individuo vive e agisce e dal quale trae stimoli. Si tratta di un luogo reale e anche psicosociologico. Può rappresentare il luogo familiare, allora si tratta dei modelli relazionali psicosociologici intrapresi con le figure genitoriali e di parentela, che entrano a far parte del luogo come ambiente entro il quale l'individuo vive le fasi dell'esistenza. Può rappresentare il luogo reale delle relazioni sociali, esterne all'individuo, con il quale egli si mette in relazione: l'ambiente della scuola, del lavoro.

ambivalenza
tendenza a risposte emotive opposte nei riguardi di uno stesso oggetto (persona o altro).

amnesia infantile
fenomeno psichico caratteristico del periodo di latenza, per cui i meccanismi di sublimazione, formazione reattiva e rimozione portano a non ricordare quanto avvenuto.

anale, fase
stadio evolutivo (fra i 12-18 e 24-30 mesi di vita) in cui le sensazioni di piacere-dispiacere di natura libidica sono legate alla ritenzione e alla espulsione delle feci.

analogico, pensiero
le analogie sono somiglianze parziali, tipicamente tra situazioni piuttosto differenti, a sostegno di successive inferenze di tipo cognitivo. L'analogia è inoltre definibile come meccanismo mentale di pensiero particolarmente interessante e utile per il fatto che può servire a trasportare un sistema complesso di conoscenze interrelate da un'area a un'altra. Le ricerche recenti hanno fatto avanzare le nostre conoscenze sul modo in cui le persone formano le strutture rappresentazionali e traggono ulteriori inferenze in base a esse.

analogico/digitale
un segnale è digitale se tra esso e altri segnali dai quali dev'essere distinto vi è discontinuità. Si potrebbe perciò dire che la caratteristica del digitale è l'essere discreto. In italiano, nell'uso tecnico, oltre a digitale nel senso sopra definito, si usa anche il termine numerico, specialmente nel senso di elaborazione numerica e simili, dove l'accento è posto più sulla rappresentazione di entità numeriche che sulla discretezza dei segni adoperati. Quando, invece, una grandezza o quantità è variabile in modo continuo, il segnale si dice analogico.

angoscia
reazione automatica del soggetto quando si trova in una situazione traumatica, cioè sottoposto a un flusso di eccitazioni, di origine esterna o interna, che egli è incapace di dominare. Vi sono essenzialmente due tipi d'angoscia: il primo è quello provato, come stato di allarme, di fronte a una situazione reale, per esempio un pericolo esterno. Il secondo tipo d'angoscia è in seguito a un segnale interno, che si attiva in un soggetto di per sé ansioso-fobico. Per esempio, l'attesa di una persona che tarda ad arrivare a un appuntamento crea uno stato d'ansia da attesa capace di attivare fobie interne, precedentemente memorizzate, scatenando l'angoscia da preoccupazione per l'eventualità che chi è atteso possa essere coinvolto in un incidente.

angoscia dell'ottavo mese
fase in cui il bambino differenzia molto bene la persona con cui ha una relazione affettiva stabile, tanto da esprimere sentimenti di grande dispiacere di fronte a estranei.

anima
l'uso del termine anima all'interno di questo libro è riferito agli aspetti mentali profondi e attivi della nostra conoscenza ordinaria. L'anima, in tale ambito, si riferisce all'attività mentale di formulazione simbolica inerente l'attività onirica e quella psicosomatica.
L'idea di anima, come principio della vita, è collegata, all'origine, con l'idea del respiro. Per esempio in latino, *anima*, significa aria, soffio, respiro; in greco *thymòs* ha la stessa origine latina di *fumus*. I primi a introdurre il concetto di *animus* come principio di pensiero sono gli Ebrei, differenziandosi così dai latini.
Anassimene, esponente delle prime correnti filosofiche greche, identificava l'anima con l'aria, con il soffio del respiro. Questo concetto, affermatosi nella scuola ionica, fu sviluppato ulteriormente dalla corrente orfico-pitagorica, la quale asseriva la dottrina dell'immortalità dell'anima e della sua trasmigrazione di corpo in corpo.
La concezione spiritualista dell'anima come sostanza immateriale, semplice e immortale, distinta nettamente dalla realtà corporea, fu espressa chiaramente per la prima volta da Platone nel *Fedone*, dove i due interlocutori,

Filolao e Simmia, sono portavoce di una teoria rimasta alla base di tutte quelle successive.
Aristotele in un primo tempo accettò la tesi platonica dell'anima come forma dell'essere vivente, come principio vitale che ne determina la struttura, il movimento, lo perfeziona e gli conferisce attualità. In una fase ulteriore, però, distinse nell'anima tre funzioni: una vegetativa, una sensitiva e l'ultima, più importante perché propria dell'uomo, quella intellettiva.
Tommaso d'Aquino affermò, aristotelicamente, che l'anima razionale è la forma stessa del composto umano; tuttavia essa è in grado di sussistere per suo conto, in quanto esercita funzioni proprie, per le quali non ha bisogno di alcun organo corporeo.
Al contrario Duns Scoto negò che si possa dimostrare razionalmente, in maniera necessaria, che l'anima sia immortale; Guglielmo d'Occam non solo affermò che l'immortalità dell'anima è soltanto materia di fede, ma, per la prima volta, mise in dubbio la stessa sostanza dell'anima.
Cartesio, nel suo sistema dualistico, contrappose nettamente i due tipi di sostanza esistenti nell'universo, lo spirito e la materia, la sostanza pensante e la sostanza estesa; l'uomo, pertanto, è costituito di un corpo materiale, esteso, che vive meccanicamente, e di un'anima spirituale, che egli solo possiede.
Con l'empirismo e con David Hume, l'anima non è altro che l'insieme di percezioni particolari, un fascio di fatti e di eventi psichici in continuo flusso di movimento, non una sostanza alla quale le percezioni sarebbero inerenti.
A questa critica si unisce Emmanuel Kant: ammettendo l'unità e l'attività della coscienza come condizione della possibilità di ogni esperienza, dichiarò inconoscibile la realtà in sé dell'anima, che è noumeno, e quindi oggetto della metafisica. Questa posizione kantiana si ritrova in quasi tutte le correnti di filosofia contemporanea. Nel positivismo e nella psicologia scientifica, vengono studiati i fatti psichici, le loro reciproche relazioni, le loro condizioni fisiologiche, ecc., ma, quand'anche si ammetta l'unità della coscienza, non ci si riferisce a essa come a un sostrato permanente, a un'entità a se stante.

annullamento
meccanismo di difesa che consiste nel fare qualcosa che compensi, annulli il danno che l'individuo immagina provocato dai propri desideri.

anomia
condizione caratterizzata da assenza di norme, causata da discrepanza fra le esperienze di un individuo e le regole di comportamento che precedentemente assicuravano la coesione sociale.

anoressia
disturbo della personalità che provoca avversione patologica per il cibo.

antropologia
studio dell'uomo nella sua espressione biologica (antropologia fisica) e nella sua espressione socioculturale (antropologia culturale).

antropomorfismo
tendenza a spiegare la realtà utilizzando le stesse categorie interpretative che si utilizzano per spiegare la realtà umana. Si tratta di una particolare forma di egocentrismo.

apprendimento
modificazione relativamente permanente del comportamento e/o delle conoscenze e/o delle funzioni cognitive che ha luogo per effetto dell'esperienza.

apprendimento sociale v. **apprendimento tramite osservazione**.

apprendimento tramite modelli v. **apprendimento tramite osservazione**.

apprendimento tramite osservazione
è il tipo di apprendimento che avviene senza alcun compenso o rinforzo diretto, perciò non riconducibile al "condizionamento classico" o a quello "operante". Viene anche definito "apprendimento tramite modelli" o "per modellamento" o "vicario".

archetipo
secondo C.G. Jung, il contenuto dell'inconscio collettivo, inteso, nella sua essenza, come il corrispondente psicologico dell'istinto biologico. Proprietà strutturale o precondizione della psiche.

arteriosclerosi
caratteristica di più malattie, per cui l'accumulo di depositi di grasso e/o la crescita di cellule muscolari abnormi e/o di tessuti fibrosi nelle pareti delle arterie producono un restringimento dello spazio utile per il passaggio del sangue, tale da ridurne lo scorrimento in modo significativo.

articolata, struttura mentale
costruzione formale del contenuto mentale in cui una totalità risulta costituita da parti.

artificialismo
tendenza a pensare che anche certi elementi naturali, come le montagne o i fiumi, o certi fenomeni atmosferici, come le nubi, siano dovuti all'azione fabbricatrice dell'uomo.

assimilazione
processo che permette l'acquisizione di nuovi dati di esperienza utilizzando schemi o strutture mentali possedute.

associazionismo
approccio teorico che considera le strutture mentali quali frutto del legame per abitudine di sensazioni unitarie.

assuefazione
diminuzione della reattività a uno stimolo per effetto di una ripetuta esposizione a esso.

atassica, forma
disabilità motoria caratterizzata da incoordinazione motoria, reazioni di equilibrio difettose, ipotonia.

atetosica, forma
disabilità motoria caratterizzata da rallentamento con contrazioni muscolari di varie parti del corpo ogni volta che vi è un tentativo di compiere dei movimenti volontari.

attaccamento
nozione, valorizzata soprattutto da Bowlby, secondo cui il bambino è geneticamente predisposto a ricercare e mantenere la vicinanza con i membri della propria specie e in particolare con la propria madre. Nei bambini, il secondo semestre del primo anno di vita è ritenuto il periodo "sensibile" per lo stabilirsi di un ottimo legame d'attaccamento.

atteggiamento
sistema tendenzialmente permanente (o comunque abbastanza duraturo, stabile) di credenze, sentimenti, valutazioni e tendenze ad agire pro o contro qualcosa o qualcuno (un oggetto sociale).

attendibilità v. **fedeltà**.

attenzione
insieme dei processi di prima selezione, codificazione ed elaborazione degli stimoli.

attività cognitiva
attività che permette la conoscenza.

attribuzione interpersonale
insieme di processi che permettono l'attribuzione a sé e ad altri di atteggiamenti, intenzioni, capacità e responsabilità.

attribuzione, teoria dell'
teoria che considera le modalità con cui, a livello di senso comune, vengono spiegati i comportamenti propri e altrui attribuendoli a cause ambientali o personali.

autismo
definito da Minkowski come «la perdita di contatto vitale con la realtà», l'autismo rappresenta di fatto un tentativo più o meno riuscito di fuga o di modificazione dei rapporti del soggetto con il mondo esterno, piuttosto che una rottura totale o definitiva nell'ambito della conoscenza dei dati forniti dalla realtà.

autismo infantile
fissazione o regressione a un tipo arcaico di non-differenziazione nei confronti della madre (v. **autismo primario**).

autismo primario
stato di indifferenziazione, caratteristico del primo mese di vita, in cui il neonato non distingue fra ciò che è dentro e ciò che è fuori di lui, fra ciò che gli appartiene e ciò che appartiene alla madre.

autocontrollo
recupero dell'equilibrio esistente, ma temporaneamente perso, e riorganizzazione dell'esperienza personale (costruzione di un equilibrio nuovo non ancora esistente al momento), sottendendo concezioni differenti del ciclo di vita individuale, che corrispondono in pratica a metodologie di intervento terapeutico essenzialmente diverse. L'approccio tradizionale, finalizzato all'autocontrollo, configura sostanzialmente una strategia orientata alla persuasione del paziente, con cui il terapeuta, rivestendo il ruolo del saggio illuminato o dell'avvocato del diavolo, secondo i casi, tenta con ogni mezzo a disposizione di convincere il paziente dell'irrazionalità dei suoi atteggiamenti problematici mentre gli fornisce continue istruzioni su come attuare comportamenti più adattivi. Il setting operativo più idoneo, per un procedimento di questo genere, diventa il confronto dialettico più o meno serrato e la persuasione tecnicamente consiste in un intervento sulle strutture rappresentative del paziente (immaginazione, convinzione, dialogo interno ecc.) volto a modificare gli aspetti semantici dei processi cognitivi critici, mentre lascia del tutto inalterate le regole sintattiche che sono alla base di questi stessi processi. Per esempio, in un soggetto agorafobico, ferma restando la regola sintattica di fondo che lo fa sentire comunque inerme in un mondo minaccioso, l'intervento si focalizza sul modificare il modo con cui egli si rappresenta un attacco di panico nel traffico, e si accompagna a un corteo di istruzioni che egli deve inserire nel suo dialogo interno allorché si trovi nuovamente nelle situazioni temute. È certamente innegabile che il paziente otterrà un certo margine di controllo in più sull'ansia se nelle situazioni temute continuerà a ripetersi: "devo tenere a mente che il dottore ha detto che non mi può succedere niente", "devo stare calmo, è solo suggestione, nessuno è mai morto perché era fermo a un semaforo". È altrettanto innegabile, d'altra parte, che il significato dell'attacco di ansia è rimasto invariato per il paziente, che continua, inoltre, a non spiegarsi quella sua strana ipersensibilità che lo rende

così vulnerabile anche di fronte a situazioni di costrizione e\o solitudine insignificanti. Se ci si limita, infatti, a cambiare il modo con cui il soggetto "si racconta" un'emozione che avverte come estranea e disturbante, la reazione emotiva spiacevole non cambia tonalità, anche se la sua intensità diventa maggiormente controllabile. Le emozioni critiche continuano a rimanere estranee al soggetto il quale, invece, è diventato più esperto nel controllarle "dall'esterno". In una parola, non si è verificata alcuna riorganizzazione del significato personale, ma solo un cambiamento semantico all'interno della stessa tonalità di significato.

autostima
valore globale (positivo o negativo) che la persona attribuisce a se stessa.

B

basic
il primo dei tre livelli gerarchici dei concetti, il secondo è subordinato e il terzo è superordinato.

bastoncelli
fotoricettori della retina, contenenti rodopsina, sensibili a livelli bassi di luce, ma non al colore (v. **coni**).

bioenergetica
è una modalità psicosomatica per comprendere il carattere e la personalità degli individui, in termini del corpo e dei suoi processi energetici vitali. Questi processi, cioè la produzione d'energia attraverso la respirazione, il metabolismo e la scarica di energia nel movimento, sono le funzioni basilari della vita.
La risposta che l'individuo offre alle situazioni personali e sociali della vita è determinata dalla quantità di energia di cui disponiamo e da come ne facciamo uso.
La bioenergetica è anche una tecnica terapeutica ideata da Alexander Lowen. Essa combina il lavoro con il corpo (attraverso posture, esercizi e tecniche respiratorie) a un lavoro con la mente, per aiutare il paziente a capire la soluzione dei problemi emotivi e a utilizzare meglio il proprio potenziale per provare piacere e gioia di vivere. Tesi fondamentale della bioenergetica è che corpo e mente sono, da un punto di vista funzionale, identici: vale a dire che quanto avviene nella mente riflette quanto avviene nel corpo e viceversa; e che ancora il pensare della mente con il sentire del corpo siano condizionati da fattori energetici. Per esempio è quasi impossibile vincere la depressione mediante pensieri positivi, poiché anche il livello di energia è depresso; ma se questo livello di energia è innalzato attraverso la bioenergetica, la depressione viene superata.

bione
all'Istituto di psicologia dell'Università di Oslo, Reich condusse una serie di esperimenti per investigare gli aspetti bioelelettrici del piacere e dell'ansia, cioè alcuni processi elementari della pulsazione, sia nelle strutture cellulari che molecolari. Il suo studio dei bioni (vescicole primitive prodotte durante il processo di disintegrazione), dei quali comprendiamo ancora poco, dette luogo a una controversia scientifica a causa della quale dovette emigrare negli Stati Uniti (1939-1957). Le sue ricerche continuarono nell'ambito bioenergetico. Studiò l'incidenza dell'atmosfera cosmica sullo stato di salute delle persone. Costruì in una sorta di gabbia Faraday, un accumulatore terapeutico di energia cosmica, secondo lui idoneo per curare i pazienti.

biunivoca, corrispondenza
la corrispondenza che intercorre tra due insiemi di oggetti, quando a ogni grandezza del primo insieme corrisponde una sola grandezza del secondo insieme, e viceversa.

C

campione rappresentativo
gruppo di soggetti scelto secondo criteri tali da far supporre che i risultati, da essi ottenuti in una certa ricerca, siano gli stessi che si otterrebbero considerando tutta la popolazione di cui essi fanno parte.

carattere
deriva dal greco *charakter*, impresso, impronta. In ambito psicologico, è l'insieme delle caratteristiche, proprie d'individui o gruppi, che definiscono un comportamento abituale in particolari situazioni o di fronte a diversi oggetti sociali. Sebbene corrisponda all'aspetto esteriore della personalità (comportamento affettività), il carattere è l'emanazione, nella vita razionale della struttura di base per l'organizzazione della personalità. I lavori di Reich e di Lowen dimostrano, in ambito psicosomatico, che l'edificazione del carattere degli individui si struttura nella complessità del dialogo corpo-mente e mente-corpo. Su questa base essi classificano il carattere secondo cinque tipologie: schizoide, affettuoso, megalomane, masochista e rigido.

caratterologia
disciplina psicologica che studia i tipi di carattere degli individui. Sorta in seno alla psicologia sperimentale, ebbe per precursore Wilhelm Wundt (1832-1920), fautore della necessità d'una psicologia pratica, o caratterologia, avente il compito d'investigare le forme di base e quelle tipiche del carattere individuale. Successivamente, il tema fu ripreso da filosofi e psicologi come G.W Allport, C. Berlucchi, E.R. Jaensch, L. Klages, P. Lersch, N. Pende e R. Le Senne, che stabilirono uno stretto legame tra caratterologia e psicotecnica. Tale disciplina è andata lentamente svanendo, lasciando il posto alla personologia, allo studio della personalità e a quello dei suoi disturbi.

casta
insieme di individui che condividono la discendenza da altri individui appartenenti già a tale insieme. L'appartenenza a una casta è per tutta la vita. Le caste sono in gerarchia (più o meno importanti).

catarsi
fenomeno di scarica emozionale che sopraggiunge nel processo di liberazione di un affetto inconscio, grazie al ricordo o alla verbalizzazione di avvenimenti traumatici dimenticati. L'effetto di questo fenomeno in ambito psicosomatico avviene attraverso la pratica e l'uso di tecniche psicoterapeutiche quali, per esempio, la bioenergetica e la vegetoterapia. Le cosiddette emozioni represse, che si liberano dal blocco psicosomatico, si esprimono attraverso le reazioni del corpo, per esempio il pianto, l'urlo, il vomito e il formicolio.

cavalletto
strumento di lavoro terapeutico nell'ambito della terapia bioenergetica. Si tratta di uno sgabello in legno a quattro gambe, corredato di cuscini che vengono posti sopra per adattarne l'altezza a quella dei pazienti.
Il paziente deve coricarsi con la schiena, poggiando e sostenendosi con i pie-

di perfettamente aderenti al terreno, le braccia distese indietro e mantenute dritte, la testa abbandonata all'indietro. In questa postura di distensione del corpo, il paziente, con adeguato ritmo respiratorio, ascolta il proprio corpo, le eventuali tensioni muscolari, le sensazioni emotive e le descrive al terapeuta. Mediante l'uso del cavalletto si manifestano fenomeni di catarsi emozionale: si tratta di una tecnica di desomatizzazione.

cervelletto
parte del sistema nervoso centrale, racchiusa nella scatola cranica, implicata nel controllo del movimento, nella coordinazione sensomotoria e nella memoria di azioni motorie.

cervello
parte del sistema nervoso centrale, racchiusa nella scatola cranica, implicata nel controllo dell'attività sia fisica che psichica.

ceto
secondo una prima suddivisione (dal XII al XVIII secolo) insieme di persone aventi in comune il fatto di essere contadini o nobili o appartenenti all'alto clero. Successivamente il termine è stato usato anche per riferirsi agli artigiani e ai commercianti, "ceto medio" e "ceto borghese".

ciclotimia
patologia dell'umore caratterizzata dall'alternanza di tonalità depressive ed euforiche (psicosi maniaco-depressiva). Questa particolare condizione psichica è stata interpretata anche come caratterizzata da depressione come risposta alla perdita di un oggetto che può essere reale o immaginario, ma comunque introiettato, di cui il soggetto si lamenta e s'incolpa e da manie come un compenso antidepressivo per negare la perdita e la colpa.

ciclotimico
soggetto la cui condizione psicologica è caratterizzata da fasi o cicli in cui l'umore è alternativamente depresso o maniacale (v. **ciclotimia**). Nella teoria di Kretschmer è uno dei tre tipi costituzionali, caratterizzato sul piano fisico da costituzione picnica, bassa e tozza, e sul piano del temperamento da alternanza umorale. Cattel, invece, ne sottolinea l'adattabilità, la fiducia e la modestia.

cinestesia
percezione dei movimenti e della posizione del corpo e delle sue varie parti.

classe
insieme di individui accomunati da una delle due seguenti condizioni: appartenere alla borghesia oppure al proletariato. Attualmente è utilizzata anche l'espressione "classe media" per riferirsi a chi non rientra nelle due categorie di cui sopra.

classificazione
processo di ripartizione di oggetti, sulla base di caratteristiche comuni, in classi o categorie, per cui questi si differenziano gli uni dagli altri. Una classe è definita dalla sua comprensione (vale a dire l'insieme delle qualità la cui compresenza è comune solo ai membri di tale classe) e dalla sua estensione (vale a dire l'insieme dei membri della classe stessa).

CMMS, Columbia Mental Maturity Scale
test di valutazione dello sviluppo dell'intelligenza adatto per la seconda infanzia e la fanciullezza, composto da alcune decine di prove (varianti con l'età). Sua peculiare caratteristica è che la consegna è sempre la stessa, e cioè quella di trovare tra alcuni elementi quello che "non c'entra".

cognitivismo
approccio psicologico che, attraverso metodi il più possibile sperimentali, ha come obiettivo principale la descrizione del funzionamento della mente umana (meccanismi, strutture e processi mentali).

cognitivista, teoria delle emozioni
la teoria di Scherer prevede che lo sviluppo emotivo sia condizionato dalle capacità di valutazione del bambino. Secondo Harris, le capacità cognitive del bambino permetterebbero, fin dal primo anno di vita, la consapevolezza delle proprie esperienze soggettive e, dal secondo anno, una sempre più adeguata comprensione delle esperienze emotive altrui.

competenza, motivazione di
secondo White, bisogno intrinseco di affrontare in modo adeguato l'ambiente, che sarebbe alla base del comportamento esplorativo.

comportamentismo
il comportamentismo è un orientamento della psicologia moderna che, nell'intento di dare alla psicologia uno statuto simile a quello delle scienze esatte, circoscrive il campo della ricerca all'osservazione del comportamento rifiutando ogni forma di introspezione che per sua natura sfugge alla verifica oggettiva.
J.B. Watson è considerato il fondatore del comportamentismo. L'ideale che Watson si propone di raggiungere è quello di una psicologia che tratti esclusivamente le forme di comportamento così come possono venire documentate da un osservatore esterno, rinunciando a qualsiasi procedimento fondato sull'autosservazione e sulle esperienze soggettive, che pretendono di raggiungere una conoscenza della vita intima degli altri individui in base ad analogie con la propria.
Nel tentativo di costruire una psicologia sul modello delle scienze naturali, si adottano i concetti di stimolo e reazione, nonché le corrispondenti leggi che ne esprimono i rapporti causali. Il neocomportamentismo di Tolman, Hull e Skinner ha in gran parte modificato gli aspetti più radicali di Watson, spostando l'interesse sull'apprendimento con l'impiego di tecniche sperimentali in cui le variabili della ricerca sono sistematicamente quantificate.
Queste le posizioni più caratteristiche del comportamentismo.

- L'atteggiamento molecolaristico: si tratta di un modo particolare di affrontare la realtà comportamentale, che consiste nell'individuare gli elementi significativi più semplici, alla base dei processi più complessi. I comportamentisti hanno optato per un linguaggio Stimolo/Risposta (S/R), che vede nel S/R gli elementi base della complessa architettura comportamentale.
- L'atteggiamento situazionistico: tende a non privilegiare le indagini psicometriche volte ad analizzare le presunte dimensioni o tratti di personalità, mirando, invece, ad analizzare e, possibilmente misurare, le relazioni sussistenti tra l'individuo, con tutti i suoi comportamenti, e l'ambiente, con tutte le sue richieste e sollecitazioni.
- Il periferalismo: individua la coscienza nelle reazioni osservabili nel sistema viscerale e ghiandolare, nelle reazioni motorie effettuate dalla muscolatura volontaria, misurabili tramite la relazione elementare che intercorre tra lo stimolo e la risposta.
- L'atteggiamento praticalistico: fortemente influenzati dalla visione pragmatista, i comportamentisti non si sono accontentati di teorie aventi solo valore speculativo, ma si

sono sforzati di indicare le strade più produttive per trasferire dal mondo teorico a quello applicativo gran parte delle loro intuizioni, delle loro ipotesi e dei loro dati sperimentalmente prodotti.

Per quanto riguarda i modelli teorici, il comportamentismo rifiuta la comprensione a favore della spiegazione. Le teorie comportamentiste hanno subito molte critiche da parte della psicologia comprensiva (che rifiuta l'esclusivo ricorso al metodo esplicativo delle scienze naturali a meno che non si voglia ridurre l'uomo a cosa), della psicologia della forma (che rifiuta l'associazionismo e la concezione meccanicistica dell'apprendimento), e della psicologia cognitivista (che accusa il comportamentismo di non prendere in considerazione i processi cognitivi superiori dell'uomo).

comportamento
è una serie di modalità espressive motorie che si manifestano in relazione ai processi cognitivi mentali, che permettono agli individui di esprimersi e di relazionare con gli altri. Esistono comportamenti geneticamente acquisiti, oggetto di struttura del temperamento di ognuno di noi, e vi sono comportamenti che si rifanno ai nostri genitori e ai nostri avi. Vi sono comportamenti appresi attraverso i processi di relazione con i genitori, gli insegnanti, gli amici, i colleghi di lavoro, gli itinerari di studio, le relazioni sentimentali ecc.

comunicazione
concetto che può essere definito in modo ampio, includendo qualsiasi caratteristica dell'aspetto o del comportamento di un individuo che influenza, di fatto, un altro individuo, o, in modo più ristretto, ponendo l'accento sull'intenzionalità di modificare il comportamento dell'altro e cioè come un processo mediante il quale un individuo-segnalatore utilizza un segnale o un'esibizione, prodotti con lo scopo specifico di modificare il comportamento di un individuo-reagente.

comunità
insieme di individui che di norma abitano in un certo luogo geografico, in cui i membri interagiscono fra di loro, svolgendo attività che tendono a soddisfare i bisogni comuni.

concepimento
unione di uno spermatozoo del padre con l'ovulo della madre.

concetto
rappresentazione mentale di una categoria.

condizionamento
termine generale che indica un insieme di concetti empirici, in particolare quelli che si riferiscono alle condizioni nelle quali ha luogo l'apprendimento associativo. Spesso si distingue tra condizionamento classico e condizionamento operante.

Il termine condizionamento classico fu introdotto da I.P. Pavlov, che sottoponendo dei cani ad alcuni stimoli durante l'assunzione di cibo, constatò che detti stimoli provocavano una secrezione salivare anche quando il cibo non veniva effettivamente somministrato. Così, in una gabbia sperimentale, a uno stimolo neutrale detto condizionato (SC), come per esempio un segnale acustico o una luce lampeggiante, veniva fatto seguire uno stimolo incondizionato (SI) che consisteva generalmente nella somministrazione di cibo in grado di evocare la risposta incondizionata (RI), ossia la salivazione. Dopo un numero sufficiente di prove di condizionamento costituite dalla sequenza fissa SC, SI, RI lo stimolo condizionato era in grado di evocare la risposta incondizionata an-

che in assenza della somministrazione di cibo. Pavlov spiegò detti riflessi condizionati in base alla teoria dell'associazionismo, per cui in seguito all'abbinamento dello stimolo condizionato con la somministrazione di cibo, si crea tra gli animali un'associazione tra i due eventi tale che la presentazione dello stimolo condizionato, attiva la rappresentazione mentale del cibo, che a sua volta evoca la salivazione, così come l'avrebbe evocata la rappresentazione del cibo stesso.
Alcuni autori sostengono che tutti i tipi di apprendimento sono riconducibili al condizionamento classico.
Mentre nel condizionamento classico l'azione dell'organismo è una risposta a uno stimolo, nel condizionamento operante è un'operazione che l'organismo compie sull'ambiente in vista di uno scopo. Si ritiene che il condizionamento operante, a differenza di quello classico che coinvolge il sistema autonomo, agisca sulle reazioni comportamentali mediate dal sistema nervoso centrale, a cui sono da ricondurre le risposte volontarie. Il condizionamento operante si basa sulla legge dell'effetto introdotta da E.L. Thorndike, secondo la quale le risposte rinforzate da qualcosa di cui l'animale ha bisogno o che desidera hanno maggiori probabilità di altre di verificarsi. Gran parte del comportamento umano può essere considerato come espressione di un condizionamento operante, come girare una chiave per aprire una porta, o studiare per essere promossi, dove il comportamento non è provocato da uno stimolo condizionato ma dalla "piacevole" conseguenza che ne deriva. Rientrano nelle piacevoli conseguenze i rinforzi verbali di approvazione o disapprovazione, sociali di integrazione o isolamento in vista di un comportamento sempre più aggiustato con l'ambiente.
Da questo punto di vista il condizionamento può essere considerato come una forma di terapia del comportamento, dove il terapeuta rinforza o ricompensa con il proprio atteggiamento determinati discorsi o azioni del paziente che sono in linea con la condotta desiderata.

condizionamento classico
è il tipo di apprendimento studiato da Pavlov con il famoso esperimento sulla salivazione dei cani, nel quale uno stimolo neutrale (per esempio il suono di un campanello) diventa condizionato nel momento in cui è accostato o associato a uno stimolo non condizionato (cioè uno stimolo che è fin dall'inizio efficace).

condizionamento operante
condizionamento, evidenziato dagli studi di Skinner, che permette, a differenza di quello classico (v.), l'apprendimento di risposte nuove. Esso è basato sull'agire, sulla modificazione dell'ambiente al fine di raggiungere risultati.

condizionamento strumentale v. **condizionamento operante**.

condizione sperimentale
ogni valore sulla variabile indipendente.

conformismo
tendenza a comportarsi secondo quanto è tipico e frequente nella maggioranza dei soggetti appartenenti alla comunità (o gruppo di riferimento) in cui si vive. Ciò che conta non è uniformarsi a ciò che è obiettivamente più frequente, ma a ciò che si ritiene tipico del gruppo a cui si vuole appartenere.

coni
fotorecettori della retina responsabili della percezione cromatica.

conoscenza esplicita
la conoscenza esplicita rappresenta ciò che una persona sa di sapere intorno a qualunque entità del mondo, comprese le altre persone; è conoscenza consapevole quanto esprimibile linguisticamente, su cui si può volontariamente riflettere. È conoscenza trasparente quando può essere letta dalle altre procedure del sistema, e se attivata intenzionalmente può diventare consapevole; per esempio, una persona che conosce la definizione di "mammifero" è anche consapevole di conoscerla, se focalizza la sua attenzione su di essa.
Non è detto che tale conoscenza corrisponda effettivamente alla realtà esterna, ma corrisponde a quello che la persona crede sia la realtà esterna. La relazione fra conoscenza esplicita e mondo è quella che esiste tra una teoria e il suo modello. Il mondo esterno rimane inconoscibile, ma gli esseri umani sono in grado di costruire una teoria intorno a esso, e di utilizzarla per interagire al suo interno; con quanto successo, dipende dalla bontà della teoria stessa. L'intera istruzione scolastica e gran parte di quella professionale di un individuo è centrata sulla conoscenza esplicita, anche se questa ha un peso maggiore nella formazione di un matematico che di un ballerino. Lo stesso vale per il corpo sociale delle conoscenze: libri, leggi, regolamenti; va notato, però, che tale corpo diventa conoscenza individuale solo quando è interiorizzata.
Un concetto equivalente è quello di conoscenza dichiarativa, ben caratterizzato dalla conoscenza linguistica, che racchiude quel che è possibile dire intorno all'oggetto o allo stato di cose in questione. Ogni entità strutturata in forma linguistica deve prima essere stata pensata; inoltre, non è possibile dire qualcosa senza essere consapevoli di quello che si è detto. Un esempio paradigmatico sono le definizioni della geometria, come: triangolo isoscele = triangolo con due lati uguali.

conoscenza tacita
la conoscenza tacita si riferisce alla conoscenza che un sistema possiede e che gli permette di interagire efficacemente con il mondo, pur non essendo rappresentata in modo esplicito. Il modo standard di rappresentarla è attraverso le regole di produzione, che ben permettono di gestire il "saper come" agire. La parte trasparente di conoscenza tacita corrisponde alle immagini e alle produzioni che traducono in termini procedurali conoscenze esplicite.
Gran parte della conoscenza tacita è comunque costituita da procedure opache: modi di agire che scattano automaticamente, senza bisogno di controllo o attenzione. Esempi tipici sono andare in bicicletta, sentirsi imbarazzati o a proprio agio, distinguere l'aroma di un sigaro avana da quello toscano: tutte cose che un esperto conosce bene e sa fare perfettamente, ma che sono traducibili verbalmente solo con grossolane approssimazioni. Le procedure opache sono per definizione fuori dalla consapevolezza: operano inconsciamente e sono ricostruibili solo a posteriori, in modo sempre incompleto e arbitrario. Per esempio, portare una serie di movimenti al livello cosciente può peggiorare sensibilmente la prestazione. In sintesi, la conoscenza tacita corrisponde al saper agire in una determinata situazione, standoci dentro e non ponendosene fuori per parlarne o per rifletterci su. È dunque ampiamente sovrapponibile al concetto di conoscenza procedurale, tipica dei casi in cui una persona sa come deve agire ma non è detto che sia anche capace di esplicitare che cosa le attivi la rea-

zione adatta a quella situazione. Per esempio, un abile psicoterapeuta riconosce immediatamente i segni impalpabili di una nevrosi, ma può avere qualche difficoltà a riferirli a una terza persona e spesso anche a se stesso.
La relazione fra conoscenza tacita e conoscenza esplicita è complessa e sfuggente, corrispondendo grosso modo al rapporto che c'è tra il vissuto e il simbolizzato. Di una conoscenza tacita si può tentare di inferire quale possa essere il corrispettivo esplicito; ciò corrisponde a costruire una teoria di un fenomeno, solo che il fenomeno è introspettivo, invece che pertinente al mondo esterno. Più in generale, possiamo ammettere che procedure opache generino risultati espliciti; per esempio una persona può non avere nessun'idea del perché trovi attraente qualcuno e antipatico qualcun altro, ciò nonostante le rimane ben chiaro il risultato finale, per esempio che Giulio è simpatico e Girolamo antipatico. Come sempre nei casi in cui una conoscenza tacita e una esplicita interagiscono, qualunque combinazione è possibile: ci sono persone in possesso di tali abilità di autoanalisi da essere in grado di analizzare procedure e risultati; ci sono persone consapevoli dei risultati di alcune delle loro procedure cognitive; e ci sono persone che non riescono a prendere coscienza neppure dei risultati solitamente espliciti delle procedure (B. Bara, 1989).

conoscitivo v. **affettivo**.

conscio
a seconda della conoscenza che l'individuo ha dei propri dati psichici, essi possono essere distinti in consci, preconsci o inconsci. Un dato psichico è conscio quand'è conosciuto da parte dell'individuo. Oppure: è ritenuta conscia la parte del dato psichico di cui il soggetto è consapevole (cioè conosce). A differenza di quanto a volte si ritiene a livello divulgativo, non esiste perciò una "parte", un "posto" chiamato "conscio", ma solo una eventuale "qualità" del dato psichico in riferimento al fatto che esso, o parte di esso, sia conosciuto o no (v. **preconscio** e **inconscio**).

conservazione
invarianza della qualità di un oggetto, che per altri aspetti ha subito una trasformazione. Piaget ha studiato i bambini d'età compresa fra i 4 e gli 11-14 anni, quando si è in grado di comprendere come si conservi la quantità, il peso, il volume, la lunghezza ecc. di alcuni oggetti. Gli esperimenti prevedevano la modifica di alcune caratteristiche esterne degli oggetti, come per esempio la forma, o il contenitore in cui stavano riposti, lasciandone invariate altre come il volume, la quantità o il peso. Esemplificativo è l'uso della plastilina: la forma si modifica con facilità, lasciando invariati il peso e la quantità.

convenzionale, sviluppo morale
livello di sviluppo del pensiero morale in cui, nelle parole di Lawrence Kohlberg, «l'adeguarsi alle regole della propria famiglia, del gruppo cui si appartiene, o della propria nazione è percepito come qualcosa di oggettivamente valido».

convergente, produzione
capacità di scoprire, di fronte a una situazione problematica, la soluzione tipica.

cornea
parte dell'occhio che permette la messa a fuoco per la retina.

corpo
i processi energetici del corpo sono in relazione con lo stato di vitalità. Più si

è vivi, più si ha energia e viceversa. La rigidità o la tensione cronica diminuiscono la vitalità e abbassano l'energia. Alla nascita il corpo è nel suo stato più vivo e fluido; alla morte la rigidità è totale, si ha il rigor mortis. Non possiamo evitare la rigidità che viene con l'età. Ciò che possiamo evitare è la rigidità dovuta alle tensioni muscolari croniche risultanti da conflitti emotivi irrisolti. Ogni avvenimento stressante produce uno stato di tensione nel corpo. Normalmente la tensione scompare quando lo stress è eliminato. Le tensioni croniche tuttavia persistono anche dopo la scomparsa dello stress che le ha provocate, come atteggiamento corporeo o assetto muscolare. Simili tensioni muscolari croniche disturbano la salute emotiva, abbassando l'energia di un individuo, limitandone la motilità e l'autoespressione. Diventa necessario dunque alleggerire questa tensione cronica, se si vuole che la persona riacquisti piena vitalità e benessere emotivo. Il lavoro della bioenergetica è centrato sul corpo e comprende trattamenti di massaggio e tecniche di postura corporea.

correlazione
relazione tra i valori di due variabili che si riferiscono a uno stesso gruppo di soggetti. Il coefficiente di correlazione (r) esprime il valore numerico di tale relazione.

coscienza
per parecchi secoli un luogo comune, molto diffuso, è stato quello che la mente umana potesse conoscere se stessa molto meglio di quanto potesse conoscere il resto del mondo. Oggi la situazione è capovolta: siamo coscienti che conoscere il resto del mondo è infinitamente più alla nostra portata rispetto a conoscere noi stessi. Esistono le teorie più svariate su cosa sia la coscienza e su come funzioni. Secondo autori come Dennet e Jaynes, la coscienza avrebbe origine da una gerarchia di livelli nel cervello e ne rappresenterebbe il livello più alto. Un folto gruppo di pensatori, come Nagel, Jackson e McGill, ritiene che sia praticamente impossibile studiare e capire la coscienza, in quanto i due metodi a nostra disposizione per comprenderla, introspezione e metodo scientifico, sono inadeguati.
Esiste poi una corrente di pensiero che propone un'interpretazione della coscienza alla luce della meccanica quantistica. Penrose, per esempio, ritiene che la coscienza sia un fenomeno quantomeccanico.
L'ipotesi cognitiva è che la coscienza sia un fenomeno biologico emerso grazie alle particolarità dell'evoluzione della specie umana. Si tratta di un processo seriale che si sovrappone all'inconscio, lavorando in parallelo; è l'interazione fra due sottosistemi con caratteristiche funzionali così diverse da rendere i processi mentali così potenti nell'uomo. Le peculiarità della coscienza – elaborazione seriale e intenzionalità – la rendono vulnerabile all'errore. L'errore occasionale è raramente preoccupante, a meno di circostanze particolarissime. L'errore sistematico è al contrario sempre grave; spesso è alla radice di patologie mentali.

costanza percettiva
fenomeno per cui una proprietà percettiva (per esempio la forma o il colore dell'oggetto) rimane costante anche se varia il corrispondente insieme di stimoli fisici (per esempio radiazioni ottiche) che interessano l'apparato sensoriale coinvolto nel processo percettivo.

costituzionalismo
studio dei rapporti tra costituzioni fisiche e caratteristiche di personalità.

costruttivismo
approccio teorico che enfatizza il ruolo attivo del soggetto nella conoscenza. Si differenzia dall'innatismo, per l'importanza attribuita all'interazione con l'ambiente, e dall'empirismo, per l'importanza attribuita alle caratteristiche del soggetto, più che a quelle del reale.

covariazione, principio di
principio secondo cui un effetto è attribuito proprio a una certa condizione, in quanto essa è presente quando l'effetto è presente ed è assente quando l'effetto è assente.

craniostenosi
chiusura prematura delle suture craniche che provoca danni al cervello e di conseguenza ritardo mentale.

cristallino
parte dell'occhio che si trova fra la pupilla e l'iride. È trasparente e di forma più o meno ovale. Esso si modifica in modo che gli oggetti siano proiettati nitidamente sulla retina.

cromosomi
filamenti di DNA presenti nel nucleo della cellula, contenenti i geni. Di norma in ogni cellula vi sono 23 coppie, metà provenienti dalla madre e metà dal padre. In 22 coppie (presenti nell'uovo fecondato, o zigote), i cromosomi (detti autosomi) sono uguali nel maschio e nella femmina. Una sola coppia, determinante il sesso, è diversa. Gli zigoti che diventeranno maschi hanno un cromosoma X (ereditato dalla madre) e uno Y (ereditato dal padre, dato che ogni spermatozoo contiene un cromosoma X o uno Y). Gli zigoti che diventeranno femmine hanno due cromosomi X (uno del padre e uno della madre).

cultura
sistema peculiare di conoscenze (relative a contenuti scientifici, letterari, storici, geografici, giuridici ecc.) e valori (o ideali), che tendono a formare degli atteggiamenti, che, a loro volta, dovrebbero orientare le opinioni e i comportamenti degli individui.

curva normale
la curva di distribuzione di frequenza rappresentativa della più comune, o probabile o normale, distribuzione di un fenomeno (per esempio l'altezza o il peso degli studenti d'uno stesso istituto).

D

daltonismo
anomalia congenita della visione dei colori; tipo particolare di discromatopsia, dovuta a una particolare cecità per i colori rosso (protanopia) e verde (deuteranopia).

danno
perdita o anormalità di strutture o funzioni psicologiche, fisiologiche o anatomiche.

decibel
misura dell'intensità fisica del suono. La scala dei decibel si riferisce a come i suoni vengono percepiti ed è logaritmica.

delirio
il delirio è un disturbo del contenuto del pensiero. L'idea delirante è un'idea falsa, sostenuta contro l'evidenza della realtà; deriva da distorsioni del giudizio, da alterazioni della percezione, da produzioni immaginarie, o da improvvise intuizioni che costituiscono i meccanismi prima generatori, poi organizzatori del delirio. I deliri si possono classificare secondo lo stato di

coscienza che li accompagna e la loro struttura interna. Se lo stato di coscienza è alterato, come avviene nel caso di episodi febbrili, di intossicazioni acute o croniche da sostanze, di situazioni dismetaboliche gravi o di qualsiasi altra malattia somatica che influenza le condizioni di funzionamento del sistema nervoso, si parla di delirio confuso. Al contrario si definisce delirio lucido quello in cui lo stato di coscienza è vigile e non alterato. Il delirio lucido si distingue in due grandi categorie sulla base della sua struttura interna. Il delirio lucido è:

- sistematizzato, se appare coerente, logico nelle sue parti, non vistosamente contraddittorio, stabile nel tempo; di questo tipo sono i deliri paranoici;
- non sistematizzato, se appare costituito da idee non collegate tra loro, frammentate, mutevoli e contraddittorie, semplici e poco elaborate; questo tipo di delirio è tipico del disturbo schizofrenico.

Un'altra modalità di classificazione del delirio è quella che tiene conto delle idee espresse.

- *Delirio di persecuzione*: il paziente è fermamente convinto che gli altri abbiano intenzione di nuocere alla sua persona fisica, morale o ai suoi beni. Le forme di persecuzione sono molteplici: sorveglianza, ascolto, pedinamento, sarcasmi, minacce, calunnie, macchinazioni, avvelenamenti, attentati. I processi utilizzati sono quelli ispirati alla tradizione. ma anche alle tecniche scientifiche più moderne: magnetismo, ipnosi, stregonerie, ma anche microfoni, radar, laser, radiazioni atomiche, onde hertziane.
- *Delirio depressivo*: esprime l'esperienza del fallimento, della catastrofe, della morte, della finitezza e dell'impotenza umana.
- *Delirio di rovina*: il soggetto si vede sul lastrico e abbandonato da amici e conoscenti, si vede ridotto a una vita di stenti interminabili senza nessuna possibilità di riscatto. Per tale motivo aspira alla morte come a una liberazione e non è infrequente il suicidio, talvolta accompagnato dallo sterminio dei familiari più cari, per non lasciarli a soffrire in questa esistenza senza speranza.
- *Delirio ipocondriaco*: qui ciò che è in rovina è il corpo. Gli organi interni sono corrosi dal male irrimediabilmente: tutto il corpo si decompone. A volte si arriva a negare l'esistenza di alcuni organi (delirio di negazione) e persino di tutta la persona.
- *Delirio di colpa*: il soggetto si accusa delle più atroci malefatte, di atti gravissimi contro la morale e la religione e ritiene di aver così compromesso per sempre la vita e la dignità sua e dei suoi familiari.

Delirio di colpa, di rovina e ipocondriaco si possono intrecciare variamente, convivere l'uno con l'altro e rinforzarsi vicendevolmente, evidenziando la comune origine depressiva.

- *Delirio di grandezza*: il soggetto sopravvaluta enormemente le sue capacità e si percepisce dotato di poteri straordinari; preso da un senso d'autoesaltazione e d'egocentrismo assoluto sembra ignorare tutti i limiti che la realtà impone ai viventi. La grandiosità si declina in molti temi, ma di fondo, resta l'affermazione di onnipotenza.
- *Delirio di gelosia*: consiste nella convinzione di essere costantemente traditi dal partner e per questo lo si pedina, lo si controlla, si cercano in ogni modo le prove della colpa, si tenta di farlo confessare ricorrendo persino alla violenza. È un delirio tipico degli alcolisti cronici, che prende spesso l'avvio dall'impotenza sessuale e dal rifiuto da parte

del partner d'avere rapporti sessuali.

- *Deliri bizzarri o sull'identità*: appartengono tipicamente al quadro schizofrenico e comprendono:
  – trasmissione del pensiero: la convinzione che i propri pensieri siano dettati, contro la propria volontà, da forze estranee operanti all'esterno e che tutti li possano conoscere;
  – furto del pensiero: le idee sono sottratte alla mente, che resta vuota e impoverita;
  – influenzamento: il soggetto sperimenta che sentimenti, impulsi, pensieri e azioni non sono propri, bensì imposti da forze esterne cui non può sottrarsi;
  – inserzione del pensiero: il soggetto sperimenta che pensieri di altri sono inseriti nella sua mente come fastidiosi parassiti di cui non può liberarsi.

depressione
l'aspetto centrale di un'organizzazione cognitiva personale depressiva consiste in una spiccata propensione a rispondere, con disperazione e rabbia, a eventi discrepanti anche minimi, come risultato di un'attiva organizzazione di tali eventi in termini di perdita e delusione (Bowlby, 1980; Brown, 1982).
La depressione si caratterizza per un insieme tipico di sintomi. L'anormalità di base nella depressione è un'alterazione dell'umore o affetto: una persona depressa si sente triste, abbattuta, giù di corda, scoraggiata, vede tutto nero e non si aspetta niente di buono dal futuro. Si parla spesso in proposito di stato disforico, dal greco *dys-foros*, difficile da sopportare. A volte pazienti affetti da depressioni dicono di sentirsi ansiosi o tesi anziché tristi o abbattuti. Più di rado accade che un paziente gravemente depresso non riconosca il suo stato disforico, pur potendo sembrare triste o ansioso a un osservatore esterno; egli può lamentarsi invece di qualche sintomo fisico che lo disturba molto o del fatto che non riesce a dormire. Oltre che dall'alterazione dell'umore, la sindrome depressiva è accompagnata di solito da un gruppo di sintomi che sono definiti vegetativi, in quanto implicano funzioni biologiche basilari, come insonnia o diminuzione dell'appetito. Questi sintomi sono il marchio tipico di una depressione grave e a base biologica. La diagnosi e la terapia riguardano comunque la competenza del medico e dello psicologo.

determinismo biologico
le influenze genetiche ed evoluzionistiche sul comportamento umano rimangono aree di studio controverse, ancora dopo un secolo dalla scoperta di Mendel dell'ereditarietà e dell'originale esposizione di Darwin della teoria evoluzionista.
Il determinismo biologico neurofisiologico è la teoria più recente e più restrittiva: ogni evento mentale, come una decisione, è alla base un evento neuronale; il sistema nervoso, facendo parte della natura fisica, opera secondo le leggi causali della natura. Così, le decisioni, che sarebbero apparentemente libere, sono in realtà l'esito inevitabile delle operazioni delle leggi causali della natura.
A tale teoria si contrappone quella del determinismo psichico. Secondo questa, in un organismo umano biologicamente sano, ogni aspetto del comportamento è totalmente determinato da fattori psicologici. In altri termini nulla, senza eccezione alcuna, nel comportamento umano è dovuto al caso o alla coincidenza (Giannattasio E. e Nencini R., *Conoscenza e modellizzazione della psicologia*, La Goliardica, Roma 1983; cap. V: Determinismo e psicologia).

determinismo psichico
una delle ipotesi su cui si fonda la teoria psicoanalitica, secondo la quale il nostro comportamento è determinato da forze psichiche sia consapevoli sia, in gran parte, inconsce.

devianza
infrazione di norme sociali ritenute fondamentali dagli individui di una società.

deviazione media v. **media**.

deviazione standard
indice di dispersione di una distribuzione di frequenza, che si calcola estraendo la radice quadrata della varianza, cioè della media dei quadrati delle deviazioni dalla media. Fornisce una misura dell'addensamento, più o meno accentuato, di dati della variabile intorno al valore medio.

diacronica, analisi
studio e descrizione dei fatti linguistici da un punto di vista genetico.

difesa, meccanismi di
meccanismi attraverso i quali l'Io media tra l'Es, il Super-Io e la realtà. I fondamentali meccanismi di difesa sono stati descritti da S. Freud.

differenziale, teoria
teoria che suppone che ogni emozione primaria sia universalmente predeterminata nelle sue caratteristiche, che abbia caratteristiche peculiari non riconducibili a una differenziazione da altre emozioni, che compaiono al momento opportuno, cioè quando assumono un valore adattivo, su base maturazionale.

differenziato, fenomeno
contenuto mentale, atto o significato che rappresenta qualcosa di specifico, individuale e non ambiguo.

differenziazione
processo che produce un progressivo aumento delle differenze fra due o più elementi. Levin considera la differenziazione (assieme a quello di rigidificazione) cruciale per la descrizione dello sviluppo e sottolinea in particolare come emozioni, sentimenti e comportamenti si differenzino tra loro, diventando sempre più complessi.

differenziazione, teoria della
teoria secondo la quale inizialmente nel neonato si può distinguere solo uno stato di minore o maggiore eccitazione, solo successivamente avviene una differenziazione progressiva che permette di distinguere fra stati emotivi diversi.

differenziazione, teoria di Jakobson della
teoria dello sviluppo fonologico secondo la quale il bambino tende a costruirsi un sistema fonematico, producendo all'inizio solo i fonemi che si differenziano massimamente tra di loro, per attuare, poi, differenziazioni sempre più sottili.

diffusa, struttura mentale
costruzione formale del contenuto mentale relativamente uniforme e omogenea, nella quale le parti sono divenute più o meno indistinte e non sono più caratterizzate da autosufficienza.

dipendenze psicologiche, nuove
le principali ricerche a livello nazionale e internazionale registrano un trend in costante aumento di adolescenti che sviluppano condotte di dipendenza patologica.
Accanto alle più tradizionali forme di dipendenza da sostanze, oggi emerge il nuovo fenomeno delle dipendenze comportamentali o *new addictions*. Esse abbracciano una varietà impor-

tante di comportamenti disfunzionali. Le principali sono dipendenze:

- alimentari, come anoressia e bulimia;
- dal gioco d'azzardo (lotterie, slot machine e scommesse di vario tipo);
- legate alla tecnologia (Internet, cellulare, videogame);
- da sesso o esercizio fisico
- dallo shopping compulsivo.

La dipendenza patologica in tutte le sue varianti, sia che si tratti di dipendenza da sostanza che di *new addiction*, si configura come difesa non adattiva che permette all'adolescente di uscire dalla realtà ordinaria attraverso sensazioni piacevoli alternative, che vengono ricercate con sempre maggiore frequenza, quasi compulsivamente, come soluzione patologica che permette di non sentire e di non pensare, in ultima istanza, di non vivere.
Il termine "dipendenza" forse più di altri mette in luce l'impotenza della persona nei confronti della sostanza o del comportamento, infatti dopo la prima fase in cui si è piacevolmente attratti, si arriva in seguito a esserne schiavi e vittime.
Eroina, hashish, marijuhana, psicofarmaci, LSD, ma soprattutto alcol e cocaina, sono solo alcune delle sostanze principalmente abusate e che rientrano sotto quella nomenclatura di "vecchie dipendenze", non per il fatto che si tratta di usi del passato, ma semplicemente perché creano una dipendenza di tipo fisico (oltre che psicologico).
Le nuove dipendenze sono invece figlie della cultura dei nostri tempi, non necessitano dell'assunzione di nessuna sostanza, ma consistono nel diventare prigionieri di un determinato comportamento ripetitivo che genera piacere. Vecchie o nuove dipendenze, dipendenze psicologiche o fisiche, sostanza o comportamento che sia, le conseguenze a cui si va incontro sono sempre molto gravi e decisamente sovrapponibili:

- a livello economico;
- a livello emotivo dove i sentimenti e le emozioni vengono alterati creando blocchi nella crescita affettiva e cognitiva;
- a livello fisico, dove si verificano disorientamenti comportamentali e abbassamento dell'energia vitale;
- a livello sociale, con grave compromissione delle capacità relazionali e possibilità di esclusione dalle persone frequentate.

Si strutturano ansia, attacchi di panico, gravi distimie del tono dell'umore, derealizzazioni spazio-temporali, dissociazioni emotive e affettive dalla capacità cognitivo-comportamentale e relazionale, con fenomeni depressivi che possono strutturarsi in forma marcata e suggerire meccanismi anticonservativi.
In conclusione quindi la dipendenza non è altro che un forte impulso a continuare a fare "qualcosa", la cui mancanza provoca sintomi stressanti di astinenza. Le metodologie di intervento sono varie e si differenziano a seconda del tipo di dipendenza e della complessità/gravità del problema, ma il primo e fondamentale passo lo deve fare la persona stessa: ed è quello di ammettere di avere un problema e successivamente rivolgersi a delle persone competenti che siano in grado di offrirgli un valido supporto professionale.

diplegia
disturbo motorio a carico contemporaneo di due arti.

disabilità
carenza, parziale o totale, secondaria a un danno, in una certa attività, rispetto alle prestazioni considerate come normali.

discromatopsia
anomalia del senso cromatico da alterata visione centrale dei colori, per lesioni a livello della macula o del fascio papillo-maculare.

disgrafismo
disturbo nell'apprendimento della lettura, collegato generalmente a carenze viso-motorie, o nell'orientamento spazio-temporale, o nella motricità fine.

dislessia specifica
gravi difficoltà nella lettura non riconducibili a scarsa intelligenza generale, né a svantaggio socio-culturale, né a scarsa motivazione.

dissonanza cognitiva, teoria della
secondo Festinger, che ha formulato questa teoria, chi ha credenze dissonanti su un argomento, tende a modificarle per ridurre la dissonanza.
Si dice che due elementi cognitivi (due pensieri o due atteggiamenti o credenze) sono in una relazione dissonante se l'inverso di uno deriva dall'altro.

distribuzione normale
in statistica, distribuzione caratterizzata dal fatto che le frequenze della maggior parte dei punteggi (circa 2/3 dei punteggi) si colloca fra +1 e –1 deviazioni standard, mentre le frequenze degli altri diminuiscono progressivamente con l'avvicinarsi ai punti estremi (in modo che vi sia più del 94% dei punteggi tra +2 e –2 deviazioni standard).

distribuzione di frequenza
in statistica, insieme di punteggi ordinati per grandezza e raggruppati secondo dati intervalli.
Una distribuzione di frequenza indica quante volte ricorre ciascun raggruppamento di punteggi.

disturbi della personalità
i tratti di personalità sono modi costanti di percepire, rapportarsi e pensare nei confronti dell'ambiente e di se stessi, che si manifestano in un ampio spettro di contesti sociali e personali importanti. Quando i tratti di personalità sono rigidi e non adattivi, e causano quindi una significativa compromissione del funzionamento sociale o lavorativo, oppure una sofferenza soggettiva, essi costituiscono i disturbi di personalità. Vediamo qui di seguito i più importanti.

disturbi di personalità, ipotesi genetiche sui
gli studi familiari, sui gemelli e sui figli adottivi, suggeriscono l'esistenza di una componente genetica nei disturbi di personalità. I disturbi di personalità classificati del gruppo A (paranoide, schizoide e schizotipico) sono più comuni nei parenti di primo e secondo grado di soggetti affetti; in particolare, il disturbo schizotipico è molto più frequente rispetto ai disturbi paranoide e schizoide tra i familiari di soggetti affetti da schizofrenia.
Studi di adozione attribuiscono l'aumentato rischio per i disturbi di personalità del gruppo B (antisociale, borderline, istrionico e narcisistico) a fattori sia genetici sia ambientali dal momento che i figli adottivi e i figli biologici di genitori affetti da disturbo antisociale di personalità hanno entrambi un rischio maggiore di sviluppare il disturbo antisociale di personalità, il disturbo di somatizzazione e i disturbi correlati a sostanze (Cloninger C.R., Christiansen K.O. e Reich T., 1978, *Implication of sex differences in the prevalences of antisocial personality, alcoholism and criminality for familial transmission*, «Archives of General Psychiatry», 35). Il disturbo di personalità borderline è circa cin-

que volte più comune tra i consanguinei di primo grado, di soggetti che ne sono affetti rispetto alla media della popolazione. Nelle stesse famiglie si riscontra un aumento del rischio per i disturbi dell'umore, i disturbi correlati a sostanze, il disturbo antisociale di personalità. I disturbi di personalità evitante, dipendente e ossessivo (gruppo C) risultano più frequenti nei parenti di pazienti affetti da disturbi di ansia (tanto che nella quarta edizione rivista del *Diagnostic and Statistical Manual*, queste affezioni venivano inserite nel gruppo C, ansioso).

disturbo dell'alimentazione
nel marzo del 1994 è stato pubblicato sull'«American Journal of Psychiatry» uno studio di Welch e Fairburn dal titolo *Sexual abuse and bulimia nervosa: three integrated case control comparison*. Gli autori hanno progettato la ricerca seguendo le indicazioni di Pope e Hudson, scegliendo quattro campioni di soggetti (pazienti bulimici, soggetti bulimici "di comunità", pazienti psichiatrici non bulimici e soggetti sani di controllo). La procedura di reclutamento dei vari campioni non faceva riferimento all'abuso sessuale. Si teneva conto dell'età dei pazienti e della classe socioeconomica dei genitori, per consentire appaiamenti più corretti tra i vari soggetti nel corso dei confronti. Erano stati inoltre definiti alcuni criteri di esclusione. La ricerca di Welch e di Fairburn ha portato alle conclusioni che una minoranza di soggetti riportava una storia d'abuso sessuale, per lo più di tipo extrafamiliare; quindi l'abuso sessuale non è, soprattutto quello di tipo intrafamiliare, uno dei maggiori fattori di rischio per lo sviluppo della bulimia nervosa, anche se lo è in alcuni casi specifici; per gli altri sono necessari ulteriori fattori. Una storia di abuso con il coinvolgimento della forza fisica è apparsa, comunque, significativamente più comune nei soggetti "di comunità" con bulimia, che nei vari gruppi di soggetti abbinati; questo contrasta con quanto affermato da Pope e Hudson, e porta ad affermare che l'abuso sessuale sia, comunque, un fattore di rischio per lo sviluppo della bulimia nervosa. Peraltro storie di abuso sessuale si sono evidenziate in molti soggetti "di comunità" affetti da disturbi psichiatrici (compresa la bulimia).

disturbo dipendente di personalità
è caratterizzato da un eccessivo e pervasivo bisogno di essere accuditi e protetti, che determina un comportamento sottomesso e un costante timore della separazione. Gli individui con tale disturbo percepiscono se stessi come inadeguati a far fronte efficacemente alle varie situazioni senza l'aiuto degli altri; sono spesso pessimisti e dubbiosi e tendono a sminuire le proprie capacità. Per questo hanno difficoltà a prendere decisioni, tendono a essere passivi e permettono ad altri di prendere l'iniziativa. Temendo di perdere l'approvazione, faticano a esprimere il loro disaccordo, specie nei confronti di coloro da cui dipendono. Nel caso venga meno una relazione importante (la rottura con la persona amata, la morte di una figura protettrice), si affrettano a sostituirla con un'altra relazione che fornisca il supporto emotivo di cui hanno bisogno.

disturbo di personalità borderline
nei soggetti presi in esame, il disturbo di personalità borderline veniva da Ludolph fortemente correlato a problemi di relazioni con la madre, a legami distrutti, a esperienze preedipiche disturbate.
Nello studio del 1992 *Physical and sexual abuse histories among children with borderline personality disorder*,

Goldman e altri studiosi hanno tentato di valutare se una storia d'abuso fisico o sessuale fosse più comune in bambini con disturbo di personalità borderline rispetto ad altri bambini seguiti ambulatorialmente in una clinica privata per altri disturbi. Gli autori sono arrivati a conclusioni che confermano la correlazione tra l'abuso avuto nell'infanzia e il disturbo di personalità borderline in età infantile-adolescenziale, concordando con gli studi che hanno messo in relazione l'abuso e il DPB in età adulta. Naturalmente la prevalenza del disturbo di personalità borderline nei bambini è stata inferiore rispetto alla prevalenza del disturbo di personalità borderline negli adulti, per vari motivi, tra cui la limitata rivelazione, da parte dei bambini, dell'abuso, per scarsa consapevolezza dello stesso, o perché obbligati a tacere a causa della minimizzazione del problema (o la negazione) da parte della famiglia. L'abuso porterebbe, secondo gli autori, al disturbo di personalità borderline sia a breve che a lungo termine, con un'inversione della prevalenza del sesso con l'età.
Nel loro studio *Childhood trauma in borderline personality disorder* del 1989, Herman e altri, hanno trovato che l'81% dei soggetti borderline ha subito traumi di vario tipo: il 71% solo di tipo fisico, il 68% solo di tipo sessuale e il 62% è stato testimone di violenze gravi in famiglia. In questo studio, la stretta associazione tra il trauma infantile e il disturbo di personalità borderline fa supporre che il trauma sia un fattore importante, ma insufficiente da solo. Viene segnalata, inoltre, la patogenicità dello stesso per i bambini che hanno un temperamento vulnerabile o per quelli che sono maggiormente carenti di fattori protettivi, come le relazioni positive con altri custodi o fratelli germani. I soggetti con disturbo di personalità borderline, nella valutazione mediante la "dissociative experiences scale", presentavano alti livelli di sintomi dissociativi; concordemente con quanto affermato da Spiegel (1988), probabilmente ciò si verificava per una più stretta correlazione con il trauma infantile che non con la psicopatologia borderline di per sé. Come adattamento al trauma infantile i soggetti potrebbero avere sviluppato uno spettro di disturbi psichici, in cui «la forma intermedia di adattamento all'abuso cronico potrebbe essere rappresentata dal disturbo di personalità multipla», e invece «alcune forme del disturbo somatoforme, il disturbo da attacchi di panico e il disturbo d'ansia potrebbero rappresentare le riesperienze somatiche dissociate di eventi traumatici circoscritti».

disturbo di personalità non altrimenti specificato
in questa categoria rientrano le alterazioni di funzionamento della personalità che non soddisfano i criteri per alcuno specifico disturbo di personalità. L'individuo che ne è affetto può presentare i tratti di vari disturbi di personalità (disturbo di personalità mista) oppure il quadro personologico dell'individuo corrisponde a un disturbo di personalità non incluso nella classificazione (per esempio il disturbo passivo aggressivo di personalità).

disturbo evitante di personalità
è caratterizzato da inibizione, sentimenti di inadeguatezza e ipersensibilità alle critiche. Gli individui con tale disturbo rifuggono il lavoro e le attività scolastiche che implicano un contatto interpersonale, per timore di essere criticati, disapprovati o rifiutati; evitano di farsi nuovi amici, a meno che non siano certi di piacere e di essere accettati incondizionatamente. Si

sentono inadeguati e hanno una bassa autostima; hanno difficoltà a parlare di sé e tendono a non manifestare sentimenti intimi per timore di esporsi, di essere ridicolizzati o umiliati. Se qualcuno li disapprova o li critica, possono sentirsi estremamente feriti.

disturbo ossessivo-compulsivo di personalità
è caratterizzato da eccessiva preoccupazione per l'ordine, da perfezionismo, maniacale accuratezza ed esigenze di controllo mentale e interpersonale.
Gli individui con questo disturbo cercano di mantenere una sensazione di controllo attraverso una minuziosa attenzione per le regole, i dettagli, le procedure; per contro mostrano scarsa flessibilità, apertura mentale ed efficienza. Inclini alla ripetizione, verificano accuratamente ciò che fanno nel timore di commettere eventuali errori. Mostrano una dedizione eccessiva al lavoro e alla produttività, cui possono sacrificare le attività dei tempo libero e le amicizie. Possono essere riluttanti a lavorare con altri e mantenere un livello di vita inferiore a quello che potrebbero permettersi nella convinzione che le spese debbano essere attentamente controllate in vista di problemi futuri. Sono in genere persone coscienziose, scrupolose e inflessibili per quanto riguarda moralità, etica e valori.

divergente, produzione
capacità di formulare, di fronte a una situazione problematica, non una sola, ma svariate e diverse ipotesi per giungere alla soluzione.

DNA
nell'ambito della teoria evolutiva tradizionale, i figli possono differire dai genitori per un cambiamento del DNA detto mutazione, per il rimescolamento dei geni nella riproduzione sessuata, per i cambiamenti somatici acquisiti durante la vita dell'individuo in risposta alla pressione ambientale, all'abitudine, all'età e così via. Ancora, per la segregazione somatica, cioè la perdita o il rimescolamento di geni nell'epigenesi, che dà luogo a zone di tessuto aventi costituzione genetica differenziata. I cambiamenti genetici sono sempre digitali, ma la teoria moderna preferisce credere a ragione che l'evoluzione sia fatta, in generale, di piccoli cambiamenti. Si suppone che molti piccoli cambiamenti mutazionali si combinino nel corso di molte generazioni per creare differenze evolutive più grandi (G. Bateson, 1988).

Down, sindrome di
ritardo mentale causato da anormalità cromosomica, contraddistinta dalla presenza di 3 cromosomi 21 anziché 2 (da cui la dizione "trisomia 21").

E

edipico, complesso
conflitto caratterizzato da sentimenti libidici molto intensi verso il genitore del sesso opposto e da un atteggiamento ambivalente verso il genitore dello stesso sesso.

educatore
all'interno di questo libro il termine educatore si riferisce alle figure dei genitori, o a chi per essi assiste, nutre e cura lo sviluppo evolutivo del bambino.

egocentrismo
tendenza a valutare la realtà non considerando sufficientemente i punti di vista diversi dal proprio.

egocentrismo intellettuale (o consequenzialità astratta)
riferito allo sviluppo intellettuale nell'adolescenza: vivere la propria capacità di condurre ragionamenti formalmente evoluti come una conquista talmente importante da trascurare l'utilità della verifica sul piano dell'esperienza.

EM (età mentale)
modalità di valutazione delle prestazioni di un soggetto in un test di abilità cognitiva, ottenuta confrontando le sue prestazioni con l'età in cui in media la maggioranza dei soggetti ottiene risultati equivalenti.

embrione
l'organismo umano fra la quarta e l'ottava settimana dal concepimento.

emiplegia
disturbo motorio che interessa una sola metà del corpo.

emotività
come afferma Reich in *Analisi del carattere*, le emozioni sono funzioni bioenergetiche, plasmatiche, e non funzioni mentali o chimiche o meccaniche.
Per quanto riguarda l'uso del termine all'interno del libro, esso si riferisce a manifestazioni psicosomatiche attraverso le quali è possibile leggere e interpretare l'azione diretta delle emozioni. Per esempio, al paziente che in posizione di *grounding* respira e parla al terapeuta può accadere che si manifestino emozioni attraverso la respirazione alterata, che diventa ansiosa e libera emotività.

emozione, attivazione dell'
la proposta che l'attivazione emotiva sia non specifica e si fondi su un unico meccanismo è stata chiamata la teoria juke box dell'emozione (Mandler, 1962). Come indica la stessa denominazione, secondo la teoria juke box, il sorgere dell'emozione è qualcosa di simile al porre la moneta in un juke box: la macchina è accesa, pronta a mettersi in moto, ugualmente pronta a suonare qualsiasi brano della sua collezione. Il comportamento effettivo è determinato unicamente quando è schiacciato un particolare pulsante: l'attivazione emotiva viene quindi interpretata alla stregua delle monete che entrano nella macchina, mentre i fattori ambientali selezionano il comportamento che ne verrà fuori, esattamente come, schiacciando un pulsante, si sceglie un particolare brano musicale. Come tutte le analogie, questi parallelismi non devono essere presi alla lettera. Un fattore importante nelle risposte emotive che non viene considerato dall'analogia è che, nelle emozioni, gli eventi effettivi che inducono alla risposta sono gli stessi che poi controllano il comportamento una volta che il sistema è entrato in funzione. Questo fatto costituisce una grossa pregiudiziale per quel comportamento che risulterà da uno stato emotivo. Una possibilità teorica alternativa è che i meccanismi di attivazione siano diversi per le diverse emozioni. Dopotutto, non è vero che si è consapevoli delle differenze di modi nei quali è sollecitato il proprio corpo dalla fame o dal freddo, dalla paura o dal sesso? La risposta è sì e no. Da una parte è evidentemente possibile dividere i tipi d'attivazione nervosa in due classi generali: quelli che eccitano e quelli che calmano. Un insieme d'emozioni sembra derivare dalla stimolazione del sistema nervoso simpatico e conduce a una tensione generale, specialmente dei muscoli che aiutano a sorreggere il corpo (che potremmo chiamare muscoli antigravità). La reazione umana tipica include ginocchia tese, corpo eretto,

mani e mascelle strette; il ritmo cardiaco aumenta, i vasi sanguigni si restringono e aumenta la pressione del sangue. In termini d'emozioni, spesso questi sono i sintomi della collera, dell'odio o dell'ira.
Un altro insieme d'emozioni sembra presentare sintomi quasi completamente opposti e derivanti dalla stimolazione del sistema nervoso parasimpatico. Abbiamo in questo caso una diminuzione del ritmo cardiaco, una dilatazione dei vasi sanguigni e una riduzione della pressione del sangue, mentre gli arti tendono a piegarsi. In termini di emozioni, questi sono spesso i sintomi degli stati piacevoli, per esempio della sazietà dopo un pasto abbondante. Dovrebbero esserci ben pochi dubbi sulla possibilità di distinguere gli stati di tensione del corpo dagli stati di rilassamento, almeno nei casi estremi. Ma, all'interno di queste classi, possiamo operare delle distinzioni più sottili? A questo punto non è più così chiaro. Per esempio, almeno un teorico ha dimostrato che queste due emozioni fondamentali corrispondono alle normali difese del corpo contro il freddo e il caldo (Stanley-Jones D., 1970, *Kybernetics of mind and brain*); la contrazione dei vasi sanguigni e le relazioni che ne derivano fanno parte della difesa dal caldo. Secondo tale teoria a queste due reazioni fisiologiche di base è collegata una intera serie di stati emotivi. Le distinzioni che noi operiamo tra i vari stati, per esempio il fatto che generalmente non confondiamo la sensazione di caldo con l'eccitazione sessuale o la sensazione di freddo con l'emozione di rabbia, sono prodotte dai fattori cognitivi che hanno assunto il controllo. Per questo, gli stessi fattori cognitivi che provocano la dilatazione dei vasi sanguigni fanno anche sì che noi interpretiamo lo stato corporeo che ne deriva come dovuto all'amore e non invece al semplice fatto di aver mangiato in abbondanza. Il problema con il quale ci si scontra, nella soluzione della questione, deriva dai limiti della nostra coscienza. In linea di principio, tutti gli psicologi vorrebbero sapere se fenomeni, quali la tensione causata dalla paura, possono essere distinti dalla tensione causata dalla rabbia o dal freddo. In pratica, però, non è facile scoprirlo (Cofer C.N. e Appley M.H., 1967, *Motivation: theory and research*, John Wiley & Sons, New York-Londra-Sydney).

empatia
capacità di condividere i sentimenti positivi o negativi degli altri.

empirismo
approccio teorico che enfatizza l'importanza degli stimoli ambientali rispetto alle caratteristiche del soggetto conoscente.

energia
lungo il suo cammino di studio e conoscenza della realtà psicosomatica e della sua funzionalità, Reich constatò che il concetto di energia dell'uomo ha subito diverse interpretazioni e ha assunto diverse definizioni. Inizialmente l'energia dell'uomo era intesa come energia sessuale, poi energia orgonica cosmica e infine energia orgonica. In questo libro per energia s'intende l'energia vitale, quella psicosomatica, composta dall'energia del sistema nervoso centrale e periferico, quella cardiovascolare, quella endocrina, quella immunologia e infine quella dei meridiani dell'agopuntura.

epistemologia
il termine epistemologia significa, etimologicamente, "discorso sulla scienza". Almeno a partire da Socrate ogni sistema filosofico si è posto, in modo più o meno esplicito e approfondito, il problema di indagare l'oggetto, il

metodo e il fine delle discipline scientifiche particolari (o, più in generale, dei fondamenti della conoscenza). Esiste un'epistemologia generale, ma anche una epistemologia della psicologia, della fisica, della matematica, della scienza ecc.

epistemologia genetica
obiettivo dell'epistemologia genetica piagetiana è fondare empiricamente, cioè attraverso i metodi tipici della scienza, una teoria di come si sviluppa la conoscenza.

equilibrazione, fattore di
fattore responsabile dello sviluppo del pensiero logico ipotizzato da Piaget oltre ai fattori maturativi, sociali e linguistici. Si tratta di un fattore autonomo, secondo cui lo sviluppo delle strutture logiche avviene, quando avviene, nello stesso modo e rispettando le stesse tappe in tutti gli individui, in quanto vengono necessariamente rispettati certi principi organizzativi intrinseci non riconducibili all'influenza ambientale o innata.

ereditario
i postulati della trasmissione ereditaria trovano in *Evoluzione e modificazione del comportamento* di K. Lorenz i modelli esplicativi più conosciuti e accettati. Egli afferma che «ciò che guida l'ontogenesi, sia nello sviluppo corporeo sia in quello del comportamento, è indubbiamente il progetto costruttivo ereditario contenuto nel genoma e non la serie di circostanze ambientali necessarie alla sua realizzazione».

erogena, zona
zona del corpo che permette sensazioni di piacere.

espiatoria, punizione
che non ha alcun collegamento logico con l'atto compiuto.

estinzione
processo che porta gradualmente alla eliminazione della tendenza a fornire una certa risposta.

estroversione
caratteristica del soggetto in cui prevale l'orientamento verso l'esterno.

Es
la componente più primitiva, irrazionale e istintiva della psiche. Una delle tre istanze della psiche secondo Freud (assieme a Io e Super-Io). Più raro l'uso del sinonimo Id.

eterocronico, sviluppo
sviluppo non omogeneo delle varie funzioni (percezione, memoria, intelligenza ecc.) della psiche.

etologia
studio del comportamento delle specie animali, condotto, per quanto possibile, privilegiando l'osservazione in ambiente naturale.

F

fading
procedura di apprendimento basata su stimoli che forniscono sempre meno aiuto al soggetto.

fallica, fase
periodo evolutivo in cui l'interesse sessuale è centrato sui genitali in genere e su quelli maschili in particolare (dopo il terzo anno di vita).

fedeltà del test
il grado in cui un test è indipendente da errori di misura dovuti al caso.

fenilchetonuria
forma di ritardo mentale causata da

un livello eccessivamente alto di un aminoacido chiamato fenilalanina.

fenomenologico, metodo
metodo tipico della psicologia della Gestalt, e di studi sulla percezione e l'intelligenza, che si basa su «un'osservazione accurata e sistematica delle caratteristiche della nostra esperienza, prodotto sia dalla presa di contatto con il mondo esterno, sia dall'autosservazione dei processi mentali che si svolgono dentro di noi» (Kanizsa G., Legrenzi P. e Sonino M., 1983, *Percezione, linguaggio, pensiero*, il Mulino, Bologna).

feto
l'organismo umano dalla nona settimana di gestazione alla nascita.

filogenetico
relativo ai cambiamenti avvenuti nella storia della specie. Visione "provvidenziale" della natura, per cui tutto tende ad avvenire secondo un certo ordine, in modo armonico, grazie anche all'influenza delle stesse leggi morali che regolano la vita umana.

fisiognomica
studio delle correlazioni fra caratteristiche del volto e aspetti temperamentali.

fobia
nevrosi consistente in paura (irrazionale, nel senso di sproporzionata alla situazione e incomprensibile, non motivata) prodotta da particolari oggetti, o luoghi, o situazioni: paura del chiuso (claustrofobia), dell'aperto (agorafobia), del buio, dei luoghi elevati, degli animali, ecc. Le nevrosi caratterizzate da fobia vengono spesso denominate isterie (oltre che nevrosi fobiche).

fonema
gamma di suoni percepiti, all'interno di una determinata lingua, come distinti da un'altra gamma di suoni. In italiano vi sono, per esempio, vari modi di pronunciare la "r", ma tutti riconducibili allo stesso fonema /r/. Mentre in italiano il fonema /r/ è distinto dal fonema /l/.

fonematica v. **fonetica**.

fonetica
la fonetica studia l'aspetto materiale dei suoni, indipendentemente dalla loro funzione in una particolare lingua, mentre la fonologia si interessa dei suoni per la funzione da loro svolta in una particolare lingua. Il puro studio materiale dei suoni ha evidenziato che un suono non è articolato sempre nello stesso modo, nemmeno dallo stesso individuo. Nonostante le variazioni, tuttavia, vari suoni sono percepiti, da chi parla una determinata lingua, come equivalenti, come aventi la stessa funzione. Secondo i linguisti ciò che permette di accomunare più suoni, senza considerare ciò in cui essi differiscono, è il fatto che questa gamma di suoni è percepita come distinta da un'altra gamma di suoni. Ciascun suono distintivo (o gamma di suoni) all'interno di una data lingua è chiamato fonema. La fonologia comprende la prosodia (o studio dell'intonazione e dell'accento in funzione distintiva); l'oristica (studio di come avviene la demarcazione dei significanti); e la fonematica (studio dell'organizzazione dei fonemi).

fonologia v. **fonetica**.

formale, pensiero
capacità di condurre ragionamenti logicamente corretti, senza la necessità di partire da un dato di esperienza e di verificare le conclusioni del ragionamento attraverso un dato di esperienza. Tale capacità permette l'uso di

nozioni come quella di infinito, di luogo geometrico, di caso e di probabilità e di saper impostare correttamente un esperimento scientifico o di imparare l'algebra.

formazione reattiva
meccanismo di difesa che provoca, in una coppia d'atteggiamenti ambivalenti, la rimozione di uno dei due attraverso la sopravvalutazione dell'altro.

frenologia
studio dei legami significativi tra le strutture morfologiche e i tratti della personalità. Nel passato essa è stata particolarmente utilizzata in riferimento alle tendenze delinquenziali e alla malattia mentale.

frustrazione
nella letteratura psicologica il termine frustrazione è stato usato in tre accezioni diverse e in riferimento a circostanze esterne, a una risposta emotiva abbastanza generale alle circostanze e a reazioni specifiche a un particolare evento esterno.
Le definizioni operative relative al primo uso prevedono ostacoli fisici nel raggiungimento di una meta, omissione di una remunerazione, minaccia o imposizione effettive di una punizione e persino problemi insolubili.
Le condizioni interne previste nella seconda accezione corrisponderebbero a un moderato eccitamento fisiologico o a un'ipotetica variabile, con proprietà sia energetiche sia direzionali.
Le reazioni implicite nella terza accezione del termine prevedono, molto più specificamente, regressione, cioè ritorno a forme immature di comportamento, fissazione, cioè incapacità di modificare un comportamento abituale, aggressività e risposte più vigorose per una discussione esauriente (Cofer C. e Appley M., 1977, *Motivazione ed emozione*, Franco Angeli, Milano).

funzionalismo
approccio teorico che considera caratteristica essenziale dei processi psichici l'azione esercitata al fine (con la funzione) di accomodare l'organismo al proprio ambiente.

funzione mentale
in senso generale l'attività mentale in ogni sua manifestazione, considerata come un tutto. In senso specifico qualsiasi attività mentale (percettiva, mnemonica, intellettiva ecc.).

funzione psichica
la funzione psichica, dell'apparato psichico, è un'espressione usata da Freud nei confronti di una immagine o una rappresentazione per designare il modello figurativo dal quale si può dedurre che una energia si trasmetta, si trasformi o si differenzi seguendo istanze diverse. Per istanza s'intende, nell'uso psicoanalitico, le forze che si oppongono alle tendenze o alle condotte spontanee della persona. Per esempio, il Super-Io è l'istanza inconscia dello stesso titolo dell'Io e dell'Es che giudica, censura e vieta. Da un punto di vista cosciente il Super-Io è il risultato dell'insieme dei divieti morali, familiari, sociali e culturali introiettati.

G

galattosemia
disfunzione dovuta all'incapacità del neonato di metabolizzare il galattosio, che può provocare ritardo mentale.

gene
unità di base dell'ereditarietà; si trova

nei cromosomi ed è costituito da acido desossiribonucleico (DNA).

genetica
in senso stretto la scienza della genetica studia tutti gli aspetti dell'ereditarietà e della variazione degli organismi e i processi di crescita e differenziazione all'interno dell'organismo.

genetica, psicologia
studio dello sviluppo delle funzioni mentali, in quanto tale sviluppo può fornire una spiegazione o per lo meno un complemento di informazione, nei confronti dei loro meccanismi allo stato compiuto. In altri termini, la psicologia genetica consiste nell'utilizzare la psicologia del fanciullo per trovare la soluzione dei problemi psicologici generali.

genitale, fase
periodo, che inizia con la pubertà, nel quale ritornano particolarmente attive le pulsioni libidiche e riemergono i conflitti dello stadio edipico, ma con un orientamento di tipo genitale.

gerarchizzazione
processo che prevede rapporti di subordinazione fra gli elementi di un sistema.

germinale, periodo
le prime tre settimane di crescita prenatale.

Gestalt, psicologia della
Gestalt è una parola tedesca che significa figura, forma o anche configurazione. Fu introdotta in psicologia dallo psicologo tedesco Chritian von Ehrenfels (1890) e diffusa da K. Koffka e W. Kohler. Gli psicologi della Gestalt hanno sostenuto che nella percezione gli uomini e gli animali sono direttamente consapevoli di una configurazione o struttura che viene appresa come un tutto e non è semplicemente una giustapposizione delle sue parti.

gioco
secondo Piaget, attività caratterizzata dal prevalere dell'assimilazione sull'accomodamento.

giustizia distributiva
ci si riferisce al problema di come distribuire in modo giusto qualcosa di positivo o di negativo (un onere, una punizione, un premio, un regalo, un compito da eseguire ecc.) fra più persone.

giustizia (retributiva)
si ha quando di fronte a un certo comportamento (negativo o positivo) ci si pone il problema della proporzionalità fra tale comportamento e un'eventuale sanzione o premio.

grammatica generativo-trasformazionale
il sistema di regole che specifica la relazione suono-significato per una determinata lingua per la lingua italiana può essere chiamato "grammatica". Si usa l'espressione "grammatica generativa" nel senso che una grammatica "genera" un certo insieme di strutture, quando essa lo specifica in maniera precisa. In altre parole, una grammatica è generativa quando è in grado di descrivere la struttura di tutte le frasi di una determinata lingua.
La grammatica proposta da Chomsky è detta anche "trasformazionale" in quanto non si limita a definire la struttura di frasi semplici, le dichiarative attive, ma anche i rapporti che permettono le trasformazioni delle frasi semplici in altre frasi, come le passive, le interrogative, le negative ecc.

gruppo
insieme di individui (in numero tale da permettere almeno un minimo di

conoscenza reciproca fra tutti i componenti) caratterizzato da processi di interazione sociali tendenzialmente durevoli e da una o più qualità in comune (per status, ruolo, interessi, credenze ecc.).

gruppo di controllo
un gruppo in un esperimento che non viene esposto alla variabile indipendente della ricerca. Il comportamento dei soggetti in questa condizione è usato come termine di riferimento per valutare gli effetti dei trattamenti sperimentali.

gruppo sperimentale
gruppo di soggetti in un esperimento che viene esposto alla variabile indipendente della ricerca. In alcune ricerche, di fatto comprendenti più esperimenti, possono esserci più gruppi sperimentali (v. **gruppo di controllo**).

H

handicap
condizione caratterizzata da effetti negativi causati da un danno e/o una disabilità, che limita o impedisce la realizzazione di un ruolo ritenuto normale in un certo contesto culturale (tenuto conto dell'età, del sesso, dei fattori culturali e sociali).
A volte si usa l'aggettivo "handicappato", ma sarebbe preferibile l'espressione "persona in situazione di handicap".

handicap motorio
handicap dovuto a disabilità motoria causata, nella maggioranza dei casi, a paralisi cerebrale (effetti di danni con difficoltà di tipo cognitivo generale o intellettivo che non permettono all'individuo portatore di fornire, in media, prestazioni in test di intelligenza superiori al punteggio di 70 in QI). In Italia c'è la tendenza a ritenere portatori di handicap mentale solo i soggetti con QI inferiore a 60-65 (circa 1% della popolazione e non tra 2% e 3% come si ha se ci si riferisce a punteggi del QI inferiori a 70).

handicap uditivo
handicap dovuto a disabilità per ipoacusia di tipo conduttivo o percettivo, tale che la soglia uditiva è superiore ai 20dB.

handicap visivo
handicap dovuto a disabilità per riduzione del "visus" a meno di 210 (o a deficit visivo di gravità analoga).

HIP (Human Information Processing)
teoria della elaborazione dell'informazione.

Hurler, sindrome di
disfunzione causata da accumulo di mucopolisaccaridi, che provoca nanismo, cecità e ritardo mentale.

I

identificazione
meccanismo di difesa molto complesso che si basa sull'attribuzione a se stessi di caratteristiche di altri.

identità
concetto importante nell'ambito della psicologia individuale, che sta a indicare il processo d'identificazione attraverso il quale l'individuo assimila aspetti di altri individui e costruisce la propria personalità sui prodotti risultanti.

identità, senso di
insieme di sentimenti che ogni individuo ha della individualità, peculiarità e continuità (cioè della tendenza alla coerenza) di se stesso.

identità sociale
è l'insieme dei sentimenti e delle caratteristiche che un individuo prova, e si attribuisce, nel considerare la propria appartenenza a specifici gruppi sociali.

idrocefalia
condizione in cui si ha una maggiore quantità di liquidi liberi nella cavità cranica, capace di provocare ritardo mentale.

imitazione
attività caratterizzata dal prevalere dell'accomodamento sull'assimilazione.

immagine
l'immagine, o schema corporeo, mai e in nessun caso è da intendersi in senso statico, ma sempre in evoluzione, perché è tenuto in essere e continuamente investito dall'energia vitale che viene mantenuta attraverso la costituzionalità del nostro carattere e la funzionalità della nostra personalità. È indubbio che l'immagine che abbiamo di noi stessi cambia secondo le persone e l'ambiente circostante.
Nello studio dell'immagine corporea, si affronta il fondamentale problema psicologico della relazione esistente tra le impressioni dei sensi e i nostri movimenti o la motilità in generale. La topografia del modello posturale del corpo sarà la base degli atteggiamenti emotivi nei suoi confronti; la conoscenza che ne avremo dipenderà dalle correnti erotiche, orgoniche, psicosomatiche ecc., che fluiscono attraverso il corpo e a sua volta le influenzerà. Le zone erogene giocheranno una parte peculiare nel modello posturale del corpo.
Il modello posturale è un'entità mutevole, che cresce e si sviluppa continuamente, è una continua attività interna di autocostruzione e di autodistruzione; vive continuando a differenziarsi e integrarsi (Schilder P., 1992, *Immagine di Sé e schema corporeo*, Franco Angeli, Milano).

imprinting
processo di acquisizione di una azione istintiva, limitato a un breve periodo del ciclo vitale (periodo sensibile), irreversibile e specifico di una determinata specie.

impulso
espressione comportamentale di forze psicobiologiche, che si traducono in azioni rapide e determinate, in direzione dell'esercizio di un'attività di pensiero o di azione propriamente fisica. Non esiste premeditazione, ma si osserva una reazione immediata, "impulsiva", come risposta a stimoli interni o esterni all'individuo.

inconscio
ciò che è latente nella vita mentale, di cui si deve ammettere l'esistenza in quanto si deduce dai suoi effetti.
L'inconscio con cui Freud affermò l'esistenza di meccanismi psichici operanti nella mente umana, indipendentemente dalla coscienza dell'individuo, è attualmente oggetto di studi psicologici e psichiatrici, di formazione psicoanalitica e non psicoanalitica, che hanno alcuni campi di interesse comune: l'etologia, i processi cognitivi, la neurofisiologia e l'epistemologia, che si possono inquadrare in un concetto unico di scienze naturali. Non stupirà quindi che il problema della conoscenza venga inquadrato seguendo l'approccio costruttivista contemporaneo, che si avvale di una serie di as-

sunti derivanti dall'epistemologia evolutiva (Campbell, 1974; Popper, 1972; Lorenz, 1973; Piaget, 1970). Secondo tale impostazione, i processi cognitivi sono da considerarsi a tutti gli effetti un prodotto biologico che si è sviluppato nel corso dell'evoluzione naturale. Sappiamo, infatti, che nel corso di un lungo e continuo processo evolutivo la specie umana, come tutte le altre specie, ha raggiunto, mediante un confronto continuo con la realtà, regolato da meccanismi di selezione naturale, un adattamento ambientale adeguato.
Nell'uomo inoltre, con lo sviluppo del cervello e con la comparsa del linguaggio, l'adattamento alla realtà esterna si è arricchito di sofisticati meccanismi di percezione ed elaborazione di informazioni, che gli consentono la costruzione di veri e propri modelli di informazioni che, a loro volta, consentono la costruzione di schemi rappresentativi di sé e del mondo, mediante i quali è possibile un'interazione con l'ambiente, che non ha uguali nella scala zoologica. All'interno di questo processo, ogni progressivo adattamento va considerato come un'ulteriore acquisizione d'informazioni, su se stessi e sul mondo esterno e, quindi, come un'ulteriore acquisizione di conoscenza.
Le differenze tra l'inconscio psicoanalitico e l'inconscio cognitivo, trattate da Eagle (1989), sono fondamentalmente due.
La prima concerne il contenuto dell'inconscio; l'inconscio cognitivo è composto di strutture formali di significato interagenti tra loro e da processi d'elaborazione dell'informazione, laddove l'inconscio psicoanalitico è composto da desideri, pulsioni, contenuti rimossi e meccanismi di difesa.
La seconda fondamentale differenza riguarda la recuperabilità dei contenuti inconsci. Nella concezione psicoanalitica i contenuti inconsci premono contro la barriera della rimozione, per penetrare nella coscienza. Una volta superata tale barriera il contenuto che appare alla coscienza si suppone sia lo stesso identico contenuto che era stato rimosso.
Al contrario, le teorie cognitive escludono che l'esperienza conscia possa riprodurre l'identico contenuto inconscio. Nei modelli di Bara o di Johnson-Laird (Bara B., 1990, *Scienza cognitiva*, Boringhieri, Torino), per esempio, il processo cosciente legge o interpreta i processi inconsci sulla base del proprio programma e delle proprie caratteristiche strutturali. Esso opera quindi una costruzione attiva analoga alla costruzione attiva che facciamo del mondo esterno. Come gli impulsi luminosi che eccitano la retina sono via via trasformati e ricostruiti fino alla formazione d'immagini visive dotate di significato, così il processo di elaborazione trasforma e ricostruisce l'informazione inconscia fino ad arrivare all'esperienza cosciente.
Vi è, infine, una terza differenza che riguarda la relazione tra inconscio e coscienza. Nella concezione cognitiva, inconscio e coscienza svolgono funzioni diverse in un processo essenzialmente integrato. Se si intende la nozione di conflitto in una accezione molto ampia, allora i modelli cognitivi non escludono di per sé l'eventualità dell'insorgenza di conflitti tra processi consapevoli e inconsapevoli. Tuttavia, tali eventualità rappresentano delle variabili possibili o degli indici di malfunzionamento piuttosto che essere inerenti alla natura stessa della relazione.

inconscio collettivo
termine utilizzato da Freud, ma soprattutto da Jung, per riferirsi all'insieme di dati psichici inconsci, comuni all'umanità, che vengono trasmessi all'individuo per via ereditaria.

innato
che appartiene al patrimonio genetico e quindi ereditario dell'individuo.

insight
termine utilizzato per riferirsi alla comprensione (a volte accompagnata da un vissuto di scoperta improvvisa) della soluzione di un problema, ottenuta comprendendo "il tutto", l'essenza, la struttura, cioè i rapporti fra mezzi e fini e/o tra gli elementi e il tutto di cui fanno parte.

intelligenza
le capacità mentali, o facoltà di pensiero in senso lato, della specie umana. Il termine deriva originariamente dalla distinzione operata dai filosofi greci tra facoltà mentali cognitive o intellettive e quelle affettive o emotive. In tempi più recenti, l'intelligenza è stata spesso considerata quella caratteristica che distingue l'adattabilità dell'uomo, la sua capacità di imparare a ragionare dai processi istintivi e riflessi degli animali.
Benché l'intelligenza già esista nelle capacità che hanno le specie inferiori di percepire gli oggetti e di reagire a essi, nonché di imparare a livello primitivo, essa si è evoluta di pari passo con le dimensioni e con la complessità dei centri cerebrali superiori e della corteccia. L'intelligenza da un punto di vista di psicologia generale non è una cosa, ma una delle più importanti caratteristiche di funzionalità della mente e dell'attività umana.

interazione
azione o influenza reciproca di due variabili. Il termine è usato in psicologia soprattutto con riferimento ai rapporti tra organismo e ambiente fisico e ai rapporti interpersonali.

interazionismo simbolico
approccio (impiegato in sociologia e psicologia sociale) basato sul presupposto che il comportamento individuale sia mediato dai significati che gli individui attribuiscono alla situazione sociale.

introspezione
osservazione e riflessione da parte di un soggetto nei riguardi di proprie esperienze.

introversione
caratteristica del soggetto in cui prevale l'attenzione verso i vissuti interiori.

intuizione
attività esercitata dalla mente, che si manifesta spontaneamente senza l'attivazione della volontà, che permette di chiarire, illuminare la soluzione di un enigma o di un problema. Durante l'impegno esercitato attivamente con la volontà e i processi cognitivi di analisi e metodo razionale, nell'esaminare la soluzione di un caso clinico, di un problema relativo alla riparazione di un apparecchio elettronico, l'attività mentale può subire una momentanea possibilità di non riscontrare soluzione alcuna. Il soggetto riposa e lascia fluire pensieri e idee, senza alcuna direzione volontaria; all'improvviso scaturisce l'idea, cioè la soluzione del problema: si tratta di un fenomeno d'intuizione.

Io
struttura organizzata della psiche, che svolge funzioni di sintesi dei processi psichici, "mediando" tra le pulsioni dell'Es, gli imperativi del Super-Io e le esigenze della realtà. Attraverso i suoi "meccanismi di difesa", l'Io rappresenta il polo difensivo nei conflitti dell'individuo.
Istanza psichica della sfera razionale, comprende i ragionamenti, i giudizi, le percezioni, le volizioni, la memoria

ecc., cioè tutte le attività razionali umane, in relazione alle quali si organizzano idee, parole, azioni, e, per quanto possibile, sentimenti, con logica, ordine, senso del tempo e dello spazio. A dette attività razionali spetta il compito di esercitare la mediazione tra le richieste istintivo-affettive, la realtà ambientale, le norme acritiche di comportamento assimilate nell'infanzia, il Super-Io, la scala dei valori morali che il soggetto si è scelti, a opera dell'Io stesso se ha raggiunto una maturità e una libertà interiore sufficienti per percepire e realizzare tali valori. L'Io esercita tale mediazione o attraverso un ragionevole soddisfacimento di tali richieste, o mediante il controllo cosciente di esse, oppure proibendosi automaticamente di sentirle, cioè attraverso l'impiego inconscio dei cosiddetti meccanismi di difesa, oggi universalmente riconosciuti.
Tutte le manifestazioni nevrotiche, psicotiche o caratteriali sono dovute a una insufficiente o distorta strutturazione oppure a una destrutturazione dell'Io.

ipercorrettismo
fenomeno per cui il bambino applica una regola grammaticale (per esempio morfologica) da lui scoperta (anche solo a livello pragmatico, cioè senza averne la consapevolezza) anche a casi che non seguono tale regola (per esempio "diciato" per "detto").

ipnosi
stato mentale particolare, generalmente con apparenza di sonno (trance), che può essere provocato (indotto) con tecniche speciali, in cui si riconoscono sempre meccanismi di suggestione, posti in essere da un ipnotizzatore.

ipoacusia conduttiva
deficit uditivo causato da anomalia dell'orecchio esterno o medio.

ipoacusia percettiva
deficit uditivo causato da anomalia dell'orecchio interno.

ipotesi nulla
in un esperimento, ipotesi che la variabile indipendente non abbia alcun effetto sulla variabile dipendente.

ipotiroidismo congenito (cretinismo)
malattia endocrina causata da una carenza di sviluppo della ghiandola tiroidea. Provoca ritardo della crescita e mentale.

ipotonica, forma
disabilità motoria caratterizzata da debolezza muscolare tale da pregiudicare la stabilità della postura e il movimento.

isolamento
termine utilizzato per due diversi meccanismi di difesa. Da una parte ci si riferisce alla rimozione del solo affetto o emozione di un ricordo. Dall'altra all'isolamento di un pensiero da tutti i pensieri che l'hanno preceduto o seguito.

isteria d'angoscia
sinonimo di nevrosi fobica, nevrosi caratterizzata da "materializzazione" del conflitto (per esempio attraverso paralisi a una parte del corpo, balbuzie, asma).

K

Klinefelter, sindrome di
anomalia cromosomica, per cui una persona biologicamente maschio ha un cromosoma X in più (il cromosoma sessuale delle femmine), per cui il suo corredo cromosomico viene a essere 44 + XXY.

L

LAD (Language Acquisition Device)
particolare meccanismo innato nell'uomo che gli permette di acquisire il linguaggio, secondo la teoria innatista dello sviluppo del linguaggio.

lallazione
fase dello sviluppo comunicativo e linguistico (dai 3 ai 10-12 mesi circa) caratterizzata da produzione di cantilene su suoni vocalici, dai primi legami fra suoni vocalici e suoni consonantici e infine da produzione e ripetizione di sillabe.

lapsus
termine latino impiegato da Freud per riferirsi all'uso non intenzionale di parole errate. Assieme alle dimenticanze, le gaffe, gli smarrimenti, i lapsus rientrano nell'ambito degli atti mancati, rivelatori di un conflitto tra una intenzione cosciente e una tendenza non consapevole (preconscia o inconscia).

Lash-Nyhan, sindrome di
disfunzione causata da anormalità nel metabolismo dell'acido nucleico. Provoca autolesionismo, anormalità motoria grave, ritardo mentale.

latenza, fase di
periodo successivo a quello edipico, nel quale l'energia libidica viene deviata, almeno parzialmente, dall'impiego sessuale e utilizzata per il raggiungimento di altri fini.

libere associazioni
tecnica di tipo psicoanalitico già usata da Freud, per cui il paziente è invitato a dire ciò che gli viene in mente (senza censura) all'udire una certa parola-stimolo.

libido
espressione dinamica dell'istinto sessuale, concepito come un'energia, che può essere rivolta all'Io (narcisistica), a oggetti esterni o persone (oggettuale) e anche essere trasferita dall'uno all'altro ambito. Freud l'ha postulata sotto forma d'energia come sostrato delle trasformazioni della pulsione sessuale riguardo all'oggetto. In Jung la nozione di libido si è ampliata sino a designare l'energia psichica in generale, presente in tutto ciò che è tendenza verso una direzione di applicazione esistenziale.

limbico, sistema
è un insieme di strutture interconnesse che regolano le emozioni, la memoria e forse taluni aspetti dell'attenzione. Fra le parti del sistema limbico ci sono il giro del cingolo, la regione settale, la fornice, i corpi mamillari ecc. Il sistema limbico è particolarmente ricco di dopamina.

linguaggio del corpo
si esprime mediante la relazione psicosomatica, la quale fa sì che ogni situazione emozionale o conflittuale si trasferisca sulla funzione tonico-muscolare e che gli organi e i muscoli diventino, per conseguenza, il riflesso dello psichismo. Costituisce pure il mezzo attraverso cui il fisioterapeuta può scoprire le tensioni interne del soggetto mediante le ipertonie, le paratonie cruciali o residuali. L'espressione designa anche i sintomi di malattie funzionali destinate a mascherare i conflitti o le angosce.

logografico, stadio
fase di apprendimento della lettura e della scrittura, nella quale il bambino legge o scrive le parole in modo globale, cioè senza riconoscere adeguatamente i grafemi di cui la parola è costituita.

ludica, funzione
funzione psichica che permette di rivivere, a livello simbolico, problemi e conflitti della vita quotidiana.

M

macrocefalia
condizione in cui il capo è anormalmente grande (idrocefalo o megacefalo).

magia
secondo Piaget, uso dei rapporti di partecipazione (pensiero precausale) per raggiungere obiettivi personali.

mappa cognitiva
rappresentazione mentale schematica di un luogo, una situazione, un movimento, un percorso ecc. (utilizzata anche dai ratti per apprendere la strada in un labirinto).

maturazione
processo, su base innata, sottostante a miglioramenti del comportamento dovuti non ad apprendimento (esperienza), ma a processi maturativi che avvengono a livello del sistema neuromuscolare di un individuo.

media
uno dei parametri della tendenza centrale di una distribuzione di frequenza, e precisamente la media aritmetica o deviazione media, ossia il valore ottenuto dalla somma di tutti i valori, divisa per il loro numero.

mediana
uno dei parametri della tendenza centrale di una distribuzione di frequenza, e precisamente il valore della variabile che divide, in due parti eguali il numero totale delle osservazioni effettuate, disposte secondo l'ordine crescente del corrispondente valore della variabile.

megacefalia
condizione di eccessiva grandezza e peso del cervello. Può provocare anche ritardo mentale.

memoria
la memoria consiste di un insieme di procedure per la conservazione dell'informazione per breve tempo (memoria a breve termine) e per la gestione e il recupero della conoscenza generale (memoria a lungo termine). La scienza cognitiva considera la memoria come un insieme di procedure enfatizzando così gli aspetti creativi di costruzione attiva dei ricordi. Tale approccio si contrappone sia a quello che considera la memoria una funzione autonoma, sia a quello che limita la memoria a un archivio statistico di dati, immessi una volta per tutte e pronti a essere tirati fuori così come sono.
La funzione della *memoria a breve termine* è essenzialmente selettiva rispetto alla continua ondata di stimolazioni che afferiscono al sistema; tale selezione, per essere realizzata, ha bisogno che siano tenuti a disposizione, per un breve periodo di tempo, gli input sensoriali e le elaborazioni intermedie delle informazioni, finché gli uni e le altre abbiano trovato una destinazione stabile.
Il compito principale della memoria a breve termine è di servire come memoria di lavoro, nel cui ambito possiamo distinguere due sottosistemi più specifici rispetto al tipo di informazione che può venire immagazzinata. L'informazione verbale è mantenuta attiva da un anello articolatorio, che possiamo considerare come il nastro magnetico di un registratore, in grado di mantenere l'informazione per un pe-

riodo di circa due secondi. Accanto all'anello articolatorio, esiste un secondo sottosistema responsabile del mantenimento, sempre per tempi brevi, delle informazioni di natura visiva e spaziale. La formazione dei modelli mentali e delle immagini mentali è attribuita a questo sottosistema, metaforizzato come un blocco per schizzi per l'informazione visuospaziale; il blocco per schizzi recupera il materiale contenuto in forma astratta nella conoscenza generale e lo mantiene attivo nella forma visuospaziale, in modo che possa essere ulteriormente elaborato. I due sottosistemi, che abbiamo descritto, funzionano in modo integrato, grazie a un terzo meccanismo, l'esecutivo centrale, che organizza e coordina il loro operare.

La quantità di informazioni che la memoria a breve termine riesce a contenere è limitata: nel famoso articolo *The magical number seven, plus or minus two* (1956), George Miller ha quantificato la sua capacità massima, il cosiddetto *span*, intorno al magico numero sette (più o meno due). Ciò significa che possiamo ricordare 7±2 cifre separate.

La *memoria a lungo termine* opera come tramite tra la memoria a breve termine e la conoscenza del sistema: riceve le informazioni selezionate dalla memoria a breve termine, per immagazzinarle nella conoscenza. La funzione della memoria a lungo termine consiste inoltre nel gestire le informazioni della conoscenza, e nel recuperarle quando servono.

Immagazzinamento: avviene su dati forniti dalla memoria a breve termine da immagazzinare nella conoscenza o nella memoria episodica. Le procedure d'immagazzinamento di conoscenza non lavorano su dati reali, oggettivi, ma su dati che sono già stati elaborati, soggettivamente interpretati dal sistema. Già nella fase di elaborazione, corrispondente alla memoria a breve termine, il sistema perde contatto con la realtà esterna, che è letta secondo una maschera precostituita, corrispondente allo schema adottato nell'interagire fra sistema e mondo. Due persone immerse nella stessa situazione ricorderanno il medesimo episodio in modi differenti, in quanto lo hanno concettualizzato per comprenderlo in modi diversi. La conoscenza dipende quindi da come la memoria è riuscita a organizzare le informazioni in entrata, categorizzandole in modo arbitrario, secondo gli schemi interpretativi privilegiati dal sistema.

I ricordi strutturati come conoscenza tacita veicolano il modo di procedere del sistema, sia nei confronti del mondo esterno (per cui sono in grado di ricordare come si va in bicicletta, una volta che l'ho imparato), sia nei confronti dell'universo interno (per cui ho ricordi viscerali di determinate situazioni, che mi attirano o mi allontanano da analoghe esperienze). Tali ricordi possono essere emozionalmente carichi e possono essere attivati sia dalle strutture esplicite (per esempio il primo bacio mai dato), sia da quelle tacite (il sapore, l'odore, le emozioni che hanno accompagnato il primo bacio).

Gestione: la capacità della memoria a lungo termine è finita, in quanto basata su di un sistema fisico finito, il cervello.

Peraltro la capacità della conoscenza di conservare informazioni sembra ai fini pratici inesauribile: siamo sempre in grado di acquisire nuove informazioni e non è neppure detto che quello che non ricordiamo sia perduto per sempre; spesso qualcosa che pensavamo di avere dimenticato ci ritorna in mente, e imparare di nuovo qualcosa, che pure non ricordiamo consapevolmente, è più semplice di

quanto non lo sia stato la prima volta. I meccanismi che sovrintendono alla gestione delle conoscenze riguardano sia i dati sia gli schemi attraverso cui i dati stessi sono immagazzinati e ricostruiti.
Le modifiche principali avvengono attraverso aggiornamenti e ristrutturazioni dei sistemi di rappresentazione della conoscenza.

menopausa
insieme dei fenomeni fisici e psicologici che accompagnano i cambiamenti fisiologici femminili dopo i quaranta anni di età.

mente
è il termine più generico che possa riferirsi alla competenza del pensiero. Di questa competenza fa parte tutto ciò che viene detto mentale e, quindi, oltre al pensiero anche i sentimenti, le emozioni, la percezione, la sensazione, gli stati d'animo e le disposizioni, anche se l'elemento centrale è l'attività intellettuale.
Per Brentano, la parola "mentale", e quindi la mente, è riferita e interpretata in termini d'intenzionalità, piuttosto che di coscienza. Freud, che aveva seguito i seminari di Brentano, sviluppò il postulato di una mente inconscia, indebolendo ulteriormente l'assunzione per cui la coscienza è di primaria importanza. Sia che si ponga l'accento sulla coscienza, sia che si ponga sull'intenzionalità, si conviene generalmente che i fenomeni mentali coscienti comportino un'unità della coscienza.
La mente è un sistema attivo capace non solo di produrre output (ordini di esecuzione di comportamento), ma anche di dar forma a input (messaggi sensoriali), col compito di costruire modelli che forniscono ordine e regolarità alla realtà stessa. I vari settori di studi scientifici attuali, dalla psicologia alla neurologia, dall'epistemologia alla psicofisiologia (Piaget, 1970; Popper, 1972; Pribram, 1971) sono concordi nell'affermare la teoria motoria della mente, abbandonando le teorie sensoriali che considerano la mente come un recettore passivo di dati ambientali.
Usando una frase di Weimer, possiamo sostenere che l'ordine sensoriale mediante il quale noi veniamo a conoscenza degli oggetti esterni, così come di noi stessi, consiste in processi superiori che creano il nostro senso comune delle cose e la conoscenza scientifica, invero tutto ciò che è mentale, è un prodotto di quelle che sono correttamente interpretate come capacità costruttive motorie.

metabisogni
bisogni non di base, ma ugualmente fondamentali per un buon equilibrio psicosociale dell'individuo.

metacognizione
regolazione dei processi di conoscenza, mediante la scelta delle strategie, il controllo di esse, la verifica, la formulazione e riformulazione di piani di intervento.

metamemoria
insieme dei processi di gestione e controllo delle operazioni svolte dalla memoria.

microcefalia
condizione in cui il cranio e il cervello sono anormalmente piccoli, attribuita a un arresto dello sviluppo fetale. Provoca grave o profondo ritardo mentale.

mnemotecniche
tecniche particolari che sono utilizzate per favorire la memoria (per esempio, utilizzando una "parola chiave" o una "parola gancio").

moda
uno dei parametri della tendenza centrale di una distribuzione di frequenza, e precisamente il valore che ricorre più frequentemente in una serie di valori.

modellamento
apprendimento tramite modelli.

monoplegia
difetto motorio a un solo arto.

morale autonoma
che è basata sulla responsabilità soggettiva, sulla cooperazione e la ricerca del bene.

morale eteronoma
che è fondata sulla responsabilità oggettiva, sulla costrizione e sul dovere.

morfema
è l'unità minima verbale significativa. Il morfema è una unità significativa di norma più piccola della parola. Sono morfemi i prefissi, le desinenze, le radici. Ogni morfema è composto da uno o più fonemi.

mosaicismo
nella sindrome di Down, presenza contemporanea sia di cellule normali con 46 cromosomi, sia di cellule con 47 cromosomi. Responsabile del 2% dei casi di sindrome di Down.

motivazione
fattore dinamico del comportamento che attiva e dirige un organismo verso una meta.

N

neuroni specchio
era il 1996 quando Giacomo Rizzolatti e tre studenti dell'Università degli Studi di Parma annunciarono la scoperta di quella che si è rivelata l'idea più innovativa delle neuroscienze degli ultimi decenni: i neuroni specchio (*mirror neurons*), ovvero il meccanismo che ci consente di comprendere e condividere le emozioni altrui. Il motivo per cui proviamo compassione o ci emozioniamo davanti a un film. Questi neuroni specchio, scoperti nella scimmia, hanno una duplice proprietà:

- si attivano quando la scimmia compie una azione, ad esempio prende un oggetto;
- si attivano in maniera simile quando la scimmia vede un altro individuo, un'altra scimmia o un uomo, fare la stessa azione.

Un'azione fatta da un altro fa "risuonare", nell'interno di chi osserva l'azione i neuroni specchio che si attiverebbero se lui stesso facesse quell'azione.
Nell'uomo il sistema *mirror* è stato dimostrato in maniera indiretta, mediante varie tecniche. Il sistema appare comprendere molteplici aree cerebrali, incluse le aree del linguaggio, e intervenire, oltre che nella comprensione delle azioni, anche nella capacità di imitare, una capacità che in senso proprio appartiene solo all'uomo e ai primati superiori. Le conseguenze di questi dati sono le seguenti:

- per comprendere gli altri dobbiamo prima creare delle conoscenze interne, degli "a priori" legati al sistema motorio, il sistema che verifica le nostre conoscenze;
- tra noi e gli altri c'è un legame empatico; gli altri entrano continuamente in noi con il loro agire, ciò sia in caso di azioni "fredde", prive di valenza emotiva, che (gli esperimenti su questo punto sono però scarsi) per azioni emotivamente "calde";

ogni analogia tra cervello e computer, che spesso si sostiene, cade, non solo per le differenze di funzionamento, ma per la logica intrinseca del cervello che è strettamente legato al mondo esterno e agli altri.
Infine il sorprendente legame tra il nostro agire e quello degli altri potrebbe essere alla base del comportamento altruistico e rappresentare la base naturale, biologica del comportamento etico.
Ma anche l'anello della catena che si spezza in un bambino colpito da autismo trova nuove spiegazioni con la scoperta dei neuroni specchio.
Le persone normali riescono a cogliere molti significati nei gesti e nei comportamenti umani, un bambino autistico invece si blocca alla prima interpretazione. Per lui, se afferro una tazza è solo per bere. Non esistono altre intenzioni, come donare, spostare o lavare.
Il mondo delle emozioni e delle intenzioni altrui è precluso a chi è colpito da questa sindrome e il ventaglio dei significati di un gesto è ripiegato in un'unica interpretazione.
Gli studi più recenti di Rizzolatti dimostrano che la psicosi autistica è il risultato di un meccanismo neurologico solo inceppato, non rotto per sempre.
Per rieducare i neuroni specchio e insegnar loro a parlare con il sistema motorio (si ritiene infatti che le cellule siano intatte, e a funzionare male siano solamente le sinapsi, cioè le loro connessioni) all'Università degli Studi di Parma hanno pensato di usare i videogiochi. La consolle Wii è perfetta a questo scopo perché coinvolge il sistema motorio e non prevede l'interazione con gli altri, un ostacolo per i bambini autistici (Rizzolatti G. e Vozza L., 2007, *Nella mente degli altri. Neuroni specchio e comportamento sociale*, Zanichelli, Milano).

neuropsicologia
la neuropsicologia studia i legami che ci sono fra i processi psichici e il funzionamento del sistema nervoso; queste connessioni sono indagate attraverso l'analisi, condotta su pazienti neurologici, dei disturbi della percezione, del linguaggio, del pensiero, dell'emozione e dell'azione.
Si tratta di un'area di ricerca nient'affatto unitaria, attraversata da paradigmi diversi completamente alternativi, e che storicamente ha già conosciuto due rivoluzioni scientifiche.
La nascita della neuropsicologia si situa nel 1861, anno in cui il chirurgo anatomista francese Paul Broca pubblicò il suo articolo sul caso di un paziente muto da anni. Eseguendone l'autopsia dopo il decesso, egli scoprì un danno cerebrale localizzato alla porzione postero-inferiore del lobo frontale sinistro. Inizia con Broca l'età d'oro della neuropsicologia in cui ogni funzione psichica viene localizzata con grande precisione. Dopo qualche decennio, cominciarono a farsi sentire le obiezioni a un approccio estremizzato di spezzettamento del cervello in parti separate e indipendenti. L'esito di questa prima rivoluzione fu un approccio molto più cauto, basato sullo studio di larghi gruppi di pazienti. Il nuovo prudente metodo porta a studi estesi, lunghi nel tempo, ma l'analisi delle somiglianze dei disturbi produce meno risultati del previsto. Si fa strada allora un nuovo paradigma, di cui il neuropsicologo e scienziato cognitivo Norman Geschwind (1965) è stato uno dei più illustri sostenitori.
Il metodo dissociativo comporta un'assunzione di modularità a livello sia di organo (cervello), sia di funzione (la mente). Mentre la neuropsicologia classica localizzava le lesioni anatomicamente, la neuropsicologia cognitiva le localizza in primo luogo

funzionalmente. L'essenza di tale metodo può essere espressa come segue:

- se in un paziente neurologico, a seguito di una specifica lesione cerebrale, si osserva che il processo x è intatto mentre il processo y è danneggiato, e specialmente se vengono osservati anche casi in cui succede il contrario, allora si può dire che x e y riflettono meccanismi di base del normale;
- data la condizione precedente, si può affermare che x e y sono funzioni di sottosistemi indipendenti.

neuroscienze
gruppo di discipline interconnesse, le quali tentano di comprendere in che modo il cervello funzioni in condizioni normali e come queste condizioni normali possano essere danneggiate in conseguenza di lesioni o malattie. Fra le neuroscienze basilari sono la neuroanatomia, la neurochimica, la neuropsicologia, la neurofarmacologia e la neuroendocrinologia. Psichiatria e neurologia sono le specialità mediche cliniche che esaminano le anomalie prodotte da malattie.

neurotrasmettitore
messaggero chimico usato da un neurone per comunicare con un altro. Negli ultimi decenni sono stati scoperti nel cervello molti tipi diversi di neurotrasmettitori e molti altri vengono scoperti correntemente. Fra i più noti sono la dopamina, la noradrenalina, la serotonina, l'acetilcolina e il GABA.

nevrosi
questo termine indica quei disturbi della personalità alla cui origine i fattori psicologici svolgono un ruolo prevalente e che hanno in comune alcune caratteristiche: non alterano il sistema della realtà, a differenza delle psicosi; si esprimono con sintomi che il paziente riconosce come patologici, anche se il loro significato psicologico non è sempre compreso; determinano alterazioni del comportamento sociale in genere di lieve grado. Le nevrosi comportano soprattutto un'alterazione quantitativa di esperienze psichiche comuni a tutti.
Sintomo base delle nevrosi è l'ansia, definita come una paura senza oggetto, un'attesa penosa di un pericolo indefinito ma imminente.
Altro sintomo caratteristico è l'astenia, definita come uno stato di stanchezza, debolezza, che il riposo non riesce a combattere mentre alcune attività riescono a vincere. Le nevrosi possono poi essere caratterizzate dalla presenza di:

- turbe del sonno (ipersonnia, insonnia);
- turbe dell'alimentazione (anorresia, bulimia, iperfagia);
- disturbi sessuali (diminuzione del desiderio, impotenza, frigidità);
- disturbi funzionali.

L'eziologia è, in genere, multifattoriale, ossia caratterizzata da fattori costituzionali, psichici e sociali.

O

orgone
energia biologica vitale dell'organismo umano. Il termine fu coniato da Reich nel 1939; da qui l'idea di stabilire la terapia orgonica. L'obiettivo di Reich, nello studio dell'analisi del carattere, era quello di liberare le energie psichiche dall'armatura caratteriale e muscolare e di scatenare la potenza orgastica. Si tratta di una corrente plasmatica biofisica che scorre lungo il corpo in due direzioni, che trovano il corrispettivo psichico in due stati emozionali: il piacere e l'angoscia. Per Reich «la mobilitazione delle cor-

renti e delle emozioni plasmatiche è dunque identica alla mobilitazione di energia orgonica nell'organismo». Pertanto, quando rievochiamo ricordi, sciogliamo con la terapia meccanismi di difesa o eliminiamo tensioni muscolari con la bioenergetica, lavoriamo in ogni caso sull'energia orgonica dell'organismo.

P

pensiero, tipi di
il *pensiero concreto* è un ragionamento strettamente legato a un determinato contesto o a informazioni immediatamente rilevabili. Il pensiero concreto si caratterizza per la capacità di elaborare problemi, in termini di qui e ora, e non in modo astratto. Segna, da un punto di vista di psicologia evolutiva, una fase ulteriore di differenziazione del bambino dall'ambiente.
Il *pensiero laterale* può essere definito sia in termini di operazioni di un sistema di elaborazione di informazioni sia di risultato o prodotto. Per esempio, nella creatività e soprattutto nell'umorismo, si manifesta il pensiero laterale, che cerca di evidenziare il valore di movimento di un'idea, non solo di giudicarne il valore di verità o coerenza. La cosiddetta spiritosaggine di una battuta o barzelletta, che supera e trascende verità e coerenza, ne è un esempio.
Il *pensiero logico* consiste nel ragionare seguendo regole formali di inferenza, in modo che le conclusioni seguano in modo valido le premesse.
Per il pensiero analogico, v. **analogico**.

persona
sinonimo usato in questo libro per indicare l'individuo nella sua interezza, nella sua completezza di maturità e di definizione di carattere psicosomatico.

personalità
insieme di modalità stabili di reazione della persona, in tutta una gamma di situazioni. Comprende schemi di comportamento relativamente fissi, ai quali ci si riferisce coi termini di tratti, tendenze, motivazioni, convinzioni, combinati in una struttura di carattere psicosomatico, più o meno integrato, che poggia e si radica sul temperamento.

psiche (anima)
il più antico e generale uso di questo termine ci viene dai greci, che consideravano la psiche come l'anima o la vera essenza della vita. Più convenzionalmente, la connotazione si è limitata alla mente, ma il suo significato è affidato ai vari sistemi di pensiero che lo determinano in base al loro impianto categoriale e alle premesse teoriche.

psichiatria
la psichiatria è una disciplina applicativa per lo studio e la cura delle alterazioni psichiche e comportamentali. A causa del proprio oggetto di studio, la psichiatria è sempre stata influenzata e legata alla cultura, alle tradizioni e teorie filosofiche del momento. Fino al Settecento esisteva una concezione demonologica dei disturbi psichici, in cui la malattia mentale era considerata espressione d'influenze divine, demoniache o magiche. Con l'avvento dell'Illuminismo nasce il concetto di malattia mentale che permetterà poi nell'Ottocento, con il Positivismo, un approccio scientifico sistematico. Prevale in questo periodo un orientamento organicistico secondo il quale a ogni disturbo psichico corrisponde un'alterazione anatomica, fisiologica, neurologica. Bayle

scoprì l'anatomia patologica della paralisi progressiva.
Il maggior vantaggio dell'approccio organicistico è che esso portò a una classificazione dei disturbi mentali, fino ad arrivare al sistema nosografico di Kraeppelin.
Oggi, l'ambito più studiato all'interno di tale indirizzo è l'alterazione metabolica dei neurotrasmettitori sicuramente implicati nell'azione farmacologica.
L'avvento del pensiero di Freud introduce l'aspetto psicologico conflittuale del disturbo psichico. Si passa da una visione statica descrittiva a una visione dinamica conflittuale, dove, all'interpretazione organicistica del disturbo mentale, si sostituisce l'interpretazione psicogenetica, interessata allo studio dei processi e dei meccanismi psicologici che stanno alla base della malattia mentale. Con questa novità metodologica, dalla psichiatria, che si apre a ventaglio in vari indirizzi, si separa la psicopatologia. Quest'ultima fa proprio il concetto di malattia come "processo", le cui cause debbono ricercarsi in ambito psicologico e con metodi differenti rispetto a quelli impiegati dalle scienze biologico-naturalistiche.

psicoanalisi
disciplina fondata da Sigmund Freud, che consiste in un complesso di teorie psicologiche e si propone come una tecnica esplorativa e psicoterapica.
Nel Novecento il fenomeno dell'ipnosi, che consentiva di far sparire o di provocare sintomi negli isterici, indusse i medici dell'epoca a incanalare la ricerca in una direzione più psicologica, rivendicando così un'autonomia dello psichico dall'organico.
Partendo da questa premessa, Freud adottò nel trattamento ipnotico il metodo catartico, che partiva dal presupposto che l'insorgenza del disturbo psichico fosse condizionato da un blocco dell'energia affettiva, collegata a ricordi penosi dimenticati.
Freud introdusse una concezione dinamica ed energetica della psiche, nel senso che il disturbo nasce per l'urto di energie opposte: la vita pulsionale da un lato e le istanze di controllo dall'altro.
La vita psichica va così delineandosi come un'opposizione tra conscio e inconscio. In opposizione alla concezione abituale della vita psichica, secondo la quale la coscienza sola è lo psichismo, Freud afferma che lo psichico è in sé e di per sé inconscio e la coscienza è un suo piccolo aspetto. La via maestra per accedere all'inconscio è, secondo Freud, il sogno. Nel sogno, infatti, i contenuti inconsci hanno la possibilità di manifestarsi per la ridotta sorveglianza della coscienza.
Dopo tale capovolgimento, Freud inizia a elaborare un complesso di teorie, che vanno sotto il nome di metapsicologia, volte a descrivere l'apparato psichico. Detto apparato viene considerato, da un punto di vista "topico", come un'entità spaziale in cui collocare i fenomeni psichici. Con questa dinamica vengono descritte le forze che si oppongono o meno al passaggio da un sistema all'altro, da un punto di vista "economico", in quanto si considera la quantità di energia impiegata nei processi psichici. In una prima fase Freud ha ipotizzato come sistemi psichici conscio, preconscio e inconscio, ridenominati, in una seconda fase, l'Es, l'Io e il Super-Io. L'Es, serbatoio di istinti e pulsioni, esprime le esigenze che l'Io biologico presenta allo psichico; l'Io è ciò che contempera queste esigenze, dettate dal principio del piacere, con le esigenze dettate dal principio di realtà, promosse dal mondo esterno con cui l'Io, a differenze dell'Es, ha rapporto. L'Io è in

grado di utilizzare l'angoscia come segnale di allarme di fronte al pericolo pulsionale e di organizzare quei meccanismi di difesa che consentono di contemperare le esigenze dell'Es con quelle del mondo esterno.
Nell'evoluzione dell'organizzazione difensiva contro i pericoli dell'Es si viene formando un'istanza superiore detta Super-Io.
Il Super-Io si forma attraverso l'identificazione del bambino con l'immagine degli educatori nel periodo corrispondente al tramonto del complesso edipico. Al Super-Io Freud connette la formazione dell'istanza etica e della civiltà.
A partire dagli anni Venti del Novecento, con *Al di là del principio del piacere*, Freud considera il conflitto psichico non più tra il biologico, da un lato, e le esigenze del mondo esterno, dall'altro. Egli lo vede ora tutto all'interno del biologico, tra la pulsione di vita, in cui si esprimono gli impulsi libidici, e la pulsione di morte, in cui si esprime la tendenza di ogni essere vivente all'autodistruttività.

psicodinamica
denominazione che raggruppa quelle correnti psicologiche che valorizzano i meccanismi psicogenetici, che sono alla base della costruzione psichica, dove si esprimono e si compensano forze diverse.
Il termine è stato introdotto da Freud per caratterizzare l'indirizzo delle sue ricerche. Il punto di vista dinamico comporta, oltre alla considerazione della nozione di forza, anche quella di conflitto, che rinvia in ultima analisi a un dualismo pulsionale, dove oltre agli antagonismi delle pulsioni, si fa riferimento alle forze contropulsionali e ai meccanismi di difesa.
La sistemazione teorica di tali concetti implica postulare una metapsicologia, che prevede una struttura psichica, che, nel caso della psicoanalisi, ipotizza un Super-Io, un Io, un Es e uno sviluppo, articolato in fasi o stadi evolutivi, caratterizzati dalla localizzazione anatomo-funzionale della libido. A queste fasi corrispondono le tappe dell'evoluzione biologica e psicologica, oltre l'interpretazione patologica comprensibile, a partire dalla struttura dinamica fissata in sede metapsicologica.
Rientrano nella psicologia dinamica, oltre alla psicoanalisi freudiana, la psicologia analitica di Jung, la psicologia individuale di Adler, la psicoanalisi della scuola inglese inaugurata dalla Klein, la bioenergetica di Reich, la psicoanalisi rivisitata da Lacan e le altre teorie psicologiche che si rifanno al concetto di energia e di conflitto tra forze opposte.

psicosi maniaco depressiva
la psicosi maniaco depressiva è caratterizzata dal sopraggiungere di disturbi ciclici dell'umore, sotto forma di crisi maniacali o depressive, con un intervallo tra le crisi in cui il malato è in condizioni normali d'umore.
Esistono forme bipolari caratterizzate dall'alternarsi di fasi depressive e fasi maniacali, e forme monopolari caratterizzate dalla presenza di episodi di un solo tipo.
La crisi maniacale è uno stato di eccitamento contraddistinto da:
- esaltazione del tono dell'umore con euforia;
- accelerazione dei processi psichici con fuga delle idee;
- iperattività disordinata;
- alterazione di alcune funzioni biologiche, soprattutto il sonno.

La crisi depressiva è caratterizzata da:
- profondo dolore morale;
- inibizione psichica e psicomotoria con rallentamento e abulia;
- alterazione delle funzioni biologiche, soprattutto insonnia e anoressia.

La melanconia evolve spontaneamente verso la guarigione. La sua prognosi è condizionata pressoché unicamente dal rischio di suicidio. La crisi maniacale segue in genere a una fase depressiva. L'esordio è più precoce nelle forme bipolari (intorno ai 30 anni), in cui la prima manifestazione si presenta assai spesso nell'adolescenza e solamente nel 10% dei casi dopo i 50 anni. Nelle forme monopolari depressive, l'età media d'esordio è intorno ai 43 anni.
Le due forme hanno un'evoluzione periodica con tendenza a ritorno delle crisi. La durata degli episodi è variabile; la maggior parte delle crisi ha una durata inferiore ai tre mesi. Le crisi di forma bipolare sono, in media, più brevi di quelle monopolari.

psicotecnica
tecnica di psicologia sperimentale, che stabilisce attraverso l'uso di questionari, test psicologici reattivi mentali, la possibilità di stabilire misurazioni delle capacità mentali così come profili del carattere, aspirazioni, valutazioni di talenti ecc. Il termine in uso fino agli anni Cinquanta del Novecento – si vedano Gemelli A. (1945), *Psicologia nell'orientamento professionale*, Bologna; Walther, L. (1931), *La tecnopsicologia del lavoro industriale*, Milano – si trasforma in psicometria, disciplina moderna della psicologia che studia e somministra test psicologici.

psicoterapia
la psicoterapia è un processo che mira a educare, o talvolta a rieducare, il paziente. Poiché nella maggioranza dei casi, il paziente si è rivolto alla terapia perché soffre, e non per essere educato, lo psicoterapeuta gli deve offrire la modalità di risolvere la sofferenza.

pulsione
prodotto di un sistema motivazionale che mette in moto un particolare insieme di moduli comportamentali tra loro correlati sul piano funzionale. Quando entra in attività la pulsione sessuale, l'animale è motivato ad adottare, in presenza degli opportuni stimoli, una qualsiasi forma di comportamento sessuale: ricerca del partner, corteggiamento, copula ecc. Il concetto di pulsione è oggi meno in voga di qualche tempo fa, in quanto è tuttora poco chiara la sua base neuronale e molti ritengono impossibile definirlo, se non nei termini del comportamento manifesto.

R

reattività
usato qui come sinonimo di aggressività, meglio intesa come reazione aggressiva di tipo conscio o inconscio. L'aggressività proviene dalla disgiunzione del bisogno vitale, o istinto di vita, e da una pulsione autodistruttrice, istinto di morte. L'aggressività costituisce parte integrante dell'istinto sessuale di cui favorisce la soddisfazione.

rimozione
è il procedimento mentale di difesa attuato per impedire che divengano coscienti certi impulsi, o desideri o bisogni, perché coinvolti in un conflitto inconscio. Per un'azione magnetica come quella esercitata dalla calamita, tale dinamismo può estendersi pure a fatti che hanno qualche collegamento, anche solo verbale, con i primi. Come si vede, nei sogni e nella pratica clinica, può perfino accadere che il ginocchio, termine che può scindersi in "gin" e "occhio", si colleghi, nei processi di rimozione, al gin o all'occhio. Ciò accade perché la rimo-

zione, nel vano tentativo di cancellare il termine ginocchio, lo scompone associando ulteriori sottosistemi interpretativi alle due possibili parole che lo formano, ma che non hanno nulla a che vedere con la parola originale. Si è così difesi dall'evocazione del ricordo. Invece di ricordare ginocchio, che è fastidioso, si ricorderà il gin e l'occhio. Così possiamo dimenticare eventi o nomi, impegni anche importanti, come abbiamo visto per gli atti mancati, per esempio andare a un esame dimenticando a casa il libretto universitario o un documento di riconoscimento. Questo avviene perché esiste un conflitto (non sono molto preparato a superare l'esame) oppure è una reazione per una normale questione di igiene mentale (ho studiato troppo in modo disorganizzato).

ruolo
comportamento esercitato da un individuo con finalità precise, atte al raggiungimento di un obiettivo, su schema di accettazione e di riconoscimento, esercitato consensualmente dal gruppo o società di appartenenza. Per esempio il ruolo di genitore, di leader, di amico ecc.

S

schizofrenia
il termine di schizofrenia indica un gruppo di psicosi aventi in comune un nucleo semiologico: la dissociazione. Questa indica la disgregazione della vita psichica nei diversi settori dell'intelligenza, del pensiero, dell'affettività, del dinamismo vitale della vita di relazione, della conoscenza del reale.
Non esiste un'entità "schizofrenica" monomorfa, ma delle schizofrenie che esprimono l'intensa, drammatica sofferenza che sta alla loro base, attraverso sintomi differenti, quali la depersonalizzazione, il delirio, il ritiro autistico, gli automatismi psicomotori, gli accessi distimici.
La schizofrenia si caratterizza per alcuni sintomi fondamentali e per la presenza o meno di sintomi accessori.
Sintomi fondamentali:

- dissociazione;
- ritiro autistico;
- disturbi dell'affettività;
- disturbi della personalità.

Sintomi accessori:

- allucinazioni;
- deliri;
- disturbi del linguaggio.

Eziologia: la maggior parte delle prove sull'esistenza di fattori predisponenti alla malattia proviene dagli studi genetici. Questi lavori mostrano la presenza dei disturbi in circa il 10% dei parenti di primo grado. Le ricerche sui gemelli omozigoti ed eterozigoti adottati alla nascita sostengono la presenza di una predisposizione ereditaria alla malattia, anche se il meccanismo di trasmissione ereditaria rimane incerto. È chiaro, comunque, che l'ereditarietà non è una spiegazione completa: oltre ai possibili fattori di predisposizione, sembra che anche fattori fisici e stress sociali possano scatenare la malattia e provocarne le ricadute. Le ricerche sui meccanismi di mediazione si sono concentrate su due grossi settori: primo, i disturbi dell'*arousal*, dell'attenzione e del pensiero; secondo, i processi biochimici. Gli studi in quest'ultimo campo sono stati in parte incoraggiati dai progressi ottenuti in campo psicofarmacologico. A ogni modo, anche se le modalità di funzionamento dei farmaci sono piuttosto chiare, non è possibile concludere che meccanismi analoghi costituiscano la base chimica della schizofrenia.

Sé
il concetto del Sé, nel senso di consapevolezza di se stessi, appartiene alla tradizione filosofica e psicologica: basti pensare al pensiero greco, al socratico conosci te stesso, nel senso esperienziale del termine, cioè prendi coscienza e fa esperienza di te stesso. Alla fine del secolo scorso, W. James, che all'interesse per la fisiologia associò quello per la psicologia e per la filosofia, distingueva un sé corporeo, un sé spirituale e un sé sociale. Il Sé dunque è l'immagine cosciente e inconscia che il soggetto ha di se stesso; e poiché la persona è costituita di istanze istintivo-affettive, di attività razionali e di senso morale, tutti e tre questi gruppi di funzioni entrano a far parte del Sé. Di conseguenza l'identità del soggetto sarebbe la parte consapevole di tale immagine; il Sé comprenderebbe in più la parte inconscia.

sensazione
laddove la mente pensa, il corpo sente. La sensazione è un'attività percepita a livello corporeo; le sensazioni corporee trattate all'interno di questo libro si dividono in enterocettive e propriocettive.
Le prime riguardano quelle sensazioni che si provano interiormente, nelle fasi di sviluppo e crescita, o durante le tecniche corporee, per migliorare il carattere. Quelle propriocettive riguardano la cute, la pelle, esprimono il nostro grado di sensorialità alle situazioni esterne di contatto con le persone, con la realtà degli avvenimenti e ci orientano a conoscere il piacere e il dolore.

sentimento
stato affettivo più duraturo dell'emozione e meno intenso della passione. Etimologicamente deriva dal termine senso, benché abbia significati più vasti. Il termine sentimento indica anche un tratto dinamico acquisito che induce l'individuo a prestare attenzione ad alcuni oggetti e classi di oggetti e a reagire a essi in modo caratteristico.

simbolo
com'è noto s'intende per simbolo ciò che rappresenta o rimanda a un'altra cosa: per esempio, per i simboli coscienti, una bandiera, che in se stessa è un pezzo di stoffa colorata, rimanda o rappresenta una nazione, una squadra di calcio ecc.; così pure una parola è simbolo di un'idea, di un sentimento, di una persona, una cosa ecc.

sinapsi
la giunzione fra due neuroni, attraverso la quale sono inviate sostanze chimiche dette neurotrasmettitori, per consentire a un neurone di comunicare con un altro. Pare che molti fra i farmaci usati in psichiatria operino modulando la trasmissione chimica delle sinapsi, e di conseguenza molti psichiatri ipotizzano che l'anormalità in questi disturbi sia di natura neurochimica.

spirito v. anima.

strategia cognitivo-comportamentale
mira alla soluzione dei problemi ed è meglio definita come *problem solving*. In generale la procedura classica per risolvere un problema prevede una strategia cognitivo-comportamentale di quattro fasi: riconoscimento, definizione, risoluzione e controllo della soluzione.
Riconoscimento del problema. Una persona ha un problema quando desidera qualcosa non direttamente raggiungibile. Nessun problema è oggettivamente tale, ma lo diventa in relazione agli obiettivi che il sistema si pone e al suo stato.

La conoscenza disponibile è sempre un elemento determinante perché qualcosa possa essere percepito come problematico oppure no; il secondo elemento importante è che cosa il sistema si pone come obiettivo; infine abbiamo la soggettività, implicita nel momento del riconoscimento che fa appello a stati interni oltre che a obiettivi privati.
I problemi studiati dalla psicologia, dalla scienza cognitiva e dall'intelligenza artificiale, sono quasi sempre di laboratorio: vengono cioè già forniti ai soggetti o ai calcolatori con l'etichetta "problema da risolvere", per cui questi non devono far ricorso alle proprie risorse per individuare dove il mondo pone una discrepanza interessante. Solo con un approccio più ecologico emerge come questa prima fase sia tutt'altro che ovvia in condizioni naturali.
Definizione del problema. In questa fase il problema individuato è reso trattabile con gli strumenti che il sistema possiede.
Una buona descrizione formale del problema equivale a rendere ovvia la soluzione o, quantomeno, a facilitarla di molto. Al contrario, una rappresentazione cattiva, o solo fuorviante, può impedire ai soggetti di trovare la soluzione.
In generale il processo di definizione è difficile per i problemi di vita reale, mentre è più realizzabile per quelli astratti, come i problemi matematici, logici, geometrici o di gioco.
Situazioni decisionali naturali, come scegliere un regalo per la fidanzata, non sono a tutt'oggi affrontabili computazionalmente, proprio per il fatto che sfuggono alle formalizzazioni disponibili.
Risoluzione del problema. È la fase centrale del *problem solving* e consiste nella ricerca o nella costruzione di un algoritmo tale da permettere il passaggio da uno stato iniziale a uno finale, designato come meta.
Il modo più semplice per risolvere un problema è quello di stabilire se può essere considerato analogo a un altro, di cui già si conosce la soluzione, e quindi di cercare in memoria l'algoritmo applicato in precedenza.
Nel cercare nuove soluzioni in genere si procede alla scomposizione del problema in sottoproblemi più semplici. Si risolvono prima le parti principali di un problema, per poi tornare indietro a risolvere le incongruenze insorte, cercando in questo modo di far combaciare fra loro soluzioni parziali e difficoltà locali.
Controllo della soluzione. Si danno due casi: o la soluzione è nota a priori, e il controllo quindi non comporta particolari difficoltà, oppure non è nota in anticipo, come accade nei problemi di vita reale, ed è quindi necessario applicare dei criteri di validità della soluzione.
Nelle situazioni di vita reale questa fase è quindi estremamente complessa, in quanto bisogna decidere quando fermarsi nella ricerca della soluzione, cercando di raggiungere la situazione ottimale, compatibilmente con i vincoli dati e con un adeguato dispendio di risorse, tenendo presente che c'è sempre la possibilità concreta che non esista una soluzione accettabile. Non esiste una soluzione assoluta nei problemi di vita reale: la ricerca va arrestata nel momento più favorevole per il sistema.
Le conclusioni generali consistono nel dover rinunciare alla speranza razionalistica di riuscire a formalizzare ogni tipo di problema con le stesse metodiche logiche generali: i problemi di vita reale sono intrinsecamente diversi da quelli logico matematici. Il paradigma dell'indipendenza dal dominio ha esaurito la sua spinta progressiva, la ricerca del *problem solving*

riparte oggi dall'ipotesi della dipendenza dal dominio, basata su metodi locali e non generali, su metodi risolutivi che variano con il variare dei domini di conoscenza e applicazione.

stress
reazione emozionale intensa a una serie di stimoli esterni, che mettono in moto risposte fisiologiche e psicologiche di natura adattiva. Se gli sforzi del soggetto falliscono perché lo stress supera la capacità di risposta, l'individuo è sottoposto a una vulnerabilità nei confronti della malattia psichica, di quella somatica o di entrambe.
Il termine è stato introdotto da W. Cannon, ma solo grazie a H. Selye ebbe una definizione univoca, per cui «lo stress è la risposta non specifica dell'organismo a ogni richiesta effettuata a esso».
La richiesta comprende una gamma molto ampia di stimoli, detti agenti stressanti, che vanno dagli stimoli fisici, come il caldo e il freddo, agli sforzi muscolari, all'attività sessuale, agli stimoli emozionali. Al contrario la risposta biologica, è sempre la stessa, essendo la conseguenza di una reazione difensiva dell'organismo, che consiste nell'attivazione dell'asse ipotalamo-ipofisi-ACTH-corteccia del surrene, da cui si liberano in circolo i corticosteroidi.

Super-Io
sfera dell'attività mentale delle norme acritiche di comportamento che comprende le norme e i valori assimilati, quasi senza accorgesene, sin dalla prima infanzia, attraverso i premi e i castighi dei genitori e degli educatori, e attraverso l'atmosfera socio-culturale in cui si è stati immersi (scuola, televisione ecc.).
Il Super-Io è indispensabile per la formazione della personalità, poiché costituisce una guida automatica al comportamento, sempre preferibile all'insicurezza derivante dalla mancanza di guida. Esso ha dunque una grande importanza nella genesi degli atteggiamenti e dei comportamenti del soggetto anche adulto: è un reale successo dei genitori e degli educatori e del soggetto stesso la formazione di un Super-Io equilibrato.

sviluppo
con questo termine si indica lo sviluppo affettivo, inteso come l'insieme delle varie fasi di crescita, nell'ambito dei modelli relazionali familiari, scolastici, lavorativi, sentimentali ecc. Si consideri anche il concetto di sviluppo fisico, di maturazione endocrina durante la fase di pubertà negli adolescenti. Non ultimo va tenuto in considerazione lo sviluppo cognitivo, l'acquisizione e la modificazione dei comportamenti, l'organizzazione del carattere e la personalità, da considerarsi come fasi e percorsi dello sviluppo psicosomatico dell'individuo.

T

temperamento
all'interno di questa trattazione il termine temperamento si riferisce a una preesistenza del carattere nell'individuo, non da attribuirsi ai modelli relazionali comportamentali dei genitori, bensì ai meccanismi psicobiogenetici ereditati sulla discendenza matrilineare e patrilineare. Sulla costituzionalità del temperamento acquisito per nascita, si organizzano il carattere psicosomatico dell'individuo e la complessità della personalità.

tempo
possiamo distinguere due tipi fondamentali di approccio all'analisi del

tempo: oggettivo e soggettivo. Una tale distinzione è solo di comodo, perché i due aspetti del tempo sono inestricabilmente connessi tra loro.
L'approccio oggettivo si occupa del tempo fisico, così come ci appare nel mondo.
Il modello attuale che abbiamo del tempo oggettivo gli attribuisce una serie di qualità, assunte come naturali: monodirezionale dal passato verso il futuro, irripetibile, dimensione astratta entro cui avvengono eventi; tali caratteristiche sono invece costruzioni teoriche recenti che non datano a più di cinquecento anni fa e neppure condivise da tutte le civiltà attuali. Il modello di tempo oggettivo comune alle civiltà precristiane è un tempo ciclico, dove ciascun evento si ripete all'infinito, senza separare il tempo dal suo contenuto: gli eventi non avvengono nel tempo, ma sono il tempo stesso. L'uomo preistorico gestisce il continuo alternarsi del giorno e della notte, in modo da sopravvivere dormendo e non andando in giro quando non si vede; i cicli lunari sono stati usati in tutto il mondo antico per misurare il tempo e le stagioni, che si ripetono costantemente e sono anch'esse di facile osservazione.
Generalizzando il modello fisico, abbiamo un tempo globalmente ripetitivo, dove le ere si ripetono, come si ripetono i giorni e i mesi: la raffigurazione usata da molti popoli è quella di un serpente che si mangia la coda formando un cerchio. Il cerchio non ha inizio né fine, né direzione: tutto si ripete, tutto tornerà.
Il diffondersi del cristianesimo porta a una prima fondamentale modificazione del tempo oggettivo: c'è ora un punto qualitativamente diverso dagli altri, perché la nascita di Cristo segna un prima e un dopo. Per il cristiano il tempo procede in modo rettilineo, senza ripetizione alcuna, andando verso la fine del mondo e il giudizio universale.
Perché il modello del tempo oggettivo attuale si affermi definitivamente dobbiamo attendere i trionfi della scienza moderna, con Galileo, che separa la dimensione temporale dal tempo in sé, e con il tentativo di costruire strumenti precisi per la misurazione del tempo, per le indagini astronomiche e per le esigenze sperimentali della fisica. Sarà poi Newton a definire il tempo come lineare, continuo, uniforme in ogni istante; si noti che la meccanica newtoniana non assume che esista una irreversibilità del tempo: le equazioni della fisica classica possono essere lette in entrambe le direzioni. La termodinamica modifica la situazione introducendo la irreversibilità nelle sue equazioni. L'affermazione della scienza dal Cinquecento al Novecento è comunque che il tempo sia lineare.
Einstein introduce infine il concetto di relatività del tempo, che rivoluziona scienza e senso comune.
Il secondo tipo di approccio allo studio del tempo considera il tempo come è vissuto dagli esseri umani, con o senza consapevolezza che questo avvenga. Watanabe Satosi (*Creative time*, 1972) sostiene che in un sistema a entropia crescente, come il mondo in cui viviamo, possono sopravvivere solo animali in grado di procedere mentalmente in una direzione dal passato verso il futuro. In un mondo a disordine crescente, mentre le predizioni hanno qualche probabilità di essere giuste, le retrodizioni, cioè il risalire dall'effetto alla causa, sono impossibili da un punto di vista probabilistico. Per esempio se lasciamo cadere un libro si fermerà sul pavimento. Ciò avverrà sia che lo lasciamo cadere da dieci centimetri, sia da un metro, sia da qualunque distanza tra il pavimento e il soffitto. Dato il punto

di partenza, è possibile prevedere lo stato finale, con il libro sul pavimento (predizione). Dato invece il punto d'arrivo, libro sul pavimento, è impossibile stabilire lo stato iniziale, perché il libro può essere stato lasciato cadere da qualsiasi distanza (retrodizione).
Dato che noi viviamo in un mondo a entropia crescente, la struttura cognitiva favorita da un punto di vista evolutivo è quella che permette al sistema di andare verso il futuro, inferendo cosa succederà, mentre è penalizzata una struttura cognitiva che vada verso il passato, inferendo che cosa è successo. La conclusione che possiamo trarne è che il tempo soggettivo è determinato biologicamente e dipende strettamente dal tipo di mondo in cui gli esseri umani si sono evoluti.
In generale, i tempi sono caratteristici di alcune funzioni: il passato della memoria; il presente della coscienza; il futuro della pianificazione.

tipo
il termine è usato nella presente trattazione per indicare individui che, per le loro caratteristiche psichiche e somatiche, rientrino nelle classificazioni psicologiche di carattere, quali per esempio il tipo orale, il tipo megalomane ecc.

trauma sessuale
l'importanza del trauma sessuale infantile, e della sua influenza sulla psicopatologia dell'adulto, deriverebbe dal suo verificarsi nel corso dello sviluppo psicosessuale, determinando un'alterazione che produce disturbi psicopatologici riconducibili al quadro dei disturbi della condotta alimentare o ad altri disturbi. Inoltre le modalità con cui viene vissuta la situazione edipica, tappa fondamentale dello sviluppo psicosessuale, influenzerebbero l'organizzazione strutturale della personalità. Nei soggetti abusati sessualmente nell'infanzia dai familiari o da soggetti collegati alle figure genitoriali, si sono frequentemente rilevate esperienze preedipiche disturbate, con conseguenti influenze negative dell'organizzazione strutturale della personalità. L'osservazione che, sovente, i bambini abusati manifestano un quadro clinico e presentano un'organizzazione difensiva composta da particolari meccanismi ha dato inizio a un intenso lavoro di ricerca, teso a mettere in correlazione l'abuso sessuale infantile con alcune patologie psichiatriche.
In *Childhood sexual abuse and mental health in adult life* (1993), Mullen et al. evidenziarono un'alta frequenza di abuso sessuale infantile in pazienti affetti da disturbi affettivi, come disturbi alimentari, disturbi di somatizzazione, disturbi di personalità borderline, disturbi di personalità multipla e correlarono la gravità dell'abuso alla gravità delle conseguenze psicopatologiche. Ma l'abuso non era ritenuto un fattore causale indipendente, in quanto connesso a fattori che portavano all'abuso, e in particolare alle caratteristiche dell'ambiente familiare.
Come possibile spiegazione non causale, Mullen e la sua équipe, e con essi altri autori, proposero che l'abuso sessuale potesse essere il principale segnale dell'esistenza di fattori di disagio più diffusi, i quali avrebbero potuto essere essi stessi i veri responsabili del fenomeno. Questi fattori sarebbero costituiti dall'intero, ma pur sempre variabile, background familiare disgregato, assenza o lontananza di uno o di entrambi i genitori, conflittualità tra i genitori stessi, genitori vissuti come distaccati o autoritari, periodi di istituzionalizzazione di uno dei membri della famiglia.

U

umore
«L'umore è quella disposizione affettiva fondamentale, ricca di tutte le istanze emotive e istintuali, che dà a ciascuno stato d'animo una tonalità gradevole o sgradevole, oscillando tra gli estremi del dolore e del piacere» (J. Delay).
L'umore è modulato dal soddisfacimento o meno dei diversi bisogni istintuali, relazionali o culturali.
Le variazioni patologiche dell'umore possono consistere in una diminuzione del tono (depressione), in un aumento (eccitamento) o in uno stato di indifferenza, in un'assenza di modulazione.

V

vegetoterapia
tecnica terapeutica ideata da W. Reich, centrata sul sistema nervoso involontario o vegetativo, implicato nello squilibrio psicosomatico.
L'idea di Reich era che la corazza muscolare fosse organizzata in anelli di tensione, distribuiti lungo tutto il corpo e che l'intero equilibrio del funzionamento dell'organismo potesse venire compromesso dai blocchi che venivano posti al piacevole defluire dell'energia della libido. Il sistema nervoso involontario o vegetativo era implicato nello squilibrio psicosomatico. Così Reich arrivò a considerare l'energia della libido come equivalente dell'energia vegetativa, che poteva trovarsi in uno stato di iperattività, o di ipoattività, in una qualsiasi parte del corpo. Egli sviluppò il suo metodo terapeutico affinché i mezzi adottati lavorassero direttamente sulla tensione muscolare e sulle strutture respiratorie, al fine di facilitare un rilassamento emozionale più espressivo di quanto avveniva in un'analisi convenzionale. Psiche e corpo sono uniti da un processo energetico che l'autore chiamò orgone e che ritenne essere l'energia primordiale dell'universo. Questa energia vitale può tuttavia essere bloccata nel suo libero flusso da repressioni sessuali di ordine familiare, sociale e politico, manifestandosi quindi nello sviluppo di un'anomala corazza muscolare che risulta composta dalla sovrapposizione di sette anelli segmentari, in disposizione metamerica, ciascuno corrispondente a specifici blocchi affettivi. La tecnica di Reich, che chiamò con il nome di vegetoterapia, prevede, in linea con questi principi, l'applicazione congiunta del lavoro sul corpo (controllo della respirazione e varie forme di massaggio e pressione muscolare) e dell'analisi del carattere. Reich considerò quale scopo principale della vegetorapia lo scioglimento degli anelli di tensione, così da permettere una libera pulsazione di energia e di sensazioni attraverso i tessuti, pulsazioni e sensazioni che dovevano susseguirsi in sequenza ritmica che egli definì riflesso orgasmico e poi riflesso vitale.

volontà
nella psicologia tradizionale è la facoltà che produce le azioni volontarie. Gli anatomisti dividono tradizionalmente i muscoli volontari, per esempio i muscoli delle braccia, da quelli involontari come quello cardiaco. Se è ben chiaro in ambito fisiologico che cosa sia la volontà, non lo è in ambito psicologico. Il fallimento dei tentativi di definire la volontà ha portato gli psicologi a considerare la volontà come una facoltà mentale, irriducibile a quella della conoscenza o del

desiderio. Il concetto di volontà, però, rimane purtroppo oscuro. In alcune versioni la volontà produce solo volizione, in altre essa può produrre direttamente un qualsiasi atto di base. La volontà è anzitutto un problema per il materialismo e alcuni dei più convincenti argomenti contro di esso sono stati elaborati in difesa di questa posizione.

IV

Bibliografia

Psicologia, psicoanalisi e psicoterapia

A

AA. VV. (2001), *Manuale diagnostico e statistico dei disturbi mentali*, Masson, Milano.

Abraham G., Marrama P., Carani C. e Gaillard J.M. (1986), *Psiconeuroendocrinologia del piacere*, Masson, Milano.

Abraham G. (1989), *Al di là della medicina psicosomatica*, SEI editrice, Torino.

Abraham G. (1995), *Un amore tutto nuovo*, Mondadori, Milano.

Ach N. (1905), *Über die Willenstatigkeit und das Denken*, Gottinga.

Adami L. e Pompei M. (1994), *Analisi lirica*, Anicia, Roma.

Adams P.L. (1973), *Obsessive children*, Brunner Mazel, New York.

Adler A. (1962), *Psicologia individuale*, Astrolabio, Roma,

Adler G. (1970), *Psicologia analitica*, Bollati Boringhieri, Torino.

Aeppli E. (1967), *Les rêves*, Payot, Parigi.

Ainsworth M.D., Blehar M.C et al. (1978), *Patterns of attachment: assess in a strange situation and at home*, Erlbaum, New York.

Airenti G., Bara B. e Colombetti M. (1980), *A semantic memory model as a basic for a problem solving system*, in «Italian Journal Of Psycology».

Alberoni F. (1979), *Innamoramento e amore*, Garzanti, Milano.

Alberoni F. (1991), *L'erotismo*, Garzanti, Milano.

Alberoni F. e Di Fraia G. (1992), *Complicità e competizione*, Mondadori, Milano.

Albini C. (1997), *Creazione e castigo. La grande congiura contro Reich*, Tre Editori, Roma.

Alexander F. (1951), *Medicina psicosomatica*, Giunti Barbera, Firenze.

Alexander F.G. e Selensnick S.T. (1966), *The history of psychiatry: an evaluation of psychiatric thought and practice from prehistoric times to the present*, Harper & Row, New York.

Alford B.A. e Beck A.T. (1997), *The integrative power of cognitive therapy*, Guilford, New York.

Allport G.W. (1976), *Psicologia della personalità*, LAS, Roma.

Ambrosi J. (1978), *L'energia dell'umano*, Feltrinelli, Milano.

Amerio P., (1982), *Teorie*, in «Psicologia sociale», il Mulino, Bologna.

Amoni D. e Caridi A. (1982), *Strategie di controllo sul pattern affettivo in pazienti fobici e con disordini alimentari in ambito cognitivo*, in Chiari G. e Nuzzo L., a cura di, *Le prospettive comportamentale e cognitiva in pisicoterapia*, Bulzoni, Roma.

Amoni D., Guidano V.F. e Reda M.A. (1983), *Il concetto di inconscio nel cognitivismo contemporaneo*, in Balestrieri A.E. e Cazzullo C.L., a cura di, *L'inconscio e le scienze*, Il Pensiero Scientifico, Roma.

Antonelli C. (1990), *La profonda misura dell'anima*, Liguori Editore, Napoli.

Anzieu D. (1987), *L'io pelle*, Borla, Roma.

Aquilar F. e Ferrante S. (1994), *La coppia in crisi*, Cittadella editrice, Assisi.

Argyle M. (1974), *Il comportamento sociale*, il Mulino, Bologna.

Argyle M. (1992), *Il corpo e il suo linguaggio*, Zanichelli, Bologna.

Arieti S. e Bemporad J.R. (1981), *La depressione grave e lieve*, Feltrinelli, Milano.

Aristide E. (1984), *Discorsi sacri*, Adelphi, Milano.

Aristotele (1983), *Poetica*, Laterza, Roma-Bari.

Arknoff D.B. (1980), *Psycotherapy from the perspective of cognitive theory*, in Mahoney M.J., a cura di, *Psycotherapy process*, Plenum, New York.

Artemidoro di Daldi (1975), *Il libro dei sogni*, Adelphi, Milano.

Attili. G. (1995), *Le basi etologiche del comportamento sociale infantile: la teoria dell'attaccamento*, in Di Blasio P., a cura di, *Contesti relazionali e modelli di sviluppo*, Raffaello Cortina, Milano.

Aurigemma L. (1989), *Prospettive junghiane*, Bollati Boringhieri, Torino.

Auriol B. (1984), *Tutti i metodi di rilassamento*, Red, Como.

B

Bailey S. (1858), *Letters on the philosophy of the human mind*, Long Mans Green, Londra.

Baker E.F. (1973), *L'uomo nella trappola*, Astrolabio, Roma.

Baldaro Verde I. (1992), *Illusioni d'amore*, Raffaello Cortina, Milano.

Baldaro Verde I., Grof S. et al. (1980), *Il corpo in psicoterapia*, Riza, Milano.

Balint M. (1990), *Medico, paziente e malattia*, Feltrinelli, Milano.

Bandura A. (1969), *Principles of behavior modification*, Holt, Rinehart & Winston, New York.

Bara B. (1978), *Intelligenza artificiale*, Franco Angeli, Milano.

Bara B. (1983), *Modification of knowledge by process, memory*, in Reda M.A. e Mahoney M.J., a cura di, *Cognitive psycotherapies*, Ballinger, Cambridge Massachussetts.

Bara B. (1991), *Scienza cognitiva*, Bollati Boringhieri, Torino.

Baraldi C. e Turchi D. (1990), *Educazione scolastica e motivazione allo studio*, Franco Angeli, Milano.

Barbagli M. (1996), *Provando e riprovando*, il Mulino, Bologna.

Barbaglia F. (1990), *Ri-evoluzione nel corpo: introduzione alla psico-organismica*, Centro Scientifico Torinese, Torino.

Barber T.X. (1969), *Hypnosis: a scientific approach*, Van Nostrand, Reinhold Co., Londra.

Basacchi A. (1973), *Storia della medicina*, Patroni, Bologna.

Bates W.H. (1989), *Il metodo Bates per vedere bene senza occhiali*, Astrolabio, Roma.

Bateson G. (1976), *Verso un'ecologia della mente*, Adelphi, Milano.

Bateson G. (1982), *Mente e natura*, Adelphi, Milano.

Beck A.T. (1976), *Principi di terapia cognitiva. Un approccio nuovo alla cura dei disturbi affettivi*, Astrolabio, Roma.

Beck A.T. (1984), *Principi di psicoterapia cognitiva*, Astrolabio, Roma.

Beck A.T., Emery G. e Greenberg R. (1985), *L'ansia e le fobie. Una prospettiva cognitiva*, Astrolabio, Roma.

Beck A.T., Freeman A. (1993), *Terapia cognitiva dei disturbi di personalità*, Mediserve, Milano.

Bemporad J.R. (1983), *Cognitive, affective and physiologic changes*, in *The depressive process*, in «Journal of Academic Psychoanalysis», 11.

Berger G. (1959), *Traité pratique d'analyse du caractere*, PUF, Parigi.

Berger P. e Luckman T. (1966), *The social construction of reality*, Double Day, New York.

Bergès J. e Bounes M. (1978), *Il rilassamento terapeutico del bambino*, Masson, Milano.

Bertalanffy L. von (1983), *Teoria generale dei sistemi*, Mondadori, Milano.

Biller H.B. (1974), *Paternal deprivation*, Lexington Books, Lexington, Massachussetts.

Binosi R. e Padrini F. (1979), *Dal corpo alla mente*, Savelli, Roma.

Bion W. R. (1972), *Apprendere dall'esperienza*, Armando Editore, Roma.

Bion W. R. (1973), *Trasformazioni*, Armando Editore, Roma.

Biondi M. (1997), *Mente, cervello e sistema immunitario*, McGraw-Hill, Milano.

Blanco S. e Reda M.A. (1984), *Strutture cognitive e risposte psicofisiologiche*, Congresso Sitcc, Firenze.

Blurton-Jones N. e Leach G.M (1990), *Behaviour of children and their mothers at separation and greeting*, in Blurton-Jones N., a cura di, *Ethological study of children behaviour*, Cambridge University Press, Londra.

Boadella D. (1987), *Biosintesi*, Astrolabio, Roma.

Boadella D. (1996), *L'atmosfera e l'organismo*, Andromeda, Bologna.

Boadella D. (1998), *Freud, precursore dell'orgonomia*, Andromeda, Bologna.

Boadella D. e Liss J. (1986), *La psicoterapia del corpo*, Astrolabio, Roma.

Bonicelli E. e Galimberti U. (2000), *E ora? La dimensione umana e le sfide della scienza*, Einaudi, Torino.

Bononcini A. (2001), *Transfert e controtransfert nella teoria e nella clinica organismica*, in Pini M., a cura di, *Psicoterapia corporea-organismica. Teoria e pratica clinica*, Franco Angeli, Milano.

Bosinelli M., a cura di (1991), *Metodi in psicologia clinica*, il Mulino, Bologna.

Bosinelli M. e Cicogna P.C. (1991), *Sogni: figli d'un cervello ozioso*, Bollati Boringhieri, Torino.

Bowlby J. (1983), *Attaccamento e perdita*, Bollati Boringhieri, Torino.

Bremmer J. e Roodemburg H. (1991), *A cultural history of gesture*, Polity Press, Cambridge.

Brenner C. (1967), *Breve corso di psicoanalisi*, Martinelli, Firenze.

Broughton J.M. (1981), *The divide self in adolescence*, in «Human Development», 24.

Brown G.W., Birley J. e Wing J.K. (1972), *Influence of family life on the course of schizofrenic disorders: a replication*, in «Brithish Journal Of Psychiatry», 121.

Brown M. (1995), *Il contatto terapeutico. Introduzione alla psicoterapia organismica*, Melusina, Roma.

Brown M. (2001), *Recenti sviluppi in psicoterapia organismica*, in Pini M., a cura di, *Psicoterapia corporea-organismica. Teoria e pratica clinica*, Franco Angeli, Milano.

Bruch H. (1977), *Patologia del comportamento alimentare*, Feltrinelli, Milano.

Bruch H. (1978), *La gabbia d'oro*, Feltrinelli, Milano.

Bruch H. (1988), *Anoressia: casi clinici*, Raffaello Cortina, Milano.

Brun T. (1969), *Dizionario internazionale del linguaggio dei segni. Come capire e farsi capire senza pronunciare una parola*, Sugar, Milano.

Bruno B. (1991), *Scienza cognitiva*, Bollati Boringhieri,Torino.

Buglass D., Clarke J. e Henderson A.S. (1977), *A study of agoraphobic housewives*, in «Psycological Medicine», 7.

Burgess A.W., Hartman C.R. e McCormack A. (1987), *Abused to abuser: antecedents of socially deviant behaviors*, «American Journal of Psychiatry», 144.

Burhans K., Dweck C.S. (1995), *Helplessness in early childhood: the role of contingent worth*, in «Child Development», 66.

Butto N. (2000), *Il settimo senso*, Edizioni Mediterranee, Roma.

C

Cabib S. e Puglisi S. (1989), *Lo stress*, Laterza, Bari.

Calam R.M. e Slade P.D. (1989), *Sexual experience and eating problems in female undergraduate*, «International Journal of Eating Disorder», 8.

Campbell B.B. (1980), *A history of theosophical movement, ancient wisdon revived*, University California Press, Berkeley.

Campbell J. (1990), *Il potere del mito*, Guanda, Parma.

Campbell K. (1976), *Il corpo e la mente*, Armando, Roma.

Cancrini L. (1977), *Verso una teoria della schizofrenia*, Bollati Boringhieri, Torino.

Capra F. (1989), *Il Tao della fisica*, Adelphi, Milano.

Carlini M.G. e Farneti P. (1979), *Il corpo in psicologia*, Patron, Padova.

Carosi M., Cotugno A., Rinaldi L. e Ruggeri G. (1990), *L'uso degli strumenti informatici nello studio sperimentale e clinico dell'attività onirica*, Convegno informatica in psichiatria e in psicologia, CNR, Roma.

Carotenuto A. (1977), *Jung e la cultura italiana*, Astrolabio, Roma.

Carotenuto A. (1986), *La colomba di Kant. Problemi del transfert e del controtransfert*, Bompiani, Milano.

Carotenuto A. (1991), *Trattato di psicologia della personalità e delle differenze individuali*, Raffaello Cortina, Milano.

Cassirer E. (1985), *Simbolo, mito, cultura*, Laterza, Bari.

Castaneda C. (1994), *L'arte di sognare*, Rizzoli, Milano.

Castelfranchi C. (1989), *Che figura*, il Mulino, Bologna.

Cattier M. (1970), *La vita e l'opera di Wilhelm Reich*, Feltrinelli, Milano.

Chevalier J. e Gheerbrant A. (1969), *Dictionnaire des symboles*, Robert Laffont, Parigi.

Chiari G. e Nuzzo L., a cura di (1984), *Crescita e cambiamento della conoscenza individuale*, Franco Angeli, Milano.

Cooley C.H. (1962), *Social organization: a study of larger mind*, Shoken, New York.

Corbin H. (1986), *Corpo spirituale e terra celeste*, Adelphi, Milano.

Corsi L. (2001), *Riflessioni sui fondamenti epistemologici e storico-filosofici delle concezioni organismiche di Malcolm Brown*, in Pini M., a cura di, *Psicoterapia corporea-organismica. Teoria e pratica clinica*, Franco Angeli, Milano.

Cox, H. (1971), *La festa dei folli*, Bompiani, Milano.

D

D'Adamo P.J. (1999), *L'alimentazione su misura*, Sperling e Kupfer, Milano.

Dadoun R. (1976), *Cento fiori per Wilhelm Reich*, Marsilio, Padova.

Dantzer R. (1991), *L'illusione psicosomatica*, Mondadori, Milano.

Daquino G. (1994), *Che cos'è l'amore*, Mondadori, Milano.

Dawkins R. (1979), *Il gene egoista*, Zanichelli, Bologna.

De Ajuriaguerra J. (1993), *Manuale di psichiatria del bambino*, Masson, Milano.

De Ajuriaguerra J. e Marcelli D. (1984), *Psicopatologia del bambino*, Masson, Milano.

Del Giudice N. ed E. (1984), *Omeopatia e bioenergetica*, Cortina International, Verona.

Della Torre di Valsassina G.A. (2001), *Colloquio con Katherine e Malcolm Brown*, in Pini M., a cura di, *Psicoterapia corporeo-organismica. Teoria e pratica clinica*, Franco Angeli, Milano.

Dell'Erba G.L. (1993), *La dinamica dell'autoimmagine: uno studio sulla valutazione di sé*, in «Psychopathologia» , 5.

Dell'Erba G.L. (1998a), *Introduzione alla psicoterapia cognitiva standard*, Associazione di Psicologia Cognitiva, Roma.

Dell'Erba G.L. (1998b), *La psicoterapia cognitiva. Lettere internazionali*, CNR, Roma.

Dell'Erba G.L. (1998c), *La psicologia del pensiero nelle scienze cognitive*, in «Rassegna Studi e Ricerche», Istituto di Psicologia dell'Università di Lecce.

De Marchi L. (1970), *Biografia di un'idea*, SugarCo, Milano

De Marchi L. (1998), *Lo strano caso di Wilhelm Reich. La peste totalitaria*, Andromeda, Bologna.

De Martino E. (1966), *Sud e magia*, Feltrinelli, Milano.

Dennett D. (1991), *Brainstorms*, Adelphi, Milano.

De Rosnay J. (1978), *Il macroscopio: verso una visione globale*, Dedalo, Bari.

De Silvestri C. (1982a), *I fondamenti teorici e clinici della terapia razionale emotiva*, Astrolabio, Roma.

De Silvestri C. (1982b), *Il problema secondario*, in Chiari G. e Nuzzo L., a cura di, *Le prospettive comportamentale e cognitiva in pisicoterapia*, Bulzoni, Roma.

Dethlefsen T. (1984), *Il destino come scelta*, Edizioni Mediterranee, Roma.

Dethlefsen T. (1986), *Vita dopo vita, dialogo con i reincarnati*, Edizioni Mediterranee, Roma.

Di Pietro M. (1992), *L'educazione razionale emotiva*, Erickson, Trento.

Djchtwald K. (1978), *Psicosoma*, Astrolabio, Roma.

Dobson K.S. (1988), *Handbook of cognitive-behavioral therapies*, Guildford, New York.

Downing G. (1974), *Il libro dei massaggi*, Mondadori, Verona.

Downing G. (1995), *Il corpo e la parola*, Astrolabio, Roma.

Durand G. (1984), *Le strutture antropologiche dell'immmaginario*, Dedalo, Bari.

Dweck C.S (1986), *Motivational process affecting learning*, in «American Psychologist», 41.

Dweck C.S. e Leggett E.L. (1988), *A social-cognitive approach to motivation and personality*, in «Psychological Review», 95.

E

Eccles J.C. (1970), *Facing reality*, Springer, New York.

Eco U. (1990), *Il pendolo di Foucault*, Bompiani, Milano.

Efron D. (1974), *Gesto, razza, cultura*, Bompiani, Milano.

Eibl-Eibesfeldt I. (1980), *I fondamenti dell'etologia*, Adelphi, Milano.

Eliade M. (1968), *Il mito dell'alchimia*, Avanzini & Torraca, Roma.

Eliade M. (1985), *Storia delle idee e delle credenze*, Sansoni, Firenze.

Eliade M. (1989), *Il mito della reintegrazione*, Jaca Book, Milano.

Eliade M. (1990), *Occultismo, stregoneria e mode culturali*, Sansoni, Firenze.

Ellis A. (1987), *The evolution of rational emotive therapy (RET), and cognitive-behavior therapy (CBT)*, in Zeig J.K., a cura di, *The evolution of psychotherapy*, Brunner Mazel, New York.

Ellis A. (1994), *Reason and emotion in psychotherapy*, Carol Publishing, New York.

Elwin V. (1963), *I costumi sessuali dei Muria*, Lerici, Milano.

Erickson M.H. (1983), *Opere*, Astrolabio, Roma.

Erickson M.H. (1988), *Comunicazione mente-corpo in ipnosi*, Astrolabio, Roma.

Erminae P. e Baudet Ch.G. (1972), *Volti e contatti umani*, Astrolabio, Roma.

Eysench H.J. (1970), *The structure of human personality*, Metheun, Londra.

F

Fabbrini Melucci A. (1980), *Il corpo dentro, come i bambini immaginano l'interno del corpo*, Emme Edizioni, Milano.

Fairbairn W.R.D. (1970), *Studi psicoanalitici sulla personalità*, Bollati Boringhieri, Torino.

Falorni M.L. (1954), *Lo studio psicologico del carattere e delle attitudini*, Giunti-Barbera, Firenze.

Fast J. (1979), *Il linguaggio del corpo*, Mondadori, Milano.

Feldenkrais M. (1991a), *Conoscere se stessi attraverso il movimento*, Red, Como.

Feldenkrais M. (1991b), *Le basi del metodo per la consapevolezza dei processi psicomotori*, Astrolabio, Roma.

Fenelli A. e Lorenzini R. (1992), *Clinica delle disfunzioni sessuali*, La Nuova Italia Scientifica, Roma.

Fenichel O. (1951), *Trattato di psicoanalisi delle nevrosi e delle psicosi*, Astrolabio, Roma.

Ferenczi S. (1973), *Fondamenti di psicoanalisi*, Guaraldi, Rimini.

Ferenczi S. (1988), *Diario clinico gennaio-ottobre 1932*, Raffaello Cortina, Milano.

Ferri G. e Cimini G. (1992), *Psicopatologia e carattere*, Anicia, Roma.

Ferriere A. (1955), *Les cosmos et l'homme*, Ed. Rigois, Parigi.

Festinger L. (1973), *La teoria della dissonanza cognitiva*, Franco Angeli, Milano.

Flavell J.H. (1982), *Structure, stages and sequences in cognitive development*, in Collins W.A., a cura di, *The concept of development*, Erlbaum, New York.

Foglio Bonda P.G. (1982), *I disturbi psicologici dello sviluppo infantile*, Franco Angeli, Milano.

Foglio Bonda P.G. (1983), *Principi e tecniche di psicoterapia*, Franco Angeli, Milano.

Fontana D. (1995), *Psychology for teachers*, McMillan, Londra.

Freeman A. (1981), *Dreams and images in cognitive theraphy*, in Emery G., Hollon S.D. e Bedrosian R.C, a cura di, *New directions in cognitive theraphy*, Guilford Press, New York.

Freud A. (1965), *Normality and pathology in childhood assessments of development*, Iup, New York.

Freud S. (1969), *Progetto di una psicologia*, Bollati Boringhieri, Torino.

Freud S. (1975), *Tre saggi sulla teoria sessuale*, Bollati Boringhieri, Torino.

Freud S. (1984), *L'intepretazione dei sogni*, Bollati Boringhieri, Torino.

Freud S. (1992), *Alcuni tipi di carattere, tratti dal lavoro psicoanalitico*, Newton Compton, Roma.

Friedmann A. (1960), *Séquelles tardives d'attentats à la pudeur des enfants et des adolescents*, in «A Criança Portuguesa», 19.

Fromm E. (1994), *L'arte di amare*, Mondadori, Milano.

G

Galimberti U. (1983), *Il corpo, antropologia, psicoanalisi, fenomenologia*, Feltrinelli, Milano.

Galimberti U. (1996), *Psichiatria e fenomenologia*, Feltrinelli, Milano.

Galimberti U. (1999), *Psiche e techne, l'uomo nell'età della tecnica*, Feltrinelli, Milano.

Gallup G.G. (1970), *Chimpazees: self recognition*, in «Science», 167.

Garma A. (1940), *Psicoanálisis de los sueños*, El Ateneo, Buenos Aires.

Garma A. (1974), *Nuovi studi sul sogno*, Astrolabio, Roma.

Geissman P. e De Bousingen R. (1952), *I metodi di rilassamento*, Casini, Roma.

Geymonat L. (1971), *Storia del pensiero filosofico e scientifico*, Garzanti, Milano.

Giannini Belotti F. (1983), *Non di sola madre*, Rizzoli, Milano.

Giapparize-Painelli (1979), *Elementi ed esercizi di bioenergetica*, Mob, Verbania.

Giddens A. (1995), *La trasformazione dell'intimità*, il Mulino, Bologna.

Gille-Maisani J.-C. (1992), *Temperamenti psicobiologici e gruppi sanguigni*, Teda, Castrovillari.

Girotto V. (1994), *Il ragionamento*. il Mulino, Bologna.

Glover E. (1971), *La tecnica della psicoanalisi*, Astrolabio, Roma.

Goffman, E. (1963), *Il comportamento in pubblico*, Torino, Einaudi.

Goffman, E. (2002), *Il comportamento in pubblico. L'interazione sociale nei luoghi di riunione*, Einaudi, Torino.

Goldstein A.P. e Glick B. (1990), *Stop all'aggressività*. Erikson, Trento.

Goldstein K. (1987), *L'indirizzo organismico*, in Arieti S., a cura di, *Manuale di psichiatria*, Bollati Boringhieri, Torino.

Gordon C., Gergen K. e Cooley J. (1979), *Identità personale: teoria e ricerca*, Zanichelli, Bologna.

Gould S.J. (1984), *Quando i cavalli avevano la coda*, Feltrinelli, Milano.

Greenberg J.R. e Mitchell S.A. (1986), *Le relazioni oggettuali nella teoria psicoanalitica*, il Mulino, Bologna.

Greene L., (1990), *Il rapporto interpersonale*, Astrolabio, Roma.

Greenspan S.I. (1997), *L'intelligenza del cuore*, Mondadori, Milano.

Groddeck G.W. (1975), *Il linguaggio dell'Es*, Mondadori, Milano.

Groddeck G.W (1977), *Il libro dell'Es*, Mondadori, Milano.

Grossman J. (1992), *Vivere e amare*, Crisalide, Spigno Saturnia, Latina.

Guénon R. (1974), *L'errore dello spiritismo*, Rusconi Editore, Milano.

Guénon R. (1975), *Simboli della Scienza sacra*, Adelphi, Milano.

Guidano V.F. (1988), *La complessità del Sé*, Bollati Boringhieri, Torino

Guidano V.F. (1992), *Il Sé nel suo divenire*, Bollati Boringhieri, Torino.

Guidano V.F. e Liotti G. (1979), *Elementi in psicoterapia comportamentale*, Bulzoni, Roma.

Guidano V.F. e Liotti G. (1983), *Cognitive processes and emotional disorders*, Guilford, New York.

Guidano V.F. e Reda M.A., a cura di (1981), *Cognitivismo e psicoterapia*, Franco Angeli, Milano.

Guthell E.A (1972), *Manuale per l'analisi del sogno*, Astrolabio, Roma.

H

Hall C.S. e Lindzey G. (1986), *Teorie della personalità*, Bollati Boringhieri, Torino.

Harding E. (1973), *I misteri della donna*, Astrolabio, Roma.

Harlow H.F. (1976), *Le affettività*, in Zazzo R., a cura di, *L'attaccamento*, Il Pensiero Scientifico, Roma.

Harrè R., Lamb R. e Mecacci L. (1986), *Psicologia. Dizionario enciclopedico*, Laterza, Bari.

Harris P.L. (1991), *Il bambino e le emozioni*. Raffaello Cortina, Milano.

Haynal A. e Pasini W. (1984), *Medicine psychosomatique*, Masson, Parigi.

Heider F. (1972), *Psicologia delle relazioni interpersonali*, il Mulino, Bologna.

Helferich C. (1994), *Due animali in una stanza*, Melusina, Roma.

Helferich C. (2001), *Visioni terapeutiche: l'esperienza della immaginazione attiva nel trattamento organismico*, in Pini M., a cura di, *Psicoterapia corporea-organismica. Teoria e pratica clinica*, Franco Angeli, Milano.

Hermann J.L., Perry J.C. e Van der Kolk B.A. (1989), *Childhood trauma in borderline personality disorder*, in «American Journal of Psychiatry», 146.

Hermann J.L. (1992), *Trauma and recovery*, Basic Books, New York.

Higgins M. e Chester M. R. (1979), a cura di, *Reich parla di Freud*, SugarCo, Milano.

Hillman J. (1977), *Saggio su Pan*, Adelphi, Milano.

Hillman J. (1979), *Il mito dell'analisi*, Adelphi, Milano.

Hillman J. (1984), *Le storie che curano*, Raffaello Cortina, Milano.

Hillman J. (1991), *La vana fuga degli dei*, Adelphi, Milano.

Hinde R.A. (1974), *La comunicazione non-verbale*, Laterza, Bari.

Holmes J. (1994), *La teoria dell'attaccamento. John Bowlby e la sua scuola*, Raffaello Cortina, Milano.

Holt R. (1994), *Ripensare Freud*, Bollati Boringhieri, Torino

Hutin S. (1970), *Histoire de l'astrologie*, Marabout, Verviers.

I

Ingram R.E., a cura di (1986), *Information processing approaches to clinical psychology*, Academic Press, New York

Intelisano S. (1997), *Il senso del corpo e l'esperienza del contatto nelle pagine neotestamentarie*, in Kepner J.I. e Body P., *Il lavoro con il corpo in psicoterapia*, Franco Angeli, Milano.

Introvigne M. (2002), *Il lavaggio del cervello: realtà o mito?* Elledici, Torino.

Izard C. (1977), *Human emotions*, Plenum, New York.

Izzo A. e Rovetta R. (1998), *Parallelo tra Freud e Reich*, Andromeda, Bologna.

J

Jacobsen E. (1952), *L'arte del rilassamento*, Casini, Roma.

Jacot P.-C. (1976), *Les marques révélatrice du caractère et du destin*, Editions Dangles, St. Jean de Braye.

Jaensch E.R. (1929), *Grundformen Menschlichen Seins*, Eisner, Berlino

James W. (1901), *Principi di psicologia*, Società Editrice Libraria, Milano.

Jaspers K. (1964), *Psicopatologia generale*, Il Pensiero Scientifico, Roma.

Jaspers K. (1991), *Il medico nell'età della tecnica*, Raffaello Cortina, Milano.

Johnson S.M. (1986), *La trasformazione del carattere*, Astrolabio, Roma.

Johnson S.M. (1987), *The body in the mind: the bodily basis of meaning, imagination and reason*, University Of Chicago Press, Chicago.

Johnson S.M. (1994), *Il carattere simbiotico*, Astrolabio, Roma.

Johnson-Laird P.N. (1989), *Modelli mentali*, il Mulino, Bologna.

Johnson-Laird P.N. (1990), *La mente e il computer*, il Mulino, Bologna.

Johnson-Laird P.N. (1994), *Deduzione, induzione, creatività*, il Mulino, Bologna.

Jouvet M. (1991), *La natura del sogno*, Edizioni Theoria, Roma.

Jung C.G. (1959a), *Il problema dell'inconscio nella psicologia moderna*, Einaudi, Torino.

Jung C.G. (1959b), *La simbologia dello spirito*, Einaudi, Torino.

Jung C.G. (1971), *Psicogenesi delle malattie mentali*, in *Opere*, vol.III, Bollati Boringhieri, Torino.

Jung C. G. (1973a), *Freud e la psicoanalisi*, in *Opere*, vol. IV, Bollati Boringhieri, Torino.

Jung C.G. (1973b), *Simboli della trasformazione*, in *Opere*, vol. V, Bollati Boringhieri, Torino.

Jung C.G. (1975), *Tipi psicologici*, in *Opere*, vol. VI, Bollati Boringhieri, Torino.

Jung C.G. (1976), *La dinamica dell'inconscio*, in *Opere*, vol. VIII, Bollati Boringhieri, Torino.

Jung C.G. (1977), *Un esperimento di astrologia*, in *La dinamica dell'inconscio*, Bollati Boringhieri,Torino.

Jung C.G. (1978), *Sogni, ricordi e riflessioni*, Rizzoli, Milano.

Jung C.G. (1979a), *Psicologia e educazione (1926-1946)*, Astrolabio, Roma.

Jung C.G. (1979b), *Studi sull'alchimia*, in *Opere*, vol. XIII, Bollati Boringhieri, Torino.

Jung C.G. (1980), *Gli archetipi e l'inconscio*, in *Opere*, vol. IX, tomo 1, Bollati Boringhieri,Torino.

Jung C.G. (1982), *Ricerche sul simbolismo del Sé*, in *Opere*, vol. IX, tomo 2, Bollati Boringhieri, Torino.

Jung C.G. (1988), *Psicologia e religione*, in *Opere*, vol. XI, Bollati Boringhieri,Torino.

Jung C.G. (1989), *Mysterium coniunctionis*, in *Opere*, vol. XIV, tomi 1 e 2, Bollati Boringhieri, Torino.

K

Kahnemann D., Slovic P. e Tversky A., a cura di (1982), *Judgement under uncertainty: euristics and biases*, Cambridge University Press, Cambridge.

Kahnemann D. e Tversky A. (1972), *Subjective probability: a judgment of representativeness*, in «Cognitive Psychology», 3.

Kanfer F.H. e Goldstein A.P. (1975), *Helping people change*, Pergamon, Oxford.

Kaplan H.S. (1988), *Nuove terapie sessuali*, Bompiani, Milano.

Kaplan H.S. (1992), *I disturbi del desiderio sessuale*, Mondadori, Milano.

Kardec A. (1982), *La nascita dello spiritismo*, Edizioni Mediterranee, Roma.

Karmiloff-Smith A. (1995), *Oltre la mente modulare*, il Mulino, Bologna.

Kegan R. (1982), *The evolving Self*, Harvard University Press, Cambridge, Massachussetts.

Keleman S. (1980), *Il corpo è lo specchio della mente*, Celuc, Milano.

Kelly G.A. (1955), *The psichology of personal construct*, Norton, New York.

Kendall P. e Di Pietro M. (1995), *Terapia scolastica dell'ansia*, Erickson, Trento.

Kereny K. (1983), *Nel labirinto*, Bollati Boringhieri, Torino.

Kernberg O. (1978), *Sindromi marginali e narcisismo patologico*, Bollati Boringhieri, Torino.

Klages L. (1936), *Die Grundlagen der Charakterkunde*, Barth, Lipsia.

Klaus N.H. e Kennel J.H. (1976), *Maternal infant bonding*, Mosby, St. Louis.

Klaus Th. (1994), *Autoanalisi dei sogni*, Edizioni Mediterranee, Roma.

Klein, M. (1932), *La psicoanalisi dei bambini*, Martinelli, Firenze.

Klein M. (1978), *Scritti 1921*, Bollati Boringhieri, Torino.

Klein M. (1982), *Nuove vie della psicoanalisi*, Il Saggiatore, Milano.

Koffka K. (1935), *Principi di psicologia della forma*, Bollati Boringhieri, Torino.

Konitzer M. (1992), *Reich*, Cooperativa Erre Emme edizioni, Roma.

Kraepelin E. (1909-13), *Psychiatrie*, 4 voll., Barth, Lipsia.

Kreisler L., Fain M. e Soulè M. (1976), *Il bambino e il suo corpo*, Astrolabio, Roma.

L

Laborit H. (1986), *L'inibizione dell'azione*, Il Saggiatore, Milano.

Lacey J.H. e Dolan B.M. (1988), *Bulimia in british blacks and asian. A catchment area study*, «British Journal of Psychiatry», 152.

Laing R.D. (1968), *La politica dell'esperienza*, Feltrinelli, Milano.

Laing R.D. (1969), *L'Io diviso*, Einaudi, Torino.

Lang P.J. (1984), *Cognition and emotion: concept and action*, in Izard C.E., Kagan J. e Zajonc R.B., a cura di, *Emotion, cognition, and behavior*, Cambridge University Press, Cambridge, Massachussetts.

Lapierre A. e Aucouturier B. (1982), *Il corpo e l'inconscio in educazione e in terapia*, Armando, Roma.

Laszlo E. (1984), *I sistemi sociali*, in «Se/Scienza Esperienza», 20.

Lavater J.K. (1835), *L'art de connaitre les hommes par la psysionomie*, Nouvelle Edition, Parigi.

Lavater J.K. (1975), *Manuale portatile o sia dell'arte di conoscere gli uomini da tratti del volto*, Moizzi, Milano.

Lavier J. (1973), *L'agopuntura cinese, storia, dottrina, pratica*, Edizioni Mediterranee, Roma.

Lawrence D.H. (1978), *Fantasia dell'inconscio*, Mondatori, Milano.

Lemaire J.G. (1978), *Il rilassamento*, Celuc, Milano.

Leventhal H. (1979), *A perceptive motor processing of emotion*, in Pliner P., Blankstein K.R. e Spigel I.M., a cura di, *Perception of emotion in self and other*, Plenum, New York.

Levi P. (1993), *Se questo è un uomo*, Einaudi, Torino.

Lewis M. e Brooks-Gunn J. (1979), *Social cognition and the acquisition of self*, Plenum, New York.

Liotti G. (1981), *Un modello cognitivo comportamentale dell'agorafobia*, in Guidano V.F. e Reda M.A., a cura di, *Cognitivismo e psicoterapia*, Franco Angeli, Milano.

Liotti G. (1984), *Cognitive therapy, attachment theory and psychiatric nosology: a clinical and theoretical inquiry into their interdipendence*, in Reda M.A. e Mahoney M.J., a cura di, *Cognitive psicotherapies*, Ballinger, Cambridge.

Liotti G. (1986), *Structural cognitive therapy*, in Dryden W. e Golden W., *Cognitive-behavioral approach to psycotherapy*, Harper & Row, Londra.

Liotti G. e Guidano V.F. (1976), *Behavioral analysis of marital interaction in agoraphobic male patients*, in «Behavior Research and Therapy», 14.

Liotti G. e Reda M.A. (1980), *Some epistemological remarks on cognitive therapy, behavior therapy and psychoanalysis*, in «Cognitive Research and Therapy», 5.

Liss J. (1992), *La comunicazione ecologica*, La Meridiana, Molfetta.

Liss J. (1996), *Insieme per vincere l'infelicità*, Franco Angeli, Milano.

Liss J. (2000), *L'apprendimento attivo*, Astrolabio, Roma.

Liss J. e Stupiggia M., a cura di (1994), *La terapia biosistemica*, Franco Angeli, Milano.

Lo Iacono A., a cura di (1995), *Corpo inconscio emozione. Psicoterapia e analisi bioenergetica*, Lilith, Roma.

Lo Iacono A. (2003), *Psicologia della solitudine*, Editori Riuniti, Roma.

Loprieno M. e Calamari E., a cura di (1991), *Introduzione agli stili cognitivi*, ETS, Pisa.

Lorenz K. (1974), *L'altra faccia dello specchio*, Adelphi, Milano.

Lorenz K. (1985), *Il destino dell'uomo*, Mondadori, Milano

Lowen A. (1978), *Il linguaggio del corpo*, Feltrinelli, Milano.

Lowen A. (1980), *La depressione e il corpo*, Astrolabio, Roma.

Lowen A. (1982a), *Il tradimento del corpo*, Edizioni Mediterranee, Roma.

Lowen A. (1982b), *Paura di vivere*, Astrolabio, Roma.

Lowen A. (1984a), *Amore e orgasmo*, Feltrinelli Milano.

Lowen A. (1984b), *Il piacere*, Astrolabio, Roma.

Lowen A. (1985), *Il narcisismo*, Feltrinelli, Milano.

Lowen A. (1989a), *Amore, sesso e cuore*, Astrolabio, Roma.

Lowen A. (1989b), *Bioenergetica*, Feltrinelli, Milano.

Lowen A. (1990), *Il linguaggio del corpo*, Feltrinelli, Milano.

Lowen A. (1991), *La spiritualità del corpo*, Astrolabio, Roma.

Lowen A. (1994), *Arrendersi al corpo*, Astrolabio, Roma.

Lowen A. (2001), *Stress e malattia: il punto di vista bioenergetico*, Istituto di psicologia somatica, Milano.

Lowen A. e Lowen L. (1979), *Espansione e integrazione del corpo in bioenergetica. Manuale di esercizi pratici*, Astrolabio, Roma.

Luban-Plozza B. (1945), *Musica ed espressione*, Minervino, Ascona.

Luban-Plozza B. (1983), *Il medico come medicina*, Piccin, Padova.

Luban-Plozza B. (1991), *Il terzo orecchio*, Edizioni Centro Scientifico, Torino

Luban-Plozza B. (2002), *Convivere con lo stress*, Edizioni Centro Scientifico, Torino.

Luban-Plozza B. e Poldinger W. (1984), *Il malato psicosomatico*, Cappelli, Bologna.

Luban-Plozza B. e Pozzi U. (1978), *Training psicosomatico*, Armando, Roma.

Ludolph P., Westen D. et al. (1990), *The borderline diagnosis in adolescents: symptoms and developmental history*, «American Journal of Psychiatry», 147.

M

Magaro P.A. (1980), *Cognition in schizofrenia and paranoia: the integration of cognitive processes*, Erlbaum, Hillsdale.

Mahler M.S., Pine F. e Bergman A. (1981), *La nascita psicologica del bambino*, Bollati Boringhieri, Torino.

Mahoney M.J. (1981), *La psicoterapia e la struttura delle rivoluzioni personali*, Guidano V.F. e Reda M.A., a cura di, *Cognitivismo e psicoterapia*, Franco Angeli, Milano.

Mahoney M.J. (1985a), *Cambiare se stessi*, Astrolabio, Roma.

Mahoney M.J. (1985b), *Psychotherapy and human change processes*, in «American Psychological Association», a cura di, *Psychoterapy research and behavior change*, Apa, Washington.

Mahoney M.J. (1991), *Human change processes: the scientific foundation of psychotherapy*, Basic Books, New York.

Majiore I. (1991), *Il mistero del sogno*, Astrolabio, Roma.

Mancini F. (1996), *L'egodistonia*, in Bara B.G., a cura di, *Manuale di psicoterapia cognitiva*, Bollati Boringhieri.

Mandler G. (1975), *Mind and emotion*, Wiley, New York.

Marchino L. (1995), *La bioenergetica: anima e corpo*, XENIA, Milano.

Marchino L. (1997), *Reich: psicanalisi, sessualità, energia vitale*, Stampa natura e solidarietà, Milano.

Marks I.M. (1978), *Living with fear*, Mc Grow Hill, New York.

Maslow, A. H (1971), *Verso una psicologia dell'essere*, Astrolabio, Roma.

Maslow A. (1973), *Motivazione e personalità*, Armando, Roma.

Masson J.M. (1984), *Assalto alla verità*, Mondadori, Milano.

Masters W.H. e Johnson V.E. (1970), *Patologia e terapia del rapporto coniugale*, in *Problemi di sessuologia*, Feltrinelli, Milano.

Masterson J.F. (1981), *The narcissistic and borderline disorders*, Brunner/Mazel, New York.

Mastropaolo M. (1997) *Il sé rivelato*, Franco Angeli, Milano.

Mathews A.M., Gelder M.G. e Johnston D.W. (1981), *Agoraphobia: nature and treatment*, Guildford, New York.

Mathis M. e Braun R. (1957), *L'aveu chez l'enfant; aspects pychopédagogiques et médico-légaux*, «Revue de Neuropsychiatrie Infantile», 1957, 5.

Maturana H.R. e Varela F.J. (1985), *Autopoiesi e cognizione*, Marsilio, Padova.

Maxwell G. e Anderson R.M., a cura di (1977), *Acting, perceiving and knowing: toward ecological psychology*, Lawrence Elbamm, New York.

McClelland D. (1985), *Human motivation*, Foresman & Co., Glenview, Illinois.

McClelland L., Mynors-Wallis L. et al. (1991), *Sexual abuse, disordered personality and eating disorders*, in Meichenbaum D. (1977), *Cognitive behavior modification*, Plenum, New York.

McDougall J. (1979), *I teatri del corpo: un approccio psicoanalitico ai disturbi psicosomatici*, Raffaello Cortina, Milano.

McDougall J. (1988), *I teatri dell'io: illusione e varietà della scena psicoanalitica*, Raffaello Cortina, Milano.

McGinnies E., Goldstein A.P et al. (1992), *Manuale di insegnamento delle abilità sociali*, Erickson, Trento.

McLean P.D. (1984), *Evoluzione del cervello e comportamento umano*, Einaudi, Torino.

Mead G.H. (1966), *Mente, Sé e società*, Giunti Barbera, Firenze.

Mead M. (1954), *L'adolescente in una società primitiva*, Giunti Barbera, Firenze.

Meichenbaum D. (1977), *Cognitive behavior modification*, Plenum, New York.

Meier A.C. (1993), *L'interpretazione del sogno*, Edizioni Mediterranee, Roma.

Meier A.C. (1994), *Il sogno come terapia*, Edizioni Mediterranee, Roma.

Miall D.S. (1986), *Emotions and the Self: the context of remembering*, «British Journal of Psychology», 77.

Miceli M. e Castelfranchi C. (1995), *Le difese della mente*, La Nuova Italia Scientifica, Roma.

Mill J.S. (1951), *Sistema di logica razionativa e induttiva*, Astrolabio, Roma.

Miller A. (1987), *La persecuzione del bambino. Le radici della violenza*, Bollati Boringhieri, Torino.

Miller A. (1990), *Il dramma del bambino dotato*, Bollati Boringhieri, Torino.

Miller A. (1995), *La fiducia tradita. Violenze e ipocrisie dell'educazione*, Garzanti, Milano.

Miller G., Galanter E. e Pribram K. (1960), *Piani e strutture del comportamento*, Franco Angeli, Milano.

Mindell A. (1991), *Il corpo che sogna*, Red, Como.

Mindell A. (1993), *I messaggi del corpo che sogna*, Red, Como.

Minuchin S., Rosman B.L. e Baker L. (1980), *Famiglie psicosomatiche: l'anoressia mentale nel contesto familiare*, Astrolabio Ubaldini, Roma.

Money Kyrle R., (1972), *All'origine della nostra immagine del mondo*, Armando, Roma.

Montecchi F. (1991), *Problemi psichiatrici in pediatria*, Borla, Roma.

Montecchi F. (1994), *Gli abusi all'infanzia*, La Nuova Italia Scientifica, Roma.

Moreno J. (1987), *Manuale di psicodramma*, Astrolabio, Roma.

Morin E. (1992), *Il metodo*, Feltrinelli, Milano.

Morris D. (1978), *La scimmia nuda*, Euroclub, Milano.

Morris D. (1995), *I gesti nel mondo*, Mondadori, Milano.

Moselli P., a cura di (1988), *Il guaritore ferito la vulnerabilità del terapeuta*, Melusina, Roma.

Mullen P.E., Martin J.L. et al. (1993), *Childhood sexual abuse and mental health in adult life*, «British Journal of Psychiatry», 163.

Murray S. e Davis M.S. (1973), *Intimate relations*, The free press, Macmillan, New York.

Mussen H.P., Conger J.J. e Kagan J. (1981), *Lineamenti dello sviluppo del bambino*, Zanichelli, Bologna.

Musso A. (1990), *Scopri il tuo futuro con i test astropsicologici*, Albero, Milano.

Musso A. (1991), *L'alba della magia*, Gribaudo, Cuneo.

Musso A. (1992), *Il nome della gente*, Albero, Milano.

Musso A. (1993), *Stelle anima corpo*, Libreria Internazionale, Pavia.

Musso A. (1994), *Dialogo corpo mente*, Centro scientifico, Torino.

Musso A. (1998), *Carattere e salute*, Centro scientifico, Torino.

Musso A. (1999a), *Bioenergetica*, Gruppo Futura, Bresso (Milano).

Musso A. (1999b), *Iridologia*, Gruppo Futura, Bresso (Milano).

Musso A. e Gadoni O. (2002), *Vivere bene in coppia*, De Vecchi Editore, Milano.

Musso A. e Gadoni O. (2004a), *I sogni dei bambini*, De Vecchi Editore, Milano.

Musso A. e Gadoni O. (2004b), *Crescere insieme*, De Vecchi Editore, Milano.

Musso A., Gadoni O. e Musso G. (2000), *Il linguaggio segreto del corpo*, Gruppo Futura, Bresso (Milano).

Musso A. e Luban-Plozza B. (2000), *Dialogo medico-paziente*, Centro scientifico, Torino.

Musso A. e Van Wood P. (1990), *Manuale pratico di astrologia*, Albero, Milano.

N

Nathan R. W. (2001), *Le prime fasi di un approccio psico-organismico con una paziente psichiatrica istituzionalizzata: l'incontro con Francesca*, in Pini M., a cura di, *Psicoterapia corporea-organismica. Teoria e pratica clinica*, Franco Angeli, Milano.

Navarro F. (1988), *La somatopsicodinamica*, Discobolo, Pescara.

Navarro F. (1991a), *Somatopsicodinamica delle biopatie*, Discobolo, Pescara.

Navarro F. (1991b), *Caratterologia post-reichiana*, Nuova Ipsa, Palermo.

Navarro F. (1992), *Metodologia della vegetoterapia carattero-analitica*, Bunsen, Napoli.

Navarro F. (2000), *Somatopsicologia. Quando il corpo denuncia i guasti dell'anima*, Idelson-Gnocchi, Napoli.

Neill A. (1998), *Ragazzi felici a Summerhill*, Red, Como.

Neisser U. (1976), *Cognition and reality*, Freeman & Co., San Francisco.

Nigg J.T., Silk K.R., Westen D., Lohr N.E., Gold L.J., Goodrich S. e Ogata S. (1991), *Object representation in the early memories of sexually abused borderline patients*, «American Journal of Psychiatry», 148.

Nisbett R. e Ross L. (1980), *L'inferenza umana*, il Mulino, Bologna.

Neumann E. (1974), *L'uomo creativo e la trasformazione*, Marsilio, Padova.

Neumann E. (1978), *Storia delle origini della coscienza*, Astrolabio, Roma.

O

Ogata S., Silk R., Goodrich S. et al. (1990), *Childhood sexual and physical abuse in adult patients with borderline personality disorder*, «American Journal of Psychiatry»,147.

Ollendorf I. (1978), *Biografia da vicino*, La Salamandra, Milano.

P

Pace G. M. e Baldissera F. (1985), *Sonno, sogno e insonnia*, Mondadori, Milano.

Palmer R.L., Oppenheimer R., Dignon A., Chaloner D.A. e Howells K. (1990), *Childhood sexual experiences with adults reported by women with eating disorders: an extended series*, «British Journal of Psychiatry», 156.

Palmonari A. (1981), *Psicologi: studio socio-psicologico su un processo di professionalizzazione*, il Mulino, Bologna.

Palmonari A. (1989), *Processi simbolici e dinamiche sociali*, il Mulino, Bologna.

Pancheri P. (1980), *Stress, emozioni, malattia*, Mondadori, Milano.

Pancheri P., a cura di (1982), *La depressione psicopatologia, psicosomatica*, Il Pensiero Scientifico, Roma.

Pancheri P. e Biondi M. (1987), *Stress, emozioni e cancro*, Il Pensiero Scientifico, Roma.

Pankow G. (1977), *L'uomo e la sua psicosi*, Feltrinelli, Milano.

Parke R. (1978), *Perspective on father infant, interection*, in Osofsky J.D., a cura di, *Handbook of infancy*, Wiley, New York.

Parks J. (1972), *Il lutto*, Feltrinelli, Milano.

Parmeggiani L. (2000), *Donna di terra donna di luna*, Serarcangeli, Roma.

Pasini W. (1982), *Il corpo in psicoterapia*, Raffaello Cortina, Milano.

Pasini W. (1994), *Il cibo e l'amore*, Mondadori, Milano.

Pazzagli A. e Pallanti S. (1995), *Natura e carattere*, «Kos Rivista di Psichiatria», 105.

Peirone L., a cura di (1991), *L'identità corporea in crisi*, Giuffè, Milano.

Perls F. (1973), *L'approccio della Gestalt*, Astrolabio, Roma,

Piaget J. (1964), *Lo sviluppo mentale del bambino*, Einaudi, Torino.

Piaget J. (1967), *Lo sviluppo mentale del bambino e altri studi di psicopatologia*, Einaudi, Torino.

Piaget J. e Garcia R. (1973), *Esperienza e teoria della causalità*, Laterza, Bari.

Piaget J. e Inhelder B. (1970), *La psicologia del bambino*, Einaudi, Torino.

Piattelli Palmarini M. (1993), *L'illusione di sapere*, Mondadori, Milano.

Piattelli Palmarini M. (1994), *Illusioni cognitive e razionalità umana*, in AA. VV., *Neuroscienze e scienze cognitive*, CUEN, Napoli.

Pierrakos J. (1994), *Corenergetica*, Crisalide, Spigno Saturnia, Latina.

Pierrakos J. (1999), *Amore, eros e sessualità*, Crisalide, Spigno Saturnia, Latina.

Pini M. (1995), *Introduzione all'edizione italiana del testo di M. Brown "Il contatto terapeutico". Introduzione alla psicoterapia organismica*, Melusina, Roma.

Pini M., a cura di (2001), *Psicoterapia corporeo-organismica. Teoria e pratica clinica*, Franco Angeli, Milano.

Platone (1974), *Timeo*, in *Opere*, Sansoni, Firenze.

Plutarco (1983), *Dialoghi delfici*, Adelphi, Milano.

Polanyi M. (1979), *La conoscenza inespressa*, Armando, Roma.

Pompei M. (2002), *Perché proprio tu?*, Antalia, Roma.

Pope A., McHale S. e Craighead E. (1992), *Migliorare l'autostima*, Erickson, Trento.

Pope H.G. e Hudson J.I. (1992), *Is childhood sexual abuse a risk factor for bulimia nervosa?*, «American Journal of Psychiatry», 149.

Popper K.R. (1975), *Conoscenza oggettiva*, Armando, Roma.

Popper K.R. (1975), *The rationality of scientific revolution*, in Harrè R., a cura di, *Problem of scientific revolutions*, Clarendon, Oxford.

Popper K.R. e Eccles J.C. (1981), *L'io e il suo cervello*, Armando, Roma.

Pribaz A. (2001), *Psicoterapia organismica: un approccio fondato sulla relazione*, in Pini M., a cura di, *Psicoterapia corporeo-organismica. Teoria e pratica clinica*, Franco Angeli, Milano.

Pribram K.M. (1976), *I linguaggi del cervello*, Franco Angeli, Milano.

Prigogine I. (1979), *La nuova alleanza*, Longanesi, Milano.

Prigogine I. (1985), *La scienza e l'uomo*, in «Prometeo», 10.

Progroff I. (1975), *Le dimensioni non causali dell'esperienza umana*, Astrolabio, Roma.

Puech H.C. (1985), *Sulle tracce della gnosi*, Adelphi, Milano.

Pujade R.C. (1978), *Espressione corporea, il linguaggio silenzioso*, Edizioni del corpo, Milano.

R

Raknes O. (1972), *Wilhelm Reich e l'orgonomia*, Astrolabio, Roma.

Rapaport D. (1977), *Affettività e pensiero nella teoria psicoanalitica*, Franco Angeli, Milano.

Reda M.A. (1980), *The concept of solitude at the age of six*, Conferenza in onore di John Bowlby, Cagliari.

Reda M.A. e Liotti G. (1982), *Il modello cognitivo comportamentale della depressione*, in Cassano G.B., a cura di, *La condizione depressiva*, Masson, Milano.

Reda M.A. e Mahoney M.J. (1984), *Cognitive psychotherapies: recent development in theory, research and practice*, Ballinger, Cambridge, Massachussetts.

Reda M.A. (1986), *Sistemi cognitivi complessi e psicoterapia*, La Nuova Italia Scientifica, Roma.

Redfield J. (1995), *La profezia di Celestino*, Corbaccio, Milano.

Reich W. (1961), *La teoria dell'orgasmo e altri scritti*, Lerici, Milano.

Reich W. (1963), *La rivoluzione sessuale*, Feltrinelli, Milano.

Reich W. (1971), *Psicologia di massa del fascismo*, SugarCo, Milano.

Reich W. (1972), *L'irruzione della morale sessuale coercitiva*, SugarCo, Milano.

Reich W. (1972), *L'assassinio di Cristo*, SugarCo, Milano.

Reich W. (1973), *Ascolta piccolo uomo*, SugarCo, Milano.

Reich W. (1975), *Analisi del carattere*, SugarCo, Milano.

Reich W. (1975), *La scoperta dell'orgone* (vol. I); *La funzione dell'orgasmo* (vol. II); *La biopatia del cancro*, SugarCo, Milano.

Reich W. (1975), *Superimposizione cosmica*, SugarCo, Milano.

Reich W. (1977), *La funzione dell'orgasmo*, SugarCo, Milano.

Reich W. (1977), *Scritti giovanili*, voll. I e II (1920-25), SugarCo, Milano.

Reich W. (1978), *Individuo e stato*, SugarCo, Milano.

Reich W. (1979), *Reich parla di Freud*, Sugarco, Milano.

Reich W. (1980), *Il carattere pulsionale*, SugarCo, Milano.

Reich W. (1980), *Genitalità* o *Scritti giovanili*, vol. III, SugarCo, Milano.

Reich W. (1980), *Conflitti libidici fantasie deliranti*, SugarCo, Milano.

Reich W. (1981), *Il tic come equivalente della masturbazione*, SugarCo, Milano.

Reich W. (1981), *Esperimenti bionici sull'origine della vita*, SugarCo, Milano.

Reich W. (1981), *Il coito e i sessi*, SugarCo, Milano.

Reich W. (1983), *Sessualità e angoscia*, SugarCo, Milano.

Reich W. (1987), *Etere. dio e diavolo*, SugarCo, Milano.

Reich W. (1987), *Bambini del futuro*, SugarCo, Milano.

Reich W. (1990), *Passioni di gioventù (1919-25)*, SugarCo, Milano.

Reite M. e Field T., a cura di (1985), *The psychobiology of attachment and separation*, Academic Press, New York.

Rinsley D.B. (1982), *Borderline and other self disorders*, Aronson, New York.

Rispoli L. (1985), *Il corpo e le psicoterapie*, Idelson, Napoli.

Rispoli L., Cesaro Nunziante A., Valerio P. e Dolce C.G. (1987), *Formazione e ricerca in psicologia clinica e psicoterapia*, Bulzoni, Roma.

Rispoli L. e Andriello B. (1988), *Psicoterapia corporea e analisi del carattere*, Bollati Boringhieri, Torino.

Rispoli L. (1991), *Il corpo nel pensiero scientifico e nella psicologia clinica* e *Il modello del Sé funzionale in psicoterapia corporea*, in Peirone L., a cura di, *L'identità corporea*, Giuffré, Milano.

Rispoli L. (1992), *Terapia tra corpo e psiche*, Riza Scienze, Milano.

Rispoli L. (1993a), *Psicologia funzionale del Sé*, Astrolabio, Roma.

Rispoli L. (1993b), *I modelli psicologici-clinici a supporto dei servizi psichiatrici: la psicoterapia corporeo-caratteriale*, in Benvenuto S. e Nicolaus O., a cura di, *La bottega dell'anima*, Franco Angeli, Milano.

Rispoli L. (1996), *Le esperienze fondamentali del Sé come nucleo centrale della psicoterapia*, in Piccini F. e Bavestrello D., a cura di, *Insuccessi in psicoterapia*, Franco Angeli, Milano.

Rispoli L. (1998a), *La psicoterapia corporea e il suo sviluppo funzionale*, in Cionini L., a cura di, *Le psicoterapie. Modelli a confronto*, Carocci, Roma.

Rispoli L. (1998b), *La psicoterapia funzionale corporea: verso un modello complesso e multidimensionale*, in Lo Verso G. e Ceruti M., a cura di, *Epistemologia e psicoterapia*, Raffaello Cortina, Milano.

Rispoli L. (1999), *La vegetoterapia carattero-analitica e il caso di Emma*, in «Psicoterapia e Scienze Umane», XXI, 4.

Ross C.A., Heber S. et al. (1989), *Differences between multiple personality and other diagnostic groups on structured interview.* «Journal of Nervous and Mental Disease», 177.

Ross C.A., Miller S.D. et al. (1990), *Structure interview data on 102 cases of multiple personality disorder from four centers,* «American Journal of Psychiatry», 147.

Rossi E. (1987), *La psicobiologia della guarigione psicofisica*, Astrolabio, Roma.

Rossi E. e Nimmon D. (1993), *Autoregolazione del sistema mente-corpo*, Astrolabio, Roma.

Rudas N. (1984), *L'adolescenza come "organizzatore". Brevi note psicologiche e psicopatologiche*, «Nps», 1.

Rudhyar D. (1989), *Studio astrologico dei complessi psicologici*, Astrolabio, Roma.

Ruesch J. (1957), *Disturbed communication*, Norton, New York.

Ruggeri V. (1984), *Studi clinici sul sogno*, Edizioni Sirp, Roma.

Ruggieri V. (1988), *Verso una psicosomatica da lavoro*, Kappa, Roma.

Ruggieri V. (1997), *L'esperienza estetica*, Armando, Roma.

Ruggieri V. (1999), *Mente corpo malattia*, Il Pensiero Scientifico, Roma.

Ruggieri V. (2000), *Semeiotica dei processi psicofisiologici e psicosomatici*, Il Pensiero Scientifico, Roma.

Ruggieri V. (2001), *L'identità in psicologia e teatro. Analisi psicofisiologica della struttura dell'Io*, Ma.Gi., Roma.

Ruggieri V. e Fabrizio M.E. (1994), *La problematica corporea nell'analisi e nel trattameno dell'anoressia mentale*, Edizioni Universitarie Romane, Roma.

Ruggieri V. e Giustini S. (1998), *Contatto interpersonale: test, analisi e problematiche psicofisiologiche*, Edizioni Universitarie Romane, Roma.

Ruggieri V., Lombardo Radice M. e Venturini R. (1979), *Sistema neurovegetativo e personalità*, Bulzoni, Roma.

Ruspoli De Charbonnieres N. (1989), *La mano, energia armonia azione*, Edizioni Mediterranee, Roma,

Russell B. (1975), *I problemi della filosofia*, Feltrinelli, Milano.

Rycroft C. (1972), *Che cosa ha veramente detto Reich*, Ubaldini, Roma.

S

Sacco G. e Sperini M. (1990), *Alla ricerca dell'energia vitale. L'orgonomia di W. Reich*, Melusina, Roma.

Sacco G. e Sperini M. (1998), *Wilhelm Reich: bibliografia ragionata*, Andromeda, Bologna.

Salzman L. (1973), *The obsessive personality*, Aronson, New York.

Sander L.W. (1975), *Infant and caretaker environment*, in Antony E.T., a cura di, *Exploration in child psychiatry*, Plenum, New York.

Santoanastaso P. e Pantano M. (1992), *Il trattamento dei disturbi della condotta alimentare nella prospettiva psicoanalitica*, in Cassano G.B. et al., *Trattato italiano di psichiatria*, Masson, Milano.

Sapir M., Reverchon F. et al. (1980), *Il rilassamento*, Astrolabio, Roma.

Schafer R. (1984), *L'atteggiamento analitico*, Feltrinelli, Milano.

Schaneider M. (1984), *Gli animali simbolici*, Rusconi, Milano.

Schatzman N. (1973), *La famiglia che uccide*, Feltrinelli, Milano.

Schellenbaum P. (1997), *Il bambino nascosto dentro di noi*, Red, Como.

Schilder P. (1978), *Immagine di sé e schema corporeo*, Franco Angeli, Milano.

Schultz J.H. (1976), *Il training autogeno* (voll. I e II), Feltrinelli, Milano.

Schutz W.C. (1969), *La gioia*, Bompiani, Milano.

Schutz W.C. (1978), *I gruppi d'incontro*, Celuc, Milano.

Schutzenberger A.A. e Sauret M.J. (1978), *Il corpo e il gruppo*, Astrolabio, Roma.

Schwarz I., Biedermann H. (1974), *Il libro dei segni e dei simboli*, Bietti, Milano.

Seligman M.E.P. (1975), *Helplessness*, Freeman, San Francisco.

Seligman M.E.P. (2006), *Imparare l'ottimismo*, Giunti, Firenze.

Seligman M.E.P. e Rosenhan D.L. (1997), *Abnormality*. Norton, New York.

Selvini Palazzoli M. (1981), *L'anoressia mentale*, Feltrinelli, Milano.

Shaw B.F. (1979), *The theoretical and experimental foundation of a cognitive model for depression*, in Pliner P., Blankestein et al., a cura di, *Perception of emotions in Self and other*, Plenum, New York.

Shearer S.L., Peters C.P. et al. (1990), *Frequency and correlates childhood sexual and physical abuse histories in adult female borderline inpatients*, «American Journal of Psychiatry», 147.

Sheldon W.H. (1940), *The varieties of human physique*, Harper Brothers, New York.

Sicurelli E. (1992), *La felicità. Argomenti di psicologia umanistica*, Giuffré, Milano.

Siegel D.J. (2001), *La mente relazionale*, Raffaello Cortina, Milano.

Singer J.L. e Pope K.S. (1978), *The power of human imagination*, Plenum, New York.

Sirtori C. (1987), *Vincere la vita*, De Agostini, Novara.

Slade P. (1982), *Towards a functional analysis of anorexia nervosa and bulimia nervosa*, «British Journal of Clinical Psychology», 21.

Smolak L., Levine M.P. e Sullins E. (1990), *Are child sexual experiences related to eating disordere attitudes and behaviours in a college sample?*, in «Interantional Journal of Eating Disorders», 9.

Solyom L., Silberfeld M. e Solyom M. (1976), *Maternal overprotection in the etiology of agoraphobia*, in «Canadian Psychiatry Association Journal», 21.

Spitz R.A. (1946), *Analitic depression*, in «Psichoanalitic Studies of Child», 2.

Spiegel D., Hunt T. e Dondershine H.E. (1988), *Dissociation and hypnotizability in posttraumatic stress disorder*, «American Journal of Psychiatry», 145.

Spranger E. (1930), *Lebensformen*, Lipsia.

Sroufe L.A., Mitchel P. (1982), *Emotional development in infancy*, in Osofsky J., a cura di, *Handbook of infancy research*, in «Merril Palmer Quarterly», 23.

Stern D. (1982), *Le prime relazioni sociali: il bambino e la madre*, Armando, Roma.

Stern D. (1987), *Il mondo interpersonale del bambino*, Bollati Boringhieri, Torino.

Stern D. (1995), *La costellazione materna. Il trattamento psicoterapeutico della coppia madre-bambino*, Bollati Boringhieri, Torino.

Stern D. (1998), *Le interazioni madre-bambino nello sviluppo e nella clinica*, Raffaello Cortina, Milano.

Stern D., Brushweiler Stern N. e Freeland A. (2000), *Nascita di una madre*, Mondadori, Milano.

Stern W. (1911), *Die differentielle Psychologie*, Barth, Lipsia.

Stettbacher J.K. (1991), *Perché la sofferenza*, Garzanti, Milano.

Stevens A. (1982), *Archetypes. A natural history of the Self*, Routledge, Londra.

Stuart G.W., Laraia M.T. et al. (1990), *Early family experiences of women with bulimia and depression*, «Archive of Psychiatric Nursery», 4.

Sullivan H.S. (1956), *Obsessionalism*, in Perry S.H., *Clinical studies in psychiatry*, Norton, New York.

T

Tajfel H. (1978), *Introduzione alla psicologia sociale*, il Mulino, Bologna.

Tajfel H. (1981), *Gruppi umani e categorie sociali*, il Mulino, Bologna.

Tajfel H. (1982), *Social identity and intergroup relations*, Cambridge University Press, Cambridge.

Tart C.T. (1977), *Stati di coscienza*, Astrolabio, Roma.

Teasdale J.D. (1981), *Negative thinking in depression: cause, effect, or reciprocal interaction?*, International congress of cognitive therapy, Lisbona.

Teofrasto (1994), *I caratteri*, Garzanti, Milano.

Tolya J. e Speciani F. (2000), *Pensare col corpo*, Zelig, Milano.

Tomatis A. (1992), *L'orecchio e la vita*, Baldini & Castoldi, Milano.

Tombolini L. (1994), *Il trattamento di un disturbo dissociativo nella prospettiva della psicologia analitica*, in Liotti G., a cura di, *La discontinuità della coscienza. Eziologia, diagnosi e psicoterapia dei disturbi dissociativi*, Franco Angeli, Milano.

Tomkins S. (1962-63), *Affect, imagery, counsciousness*, Springer, New York.

Torre A. e Ravaglia G. (1977), *Tema caratteriale, il percorso della terapia*, Melusina, Roma.

Trevi M. (1986), *Metafore del simbolo*, Raffaello Cortina, Milano.

Tulving E. (1973), *Episodic and semantic memory*, in Tulving E. e Donaldson W., a cura di, *Organization of memory*, Academic Press, New York.

Turner J.C. et al. (1987), *Rediscovering the social group: a Self-categorization theory*, Blackwell, Oxford.

V

Van Gennep A. (1981), *I riti di passaggio*, Bollati Boringhieri, Torino.

Vaughn C.E. e Leff J.P. (1976), *The infuence of family and social factors on the course of psychiatric illness*, in «British Journal of Psychiatry» 129.

Von Franz M.L. (1985), *L'asino d'oro*, Bollati Boringhieri, Torino.

Von Franz M.L. (1989), *L'eterno fanciullo*, Red, Como.

Y

Young J. e Beck A.T. (1982), *Cognitive therapy: clinical application*, in Rush A.J., a cura di, *Short term psychotherapies for depression*, Wiley, New York.

W

Waller G. (1991), *Sexual abuse as a factor in eating disorders*, in «British Journal of Psychiatry», 159.

Waller G. (1992), *Sexual abuse and the severity of bulimic symptoms*, in «British Journal of Psychiatry», 161.

Waller G. (1993), *Sexual abuse and eating disorders. Borderline personality disorder as a mediating factor?*, in «British Journal of Psychiatry», 162.

Walsh R. e Vaughan F., a cura di (1980), *Beyond Ego*, Jeremy P. Tarcher, Los Angeles.

Watzlawick P. (1971), *Pragmatica della comunicazione umana*, Astrolabio, Roma.

Watzlawick P., a cura di (1988), *La realtà inventata*, Feltrinelli, Milano.

Webster A.S. (1953), *The development of phobias*, in «Psychological Monographies», 367.

Weimer W.B. (1977a), *The psychology of interference and expectation; some preliminary remarkes*, in Maxwell G. e Anderson R.M., a cura di, *Acting, perceiving and knowing: toward echological psychology*, Lawrence Elbamm, New York.

Weimer W.B. (1977b), *A conceptual framework for cognitive psychology*, in Maxwell G. e Anderson R. M., a cura di, *Acting, perceiving and knowing: toward echological psychology*, Lawrence Elbamm, New York.

Weitman S. (1995), *On the elementary forms of socioerotic life*, Pro manuscripto, Università di Tel Aviv.

Welch S.R. e Fairburn C.G. (1994), *Sexual abuse and bulimia nervosa: three integrated case control comparison*, in «American Journal of Psychiatry», 151.

Wharton E. (1993), *L'età dell'innocenza*, Corbaccio, Milano.

Willi J. (1992), *Che cosa tiene insieme le coppie*, Mondadori, Milano.

Willi J. (1993), *Le collusioni di coppia*, Franco Angeli, Milano.

Wilson, E.O. (1979), *Sociobiologia: la nuova sintesi*, Zanichelli, Bologna.

Winnicott D.W. (1973), *Il bambino e il mondo esterno*, Giunti, Firenze.

Winnicott D.W. (1975), *Dalla pediatria alla psicoanalisi*, Martinelli, Firenze.

Winnicott D.W. (1981), *Sviluppo affettivo e ambiente*, Armando, Roma.

Wolkind S., Hall F. e Pawlby S. (1977), *Individual differences in mothering behavior: a combined epidemiological and observational approach*, in Grahman P.J. a cura di, *Epidemiological approach in child psychiatry*, Academic Press, New York.

Wolpe J. (1980), *Cognitive behavior and its role in psychotherapy: an integrative account*, in Mahoney M.J., a cura di, *Psychotherapy process*, Plenum, New York.

Wyss D. (1979), *Storia della psicologia del profondo*, Città Nuova, Roma.

Z

Zabini A. (1996), *Reich e il segreto dei dischi volanti*, Tre Editori, Roma.

Zajonc R.B. (1980), *Feelings and thinking: preferences need no inferences*, in «American Psychologist», 35.

Zappella M. (1984), *Non vedo, non sento, non parlo*, Mondadori, Milano.

Zerbetto R. (1994), *Il Sé come membrana: modello, metafora, epistème*, in Zerbetto R., a cura di, *Psicoterapia della Gestalt. Per una scienza dell'esperienza*, Centro Studi Psicosomatica, Roma.

Zetzel E. e Meissner W. (1985), *Psichiatria psicoanalitica*, Bollati Boringhieri, Torino.

Zolla E. (1988), *Archetipi*, Marsilio, Padova.

Zucconi Mazzini E. (1980), *Analisi bioenergetica del carattere psicopatico*, Edizioni Mediterranee, Roma.

Zwang G. (1982), *Sessuologia*, Masson, Milano.

Approccio alla famiglia

AA.VV. (1999), *Il Garante per l'infanzia in Europa. Nuovi strumenti per aiutare bambini e adolescenti*, atti della conferenza europea di Bruxelles, 19 giugno 1999, I quaderni.

Affidamento condiviso dei figli in caso di separazione dei genitori, Legge n. 54 dell'8 feb. 2006, «Gazzetta Ufficiale», 1 marzo 2006.

Andolfi M., a cura di (1988), *La famiglia trigenerazionale*, Bulzoni, Roma.

Andolfi M., a cura di (2001), *Il padre ritrovato*, Franco Angeli, Milano.

Andolfi M. e Angelo C. (1988), *Tempo e mito in psicoterapia familiare*, Bollati Boringhieri, Torino.

Andolfi M., Angelo C., e De Nichilo M., a cura di (1997), *Sentimenti e sistemi*, Raffaello Cortina, Milano.

Boszormenyi-Nagy I. e Spark G.M. (1988), *Lealtà invisibili*, Astrolabio, Roma.

Bowen M. (1979), *Dalla famiglia all'individuo. La differenziazione del sé nel sistema familiare*, Astrolabio, Roma.

De Filippis B. (2006), *Affidamento condiviso dei figli nella separazione e nel divorzio*, Cedam, Padova.

Framo J. (1996), *Terapia intergenerazionale*, Raffaello Cortina, Milano.

Maglietta M. (2006), *L'affidamento condiviso dei figli*, Franco Angeli, Milano.

Montagano S. e Pazzaglia A. (1989), *Il genogramma*, Franco Angeli, Milano.

Petruccelli F. e Petruccelli I. (2004), *Argomenti di psicologia giuridica*, Franco Angeli, Milano.

Scabini E. e Cigoli V. (2000), *Il famigliare*, Raffaello Cortina, Milano.

Whitaker C. (1990), *Considerazioni notturne di un terapeuta della famiglia*, Astrolabio, Roma.

Williamson D.S. (1982), *La conquista dell'autorità personale nel superamento del confine gerarchico intergenerazionale*, in «Terapia Familiare», vol. 11, A.P.F., Roma.

Devianze sociali (mobbing, stalking)

Dominaci R.(2003), *Il danno alla persona*, in Montesarchio G. e Dominaci R., *Il danno psichico*, Franco Angeli, Milano.

Ege H. (2003), *La valutazione peritale del danno da mobbing*, Giuffrè, Milano.

Hirigoyen M.F. (2000), *Molestie morali. La violenza perversa nella famiglia e nel lavoro*, Einaudi, Torino.

Galeazzi G.M. e Curci P. (2003), *La sindrome delle molestie assillanti (stalking)*, Bollati Boringhieri, Torino.

Leymann H. e Gustafsson A. (1996), *Mobbing at work and the development of post-traumatic stress disorders*, in *Mobbing and victimization at work*, «European Journal of Work and Organizational Psychology», vol. 5, n. 2.

Meloy J.R. (1998), *The psychology of stalking*, Academic Press, Washington.

Mullen P.E. et al. (1999), *A study of stalkers*, «American Journal of Psychiatry», n. 156, 1244-1249.

Oliviero Ferraris A. (2001), *Stalker il persecutore*, «Psicologia Contemporanea», n. 164, 18-25.

Petruccelli I. e Petruccelli F. (2008), *Introduzione alla psicologia giuridica*, Franco Angeli, Milano.

Rossati A. e Magro G. (1999), *Stress e burnout*, Carocci, Milano.

Il bambino

Ackerman N. (1967), *Psicodinamica della vita familiare*, Bollati Boringhieri, Torino.

Ackerman N. (1988), *Il ruolo della famiglia nell'insorgenza dei disturbi del bambino*, in «Terapia Familiare», n. 27, A.P.F., Roma.

Andolfi M. (1994), *Il bambino come consulente in terapia*, in Andolfi M. e Haber R., a cura di, *La consulenza in terapia familiare*, Raffaello Cortina, Milano.

Cirillo S. e Di Blasio P. (1989), *La famiglia maltrattante*, Raffaello Cortina, Milano.

D'Andrea A. (2000), *I tempi dell'attesa*, Franco Angeli, Milano.

Fivaz-Depeursinge E. e Corboz-Warnery J. (2000), *Il triangolo primario*, Raffaello Cortina, Milano.

Stern D. (1987), *Il mondo interpersonale*, Bollati Boringhieri, Torino.

Stern D. (1995), *La costellazione materna*, Bollati Boringhieri, Torino.
«Terapia Familiare» (1994), *L'infanzia negata* (n. speciale), 46, A.P.F., Roma.

La dislessia

Cornoldi C., Cazzaniga S., Poli S. e Tressoldi P.E. (2005), *Dislessia trattamento sublessicale: attività di recupero su analisi sillabica, gruppi consonantici e composizione di parole*, Erickson, Gardolo (TN).
Riccardi Ripamonti I. (2003), *Le difficoltà di letto-scrittura. 2. La decodifica della lettura: attività visuo-percettive*, Erickson, Gardolo (TN).
Sartori G. (1984), *La lettura: processi normali e dislessia*, il Mulino, Bologna.
Stella G. (2001), *In classe con un allievo con disordini dell'apprendimento*, Fabbri, Milano.

Il metodo psicologico

Baldascini L. (2002), *Legami terapeutici*, Franco Angeli, Milano.
Bateson G. (1976), *Verso un'ecologia della mente*, Adelphi, Milano.
Bocchi G. e Ceruti M., a cura di (1987), *La sfida della complessità*, Feltrinelli, Milano.
Bowlby J. (1989), *La base sicura*, Raffaello Cortina, Milano.
Bying-Hall J. (1988), *Le trame familiari*, Raffaello Cortina, Milano.
Horney K. (1981), *Nevrosi e sviluppo personale*, Astrolabio, Roma.
Hutten E.H. (1975), *La scienza contemporanea: informazione, spiegazione, significato*, Armando, Roma.
Kernberg O. (1985), *Mondo interno e realtà esterna*, Bollati Boringhieri, Torino.
Liotti G. (1994), *La dimensione interpersonale della coscienza*, NIS, Roma.
Lo Verso G. e Di Maria F. (1995), *La psicodinamica dei gruppi*, Raffaello Cortina, Milano.
Ugazio V. (1988), *La costruzione della conoscenza*, Franco Angeli, Milano.
Winnicott D.W. (1992), *Gioco e realtà*, Armando, Roma.

La coppia e le sue crisi di sviluppo

Andolfi M., a cura di (1999), *La crisi della coppia*, Raffaello Cortina, Milano.
Carli L., a cura di (1995), *Attaccamento e rapporto di coppia*, Raffaello Cortina, Milano.
Norsa D. e Zavattini G.C. (1997), *Intimità e collusione*, Raffaello Cortina, Milano.
Schnarch D. (1998), *La passione nel matrimonio*, Raffaello Cortina, Milano.

L'adolescente

Andolfi M., Forghieri P., a cura di (2002), *Adolescenti tra scuola e famiglia*, Raffaello Cortina, Milano.

Baldascini L. (1993), *Vita da adolescenti*, Franco Angeli, Milano.

Galimberti U. (2008), *L'ospite inquietante, il nichilismo tra i giovani*, Feltrinelli, Milano.

Kernberg O. (1995), *Il paziente borderline*, Bollati Boringhieri, Torino.

Pietropolli Charmet G. (2000), *I nuovi adolescenti*, Raffaello Cortina, Milano.

La terapia familiare

Bertrando P. e Toffanetti D. (2000), *Storia della terapia familiare. Le persone, le idee*, Raffaello Cortina, Milano.

Giacometti K. (1979), *Terapia familiare: un modello di sviluppo e una proposta di classificazione*, in «Terapia Familiare», vol. 6, A.P.F., Roma.

Hoffman L. (1974), *Principi di terapia familiare*, Astrolabio, Roma.

«Terapia Familiare» (novembre 1995 e novembre 1996), *Itinerari di formazione* (numeri speciali), n.49 e 52, A.P.F., Roma.

Nuove dipendenze

Chopra D. e Simon D. (2008), *Guarigione emozionale: liberarsi dalle dipendenze*, Tecniche Nuove, Milano.

Goleman D. (2002), *Intelligenza emotiva*, Rizzoli, Milano.

Guerreschi C. (2005), *New addictions. Le nuove dipendenze*, San Paolo Edizioni, Torino.

Guerreschi C. (2009), *Workaholic. Dipendenza da lavoro: come curarla*, Guerini e Associati, Milano.

Lavanco G. e Milio A. (2006), *Psicologia della dipendenza dal lavoro. «Work addiction» e «workaholics*, Astrolabio Ubaldini, Roma.

Osservazione, diagnosi e valutazione relazionale

Andolfi M. (2003), *Manuale di psicologia relazionale*, A.P.F., Roma.

Andolfi M., Angelo C. e D'Atena P. a cura di (2001), *La terapia narrata dalle famiglie*, Raffaello Cortina, Milano.

Malagoli Togliatti M. eTelfener U. (1991), *Dall'individuo al sistema*, Bollati Boringhieri, Torino.

Minuchin S. (1976), *Famiglie e terapia della famiglia*, Astrolabio, Roma.

Scheflen A.R. (1977) *Il linguaggio del comportamento*, Astrolabio, Roma.

«Terapia Familiare», (1985), *Famiglia individuo* (numero speciale), 19, A.P.F., Roma.

«Terapia Familiare», (1989), *Famiglia individuo e scelte cliniche* (numero speciale), 31, A.P.F., Roma.

Wynne L.C, Shields C.G. e Sirikin M.I. (1992), *Malattia, teoria sulla famiglia e terapia familiare*, in «Terapia Familiare», 40, novembre, A.P.F., Roma.

Pedofilia

AA.VV. (2002), *I maltrattamenti e gli abusi sui bambini. Prevenzione e individuazione precoce*, Franco Angeli, Milano.

AA.VV. (2003), *L'abuso sessuale infantile e la pedofilia. L'intervento sulla vittima*, Franco Angeli, Milano.

Cantarella E. (1995), *Secondo natura. La bisessualità nel mondo antico*, Rizzoli, Milano.

Howitt D. (2000), *Pedofilia e reati sessuali contro i bambini*, Centro Scientifico, Torino.

Oliverio Ferraris A. e Graziosi B. (2001), *Pedofilia*, Laterza, Roma-Bari.

Oliverio Ferraris A. e Graziosi B. (2004), *Il volto e la maschera. Il fenomeno della pedofilia e l'intervento educativo*, Valore Scuola, Roma.

Parsi M.R. (2000), *Le mani sui bambini. Storie cliniche di abusi infantili*, Mondadori, Milano.

Rialti S. e Petrone L.B. (2000), *Chi ha paura del lupo cattivo? Manuale di prevenzione degli abusi sessuali per genitori, insegnanti, operatori*, Franco Angeli, Milano.

Schinaia C. (2001), *Pedofilia, pedofilie. La psicoanalisi e il mondo del pedofilo*, Bollati Boringhieri, Torino.

Zattoni Gillini M. e Gillini G. (1998), *Contro il drago. Abusi sessuali sui minori: storie e itinerari di guarigione*, Queriniana, Brescia.

Processo di individuazione e individualità

Aliprandi M., Pelanda E. e Senise T. (1990), *Psicoterapia breve e individuazione*, Feltrinelli, Milano.

Ammaniti M., a cura di (1989a), *Il concetto di Sé: crocevia di discipline psicologiche e biologiche*, «Età evolutiva», 32.

Ammaniti M., a cura di (1989b), *La nascita del Sé*. Laterza, Roma-Bari.

Cicchetti D. e Bukowski W. M. (1995), *Developmental processes in peer relations and psychopahtology*, in «Development and Psychopathology», 7.

Cristiani C., a cura di (1992), *La conquista del Sé*, Unicopli, Milano.

Cross S.E. e Madson L. (1997), *Elaboration of models of the self: reply to Baumeister and Sommer, and Martin and Ruble*, in «Psychological Bulletin», vol. 122, 1.

Fattori Cornoldi L. (1991), *Processo di separazione-individuazione e acquisizione di identità sessuale*, in «Psichiatria dell'infanzia e dell'adolescenza», vol. 58.

Garmezy N. (1988), *Longitudinal strategies, causal reasoning and risk research: a commentary*, in Rutter M., a cura di, *Studies of psychosocial risk: the power of longitudinal data*, Cambridge University Press, Cambridge.

Grazzani Gavazzi I., Groppo M. et al. (1998), *Adolescenti, emozioni e narrazioni di sé*, in «Età evolutiva», 61.

Hughes J.N., Cavell T.A. e Grossman P. B. (1997), *Positive view of self: risk or protection pro aggressive children?*, in «Development and Psychopatology», 9.

Jeammet P., (1997), *Ideale dell'Io e processo di idealizzazione in adolescenza*, «Adolescenza», 8.

Kelly G.H. (1955), *The psychology of personal constructs*, Norton, New York.

Menesini E. (1999), *Relazioni tra coetanei in età scolare: processi evolutivi e fattori di rischio. Una rassegna di studi*, in «Psicologia Clinica dello Sviluppo», 1.

Moscovici S. (1997), *La relazione con l'altro*, Raffaello Cortina, Milano.

Oatley K., Grazzani I. e Marchetti A. (1994), *Diario delle emozioni del bambino*, Dipartimento di Psicologia (CRTI), Università Cattolica, Milano.

Parker J.G. e Asher S.R. (1993), *Friendship and friendship quality in middle childhood: links with peer group acceptance and feelings of loneliness and social dissatisfaction*, in «Developmental Psychology», 29.

Perussia F., a cura di (1997), *Materiali di psicologia sociale e della personalità*, vol. 1, Celid, Torino.

Richardis M. (1992), *L'integrazione del bambino in un mondo sociale*, Franco Angeli, Milano.

Scabini E. (1996), *Genere e generazioni nella famiglia con adolescenti*, in «Psicologia Contemporanea», 136.

Tajfel H. (1995), *Gruppi umani e categorie sociali*, il Mulino, Bologna.

Sessualità e genere

Beauvoir S. de (1994), *Il secondo sesso*, Il Saggiatore, Milano

Bonaparte M. (1972), *La sessualità nella donna*, Newton Compton, Roma.

Freud S. (1970a), *Frammento di un'analisi di un'isteria*, in *Opere*, vol. IV, Bollati Boringhieri, Torino.

Freud S. (1970b), *Tre saggi sulla teoria sessuale*, in *Opere*, vol. IV, Bollati Boringhieri, Torino.

Freud S. (1972), *Le teorie sessuali infantili*, in *Opere*, vol. V, Bollati Boringhieri, Torino.

Freud S. (1977a), *L'organizzazione genitale infantile*, in *Opere*, vol. IX, Bollati Boringhieri, Torino.

Freud S. (1977b), *Il tramonto del complesso edipico*, in *Opere*, vol. X, Bollati Boringhieri, Torino.

Freud S. (1978), *Alcune conseguenze psichiche della differenza anatomica dei sessi*, in *Opere*, vol. X, Bollati Boringhieri, Torino.

Freud S. (1979a), *Sessualità femminile*, in *Opere*, vol. XI, Bollati Boringhieri, Torino.

Freud S. (1979b), *La femminilità*, in *Introduzione alla psicoanalisi*, in *Opere*, vol. XI, Bollati Boringhieri, Torino.

Horney K. (1973), *Psicologia femminile*. Armando, Roma.

Jung C.G. e Kerényi K. (1972), *Prolegomeni allo studio scientifico della mitologia*, Bollati Boringhieri, Torino.

Klein M. (1969), *Invidia e gratitudine*, Martinelli, Firenze.

Lacan J. (1974), *Scritti*, vol. I, Einaudi, Torino.

Serbin L.A. e O'Leary K.D. (1978), *Come tappare la bocca alle bambine fin dalla scuola materna*, in «Psicologia contemporanea», n. 28.

Tecniche d'animazione

Bernie W. (1995), *Arteterapia in educazione e riabilitazione*, Erickson, Trento.

Chade José J. e Temporini A. (2000), *Centodieci giochi per ridurre l'handicap. Attività di gruppo per l'integrazione*, Erickson, Trento.

Edwards C., Lella G. e Forman G. (1995), *I cento linguaggi dei bambini*, Edizioni Junior, Torino.

Freeman J. (1995), *La sindrome della bella addormentata*, Bollati Boringhieri, Torino.

Giordano E. (1999), *Fare arteterapia*, Cosmopolis, Torino.

Leone L. e Prezza M. (1999), *Costruire e valutare i progetti nel sociale*, Franco Angeli, Milano.

Loos S. (1989), *Novantanove giochi cooperativi*, Gruppo Abele, Torino.

Loos S., Dell'Aquila L. (1992), *Naturalmente giocando*, Gruppo Abele, Torino.

Manes S. (1999), *Sessantotto nuovi giochi per la conduzione dei gruppi*, Franco Angeli, Milano.

Maniotti P. (1997), *Il mondo in gioco*, Gruppo Abele, Torino.

Marchiori A. e Draghi B. (1999), *Giochi per parlare. Sessantanove giochi nella scuola di base e nel biennio*, La Meridiana, Molfetta.

Novara D. e Passerini E. (1999), *La strada dei bambini*, Gruppo Abele, Torino.

Rodari G. (1973), *Grammatica della fantasia*, Einaudi, Torino.

Sul web

Medicina

www.medicitalia.it (Federazione Ordine dei medici d'Italia)

www.fism.it (Federazione società medico scientifiche)

www.iss.it (Istituto superiore di sanità)

www.psichiatria.it (Società italiana di psichiatria)

www.sinpia.eu (Società italiana di neuropsichiatria infantile)

www.normalarea.com (Associazione di psichiatria sociale e tossicodipendenza)

www.federserd.it (Associazione contro le dipendenze)

www. infocuore.splinder.com
Il cuore e la psiche si incontrano sul web. Articoli, forum, sondaggi e mailing list.

Pedagogia

www.anpe.it (Associazione di psicopedagogisti italiani)

www.dislessia.org (Associazione italiana di dislessia)

www.educare.it
Rivista on line che ha come scopo la promozione di una cultura delle metodiche educazionali a tutti i livelli del buon senso civile.

Psicologia

www.psy.it (Ordine nazionale psicologi italiani)

www.psiconline.it (Psicologia e psicoterapie ordinarie anche on line)

www.humantrainer.com
Elenco ragionato di siti sulla salute mentale con approccio teso al benessere dell'individuo.

www.ipnosiregressiva.it
Associazione scientifica e metodologica che studia e prepara specialisti all'esplorazione mnemonica di fenomeni regressi di presunte esistenze o di memorie di antenati, nelle quali si annidano le radici del proprio destino.

www.sitipsicologia.net
Elenco di siti italiani ed esteri di psicologia e psicoterapia.

www.opsonline.it/psicologia/link-siti-web-di-psicologia
Elenco ragionato di siti di psicologia: scuole, corsi, informazioni.

Counselor e counseling

www.sicoitalia.it (Associazione italiana di counseling)

www.sipsico.it/sipsico_registro_counselor.html
Associazione italiana che informa sulla professione di counselor.

www.nienteansia.it

Informazioni utili per imparare a vivere sessualmente sereni.

www.riflessioni.it
Per pensare, per imparare cosa è e come si arriva alla serenità.

www.psychiatryonline.it/ital/current.htm
Portale sulla psicologia: articoli, sondaggi, approfondimenti, calendario seminari e corsi. Consulenze on line.

www.psychomedia.it
Ipnosi e training. Contiene informazioni, chat con lo specialista e rubriche varie.

http://psicodissea.altervista.org
Essere informati sulla salute e sul benessere: ansia, panico, fobie, depressione.

www.aspic.it
Associazione per lo sviluppo psicologico dell'individuo e della comunità. Propone corsi e master; sezioni dedicate alla patogenesi delle malattie mentali.

www.psicologi-psicoterapeuti.com
Il sito è anche dedicato a tutti gli appassionati della personalità dei personaggi dei fumetti.

www.ipsico.org/psicoterapia.htm
Il sito dell'Istituto di Psicologia comportamentale e cognitiva. Contiene informazioni sulle attività, sui disagi, sulle cure e sui centri dove curarsi.

www.psicologia-psicoterapia.it - www.aipep.com - www.isppref.it
Siti che contengono articoli e informazioni per raggiungere il benessere, contro mobbing, panico, ansia.

Altri indirizzi Internet

www.psichiatria.org

www.ecopsicologia.it

www.minori.it

www.pavonerisorse.it

www.savethechildren.org

www.genitori.it

www.feliceperussia.it

www.cwgl.rutgers.edu

www.women.it

www.valutazione.it

www.unicef.org/sowc99

www.girlsrights.org

www.culturaandbenessere.com

Indice